GUIDE PRATIQUE DU

jardinage au naturel

GUIDE PRATIQUE DU jardinage au naturel

Conseils, techniques et bonnes pratiques pour un jardin réussi

QUE CHOISIR

GUIDE PRATIQUE DU

jardinage au naturel

Publié par SASU QUE CHOISIR – QUE CHOISIR ÉDITION

SASU QUE CHOISIR – QUE CHOISIR ÉDITION
Alain Bazot Président
Laure Sassier Direction éditoriale

Nous remercions :
Jean-Paul Geai, rédacteur en chef de l'UFC-QUE CHOISIR
Michel Debiais, Gilbert Rieu

RÉALISATION DE L'OUVRAGE
Direction d'ouvrage : **ARCHIPEL STUDIO pour SASU QUE CHOISIR – QUE CHOISIR ÉDITION**
Conception graphique et maquette : **Thomas Brisebarre**
Conseillers éditoriaux : **Daniel Brochard, Rosenn Lepage, Sur Mesure**
Coordination éditoriale : **Flora Dumoulin**
Recherche iconographique : **ARCHIPEL STUDIO, avec la collaboration de Biosphotos**
Contribution à la rédaction : **Carole Haché, Catherine Zerdoun**
Correction : **Élisabeth Le Saux**
Dessins : **Laurent Blondel / Corédoc**
Photogravure : **EG Atelier**
Archipel studio remercie Justine Boudard

AUTEURS
Pierre Aversenq
Jeanne Bonême
Danièle Boone
Daniel Brochard
Catherine Delvaux
Valérie Garnaud
Odile Koenig
Rosenn Lepage
Marie-Hélène Loaec
Pierre Nessmann
Armelle Robert

COUVERTURE
Olivier Caldéron

Deuxième édition

233 boulevard Voltaire, 75011 Paris
ISBN : 978-2-9534827-5-1

Préface

Alors qu'une majorité de foyers dispose d'un espace pour jardiner et que le marché du jardinage est en pleine expansion, l'UFC-Que Choisir a souhaité éditer un guide sur cette pratique de plus en plus usitée en France. Du jardinage, oui, mais pas n'importe lequel. En effet, face aux nombreux problèmes sanitaires et environnementaux (allergies, rejets de pesticides et autres produits chimiques, atteinte à la biodiversité, etc.) que le jardinage classique suscite, une pratique plus responsable s'impose aujourd'hui.

Profondément attachée à la promotion d'une consommation durable, passant notamment par la protection de l'environnement (préservation de la ressource en eau, réduction des pesticides...), l'UFC-Que Choisir a toujours défendu la pratique d'un jardinage au naturel. Ce mode de jardinage, qui fleurit à travers la France, permet de réussir son jardin sans altérer la planète et sa santé. Il convient donc d'enraciner les bons gestes dans la pratique de tous les passionnés d'espaces verts.

Cet ouvrage, très pratique et complet, vous apportera une multitude de conseils pour comprendre les grands principes du jardinage au naturel, connaître les techniques efficaces pour bien entretenir et soigner ses plantations, privilégier les bons réflexes... pour un jardin réussi toute l'année. Bref, avec ce guide, l'UFC-Que Choisir offre vraiment aux consommateurs la possibilité d'avoir la main verte... dans tous les sens du terme !

Alain Bazot
Président de l'UFC-Que Choisir

Sommaire

•••

LES PLANTES AU JARDIN NATUREL

8 Les arbres, les arbustes et les grimpantes

LISTE DES PICTOGRAMMES DE L'OUVRAGE

Pictogrammes des fiches plantes
(pages 214 à 381)

- Économe en eau
- Mellifère
- Attire les insectes pollinisateurs
- Résiste à un petit gel (jusqu'à –5 °C)
- Résiste à un gel moyen (de –5 à –15 °C)
- Résiste à un fort gel (au-delà de –15 °C)

Pictogrammes spécifiques aux plantes du potager
(pages 338 à 365)

- Aromatique
- Condiment
- Légume-feuille
- Légume-fleur
- Légume-fruit
- Légume-grain
- Légume-racine
- Légume-tige

9 Les plantes et fleurs vivaces

10 Les plantes et fleurs annuelles et bisannuelles

11 Les plantes bulbeuses

12 Les légumes et les plantes aromatiques

13 Les arbres fruitiers et les petits fruits

CALENDRIER DES TRAVAUX DU JARDIN NATUREL

Introduction

Qu'est-ce que jardiner au naturel ?

Si chevronnés soient-ils, tous les jardiniers savent d'expérience qu'on ne peut tout maîtriser, car il existe une part d'incertitude et d'inattendu dans le jardinage. La nature, notamment le climat, dicte sa loi et fait que chaque saison, chaque année de culture est différente. C'est d'autant plus vrai lorsqu'on jardine au naturel !

Le jardin au naturel poussé à l'extrême : un jardin en friche

À l'extrême, un jardin au naturel, est un jardin en friche, où la nature fait tout par elle-même. Des vers de terre vont et viennent dans les premiers centimètres du sol : c'est le travail naturel du sol. Une feuille morte, une branche cassée sont décomposées au sol par les micro-organismes présents : c'est la fertilisation naturelle du sol. Une branche qui faiblit cède sous l'effet d'une bourrasque : c'est la taille naturelle des arbres. Pas de bêche, pas de sécateur, pas d'engrais, juste la nature ! Les plantes sauvages – que l'on qualifierait de mauvaises herbes dans certains jardins bien ordonnés – nourrissent les oiseaux de leurs graines. Elles accueillent les larves d'insectes dans leurs tiges creuses. Elles se laissent de temps à autre dévorer, coloniser par quelque parasite qui devient leur invité et non plus quelque ennemi à détruire. Dans cet espace naturel, chaque plante, chaque animal a sa place et son rôle à jouer. Mais la préservation d'un tel écosystème est impossible, tout simplement parce qu'en y vivant le jardinier bouleverse ses équilibres.

Laisser faire ?

Avec un lourd héritage de jardinage ultra-domestiqué, les jardins à la française ne sont pas un modèle de fantaisie ! Il faut, pour jardiner au naturel, apprendre à faire une place à la nature. Il faut aussi laisser les choses évoluer sans trop intervenir : ne pas ramasser les feuilles mortes au sol à l'automne, ou le bout de bois, la grosse pierre, tapis parmi les fleurs ; ne pas arracher systématiquement les mauvaises herbes ; se contenter de l'herbe qui pousse comme pelouse au lieu de semer du gazon ; laisser des endroits sans tonte… En un mot, laisser faire ! Mais jusqu'à un certain point… Car, malgré tout, il n'est pas possible de se laisser submerger : les plantes sauvages (proches de la flore indigène) ont d'autant plus de vigueur qu'elles sont parfaitement adaptées au lieu et au climat. Si elles s'y sont développées, cela signifie que les conditions de vie y étaient idéales pour elles. Alors, gare à l'invasion !

Qui plus est, sans intervention aucune, votre jardin en friche deviendra une jungle difficilement pénétrable. Mimosa dans le Midi, buddléia partout en France et autres espèces invasives auront tôt fait d'occuper le terrain. Cette végétation vagabonde et excessive vous empêcherait de profiter de votre jardin. Aussi, votre intervention s'impose pour discipliner la nature, voire y apporter votre touche.

Jardiner au naturel est donc un fragile équilibre entre laisser faire la nature et la discipliner. Tout votre art sera de doser vos interventions. Avec un peu d'observation et quelques connaissances de la flore et de la faune sauvages du lieu, vous y parviendrez sans difficulté.

⬅ Une prairie fleurie dans un jardin au naturel.

Savoir apprécier son jardin

Dans le même respect du naturel, n'essayez pas de tout changer. Prenez votre jardin tel qu'il est. La terre n'y est pas mauvaise, elle a juste des qualités… et des défauts.

EN SAVOIR PLUS

Jardin au naturel et écosystème

Même au naturel, un jardin ne constitue pas un véritable écosystème au sens que lui donnerait un biologiste (même si, par abus de langage, on le qualifie généralement ainsi), car l'intervention du jardinier, si minime soit-elle, vient bouleverser les équilibres biologiques naturels. On plante, on taille, on désherbe, on tond… Mais c'est au potager que les équilibres sont le plus perturbés vu que nous y récoltons les légumes, au lieu de laisser la plante évoluer du fruit à la graine, qui se ressèmerait spontanément pour un nouveau cycle. Il faut donc y être particulièrement vigilant pour favoriser au maximum le rétablissement des équilibres : fertilisation organique régulière, dispositifs de refuge pour animaux utiles…

Un jardin au naturel est un jardin foisonnant mais maîtrisé dans lequel la nature reprend peu à peu ses droits.

Dites-vous bien que vous n'en changerez pas : il vous faudra faire avec et c'est toujours possible.

La pente est un avantage, pas un inconvénient, pour qui sait y installer de robustes couvre-sol. La sécheresse estivale, les embruns, le vent, le gel... à condition de bien la choisir, la végétation sait s'adapter aux situations extrêmes. Et il est probable qu'un peu d'observation vous fera découvrir quelques microclimats favorables dans un ou deux recoins du jardin. À vous de les utiliser à bon escient !

Votre jardin est plein de qualités, pour peu que vous sachiez les distinguer. Apprenez à les identifier et à les exploiter, et transformez peu à peu les inconvénients tôt repérés (climat, exposition, sol...) en de nouveaux atouts, que vous mettrez en valeur avec un peu de patience et de savoir-faire.

Agir pour l'environnement

Jardiner au naturel, c'est aussi agir à son niveau pour préserver l'environnement, avec des effets visibles rapidement. En usant de pratiques respectueuses, qui ne mettent en danger ni la flore, ni la faune, on constate bientôt une augmentation des espèces sauvages (plantes et animaux) au jardin et alentour. En plus d'être des lieux de plaisir et de bien-être, les jardins deviennent alors de véritables refuges pour la biodiversité, « ponts » indispensables entre des espaces naturels de plus en plus morcelés par l'urbanisation.

Points d'eau, arbres fruitiers, haies champêtres, bosquets d'arbustes touffus... tous encouragent la venue de nombreux oiseaux.

Plantes mellifères, floraisons multicolores, espèces variées... les insectes pollinisateurs, si utiles à la reproduction végétale, y trouvent également leur compte.

Faut-il tout changer ?

Votre jardin existe. Vous avez introduit dans votre terrain des espèces que vous aimez et qui y poussent avec bonheur. Ne croyez pas qu'il soit nécessaire de tout changer pour en faire un jardin au naturel.

Vous pouvez opter pour une mutation douce et pragmatique. Il ne sert à rien de maintenir « sous perfusion » des plantes inadaptées, pas assez rustiques pour supporter les températures basses et qu'il faut emmitoufler pour l'hiver, ou trop assoiffées et qu'il faut arroser abondamment en été... Celles-ci n'ont rien à faire dans un jardin au naturel.

Faites évoluer vos pratiques progressivement. Oubliez certains coins de votre jardin, particulièrement ceux où vous avez toujours du mal à faire pousser quelque chose – ce qui s'y implantera naturellement y poussera tout seul ! Privilégiez les gestes mécaniques et les solutions naturelles. Bannissez toutes formes de produits chimiques et limitez les traitements en adoptant des mesures préventives (paillages, apports de compost, amendements, engrais naturels...).

Jardin au naturel, les grands principes

Si le jardinage n'est pas une science exacte, le jardinage au naturel, qui l'est encore moins, est une philosophie plus qu'un dogme. Car on ne peut véritablement établir des règles de culture, chaque jardin étant unique dans sa configuration, ses dimensions, son microclimat. Votre jardinage au naturel s'appuiera donc sur de grands principes qui s'enrichiront de votre expérience et détermineront vos pratiques.

Intervenir le moins possible

Il s'agit de trouver le juste milieu pour obtenir un cadre de vie esthétique, facile à vivre et accueillant pour la nature. Moins vous intervenez, plus s'établissent des équilibres biologiques et plus vous réduisez les interventions. Le prédateur limite les populations des proies dont il se nourrit. La coccinelle pond sur les colonies de pucerons et ses larves dévorent ces parasites. Le hérisson, le crapaud (quand il y a une mare), les carabes dévorent les limaces. Coupez juste ce qui vous empêche de circuler et dépare vos massifs, travaillez le sol avec parcimonie et, surtout, ne retournez pas les mottes, sous lesquelles se cachent de nombreux insectes utiles.

Adapter les plantes au sol et au climat

Si l'on jardine, c'est pour semer ou planter des végétaux qui nous font rêver... Veillez toutefois à choisir des plantes qui s'adaptent aux conditions de vie dans votre jardin, et assurez-vous qu'elles puissent y supporter le froid, la chaleur, la sécheresse ou les embruns... Elles seront plus robustes, en meilleure santé, donc plus résistantes aux maladies et aux parasites et demanderont moins d'intervention de votre part (arrosage, traitements, etc.). Elles pourront même tolérer quelques attaques. Leur entretien sera facilité et très limité. Vous réussirez presque à coup sûr, gagnerez du temps et prendrez plus de plaisir à jardiner.

Accueillir la nature

Jardiner au naturel, c'est offrir un havre de paix à la faune sauvage, en ville comme à la campagne, où le remembrement a supprimé bien des haies bocagères. Il est fascinant d'observer la manière dont la vie sauvage reprend ses droits dès qu'on lui laisse un peu de place. Et l'on se demande alors d'où peuvent bien venir ces impatiens géantes de l'Himalaya ou ce coquelicot écarlate qui apparaissent un jour dans un massif de fleurs. On a parfois oublié que des graines se promènent au gré des vents ou dans le tube digestif des oiseaux... Implantez une haie champêtre avec divers arbustes à baies (amélanchier, arbousier, noisetier...) et un point d'eau, par exemple, et votre jardin bruissera d'une multitude d'oiseaux, la plupart s'avérant utiles pour éliminer bon nombre d'indésirables.

⬆ Offrez gîte et couvert aux oiseaux en plantant des arbustes à baies, très appréciés.

Traiter peu en respectant la nature

Si vous êtes confronté à un vrai problème (attaque sévère de parasites, maladie qui menace la vie de la plante et même d'autres plantes par contagion), des soins sont indispensables. Avant d'envisager un traitement, évaluez l'étendue des dégâts, le danger pour la plante, l'intérêt de la sauver. Et, si vous décidez de traiter, bannissez les produits chimiques et utilisez uniquement, mais avec parcimonie, des produits naturels (voir encadré ci-dessous).

EN SAVOIR PLUS

Naturel ne signifie pas inoffensif

Les produits labellisés « biologiques », tout comme les produits naturels à base de plantes que vous pouvez préparer vous-même, ne sont pas inoffensifs. La preuve ? Vous les employez pour qu'ils éradiquent un parasite ou une maladie donnés. Ils peuvent donc avoir des effets sur des insectes utiles, par exemple. Aussi, il convient de les utiliser avec prudence. Respectez les instructions indiquées sur l'emballage, notamment les délais entre traitement et récolte et les restrictions d'emploi pour ne pas perturber les abeilles et autres insectes butineurs...

Jardiner au naturel, c'est observer

Jardiner au naturel nécessite de comprendre la nature. Et, pour intervenir à bon escient, il faut être à l'écoute des phénomènes naturels et des différents acteurs et facteurs qui en sont responsables. À cette fin, rien de tel que l'observation pour se sensibiliser au respect de l'environnement : on protège mieux ce que l'on connaît bien.

Le jardin, terrain d'observation et d'expérimentation

S'il est cultivé le plus naturellement possible, le jardin peut devenir un formidable terrain d'observation et d'expérimentation. Et ce que l'on expérimente soi-même reste gravé dans la mémoire, bien plus que de longs discours : c'est en faisant que l'on apprend à connaître ses plantes, son terrain, son jardin. Quant aux échecs, ce sont autant d'occasions d'apprendre. Il faut être attentif à chaque plante, savoir que des feuilles en berne ont soif, qu'une croissance désordonnée et excessive témoigne d'un excès d'azote… La réussite d'une année ne garantit pas celle de l'année suivante au printemps, plus froid, à l'été, plus chaud ou, au contraire, pluvieux… Tenir un cahier de jardin peut être utile pour se souvenir d'événements particuliers (des événements climatiques qui vous ont amené au succès ou à l'échec : un printemps doux, un début d'été très pluvieux…) et pour mettre son expérience noir sur blanc – vos dates de semis, quand les premières feuilles ont pointé, les quantités récoltées...

⬆ Tenir un calendrier de jardin peut être utile pour noter vos expériences.

EN SAVOIR PLUS

Qu'est-ce que la biodiversité ?

C'est le nombre d'espèces vivantes, animales ou végétales, présentes en un lieu donné. Les animaux seront d'autant plus nombreux qu'ils trouvent sur place le gîte et le couvert, un endroit pour se reproduire ou s'abriter l'hiver sous quelque forme que ce soit (œufs, larves, cocons…). Pour satisfaire les besoins des animaux, il est donc important de cultiver des végétaux les plus variés possible, qu'ils soient arrivés là spontanément ou qu'ils aient été implantés par vos soins.

Au jardin, vous pouvez observer le cycle de vie des plantes. Et, même si vous avez l'impression de déjà savoir comment cela se passe, il n'est pas inutile d'y regarder de plus près. Les annuelles sont les plus démonstratives, car elles ont un cycle de vie court – du semis à la production de nouvelles graines, il s'écoule quatre à cinq mois pour les plus rapides. Appréhendez leur rythme de développement : leur croissance est importante en début de culture, lorsque la plante met en place sa structure ; puis s'épanouissent les fleurs, la plante ne grandissant plus ou très peu ; la fleur se fane, remplacée par les fruits ; à l'intérieur de ces derniers mûrissent les graines, que l'on peut semer l'année suivante... À chaque stade, la plante a des besoins spécifiques : plus d'aliments quand elle se construit au printemps, plus d'eau quand les fruits grossissent...

Suivre les saisons

Le jardin nous (ré)apprend les saisons. Chaque jour, nous avons sous les yeux les métamorphoses de la nature ; elles seront d'autant plus spectaculaires dans votre jardin que vous aurez choisi quelques espèces emblématiques de chaque moment de l'année : le crocus ou le narcisse, premières fleurs du printemps, qui pointent dès février ; la tomate, dont le rougissement marque l'arrivée de l'été ; les érables du Japon, qui s'enflamment en automne ; les hellébores, splendides « roses de Noël »...
Laissez-vous porter par ce rythme naturel : au printemps, tout comme la nature, vous débordez d'énergie et le jardin se remplit de vos plantations ; l'été, la

Les belles couleurs d'automne de l'érable du Japon.

chaleur invite au farniente, hommes, bêtes et plantes ; l'automne, frais et pluvieux, prépare naturellement à l'hiver, à sa grisaille, aux jours plus courts, au froid qui paralyse le jardin.
Apprenez à adapter vos pratiques culturales aux conditions environnementales du moment, de la saison. C'est d'autant plus facile que l'on a observé ses plantes, que l'on sait apprécier les signes qu'elles envoient et que l'on peut alors réagir en conséquence.

Connaître, c'est protéger

Dans un jardin cultivé en respectant l'environnement, la nature offre au jardinier des auxiliaires silencieux mais précieux : prédateurs de parasites, vers de terre qui aèrent le sol... Parmi les plus utiles et les plus faciles à observer : les oiseaux. Faites-vous discret pour les voir s'ébrouer autour d'un bain les soirs d'été. Regardez l'abeille voler de fleur en fleur, repérez ses pattes qui font voyager le pollen et assurent la pollinisation. Apprenez à reconnaître la larve, la chrysalide et le papillon. Discernez les espèces bénéfiques et celles qui causent des dommages : ainsi, vous redouterez la chenille de la piéride du chou, qui dévorera vos récoltes si vous n'agissez pas à temps, mais vous bénirez les carabes, qui dévoreront les larves de limaces.
Dans un jardin au naturel, le moindre centimètre carré de terre fourmille de vie invisible et chaque « habitant » a sa place. Les vers de terre, par exemple, creusent des galeries de haut en bas, mélangeant les couches superficielles de terre, incorporant de l'oxygène et de la matière organique en profondeur. Lorsque l'on connaît les petites habitudes de chacun des membres qui composent cette petite faune sauvage, on sait mieux à qui incriminer les dégâts et qui il faut préserver pour son aide au jardin. Ainsi, découvrir un perce-oreille caché dans la cavité d'un fruit grignoté ne le condamne pas pour autant : il profite simplement des dommages que les oiseaux ou les guêpes ont perpétrés avant lui !

Accueillez les insectes pollinisateurs.

Jardiner au naturel, un plaisir

Aujourd'hui, on jardine davantage par plaisir que par nécessité, même si légumes et fruits ont une bonne place dans les jardins puisque près de 40 % comportent un coin potager. Et cette passion pour le jardinage est partagée par... 17 millions de Français, qui y consacrent en moyenne deux heures par semaine.

Loisir et plaisir

Jardiner est avant tout un plaisir. Plaisir de voir pousser la graine que l'on a semée, plaisir d'admirer les premières fleurs, plaisir de récolter – et de déguster – ses fruits et ses légumes. Mais, pour que le plaisir dure et se renouvelle, il faut savoir suivre ses envies. Lorsque le temps est agréable (premiers beaux jours au printemps, belles journées d'automne...), on est plus enclin à s'activer en plein air, d'autant qu'il s'agit des meilleures périodes pour intervenir au jardin. Inutile de se forcer à jardiner sous la pluie, les pieds dans la boue... Cela peut même être néfaste pour l'équilibre biologique du jardin : piétiner une terre détrempée la tasse en effet dangereusement et les vers de terre et autres auxiliaires précieux qui logent dans le sol risquent alors l'asphyxie.
En matière de jardinage naturel, rien ne presse dans la mesure où l'on accepte une certaine proportion de sauvageonnes au jardin. Dans la plupart des cas, on peut remettre à demain ce que l'on n'a ni l'envie, ni le temps de faire aujourd'hui. Quelle que soit la taille de votre jardin, adaptez la tâche à votre temps libre. Si vous en avez peu, ne cherchez pas à mettre en culture tout l'espace, surtout s'il est vaste. Contentez-vous de chouchouter les abords de la maison et laissez le reste du jardin « vivre sa vie » tranquillement, en veillant simplement à ne pas être trop envahi au printemps.

Le jardin, lieu de partage

Qui jardine partage ses récoltes, ses bons trucs, ses boutures, ses émerveillements. Le jardin permet de recréer du lien social avec ses voisins, ses amis, sa famille. Fruits et légumes sont source d'échanges, prétexte à rencontres : je te donne mes courgettes, tu m'apportes tes haricots, il ou elle offre ses salades... On goûte, on échange graines, recettes de cuisine et tours de main, on se conseille sur les meilleures variétés...
Le jardin suscite d'autant plus de discussions que vos pratiques culturales (naturelles) ne sont pas les mêmes que celles des voisins. Ainsi fait-on des émules, vite convaincus par l'exemple et les résultats obtenus.

Les produits du jardin, un plaisir pour les papilles.

Enfin, quelle que soit sa taille, pensez votre jardin comme une « pièce à vivre » à part entière. Il permet des activités de plein air à tous les âges, sans sortir de chez soi. Aussi son aménagement doit-il répondre aux aspirations de chacun, en prévoyant une place pour tous (aire de jeux pour les enfants, pelouse pour les jeux de ballon, ombrage pour le farniente, terrasse pour les dîners estivaux...).

Jardiner, c'est s'entretenir « au naturel »

À tout âge, le jardinage est une excellente activité physique de plein air. Car retourner 10 m², soit un jardin de ville par exemple, nécessite de donner pas moins de 350 coups de bêche et de soulever à chaque fois de 3 à 5 kg de terre (selon sa nature et son degré d'humidité). C'est donc un peu plus d'une tonne de terre manipulée ! En jardinant, si l'on fait les bons gestes, toutes les articulations sont sollicitées et la souplesse entretenue (voir encadré page ci-contre). Griffer, balayer les feuilles mortes sur le gazon, ratisser font intervenir essentiellement les bras qui promènent l'outil. Pailler, désherber, planter font davantage travailler les jambes étant donné que ces opérations exigent de se baisser au niveau du sol et ce, à plusieurs reprises...
En outre, s'occuper de son jardin apporte un certain calme et une certaine sérénité (semer, mettre en terre, voir pousser ses légumes ou fleurs...). Le vert des végétaux, le chant des oiseaux, le clapotis d'une fontaine... contribuent à agir contre le stress. Des études ont mis en valeur une action positive des activités de jardinage

sur les symptômes liés au stress : réduction de la tension musculaire et de la pression artérielle, régulation du rythme cardiaque... Au point que l'on propose de plus en plus cette activité aux malades en centres hospitaliers ou maisons de retraite.
Pour éviter lassitude et courbatures, étalez vos travaux sur plusieurs jours et variez-les : alternez un peu de taille, un peu de désherbage, une ou deux plantations, quelques boutures. Au printemps, dosez vos efforts comme lorsque vous pratiquez un sport : reprenez le jardinage progressivement. De nombreux outils sont maintenant conçus également pour vous épargner des efforts trop importants, tels les sécateurs à crémaillère, qui démultiplient votre force. Les manches ergonomiques et réglables en hauteur des outils s'adaptent mieux à la morphologie de chaque jardinier, évitant les mauvaises positions génératrices de douleurs.

Jardiner pour ses papilles

Les fruits du jardin ont une saveur incomparable par rapport à ceux achetés dans la grande distribution, voire au marché. Cultivés à portée de main, ils n'ont pas voyagé et n'ont pas été manipulés, donc abîmés. On les récolte lorsqu'ils sont mûrs, généralement pour les consommer aussitôt. Les fruits qui mûrissent sur place développent davantage de saveur : c'est en effet dans les derniers stades de développement que se forme le goût du fruit, en même temps que progresse sa teneur en sucre. Et c'est un grand plaisir que de proposer à un invité de croquer une tomate encore toute chaude, ou une jeune carotte juste rincée à l'eau claire. Dernier avantage et non des moindres : les enfants mangent plus facilement les légumes du jardin, surtout quand ils ont participé à la cueillette ou, mieux encore, quand ils sont allés en chaparder quelques-uns au potager !

Les enfants aiment participer à la cueillette des fruits du jardin.

Cultiver ses propres fruits et légumes permet de découvrir d'anciennes variétés, introuvables sur les marchés ou inaccessibles en termes de prix : des courgettes jaunes, des tomates noires ou vertes, des potirons bleus, des betteraves rouges à rayures... Chacun peut ainsi diversifier le contenu de son assiette. Et l'insolite est un bon moyen pour piquer la curiosité des petits comme des grands et les inciter à manger légumes et fruits, indispensables à la santé. Enfin, en cultivant ces variétés anciennes, on préserve la richesse d'un patrimoine végétal unique, qui gagne à être connu ou redécouvert.
Cultiver son jardin au naturel, c'est être certain de la provenance de ce que l'on mange. La peau des légumes et de certains fruits, riche en fibres, peut alors être consommée sans crainte des traitements chimiques.
N'ayez pas peur de vous abstenir de traiter : au fond, il n'est pas si gênant de partager ses pommes avec un petit ver facile à éliminer lors de l'épluchage du fruit. La faune sauvage se trompe rarement : ce sont les meilleurs fruits qui subissent les dommages !

C'EST MALIN

Les bons trucs du jardinage « santé »

- Pour jardiner l'hiver, portez des vêtements entreposés au chaud, car enfiler une veste glacée crispe les muscles et il n'y a rien de tel pour favoriser un lumbago !
- Pour commencer à jardiner, préférez une activité « légère », qui demande peu d'effort, comme le binage ou le griffage. Le décompactage sera pour plus tard, quand vous serez échauffé.
- Alternez activité de force (travail du sol, par exemple) et activité de précision (semis, par exemple) toutes les trente minutes environ : vous éviterez les courbatures dues à des mouvements répétitifs prolongés.
- Buvez régulièrement, comme pour toute activité physique. On y pense moins quand le sport se fait en douceur, comme au jardin.
- Soulevez avec les jambes, jamais avec le dos. Pour cela, gardez le dos bien droit et pliez les jambes pour soulever la bêche ou les poignées de la brouette.

LES GRANDS PRINCIPES

DU JARDIN AU NATUREL

1 Observer son jardin pour mieux le connaître

Apprécier l'environnement de son jardin

Faire l'état des lieux de son jardin

Avant même de vous engager dans la création ou la rénovation de votre jardin au naturel, prenez le temps de l'observer afin de mieux l'appréhender. Si vous voulez lui donner une atmosphère champêtre et naturelle, portez un regard attentif sur l'environnement de votre jardin afin de créer un espace favorable à la biodiversité.

Inventorier l'existant

Prenez tout d'abord le temps d'identifier le type de climat (voir page ci-contre), le type de microclimat (voir p. 29) et le type de sol de votre jardin (voir p. 86-89). Ensuite, répertoriez et évaluez, en les observant, l'état sanitaire des végétaux existants car ils constituent des écosystèmes bien implantés, sur lesquels il faut s'appuyer pour réussir un nouvel aménagement plus naturel. Ainsi, arbres centenaires, fruitiers, arbustes d'ornement, fleurs et herbes sauvages sont à préserver scrupuleusement, tous favorisant la biodiversité.

Prêtez une attention particulière aux refuges écologiques, tels que les tas de pierre ou de bois, les zones en friche ou les sous-bois, abritant une faune sauvage qu'il convient de déranger le moins possible (voir p. 196).

Enfin, n'oubliez pas d'observer le tracé des allées, la présence de petites constructions décoratives (comme une tonnelle, une pergola), la répartition et l'orientation des bâtiments, les matériaux utilisés, toutes choses qui vous permettront de mieux comprendre l'organisation du jardin.

Les voisins : de précieux alliés

Prolongez vos investigations au-delà des limites du jardin et engagez la discussion avec les voisins, qui apportent de précieux renseignements. À leur contact, vous pourrez aussi évaluer l'attention qu'ils accordent à l'environnement, à la faune et la flore locales et, surtout, mieux connaître leurs méthodes de culture. Ainsi, vous saurez s'ils sont réceptifs aux principes du jardinage au naturel, voire s'ils les appliquent déjà.

D'autres sources d'information

Consultez également les règlements, rapports et études géologiques (pour en savoir plus sur le sol de votre jardin), hydrologiques (pour en savoir plus sur le niveau de précipitations) ou climatologiques (pour en savoir plus sur les variations de température) établis par des associations de défense de l'environnement ou différents services de l'État (par exemple, Bureau de recherches géologiques et minières, pour la géologie, ou Agence de l'eau, pour l'hydrologie). Diffusés par les mairies, ces documents permettent d'avoir un point de vue plus général de la région et de prendre connaissance de futurs projets d'aménagement territoriaux. Ainsi, la création d'un parc naturel à proximité de votre commune, qui préservera l'écosystème, aura un impact positif sur votre jardin. En revanche, la création d'une zone industrielle ou artisanale, d'un aéroport ou d'une autoroute ne sera pas bénéfique pour l'écosystème et donc pour votre jardin. Les mairies et les conseils régionaux vous renseigneront sur ces projets et leur impact possible sur l'environnement. Dans tous les cas, tenez compte de ces éléments pour concevoir ou réaménager un jardin au naturel et réussir son intégration dans le paysage.

⬆ Préservez les fleurs et les herbes sauvages.

Les types de climat

La France se distingue de ses pays voisins par une multiplicité de climats, allant du plus froid et rigoureux au plus chaud et doux. Le climat est l'un des alliés le plus précieux du jardinier. Aussi, il faut toujours garder à l'esprit qu'une espèce végétale inadaptée à un climat présentera rapidement des signes de faiblesse et sera condamnée à dépérir, faute de trouver un environnement adéquat pour se développer harmonieusement. Par conséquent, s'obstiner à la maintenir en vie, même au prix de soins réguliers et de techniques particulières, est contraire à l'esprit du jardin au naturel.

Les différents climats

Chaque région possède un climat spécifique, qui résulte de plusieurs facteurs, comme la pluviométrie, le vent, la lumière, la température et la pression atmosphérique. Le climat tient aussi compte de la proximité de massifs montagneux, d'un bord de mer ou d'un relief particulier. La France compte quatre climats principaux (continental, montagnard, océanique, méditerranéen). Mais sachez qu'il existe, pour chacun de ces climats, des variantes de nature topographique. C'est le cas du climat de plaine, une variante que l'on retrouve au sein des quatre climats. Sachez aussi que, pour tous les gestes du jardin, on compte environ un ou deux mois d'écart entre les climats océanique et méditerranéen et les climats montagnard et continental.

Un massif d'eupatoires adapté au climat continental.

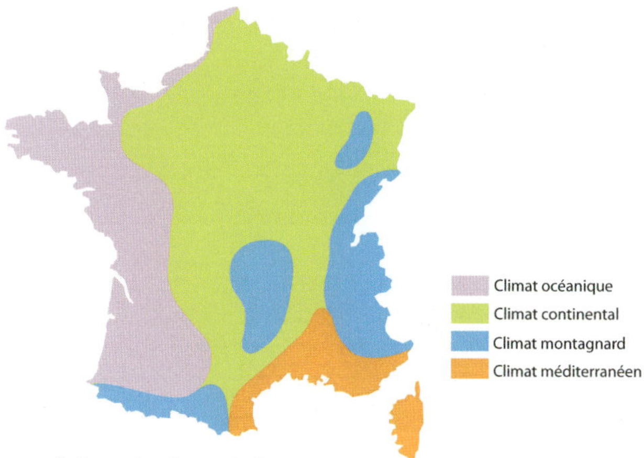

Carte des climats de France.

Le climat continental

En France, le climat continental inclut une partie du Centre, le Nord et l'Est, ainsi que le Bassin parisien (associé au climat de plaine). Il couvre une grande partie du reste de l'Europe. Il se caractérise par une alternance d'hivers froids et rigoureux, dotés d'abondantes chutes de neige, et d'étés chauds et secs, parfois très étouffants. Le vent est quasiment absent, à l'exception de la bise venue du Grand Nord en hiver. Les espèces dites rustiques, c'est-à-dire supportant les températures hivernales les plus basses, lui résistent (par exemple, eupatoire, buglosse de Sibérie ou pulmonaire). La palette végétale, assez vaste, réunit la plupart des fleurs vivaces et annuelles, les légumes, les rosiers, les arbustes et les arbres fruitiers. En présence d'un microclimat chaud, la gamme des végétaux s'enrichit de quelques espèces normalement adaptées au climat méditerranéen (palmier, laurier-rose ou olivier) – sous réserve de les abriter en hiver.

Le climat montagnard

Le climat de montagne s'applique aux régions pyrénéennes, alpines, au Massif central, au Jura et aux Vosges. Il est exigeant et éprouvant tant pour les végétaux que pour les jardiniers. Il se compose d'un climat spécifique à la très haute montagne et d'un climat propre à la basse montagne, dont la végétation (feuillus, conifères, graminées et fleurs) s'ajuste en fonction de l'altitude. Ces

Flore alpine dans le jardin botanique du Lautaret.

deux climats montagnards se caractérisent par une période de végétation assez courte, de la fin du printemps à l'été, et une phase de repos très longue, froide et neigeuse. Les périodes de floraison indiquées dans les fiches de la seconde partie de l'ouvrage sont donc à moduler pour ce type de climat. Les étés sont émaillés par de brusques changements de temps, à savoir de violents orages précédés d'épisodes chauds et lourds. Une flore particulière, dite flore alpine, occupe alors les reliefs les plus élevés : saxifrage, digitale ou orpin pour

EN SAVOIR PLUS

Le microclimat du sol

Souvent passé sous silence, le sol est un milieu très particulier dans lequel évoluent les racines. Elles aussi bénéficient d'un microclimat, notamment au-delà de 30 cm de profondeur. À ce niveau, les variations de température se font moins ressentir, car une couche de neige ou une simple pellicule de glace en surface suffit à freiner la diffusion de l'onde froide vers les profondeurs. Certaines racines restent donc en activité et assurent le départ de la croissance des végétaux bien avant l'apparition des premières feuilles. Ce principe ne s'applique pas aux sujets cultivés en pot, la motte de terre et par conséquent les racines étant saisies de toutes parts par le froid.

Hortensias et fuchsias dans un jardin breton.

les vivaces, pin des montagnes, mélèze ou sapin pour les conifères, frêne ou hêtre pour les feuillus ; dans les zones de basse altitude prévaut la gamme traditionnelle des végétaux d'ornement rustiques.

Le climat océanique

Le climat océanique couvre une partie du pourtour du Bassin méditerranéen, la Côte atlantique et celle de la Manche, ainsi qu'une large bande fortement ancrée à l'intérieur des terres, allant de Dieppe à Carcassonne. Il se caractérise par des écarts de température faibles entre les étés, plutôt frais et assez proches du printemps, et les hivers, comme les automnes, relativement doux et entrecoupés de violentes tempêtes. Sur la façade atlantique, la pluviométrie abondante est apportée par le vent de l'Océan ; elle est parfois plus importante en été qu'au printemps, ce qui facilite grandement la culture des végétaux en leur fournissant l'eau nécessaire à leur croissance. Le choix des essences végétales est plus vaste qu'ailleurs puisqu'il regroupe toute la gamme des espèces adaptées au climat continental et celle du climat méditerranéen (olivier, laurier-rose, chêne vert ou palmier, par exemple).

Le climat méditerranéen

Implanté sur une étroite bande littorale de la Côte d'Azur, le climat méditerranéen se distingue par une luminosité intense et une forte chaleur en été, alternant avec des hivers particulièrement doux, ne connaissant pas le gel et rarement la neige. À cela s'ajoutent des vents forts, tel le mistral, et des pluies torrentielles, qui créent un environnement difficile pour les végétaux. Afin de répondre à cette aridité estivale, où l'eau est rare, certaines plantes choisissent d'entrer en phase de repos pendant l'été. Si, durant cette saison, les jardins ont parfois piètre allure, ils retrouvent leur vitalité dès l'automne et ce jusqu'au printemps suivant. Dans le climat méditerranéen, on distingue le « climat de l'oranger », avec des plantes comme l'oranger ou le cactus,

Plantes succulentes dans un jardin méditerranéen.

qui s'adaptent aux conditions arides et chaudes que ne supportent pas les espèces continentales, et le « climat de l'olivier » (olivier, lavande ou laurier-rose).

Les microclimats

Chaque jardin possède des particularités climatiques liées à son orientation, son environnement et même son contenu (plantations existantes ou constructions). Ces conditions peuvent avoir une influence favorable ou défavorable sur le climat : on parle alors de microclimat. Ces derniers, dits chauds ou froids, orienteront vos choix de végétaux et la façon d'aménager votre jardin.

Évaluer les microclimats

Il s'agit de distinguer les jardins situés à la campagne de ceux installés en milieu urbain et périurbain.

▸ **Les jardins à la campagne :** à la campagne, les microclimats sont plus contrastés et dépendent de l'environnement géographique du jardin comme de son contenu. Le microclimat est qualifié de froid lorsque le jardin est situé en fond de vallée, à proximité d'un massif forestier ou sur un plateau exposé aux vents. À l'inverse, il est qualifié de chaud lorsque le jardin est implanté à proximité d'un plan d'eau ou adossé à un coteau orienté au sud. Mais l'organisation de l'espace intérieur, comme le fractionnement par des murs ou des haies, qui réduit la circulation des courants d'air froid, peut aussi influencer, à la hausse, les températures minimales observées dans un jardin. Cette situation autorise la culture de végétaux plus délicats, comme les plantes méditerranéennes, et ce malgré les caractéristiques dominantes du climat de la région. Il est alors intéressant de tenter la culture de ces essences pour obtenir un jardin original ou créer un décor dépaysant, en veillant à conserver une part dominante d'espèces locales.

▸ **Les jardins en milieu urbain et périurbain :** ces jardins, bien que le rayonnement solaire soit amoindri par la pollution atmosphérique, bénéficient d'un bilan positif en matière d'énergie. En effet, les édifices tels que les immeubles emmagasinent la chaleur pendant le jour et la rediffusent durant la nuit, diminuant ainsi l'amplitude thermique. Le froid hivernal est moins prononcé et on parle alors d'un microclimat chaud.

Le réchauffement climatique

À cette diversité climatique vient s'ajouter une évolution due au réchauffement climatique de la planète. La France n'échappe pas à ce phénomène. Pour une grande majorité de scientifiques, le climat et, plus précisément, la température moyenne à la surface de la terre évoluent : d'après les experts du PNUE (Programme des Nations unies pour l'environnement), les températures moyennes globales ont augmenté d'environ 0,89 °C de 1901 à 2012 et la hausse au cours du XXIe siècle est prévue entre 1,4 °C et 5,8 °C.

L'évolution de la flore du jardin

Si le changement climatique s'opère très lentement, il en va de même pour l'évolution de la flore sur le terrain. Quelques signes avant-coureurs, tels qu'une floraison plus précoce ou des essences du Sud qui s'acclimatent plus au Nord, semblent confirmer que le processus est enclenché. Le réchauffement climatique observé à l'échelle de la planète n'est donc pas sans conséquences à l'échelle des jardins. Les jardiniers s'en sont rendu compte en constatant, par exemple, que, comme le printemps s'annonce plus tôt qu'autrefois, il faut avancer les dates des travaux de jardinage ou que certaines plantes réputées frileuses s'acclimatent avec beaucoup plus de facilité dans les régions au climat froid.

C'EST MALIN

Favoriser les microclimats

Dans un jardin, l'air chaud s'élève pour céder la place à l'air froid, qui circule toujours au plus près du sol. Les éléments verticaux, comme les murs, les clôtures ou les haies brise-vent, constituent alors des obstacles à la circulation de l'air froid. Privilégiez les haies naturelles, car elles limitent la stagnation de l'air froid et autorisent un meilleur brassage de l'air, surtout si l'on prend soin de créer des ouvertures en supprimant les branches basses. Voir pp. 36 et 44.

La météo du jardin

Tous, jardiniers que nous sommes, nous scrutons le ciel et attendons, souvent avec impatience, les bulletins météo pour connaître le temps qu'il fera. Cependant, avec des gestes simples, tels que mesurer les températures et les précipitations, vous collecterez des données qui serviront à établir la météo de votre jardin, année après année.

La météorologie et la climatologie

La météorologie constitue l'étude du temps. Elle s'appuie sur l'observation de nombreux facteurs comme la température, la pression atmosphérique, le vent ou le taux d'humidité, mais également la présence de phénomènes météorologiques comme la pluie ou les nuages. Elle tente ainsi d'établir une projection du temps qu'il fera. Quant à la climatologie, c'est une sorte de rétrospective qui conclut à un enchaînement, au cours des saisons, de différents types de temps. Elle distingue différents climats, allant du plus chaud – climat tropical et subtropical – au plus froid. Entre les deux se trouve le climat tempéré, que nous avons en France et qui offre une alternance de périodes chaudes et de périodes froides.

Bien mesurer les températures

Mesurer la température à l'aide d'un thermomètre est riche en enseignements. Ainsi, par temps chaud, vous surveillerez les arrosages ou mettrez des ombrières pour les plantes sensibles et, par temps froid, vous veillerez à protéger vos plantes, avec un paillis par exemple. Encore faut-il installer l'appareil au bon endroit. S'il mesure bien la quantité de chaleur contenue dans l'air, son emplacement, sous abri ou non, induira des résultats différents. Ainsi, un thermomètre placé horizontalement, à l'air libre et au même niveau que les végétaux, indiquera la température réellement supportée par les plantes. Celle-ci peut être inférieure de 1 à 2 °C à celle prise au même niveau, mais sous un abri ou lorsque l'appareil est placé verticalement contre un mur. Le cœur d'un jardin étant toujours plus exposé qu'un lieu abrité, la lecture des résultats varie sensiblement d'un endroit à l'autre. Aussi, pour être bien informé, il est conseillé de s'équiper de deux thermomètres, l'un placé sous abri et l'autre non, et d'opter pour des modèles indiquant les minima et les maxima atteints. Il est en effet important de savoir s'il a gelé pendant la nuit. Un thermomètre avec minima donnera la température atteinte la plus basse.

Bien mesurer les précipitations

La quantité d'eau de pluie tombée se mesure avec un pluviomètre. Les précipitations sont recueillies dans un collecteur en forme d'entonnoir, sur lequel des graduations permettent de calculer, en millimètres, les quantités d'eau tombée. Reportez celles-ci dans un carnet pour pouvoir effectuer une comparaison d'une saison à l'autre, voire d'une année à l'autre. Mesurer l'eau de pluie permet d'apprécier la quantité d'eau à apporter lors des arrosages, ainsi que l'état des réserves du sol. Si le printemps est pluvieux, par exemple, les réserves du sol se reconstituent et il sera par conséquent inutile d'arroser trop souvent l'été qui suit. En revanche, en cas de printemps sec, il faudra arroser plus en été. Installez toujours le pluviomètre dans un coin dégagé du jardin, éloigné de toutes constructions, de murs de clôture et de frondaisons d'arbres, afin que l'eau projetée sur ces éléments ne se retrouve pas dans le collecteur. Disposez-le à 1 à 2 m du sol, à l'abri des courants d'air. Enfin, l'appareil doit être facile d'accès, car le relevé s'effectue quotidiennement lorsqu'il a plu et le nettoyage du collecteur, dans lequel s'accumulent feuilles et brindilles, est à réaliser le plus souvent possible.

⬆ Le pluviomètre permet d'apprécier l'arrosage à apporter.

Exposition et orientation du jardin

L'exposition d'un jardin, en milieu rural ou en zone urbaine, et son orientation, au sud, au nord, à l'est ou à l'ouest, déterminent l'intensité lumineuse dont les plantes ont besoin pour s'épanouir tout au long de la journée.

L'exposition

Une exposition ensoleillée et claire est la meilleure pour obtenir une croissance harmonieuse des végétaux. Selon la topographie du terrain (plate, en pente ou accidentée), la lumière arrive plus ou moins bien à atteindre le sol, les plantes et leur feuillage. Lors de l'aménagement d'un jardin, il faut tirer le meilleur parti du relief naturel du terrain, car une modification de ce profil, en plus d'être coûteuse, perturbe les écosystèmes en place. L'exposition est également tributaire de la présence d'arbres, de bâtiments et de murs qui entourent le jardin. Ces éléments, en interceptant les rayons du soleil, génèrent en effet des zones d'ombre ; celles-ci sont alors projetées sur le sol sous la forme d'un voile ombragé qui se déplace au fil des heures et des saisons. En milieu rural, les jardins sont mieux exposés car situés la plupart du temps dans un environnement plus dégagé, alors qu'en zone urbaine, fortement construite, ils pâtissent souvent d'un déficit important de lumière. Un environnement boisé peut également diminuer l'intensité lumineuse.

L'orientation

L'orientation fait intervenir la position du terrain et de la maison par rapport aux points cardinaux.

▸ **Lorsqu'ils sont orientés vers le sud**, le jardin et la façade de la maison bénéficient d'un ensoleillement optimal et d'une forte luminosité en toute saison. En revanche, cette orientation peut s'avérer trop aride et trop chaude pour certains végétaux (camélia, hortensia).

EN SAVOIR PLUS

Les zones à l'ombre

Pour juger de l'intensité lumineuse, prenez le temps d'observer et de noter le parcours du soleil durant une année entière afin d'apprécier l'emplacement des zones d'ombre dessinées sur le sol au fil des saisons. Celles-ci ne seront pas nécessairement les mêmes en hiver ou en été. Ainsi, un coin de jardin arboré sera baigné de lumière en plein hiver, les arbres étant dépourvus de feuilles, alors qu'en été il se trouvera plongé dans la pénombre en raison de leur frondaison.

Déterminez les zones d'ombres projetées par vos arbres tout au long de la journée.

▸ **À l'opposé, l'exposition nord** cumule de nombreux inconvénients, tels qu'une très faible luminosité, une humidité excessive et une atmosphère froide convenant, en climat continental, à quelques espèces habituées des sous-bois (fougère, cornouiller, buis, fusain, houx). Cependant, en climat méditerranéen, cette orientation offre des zones de fraîcheur et d'ombre très recherchées, tant pour les plantes que pour les usagers du jardin.

▸ **L'est se caractérise** par une luminosité satisfaisante et un ensoleillement matinal qui provoque une élévation brutale des températures, ainsi qu'une intensité lumineuse forte à la levée du jour que certaines essences redoutent, tels les arbustes à feuillage persistant (rhododendron, azalée).

▸ **L'ouest est une orientation** qui non seulement génère une luminosité homogène durant une grande partie de la journée, mais offre également une augmentation progressive des températures matinales et une baisse tout aussi graduelle en fin de journée. C'est donc une bonne orientation pour tous les types de plantes.

La combinaison de deux expositions est souvent intéressante. Par exemple, pour une exposition sud-est, les désagréments de la première orientation (le sud) sont compensés par les avantages de la seconde (l'est).

2 Aménager son jardin durablement

Au commencement

Comment débuter ?

Un jardin au naturel vise à perturber le moins possible les écosystèmes, voire à les préserver. Aménagez donc votre jardin en conservant des zones où la flore locale pourra évoluer, afin de créer une atmosphère champêtre et naturelle.

Respecter le cadre naturel

Un jardin au naturel accepte les imperfections topographiques et les variations de niveau car, en plus d'apporter du mouvement au décor, elles créent des biotopes naturels. Si des travaux ont été effectués dans votre jardin, veillez autant que possible à ce qu'il ne reste plus de gravois, résidus toxiques, cailloux ou matériaux de construction. Le terrain nettoyé laisse apparaître son profil. Ainsi, une cuvette recueille les eaux de ruissellement et constitue une petite zone marécageuse, voire un plan d'eau naturel. À l'inverse, les monticules offrent un sol drainé propice à l'implantation d'espèces pour milieux secs (achillée, euphorbe, thym, par exemple). Privilégiez les interventions douces et manuelles, très locales et progressives, pour modifier le relief de votre jardin et l'aménager en perturbant le moins possible le fragile écosystème existant.

Une cuvette naturelle transformée en bassin.

Les pentes et monticules sont propices à l'installation de plantes couvre-sol.

Réhabiliter un jardin abandonné

Lorsqu'un jardin est resté à l'abandon un certain temps, les espèces horticoles cèdent progressivement du terrain à la flore locale et spontanée. La traditionnelle pelouse est remplacée par une prairie, les massifs d'arbustes horticoles s'enrichissent d'espèces sauvages et les surfaces minérales s'émaillent de tapis de mousse. Derrière cet apparent désordre, parfois qualifié de friche, s'esquisse une atmosphère champêtre. Dans ce cas, n'engagez pas de débroussaillage systématique, mais optez pour un jardinage dit soustractif, qui permet d'éliminer certaines espèces – arbustes, lianes ou plantes vivaces – parmi les plus envahissantes et de dessiner les contours d'un futur aménagement paysager. Pour ce faire, recréez des zones sauvages et préservées, propices au développement spontané d'espèces locales, tant végétales (voir p. 54) qu'animales (voir p. 196). Facile à entretenir et peu contraignant, ce type de jardin est recommandé aux jardiniers disposant de peu de temps et soucieux de préserver l'environnement.

Faire le plan de son jardin

Toutes les observations et analyses glanées durant la phase préparatoire aboutissent au plan d'aménagement de son jardin. Ce plan définit le tracé, la répartition des espaces et leur évolution dans le temps. Ce projet écrit est incontournable pour qui souhaite aménager son jardin avec bon sens, car il est beaucoup plus simple de modifier - voire de corriger - des erreurs sur un plan que de les rectifier sur le terrain quelques années après l'aménagement !

Mettre par écrit son projet de jardin

Établir le plan de son jardin est une démarche, trop peu courante malheureusement, qui permet d'appréhender les aménagements à venir, de répartir les espaces plantés et d'affecter les différentes zones d'activités. Ce document mentionne son tracé et permet d'en apprécier l'évolution ; décrit par le détail l'implantation des massifs ainsi que le nom des végétaux qui les composent ; enfin, répertorie les réseaux souterrains d'alimentation électrique ou d'eau.

Dessiner le plan du jardin

Comme base de travail, utilisez une copie du plan de cadastre (généralement au 1/100e, soit 1 m sur le terrain = 1 cm sur le papier).

▸ Intégrez les éléments existants, tels que bâtiments (figurant sur les plans de cadastre), clôtures, réseaux d'alimentation électrique et d'eau (consultez les services techniques de votre mairie) et lieux de circulation.

▸ Reportez également, après les avoir relevés et mesurés sur le terrain, l'emplacement et l'envergure des végétaux et des massifs existants.

▸ Engagez ensuite la partie créative de votre projet. Dressez la liste des espaces à créer et reportez-les sur le plan en distinguant les zones réservées à la vie des usagers du jardin et celles consacrées aux végétaux.

▸ Évaluez la pertinence des emplacements choisis pour les allées, placettes, ornements décoratifs et aires de jeu, mais également pour les arbres, les massifs, le potager ou le verger. Pour cela, tenez compte de l'agencement de votre habitation, de la répartition des pièces et de leur ouverture ou non sur le jardin, de l'exposition, de l'orientation, de la proximité avec les voisins et des échappées sur les paysages environnants.

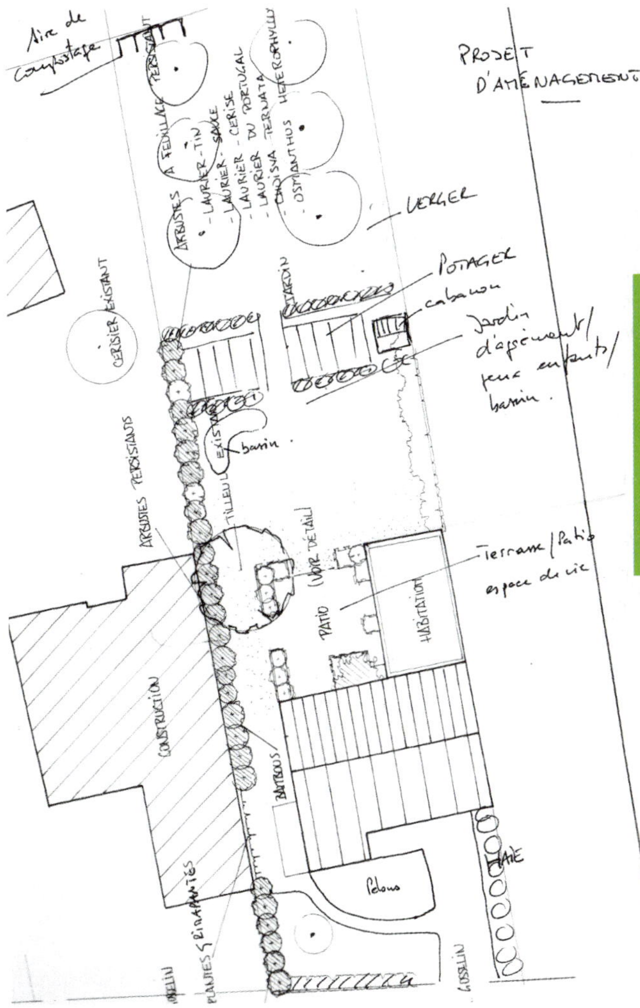

▲ Utilisez une copie de votre plan de cadastre pour délimiter les espaces de votre jardin et répartir vos plantations.

▸ N'oubliez pas de prévoir des zones sauvages, plus libres et naturelles, en retrait des principaux lieux de circulation et des aires d'activités extérieures ou de jardinage. Voir aussi p. 36-39.

Créer différents « milieux »

Cloisonner pour mieux jardiner

Pour la biodiversité, une grande pelouse entourée d'une haie de thuyas n'offre pas la même richesse qu'un jardin constitué de plusieurs zones à usages différents. Le cloisonnement par des haies mélangées, des clôtures habillées de grimpantes ou des murets envahis de petites plantes renforce encore l'attractivité du jardin pour la faune. Par la création de microclimats, ces écrans végétaux favorisent aussi la diversité des plantes cultivées.

Lister les coins du jardin

Distinguez les zones en fonction de leur usage et de leur degré d'aménagement. Installez les massifs d'ornement et les coins que vous fréquentez le plus à proximité de la maison. Consacrez le fond du jardin aux plantations plus sauvages. Apportez petit à petit plus de naturel, même dans les coins les plus aménagés (terrasse, potager...), pour favoriser la biodiversité.

Comment cloisonner ?

▸ **Les haies.** L'utilisation de haies de séparation est une solution parfaitement adaptée à un jardin au naturel. C'est le moyen le plus efficace pour protéger les plantations du vent et du froid. À l'intérieur du jardin, privilégiez les haies mélangées, moyennes ou basses (voir p. 46). Sélectionnez des arbustes aux périodes de floraison échelonnées et intégrez des espèces à baies, pour les oiseaux. Si vous souhaitez que la haie vous mette à l'abri des regards, utilisez une proportion plus élevée de persistants, tels que le laurier-tin, l'if ou le troène.

▸ **Les clôtures.** Étroites et moins encombrantes que les haies, elles conviennent mieux aux petits jardins. Évitez les panneaux pleins, qui obturent la vue et créent des vents tourbillonnants. Optez plutôt pour des clôtures à claire-voie, en bois, et habillez-les avec des plantes grimpantes. Choisissez des espèces à feuillage caduc, telles que bignone ou clématite, pour que le bois respire en hiver, et pas trop vigoureuses.

▸ **Les murets de pierres sèches.** Ils sont très décoratifs. Les interstices entre les pierres se couvrent rapidement d'une flore variée. Et ces murets font le bonheur de nombreux animaux, notamment les lézards.

▸ **Les bacs et jardinières.** Garnis de plantes hautes ou d'espèces grimpantes palissées sur un treillage, ils sont intéressants pour fermer le côté d'une terrasse. Veillez particulièrement à l'arrosage au printemps et en été.

Faire évoluer les coins du jardin vers plus de naturel

Pour faire évoluer les différents coins du jardin vers plus de naturel et plus de biodiversité, diversifiez les plantations, installez des écrans végétaux et privilégiez les matériaux naturels (voir p. 69-75).

▸ **La terrasse.** Elle établit un lien entre la maison et le jardin. Posez çà et là des potées fleuries pour rompre la monotonie des surfaces nues et uniformes. Bordez la terrasse avec des bacs dotés d'un treillage et garnis de plantes grimpantes, telles que jasmin ou chèvrefeuille ; ils filtreront le vent tout en vous protégeant des regards indiscrets (voir p. 66).

▸ **La pelouse.** Cet espace dégagé, aux multiples usages, met en valeur les plantations qui le bordent. Néanmoins, le gazon fin et vert, arrosé tout l'été, ne cadre pas avec l'esprit du jardin au naturel. Revoyez vos exigences à la baisse : réduisez la fréquence des tontes, ne coupez pas l'herbe trop ras et acceptez la présence de mauvaises herbes (voir p. 41). Laissez fleurir les pâquerettes, les primevères et les violettes. Si votre jardin est grand, adoptez la prairie fleurie, prisée pour son aspect sauvage et les nombreuses espèces qui la composent (voir p. 43).

▸ **Les massifs.** Qu'ils soient composés d'annuelles, de vivaces ou d'arbustes, ils donnent du relief au jardin tout en offrant floraisons et feuillages décoratifs. Variez les espèces et évitez les plantes à l'aspect trop sophistiqué. Choisissez des fleurs qui attirent les insectes et des arbustes à baies pour les oiseaux. Plantez les espèces délicates au pied d'une haie qui les protégera du vent et des grands froids. Implantez dans un coin un bosquet d'arbres ou d'arbustes indigènes, précieux pour les oiseaux et les petits mammifères. Cette partie calme et ombragée du jardin accueillera le coin repos, destiné à la sieste et à la lecture.

▸ **La rocaille.** Mêlant plantes vigoureuses (bugle rampant, campanule, colchique), pierres et gravier, elle forme un emplacement à part dans le jardin. Le choix et la disposi-

Un massif d'annuelles et de vivaces pour le coin fleuri.

Une allée de gazon bordant les massifs.

Une haie d'arbustes pour cloisonner.

Légumes et fleurs pour le potager.

tion des pierres sont importants pour obtenir l'effet le plus naturel possible. Privilégiez les matériaux d'origine locale et bordez la partie basse avec un muret de pierres sèches.

▸ **Le coin pour les enfants.** Placez-le un peu à l'écart, derrière une haie d'arbustes qui protégera les plantations délicates des jeux de balle. Choisissez des espèces robustes et favorables à la biodiversité, comme le laurier-tin, le troène et le noisetier. Si l'espace le permet, c'est l'endroit idéal pour construire une cabane où les enfants pourront se réfugier.

▸ **La pièce d'eau.** Elle est indispensable si vous souhaitez accueillir des animaux et des plantes aquatiques. Le bassin classique peuplé de poissons rouges est simple à aménager dans un petit jardin, mais la mare reste le lieu idéal pour attirer libellules et grenouilles (voir p. 207).

▸ **Le potager.** Il est à installer sur une parcelle bien ensoleillée, pas trop loin de la maison. Si vous voulez le couper du reste du jardin par une haie, veillez à ce que celle-ci ne porte pas une ombre trop importante sur les cultures potagères. N'hésitez pas à délimiter les planches de légumes avec des plantes fleuries : elles attirent les insectes pollinisateurs et sont parfois utiles pour éloigner les prédateurs. Pour clore le potager, vous pouvez adopter la clôture en lattes de bois garnie de grimpantes ou bordée de vivaces.

▸ **Les plantes aromatiques.** Très utilisées en cuisine, elles apprécient pour la plupart les endroits chauds et ensoleillés ; certaines sont mellifères. Vous pouvez les cultiver en pot sur la terrasse, les installer au pied d'un mur exposé au sud ou les intégrer au potager comme bonnes compagnes de vos légumes.

▸ **Le verger.** Selon la taille de votre jardin, vous pouvez envisager d'en créer un. Ne soyez pas trop strict sur

C'EST MALIN

Les cloisons express

Pour réaliser une cloison efficace dès la première année, installez un treillage et habillez-le avec des plantes grimpantes à croissance rapide : capucine, ipomée, pois de senteur ou même coloquinte. Semées en mai-juin, ces annuelles poussent d'un mètre en un mois.

Les clôtures vivantes en osier tressé sont très décoratives. L'osier vivant est issu de saules tels que *Salix alba* 'Vitellina' et *Salix triandra* 'Noir de Villaines'. Mis en terre entre novembre et mars, les brins d'osier s'enracinent puis développent des feuilles le printemps suivant. Enfoncez les brins de 20 à 30 cm, en les espaçant de 30 cm, et entrecroisez-les en leur donnant la forme voulue. Arrosez bien la première année.

Une pièce d'eau pour attirer la petite faune utile dans votre jardin.

l'implantation des arbres et, pour limiter leur entretien, privilégiez les formes libres. Les insectes butineurs y trouveront au printemps une abondante source de pollen et de nectar, et les oiseaux se régaleront en automne des fruits tombés au sol.

▸ **La piscine.** Si elle est particulièrement appréciée dans les régions aux étés chauds, elle ne constitue pas l'élément le plus évident à intégrer dans un jardin au naturel. Isolez-la du reste du jardin par une haie champêtre. Si vous en avez la possibilité, essayez la piscine naturelle, plus respectueux de l'environnement (voir encadré p. 122).

C'EST MALIN

Conserver les arbres morts

Si vous avez un arbre mort au fond du jardin, profitez-en pour créer un coin nature qui accueillera la petite faune. Les souches et les arbres morts abritent et nourrissent une grande diversité d'animaux. Les cavités qu'ils recèlent offrent des sites de nidification à de nombreux oiseaux. Les petits mammifères s'y réfugient volontiers. Si des branches menacent de tomber, coupez la partie haute en conservant 3 à 4 m de hauteur. Pour améliorer son aspect esthétique, habillez le tronc ou la souche de plantes grimpantes, telles que lierre, clématite ou chèvrefeuille.

Les coins pratiques

Ce sont les lieux réservés aux travaux de jardinage et au stockage du matériel. Moins esthétiques, ils gagnent à être isolés visuellement du reste du jardin par des haies de taille moyenne ou des clôtures habillées de plantes grimpantes.

▸ **Le compost.** Le coin réservé à sa fabrication et au stockage des déchets de taille est indispensable dans le jardin au naturel. Installez-le de préférence au fond du jardin, car la décomposition de certains matériaux organiques dégage parfois des odeurs un peu fortes (voir p. 104).

▸ **Le carré de fleurs coupées.** Il permet de réaliser des bouquets fournis sans crainte de dépouiller les massifs qui ornent les abords immédiats de la maison.

▸ **Le coin pépinière.** Il est utile pour les jeunes plants en attente de transplantation. Protégé par une haie, il accueillera aussi les arbres à racines nues placés en jauge si les conditions ne sont pas favorables à une plantation immédiate.

▸ **La petite serre.** Placée à proximité du potager, elle permet de débuter les semis des légumes et des plantes annuelles tôt en saison (voir p. 67).

▸ **L'abri.** À défaut d'une cave ou d'un garage, il est essentiel pour ranger les outils et les équipements de jardin. C'est un endroit idéal pour placer les récupérateurs d'eau de pluie (voir p. 116). Les modèles pourvus d'un appentis permettent le stockage du bois.

Créer des lieux de stockage

Dans un jardin au naturel, il est nécessaire de réserver des espaces au compostage et au stockage de l'eau de pluie. Prévoyez également un emplacement pour entreposer les déchets de taille, voire le bois destiné à une cheminée. Bien conçus, ces lieux fonctionnels offrent aussi des refuges pour la petite faune.

Le coin du compostage

Le compost en tas est plus accueillant pour les animaux sauvages que les bacs à compost en bois ou en plastique. Choisissez un endroit calme du jardin, ombragé et protégé du vent comme des fortes pluies. Pour en savoir plus, voir p. 104-113.

Si vous souhaitez faire du terreau de feuilles, créez un autre endroit pour le stockage des feuilles mortes. Réalisez un enclos avec du grillage tendu entre quatre piquets. Entassez les feuilles mortes au fur et à mesure. Le tas mûrit lentement (un à trois ans), mais le terreau obtenu est excellent pour les plantations.

Un coin pour le compost.

Entreposer le bois et les déchets de taille

Composées d'arbustes variés, les haies mélangées (voir p. 44-47) produisent une grande quantité de déchets de coupe. Ceux-ci, entreposés en tas dans un coin du jardin, servent d'abri et de nourriture à de nombreux insectes et petits mammifères. Une pile de bois recouverte d'une bâche en plastique ou quelques fagots au pied d'une haie constituent un refuge idéal pour les hérissons ou les crapauds en hiver. Pour stocker votre bois de chauffage, préférez un emplacement bien ventilé et protégé des intempéries, sous un appentis, par exemple. Pour éviter qu'il ne prenne l'humidité, ne l'entreposez pas directement sur le sol : surélevez-le avec des briques ou des parpaings.

Un appentis pour entreposer le bois.

Stocker l'eau de pluie

Selon les jardins, les systèmes de stockage de l'eau de pluie vont du simple bidon placé sous une gouttière à la citerne enterrée de gros volume, pourvue d'une pompe. Les récupérateurs d'eau de pluie n'étant guère esthétiques, installez-les dans la partie la moins en vue du jardin ou dissimulez-les derrière un écran végétal. Les citernes enterrées sont alimentées par le toit de l'habitation principale et donc placées à proximité de la maison. Une fois l'installation terminée, seule la trappe de visite est visible. L'eau recueillie permet d'alimenter les toilettes et l'arrosage du jardin. Pour en savoir plus, voir p. 116.

C'EST MALIN

S'organiser dans un petit jardin

- Utilisez de préférence un composteur : en bois notamment, il est plus esthétique qu'un tas et occupe une faible surface au sol.
- Pour recueillir l'eau de pluie, installez des citernes murales : étroites, elles se plaquent contre la façade et prennent peu de place.

De la pelouse à la prairie fleurie

Pelouse : faire les bons choix

Envisagez la pelouse comme une partie intégrante de votre jardin et oubliez le gazon à l'anglaise, fin et tondu ras. L'obtention d'un tel résultat implique l'utilisation de désherbants, d'antimousse et d'engrais, ainsi que des tontes fréquentes, incompatibles avec une gestion naturelle du jardin. Sachez que les espaces engazonnés ne constituent pas un milieu très favorable à la biodiversité et que leur entretien est plus exigeant en matériel et en temps que les massifs de plantes vivaces ou d'arbustes. Voici tous les conseils pour créer une nouvelle pelouse sur un terrain nu ou refaire une pelouse de mauvaise qualité, puis les règles d'entretien pour apprendre à la gérer de façon plus « naturelle ».

Créer ou rénover sa pelouse

Choisissez votre semence de gazon en fonction de l'emplacement de la future pelouse (soleil ou ombre, sol sec ou humide) et de l'usage auquel vous la destinez (ornement, jeu, sport, allée). Les paquets de semences vendus dans le commerce contiennent un mélange de variétés aux propriétés complémentaires. Pour les terrains ombragés, par exemple, optez pour un mélange de graminées (fétuques rouges, ray-grass anglais) capable de s'adapter à un faible ensoleillement. Un mélange de graminées ray-grass et de pâturin des prés convient bien, quant à lui, aux terrains très piétinés (aires de jeu…). Il existe trois catégories de gazon : premier prix, classique et Label rouge. Les mélanges estampillés Label rouge sont composés de variétés améliorées, plus résistantes au piétinement et à la sécheresse, au feuillage fin et à la vitesse de pousse plus lente, permettant de réduire la fréquence des tontes.

Préparer le terrain

La préparation du terrain est une étape essentielle pour assurer une croissance vigoureuse du gazon. Décapez le sol à la houe pour enlever l'herbe ; entreposez-la dans le coin réservé au compost. Puis bêchez le sol ou labourez-le au motoculteur. Éliminez les cailloux qui remontent à la surface et les mauvaises herbes vivaces aux racines profondes, comme le chiendent. Si votre sol est argileux ou peu fertile, incorporez de la matière organique bien décomposée (compost, fumier) pour améliorer le drainage et la fertilité. Éliminez les bosses et les creux, qui risquent de gêner la tonte, puis ratissez pour obtenir une couche superficielle finement émiettée.

C'EST MALIN

Une pelouse moins gourmande en eau

Pour éviter de gaspiller l'eau, il est recommandé de ne pas arroser la pelouse en été. L'herbe reverdit à la première pluie. Néanmoins, l'utilisation de graminées résistantes à la sécheresse permet de garder un tapis vert plus longtemps en été. Les espèces suivantes donnent un gazon moins fin mais plus résistant à la sécheresse que celui des graminées classiques :

- fétuque élevée ;
- fétuque ovine durette ;
- fétuque rouge demi-traçante.

Semer

Le début de l'automne est la meilleure période pour semer un gazon. Le temps doux et humide favorise la germination des graines. Le printemps convient également, mais la concurrence des mauvaises herbes est plus forte en cette saison. Choisissez une journée non pluvieuse et sans vent. Calculez la quantité de semences en multipliant la surface à engazonner par la dose indiquée sur l'emballage (en moyenne 30 à 40 g/m²). Divisez la surface en carrés égaux en traçant les contours avec le dos d'un râteau. Puis divisez la quantité totale de graines en autant de parts que de carrés. Semez ensuite les carrés un par un, le plus régulièrement possible (en surface et à la volée). Semez un peu plus dense sur les bords de la pelouse. Si la surface est grande, utilisez un semoir.
Après le semis, ratissez légèrement pour enterrer superficiellement les graines. Si le sol n'est pas trop argileux, passez un rouleau pour faire adhérer les graines fines aux particules de terre. Sinon, attendez qu'il soit sec pour que la terre n'adhère pas au rouleau. Arrosez uniformément le terrain en pluie fine. Si nécessaire, posez

un filet pour éviter que les oiseaux ne viennent picorer les graines. La levée survient entre une et quatre semaines, selon les conditions climatiques et le type de semences. Effectuez la première tonte quand le gazon a atteint 8-10 cm de hauteur.

Entretenir plus naturellement sa pelouse

La tonte

- Évitez de tondre trop ras. Réglez la hauteur de coupe à 7-8 cm. Une herbe haute protège la terre de la chaleur et limite le dessèchement superficiel du sol.
- Maintenez la lame de votre tondeuse bien affûtée.
- Tondez régulièrement et ne coupez pas plus d'un tiers de la longueur des brins d'herbe à chaque fois. Si possible, espacez les tontes tous les dix ou quinze jours. Des tontes régulières favorisent le développement en largeur de chaque touffe d'herbe, donnant un gazon épais.
- Si son volume n'est pas trop important, laissez l'herbe coupée sur le sol. Les éléments minéraux issus de sa décomposition enrichiront le sol. Les tondeuses mulching (voir p. 134) facilitent ce travail en broyant l'herbe très finement. Au printemps et en automne, les déchets de tonte sont plus conséquents. Ajoutez-les au compost, en les mélangeant à des matériaux organiques bruns, riches en carbone (voir pp. 108 et 111).

L'arrosage

Dans un jardin au naturel, il faut accepter l'idée que le gazon jaunisse en été. Car, s'il jaunit par temps sec, cela ne signifie pas pour autant qu'il meurt. Quand les conditions favorables sont de retour, l'herbe reprend rapidement sa croissance. Arrosez néanmoins les pelouses qui ont été semées l'automne ou le printemps précédent, le matin avant les fortes chaleurs. N'arrosez pas le soir : un feuillage qui reste humide la nuit favorise l'apparition de maladies telles que la rouille. Voir aussi encadré page ci-contre.

L'été, arrosez le gazon récemment planté au petit matin.

Ne tondez pas top ras.

Le désherbage

Une pelouse bien entretenue est le meilleur rempart contre l'invasion des mauvaises herbes. Acceptez la présence des pâquerettes, violettes et primevères, qui offrent pollen et nectar aux insectes butineurs. Éliminez les vraies envahissantes (voir p. 150) à la main, en extirpant leur longue racine à l'aide d'un couteau ou d'une gouge à asperge.

IDÉES REÇUES

« Une pelouse, c'est forcément de l'herbe ! »

Le gazon est constitué de graminées mais certaines plantes couvre-sol le remplacent avantageusement, notamment dans les régions méditerranéennes. Moins gourmandes en eau, ces plantes permettent de réduire l'entretien, comme la tonte ; toutefois, elles nécessitent une mise en place soignée et un entretien suivi la première année. De croissance lente, ces « gazons alternatifs » ne conviennent qu'aux petites surfaces.

- ***Matricaria tchihatchewii*** est une plante couvre-sol qui reste verte tout l'hiver.
- Le **gazon des Mascareignes**, ou *Zoysia tenuifolia*, forme un tapis dense. De croissance lente, son feuillage fin jaunit en hiver, puis reverdit au printemps.
- ***Lippia nodiflora*** forme un tapis de petites feuilles vert foncé, serrées le long des tiges. Elles sèchent en hiver, puis la végétation repart au printemps.
- ***Frankenia laevis*** produit de fines tiges qui s'enracinent au contact du sol. Les petites feuilles vertes se teintent de rouge en automne.
- Les **thyms rampants** sont également intéressants pour créer des tapis moussus sur de petites surfaces, mais ils ne supportent qu'un piétinement occasionnel.

Une prairie partiellement tondue.

La mousse

Elle pousse dans les sols ombragés, humides ou trop tassés. Pour limiter son développement, tondez haut votre pelouse et aérez le sol. Évitez l'emploi de sulfate de fer, qui acidifie la terre et favorise le retour de la mousse. Sous les arbres et au pied des massifs, il vous faut apprendre à vivre avec la mousse ou remplacer le gazon par des plantes couvre-sol.

Un tapis de pâquerettes attire les insectes butineurs.

L'aération

En réduisant le tassement du sol, l'aération favorise la croissance des racines. Une fois par an, en automne, utilisez un aérateur de pelouse ou marchez sur la pelouse avec des semelles à picots.

La fertilisation

Le terreautage est un mode de fertilisation idéal pour les pelouses. La technique consiste à appliquer directement sur le gazon une couche d'environ 1 cm de compost ou de terreau finement tamisé. Cette application stimule l'activité microbienne dans le sol et favorise la transformation du chaume (l'herbe coupée qui s'accumule au pied des brins d'herbe) en éléments nutritifs. Le terreautage se pratique en automne, après avoir aéré le sol.

C'EST MALIN

Une pelouse qui n'a pas besoin d'engrais

Certains mélanges de gazon associent aux graminées un trèfle à petites feuilles. Le trèfle fixe l'azote de l'air et fabrique son propre engrais, dont bénéficie aussi le gazon. Ses racines profondes réduisent ses besoins en eau. Il reste vert en été et sa végétation dense limite la pousse des mauvaises herbes.

Et la prairie fleurie ?

En agriculture, la prairie fleurie est un herbage naturellement riche en espèces végétales, destiné à la production de fourrage. Les paysagistes l'ont adaptée aux espaces verts urbains, puis aux jardins des particuliers. Parsemée d'une multitude de fleurs, elle est esthétique et constitue un milieu très favorable à la biodiversité de par sa richesse variétale.

Un coin de nature

La prairie fleurie est généralement composée d'un mélange de graminées (fétuques rouges et ovines) et de fleurs des champs annuelles (bleuet, coquelicot) ou vivaces (achillée, centaurée, marguerite). Son aspect naturel et un peu fouillis convient mieux aux jardins de campagne qu'aux petits jardins de ville.

Les mélanges tout prêts et les mélanges « maison »

Les magasins spécialisés proposent de nombreux mélanges conçus pour un usage ou un décor particuliers. Beaucoup contiennent des annuelles d'origine exotique, telles que zinnias ou cosmos. Si vous souhaitez privilégier les espèces indigènes, vérifiez la composition du mélange ou préparez votre propre mélange. La plupart des graines de fleurs sauvages sont vendues séparément. Achetez celles qui vous plaisent et mélangez-les (coquelicot, bleuet, marguerite, myosotis...).

La prairie fleurie composée uniquement de plantes annuelles a une durée de vie courte (un à deux ans) et doit être réensemencée.

Les graminées ne sont pas obligatoirement présentes dans les mélanges du commerce. Germant plus vite que les plantes à fleurs, elles ont tendance à prendre le dessus. En revanche, certaines se développent souvent spontanément dans la prairie fleurie après quelques mois.

Le semis

La période idéale pour semer une prairie fleurie est le début de l'automne, ce qui garantit une meilleure implantation des espèces vivaces rustiques. Si vous utilisez un mélange du commerce, respectez la date de semis indiquée sur le paquet. Ceux qui comprennent des annuelles et des vivaces sensibles au gel, comme le zinnia, se sèment au printemps.

Une prairie fleurie de zinnias et de bleuets.

L'entretien

Fauchez votre prairie fleurie deux fois dans l'année, en juillet puis en octobre, lorsque les dernières floraisons sont terminées. Laissez l'herbe coupée quelques jours en place, de façon que les graines tombent sur le sol, puis ramassez-la pour éviter de trop enrichir la terre : les fleurs des champs fleurissent mieux dans les sols peu fertiles.

À FAIRE SOI-MÊME

Créer un petit coin de prairie fleurie

- Délimitez la parcelle destinée à recevoir la prairie fleurie. L'endroit doit être ensoleillé et le sol pas trop riche.
- Décapez la surface si elle est engazonnée. Arrachez avec soin les mauvaises herbes. Bêchez le sol, puis ratissez finement la surface. Dans le cas d'une pelouse à rénover, vous pouvez profiter des endroits pelés ou abîmés (taupinières) pour y implanter des fleurs sauvages, qui coloniseront petit à petit toute la surface libre.
- Mesurez la surface à semer et déterminez la quantité de graines en fonction de la densité de semis indiquée sur le paquet.
- Semez les graines en surface et à la volée.
- Passez un rouleau pour renforcer le contact des graines avec le sol. L'arrosage est inutile.

Des haies plus naturelles

Une haie, pour quoi faire ?

En ville comme à la campagne, la haie est souvent perçue comme un moyen de marquer les limites de son jardin et de se mettre à l'abri des regards ou des intrus. Pourtant, la haie peut avoir bien d'autres fonctions, particulièrement utiles dans un jardin au naturel.

Un brise-vent efficace

La haie constitue un brise-vent efficace, notamment dans les jardins en bord de mer et ceux exposés aux grands vents. Elle assure également une protection thermique isolante en hiver, limitant les effets et les dégâts du gel pour les plantes installées à proximité et créant un microclimat favorable (voir p. 29). En effet, la haie freine la circulation de l'air froid et évite son accumulation dans certains endroits creux du jardin.

Pour structurer et décorer

Plantée à la limite d'une propriété ou cloisonnant un grand jardin, la haie permet de structurer l'espace et d'apporter, à la différence d'un mur ou d'une clôture, un arrière-plan vivant à des plantations plus basses : massif, pelouse, potager ou autre.

Bien sûr, la haie a aussi une fonction décorative, qu'elle soit taillée, formelle, en écran vert ou champêtre. La haie champêtre (ou libre) offre floraisons, fruits décoratifs, feuillages caducs ou persistants. Elle peut également être productive, même dans un jardin de taille modeste, si vous y intégrez des petits arbres fruitiers.

Pour favoriser la biodiversité

Dans un jardin au naturel, la haie joue un rôle fondamental dans le développement de la biodiversité. Bien pensée, elle permet d'accueillir la petite faune utile, constitue un véritable garde-manger pour les oiseaux comme pour les petits insectes, attirant ainsi les pollinisateurs. En bref, c'est une mini-réserve naturelle dans votre jardin !

Pour favoriser cette biodiversité, deux conditions essentielles sont requises.

▸ **La haie doit être pénétrable :** une haie dense de thuyas, par exemple, est certes très protectrice, mais présente peu d'atouts écologiques. Une charmille, en revanche, peut être intéressante, car le charme est une espèce qui, en hiver, peut abriter des auxiliaires dans son feuillage sec.

Une haie de lauriers-tins et de rosiers.

▸ **La haie doit être composée d'espèces diverses :** la présence d'une seule espèce n'est pas favorable au développement de la biodiversité. Pour attirer insectes pollinisateurs, oiseaux et petite faune, préférez une haie constituée de végétaux variés. Les animaux y trouveront tout ce qui leur faut pour se nourrir et s'abriter. La haie devient alors un « corridor écologique » à petite échelle. Les oiseaux apprécient par exemple les arbustes épineux et les ramures denses (aubépine, rosier arbuste, charme), qui leur assurent refuge et possibilité de nicher. Naturellement, les graines (charme et hêtre) et les fruits (viorne, rosier, sorbier des oiseleurs, sureau, amélanchier et pommier à fleurs) sont indispensables pour les aider à se nourrir en automne et en hiver.

C'EST MALIN

Comment animer une haie triste

Votre haie est un peu triste. Pourquoi ne pas planter une plante grimpante légère, telle une clématite, dont les fleurs égaieront le feuillage ? Les annuelles grimpantes à croissance rapide, comme la capucine ou le pois de senteur, sont de bons choix. Si vous plantez au pied de la haie des vivaces mellifères, elles attireront les insectes pollinisateurs. Choisissez des vivaces robustes peu sensibles à l'assèchement du sol provoqué par la concurrence des racines de la haie : mélisse, hélénie, lamier, sauge ou scabieuse.

Une haie de charmes attirera les oiseaux. ➡

Composer une haie au naturel

Composer une haie au naturel, c'est opter pour une haie champêtre (ou libre), qui associe différents types d'arbustes, caducs et persistants, à fleurs et à baies. Que vous souhaitiez créer une haie au naturel ou transformer une haie classique en haie au naturel, c'est ce principe qui doit vous guider.

Choisir et associer les différentes espèces

Privilégiez la flore locale

Une règle d'or : préférez des arbustes adaptés au sol de votre jardin, au climat de votre région et à l'exposition de la haie. Vous obtiendrez ainsi des plantes saines et vigoureuses, pour un entretien minime. Sous climat méditerranéen, pensez par exemple à l'arbousier, à l'arbre de Judée et au gattilier ; sous climat continental ou montagnard, au charme, à l'aubépine, au cornouiller sanguin et au sureau ; sous climat océanique, au tamaris, à l'éléagnus. Pour en savoir plus, voir p. 54.

Équilibrez le mélange

Pour une composition harmonieuse de la haie, prévoyez des feuillages caducs et des feuillages persistants (ces derniers pour environ 30 %) de façon à conserver volume et structure en hiver.

Associez des arbustes offrant floraisons et fructifications, qui sont appréciées par les insectes auxiliaires et les oiseaux.

Intégrez à votre haie des arbustes restant décoratifs une bonne partie de l'année, comme l'amélanchier, qui allie des fleurs blanches, des baies aimées des oiseaux et des couleurs d'automne, ou les rosiers botaniques, qui portent fleurs et fruits.

Selon l'emplacement de la haie, la réglementation à respecter (voir encadré page ci-contre) et l'espace disponible, sélectionnez des espèces de hauteur appropriée afin de limiter les interventions de coupe ou de taille. Les différentes strates végétales offrent des habitats variés aux insectes utiles, oiseaux et autres petits animaux, qui trouvent refuge dans la haie ou à son pied. Pour en savoir plus, voir les fiches plantes p. 214-257.

⬇ Une haie d'aubépines sied au climat continental.

⬆ Une haie champêtre ponctuée de lauriers-roses en fleurs.

Faire évoluer une haie classique préexistante

S'il est difficilement envisageable d'arracher en totalité une haie impénétrable de thuyas, par exemple, pour la changer par une haie champêtre, introduisez de la diversité en remplaçant progressivement certains éléments de la haie par d'autres espèces, à feuillage caduc, telles que rosier rugueux, noisetier ou aubépine, dans une haie persistante.

Si la haie d'origine est une haie de conifères, privilégiez les espèces produisant des fruits, toujours pour favoriser la faune sauvage, en particulier les oiseaux.

EN SAVOIR PLUS

Des suggestions d'associations

Une haie à la campagne : houx, lierre et buis pour les feuillages persistants ; charme, aubépine, sureau, cornouiller sanguin et noisetier pour les caducs.

Une haie en ville : buis, houx, mahonia, laurier-tin, pyracantha et troène pour les feuillages persistants ; rosiers botaniques, amélanchier, noisetier, buddléia, viorne lantane et kolkwitzia pour les caducs.

Pas à pas : cultiver une haie champêtre

Une fois décidée la composition de votre haie, qu'elle soit préexistante ou nouvelle, suivez ces quelques étapes de plantation, entretien et taille pour obtenir en quelques années une haie fournie et vigoureuse.

Le choix des arbustes

Pour faire des économies tout en étant assuré d'une croissance rapide, choisissez des plants de petite taille (20-40 cm de hauteur), âgés de deux à trois ans. Très vigoureux, ils prennent racine facilement et rattrapent en quelques années la croissance de plants plus développés. Ils sont présentés à racines nues ou en godets.
Si vous en avez la possibilité, procurez-vous vos arbustes chez un producteur local, afin de privilégier des espèces et variétés locales produites sur place et déjà acclimatées.
Sachez que les jeunes plants forestiers sont proposés par certains pépiniéristes, entre 1 et 4 € le plant.

ZOOM SUR

Ce que dit la loi

La plantation d'une haie en limite de propriété doit respecter des règles imposées par la loi. Ainsi, il est interdit de planter une haie à moins de 50 cm de la limite séparative et, si vous la plantez entre 50 cm et 2 m de la limite de propriété, la haie doit être maintenue à une hauteur inférieure à 2 m. Ailleurs dans le jardin, les arbustes peuvent dépasser 2 m. Renseignez-vous également en mairie avant de planter, car il peut exister un arrêté municipal plus restrictif.

Quel schéma de plantation ?

Pour créer une nouvelle haie, selon la taille de votre jardin et l'espace accordé à la haie champêtre, plantez les arbustes soit sur une ligne, à 1 m de distance environ les uns des autres, soit en quinconce (sur deux lignes décalées), à 1,2 m de distance environ les uns des autres, pour une haie plus étoffée lorsque le jardin est assez grand.
Si vous avez déjà une haie que vous souhaitez faire évoluer, deux solutions s'offrent à vous. Vous pouvez la doubler avec des plantes moins hautes. Installez alors ces nouveaux arbustes en décalé par rapport à la haie déjà en place, à 1 m ou 1,2 m, selon le développement futur de l'arbuste.
L'autre possibilité consiste à remplacer chaque année, pendant quatre à six ans, une partie de la haie existante, de façon à la renouveler entièrement sans qu'elle cesse de jouer son rôle d'écran et de protection du jardin. Après avoir arraché certains plants, enrichissez la terre de rebouchage du trou de plantation en la mélangeant, selon le volume, avec une ou deux pelletées de compost ou de fumier décomposé.

La plantation

Les périodes les plus favorables à la plantation sont octobre-novembre et février-mars pour les plantes vendues en conteneur, notamment les arbustes à feuillage persistant. Les plants à racines nues sont mis en place entre fin octobre et fin mars. Préférez la plantation d'automne car, pendant l'hiver, les arbustes s'enracinent sans nécessiter d'arrosage. Pour en savoir plus sur les arbustes, voir p. 214-257.

L'entretien

Si vous avez planté en automne et choisi des espèces adaptées au climat régional, arrosez copieusement une fois par semaine durant les deux étés suivant la plantation, en période de sécheresse marquée.
Pour limiter les arrosages, les mauvaises herbes, et favoriser l'enracinement, étalez sur le sol humide un paillis (voir p. 98-103) après la plantation (ou avant si vous employez un feutre de paillage biodégradable). Utilisez alors compost, broyat de rameaux, feuilles mortes ou paillettes de lin. Une fois la haie établie, renouvelez le paillis tous les deux ou trois ans, au printemps.

Et la taille ?

Ne taillez pas les arbustes au moment de la plantation, mais un an après, en coupant les tiges à 15-20 cm du sol environ pour les plus petits, de moitié de leur longueur pour les plus grands, ce qui les oblige à se ramifier et donc contraint l'arbuste à buissonner.
Par la suite, une taille annuelle suffit généralement pour une haie champêtre. La fin de l'hiver est un bon moment mais veillez à préserver les nids d'oiseaux. Adoptez une taille douce, respectant la silhouette naturelle des végétaux.

La taille annuelle d'une haie de lauriers-cerises.

Des allées vivantes

Privilégier le naturel

Conçues pour faciliter les déplacements dans le jardin, les allées contribuent également à son décor. L'utilisation de végétaux et de matériaux naturels favorise leur intégration dans le paysage.

Un tracé simple

Pour relier deux points du jardin, choisissez le tracé selon le style. La ligne droite convient aux jardins de style classique, tandis que les courbes sont plus adaptées aux jardins champêtres. La largeur d'une allée dépend de son usage et de sa situation dans le jardin. Comptez 60 à 80 cm pour le passage d'une personne, 1 à 1,5 m pour que deux personnes puissent l'emprunter de front. Comptez un peu plus pour les allées bordées d'arbustes ou de plantes retombantes.

Une allée en pas japonais.

Les matériaux et les revêtements

Beaucoup de possibilités s'offrent à vous. N'hésitez pas à associer différents matériaux pour composer un motif personnalisé.

▸ **Le gazon** est une solution à envisager dans le jardin au naturel. Les allées engazonnées procurent une sensation de continuité entre les différentes parties du jardin. Elles sont très décoratives dans un potager. Dimensionnez-les en fonction de la largeur de coupe de votre tondeuse. Si vous habitez une région au climat pluvieux, installez des dalles qui vous permettront de circuler sans abîmer l'herbe, plus fragile quand le sol est détrempé.

▸ **Le pas japonais**, lui, permet de créer un passage à travers une pelouse. Des pierres sont implantées à espaces réguliers, soit alignées sur l'axe, soit légèrement décalées. Veillez à ce qu'elles soient bien à niveau avec le sol et ne gênent pas le passage de la tondeuse. Leur espacement correspond au pas d'un adulte, soit environ 60 à 70 cm de centre à centre.

▸ **Les briques, pavés et dalles** présentent un large choix de couleurs et de textures. Posez-les sur un lit de sable et laissez les plantes sauvages envahir les interstices. Pour une allée carrossable, utilisez des dalles « gazon » (dalles percées de trous remplis de terre et ensemencées), sur lesquelles la végétation peut s'installer.

▸ **Les pierres naturelles**, telles qu'ardoise, schiste, grès ou calcaire, sont taillées de diverses manières. Si vous les posez sur la terre, repiquez des petites plantes dans les interstices. Si vous optez pour une assise de sable ou de gravier, laissez les plantes sauvages s'établir.

▸ **Les rondins sciés** conviennent aux jardins de style rustique. Utilisez de préférence du bois non traité et installez les rondins sur un lit de sable bien épais, pour prévenir les problèmes d'humidité.

▸ **Le gravier** est facile d'emploi et peu coûteux. Placez une bordure en bois, en métal ou en plastique de chaque côté pour éviter qu'il ne s'éparpille dans les plantations environnantes. Le désherbage est néanmoins indispensable pour des raisons esthétiques (voir p. 153).

▸ **Les copeaux de bois** issus du broyage des branches sont également utilisés pour les allées. Épandez-les sur 10-15 cm d'épaisseur. Tous les deux ans, ajoutez une nouvelle couche de 5 cm pour remplacer ceux qui se sont décomposés au contact du sol.

ZOOM SUR

Les plantes couvre-sol

Dans les allées peu fréquentées (rocaille, par exemple), pensez aux petites plantes couvre-sol (moins de 5 cm de haut), qui supportent un piétinement occasionnel, pour garnir les espaces entre les dalles. Elles finissent par former une moquette végétale très décorative. Essayez la sagine, la menthe de Corse ou encore les thyms rampants.

Une allée de pierres bordée de cyprès. ➡

Limiter l'entretien de ses allées

Ne faites pas systématiquement la chasse aux herbes qui se faufilent entre les dalles et les pavés. Dans un jardin au naturel, cette végétation est considérée comme bénéfique pour la biodiversité. Surveillez néanmoins les espèces les plus envahissantes et les mauvaises herbes, pour éviter qu'elles ne prennent le dessus.

Les bons gestes

Bannissez l'emploi de désherbants chimiques. Entraînés par la pluie, ces produits toxiques polluent en effet les nappes phréatiques et mettent en danger la faune et la flore. Utilisez des techniques de désherbage plus douces et, surtout, acceptez la présence de plantes spontanées telles que primevères, pensées et roses trémières – elles ne sont pas gênantes et adoucissent l'aspect minéral des allées.

Le désherbage manuel

Pour arracher les mauvaises herbes vivaces qui poussent entre les dalles ou les pavés, le désherbage manuel est une solution simple et écologique. Utilisez un couteau pour extirper les vivaces à longue racine, comme le pissenlit ou le plantain. Coupez régulièrement la base des herbes qui envahissent les surfaces gravillonnées avec un sarcloir.

Le désherbage thermique

Adapté aux petites surfaces, le désherbage à l'eau bouillante est efficace pour détruire les mauvaises herbes qui ne sont pas installées depuis longtemps. Intervenez dès le début du printemps, puis régulièrement par la suite. Une bonne méthode consiste à utiliser l'eau de cuisson encore bouillante de pommes de terre : l'amidon qu'elle contient asphyxie les racines. Comme beaucoup de procédés naturels, celui-ci nécessite du temps et de la manipulation, car il faut renouveler l'opération plusieurs fois jusqu'à la disparition des plantes.

Il existe également des brûleurs qui fonctionnent avec une petite bouteille de gaz. Ils assurent le désherbage en provoquant un choc thermique qui détruit les cellules des plantes. Efficace, leur utilisation peut cependant s'avérer dangereuse. De plus, le gaz utilisé fait partie des sources d'énergie non renouvelables (voir p. 134).

C'EST MALIN

L'éclairage solaire

L'éclairage extérieur est agréable en été pour prolonger les soirées au jardin, mais aussi toute l'année pour les allées qui relient le portail extérieur à l'entrée de la maison ou du garage. Pensez aux bornes et balises solaires. Les ampoules qui les équipent se chargent durant la journée et s'allument dès que la nuit tombe. Elles ont plusieurs heures d'autonomie.

Utilisez un couteau pour désherber entre les dalles.

Les algues

Le développement d'algues rend les dalles et les surfaces en bois glissantes. Au lieu d'employer un produit toxique pour la faune et la flore, éliminez cette pellicule visqueuse à l'aide d'un simple balai à poils durs ou avec un jet d'eau haute pression.

Les solutions préventives

Si vous craignez le développement de plantes indésirables dans votre allée, semez, entre les dalles, du gazon ou des petites plantes couvre-sol, qui supportent le piétinement (voir encadré p. 48). Le gazon n'empêchera pas les mauvaises herbes de pousser, mais réduira leur nombre.

Dans les allées gravillonnées, posez un feutre géotextile en fond de tranchée et mettez une couche suffisante de gravillons (au moins 5 cm) pour limiter la germination des graines de mauvaises herbes. Nivelez régulièrement l'allée et rechargez de temps à autre en gravillons.

Un dallage situé dans un endroit humide et ombragé a tendance à se couvrir de mousse et devenir glissant. Dans ce cas, installez de préférence une allée en copeaux de bois ou en gravier.

Des plantations bien pensées

La bonne plante au bon endroit

Choisir des plantes qui se plaisent dans votre jardin est moins simple qu'il n'y paraît. Une plante qui trouve dès sa plantation des conditions adéquates s'enracine rapidement. Elle a une croissance vigoureuse sans demander beaucoup d'attention. Elle est aussi mieux armée pour résister aux maladies ou parasites qu'une plante affaiblie par un environnement défavorable. Il est donc préférable de choisir les végétaux pour les emplacements que vous pouvez leur offrir, plutôt que d'acheter des plantes pour ensuite vous demander où les installer dans votre jardin.

L'exposition, le sol et le climat

Quels sont les critères déterminants pour la croissance d'une plante ? Qu'il s'agisse d'un arbre fruitier, d'une fougère, d'une plante bulbeuse ou d'un légume du potager, prenez en considération trois éléments :

▸ **l'exposition**, soleil ou ombre, avec toutes les nuances intermédiaires (mi-ombre, ombre légère) ;

▸ **le type de sol** (voir p. 86-89) ;

▸ **le climat**, qui conditionne la rusticité, c'est-à-dire la résistance au froid des plantes, mais qui recouvre aussi d'autres aspects comme le vent et les précipitations (voir p. 27-30).

Si les plantes sont, dans l'ensemble, assez tolérantes, notamment les ornementales, il n'en est pas de même pour les fruits ou les légumes, dont la production risque d'être moindre si les conditions ne sont pas optimales. Il n'y a dans la nature aucune règle stricte : une plante qui aime le soleil supporte un peu d'ombre une partie de la journée, de même qu'elle s'accommode d'un sol un peu plus humide ou un peu plus sec que son « idéal ». Cependant, vous devez respecter globalement ses besoins. Une plante de sous-bois frais dépérit rapidement en plein soleil, sur un sol sec, même si vous l'arrosez quotidiennement. Un arbuste exigeant un sol acide, comme le rhododendron, n'est jamais vigoureux et florifère sur un sol calcaire.

En choisissant d'emblée des plantes adaptées aux conditions de votre jardin, vous allez dans le sens d'un jardin au naturel, où les interventions du jardinier sont limitées, où il travaille avec les conditions naturelles et non contre elles.

L'impatiens, une plante annuelle qui se plaît à l'ombre.

C'EST MALIN

Des solutions pour vos plantes préférées

Il existe des solutions simples pour « tricher » un peu avec les conditions naturelles de votre jardin et vous faire plaisir avec des plantes que vous aimez particulièrement.

▸ La culture en pot : une solution lorsque le sol ne convient pas ou que la résistance au froid est insuffisante (à condition de disposer d'un lieu pour l'hivernage).

▸ Une situation abritée pour les frileuses : plantez au pied d'un mur chaud et ensoleillé les plantes qui craignent le froid de l'hiver dans votre région et les fruitiers à floraison précoce.

▸ Des abris temporaires pour les semis d'annuelles et de légumes : placez-les sous des cloches et des châssis (voir pp. 67 et 127).

Les plantes de soleil, les plantes d'ombre

Observez la course du soleil dans la journée, mais aussi au fil des saisons, pour bien identifier dans votre jardin les zones d'ombre et de soleil. Ici, le soleil est tamisé par un feuillage léger, là il disparaît en début d'après-midi… Une plante d'ombre supporte un peu de soleil si le sol reste frais, mais ne survit pas à un soleil brûlant sur un sol sec. Par ailleurs, faites bien la différence entre ombre humide, avec un sol demeurant frais, et ombre sèche, avec sol sec, une situation beaucoup plus délicate pour la plupart des plantes et qui implique donc un choix attentif des espèces.

Un massif d'achillées et de montbrétias pour un coin de jardin en plein soleil.

Les bonnes plantes pour les bons usages

Pour bien choisir vos plantes, il est également important de prendre en compte le rôle que vous souhaitez leur voir jouer. Certaines, comme les grimpantes, habillent une surface à la verticale ou se faufilent dans un arbre ou arbuste, mais aussi s'étalent à l'horizontale pour couvrir le sol. D'autres sont moins polyvalentes et n'offrent qu'une possibilité : vivace buissonnante à planter dans un massif, plante tapissante à utiliser comme couvre-sol, etc. Ne vous trompez pas en installant une plante tapissante au milieu d'un massif. On ne l'y remarquera pas. Elle demande à être plantée en bordure ou au pied d'arbustes.

EN SAVOIR PLUS

Les couvre-sol : indispensables dans un jardin au naturel

Les plantes couvre-sol constituent un paillis vivant et décoratif. Comme leur nom l'indique, elles couvrent le sol, gardant la fraîcheur et le préservant de l'érosion, freinant la croissance des mauvaises herbes. Robustes et faciles à vivre, elles sont précieuses pour habiller les coins difficiles, comme un talus sec ou une zone d'ombre sous les arbres. Sont utilisées en couvre-sol des plantes vivaces comme le lamier ou la pervenche, des arbustes à port étalé (cotonéaster rampant, millepertuis), des plantes grimpantes comme le lierre.

Dimensions et longévité

Pour composer des plantations harmonieuses et durables, soyez attentif aux dimensions des plantes, ainsi qu'à leur longévité. Ne perdez pas de vue qu'une petite plante vivace en godet peut dépasser 1 m de hauteur et 50 cm d'étalement dès la deuxième année de culture, tout comme un arbre réputé de croissance lente peut finir par mesurer 20 à 30 m de hauteur !

Pensez à vous renseigner sur les dimensions atteintes par les plantes à maturité, soit deux à trois ans pour les vivaces, trois à dix ans pour les arbustes et une bonne vingtaine d'années pour les arbres. Si vous plantez trop serré, vous serez contraint au bout de quelques années de remanier le massif, d'arracher certaines plantes. Pour les arbres, bien sûr, les conséquences sont plus dommageables. Planté trop près de la maison, l'arbre peut menacer les canalisations et faire trop d'ombre. Il peut aussi devenir disproportionné si le jardin est petit. Planté trop près de la limite de propriété, il peut dépasser chez le voisin, vous obligeant à des interventions de taille.

Dans un jardin au naturel, mieux vaut dès la plantation prévoir de laisser à chaque plante l'espace nécessaire à son développement, ce qui limite aussi les interventions de taille. En attendant que les plantes atteignent leur maturité, occupez l'espace par des plantations temporaires, vivaces éphémères, bisannuelles ou annuelles, couvre-sol qui pourront se naturaliser lentement au pied des arbustes.

Un hortensia grimpant pour habiller un mur.

Privilégier les plantes proches de la flore indigène

En veillant à choisir des plantes proches de la flore indigène, c'est-à-dire des espèces ou variétés horticoles proches des espèces sauvages, vous êtes assuré d'introduire dans votre jardin des végétaux qui soient bien adaptés au climat local et donc rustiques.

Qu'est-ce qu'une plante indigène ?

Il s'agit d'une plante qui pousse spontanément en un lieu donné, sans intervention humaine. Ce type de plante est parfaitement adapté à son environnement et constitue par conséquent une source précieuse d'inspiration pour un jardin au naturel.

Les interactions entre hommes et plantes sont si anciennes que certaines plantes introduites depuis des siècles dans les jardins se sont « échappées » par le biais des semis spontanés et se sont naturalisées (acclimatées de façon durable) au bord des chemins ou des cours d'eau. Si elles ne sont pas au sens strict des plantes indigènes, elles peuvent être considérées comme telles par les jardiniers, car parfaitement adaptées, donc, aux conditions locales (climat, sol...).

Observer votre environnement

Pour savoir quelles sont les plantes indigènes de votre région, observez les bords de chemin ou de cours d'eau (talus, haies sauvages...), longez les jardins abandonnés et promenez-vous dans les parcs anciens (cultivés depuis longtemps, ils abritent des plantes anciennes). Vous pourrez ainsi repérer les plantes qui sont les plus robustes, celles qui atteignent des dimensions impressionnantes tout en étant parfois négligées depuis des années ! Vous verrez souvent des pivoines opulentes, des buis imposants, de vieux arbres fruitiers produisant toujours, des rosiers échevelés, comme *Rosa banksiae* dans le Midi.

EN SAVOIR PLUS

La rusticité des plantes, un atout

La rusticité se définit comme l'aptitude d'une plante à résister au froid de l'hiver dans une région donnée. Les espèces indigènes sont, par nature, rustiques dans leur habitat naturel, de même que les variétés qui en sont issues ou les espèces proches. Elles sont donc, de ce fait, des sujets très résistants.

Dans votre région, observez la végétation des bords de chemin afin de repérer les espèces locales.

Sur les bords des chemins ou le long des cours d'eau, vous pouvez prélever des plantes qui vous plaisent pour les replanter dans votre jardin. Attention cependant : certaines espèces végétales sauvages sont protégées et ne doivent pas être cueillies. Dans les parcs, essayez de connaître le nom des variétés en vous renseignant auprès du propriétaire : vous les trouverez peut-être ensuite chez un pépiniériste spécialiste de variétés anciennes.

Une valeur sûre pour un jardin au naturel

Les plantes indigènes sont une manne pour le jardinier soucieux de jardiner au naturel : économes en eau, adaptées aux climat et microclimat de votre région et au type de sol. Elles sont ainsi plus durables.

LES GRANDS PRINCIPES DU JARDIN AU NATUREL

Halte aux invasives

Introduites par l'homme dans les régions, ces plantes sont si vigoureuses que, par leur prolifération, elles nuisent à la biodiversité. Les plantes invasives ont tendance à étouffer les plantes voisines. Les espèces moins vigoureuses de la flore locale sont alors menacées de disparition et les écosystèmes bouleversés.

Qu'est-ce qu'une plante invasive ?

Les critères qui définissent une plante invasive sont les suivants :

- il s'agit d'une plante introduite par l'homme, volontairement ou non (elle n'est donc pas indigène) ;
- elle est capable de se naturaliser dans son nouvel environnement, de se multiplier en grand nombre (par semis, rejets...) ;
- sa croissance très vigoureuse constitue une menace pour la flore voisine.

Invasives selon les régions ?

Les plantes invasives n'ont pas toutes la même « agressivité » écologique selon les régions.

Ainsi, en région méditerranéenne, le mimosa, le figuier de Barbarie et la griffe-de-sorcière (*Carpobrotus*) sont considérés comme invasifs alors qu'ils ne le sont pas dans les autres régions.

Dans le Sud, en Bretagne et dans le Bassin parisien, le buddléia (*Buddleja davidii*) est considéré comme invasif, mais il se révèle moins présent dans le Centre et l'Est, par exemple.

Sachez toutefois que la renouée du Japon (*Reynoutria japonica,* voir photo) est une des plantes invasives les plus redoutables, car elle se développe dans toutes les régions de France (dans les fourrés denses, le long des rivières et des routes).

Les précautions à prendre

La plantation d'espèces invasives est bien sûr à proscrire, même pour coloniser des coins difficiles de votre jardin. Si ces plantes sont déjà installées dans votre jardin, placez-les « sous surveillance » et empêchez-les de se ressemer partout – coupez pour cela les fleurs fanées avant la formation des graines.

Si vous remarquez qu'elles deviennent particulièrement envahissantes et si vous ne parvenez plus à contenir leur développement et leur prolifération, il est plus prudent de les arracher. N'ayez surtout pas recours aux produits herbicides, qui bouleversent encore plus les équilibres écologiques.

La dangereuse berce du Caucase.

Pour en savoir plus sur les espèces invasives en France, consultez le site www.tela-botanica.org/page:biodiversite.

Des plantes néfastes pour la santé

Certaines invasives sont par ailleurs redoutées à cause de leur impact sur la santé. C'est le cas de la berce du Caucase (*Heracleum mantegazzianum*), un temps prisée dans les jardins et aujourd'hui échappée sur les berges et les lieux humides. Le contact du feuillage peut déclencher brûlures et inflammations cutanées sévères.

Quant à l'ambroisie (*Ambrosia artemisiifolia*), elle est désormais reconnue comme une vraie menace. Son pollen fortement allergisant est responsable de nombreuses pathologies, notamment respiratoires. Dans un cas sur deux, l'allergie à l'ambroisie peut entraîner l'apparition d'un asthme, ou provoquer son aggravation. Selon les régions, 6 à 12 % de la population seraient allergiques.

Ses capacités à gagner du terrain suscitent de véritables plans de lutte de la part des autorités sanitaires. Afin d'informer sur la présence de la plante, une cartographie a été mise en ligne par la Direction générale de la santé (http://social-sante.gouv.fr/IMG/pdf/carto_ambroisie_2014_nombre_observation_maille10.pdf).

Des massifs qui jouent le jeu du naturel

Les massifs des jardins au naturel n'ont pas grand-chose à voir avec ceux des jardins traditionnels. Si la tendance « traditionnelle » consiste à bien séparer les catégories de plantes, avec les rosiers d'un côté, les plates-bandes de fleurs d'été de l'autre, un potager bien délimité, la tendance « au naturel » consiste à composer des massifs qui marient, dans un style très foisonnant, arbustes, vivaces, bulbeuses, annuelles, parfois même aromatiques et légumes.

Les atouts d'un massif naturel

À l'image de la façon dont les plantes poussent dans la nature, cette diversité est garante d'une meilleure résistance des plantes aux maladies et parasites. Elle est aussi favorable aux insectes utiles et aux oiseaux que défavorable aux insectes ravageurs, qui ne trouvent pas suffisamment de plantes d'une même espèce à envahir.
Le massif offre par ailleurs un intérêt décoratif renouvelé au fil des saisons, le jardinier n'ayant pas à changer toutes les plantes de la plate-bande, comme c'est le cas dans un massif traditionnel constitué de plantes saisonnières.
En outre, le massif offre un style plus naturel par son foisonnement et sa souplesse, les feuillages jouant un rôle au moins aussi important que les floraisons.

Des mariages heureux

Un massif au naturel repose sur l'association de différents types de plantes.

▸ **Les arbustes, voire les petits arbres, pour le long terme.** Ils structurent les plantations et assurent, même avec un feuillage caduc, une présence hivernale intéressante et précieuse pour la faune sauvage. Les plus éphémères des arbustes demeurent trois à cinq ans en place (lavatères arbustives), mais bien d'autres vivent dix à vingt ans au moins (rosiers, pivoines arbustives). Il s'agit donc de bien réfléchir au type d'arbuste que vous souhaitez et à l'emplacement que vous lui destinez dans le jardin. Pour en savoir plus, voir p. 214-257.

▸ **Les vivaces, pour leur permanence et leur vigueur.** À la différence des arbustes, la plupart des plantes vivaces (sauf celles à feuillage persistant, comme les heuchères) disparaissent en hiver pour reprendre leur croissance au printemps. Faciles à cultiver, souvent faciles à multiplier par division, elles constituent elles aussi un achat durable, peu coûteux, avec à la clé une croissance vigoureuse, de beaux effets de feuillage et de floraison. Laissez libre cours à votre imagination pour jouer avec les contrastes de teintes, de formes et de textures de feuilles et de fleurs ! Lorsque les

⬆ Un massif d'annuelles et de plantes aromatiques.

vivaces sont de petite taille, plantez-les par groupe de trois ou cinq pour éviter qu'elles ne passent inaperçues. Toutefois, du fait de leur vigueur, qui risque d'étouffer leurs voisines, évitez de planter des pervenches ! N'oubliez pas les couvre-sol (voir p. 154) pour habiller les espaces nus au pied des arbustes et limiter le désherbage. Pour en savoir plus, voir p. 260-289.

▸ **Les bulbeuses, en touches fleuries.** Outre qu'ils annoncent le printemps, les premiers bulbes, tels que perce-neige et crocus, ont l'avantage de se naturaliser au pied des arbustes, en bordure de massif, et d'attirer les premiers pollinisateurs. Les bulbes à floraison tardive, comme les dahlias, fleurissent quant à eux en fin d'été. Dans tous les cas, les plantes bulbeuses contribuent à la diversité dans les massifs. Pour en savoir plus, voir p. 318-335.

▸ **Les aromatiques, utiles et décoratives.** Les vivaces et les petits arbustes aromatiques que sont sauge officinale et romarin, estragon et ciboulette, ou encore thym, trouvent leur place dans un massif naturel. Leur feuillage est décoratif, leur floraison colorée (sauge, thym, romarin) attire les pollinisateurs, leurs huiles essentielles tiennent à distance certains insectes parasites. Pour en savoir plus, voir p. 338-365.

▸ **Les annuelles, pour la diversité et la couleur.** Les plantes annuelles apportent la dernière touche au massif, une touche changeante, car elles ne durent qu'une saison (sauf pour celles qui se ressèment facilement, telles que pavot de Californie, cosmos ou nigelle de Damas). Cet aspect éphémère n'est nullement un inconvénient, bien au contraire : il vous permet de modifier légèrement le massif d'une année à l'autre, de le ponctuer de notes colorées çà et là, de combler des vides. Comme pour les autres catégories de plantes, jouez la diversité et mariez des annuelles robustes, des formes et des coloris variés. Si les annuelles à semer en place sont les plus faciles à utiliser, celles semées sous abri, puis installées dans le massif sous forme de jeunes plants, présentent d'autres avantages : présence et floraison quasi instantanées, choix précis du lieu de plantation. Pour en savoir plus, voir p. 292-315.

C'EST MALIN

Mélangez... mais aérez

Si le mélange – types de plantes, hauteurs, volumes différents – est une excellente façon de limiter les risques d'attaque d'insectes parasites, vous devez cependant veiller à ne pas planter trop serré. Il est toujours tentant d'obtenir rapidement une végétation foisonnante mais, si les plantes sont trop proches, l'air circule mal entre elles, ce qui crée des conditions favorables au développement de maladies comme l'oïdium. Lorsque vous effectuez vos plantations, tenez compte des dimensions – hauteur et étalement – qu'atteindront vos différentes plantes.

Comment composer et entretenir un massif ?

Pour jouer le jeu du naturel, installez tout d'abord les plantes les plus hautes en fond de massif – elles font office de brise-vent et protègent les plantations basses –, puis des espèces de plus en plus basses jusqu'en bordure d'allée ou de pelouse. N'hésitez pas à agrémenter le massif d'une silhouette dressée, par exemple une grande plante vivace au port architectural (crambé, eulalie, rose trémière), qui attirera les regards et donnera du relief aux plantations basses. Commencez par planter les arbustes, puis les vivaces et les plantes saisonnières au moment adapté. Une fois mis en place, le massif « vit sa vie ». Binez ou désherbez de temps à autre lorsque les plantes sont en début de croissance. Arrosez en période sèche le premier été. Par la suite, si les plantes ont été bien choisies, le massif trouve son équilibre et se contente d'un paillis printanier pour limiter les besoins en eau durant l'été.

Installez les plantes les plus hautes au fond du massif.

Un potager à sa mesure

Rares sont les jardiniers qui ne sont pas tentés de produire quelques légumes dans un coin du jardin, pour le plaisir des récoltes « maison » et des produits sains. La culture des légumes ne présente guère de difficultés en soi, mais elle demande, entre le début du printemps et la fin de l'été, des soins réguliers. Il est donc important de bien planifier le potager, pour ajuster les récoltes à vos besoins et à vos périodes de présence.

Choisir le bon emplacement

Implantez votre potager sur une surface dégagée et bien ensoleillée, si possible abritée des vents dominants. La plupart des légumes ont impérativement besoin de soleil et ceux qui apprécient un peu d'ombre la trouveront au pied des légumes à grand développement, comme le maïs ou les haricots à rames. Prévoyez un point d'eau à proximité pour les arrosages. Le tas de compost à portée de brouette est aussi un atout, tant pour transporter le compost mûr que pour évacuer les déchets du potager. Toujours pour des questions pratiques, aménagez le potager de façon qu'il soit facilement accessible avec une brouette et par tous les temps, en créant des allées autour et à l'intérieur. Vous apprécierez aussi qu'il soit, dans la mesure du possible, assez proche de la cuisine pour la cueillette de petites quantités ou de dernière minute.

EN SAVOIR PLUS

Indispensable rotation

La rotation consiste à faire « tourner » les légumes, c'est-à-dire à ne pas les cultiver (ni d'autres de la même famille) deux années de suite au même emplacement, pour éviter l'appauvrissement du sol et la réapparition de maladies. Selon la taille et l'organisation du potager, pratiquez une rotation sur trois à six ans, trois ans étant un minimum (voir p. 171).

Poireaux et carottes, une association bénéfique.

Bien évaluer ses besoins

La taille du potager est à définir en fonction de vos besoins et de vos envies. S'agit-il de produire des légumes pour une personne seule, un couple, une famille? Souhaitez-vous cultiver seulement quelques légumes pour vous distraire ou bien projetez-vous de récolter suffisamment pour avoir de quoi vous nourrir? Posez-vous ces questions avant de vous lancer afin d'évaluer au mieux la taille du potager et la longueur des rangs de vos légumes.

Pour bien gérer votre potager, mieux vaut commencer par une petite surface, quitte à l'agrandir une ou deux saisons plus tard, quand vous aurez une idée plus précise de vos besoins et du temps dont vous disposez pour vous en occuper.

50 m² suffisent pour produire une sélection de légumes à consommer frais, pour 2 à 3 personnes. C'est aussi une bonne taille pour faire vos débuts et pour tester quelques cultures. 100 m² assurent de belles récoltes pour 3 à 4 personnes mais, si vous visez l'autosuffisance, prévoyez 300 à 400 m² pour avoir tout l'espace nécessaire, avec les petits fruitiers (fraisiers, framboisiers, groseilliers à grappes) et les légumes perpétuels (voir encadré p. 61).

Répartir ses cultures sur l'année

Un peu de planification permet de tirer le meilleur parti du potager. Ne vous contentez pas des classiques tomates, haricots et courgettes en été, mais pensez aux semis précoces et tardifs, qui occupent le terrain presque douze mois sur douze : mâche, épinard, choux, poireau, navet, salades variées... C'est peut-être là aussi l'occasion de découvrir des légumes savoureux, parfois un peu oubliés (voir encadré p. 60). Organisez l'espace pour semer entre les rangs de cultures restant assez longtemps en place (tomate, maïs, choux), des légumes à croissance rapide, comme les radis ou les laitues. Vous optimiserez ainsi l'utilisation de la surface, d'autant que les cultures intercalaires contribuent à couvrir le sol. Tenez compte des associations favorables entre légumes lorsque vous planifiez semis et plantations. Ne négligez pas les plantes aromatiques, qui tiennent certains ravageurs à distance, ni les fleurs qui attirent les insectes pollinisateurs.

Semez entre les rangs de culture pour optimiser l'espace.

Planches de légumes dans un potager traditionnel.

Choisir les variétés

Voici les critères les plus importants à retenir pour le choix des variétés qui composeront votre potager :

- **la productivité :** une production suffisante, de préférence étalée dans le temps pour une utilisation en frais ;
- **l'adaptation au climat local** ;
- **la résistance aux maladies**, fondamentale dans le cas des légumes sensibles (tomate, concombre, haricot) ;
- **la saisonnalité**, pour les espèces qui peuvent se récolter à plusieurs périodes de l'année ;
- **votre goût** bien sûr : choisissez des légumes que vous aimez, la saveur étant le véritable « plus » de la production « maison ».

Conserver pour mieux consommer

C'est lorsqu'ils sont fraîchement cueillis que les légumes sont le plus savoureux, mais leur conservation permet de différer leur consommation, de consommer mieux et plus longtemps. Il faut naturellement faire la différence entre les légumes qui ne se conservent que quelques jours au frais dans le bac du réfrigérateur, comme le concombre ou le poivron, et ceux spécialement destinés à la conservation pour la consommation hivernale (voir ci-après). Dans tous les cas, offrez les meilleures conditions de conservation possible pour que les légumes gardent leurs saveurs et qualités nutritives.

Rentrés par temps sec, les potirons, potimarrons et autres courges se conservent plusieurs semaines, voire plusieurs mois, à l'abri de la lumière, dans un local frais et sec, hors gel (garage, cave). Ne les posez pas au sol, mais sur des étagères ou sur une table. Les légumes-racines (pommes de terre, carottes, navets, par exemple) se conservent en place, en pleine terre (récoltez-les au fur et à mesure de vos besoins), ou dans des caisses de bois à l'abri de la lumière, toujours dans un local frais et sec, hors gel. Rangez les pommes de terre en couches successives, en prévoyant une aération de la caisse et un couvercle. Gardez les carottes et les navets dans des caisses remplies de sable.

Les bulbes (ail, échalote, oignon) demandent eux aussi à être conservés dans un local frais, sec et aéré, à l'abri de la lumière si possible. Laissez-les sécher plusieurs jours au soleil avant de les stocker dans votre cave ou votre grenier, en bottes ou tresses ou encore étalés sur des cagettes.

La congélation est un bon moyen de résoudre un problème de surproduction de légumes ne se prêtant pas à un autre mode de conservation. Il faut souvent les blanchir, c'est-à-dire les plonger quelques minutes dans l'eau bouillante, avant de les congeler pour qu'ils conservent leur texture.

ZOOM SUR

Les variétés anciennes

Cultivées de longue date, elles ont fait leurs preuves et sont généralement très prisées pour leur saveur. Certaines variétés sont bien adaptées à des régions ou des terroirs particuliers. Nombre d'entre elles produisent des graines permettant de nouveaux semis, ce qui n'est pas le cas avec les nouvelles variétés hybrides. En optant pour des variétés anciennes, vous contribuez à la conservation du patrimoine végétal et donc à la biodiversité. Toutefois, les variétés anciennes ne sont pas toujours aussi résistantes aux maladies que les nouvelles obtentions. Les légumes produits sont de forme moins « homogène » que ceux des nouvelles variétés, mais ils n'en sont pas moins savoureux !

Quel type de potager ?

Le potager traditionnel

Il est divisé en planches, c'est-à-dire en rectangles comprenant plusieurs rangs de légumes, généralement deux à cinq. La longueur des planches est variable, mais leur

Un jardin potager en carrés.

largeur ne doit pas excéder 1,2 m (accessible à bout de bras de part et d'autre de la planche). Prévoyez d'accéder facilement aux planches du potager, à pied avec des outils ou un tuyau d'arrosage, mais aussi avec la brouette. Des passages d'environ 40 cm de large entre les planches assurent une circulation facile.

Le potager en carrés

Le potager peut aussi être conçu en carrés d'environ 1,5 m^2 (1,2 m x 1,2 m), délimités par des planches de bois. Le nombre de carrés dépend de la place dont vous disposez dans votre jardin. Chaque carré est ensuite divisé en cases de 30 cm de côté.

Bien adapté pour les petites surfaces, le potager en carrés facilite le travail mais permet surtout de multiplier les cultures, en petites quantités, sur une surface minime. Il convient donc particulièrement aux jardins de ville. Il est également esthétique, plus facile à entretenir et plus pratique : on peut réserver chaque case ou chaque carré (si vous en avez plusieurs) à une culture différente.

Si vous disposez seulement d'un balcon, vous avez la possibilité d'aménager un mini-potager en pots, bacs, jardinières et sacs de plantation. Choisissez des plantes appropriées, à croissance rapide et/ou qui se contentent d'un faible volume de terre.

EN SAVOIR PLUS

Le potager perpétuel

Si vous ne voulez pas ou ne pouvez pas entretenir un potager avec tout ce que cela implique en termes de présence attentive, pensez au potager perpétuel. Composé de légumes vivaces et non annuels ou cultivés comme tels, qui demeurent en place plusieurs années et produisent régulièrement, sans demander beaucoup d'entretien, il est tout indiqué. Parmi les plantes du potager perpétuel, on trouve l'artichaut, l'asperge, le crambé, l'oseille, le poireau perpétuel, le raifort ou encore la rhubarbe. Le topinambour est également un légume vivace, mais il a tendance à être envahissant.

Acheter à bon escient

Si vous cherchez à adopter au jardin des pratiques plus naturelles, le choix que vous ferez dans vos achats de graines et de plantes est important. Critères, filières, achats et échanges malins sont autant de facteurs à prendre en compte.

Acheter pour un jardin au naturel

Pour acheter durable et dans un esprit de jardinage au naturel, voici quelques critères à prendre en compte.

Flore et filière locales

Privilégiez la flore indigène, adaptée aux conditions climatiques de votre région, et les variétés locales qui ont fait leurs preuves (voir p. 54).

Privilégiez les filières locales. En achetant chez des producteurs locaux, vous réduisez l'empreinte écologique du transport. Faites cependant la différence entre une jardinerie située près de chez vous, mais dont les produits ne sont pas nécessairement issus de la région (posez la question !), et un pépiniériste ou un horticulteur qui assure tout ou presque de la chaîne de production et de vente.

Robustesse et rusticité

Choisissez des végétaux robustes et rustiques. Vous limiterez ainsi vos interventions (traitement, arrosage).

Aptitude à se ressemer et à se diviser

Pour les plantes vivaces, l'aptitude à se ressemer ou la facilité de multiplication par division (voir p. 160) sont autant de critères qui garantissent des plantations durables dans votre jardin.

EN SAVOIR PLUS

Attention aux coups de cœur !

Vous venez de découvrir dans une pépinière ou une jardinerie un arbuste ou une vivace qui vous séduit par sa floraison ou son feuillage... Renseignez-vous pour connaître les besoins de la plante et vous assurer que vous pouvez lui offrir dans votre jardin des conditions favorables. Inutile de payer cher un superbe arbuste qui demande un sol profond et fertile et un climat frais, si votre sol est peu fertile et sableux et si les étés sont secs dans votre région. Il aura toutes les chances de dépérir en quelques mois.

C'EST MALIN

Échanges et trocs

Si la plupart des arbres et arbustes doivent être achetés, il n'en va pas nécessairement de même pour les autres types de plantes, qui se prêtent facilement aux échanges entre jardiniers. Il peut s'agir de vivaces, dont la division est souvent aisée, d'annuelles ou de bisannuelles, de légumes ou d'aromates semés en trop grand nombre. Faites des échanges fructueux avec vos voisins et vos amis. Renseignez-vous pour connaître les dates des foires aux plantes locales, basées sur le troc, ou auprès des services des espaces verts de votre municipalité. Il arrive que ceux-ci proposent à bas prix des plants excédentaires issus de leur production. Si vous faites partie d'une association de jardiniers, pourquoi ne pas envisager, en accord avec la municipalité de votre commune, d'organiser une journée de troc de plantes ?

Saisonnalité

Pour les plantes saisonnières, par exemple les légumes ou les annuelles achetés en plants, respectez les saisons. N'achetez pas trop tôt, car les plants seront plus fragiles, ayant été élevés sous serre en conditions artificielles.

Une plante proposée en fleurs à une période où elle ne fleurit pas habituellement a été « forcée », c'est-à-dire

Respectez les saisons lors de vos plantations.

Des rosiers en pot dans une jardinerie.

incitée artificiellement à entrer en croissance (sous serre, par exemple). Sa reprise sera plus délicate, car elle n'est pas habituée aux conditions extérieures. Évitez les floraisons « hors saison », de la même manière que vous évitez d'acheter des fraises en janvier !

Bien choisir une plante

Vous avez le choix entre plusieurs sujets d'une même espèce ou variété. Voici quelques conseils pour savoir repérer un jeune sujet sain et prometteur.

- **Arbres vendus à racines nues :** tronc droit, branches bien réparties, racines équilibrées, non enroulées en « chignon », non desséchées.
- **Arbustes et plantes grimpantes en pot :** tiges bien réparties et équilibrées, racines fournies (dégagez au besoin la motte de son pot), ne dépassant pas trop hors du pot. Évitez les pots dont le terreau est envahi de mousse ou de mauvaises herbes, desséché ou moisi. Assurez-vous que le feuillage est sain : pas de feuilles jaunies, ni d'insectes sous les feuilles ou de taches suspectes.
- **Plantes vivaces, annuelles en plants :** recherchez les sujets buissonnants, avec de nombreuses tiges ou pousses bien réparties, un feuillage sain, ni décoloré, ni taché, ni pendant.
- **Bulbes :** vérifiez qu'ils sont bien fermes au toucher, et assurez-vous qu'ils sont sans taches ni blessures et qu'ils ne sont pas encore entrés en croissance. Préférez les gros calibres, c'est-à-dire les bulbes de belle taille, plus robustes et plus florifères.

EN SAVOIR PLUS

Acheter « bio » pour le jardin

Il existe des plantes et graines certifiées « bio » (répondant à des normes strictes d'agriculture biologique et portant le logo AB). En choisissant des plantes bio, vous éviterez les terreaux à base de tourbe, qui contribuent à la destruction des tourbières et sont très difficiles à réhumidifier lorsqu'ils s'assèchent. En choisissant des graines bio, vous éviterez d'avoir recours aux graines enrobées de fongicides. Il devient facile de trouver des graines biologiques pour le potager, par correspondance notamment, à des prix abordables (même si le biologique est souvent plus cher que le non biologique) et sans faire venir des plantes de l'autre bout du monde.

Il existe de plus en plus d'entreprises qui adoptent des pratiques respectueuses de l'environnement sans être certifiées « bio », en particulier parmi les pépinières spécialisées dans la production des arbustes ou des plantes vivaces. Faites votre choix en privilégiant la proximité, la qualité des plantes – vigoureuses, saines, bien développées – et la diversité de l'offre !

Des aménagements malins

La terrasse, un coin à vivre

Prolongeant la cuisine ou le salon, la terrasse est un véritable lieu de vie. Cet aménagement convivial ouvert sur la verdure permet d'accueillir des convives, de profiter des chaudes soirées d'été ou simplement de se reposer en bénéficiant de la vue du jardin.

L'emplacement

Choisissez un site facile d'accès depuis la maison et protégé du vent. Le côté sud permet de profiter de la terrasse une grande partie de l'année, mais impose un ombrage pour l'été. L'exposition ouest est idéale pour les longues soirées estivales, tandis que les terrasses orientées à l'est offrent une relative fraîcheur en après-midi. Dans les régions ventées, prévoyez l'installation d'une haie brise-vent. Si vous voulez préserver votre tranquillité, installez la terrasse à l'abri des regards des passants ou des voisins, ou isolez-la avec des écrans de verdure. Pour en savoir plus sur les haies, voir p. 44-47.

La taille et la forme

Adaptez les dimensions de la terrasse à celles de votre terrain, de façon que l'ensemble conserve de bonnes proportions, et choisissez des lignes sobres. Les formes carrées ou rectangulaires sont simples à mettre en œuvre. Les formes arrondies s'harmonisent avec un jardin aux lignes courbes, mais sont plus difficiles à réaliser.

Une terrasse en calade (pierres posées sur la tranche).

Les matériaux

Plusieurs facteurs entrent en compte : la taille et la forme souhaitées pour la terrasse, l'âge et le style de la maison, et, bien sûr, le budget. Pour donner un aspect plus champêtre à votre terrasse, faites des joints larges et remplissez-les d'un mélange de sable et de terre. Semez-y du gazon et laissez les fleurs sauvages s'installer.

- **La pierre naturelle** convient à tous les styles de jardin. Taillée en dalles ou en pavés, elle offre une large palette de teintes et de nuances. D'épaisseur et de forme variables, les dalles donnent un résultat de grande qualité esthétique.
- **La pierre reconstituée**, moins coûteuse que la précédente, est obtenue par mélange de granulats et de sable liés par un ciment. L'ensemble est moulé à la forme souhaitée. Il existe une grande diversité de modèles, teintes et finitions. Résistante et facile à poser, cette pierre est de qualité variable selon les fabricants.
- **Le béton** n'est pas adapté à un jardin au naturel. Les pavés autobloquants sont rapides à installer, mais leur aspect manque... de naturel.
- **Les galets** ne se prêtent pas à la constitution d'une terrasse destinée à recevoir du mobilier de jardin du fait de leur caractère irrégulier. Utilisez-les sur des petites surfaces pour rompre la monotonie d'un dallage.
- **Les briques en terre cuite** sont d'origine naturelle et particulièrement résistantes. Elles se déclinent dans des nuances de rouge, jaune ou gris.
- **Le grès cérame** permet de réaliser une terrasse carrelée, mais ce revêtement manque de naturel.
- **Le bois** est un matériau naturel et esthétique. Les lames en bois servent à fabriquer de véritables planchers. Il est possible d'en personnaliser l'aspect en jouant sur leur forme et leur longueur. Les caillebotis sont des dalles en bois pré-assemblées en usine, faciles à installer. Évitez le bois traité chimiquement ou les essences exotiques. Le bois rétifié est le matériau idéal pour un jardin au naturel.

C'EST MALIN

Le coin des enfants

Dans un coin de la terrasse, aménagez un endroit où les enfants pourront observer le jardin et développer leur sens de la nature. Installez, par exemple, une petite table pour les semis et les rempotages ou encore des mangeoires pour les oiseaux. Plantez à proximité des arbustes qui attirent les papillons. Un bac à sable posé sur la terrasse fera le bonheur des plus jeunes.

Une terrasse en caillebotis.

Une terrasse en briques au jardin de Valérianes.

La pose

Des fondations solides garantissent la pérennité de la construction. La pose d'une terrasse se fait sur lit de sable ou sur dalle de béton. Pensez à donner à la surface une faible pente (1 à 2 cm par mètre) vers le jardin, de façon à assurer l'écoulement de l'eau.

L'entretien

Balayez régulièrement votre terrasse pour prévenir l'accumulation des débris végétaux. Pour nettoyer une terrasse en pierre, utilisez de l'eau et un savon doux. Évitez l'emploi de détergents, qui risquent de rendre la pierre poreuse. Nettoyez votre terrasse en bois au moins deux fois dans l'année avec un balai-brosse et un jet d'eau. Une ou deux fois par an, appliquez une couche d'huile de lin.
Pour les produits ménagers, il existe essentiellement quatre labels écologiques certifiés par des organismes indépendants : L'écolabel européen, NF Environnement, Ecocert et Nature et Progrès.

Les végétaux

Une terrasse entourée de verdure est plus favorable à la biodiversité. L'idée n'est pas de l'enfermer dans un cadre, mais d'enrichir le décor. Pour améliorer l'esthétique, plantez autour de la terrasse des petites bordures fleuries ou des massifs surélevés. Bordez la terrasse avec des bacs dotés d'un treillage et garnis de plantes grimpantes (jasmin, chèvrefeuille). Mêlez feuillages persistants, bulbeuses, vivaces et arbustes fleuris de façon que l'ensemble reste décoratif tout au long de l'année. Les potées saisonnières sont également précieuses pour agrémenter la terrasse, bien qu'elles nécessitent des arrosages fréquents en été. N'utilisez les plantations hautes que pour vous protéger du vent ou vous abriter des regards.

C'EST MALIN

La véranda, un possible « jardin d'hiver »

Si vous considérez que chauffer la véranda en hiver est un gaspillage d'énergie, transformez-la en jardin d'hiver. Il suffit d'un chauffage d'appoint pour maintenir la température au-dessus de 5 °C. Les plantes d'orangerie telles qu'agrumes, bougainvillées et lauriers-roses y trouveront la forte luminosité et la fraîcheur hivernale dont elles ont besoin pour former les boutons floraux de la prochaine saison. Dès que la température extérieure le permet, ouvrez les fenêtres et laissez entrer les premiers insectes butineurs de l'année.

L'ombrage

L'ombrage est impératif si votre terrasse est exposée plein sud. À la place du store classique, optez pour les végétaux à feuillage caduc. Ils procurent de l'ombre en été et ne cachent pas le soleil en hiver. Leur végétation contribue à rafraîchir l'atmosphère ambiante. Si vous plantez un ou deux petits arbres d'ombrage à côté de la terrasse, choisissez des espèces au système racinaire peu envahissant et ne produisant pas de fruits salissants, tels que l'arbre à soie (*Albizia julibrissin*) ou l'érable argenté (*Acer saccharinum*). La pergola garnie de plantes grimpantes telles que vigne, chèvrefeuille ou clématite, est aussi une excellente solution (voir p. 68).

Heuchères en pot dans un jardin au printemps.

Des cultures protégées

La culture sous abri permet d'effectuer les semis précoces, de protéger les jeunes plants des intempéries, de cultiver des légumes primeurs ou d'hiverner les potées sensibles au gel ou à l'humidité de l'hiver. La serre est un investissement important, surtout si elle est chauffée. Les châssis et tunnels sont plus économiques tant en énergie et qu'en coût.

Les serres

La petite serre de jardin classique est constituée d'une armature métallique supportant des vitres en verre ou en polycarbonate. Si vous disposez d'un grand terrain, vous pouvez installer la serre dans un coin éloigné et la camoufler avec des arbustes ou des plantes grimpantes. Si votre jardin est petit, vous pouvez opter pour un modèle décoratif. On chauffe les serres à des températures différentes selon les cultures que l'on veut y faire. La serre froide est maintenue à une température minimale de 4 °C en hiver et est donc pratique et économique. La serre tempérée, avec un minimum de 10 °C en hiver, demande un apport plus conséquent en chauffage. La serre chaude, au climat tropical, n'a guère sa place dans un jardin au naturel, car elle permet de cultiver des plantes exotiques, ce qui ne relève donc pas de la démarche du jardinier au naturel, qui privilégie la flore locale.

Installez la serre suivant un axe est-ouest. Placez la porte à l'est, moins exposé aux intempéries que l'ouest. Face au sud, la grande longueur de la serre captera un maximum de rayonnement solaire. La serre adossée au mur de la maison ou à un talus consomme moins d'énergie, grâce à l'inertie thermique.

La ventilation est indispensable en toute saison pour éviter le confinement de l'air et le développement des maladies. La ventilation naturelle est assurée par les ouvrants et des prises d'air latérales. Si elle est insuffisante, installez des ventilateurs.

Les systèmes de chauffage les plus couramment employés sont les radiateurs électriques soufflants ou les radiateurs à gaz, qui se branchent directement sur une bouteille de gaz. Chauffer une serre nécessite donc une dépense d'énergie non négligeable.

L'utilisation de l'énergie solaire est une solution plus écologique. Il existe des kits spécialement conçus, avec capteurs solaires, pour le chauffage des serres.

Prévoyez un point d'eau pour l'arrosage. L'installation d'un arrosage automatique est une solution pratique, notamment pendant les vacances.

Au printemps et en été, fixez sur le toit des ombrières (claies en lattes de bois, cannisses ou toiles). Appliqué sur le toit de la serre, le badigeon au blanc d'Espagne (poudre de calcaire très fine) est efficace mais, l'automne venu, vous devrez l'enlever avec un chiffon humide.

Les châssis

Traditionnellement utilisé pour habituer les jeunes plants au froid avant la plantation, le châssis non chauffé permet aussi d'avancer ou de prolonger les cultures de salades ou d'herbes aromatiques. Il existe de nombreux modèles dans le commerce. Si vous avez l'occasion de récupérer des vieilles fenêtres, faites-en un châssis en fabriquant un cadre de bois aux dimensions adéquates. En période de gel, couvrez le châssis avec un paillasson ou un vieux tapis.

Les tunnels

Les tunnels de culture (généralement non chauffés) sont composés d'arceaux recouverts d'un film plastique. Bon marché et faciles à installer, ils sont en revanche peu esthétiques. Le matériau utilisé n'est pas écologique, mais il assure une protection des plants contre certains ravageurs, comme la mouche de la carotte. De même, en limitant l'évaporation excessive du sol, il permet une levée plus uniforme des plants et réduit les besoins en arrosage.

⬆ Des cultures sous châssis.

Kiosques, pergolas et autres abris pour le jardin

Un refuge abrité du soleil et de la chaleur peut être utile pour profiter du jardin en plein été. Si vous n'avez pas la place pour planter des arbres d'ombrage, installez un abri qui vous protégera de l'ardeur du soleil. Les structures légères, conçues pour accueillir des plantes grimpantes, se fondent facilement dans le paysage.

Bois ou métal

Les kiosques sont des constructions assez massives, généralement en bois. Un kiosque sert surtout à créer un coin repos à l'abri du soleil. De forme polygonale, il est doté d'un plancher, parfois surélevé, et surmonté d'un toit. Ses montants sont reliés par des balustrades ajourées. Pour adoucir les contours et favoriser leur intégration dans le paysage, entourez ces abris d'une bordure de plantes fleuries à hauteurs différentes.

La gloriette est traditionnellement constituée d'une armature métallique entièrement ouverte, de forme arrondie ou polygonale. Habillée de verdure, elle s'intègre parfaitement au jardin. Cet élément très décoratif peut également abriter du mobilier de jardin et servir de lieu de détente.

Ornées de plantes grimpantes, la pergola et la tonnelle sont placées contre la maison pour ombrager une terrasse ou le long d'une allée pour créer un effet esthétique. La pergola comprend quatre poteaux en bois supportant un assemblage de poutres et de lattes. La tonnelle se distingue par des montants métalliques surmontés d'une série d'arceaux. Il existe des modèles « autoportés », à poser sur le gazon ou une allée, et d'autres à fixer sur la façade de la maison.

L'installation

Renseignez-vous d'abord sur la réglementation. Le plus souvent, une simple déclaration de travaux suffit si la surface de la construction est inférieure à 20 m², et si l'extension ne porte pas la surface totale à plus de 170 m² ; au-delà, vous devez déposer un permis de construire. Choisissez un endroit dégagé. Les kiosques et abris de jardin doivent être installés sur un sol dur et stable, de préférence une dalle de béton. Pour ancrer les poteaux d'une pergola, utilisez des pieds de poteaux à sceller ou à enfoncer dans le sol. Dans le cas des gloriettes et des tonnelles autoportées, il suffit d'enfoncer les montants dans la terre.

EN SAVOIR PLUS

Des bois certifiés

Pour la construction d'un abri en bois, privilégiez les produits certifiés FSC ou PEFC (voir p. 69-70). Ces labels garantissent que le bois provient de forêts gérées de façon durable.

Un rosier grimpant sur une gloriette.

L'entretien

Pour les structures en bois, privilégiez les essences naturelles. Résistants au pourrissement, le châtaignier et l'acacia sont durables en extérieur et demandent peu d'entretien ; ils prennent avec le temps une patine argentée. Les structures en fer forgé sont très décoratives, mais exposées à la rouille ; appliquez-y régulièrement une peinture antirouille.

L'habillage

Choisissez des plantes grimpantes odorantes, telles que clématite, chèvrefeuille, glycine, jasmin ou rosier liane. La treille de vigne est également un grand classique pour créer de l'ombre. En automne, n'hésitez pas à tailler largement les plantes afin d'éviter l'alourdissement de la structure.

Des matériaux sains et naturels

Labels et certifications pour un jardin au naturel

Délivrés par des organismes certificateurs, labels et certifications sont facilement identifiables par le logo apposé sur les emballages. Voici quelques éléments pour vous repérer.

Les écolabels officiels

Écolabel européen

L'Écolabel européen a été créé par la Commission européenne en 1992 pour encourager la mise sur le marché de produits et services plus respectueux de l'environnement. Reconnu dans tous les pays de l'Union européenne, il est attribué en France par l'organisme certificateur Afnor Certification, sur une démarche volontaire de l'entreprise. Celle-ci s'engage à respecter un cahier des charges spécifique, établi en fonction de critères précis. Sur la trentaine de produits et services susceptibles de recevoir cet écolabel, plusieurs concernent le jardin.

Ainsi, les amendements pour sol et les milieux de culture, destinés aux particuliers et aux professionnels, doivent répondre à des critères visant à favoriser le recyclage des matériaux, réduire la dégradation du sol comme la pollution des eaux et améliorer la fertilité du sol. Les matériaux écolabellisés pour ces amendements ne contiennent ni boues d'épuration, ni écorces ayant été traitées avec des pesticides.

L'Écolabel européen concerne également les revêtements de sol en bois ou en dur. Le bois labellisé doit répondre à des critères de gestion durable des forêts et d'usage limité de substances dangereuses. Le fabricant s'engage à utiliser des procédés de production économes en énergie. Les garanties portent aussi sur la limitation des risques pour la santé. Les producteurs et fabricants de revêtements durs, tels que la pierre naturelle, les pavages en béton ou les carreaux d'argile, s'engagent à limiter la consommation d'énergie et l'emploi de substances nocives au cours du processus de fabrication, réduire l'impact de l'activité d'extraction sur les habitants et les ressources naturelles, limiter les rejets dans l'air et dans l'eau et mieux gérer les déchets. Les peintures et les vernis d'extérieur, ainsi que les teintures pour bois, sont également susceptibles de recevoir l'Écolabel européen. Les produits labellisés répondent à des critères tels que le pouvoir masquant, l'adhérence, la résistance à l'abrasion et à l'eau, la perméabilité à l'air, la faible teneur en solvants et l'usage limité de substances nocives.

EU Ecolabel
www.ecolabel.eu

NF Environnement

Créé en 1991, NF Environnement est l'écolabel officiel français. Comme l'Écolabel européen, il est décerné par Afnor Certification. Ce label s'applique à une vingtaine de catégories de produits, dont les composteurs individuels de jardin. Il garantit leur efficacité, leur durabilité et l'utilisation d'un taux minimal de matières recyclées pour leur fabrication.

Comme l'Écolabel européen, le label NF Environnement concerne aussi les peintures, vernis, revêtements et enduits. Il garantit un pouvoir masquant et un séchage performants, ainsi que la limitation des impacts sur l'environnement en cours de fabrication.

NF ENVIRONNEMENT

Les autres labels et certifications

Ecocert Intrants

Ce label délivré par l'organisme certificateur Ecocert s'applique à des engrais, des composts et des amendements organiques et minéraux. Conformément aux exigences du règlement européen n° 834/2007 et du règlement NOP (National Organic Program, certification obligatoire pour l'exportation des produits biologiques vers les États-Unis), il garantit leur origine végétale, animale, microbienne ou minérale et certifie que ces matériaux sont utilisables en agriculture biologique.

FSC

Créé en 1993 à l'initiative de diverses associations de protection de l'environnement, telles que Greenpeace et le WWF, le FSC (Forest Stewardship Council, ou Conseil de bonne gestion forestière) est une association indépendante, non gouvernementale et internationale. La certification FSC garantit que le bois est issu de forêts gérées de façon durable. Les industriels

Pour vos plantations, vous pouvez opter pour un terreau portant la mention « utilisable en agriculture biologique ».

doivent respecter des règles strictes de production : pas d'utilisation d'organismes génétiquement modifiés (OGM), pesticides interdits ou très réglementés, abattage et débardage effectués de manière à préserver animaux et plantes, respect des droits des travailleurs en conformité avec l'Organisation internationale du travail (OIT) et des droits des habitants, etc.

PEFC

Créé en 1999 sous l'impulsion des propriétaires forestiers européens, le Programme européen des forêts certifiées (Pan European Forest Certification, ou PEFC) est devenu une organisation internationale, prenant en 2001 le nom de Program for the Endorsement of Forest Certification Schemes. Il garantit que le bois provient de forêts gérées durablement.

Label Fair Flowers Fair Plants (FFP)

Créé en 2005 par l'organisation internationale Fair Flowers Fair Plants, le logo FFP concerne les fleurs et les plantes. Il garantit le respect de critères environnementaux (usage réduit de pesticides et d'engrais chimiques, économies d'eau et d'énergie, triage des déchets) et sociaux (droits des personnes travaillant à la production des plantes, etc.). En France, ce label est commercialisé par certaines enseignes de jardinage comme Botanic.

L'agriculture biologique

La mention « utilisable en agriculture biologique » inscrite sur les emballages signifie que le produit (terreau, engrais, pesticide ou fongicide) est conforme au règlement européen n° 834/2007. Celui-ci reprend les grands principes de l'agriculture biologique : non-utilisation de produits chimiques de synthèse (fertilisants, pesticides, etc.) et d'OGM, gestion durable, respect des équilibres naturels et de la biodiversité, de l'environnement, de la santé humaine et de la santé des végétaux comme des animaux.

Le label AB concerne principalement les denrées alimentaires issues de l'agriculture biologique, mais aussi les semences et les jeunes plants. Il garantit que ce matériel de reproduction a été produit dans le respect des règles de l'agriculture biologique.

Le bois au jardin

Le bois destiné à un usage extérieur doit supporter les intempéries. On mesure ainsi la qualité du bois selon sa durabilité et son aptitude à résister à l'humidité. Il convient de distinguer les bois exotiques, qui ont une excellente durabilité mais qui contribuent souvent à la déforestation, et les bois d'origine locale, qui sont plus écologiques, à condition de ne pas avoir subi de traitement avec un produit nocif pour l'environnement.

La durabilité naturelle du bois

En termes de durabilité naturelle, les bois sont répartis en cinq classes. Au jardin, utilisez des bois de classe 1 (longévité supérieure à vingt-cinq ans) ou de classe 2 (longévité comprise entre quinze et vingt-cinq ans). La classe 1 compte essentiellement des bois exotiques, tels que l'ipé, l'azobé et le teck. Les classes 2 et 3 comprennent des essences locales, comme le chêne, le mélèze et le douglas. Sachez que les bois de classes 4 et 5 sont faiblement durables et non durables et ne peuvent donc pas être utilisés dans l'aménagement d'un jardin.

Les classes d'emploi

Également au nombre de cinq, les classes d'emploi, ou classes de risque, répartissent les bois (avec ou sans traitement) en fonction de leur aptitude à résister aux attaques biologiques (champignons et insectes) et donc à l'humidité, conformément à la norme NF EN 335-2. Pour l'extérieur, recherchez les bois compatibles avec la classe 3 (bois soumis à des alternances de périodes humides et sèches), la classe 4 (bois en contact avec le sol) ou la classe 5 (bois immergé dans l'eau de mer). Si vous voulez un bois local pour un usage en classe 4, préférez par exemple l'acacia (robinier), utilisable non traité, au pin, traité en autoclave.

⬆ Privilégiez le bois labellisé FSC ou PEFC.

IDÉES REÇUES

On peut recycler les traverses de chemin de fer

Très en vogue à une époque, la récupération de vieilles traverses de chemin de fer pour le jardin n'est plus d'actualité. En raison du caractère cancérigène de la créosote, utilisée pour protéger les traverses, le recyclage de ce bois traité est maintenant soumis à une réglementation sévère. Il existe néanmoins dans le commerce des traverses en chêne non traitées, destinées aux aménagements paysagers.

Les essences exotiques

Prisés pour leur excellente résistance à l'humidité, les bois exotiques comme le teck, l'ipé, l'azobé ou le bangkirai ont été largement utilisés pour la construction et la fabrication de mobilier de jardin. Toutefois, ces essences tropicales proviennent souvent d'une exploitation illégale de la forêt et favorisent la déforestation (mauvais bilan carbone, modification de l'écosystème, etc.). Si vous souhaitez quand même vous procurer un bois exotique, exigez du bois labellisé FSC ou PEFC, garantissant la gestion durable des forêts.

Les essences locales

Les bois de nos forêts offrent de nombreux avantages, comme la réduction des dépenses d'énergie liées au transport. Le châtaignier, le robinier et le chêne sont naturellement durables en extérieur. En revanche, les bois comme le pin doivent être traités pour renforcer leur résistance aux champignons et aux insectes. Au lieu d'employer des bois traités en autoclave avec des produits toxiques, essayez le bois rétifié. La rétification est un traitement à haute température qui permet de modifier les propriétés d'un bois et d'en augmenter la durabilité. Le procédé n'utilisant aucun produit chimique, le bois rétifié n'est pas nocif pour l'environnement. Il est moins coûteux qu'un bois exotique et, surtout, son impact écologique s'avère moindre.

La pierre au jardin

Utilisée pour construire des murets, des rocailles, des allées ou des terrasses, la pierre naturelle séduit par son authenticité, ses textures et ses couleurs. Indémodable, elle s'adapte à tous les styles de jardin. La pierre reconstituée offre une alternative moins coûteuse. Elle se pose aisément, mais n'a pas la noblesse de la pierre naturelle. Sachez toutefois que les pierres, comme tous les minéraux, sont des ressources naturelles non renouvelables, extraites dans des zones potentiellement riches en biodiversité. C'est pourquoi il est particulièrement important de se renseigner sur l'origine des roches que vous employez.

La pierre naturelle

Débitée en dalles ou en pavés, aux formes régulières ou non, la pierre naturelle s'intègre facilement au cadre végétal. Le calcaire, prisé pour sa gamme de tons clairs et chauds, sert souvent à l'aménagement des surfaces extérieures. Selon sa provenance, il est plus ou moins gélif ou durable. Les sols en calcaire sont poreux et sensibles aux taches. Pour les protéger, utilisez un produit hydrofuge antitaches sans solvant. Dérivé du calcaire, le marbre est une pierre dure offrant une grande diversité de coloris. Quant au marbre rose du Portugal, il est souvent employé pour la réalisation des terrasses. Comme le calcaire, il est nécessaire de le traiter avec un produit hydrofuge antitaches.

⬆ Un jardin de rocaille.

Le granit est réputé pour sa dureté, qui lui confère une excellente durabilité. Non poreux, il résiste très bien à l'eau, au gel et aux taches. Si la teinte dominante est le gris, il existe aussi des granits bleus, roses ou jaunes. Utilisé brut, il est parfaitement antidérapant.

Le grès est une pierre finement granuleuse, plus ou moins résistante au gel. Comme le granit, il est fréquemment employé en pavés.

Le quartzite est composé de fins grains de quartz. D'une grande dureté, il possède une bonne résistance au gel et conserve sa couleur d'origine au fil des années.

L'ardoise est une roche schisteuse, caractérisée par son aspect feuilleté. Grise, noire, bleue ou nuancée de vert, elle est peu sensible au gel et a une excellente résistance à l'eau.

Privilégier la provenance locale

Afin de réduire les dépenses d'énergie liées au transport de ces matériaux lourds, l'idéal est de choisir une pierre extraite dans des carrières proches de votre région. Généralement utilisées dans l'habitat ancien, ces pierres locales s'intègrent parfaitement à l'environnement paysager et architectural.

Si vous voulez avoir plus de précisions sur les matériaux naturels disponibles dans votre région, renseignez-vous auprès de votre CAUE (Conseil d'architecture, d'urbanisme et de l'environnement : www.fncaue.com). Présent dans tous les départements, cet organisme a pour mission d'informer et de sensibiliser le public à la qualité architecturale et à la préservation de l'environnement.

La pierre reconstituée

Peu coûteuse et très résistante, la pierre reconstituée est fabriquée à partir d'agrégats naturels broyés puis assemblés par un liant. Il est possible de lui donner l'aspect de n'importe quelle pierre naturelle et même du bois. Intéressante pour son rapport qualité/prix et pour la diversité des modèles, la pierre reconstituée est insensible au gel et antidérapante. Une terrasse en pierre reconstituée de bonne qualité peut durer une cinquantaine d'années.

Un muret en pierre naturelle. ➡

Les autres matériaux du jardin au naturel

Dans un jardin, les revêtements et autres matériaux de construction (brique, sable, ciment, fer forgé, métal, etc.) constituent un cadre pour les plantations, tout en facilitant les déplacements. Quant aux panneaux végétaux, fabriqués à partir de matériaux naturels, ils contribuent au respect de l'environnement.

la brique et la terre cuite

Largement utilisée dans certaines régions, la brique en terre cuite est un matériau de construction naturel. Au jardin, elle permet la réalisation de terrasses, d'allées ou de murets particulièrement décoratifs. Cuite à très haute température, elle n'est pas sensible au gel. Posées à plat ou sur chant (sur la face la plus étroite), les briques de pavement se déclinent dans une palette de tons rouges, jaunes et gris ; elles peuvent être sablées, pour obtenir une surface antidérapante, et vieillies, pour créer un effet ancien. La brique est souvent associée à d'autres matériaux de revêtement, tels que dalles, pavés ou gravier, pour composer des motifs et rompre la monotonie d'une surface uniforme.

La terre cuite s'utilise également pour réaliser des carrelages extérieurs. Ses teintes chaudes s'harmonisent parfaitement avec un décor végétal. Veillez à choisir un carrelage résistant au gel et antidérapant.

Le grès cérame, à base d'argile et de silice, est une alternative moins naturelle. Non poreux, il résiste bien à l'eau.

Le sable et le gravier

Le sable et le gravier sont issus de la désagrégation des roches. Le sable est composé de petites particules très fines, ne dépassant pas 2 mm de diamètre. Extrait du lit des rivières, le sable de rivière, ou sable roulé, présente des grains arrondis. Le sable de carrière, obtenu par concassage, a des grains anguleux et se compacte facilement ; une fois en place, il offre une bonne stabilité. Au jardin, le sable est un matériau aux usages multiples, mélangé à la terre lors de plantations, mélangé aux graines fines lors de semis, utile pour les travaux de maçonnerie.

Le gravier est essentiellement utilisé pour la création d'allées. Il est classé par catégories de calibre et offre une large palette de coloris. Le gravier roulé est poli naturellement par l'action de l'eau. Le gravier concassé, lui, est obtenu par broyage des roches extraites de carrière.

Une allée de graviers.

Une allée en briques bordée de vivaces.

EN SAVOIR PLUS

Ciment ou chaux pour le mortier ?

Le ciment courant est fabriqué à partir de calcaire et d'argile. Son processus de fabrication consomme beaucoup d'énergie, d'où l'idée de le remplacer par la chaux, bien moins énergivore. Issue du chauffage à haute température du calcaire, la chaux était largement employée autrefois pour réaliser mortiers ou enduits. La chaux utilisée dans le bâtiment est la chaux éteinte et non pas la chaux vive, très corrosive. Elle est perméable à la vapeur d'eau et se marie bien avec les teintes variées du sable. Le mortier bâtard est un mortier préparé avec un mélange de chaux et de ciment.

Le ciment, le mortier et le béton

Le ciment est le constituant de base du mortier et du béton. Il se présente sous l'aspect d'une poudre très fine. Mélangé à de l'eau, il forme une pâte qui durcit progressivement. Au milieu du xxe siècle, le ciment était aussi utilisé pour fabriquer du mobilier de jardin, des bacs à fleurs et autres objets décoratifs. À l'extérieur, le ciment brut doit être peint pour éviter qu'il ne s'abîme avec le temps et améliorer son rendu. De nos jours, son usage est surtout réservé à la préparation du mortier et du béton pour les travaux de maçonnerie du jardin.

Le mortier est un mélange d'eau, de ciment et de sable. En construction, il sert de liant aux briques ou aux parpaings. Le ciment, qui joue le rôle de liant, peut être remplacé en partie ou en totalité par de la chaux (voir encadré page ci-contre).

Le béton est fabriqué à partir d'eau, de ciment, de sable et de gravier. Son emploi au jardin s'est largement répandu au cours des dernières décennies depuis l'apparition des bétons décoratifs. Ce matériau se moule à volonté et peut être teinté. Dalles en béton gravillonné et pavés autobloquants permettent d'obtenir des surfaces stables et résistantes. Néanmoins, leur aspect minéral et artificiel n'est pas le plus adapté pour un jardin au naturel.

Le fer forgé et le métal

Robuste et durable, le fer forgé est le matériau traditionnel des grilles et des portails, ainsi que des éléments décoratifs du jardin, tels que tonnelles et gloriettes. Son principal inconvénient est sa sensibilité à la corrosion. Protégez-le avec une peinture antirouille.

Également solide et durable, l'acier séduit par son aspect plus contemporain.

Une gloriette en fer forgé dans un jardin en fleurs.

Un potager clos par des cannisses en osier.

Les panneaux végétaux

Que ce soit pour se protéger du vent, du soleil ou des regards, les panneaux végétaux allient esthétisme, naturel et respect de l'environnement. Les panneaux de cannisses sont fabriqués à partir de roseau, d'osier ou de bambou. Les tiges, entières ou fendues, sont assemblées à l'aide de fil de fer. Les paillons se distinguent par l'utilisation de tiges plus fines. Cannisses et paillons sont vendus en rouleaux de différentes hauteurs.

La brande de bruyère, qui fait souvent fonction de clôture naturelle, est composée de fines pousses de bruyère, étroitement assemblées et maintenues par du fil de fer. Très résistante aux intempéries, elle est également commercialisée en rouleaux de différentes hauteurs. Pour une meilleure occultation, choisissez un modèle constitué de plusieurs épaisseurs de brandes.

IDÉES REÇUES

« Le plastique, on ne peut pas s'en passer au jardin ! »

Économique, pratique et léger, le plastique est omniprésent dans la vie quotidienne, y compris au jardin. Mais il est inesthétique, peu durable et, surtout, très polluant, car issu de l'industrie pétrochimique et difficilement recyclable. Voici quelques idées pour limiter l'emploi du plastique au jardin.

- Achetez des meubles de jardin en bois ou en métal.
- Utilisez des arrosoirs en zinc.
- Fabriquez votre bac à compost avec du bois.
- Paillez le sol avec des matériaux organiques.
- Privilégiez l'emploi de pots en terre cuite.
- Faites vos semis dans des boîtes à œufs en carton, des rouleaux de papier toilette ou des pots biodégradables.
- Installez un châssis plutôt qu'un tunnel en plastique.

En ville aussi

En ville, des milieux extrêmes

Les petits espaces jardinés en pleine ville représentent des situations bien particulières, parfois difficiles en raison du manque de lumière ou de la pollution urbaine. Ces petits jardins et balcons urbains peuvent cependant devenir de véritables havres de verdure si vous choisissez les plantes avec soin.

⬆ Une jardinière d'automne sur un rebord de fenêtre.

Les balcons et appuis de fenêtre des étages inférieurs

À la différence des balcons et appuis de fenêtre en hauteur, ceux des étages inférieurs sont ombragés par les balcons des étages supérieurs et, bien souvent aussi, par les constructions environnantes.

Composez des jardinières et plantations adaptées à l'ombre. Si la luminosité est faible, choisissez notamment des feuillages panachés (hosta, lierre, helichrysum pour l'été) pour un effet plus lumineux. Si le balcon est exposé au vent, veillez à ne retenir que des plantes résistantes au vent : pyracantha ou éléagnus pour les arbustes, pervenche ou sauge officinale, bambous nains…

Ces balcons des étages inférieurs reçoivent généralement très peu de pluie, étant abrités par les balcons supérieurs. Pratiquez donc des arrosages réguliers, surtout en été.

ZOOM SUR

Murs et toitures végétalisés : des solutions possibles

En ville, murs et toits se succèdent à différentes hauteurs. Les habiller de végétaux permet d'introduire un petit coin de nature au cœur de la ville. En dehors de leur intérêt décoratif, ces murs et toitures végétalisés sont un véritable atout environnemental : rôle isolant, tant en hiver qu'en été, amélioration de la qualité de l'air (transformation du gaz carbonique en oxygène et dégradation de certains polluants automobiles).

Vous devrez généralement faire appel à des spécialistes pour la mise en œuvre du projet afin d'assurer sa durabilité, mais aussi pour éviter les problèmes d'étanchéité du mur ou de la toiture, de poids excessif, etc.

À petite échelle, par exemple pour le mur d'une courette ou le toit d'un petit abri de jardin, vous pouvez vous lancer dans la réalisation vous-même… après vous être bien documenté sur le sujet et vous être assuré qu'une telle réalisation est autorisée par le règlement de copropriété.

Les petits jardins entourés de constructions

L'ombre est bien souvent le principal inconvénient de ces petits jardins littéralement « coincés » entre des immeubles ou autres constructions. Lorsque s'y ajoute une terre de qualité médiocre car mal aérée, toujours humide, la difficulté est réelle, mais vous pouvez alors créer un jardin en pots ou aménager des zones de plantation avec de la terre rapportée d'un autre jardin ou achetée dans le commerce.

Lorsque l'ombre est trop dense, le carré de pelouse du petit jardin sera immanquablement dégarni ou envahi de mousse. Deux solutions : mettre des plantes couvre-sol supportant l'ombre (voir encadré p. 78) pour habiller une partie de l'espace ou adopter un revêtement de type caillebotis ou dallage pour créer un espace de repos ou un coin repas. Pour des effets fleuris, introduisez des grimpantes, des arbustes à fleurs ou encore des vivaces adaptées à l'ombre ou des annuelles comme les impatiens.

Une jungle végétale dans un jardin de ville. ➡

Des potées dans un patio urbain.

Ces petits jardins entourés de murs sont en revanche bien abrités du froid. Ils permettent souvent d'acclimater des plantes qui ne survivraient pas hors de la ville, comme certains palmiers ou passiflores bleues en région parisienne !

Les cours et patios

Comme les petits jardins, les cours et patios sont souvent en situation ombragée, parfois froids et humides, parfois de forme difficile à aménager, tout en longueur par exemple.

Il existe toujours des solutions pour valoriser et végétaliser ces espaces.

- Pensez aux plantes grimpantes pour couvrir et habiller des murs disgracieux : il en existe pour toutes les expositions !
- Utilisez les plantes couvre-sol (voir p. 154) pour habiller un fond de cour.
- Variez les matériaux des surfaces en dur, créez des petites différences de niveau pour rompre la monotonie d'une cour tout en longueur.
- Ponctuez la cour ou le patio de potées de plantes adaptées aux coins ombragés.
- Pour éclairer les zones d'ombre, posez des miroirs, choisissez des feuillages panachés de blanc, peignez les murs d'une couleur tonique (jaune, rouge andalou...).

Les balcons en hauteur et les terrasses sur toits

À l'exception des balcons exposés au nord, les balcons en hauteur et les terrasses sur toits sont généralement très ensoleillés et venteux. Or soleil et vent entraînent un dessèchement rapide de la terre des pots et autres espaces de plantation. Choisissez donc des plantes résistant bien au vent et à la sécheresse, au moins sur le pourtour de la terrasse, et installez des plantes plus délicates à leur pied. Plantez, par exemple, des arbustes robustes (éléagnus, romarin, pittosporum sous climat doux ou bambou) et, à leur pied, des graminées (stipe) ou des vivaces (hélianthème ou lavande).

L'installation de brise-vent légers (cannisses, palissade ou claustras habillés de grimpantes ou doublés de bambous) atténuera les effets du vent, tandis qu'une toile tendue, une pergola habillée de grimpantes ou couverte de cannisses tamiseront le soleil en été au-dessus d'un coin repas pour une terrasse.

Tous ces « jardins » en hauteur sont par ailleurs soumis à une réglementation en ce qui concerne la charge maximale admise au mètre carré et, parfois, l'autorisation d'accrocher pots ou jardinières. Consultez le règlement de votre copropriété. Lorsque le poids est un facteur limitant, optez pour des contenants légers (osier, bois, plastique recyclé, fibre de verre ou ciment) et des terreaux allégés (additionnés de pouzzolane ou billes d'argile).

C'EST MALIN

De bons choix pour les coins ombragés

En ville, les expositions ombragées sont généralement abritées du vent, mais souvent assez humides. C'est l'occasion de réaliser des scènes de feuillages luxuriants, éclairés de quelques floraisons aux teintes douces. Mariez arbustes, plantes vivaces, grimpantes et couvre-sol, variez les formes et teintes de feuillage pour de beaux effets apaisants.

- Une sélection d'arbustes : hortensia, osmanthe, oranger du Mexique, pyracantha, cotonéaster, buis, mahonia, viorne.
- Une sélection de vivaces : buglosse de Sibérie, hosta, heuchère, grande astrance, fougère, pulmonaire, géranium vivace, millepertuis.
- Une sélection de grimpantes : hortensia grimpant, lierre, jasmin d'hiver.
- Une sélection de couvre-sol : bugle rampant, pervenche, aspérule odorante.

Plantes de balcon : favoriser la biodiversité

Quel que soit l'espace dont vous disposez en ville pour jardiner, qu'il se résume à un petit balcon ou quelques rebords de fenêtre, à une terrasse ou une courette, installez-y des plantes qui seront accueillantes pour les oiseaux et les insectes utiles, tout en apportant une note de verdure bienvenue.

Des plantes pour attirer la petite faune et favoriser la biodiversité

Intégrez à votre balcon ou votre courette quelques plantes grimpantes (lierre, chèvrefeuille) et arbustes (pyracantha, romarin), lesquels joueront plus qu'un rôle de décor permanent : ils apporteront refuge et nourriture aux insectes et oiseaux.

Installez quelques fleurs sauvages (tournesol, échinacée), qui seront visitées par les abeilles et papillons et dont les graines nourriront les oiseaux ; plantez des aromatiques (sauge, lavande) et des petits bulbes (perce-neige, crocus) pour attirer les premiers pollinisateurs en fin d'hiver. Afin de constituer un véritable havre pour cette faune utile, installez des haies brise-vent et brise-vue. Choisissez des plantes qui résistent bien à la pollution urbaine : bambou, lierre (fruits très appréciés par les oiseaux), houx (baies pour les oiseaux), buddléia (fleurs visitées par les insectes butineurs), pyracantha (intéressant pour ses fleurs et ses baies), rosier rugueux et ses variétés (celles à fleurs simples forment des fruits prisés des oiseaux), forsythia, cotonéaster, vigne vierge et romarin.

Trois jardinières nature faciles à vivre

Si la place n'est pas suffisante pour planter des végétaux de grande taille, installez des jardinières. En voici trois modèles pour habiller balcons, courettes ou rebords de fenêtre. Vous pouvez les fabriquer en bois de récupération – des palettes, par exemple, feront très bien l'affaire.

▸ **Jardinière durable.** En situation ensoleillée, mais non brûlante, installez un grand bac ou une jardinière profonde (40-50 cm si possible), à aménager en

⬆ Un balcon fleuri pour attirer les insectes utiles.

Un mélange d'aromatiques, de vivaces et d'annuelles.

mini-jardin mariant un ou deux arbustes ou des grimpantes, des feuillages caducs et persistants, des fleurs mellifères et feuillages aromatiques... sauge officinale, romarin, origan, buddléia, chèvrefeuille et cotonéaster (pour les arbustes et grimpantes attirant les insectes utiles), hélianthème, aster, orpin, marguerite, ancolie et campanule à feuilles de pêcher (*Campanula persicifolia*) pour les vivaces, ou encore bourrache et annuelles qui se ressèment. Laissez les plantations évoluer durant plusieurs années, en vous contentant au besoin de tailler ou diviser les plantes trop vigoureuses, de combler les vides éventuels avec des annuelles à semer en place.

▸ **Jardinière de fleurs sauvages.** En situation ensoleillée, par exemple sur un balcon ou un rebord de fenêtre, dans un mélange de culture bien drainé (terre de jardin additionnée de sable grossier et gravier), composez une mini-prairie de fleurs sauvages : achillée mille-feuille, carotte sauvage, fenouil, géranium sanguin, origan, graminées de type amourette (*Briza*) ou cheveux d'ange (*Stipa*).

▸ **Jardinière de plantes de sous-bois.** En situation ombragée et humide, par exemple dans une courette ne recevant que peu ou pas de soleil et sur une façade au nord, composez une jardinière avec des plantes de sous-bois dont les floraisons échelonnées attireront les insectes utiles. Ces plantes (vivaces ou bulbeuses) peuvent rester plusieurs années en place avant d'être au besoin divisées : pulmonaire officinale, pervenche, grande astrance, géranium des bois, primevère, chèvrefeuille des bois si le contenant est assez profond (40 à 50 cm), jacinthe des bois, anémone des bois pour les petits bulbes.

De bons réflexes pour attirer la petite faune

En ville, comme au jardin, adoptez les bons réflexes pour attirer oiseaux et insectes utiles et faire en sorte qu'ils restent le plus longtemps possible. Pour que votre balcon ou votre courette devienne une enclave naturelle, faites-les évoluer au fil des saisons et ne les considérez pas uniquement comme des coins fleuris pour l'été.

▸ Prévoyez un petit point d'eau pour les oiseaux ou des abris pour les insectes (voir p. 196 et 201).

▸ Installez-leur également un bain, simple coupelle ou belle pierre creusée, où ils viendront boire et s'ébattre. Renouvelez l'eau pour qu'elle demeure toujours claire. Mangeoire et nichoir compléteront le tableau d'un petit coin de nature accueillant. Pour « fidéliser » vos visiteurs, nourrissez-les durant tout l'hiver, en installant une mangeoire ou en suspendant des boules de graisse et de graines ici et là (voir p. 204).

▸ En hiver, nourrissez les oiseaux et laissez quelques plantes sèches en place jusqu'à la fin de la saison froide – elles leur serviront de refuge.

▸ Offrez également des refuges aux insectes : suspendez un ou deux « fagots » de tiges creuses (bambou, fenouil, forsythia, sureau) et posez une bûche percée de trous de diamètre et longueur variables, laquelle attirera des abeilles solitaires.

▸ N'oubliez pas les plantes aromatiques, même sur le plus petit rebord de fenêtre. Outre leur utilisation en cuisine, elles repoussent certains insectes indésirables (moustiques ou mites, par exemple) et attirent des pollinisateurs.

▸ Glissez quelques fleurs mellifères (thym et romarin, mélisse et origan, petit aster et orpin), qui attirent les abeilles, mais aussi des insectes prédateurs de pucerons, comme les syrphes.

▸ Préférez les fleurs simples, qui produisent pollen et nectar pour les insectes butineurs, ce qui n'est pas le cas des fleurs doubles.

▸ Installez un bassin miniature dans une bassine. La présence d'eau fait venir de nombreux insectes.

Des potées de bambous et de plantes de terre de bruyère pour des terrasses ombragées. ➡

Les plantes d'intérieur

Comment choisir des plantes d'intérieur dans l'esprit du jardinage au naturel? En prenant des plantes robustes, peu gourmandes en eau, qui vivent longtemps ou qui se multiplient facilement, vous parviendrez à créer un décor chaleureux. Installez les plantes dans un emplacement qui leur convient, en tenant compte de la luminosité et de l'humidité de l'air ambiant.

Quels critères de choix pour les plantes d'intérieur?

Dans l'esprit du jardin au naturel, les plantes choisies pour la maison doivent être des plantes robustes et adaptables, peu sensibles aux maladies ou parasites, qui vivent longtemps sans demander un entretien trop astreignant.

Attention, à la différence du jardin, où les plantes sont, pour la plupart, en pleine terre et donc capables d'aller puiser en profondeur l'eau dont elles ont besoin, les plantes d'intérieur cultivées en pot nécessitent, comme leurs consœurs en jardinière, des arrosages réguliers ainsi que quelques apports d'engrais organique pour soutenir leur croissance. Cependant, vous pouvez limiter les besoins en arrosage en portant votre choix sur des plantes supportant la sécheresse.

Des plantes robustes, jamais malades

Dans un esprit de jardin au naturel, privilégiez les plantes vertes ou fleuries qui ont fait leurs preuves au fil des années et sont faciles à cultiver: asparagus, caoutchouc, chlorophytum, cissus, *Ficus benjamina,* fougère de Boston, misère, philodendron, pothos, saintpaulia, spathiphyllum ou encore yucca.

Les plantes grasses se contentent de peu d'eau.

Des plantes sobres

Si vous avez peu de temps à consacrer à l'arrosage des plantes d'intérieur, privilégiez les espèces qui se contentent d'arrosages parcimonieux. C'est le cas des plantes grasses (crassula, échévéria, kalanchoé, agave et haworthia) et des cactées. Il leur faut généralement beaucoup de lumière. N'oubliez pas que leurs besoins en eau sont plus importants en été qu'en hiver!

Des plantes qui vivent longtemps en intérieur

Parfaitement compatibles avec la notion de jardinage durable, certaines plantes d'intérieur peuvent vivre des années. C'est le cas de tous les grands ficus, comme *Ficus benjamina* et *Ficus elastica* (caoutchouc), véritables arbustes d'intérieur, des palmiers comme le kentia ou le palmier d'Arec, des dracénas et philodendrons et, enfin, de certaines fougères (fougère de Boston, par exemple).

Les plantes vertes faciles à multiplier

Parmi les plantes vertes à cultiver en intérieur figurent aussi celles qui sont les plus faciles à multiplier, souvent par simple bouturage dans l'eau. Remplacez ainsi vos plantes d'intérieur qui manquent de vigueur par de jeunes sujets: en plus d'être une excellente façon de renouveler vos plantations, c'est une source inépuisable de cadeaux et d'échanges!

Des plantes très faciles à bouturer dans l'eau: papyrus, chlorophytum, lierre, impatiens, misère, saintpaulia et cissus.

Des plantes faciles à diviser: fougères, asparagus, broméliacées, petites plantes grasses en rosettes comme les échévérias.

Lumière, humidité de l'air et arrosage

Comme au jardin, le choix de l'emplacement est essentiel pour une plante d'intérieur. La quantité de lumière reçue par la plante est très importante. Une plante verte installée juste derrière une grande baie vitrée exposée plein sud, sans voilages en été, souffrira de brûlures du feuillage et d'un excès de chaleur. Il faut savoir également que la luminosité à l'intérieur d'une pièce diminue très rapidement à mesure que l'on s'éloigne des ouvertures (fenêtres et baies vitrées), ce que l'œil ne perçoit pas toujours avec acuité. Ainsi, à 2 m d'une fenêtre, la plante reçoit 4 fois moins de lumière que quand elle est juste derrière celle-ci, et 9 fois moins à 3 m. Une plante placée trop loin d'une ouverture, à 3-4 m de la fenêtre par exemple, souffrira d'un manque de lumière et s'étiolera.

Les ficus s'adaptent parfaitement à l'intérieur.

Des plantes vertes dans une véranda.

Par ailleurs, l'humidité de l'air est généralement faible dans une maison, surtout en hiver, en raison du chauffage. Préférez les plantes d'intérieur qui se contentent d'une faible hygrométrie (chlorophytum, kalanchoé, sansévière, dracéna), car elles conserveront un feuillage sain malgré l'air sec ambiant, alors que celles exigeant un niveau élevé d'humidité de l'air (anthurium, caladium, dieffenbachia, ptéris) verront leurs feuilles brunir et sécher.

Des arrosages réguliers sont bien sûr indispensables pour les plantes d'intérieur. Un rythme d'une fois par semaine suffit à la plupart des plantes robustes. Vous compléterez par des apports d'engrais organique, entre mars et septembre.

En revanche, la qualité du sol, si importante en extérieur, n'entre pas ici en ligne de compte puisque les plantes sont cultivées en pot, dans un terreau pour plantes d'intérieur.

EN SAVOIR PLUS

Les plantes dépolluantes : vraiment efficaces ?

Les plantes dépolluantes, très présentes en jardinerie, connaissent un vrai succès depuis quelques années. On leur prête des vertus qui permettraient de lutter contre la pollution de l'air intérieur. Mais, pour autant, sont-elles réellement efficaces pour améliorer la qualité de l'air de son logement ?

Certes, des études sérieuses menées en laboratoire, en enceinte expérimentale, ont démontré les capacités intrinsèques de certaines plantes à absorber des polluants. Des expérimentations effectuées dans les années 1980 par le Dr Bill Wolverton, ingénieur à la Nasa, ont par exemple permis d'identifier que :

- l'azalée se révèle efficace contre l'ammoniac et le monoxyde de carbone ;
- le lierre décompose bien le benzène et le trichloréthylène ;
- l'anthurium absorbe le xylène ;
- le philodendron grimpant absorbe le pentachlorophénol, etc.

Aucune efficacité n'a néanmoins été prouvée en conditions réalistes d'exposition. La recherche ne dispose pas de données vérifiées dans un contexte domestique et les résultats enregistrés jusqu'à présent sont issus de tests réalisés en laboratoire (en général, les plantes sont placées dans des enceintes en verre de taille réduite et exposées à des concentrations de polluants bien supérieures aux taux que l'on rencontre chez soi).

3 Connaître et entretenir son sol

Les grands types de sol

Sol et plantes : un accord vital

Le sol est à la fois produit et support de la vie. Sol et plantes s'enrichissent mutuellement et leurs interactions sont complexes. Quand le couple formé par la plante et le sol est en équilibre, les plantes poussent vigoureusement.

Le sol, produit de transformation

On appelle sol la couche superficielle et meuble de la croûte terrestre. Il résulte de la transformation, sous l'action du temps, de la roche sous-jacente, qui s'est enrichie au cours des millénaires de toute la matière organique produite à sa surface. On différencie le sol de la croûte terrestre par la vie que celui-ci abrite.

Le rôle du sol dans la vie des plantes

C'est dans le sol que les plantes et les micro-organismes puisent l'eau et les éléments minéraux qui vont les nourrir (azote, phosphore, potassium et calcium), mais aussi des oligoéléments (fer, manganèse, magnésium, bore, cuivre, molybdène, soufre et zinc).

Le pH

Ce terme (abréviation de potentiel hydrogène) caractérise l'acidité, la neutralité ou l'alcalinité d'un sol. Il varie entre 1 et 14. Un sol est dit neutre si son pH est égal à 7. En dessous, il est acide et, au-dessus, il est dit alcalin (ou calcaire). En général, les plantes ont besoin d'un pH compris entre 6,5 et 7,5 pour pousser correctement. Mais on trouve des sols aux pH allant de 4 (très acide) à 9 (très alcalin). Connaître le pH de son sol est essentiel, car il influe sur le choix des plantes. Le rhododendron et la bruyère, par exemple, poussent très mal dans un sol alcalin. Le chrysanthème et l'ancolie, quant à eux, ne se plaisent pas dans les sols acides (voir aussi encadré « Les plantes indicatrices », p. 88).

Pour savoir quel amendement apporter lorsque vous avez un sol trop acide ou trop alcalin, voir p. 96.

Les rhododendrons ont besoin d'un sol acide.

EN SAVOIR PLUS

Le chemin de la sève

La « sève brute », c'est-à-dire celle qui contient uniquement de l'eau et des sels minéraux puisés dans le sol, circule toujours de manière ascendante, des racines aux feuilles. Arrivée aux feuilles, elle s'enrichit en sucres et acides aminés et se transforme en « sève élaborée ». Cette sève redescend ensuite dans les tiges, puis les branches et le tronc.

Le rôle des racines

Les racines ont plusieurs fonctions.

- **Une fonction d'ancrage :** elles fixent la plante au sol.
- **Une fonction d'absorption :** elles puisent l'eau et les sels minéraux.
- **Une fonction de stockage :** elles constituent des réserves nutritives chez certaines plantes, comme le radis, la betterave rouge ou le navet.
- **Une fonction symbiotique :** bactéries et champignons vivent en symbiose avec les racines, qu'ils aident à assimiler les éléments minéraux ; en retour, la plante fournit des glucides à la bactérie ou au champignon.

Les deux grands mécanismes vitaux

L'évapotranspiration

De manière mécanique, sous l'action de la chaleur, l'eau du sol s'évapore. Parallèlement, les plantes captent l'eau dans le sol et l'évacuent dans l'air par leur transpiration.

La photosynthèse

C'est le processus qui permet aux plantes de fabriquer de la matière organique en exploitant la lumière du soleil, l'eau et les sels minéraux du sol. L'énergie de la lumière est absorbée grâce à la chlorophylle des feuilles, puis transformée en énergie chimique, dans les tissus de ces mêmes feuilles. L'énergie chimique est utilisée pour transformer le gaz carbonique de l'air (CO_2) en carbone et oxygène. Le carbone sert alors à fabriquer des glucides et à constituer de la matière organique, l'oxygène étant rejeté dans l'air.

Structure et texture

Le sol n'est pas un milieu inerte. Ses constituants sont nombreux et il abrite une microflore et une microfaune aux multiples interactions. Apprendre à connaître les composants, la texture et la structure du sol permet au jardinier de travailler sans mettre en péril ces fragiles équilibres.

Le sol, un milieu complexe

Le sol est composé de plusieurs constituants étroitement mêlés.

La matière minérale

Les particules les plus grosses sont les grains de sable (de 0,2 à 2 mm de diamètre), les plus petites, les argiles (0,002 mm) et, entre les deux, se trouvent les limons, de taille intermédiaire (de 0,002 à 0,05 mm). Les argiles ont un rôle majeur : si on les observe au microscope, on voit qu'elles possèdent une structure en feuillets, un peu comme un mille-feuille. Elles stockent l'eau et les éléments nutritifs dans les espaces compris entre ces feuillets.

L'humus

Il forme le produit de la dégradation de la matière organique végétale ou animale, sous l'action des vers de terre, de la microfaune, des champignons et des bactéries. C'est l'humus qui apporte la fertilité à un sol, en agissant à plusieurs niveaux :

- il fixe les éléments minéraux logés dans les feuillets de l'argile, qui, sinon, seraient lessivés par les pluies ou le vent ;
- il empêche le sol de se compacter, ce qui le rendrait difficile à travailler ;
- comme l'argile, il stocke l'eau et les éléments nutritifs — 1 % d'humus joue le même rôle que 10 % d'argile.

Une raréfaction de l'humus entraîne toujours une diminution des récoltes. C'est pourquoi il est important de le conserver dans le sol. Pour cela, il faut rendre à la terre la matière organique prélevée au fil des saisons (récoltes, feuilles mortes, mauvaises herbes et débris de taille), sous forme de paillages organiques (voir p. 101), d'apports de compost (voir p. 104) ou encore d'amendements (voir p. 96).

Les organismes vivants

Les animaux qui peuplent le sol constituent des organismes très divers, de la microfaune à la mégafaune. Pour en savoir plus, voir p. 90-92.

Des textures différentes

Selon le pourcentage des particules minérales décrites ci-dessus (sable, argiles et limons), la texture du sol varie. On parle alors de sol sableux, argileux, limoneux ou argilo-limoneux. Pour connaître rapidement la texture de votre sol, voir encadré p. 89.

- **Sols à texture sableuse :** ils se travaillent facilement en toute saison. Ces sols sont légers, ne collent jamais aux outils, même après une grosse pluie. Mais ils sont assez peu fertiles et ne conservent pas longtemps l'eau.

ZOOM SUR

Un bon complexe argilo-humique : une bonne terre de jardin

Les argiles sont intimement liées à l'humus, par des molécules qui jouent le rôle de ponts. On parle alors d'un complexe argilo-humique. Ce processus ne peut se faire sans la présence des vers et de la microfaune du sol. Il fixe de nombreux minéraux utiles pour les plantes et qui, sans cela, seraient lessivés par les pluies. Quand le complexe argilo-humique est bon, on a ce que l'on appelle une bonne terre de jardin.

On trouve cette terre dans les potagers qui ont été travaillés pendant plusieurs années, voire des dizaines d'années. Sa structure est grumeleuse, assez foncée et riche, et elle abrite une microfaune variée. Elle ne reste pas longtemps détrempée après une forte pluie et ne colle pas à la bêche. Les plantes y poussent vigoureusement. Pour préserver ce complexe, il faut éviter de tasser la terre et d'épandre des produits détruisant la faune du sol (insecticides, fongicides, désherbants), mais plutôt apporter de la matière organique régulièrement (paillages, compost, fumier).

Apport de terreau dans une terre argileuse.

Il faut les arroser peu, mais souvent, et les enrichir au moins deux fois par an avec du compost. On y cultive avec succès des fraises, des asperges et des plantes aromatiques. Les pins et les bouleaux y poussent bien. On peut éviter de les bêcher.

▸ **Sols à texture argileuse :** ils ont, au contraire, une grande capacité de rétention de l'eau et sont fertiles. Ces sols forment cependant de grosses mottes parfois difficiles à briser, sont très collants quand ils sont mouillés et se travaillent difficilement. On y cultive avec facilité la plupart des légumes.

▸ **Sols à texture limoneuse :** ils retiennent bien l'eau, une propriété intéressante lors des sécheresses. Mais, en cas de fortes pluies, ces sols deviennent malaisés à travailler, se gorgeant d'eau. Ils sont sensibles au tassement, qui les rend alors asphyxiants. Il faut leur apporter de l'humus et du calcium pour les alléger. Épinards, carottes, céleris et choux y poussent bien.

▸ **Sols à texture argilo-limoneuse :** ce sont les meilleurs sols, car ils présentent les qualités des deux types précédents, sans en avoir les défauts. Ils sont grumeleux, se travaillent facilement, sans se dessécher ou prendre en masse. Tous les légumes y poussent.

EN SAVOIR PLUS

Les plantes indicatrices

Ce sont des plantes de culture spontanée dont la présence révèle les caractéristiques du sol.

Le souci des champs et la moutarde blanche indiquent une terre calcaire et drainante. Le chiendent, la morelle noire et l'ortie sont le signe d'un sol riche en azote et potasse. La présence de pourpier dénote un sol sableux et compact, la carotte sauvage un sol sec et calcaire. À l'inverse, le genêt à balai est l'indice d'un sol acide et léger. Quant à la menthe, la prêle et la lysimaque, elles ne poussent qu'en sol constamment humide.

EN SAVOIR PLUS

Ne confondez pas humus et matière organique

La matière organique est la matière carbonée produite par les êtres vivants, animaux ou végétaux. L'humus est le produit de la transformation de la matière organique fraîche sous l'action de toute une chaîne d'organismes. C'est ce que l'on voit, par exemple, au fond du bac à compost, au bout de six à douze mois : une sorte de terreau sombre, grumeleux, qui sent le sous-bois. Il est impossible de cultiver dans de l'humus pur, qui doit toujours être mélangé à de la terre de jardin.

Vous pouvez améliorer la composition de votre sol sur le long terme en l'amendant. Pour savoir quel type d'amendement pratiquer pour chaque type de sol, voir p. 96.

La structure du sol

La structure d'un sol désigne le mode d'assemblage des différentes particules – sable, limons et argiles – entre elles. Elles forment ce que l'on appelle des grumeaux. Ces grumeaux s'organisent en agrégats. La structure du sol, contrairement à la texture, qui ne change pas, est un état qui évolue dans le temps. De la structure dépend en grande partie la circulation de l'eau dans le sol.

Les particules et les grumeaux peuvent s'agréger de différentes façons, donnant diverses structures de sol.

La structure grumeleuse est la structure idéale, celle privilégiée par tout agriculteur ou jardinier. Elle est obtenue par l'activité biologique qui règne dans un sol.

Microfaune, bactéries, algues et champignons rejettent différents produits issus de leurs métabolismes et ayant des propriétés agglutinantes. Un bon exemple est celui des tortillons rejetés par les vers de terre : on y constate la forte agglutination des grains de terre. Ces sols à structure grumeleuse sont drainants, mais sans excès. L'air y circule bien, ce qui est important pour la croissance des racines. Enfin, ces sols sont extrêmement faciles à travailler, quel que soit le temps (sec ou humide) et sans qu'il faille les bêcher en profondeur (un simple griffage suffit). Ces sols assurent aussi une bonne levée des semences ainsi qu'une croissance rapide et vigoureuse des plantes.

On peut également avoir des sols sans structure (totalement sableux ou, au contraire, pris en masse, comme bétonnés) ou à structure faible ou modérée, selon le degré d'agrégation. Il faut alors ajouter chaque année, en automne, de la matière organique (compost, fumier) en abondance.

L'analyse du sol

Connaître son sol permet d'ajuster au mieux les apports d'engrais, sans gaspillage, de prévenir les carences chez les plantes et de cultiver des espèces bien adaptées. Il est bon de faire des analyses, tous les deux ou trois ans, notamment au potager, où la terre est fréquemment remuée, amendée, et connaît des récoltes régulières. C'est le meilleur moyen, pour le jardinier, de suivre l'évolution de la fertilité de son sol.

Pas seulement pour les professionnels

Pour les jardiniers amateurs, il existe des kits d'analyse du sol en jardinerie. Il suffit de prélever un échantillon de terre dans son jardin, de le déposer dans les petits flacons fournis et d'envoyer le tout au laboratoire indiqué dans le kit. L'analyse arrive dans le mois qui suit. Il existe aussi des kits de résultat « direct », sans analyse de laboratoire, mais ils sont moins complets.

De précieux renseignements

L'analyse de la terre vous informe sur le pH de votre sol et, selon les kits, sa teneur en azote, potassium, phosphate, phosphore, magnésium, calcium, et son taux de matière organique. Certaines analyses livrent même l'intensité de l'activité microbienne (avec une note de 0 à 20). Vous connaîtrez aussi la teneur en oligoéléments (les six ou sept principaux, voir le tableau ci-dessous). L'analyse vous donne en parallèle, pour chaque paramètre, les valeurs idéales. Pour vous guider, ces résultats sont assortis de conseils sur l'apport d'engrais ou d'amendements.

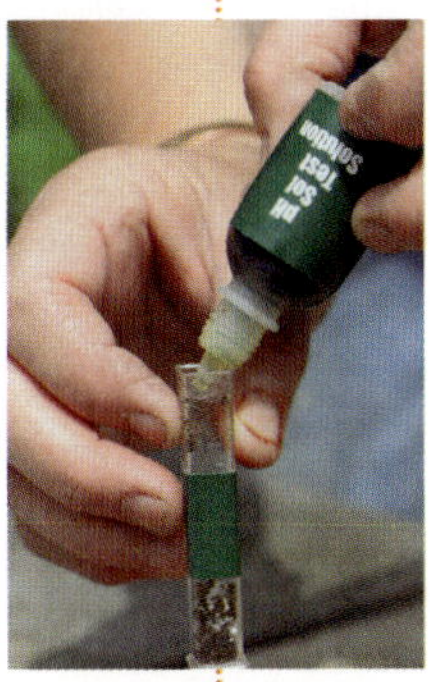

À FAIRE SOI-MÊME

Le test de la boulette

Pour avoir une bonne idée de la texture de votre sol, ramassez une poignée de terre, ni trop sèche, ni trop humide, et serrez-la dans votre poing.

- Si vous n'arrivez pas à former une boule car la terre se désagrège, la terre est sableuse.
- Si la terre se laisse travailler comme de la pâte à modeler, sans s'effriter, vous avez une terre argileuse.
- Si vous arrivez à former une boule mais qu'elle se brise, vous avez une terre limoneuse.

Le rôle des oligoéléments

Sans les oligoéléments, ces substances présentes en quantités infimes dans le sol et les végétaux, les plantes ne pourraient pas pousser et se développer. Leurs carences provoquent des troubles facilement repérables. Pour y remédier, vous pouvez ajouter des engrais naturels complets (comprenant de l'azote, du phosphore, de la potasse et un des oligoéléments). Pour les carences en éléments minéraux, voir p. 176.

Oligoélément	Symbole	Rôle	Symptômes d'une carence
Fer	Fe	Indispensable à la synthèse de la chlorophylle. Aide à la circulation de la sève dans la plante.	Jaunissement des feuilles (nécrose).
Manganèse	Mn	Catalyseur dans les réactions métaboliques de la plante (photosynthèse).	Jaunissement (nécrose) ou rougissement du limbe et marbrures vert jaunâtre ou rougeâtres.
Bore	B	Participe à l'élaboration de la cellulose et donc à la croissance des parties dures (tiges, fruits, graines).	Décoloration des feuilles et noircissement des racines. Fendillement des racines ou des fruits, avec présence de chancre. Taches liégeuses sur les pommes. Jaunissement du limbe des feuilles des arbres fruitiers.
Cuivre	Cu	Permet à la plante d'absorber l'azote et de produire la chlorophylle.	Taches foliaires, croissance ralentie, affaiblissement des tiges, floraison déficiente.
Molybdène	Mb	Joue un rôle dans l'assimilation du potassium et le métabolisme de l'azote.	Floraison pauvre, bords des feuilles qui brunissent.
Soufre	S	Constituant des protéines. Responsable de la saveur de l'ail, de l'oignon.	Décoloration des feuilles. Affaiblissement des tiges. Floraison déficiente.
Zinc	Zn	Intervient dans de nombreux mécanismes de la croissance et de la fructification.	Petits fruits mal formés, jeunes feuilles jaunes, presque blanches. Plantes rabougries. Chute précoce des feuilles.

Préserver et améliorer son sol

Le sol, un milieu vivant et fragile

La terre n'est pas uniquement constituée de matière minérale et de matière organique. C'est aussi un milieu vivant extrêmement dense. L'importance et la vigueur de ces populations, notamment des précieux vers de terre, déterminent la fertilité de votre sol.

Des organismes très divers

Dans 1 m^2 de sol de prairie se cachent plusieurs centaines de millions d'organismes. L'activité de ces êtres vivants aboutit à la transformation de la matière organique inerte en éléments minéraux utilisables par les plantes. Cette activité est capitale pour la qualité et la fertilité du sol : sans elle, il serait stérile. On classe les animaux du sol (pédofaune) en quatre catégories, selon leur taille.

▸ Les êtres inférieurs à 0,2 mm constituent la microfaune : il s'agit de protozoaires ou de nématodes, de bactéries, de rotifères et de tardigrades, tous des micro-organismes qui vivent dans la partie aqueuse (contenant de l'eau) du sol. Pour survivre en cas de sécheresse, certains forment des kystes, d'autres se dessèchent presque totalement et ne se remettent en activité que quand les conditions d'hydratation sont redevenues bonnes.

▸ Les organismes dont la taille est comprise entre 0,2 et 4 mm font partie de la mésofaune : ce sont essentiellement des microarthropodes, acariens et collemboles, pseudoscorpions, petits myriapodes ou grands nématodes.

▸ Les animaux dont la taille est comprise entre 4 et 80 mm représentent la macrofaune : vers de terre, insectes et leurs larves, fourmis, cloportes, termites, myriapodes, limaces, escargots et araignées.

▸ Enfin, la mégafaune réunit ce qu'on appelle les animaux du sol, qui font plus de 10 cm, essentiellement des vertébrés : petits mammifères, reptiles et amphibiens.

La vie du sol : une suite de transformations

▸ Toute matière organique qui tombe au sol (feuilles, bois, débris de légumes, insectes ou animaux morts) commence par être fragmentée par la macrofaune (larves de coléoptères, cloportes, termites, fourmis...). Elle est ensuite digérée et brassée par les vers de terre, ce qui donne naissance à de l'humus jeune. À ce stade, les éléments nutritifs ne sont pas assimilables par les plantes. Si on semait directement dans cet humus, qui contient des substances inhibant le développement des radicelles des plantes, les graines ne germeraient pas.

▸ La deuxième étape est la transformation des éléments minéraux présents dans le sol pour qu'ils deviennent assimilables par les plantes. C'est à ce stade que les micro-organismes, comme les champignons et les bactéries, entrent en jeu et poursuivent le processus jusqu'à ce que les éléments soient assimilables par les plantes. On les trouve surtout dans les quelques millimètres autour des racines, la rhizosphère. Les racines favorisent la présence des organismes (il y en a 2 à 19 fois plus que dans un sol sans racines), lesquels, en retour, apportent à la plante de la nourriture.

Des millions d'organismes peuplent le sol.

ZOOM SUR

De nombreuses bactéries

Les bactéries, ces micro-organismes unicellulaires, abondent dans le sol : on peut en dénombrer plus de 2 milliards dans un 1 gramme de terre. Le sol des jardins potagers travaillés depuis longtemps en contient beaucoup. En comparaison, le sol des forêts est plutôt riche en champignons.

Les vers de terre

Des populations disparates

Sous le terme de vers de terre, on regroupe plusieurs espèces.

- Les vers de surface (épigés ou *Eisenia foetida)*, sont des petits vers rouges de 5 cm de long. Ils se nourrissent de la matière organique peu ou pas encore décomposée. On les utilise pour fabriquer du lombricompost ou faire des appâts pour la pêche.
- Les vers endogés, un peu plus gros, creusent de profondes galeries et se nourrissent de terre mélangée à la matière organique.
- Les vers anéciques sont de gros vers qui cherchent leur nourriture à la surface du sol, puis la distribuent en profondeur à travers les galeries verticales qu'ils creusent.

Les vers endogés et les vers anéciques sont classés dans la catégorie des lombrics, ou vers « laboureurs ».

Des travailleurs infatigables

Les vers de terre broient la matière organique fraîche, qui se décompose alors beaucoup plus vite. Sans eux, les feuilles des arbres mettraient deux ans à se décomposer ! Ils creusent d'importants réseaux de galeries, où l'eau de pluie peut s'infiltrer, et fournissent aux racines des voies facilement pénétrables pour aller chercher l'eau en profondeur. De plus, ils aèrent le sol et agissent sur sa structure, en ingérant la terre puis en la rejetant sous forme de gros agrégats souples. Une terre très travaillée par les vers se rapproche de la terre idéale pour le jardinier (voir encadré p. 87).

Préserver les vers de terre

Tout travail du sol met en péril la microfaune du sol et, en particulier, les vers de terre. De manière générale, il vaut donc mieux éviter de bêcher le sol, de le retourner avec un motoculteur ou d'y faire passer des engins lourds, qui le tassent pour de longues années (voir p. 93). Le paillage et les amendements, au contraire, protègent la vie du sol en apportant de la matière organique fraîche et en maintenant une humidité favorable. Les insecticides chimiques et produits de traitement du sol chimiques sont, bien sûr, à bannir.

EN SAVOIR PLUS

Les turricules des vers de terre, de l'or en tortillon !

Les excréments des vers de terre rejetés en surface constituent une manne pour le jardinier et ses plantations. Leur teneur en éléments directement assimilables par les plantes (surtout le potassium et le phosphore) est de 2 à 10 fois plus importante que ce que l'on trouve dans un sol dépourvu de vers de terre. Ils contiennent aussi 5 fois plus d'azote et 3 fois plus de magnésium. Ainsi, un jardin de 100 m^2 peut « recevoir » de 100 à 200 kg de turricules par an ! Certains jardiniers récoltent cette manne et la déposent au pied de leurs plantes les plus précieuses.

EN SAVOIR PLUS

Les mycorhizes

Les mycorhizes (du grec *myco*, « champignon », et *rhiza*, « racine ») sont des associations entre les racines des végétaux et certains champignons du sol. Elles favorisent l'absorption par les racines des éléments minéraux du sol. En retour, les racines des plantes fournissent des sucres aux champignons. L'association étant bénéfique aux deux parties, on parle de symbiose. On peut acheter des champignons mycorhiziens en jardinerie. Ils se présentent sous la forme d'une poudre que l'on incorpore au sol au moment de la plantation.

Le paillage enrichit le sol en matière organique.

La faune nuisible du sol

Faune nuisible et faune utile ? Un même animal pouvant agir à la fois comme auxiliaire et ravageur, la frontière est mince. Car la biologie et l'écologie l'ont prouvé : au sein des écosystèmes, chaque espèce a sa place et son rôle pour préserver les équilibres naturels. Néanmoins, certains organismes du sol s'avèrent particulièrement dévastateurs pour le jardin, notamment au potager.

Les larves du sol

Parmi les larves d'insectes, certaines attaquent les racines : c'est le cas pour celles du hanneton, de la mouche des légumes ou de l'otiorhynque. Sans oublier le fameux doryphore : sa larve nymphose dans le sol et, adulte, il y hiverne. Dans un jardin, il n'y a aucune raison de déployer l'arme chimique pour éradiquer les larves du sol. S'il y a des auxiliaires (hérissons ou oiseaux), la présence de ces larves restera marginale (voir p. 196).

Si vous constatez qu'une partie du sol est particulièrement envahie par des larves, retournez-la et laissez les merles, mésanges et pies faire le ménage.

Pour limiter les populations de doryphores, ramassez-les à la main quotidiennement durant la période où les adultes sont présents, entre mai et septembre – ils se reconnaissent à leur carapace jaune et marron.

Les nématodes du sol

Les redoutables nématodes sont des vers microscopiques du sol (moins de 1 mm), qui ravagent les plantes du potager et sont très difficiles à éliminer naturellement. L'œillet d'Inde (et plus généralement toutes les plantes du genre *Tagetes*) est une excellente plante nématicide, car elle inhibe la croissance de ces vers.

Pour diminuer la population de nématodes :

- semez des œillets d'Inde entre mi-mai et juillet, sur un sol bien humide, à raison de 5 g d'œillets d'Inde pour 10 m^2. Laissez la plante se développer, puis arrachez-la et enfouissez-la très superficiellement en septembre ou octobre. L'année suivante, vous pourrez planter vos légumes au même endroit ;
- semez des œillets d'Inde au printemps, entre les légumes, en lignes, spécialement au pied des tomates et des concombres ;
- utilisez les œillets d'Inde en extrait fermenté, par arrosage. Mélangez 1 kg de plantes entières avec 10 litres d'eau non calcaire, laissez fermenter cinq à six jours et versez le tout avec un arrosoir au pied de vos plantes.

L'œillet d'Inde est efficace contre les nématodes.

Sachez que, même si la majorité des nématodes que l'on rencontre dans un jardin sont nuisibles, certains sont utilisés pour la lutte biologique, comme *Phasmarhabditis hermaphrodita*, *Heterorhabditis megidis* ou *Heterorhabditis bacteriophora* (voir pp. 183, 185 et 187). Si vous décidez d'introduire artificiellement des nématodes, la manipulation doit être effectuée avec précaution.

Les limaces et les escargots

Pour lutter contre les gastéropodes, ramassez-les à la main, après une bonne pluie et mettez-les à l'extérieur du jardin, dans la nature – ils régaleront les merles.

- Si nécessaire, vous pouvez essayer un produit à base de phosphate ferrique, du type Ferramol®, qui semble non nuisible pour les hérissons ou les oiseaux. En revanche, n'utilisez pas de préparations à base de métaldéhyde, très toxiques pour les animaux domestiques.
- Les solutions naturelles, comme la cendre de bois ou la bière, ont une efficacité limitée : la cendre épandue au pied des plantes empêche les limaces et escargots de passer tant qu'elle est sèche, mais devient inefficace dès qu'elle est humide. Quant aux pièges à bière qui attirent les limaces, ils sont parfois contre-productifs, car leur odeur appâte plus de limaces que le piège ne peut en capturer !

Vous trouverez d'autres informations pour lutter contre les nuisibles dans le tableau des maladies et parasites p. 178-193.

Travailler le sol

Faut-il travailler son sol ou pas ? Bêcher ou décompacter ? Exposer son sol (argileux) au gel en hiver ou le couvrir d'un paillage ? Toutes ces questions font débat parmi les jardiniers. Chaque méthode dépend en fait de la texture du sol.

Dans quel cas faut-il bêcher ?

Traditionnellement, en automne, les jardiniers bêchent leur sol, le retournent, en profitent pour désherber à fond, nettoyer les derniers débris de culture et incorporer des amendements ou des engrais (à noter que certains préfèrent déposer amendements et engrais en surface seulement). L'hiver, les grosses mottes soumises au gel et au dégel éclatent et, au printemps, la terre devient meuble, prête à être travaillée.

Dans un sol argileux, très lourd, le bêchage permet d'assouplir le sol. Il permet aussi de détruire les larves (vers blancs ou gris et larves de charançons) en les exposant à leurs prédateurs (oiseaux, hérissons, musaraignes, etc.) et aux intempéries (gel, sécheresse).

Le non-travail du sol

Si le sol n'est pas argileux (sableux, limoneux, argilo-limoneux), le travail de la terre est inutile, voire néfaste. Il casse la structure du sol, détruit la microfaune et assèche le sol. Mais « non-travail » du sol ne signifie pas « aucun travail ». Pour conserver sa fertilité, paillez-le. Vous pouvez aussi apporter du compost deux fois par an et ajouter de l'argile (sous forme, par exemple, de terre végétale vendue en jardinerie) au moment de la plantation.

- En automne, déposez sur le massif une couche de végétaux hachés grossièrement : rameaux broyés, feuilles mortes et tontes.

Bêchage d'un sol argileux en automne.

Décompactage de la terre à l'aide d'une Grelinette®.

- Laissez les vers de terre – mais aussi les insectes, les champignons et les bactéries – travailler tout l'hiver bien à l'abri sous cette couette improvisée.
- Au printemps, avec le plantoir, écartez un peu cette couche et plantez vos godets, ou même vos grosses graines, dans une terre ameublie, grumeleuse et juste humide.
- Un peu plus tard, mais toujours au printemps, redéposez une couche de paillage autour des plants. Vous constaterez que la terre reste bien humide et que les herbes indésirables n'arrivent pas à pousser vigoureusement sur cette litière. Si c'est le cas, il suffit de les arracher (elles viennent facilement) et de les mettre sur la litière.

Un bon compromis, le décompactage

Pour simplement aérer son sol en automne ou au printemps, sans le retourner, décompactez-le. Vous pouvez le faire sur tous les types de sol. Pour cela, servez-vous par exemple d'une Grelinette® (voir p. 132), qui a l'avantage de ne pas abîmer ni perturber la microfaune en place, tout en aérant les 25 premiers centimètres du sol. Puis recouvrez le tout avec un paillis peu épais (5 cm), sans l'enfouir.

Les engrais du jardin au naturel

Pour maintenir la fertilité du sol de votre jardin, vous pouvez le nourrir à l'aide d'engrais organiques. Mais cette dénomination recouvre des produits très variés, aux propriétés différentes. Et pour certains, comme le guano, leur utilisation est même contestée...

Les différents types d'engrais

▸ **Les engrais organiques** sont issus de matières ayant appartenu à des êtres vivants, animaux ou végétaux, et contiennent principalement de l'azote, du phosphore et de la potasse en quantités variables. La distinction entre engrais organiques (tourteaux, sang séché, corne broyée, poudre d'os, farine d'arêtes, guano, marcs de fruits, algues vertes) et amendements organiques (fumier, purin, compost) reste assez théorique. On peut cependant dire que les engrais organiques sont beaucoup plus concentrés et plus riches en azote que les amendements.

▸ **Les engrais minéraux** peuvent être soit d'origine naturelle et issus de l'exploitation de gisements de phosphate ou de potasse, soit d'origine synthétique et issu de l'industrie chimique. Dans un cas comme dans l'autre, la notion d'engrais minéral s'oppose à la notion d'engrais organique, provenant du vivant.

▸ **Les engrais chimiques** sont fabriqués par l'homme. On peut également parler d'engrais de synthèse.

C'EST MALIN

Des végétaux distributeurs d'azote

Les plantes de la famille des légumineuses ont la propriété d'accueillir, au niveau de leurs racines, des bactéries (appelées *Rhizobium*) capables de fixer l'azote de l'air. Ces bactéries se fixent sur les racines et leur font produire de petits nodules, dans lesquels elles vivent et se reproduisent. On peut donc semer ces plantes, puis les couper quelques mois plus tard, sans arracher les racines. Ces dernières se décomposeront dans le sol, libérant l'azote accumulé dans les nodules.

Quelle différence entre engrais organique et engrais de synthèse ?

La plante ne fait pas la différence entre une molécule d'azote issue d'une synthèse chimique et issue du compost : chimiquement, les deux se valent. Mais, du point de vue biologique, les deux ne se valent pas. Dans un engrais organique, la molécule est incluse dans un complexe d'oligoéléments, avec ou sans micro-organismes ; dans un engrais de synthèse, elle est pure. Pour mieux se représenter ces deux types d'engrais, on pourrait comparer l'organique à un repas et le chimique à une perfusion alimentaire... Dans votre jardin au naturel, évitez donc d'utiliser des engrais chimiques.

Produit	Origine	Composition	Action	Épandage
Sang séché	Animale	Beaucoup d'azote (10-13 %), un peu de phosphate	Rapide (1 mois)	Au printemps, sur tous les légumes-feuilles.
Fientes de volailles déshydratées	Animale	Azote, phosphate et potasse à parts égales	Assez rapide	Au printemps, sur tous les légumes.
Algues vertes	Végétale	Riche en oligoéléments	1-2 mois	Au printemps, sur tous les légumes.
Poudre d'os	Animale	Phosphate, un peu d'azote (2-4 %). Riche en calcium	Progressive sur l'année	En automne ou au printemps, sur les légumes-fruits et racines.
Farine d'arêtes	Animale	Phosphate, un peu d'azote (4-10 %)	Progressive sur l'année	En automne ou au printemps, sur les légumes-fruits et racines.
Tourteau de ricin*	Végétale	Beaucoup d'azote, un peu de phosphate, potasse, oligoéléments	Progressive sur l'année	En automne ou au printemps, sur tous les légumes-feuilles.
Corne broyée	Animale	Riche en azote (13-15 %), un peu de phosphate, potasse, soufre et magnésie	Lente (plusieurs années)	En automne, sur les légumes qui restent en place plusieurs années (asperge, artichaut).

*Attention, le tourteau de ricin est un produit toxique : il contient en grandes quantités de la ricine, qui est un poison mortel (ne pas ingérer).

Apport de corne broyée au pied d'une graminée.

Organique ne signifie pas biologique

Il ne faut pas confondre « organique » et « biologique ». Du sang séché, de la poudre d'os, des fientes de volailles déshydratées et de la farine d'arêtes, qui proviennent des abattoirs ou de l'industrie de la pêche, ne sont biologiques que si les animaux (incluant les poissons) d'élevage le sont. Il en va de même pour le tourteau de ricin qui provient, ou non, d'un champ cultivé en biologique et pour les algues qui, si la mer est polluée, le sont aussi.

Savoir utiliser les engrais organiques

▶ Utilisez-les à bon escient : si vous paillez régulièrement le sol, vous pouvez employer la technique du BRF (bois raméal fragmenté, voir p. 103) ou ajouter régulièrement du compost mûr. Vos plantes n'en ont peut-être pas besoin : une analyse de sol vous renseignera (voir p. 89).

▶ Ne dépassez pas les doses indiquées sur l'emballage. Vous pouvez en revanche les diluer : sachez que « moins » est toujours préférable à « trop ». Attention ! Le terme « organique » n'est pas synonyme d'innocuité. Un engrais organique est un produit actif et, trop fortement dosé ou utilisé à la mauvaise période, il devient nuisible pour la plante et pour l'environnement.

▶ Appliquez-les au bon moment. Pour les engrais à action rapide, procédez au printemps. Pour ceux à action lente, il sera plus efficace de faire des apports par petites doses sur le long terme (en automne).

▶ Ajoutez les engrais dans une terre humide et griffez le sol sur quelques centimètres avant de les incorporer.

IDÉES REÇUES

« Les engrais naturels, c'est écologique ! »

Certains produits naturels, longtemps utilisés en jardinage biologique, sont maintenant pointés du doigt, car leur exploitation détruit des milieux naturels. C'est le cas du guano, employé pour sa richesse en azote, qui provient de l'accumulation et du vieillissement naturel des fientes d'oiseaux marins. Or l'extraction du guano détruit irrémédiablement les sites de nidification de certains oiseaux.

ZOOM SUR

Les engrais verts, fournisseurs d'humus

Les engrais verts sont des plantes à croissance rapide que l'on fait pousser entre deux cultures. Ce sont les légumineuses (trèfle, soja, luzerne, sainfoin, lupin ou haricot), la moutarde ou la phacélie. Ces plantes protègent le sol du vent et de la pluie battante, empêchent les mauvaises herbes de s'implanter et décompactent la terre grâce à leurs racines, ce qui aère le sol et favorise la vie microbienne. On laisse le gel détruire les plantes ou bien on les coupe (généralement trois mois après le semis), en les laissant sur le sol ou en les enfouissant superficiellement. Lorsqu'elles se décomposent, leur matière organique est restituée à la terre, produisant à terme de l'humus.

Apport de compost au pied de plantes vivaces.

Amender son sol

Il existe plusieurs types de sol, de par leur structure, leur texture et les éléments qui les composent (voir p. 86-89). Les amendements sont des compléments qui permettent d'améliorer la structure et la composition de la terre sur le long terme, en vue d'obtenir un sol plus adapté à la culture des plantes.

Engrais ou amendement?

Un engrais (voir p. 94) apporte un, deux ou trois des éléments principaux nécessaires à la croissance des plantes : azote, phosphore et potasse. Certains contiennent aussi des oligoéléments (magnésium, zinc, bore, cuivre...). Mais un engrais n'a pas d'impact sur la structure du sol. En revanche, l'amendement, apporté régulièrement, finit par améliorer la structure d'un sol et même par faire varier son pH.

Pour savoir le type d'amendement dont vous avez besoin, faites pratiquer une analyse du sol (voir p. 89).

Les amendements minéraux du commerce

Il existe quatre types d'amendements minéraux.

▸ **L'argile bentonitique :** elle est conseillée pour les sols sableux, auxquels elle donne de la consistance, en leur permettant une meilleure rétention de l'eau. Elle s'épand en automne et en hiver, à raison de 1 à 2 kg par mètre carré, et s'incorpore par griffage dans les 15 premiers centimètres du sol.

▸ **Le basalte :** il donne du corps aux sols sableux et allège les sols lourds. Riche en minéraux et oligoéléments (magnésium, calcium, silice, fer), activant la vie microbienne, il revitalise les sols fatigués. Le basalte renforce les tissus végétaux et augmente la résistance aux maladies fongiques. Il augmente également la résistance du gazon au piétinement et à la sécheresse. C'est aussi un bon activateur de compost. On peut l'épandre en toute saison, en surface, à raison de 500 à 700 g par mètre carré pour le potager et 800 g à 1 kg par mètre carré pour le gazon.

🠉 Basalte.

IDÉES REÇUES

« Le lithothamne, réellement écologique? »

Les algues rouges calcaires du genre *Lithothamnium* sont aussi connues sous le nom de maërl ou lithothamne. Elles vivent au fond des mers, où elles forment une sorte de sédiment pierreux. On les trouve, entre autres, au large du Finistère. Riches en calcaire et magnésium, elles sont utilisées depuis longtemps en agriculture. Elles apportent beaucoup d'oligoéléments et permettent de limiter l'acidité du sol. Mais leur exploitation dégrade, voire détruit les fonds marins. Ces algues attirent des centaines d'organismes sous-marins, qui y trouvent refuge et nourriture. La perte de ce milieu (à la croissance très lente, moins de 1 mm par an) entraîne une diminution considérable de la biodiversité marine.

▸ **La dolomie :** c'est une roche constituée de carbonate de calcium et magnésium, conseillée pour les sols argileux ou les sols carencés en magnésie. Elle réduit l'acidité du sol, fournit du calcium, allège le sol, améliore la vie microbienne et la décomposition de la matière organique, et apporte du magnésium aux plantes. On l'épand à tout moment de l'année, mais de préférence entre août et octobre, à raison de 300 à 500 g par mètre carré et on l'incorpore dans les 10 premiers centimètres du sol. Dans les sols sableux, il vaut mieux l'appliquer au printemps et fractionner les apports.

▸ **Le carbonate de chaux** (ou carbonate de calcium) : il est conseillé pour les sols argileux. Lui aussi permet de réduire l'acidité du sol, favorise les échanges d'éléments nécessaires à la nutrition de la plante, améliore l'assimilation des engrais et la vie microbienne du sol. Il s'épand (à raison de 500 g par mètre carré) toute l'année, mais particulièrement en automne et en hiver (évitez les apports massifs, trop déséquilibrants), et s'enfouit dans les premiers centimètres du sol. Si un apport de matière organique est prévu, incorporez d'abord le carbonate.

Les amendements organiques « maison »

En plus d'enrichir la composition et la structure du sol, les amendements organiques améliorent la capacité du sol à retenir l'eau et l'enracinement des végétaux.

Que vous optiez pour le compost ou le terreau de feuilles, ne les enfouissez pas en profondeur, mais déposez-les en surface et, éventuellement, griffez légèrement le sol sur 1 ou 2 cm.

▸ **Le compost :** il est le résultat de la fermentation et de la décomposition de débris végétaux du jardin ou de la maison. C'est l'amendement et le fertilisant par excellence : il ensemence le sol en micro-organismes, donne du corps aux sols sableux, allège les sols argileux, équilibre le pH et fournit les éléments nutritifs essentiels aux végétaux. Ces éléments étant libérés de façon graduelle, les plantes bénéficient d'une source de nourriture régulière. Épandez le compost en une couche de 5 à 10 cm sur tous les espaces laissés nus (désherbés au préalable), aussi bien au printemps, où il protège la terre du dessèchement, qu'en automne, où il forme un chaud manteau pour les racines. Voir aussi p. 104-113.

▸ **Le terreau de feuilles :** c'est le résultat de la fermentation et de la décomposition de feuilles, avec ou sans apport de fumier. Le terreau de feuilles est utilisé pour rempoter les plantes fragiles et faire les semis. C'est un amendement précieux, que l'on obtient en deux ans. Faites un petit enclos avec du grillage à poules et empilez les feuilles au fur et à mesure. Le volume des feuilles ramassées en automne peut paraître énorme, mais il se réduit de 10 à 1 par la suite. Une autre méthode consiste à enfermer les feuilles dans un sac poubelle percé de trous ; au bout d'un an, le terreau de feuilles est utilisable.

⬆ Amendement avec du terreau de feuilles dans le potager de René Gondet à Saint-Prix.

EN SAVOIR PLUS

La tourbe, un amendement à proscrire

La tourbe est le produit de la fossilisation, sur une période allant de 1 000 à 7 000 ans, de végétaux comme les sphaignes (mousses). On la trouve dans des milieux humides et pauvres en oxygène. Considérée depuis longtemps comme un amendement, elle allège les terres argileuses. Son pH très acide en fait aussi un bon support de culture pour les plantes de terre de bruyère (camélias ou rhododendrons). Néanmoins, elle est extraite de tourbières un peu partout en Europe, lesquelles sont des écosystèmes fragiles, abritant une faune et une flore très particulières. Détruire ces milieux constitue une atteinte grave à la biodiversité. Évitez donc d'utiliser de la tourbe. On peut très bien faire pousser les plantes de terre de bruyère dans de la véritable terre de bruyère, produit renouvelable et extrait des forêts de Sologne ou des Landes.

Les amendements organiques du commerce

Les amendements vendus en jardinerie sont à base de fumier de bovins ou d'ovins, d'algues ou d'autres résidus végétaux, récupérés de la filière agricole, sylvicole ou même horticole, selon les marques et les produits. Leur production est contrôlée et les étiquettes des produits doivent obligatoirement comporter les mentions suivantes :

- ▸ origine des matières premières ;
- ▸ teneurs en matière sèche (MS), matière organique (MO), azote total et azote organique ;
- ▸ tests d'innocuité réalisés par les fabricants du produit ;
- ▸ classification des produits selon les analyses agronomiques (suivant des normes réglementaires) ;
- ▸ doses d'emploi préconisées ;
- ▸ référence à la norme NFU 44-051.

Pailler pour protéger

Les atouts du paillage

Ne jamais laisser la terre nue, tel est l'un des grands principes du jardinage au naturel. Le paillage est un moyen de protection du sol qui présente de nombreux atouts pour le bon développement de son jardin. Mais, concrètement, à quoi sert-il ? Et comment procéder pour obtenir un paillis durable et bien adapté ?

À quoi sert un paillage ?

▸ Il empêche les mauvaises herbes de germer ou de s'installer durablement.

▸ Il limite considérablement l'évaporation de l'eau en formant une barrière physique, à la fois contre l'évaporation naturelle du sol, mais aussi contre le vent qui assèche la terre, et diminue de ce fait les besoins en arrosage.

▸ Il protège la terre de l'érosion due au vent et à la pluie.

▸ Il empêche la formation d'une « croûte » superficielle due au tassement de la terre par les fortes pluies.

▸ Il empêche le sol de chauffer fortement en été ou de se refroidir brusquement pendant la nuit, apportant une certaine stabilité thermique aux racines.

▸ Il fournit, quand il est organique, des éléments nutritifs en se décomposant progressivement en humus (voir p. 87).

Peut-on pailler toutes les plantes ?

Vous pouvez en théorie pailler chaque centimètre carré de terre nue dans votre jardin, mais toutes les plantes n'apprécient pas les paillages.

EN SAVOIR PLUS

Le paillage des légumes-feuilles

En 2008, le centre Terre Vivante, situé à Mens, dans l'Isère, a pratiqué une expérience pour déterminer quel paillage était le mieux adapté aux légumes-feuilles. Quatre plants de choux ont été plantés sur la même parcelle et dans la même terre. Le premier a été paillé avec de la paille de blé, le deuxième avec des tontes de gazon sèches, le troisième avec des feuilles mortes et le quatrième avec des déchets de jardin (compost). C'est la paille qui a donné le meilleur résultat.

Un paillage de courgettes dans un jardin potager.

▸ **Paillez :** le pied des haies, de même que les arbustes et les vivaces nouvellement plantés ; ainsi, ces plantations ne seront pas envahies par les mauvaises herbes et se développeront beaucoup plus vite ; paillez aussi les arbres fruitiers, autour du tronc, sous la totalité de la ramure.

▸ **Ne paillez pas :** les bulbes si l'hiver est humide, car ils aiment les sols un peu secs ; les légumes-racines (radis, navets, carottes, etc.), car le paillage entretient trop de fraîcheur au niveau de leur racine charnue.

Si vous associez plusieurs espèces dans un massif, inutile de pailler puisque le sol est couvert de plantes.

Réussir son paillage

▸ **Paillez au bon moment.** Pailler une terre encore froide ou gelée revient à « enfermer » le froid dans le sol. Paillez plutôt quand la terre est encore chaude (septembre-octobre) ou déjà réchauffée (avril-mai).

Le paillage d'un pied d'arbre avec des rameaux broyés, dans le jardin de P.A. Risser à Saint-Prix. ➡

ZOOM SUR

Le problème des limaces

Pailler les légumes offre de nombreux atouts, mais présente aussi un inconvénient : cela contribue à attirer limaces et escargots, déjà nombreux au potager, car friands de débris organiques frais. Voici des solutions pour limiter ces indésirables sur le paillage de votre potager.

▸ Privilégiez les paillages à base de paillettes fines, qui se collent aux animaux (chanvre, lin), ou de cosses de sarrasin (surtout quand elles sont sèches).

▸ Dégagez régulièrement une partie du sol, pour exposer les limaces aux oiseaux, qui s'en régaleront.

▸ Si le potager est surélevé par des planches, nettoyez bien les côtés de toutes les herbes, pour éviter de créer des abris à limaces supplémentaires.

Pour d'autres solutions contre les limaces, voir p. 92.

▸ **Choisissez le bon paillage.** Certains sont à privilégier selon les plantes (voir tableau p. 102). Ainsi, les plantes alpines ou de rocaille (arabette, corbeille d'or, œillets nains...), comme les plantes succulentes (orpin), préfèrent les paillages minéraux, qui ne conservent pas trop d'humidité au niveau de leur collet (limite entre racines et tiges), toujours sensible à la pourriture. Les vivaces plantées en massif apprécieront quant à elles particulièrement les branchages broyés ou les tontes de gazon.

▸ **Préparez la terre.** Désherbez, décompactez la terre avec une binette sur environ 5 cm de profondeur, arrosez.

▸ **Épandez la bonne épaisseur.** Déposez le paillis à la main ou à la fourche. Selon les matériaux et les plantes, l'épaisseur variera de 2 cm (cailloux, gravier) à 10 cm (compost) et plus (feuilles mortes). Étalez bien pour que la surface soit uniforme. Dégagez le collet des plantes.

▸ **Contrôlez régulièrement le paillage organique.** Ce dernier se décompose progressivement, la durée totale variant selon les matières : de quelques semaines, par exemple, pour les tontes de gazon à quinze ans pour les écorces de pin ; le paillage organique peut aussi être dispersé par les oiseaux. Vérifiez donc régulièrement que vos plantes sont toujours bien couvertes de paillis et « rechargez » si besoin en matière organique, en procédant de la même manière que pour votre premier paillage.

Un paillage de tonte de gazon autour d'un melon.

Le paillage de plants de framboisiers.

C'EST MALIN

Le double paillage

Le double paillage contribue à assurer un meilleur équilibre du sol. Il arrive que des plantes récemment paillées se mettent à jaunir, quand le paillage est organique et composé de matières assez peu décomposées (compost pas assez mûr, branchages broyés). Ce jaunissement est dû à un manque d'azote, car les bactéries qui décomposent la matière organique fraîche ont consommé les réserves disponibles pour « travailler ».

Pour éviter ce phénomène, pratiquez le double paillage :

▸ **sous vos branchages et votre compost peu mûr**, déposez une couche de matériaux riches en azote (gazon, consoude, orties broyées, luzerne) ;

▸ **sur une couche de compost mûr**, étalez une couche de cartons, qui protégera le compost de la dessiccation et des mauvaises herbes ;

▸ **sur une couche d'herbe ou de tontes**, riches en azote, des cartons, riches en carbone, permettront d'obtenir un meilleur équilibre du sol ;

▸ **sur une couche de feuilles mortes**, déposez du compost, qui les plaquera au sol.

Inerte ou organique : bien choisir son paillage

En matière de paillage, l'offre dans les jardineries a explosé ces dix dernières années. On trouve aujourd'hui des matériaux très divers, à des prix variés. Mais rien ne vous empêche de fabriquer vous-même votre paillage.

Paillages inertes

Ils agissent seulement de manière mécanique, empêchant l'eau de s'évaporer et les mauvaises herbes de pousser. Ces paillages n'apportent pas de matière organique et ne contribuent donc pas à enrichir le sol.

▸ **Les paillages minéraux** (gravier, schiste, ardoise pilée, pouzzolane). Ils ont leur place dans les jardins alpins, les jardins japonais, les rocailles, au pied des conifères nains, des plantes aromatiques. Ils ont l'avantage de ne pas être dispersés par les oiseaux et de durer indéfiniment. Ce sont des matériaux naturels et décoratifs. Ils réchauffent le sol, permettent la vie biologique en dessous et n'entretiennent pas d'humidité autour du collet des plantes. Mais ils ont souvent un coût élevé, s'enfoncent dans le sol si on n'étend pas au préalable un voile perméable (feutre géotextile à acheter en jardinerie), et ne peuvent s'utiliser que sur de petites surfaces.

▸ **La bâche en « non-tissé ».** Cette matière biodégradable, réalisée en fibres minérales, animales, végétales ou synthétiques, laisse respirer les plantes et crée un microclimat favorable aux racines. Mais la bâche est inesthétique, un peu chère et exige d'être bien fixée pour ne pas s'envoler. Elle s'abîmera au bout de quelques années. Elle convient bien pour pailler de grandes surfaces au pied des haies, des fraisiers ou des massifs nouvellement plantés.

EN SAVOIR PLUS

N'est pas écoresponsable qui veut

Certains paillages ne sont pas idéaux si l'on veut jardiner de manière écoresponsable. De fait, si transformer les sous-produits de l'agriculture française (chanvre, lin, sarrasin) est une bonne manière de les recycler, il n'en est pas de même pour ceux de provenance lointaine (cosses de cacao, fibres de coco, par exemple), qui présentent un bilan carbone plus élevé du simple fait du transport.

De plus, il faut également faire attention aux paillages à base de bois de palettes déchiqueté, qui peut être traité contre les insectes. Introduire des résidus d'insecticides au jardin n'est pas souhaitable.

C'EST MALIN

Le paillage antiliseron

Les cannes de roseau ou de bambou constituent un excellent paillage, qui se décompose en améliorant la terre. Coupez les cannes au printemps, quand elles sont encore tendres (plus tard, c'est presque mission impossible !), passez-les au broyeur et épandez-les en couche de 4 à 5 cm. Elles forment une sorte de paillage humide, qui reste bien à terre même par temps venteux. Même le liseron a du mal à traverser ce paillage, qui est absorbé en un an.

▸ **La toile en fibre plastique.** Elle empêche totalement les mauvaises herbes de s'implanter, est peu onéreuse et dure indéfiniment. Mais la toile plastique n'est ni esthétique, ni écologique, car issue de la pétrochimie et non recyclable. Elle peut être utilisée au pied des haies.

▸ **Les cartons.** Ils se décomposent (en plusieurs mois) en enrichissant le sol, sont gratuits, éliminent les mauvaises herbes. Ils constituent une forme de recyclage intelligente. Mais ils sont peu esthétiques, doivent être couverts par des feuilles mortes ou du compost (voir p. 104-113) et s'envolent s'ils ne sont pas plaqués au sol par de grosses pierres ou une épaisse couche de compost.

Paillages organiques

Nombreux et variés, ils présentent un avantage de taille par rapport aux paillages inertes : l'apport de matière organique au sol, donc d'éléments nutritifs. S'ils sont tous renouvelables, ils n'ont ni les mêmes propriétés, ni la même durée de vie, et ne s'utilisent pas nécessairement sur toutes les plantes : rappelez-vous que les bulbeuses (quand l'hiver est humide) et les légumes-racines ne les apprécient pas (voir p. 98).

⬆ Un paillage minéral en pouzzolane.

Les paillages organiques du commerce

Paillage	Pour...	Épaisseur	Avantages	Inconvénients	Remarques	Durée de vie
Paille de blé	Gros légumes (choux, artichaut, etc.)	10-15 cm	Excellent matériau renouvelable; excellent sur les légumes	S'envole, peu esthétique	Difficile à trouver en ville: utilisez les tiges de vos graminées sèches	6 mois
Écorces et aiguilles de pin	Allées, plantes de terre acide	6-8 cm	Dure longtemps; supporte le piétinement	Ne convient qu'aux plantes de terre acide; gêne le passage de la tondeuse	À ne surtout pas mettre sur les rosiers, car ce paillage les fait végéter	15 ans et plus
Paillettes de chanvre	Plantes ornementales, potager	5 cm	Facile à étaler; n'acidifie pas le sol; peut se déposer au pied des plantes fragiles (semis); sous-produit de récupération	Coût élevé	Ne contient pas de graines résiduelles comme les paillettes de lin; est éparpillé par les oiseaux	6 mois-1 an
Paillettes de lin	Plantes ornementales, potager	5 cm	N'acidifie pas la terre; allège les sols lourds	Attire les rongeurs	Peut contenir des graines de lin qui attirent les oiseaux; est éparpillé par les merles et les moineaux	Une saison à une année
Cosses de sarrasin	Plantes ornementales, potager	5 cm	Produit français (Bretagne), empreinte carbone limitée	Ne se trouve pas partout	Aspect assez neutre sur les massifs	2-3 ans

Les paillages organiques faits « maison »

Paillage	Pour...	Épaisseur	Avantages	Inconvénients	Remarques	Durée de vie
Tontes de gazon, consoude, ortie, luzerne	Massifs de vivaces	4-5 cm	Gratuit	Peut conduire à un excès d'azote; à recharger toutes les 2-3 semaines	Ne pas déposer en couches humides et épaisses, car elles pourrissent.	15 jours-3 semaines
Feuilles mortes	Toutes les plantes	30 cm (se réduit à 5-10 cm d'épaisseur en un mois)	Gratuit	S'envole au vent	Broyer les feuilles épaisses (magnolia, platane, noyer).	3-4 mois
Branchages broyés	Massifs, haies	5-10 cm	Gratuit; améliore la structure de la terre	Nécessite un broyeur (achat ou location)	Déposer si possible une fine couche d'orties.	2 ans
Compost « maison »	Toutes les plantes	5-10 cm	Gratuit; écologique: faire son compost diminue le volume des poubelles	Arroser de temps en temps le tas et le retourner	Le compost mûr tamisé enrichit le terreau de rempotage.	5-6 mois
Tiges de graminées	Massifs, potager	5-10 cm	Gratuit; remplace la paille de blé	On n'en a en général qu'un petit volume; il faut les passer au broyeur		4-5 mois

Notez que la fabrication de paillis « maison » est économique: l'achat d'un broyeur (indispensable pour les branchages) est amorti en deux ou trois ans, car il rend inutile l'achat de paillis.

À découvrir : le BRF

Sous ces mystérieuses initiales se cache un nouveau type de paillage, mis au point par des Canadiens. Après avoir eu l'idée d'utiliser en agriculture les déchets forestiers (copeaux de bois) mélangés à du lisier, un forestier québécois réussit à améliorer la production des cultures ainsi traitées. Une série d'expérimentations forestières et agricoles canadiennes aboutirent à la technique du bois raméal fragmenté (BRF).

Le BRF, qu'est-ce que c'est ?

La technique du BRF consiste en un broyat de jeunes rameaux ligneux de feuillus qui, riches en sucres, protéines, cellulose et lignine, ont un rôle dans le maintien de la fertilité des sols. Vous pouvez le fabriquer vous-même ou bien l'acheter auprès d'un artisan élagueur ou sur Internet.

Le BRF, comment ça marche ?

Contrairement au compost, qui est attaqué par des bactéries, le BRF est détérioré par des champignons dévoreurs de lignine ; ce sont eux que l'on appelle les pourritures blanches. Une chaîne alimentaire complexe se met alors en place, sous le paillage, très différente de la chaîne de décomposition du compost. Collemboles, acariens fongivores et carnivores, araignées, insectes, cloportes, iules, vers de terre... les déjections de cette microfaune constituent un engrais spécial. La décomposition du bois reproduit, en accéléré, la formation de la litière de la forêt, à base de feuilles et de ramilles tombées à terre.

Avantages

- Le BRF favorise le développement des mycorhizes (voir encadré p. 91), ce qui accroît la vigueur des plantes.
- Le sol qui a été paillé avec du BRF devient plus facile à travailler, car il s'enrichit en humus.
- L'humus stocke l'azote et les autres nutriments (phosphore, potasse) qui sont alors protégés contre le lessivage, c'est-à-dire la dissolution et l'écoulement dans la nappe phréatique.
- Le pH se rapproche de la neutralité, une zone qui convient à la plupart des plantes ornementales (voir p. 86).
- Les plantes résistent mieux à la sécheresse, car le BRF agit comme une éponge : il stocke l'eau pour la restituer ensuite.

Inconvénients

- Les résultats sont variables en fonction du sol. La technique se révèle notamment décevante sur les sols gorgés d'eau.
- Les plantes peuvent jaunir la première année : il faut alors leur apporter du purin d'ortie, riche en azote.

Sur quels sols, pour quelles plantes ?

Le paillage de BRF est surtout profitable aux sols pauvres, dégradés (terre de remblai, terre rapportée ou tassée) et aux massifs d'arbustes et/ou de vivaces. On peut aussi l'installer au pied des petits fruitiers (groseilliers à grappes, framboisiers, etc.) et au verger, à l'aplomb des ramures (dégagez une zone de 10 cm autour des troncs). Son utilité au potager est moins évidente, surtout quand le sol est travaillé et enrichi depuis des dizaines d'années.

Le BRF fait « maison »

- Coupez entre novembre et mars des rameaux de feuillus caducs en mélange d'espèces. On tolère 20 % de résineux (pin, sapin). Évitez les rameaux d'eucalyptus, de lauriers-roses, les cannes de bambous et les cannes de Provence. Il n'y a pas encore de données sur les meilleures espèces à couper, mais chêne, hêtre, charme et noisetier ont fait leurs preuves. Les branches doivent avoir moins de 7 cm de diamètre. Broyez les rameaux dans un broyeur.
- Épandez le BRF un mois avant le début des cultures, en couche de 1,5 cm à 3 cm d'épaisseur, pas plus.

Broyage mécanique des rameaux de feuillus.

Le compost au service du sol

Faire son compost soi-même

Épandre du compost dans son jardin permet tout à la fois d'améliorer la qualité du sol et de fertiliser les plantes. Faire son compost soi-même présente de nombreux avantages, écologiques mais aussi financiers : en effet, en recyclant une partie de ses déchets (ils nourrissent le compost), on enrichit gratuitement sa terre et on allège ses poubelles. Fabriqué et utilisé sur place, le compost « maison » ne coûte rien en transport ou en énergie. Autant de bonnes raisons pour se lancer.

Reproduire un cycle naturel

Composter, c'est reproduire à l'échelle de son jardin le cycle de la nature : dans un sous-bois, par exemple, les débris végétaux (feuilles, bois mort...) et animaux (déjections, mues, plumes, poils...) s'accumulent sur le sol au fil des saisons. Ces déchets dits organiques (car issus d'êtres vivants) sont colonisés par une série de micro-organismes présents dans la terre (vers, bactéries...), qui s'en nourrissent et assurent en même temps leur décomposition en une matière noire, sans particules distinctes, appelée l'humus. Ce dernier constitue un élément important de la fertilité du sol : comme il se décompose très lentement, c'est une réserve « longue durée » de matière organique. Ainsi libère-t-il très progressivement des minéraux (azote, phosphore, potassium, calcium...), indispensables à l'alimentation des végétaux, et du carbone, nécessaire à la vie du sol. Le processus naturel de décomposition qui le produit est plus ou moins lent selon les conditions climatiques.

Au jardin, il est très difficile d'obtenir spontanément ce même « autoentretien » naturel du sol. Par souci d'esthétique et pour privilégier la croissance de ce que l'on a planté, on élimine les mauvaises herbes et les débris végétaux divers (branchages, feuilles mortes...). De plus, on y trouve une diversité de plantes au mètre carré souvent bien supérieure à celle que l'on observe dans la nature. Le sol est, par conséquent, très sollicité (notamment au potager) et n'a pas matière à reconstituer ses ressources.

IDÉES REÇUES

« Le compost, ça sent mauvais ! »

Un bon compost sent le sous-bois humide, la « terre à champignons ». Parfois, l'odeur peut être forte lorsque les déchets incorporés sentent eux-mêmes mauvais (poissons, viandes, etc.) et ne doivent pas être utilisés pour faire un compost (voir tableau p. 111). Si les composants sont uniquement végétaux, les odeurs désagréables disparaissent assez vite. Il arrive également que l'odeur soit légèrement aigrelette quand votre compost est en silo, mais rien de gênant. Si votre compost devient nauséabond, c'est qu'il y a un problème.

- Une odeur de vase indique une décomposition anormale (par manque d'oxygène) des déchets, qui fermentent. C'est le signe que votre compost est trop humide. Défaites le tas et étalez-le un peu pour qu'il sèche, avant de le reconstituer.
- Des relents d'ammoniac s'en dégagent : il y a sans doute trop de déchets « verts », qui produisent beaucoup d'azote. Rééquilibrez la composition de votre compost en apportant des déchets « bruns ».

Facile à mettre en œuvre et foncièrement « naturel », le compost permet de compenser ces manques du sol. C'est assurément votre meilleure arme au jardin.

Le compost, comment ça marche ?

Le principe est simple : vous déposez régulièrement toutes sortes de déchets d'origine végétale ou animale sur votre compost (voir tableau p. 111). Sous l'effet des micro-organismes et des vers rouges, dits vers à compost, naturellement présents dans le sol, toutes ces matières se décomposent. Le processus est achevé lorsque l'on ne distingue plus à l'œil nu les différentes particules, qui laissent alors la place à une matière légère, de couleur sombre, ressemblant à du terreau. Pour cela, il faut compter entre huit et dix mois. C'est ce « terreau », ou « compost », concentré de substances nutritives, que vous épandez sur le sol (voir p. 97).

Un enclos à compost contenant des déchets « verts » qui se décomposent rapidement.

Pour s'opérer correctement, le processus a besoin à la fois d'oxygène, d'un taux d'humidité suffisant et d'une vraie diversité de déchets (humides/secs, riches en carbone/en azote, grossiers/fins...).

Les déchets « humides », ou « verts » (tontes de gazon, fruits tombés à terre, épluchures...), se décomposent rapidement et produisent principalement de l'azote, surtout utile aux végétaux.

Les déchets « secs », ou « bruns » (branchages, de préférence broyés, copeaux de bois, feuilles mortes...), se décomposent lentement et produisent principalement du carbone, surtout utile à la vie microbienne du sol.

On conseille généralement d'apporter un tiers de déchets humides pour deux tiers de déchets secs, en couches successives que l'on mélange régulièrement (voir p. 108).

La décomposition des déchets dégage une certaine chaleur : le cœur du compost peut atteindre 50 à 60 °C, signe d'un processus actif.

Lorsque les déchets se tassent, la chaleur diminue, le processus se ralentit, voire s'arrête, faute de matières à décomposer. Vérifiez l'état de décomposition du compost. S'il est satisfaisant (pas de matières reconnaissables), vous pouvez utiliser votre compost ; sinon, ajoutez de nouveaux déchets, mélangez et arrosez (si nécessaire) pour relancer le processus de décomposition (voir p. 108).

À FAIRE SOI-MÊME

Le lombricompostage

Si vous n'avez qu'un petit jardin ou même une terrasse, vous pouvez recycler vos déchets de cuisine dans un lombricomposteur (dont le conteneur est beaucoup plus petit) et faire travailler les petits vers rouges appelés *Eisenia foetida*. Il vous faut une caisse en plastique ou en métal, munie d'un couvercle aéré pour maintenir les vers dans le noir (ou un lombricomposteur à plateaux – en jardinerie –, plus étudié, mais plus cher aussi).

Installez le lombricomposteur dehors, à l'ombre, entre mai et septembre ; vous le rentrerez d'octobre à fin avril.

Commencez par une petite quantité de matière organique (pelures de légumes ou de fruits hachées), mélangée à une poignée de papier journal déchiré et une poignée de vers rouges (à prendre dans un compost déjà en formation, chez un voisin ou un ami, ou à acheter en jardinerie ou sur Internet).

Maintenez une température de 15 à 20 °C. Les bactéries commencent à dégrader la matière organique, puis les vers poursuivent le travail : ils mangent la moitié de leur poids chaque jour. Ils produisent ainsi, en trois mois environ, une masse brune et grumeleuse, le lombricompost, qui donne un véritable coup de pouce à vos plantes les plus fragiles. Il vous servira aussi à rempoter vos plantes vertes d'intérieur et à confectionner vos potées d'été.

Tas, silo ou composteur : comment choisir ?

Il existe trois grandes méthodes pour faire son propre compost : monter un tas à même le sol, monter un tas entouré de planches (silo) ou utiliser un composteur fermé du commerce. Chaque méthode possède ses avantages et ses inconvénients. Trouvez celle qui vous convient le mieux.

Compostage en tas

C'est la version « jardin » du tas de fumier qui trônait autrefois au milieu des cours de ferme. Il s'agit d'entasser dans un endroit ombragé du jardin les déchets que vous souhaitez faire entrer dans votre compost (voir tableau p. 111) tout en respectant les règles du compostage (voir p. 104).

Avantages

- Il n'y a aucune préparation à faire, rien à acheter ou à construire.
- Le brassage du tas est facile.
- Le prélèvement du compost mûr est facile.

Inconvénients

- Si le tas est trop petit, la montée en température est lente et incertaine ; les germes de maladies et les graines de mauvaises herbes ne sont dès lors pas détruits.
- Le tas a tendance à s'affaisser sur les bords et les animaux (rongeurs, merles, pies, hérissons) viennent l'éparpiller, car ils sont à la recherche de nourriture et de vers.
- La décomposition est inégale : certaines parties chauffent et fermentent vite, d'autres non.
- Le vent dessèche très rapidement le tas de compost, ce qui nuit à sa bonne décomposition.
- La qualité finale du compost est moins bonne que celle d'un compost en silo ou en composteur.

EN SAVOIR PLUS

Le compost en fosse

Plus rarement utilisée, cette méthode consiste à mettre les déchets organiques dans une fosse de 50 à 80 cm de profondeur et de plusieurs mètres de long. L'avantage principal est esthétique puisqu'il n'est presque plus visible. Il est également assez peu dispersé par les pies et les merles. Si on l'arrose correctement au départ, il ne se dessèche pas vite. En revanche, il est difficile à brasser et à récolter. De plus, creuser la fosse représente un travail conséquent.

Le compostage en tas.

- L'aspect du tas devient vite négligé et inesthétique.

En conclusion, considérez l'option du compostage en tas dans les grands jardins ou les parcs, où la quantité de déchets organiques à recycler est importante. Vous pourrez alors monter de grands tas de compost, qui, en raison de leur volume, montent vite en température et fermentent correctement.

Compostage en silo

Il s'agit d'un compostage en tas... mais contenu par des planches (au fond et sur les côtés).

Avantages

- La décomposition est homogène.
- Le processus est plus facile à contrôler car, le tas ne s'étalant pas, l'épaisseur est la même partout.
- Le coin compost est plus net.

Inconvénient

Le brassage et le prélèvement du compost mûr sont un peu plus difficiles que quand le compost est simplement en tas. On travaille avec deux bacs à compost accolés : l'un contient du compost en train de mûrir, l'autre se remplit au fur et à mesure des arrivées de déchets organiques. Lorsque l'on vide le premier, on retourne le second dans le premier bac. Les dimensions au sol sont de deux fois 1 m². Ces bacs peuvent s'acheter en jardinerie ou dans les grands magasins de bricolage. Les plus courants sont en pin traité en autoclave, d'une contenance de 400 à 1 000 litres,

Le compostage en silo.

munis d'une face avant amovible ou constitués de lattes qui s'emboîtent dans les coins. Vous pouvez aussi les construire vous-même avec des planches ou des palettes (voir encadré ci dessous). Vous pouvez également utiliser des piquets de clôture et du grillage à mailles larges. La condition essentielle est de laisser suffisamment d'ouvertures pour permettre à l'air de circuler dans le tas de compost.

À FAIRE SOI-MÊME

Un silo en palettes

Récupérez cinq palettes en bois (sur un chantier, demandez la permission auparavant, car elles sont parfois consignées). Si ce sont des palettes à deux faces, découpez à la scie les planches de la face intérieure. Certaines palettes possèdent une seule face, ce qui simplifie la tâche. Assemblez trois palettes en angles droits, par des clous, pour faire les deux côtés et l'arrière du composteur. Les clous sont mis de l'extérieur vers l'intérieur. Ne mettez pas de palette au fond en bas : le compost doit être en contact avec le sol, pour favoriser l'arrivée des micro-organismes. Doublez la face intérieure de vos palettes de grillage à poules, pour empêcher le compost de se répandre et faire barrage aux rongeurs. La quatrième palette sert à faire la porte de devant. Faites-la tenir par de grosses chevilles que vous découpez dans un manche à balai hors d'usage et fixez dans des trous percés à la scie cloche sur les montants du bac. Dans les montants de la porte, toujours à la scie cloche, percez des trous d'un diamètre légèrement supérieur à celui du manche. Ils s'emboîteront dans les chevilles et feront tenir la porte. La cinquième palette sert de couvercle, à poser simplement par-dessus.

Compostage en composteur fermé

Modèles simples (le plus souvent en polyéthylène) : ils comportent une trappe sur l'avant, qui permet de recueillir le compost mûr. Un couvercle protège le compost de la dessiccation.

Avantages

- Le composteur simple est facile à installer.
- Il est peu onéreux.
- Il est discret.
- Le prélèvement du compost mûr est facile, grâce à la trappe.

Inconvénient

- Le brassage du tas est difficile, car le composteur est souvent trop haut.

Modèles améliorés : ils sont munis d'un tambour que l'on tourne grâce à une manivelle. Certains ont des coques à double paroi, qui conservent mieux la chaleur du tas, propice à l'activité des micro-organismes. Ils peuvent aussi être dotés de roues, qui permettent le déplacement jusqu'aux massifs, pour l'épandage du compost.

Avantages

- Le brassage et l'aération du tas sont faciles.
- Compact et propre, le composteur amélioré peut être installé près de la maison, ce qui facilite l'accès depuis la cuisine.

Inconvénients

- Sa contenance est limitée.
- Il coûte cher.

Le compostage en composteur fermé.

Le compost en pratique, étape par étape

Réussir son compost ne s'improvise pas. Il faut qu'un certain nombre de conditions soient réunies pour obtenir une bonne décomposition des matières utilisées. Rien de très difficile cependant : suivez le mode d'emploi, étape par étape, et vous aurez un excellent compost en huit à dix mois.

Choisir le bon endroit

Un tas de compost, un silo ou un composteur fermé ne s'installent pas n'importe où. Il faut d'abord aménager votre « plate-forme » de compostage (quelques mètres carrés suffisent). Choisissez un terrain plat : il sera plus stable et, si le sol est en creux, l'eau de pluie va y stagner. Veillez également à ce que la terre soit bien tassée et qu'elle ne risque pas d'être détrempée en hiver. Les bas de talus ou de pente sont à proscrire : l'eau risquerait de s'y accumuler en cas de fortes intempéries et le compost se retrouverait vite « noyé » – c'est la destruction assurée (par asphyxie) de vos vers à compost et autres « décomposeurs » !
Placez votre compost à l'ombre et à l'abri du vent, pour assurer le maintien d'un taux d'humidité satisfaisant, dans un endroit facile d'accès mais un peu abrité des regards. Prévoyez au moins 2 m de dégagement sur les côtés, pour pouvoir travailler à votre aise et manipuler la brouette, et un endroit à proximité pour stocker le bois et les feuilles, matières brunes et sèches, en attente de matériaux plus verts. L'idéal est aussi d'avoir, à portée de rallonge électrique, une prise de courant pour le broyeur électrique ; celui-ci vous servira à réduire les branchages et les déchets de taille de vos haies en petits morceaux, plus facilement décomposables.

Monter le tas

Commencez par déposer une petite couche de rameaux non broyés au sol, qui serviront à l'aération. Empilez ensuite des couches de matériaux « verts » (gazon, épluchures de légumes) et des couches de matériaux « bruns » (feuilles mortes, résidus de taille de haies) jusqu'à atteindre au moins 80 cm de haut. Jetez de temps en temps quelques poignées d'un compost vieux de six mois (ou une pelletée de terre si vous n'en avez pas), pour ensemencer le tas de compost avec des micro-organismes décomposeurs. Quand un certain volume est atteint (à partir de 0,5 m³ environ), la température à l'intérieur du tas s'élève. C'est le résultat de l'activité des micro-organismes. La température varie

⬇ Sur une petite couche de rameaux non broyés, déposez des déchets « verts » et des déchets « bruns ».

EN SAVOIR PLUS

Le rapport C/N

Les matériaux « bruns » contiennent plutôt du carbone (C). On le trouve dans les branches, les feuilles mortes, les cartons. Les matériaux « verts » contiennent plutôt de l'azote (N). On le trouve dans l'herbe fraîche, les mauvaises herbes, les déchets de cuisine. Il ne faut pas que le tas en contienne trop, sinon il deviendra humide et sentira mauvais. Tout est affaire de proportion : les spécialistes s'accordent à dire qu'un rapport C/N de 25 à 30 est parfait (25 à 30 fois plus de carbone que d'azote). Dans votre jardin, l'observation, la pratique et le bon sens peuvent seuls vous guider. Pour commencer, alternez par exemple une couche de broyats de rameaux (20 cm), une couche de gazon (10 cm), une couche de feuilles mortes (30 cm), une couche de déchets de cuisine (10 cm), une couche de tiges de graminées sèches (20 cm) : vous ne devriez pas être très loin d'un bon équilibre.

Silo à compost réalisé dans un vieux tonneau. ➡

ZOOM SUR

Quelques problèmes courants

▸ **Mon compost ne dégage pas de chaleur.** Vos débris sont peut-être trop gros : broyez les branchages et « remontez » le tas en alternant des couches de natures variées. Incorporez une pelletée de terre entre chaque couche. Autres causes : il peut être trop sec (arrosez) ou trop humide (asséchez-le en l'étalant au soleil pendant quelques jours). Il se peut aussi que les matériaux soient tous ligneux (bois, sciure, aiguilles de pin, feuilles mortes) : ajoutez des tontes de gazon ou de la chaux (100 g de chaux pour 20 kg de déchets), qui favorise la décomposition des matériaux.

▸ **Le centre du tas est humide et chaud, mais l'extérieur reste froid.** Il n'y a pas assez de matériaux et votre tas est certainement trop petit. Ajoutez des débris végétaux. Mélangez bien les parties les plus anciennes avec les nouvelles et les résidus secs avec les résidus humides.

en fonction des matériaux, de leur taille, de la manière dont vous les empilez, des conditions météorologiques. Elle va ainsi de 30 à 60 °C. Il existe des thermomètres de compost, munis d'une longue tige que l'on enfonce dans le tas, très utiles pour surveiller la température.

Surveiller la décomposition

Si la décomposition de la matière organique se déroule bien, au petit matin, vous pouvez voir le tas « fumer », signe que le processus est activé. Aucune odeur désagréable ne doit en émaner. Si c'est le cas, les raisons sont souvent les mêmes : matières vertes en trop grandes quantités, trop tassées, peut-être trop arrosées, d'où manque d'oxygène (voir encadré p 104). Le tas va se tasser d'au moins un tiers en un mois, vous le rechargerez alors en matière organique, que vous déposerez par-dessus. Cette dernière fermentera à son tour quand les vers décomposeurs s'y attaqueront.

Brasser le tas

Le brassage permet de mélanger les matériaux et de les homogénéiser. L'opération vous permet aussi de vérifier que le compost n'est ni trop humide, ni trop sec. Si vous pressez une poignée de compost, l'eau ne doit pas couler. La main doit juste rester humide. Si elle reste sèche, le tas est trop sec et vous devez l'arroser. Brassez le tas au bout de trois à quatre mois à l'aide d'une petite fourche, par exemple, en remettant au centre les matériaux les moins bien décomposés.

Brassez le compost à l'aide d'une petite fourche ou d'une pelle.

Récolter le compost

Au bout de huit à dix mois, la base du tas de compost doit être bien décomposée. Les composteurs à trappe sont pratiques : il suffit de gratter avec un croc la base du tas pour faire sortir le compost mûr. Le tas se tasse alors naturellement. Si vous avez monté votre pile de compost dans un bac (compostage en silo), il faut transférer la partie supérieure dans un autre bac, avant de pouvoir recueillir la partie mûre. Tous les matériaux qui ne se sont pas décomposés (grosses branches, racines de légumes...) seront remis sur le nouveau tas de compost.

EN SAVOIR PLUS

Des éléments à ne pas mettre sur le tas de compost

- Restes de viande, de poisson, os, noyaux.
- Déjections de chiens et de chats.
- Huile de friture, huile de vidange, peintures et vernis.
- Pesticides, insecticides.
- Médicaments.
- Couches pour bébé.
- Matières plastiques.
- Sacs aspirateur.

Que mettre sur le tas de compost ?

Tous les déchets verts du jardin peuvent être intégrés, à condition d'être sains, c'est-à-dire non porteurs de maladies, parasites ou produits chimiques.

Les différents types de matériaux

Matériau	Type de déchet	Remarques
Tontes de gazon	Vert (riche en azote)	OUI : si elles sont sèches. NON : si elles sont très humides et compactées. Faites-les sécher quelques jours en couche de 10 cm avant de les ajouter au tas de compost.
Mauvaises herbes	Vert	OUI : si elles n'ont pas leurs racines. NON : si les racines sont fraîches et prêtes à se réenraciner. Faites-les sécher quelques jours auparavant pour détruire les racines. NON : si elles sont en graines.
Annuelles fanées	Vert	Arrachez les plantes avec leurs racines et jetez éventuellement le terreau usé après une saison de culture, sur le tas de compost.
Fruits tombés à terre	Vert	Attention, les fruits en trop grande quantité pourrissent. Intercalez-les avec des rameaux broyés ou des feuilles mortes.
Tiges de graminées	Vert	5-10 cm.
Déchets de cuisine	Vert	OUI : les matières végétales et surtout les épluchures (attention : carottes, choux, navets, pommes de terre se décomposent mal et lentement, aussi hachez-les au préalable) ; les coquilles d'œufs broyées. Les restes alimentaires tels que le pain, les féculents ou les céréales sont à inclure avec précaution. NON : les agrumes, la viande, le poisson, les noyaux d'avocats entiers qui germent en été (et plus généralement tous les noyaux), les coques de noix de coco.
Tiges sèches de graminées	Brun (riche en carbone)	Coupez-les seulement en mars, car elles sont belles en hiver et protègent la souche du froid. Passez-les éventuellement au broyeur.
Tiges de grandes fleurs (tournesols, asters)	Brun	Laissez les têtes des fleurs, pleines de graines, aux oiseaux pour l'hiver.
Tailles des restes de vivaces sèches	Brun	Dans les climats montagnard et continental, il est préférable de ne couper les vivaces sèches qu'au printemps, car les restes de tiges et de feuilles protègent le cœur de la souche du froid.
Paille	Brun	Mouillez-la au préalable pour qu'elle se décompose plus vite.
Feuilles mortes	Brun	Laissez-en une partie au pied des haies. Les feuilles épaisses et coriaces (laurier, platane, magnolias à grandes fleurs) doivent auparavant être passées au broyeur.
Aiguilles de conifères	Brun	Donnent un terreau très acide. Conviennent pour les plantes de terre de bruyère et les fraises.
Rameaux broyés	Brun	Laissez quelques rameaux non broyés, verticaux ou horizontaux, qui servent de « cheminées d'aération ».
Branches de thuya	Brun	Se décomposent mal : ajoutez-les en petites quantités, après les avoir broyées.
Plantes vertes mortes, avec leur motte	Brun	Le terreau sera mélangé au compost.
Papiers	Brun	Utilisez les papiers kraft non imprimés, les sacs pour fruits et légumes.
Cartons	Brun	Uniquement les cartons d'emballage non imprimés, en prenant soin d'ôter les rubans adhésifs et les agrafes.
Litières animales	Brun	Uniquement celles des animaux herbivores, si ce sont de la paille ou de la sciure.
Sachets de thé, marc de café	Brun	Ôtez les éventuelles agrafes au préalable.
Cendre de bois froide	Riche en calcaire	Riche en potasse et en chaux. À appliquer uniquement en saupoudrage et à petites doses.

Se procurer du compost

Véritable « joker » du jardinier, le compost peut être fabriqué à domicile, une option écologique et économique. Mais si, par manque de place ou de temps, vous ne pouvez pas faire vous-même votre compost, il est possible d'en acheter. L'offre est vaste et les sources d'approvisionnement sont multiples.

Les composts vendus en sacs

Vous trouverez des composts vendus en sacs de 10, 20, 40 ou 80 litres, en jardinerie, dans les grandes surfaces et les magasins de bricolage qui ont un rayon jardin, mais aussi sur Internet. L'offre est très diverse, tout comme les appellations : compost, amendement, améliorateur de sol, fumier. Selon les marques, il existe des composts d'algues et de fumier (le mot fumier désigne un compost issu de déjections animales mélangées à de la paille ou de la sciure), du lombricompost (voir encadré p. 105), d'autres de résidus de la filière bois, mélangés à des algues vertes (broyées et associées à d'autres végétaux, elles ne sont pas toxiques) et des algues brunes, ou bien des fumiers de bovins, d'ovins, de chevaux, ou encore des produits issus de l'entretien des espaces verts (branches, feuilles et tontes de gazon) ou de la récupération de matières agricoles (marc de raisin, farines de plumes). Certains sont utilisables en agriculture biologique (voir encadré ci-dessous), d'autres non : la mention figure sur le sac. Il n'y a pas de relation entre les matières qui entrent dans la composition d'un compost et un type particulier d'utilisation. Par contre, si certains composts sont plus spécialement destinés aux semis, aux plantations, aux géraniums, aux plantes vertes, etc., c'est la formulation du compost (quantité de chaque ingrédient) qui entre en compte. Chaque emballage de compost doit indiquer les matières qu'il contient et leur pourcentage.

EN SAVOIR PLUS

Attention aux normes

▸ Certaines plates-formes de compostage fabriquent du compost à partir de matières d'intérêt agronomique issues du traitement des eaux (MIATES) et de déchets verts en provenance des collectivités du secteur. Le produit fini, répondant à la norme NF U 44-095, est destiné à la polyculture, la viticulture et l'arboriculture, et ne convient pas pour le jardinage.

▸ Pour être utilisés en agriculture biologique, les composts doivent répondre à la norme homologuée par l'Afnor NF U 44-051 (amendements organiques et amendements organiques avec engrais).

Attention : ce type de normes évoluant sans cesse, n'hésitez pas à vous renseigner.

Rempotage d'herbes aromatiques avec du compost.

Avantages

- Vous transporterez facilement les sacs, même si vous êtes seul, et vous ne salirez pas le coffre de votre véhicule.
- L'offre est vaste et vous trouverez nécessairement le compost le mieux adapté à vos besoins.
- Vous stockerez les sacs sans difficulté.

Inconvénients

- Vous ne pourrez pas en acheter des quantités importantes en raison du prix.
- Face à l'ampleur de l'offre, il peut s'avérer difficile de choisir un produit.

Les composts des plates-formes de compostage

Certains syndicats de communes ont mis en place des plates-formes de compostage dont ils assurent la gestion. Renseignez-vous auprès de votre mairie pour connaître les adresses situées à proximité de votre domicile. Selon les endroits, le compost est disponible pour les particuliers ou uniquement pour les agriculteurs et les paysagistes, gratuit ou payant. Il est proposé en vrac et vous devez venir le chercher avec vos propres sacs (attention aux sacs trop fins, qui se déchirent sous le poids et surtout fondent à la chaleur résiduelle du compost).

Les composts de ce type proviennent des déchets verts des communes (voir plus loin). Ils sont produits à grande échelle selon des processus bien définis, contrôlés.

Avantages

- Même lorsqu'il est payant, ce compost reste moins onéreux que ceux vendus en sac.
- Il réduit considérablement les déchets verts partant à l'incinérateur, ce qui économise de l'énergie.

Inconvénients

- Vous n'en connaîtrez pas la composition exacte.
- Les produits phytosanitaires éventuellement utilisés sur les plantes peuvent se retrouver dans ce compost... et donc dans votre jardin.
- Il faut aller le chercher. Pour de grandes quantités, il faut disposer d'une remorque, éventuellement en louer une.
- Sa manipulation est salissante.
- Son stockage demande de l'espace : si vous ne pouvez pas l'entreposer, vous devrez l'épandre rapidement dans votre jardin.
- Vous aurez parfois du mal à obtenir les heures d'ouverture des plates-formes de compostage.

Le compost, un élément essentiel du jardin au naturel.

Les composts communaux

Certaines communes qui disposent de suffisamment d'espace entassent leurs déchets verts sur des aires de stockage et les laissent librement composter. Le processus est plus lent qu'un compostage industriel, mais la matière organique finit par se décomposer. Le « terreau » ainsi produit servait autrefois aux plants ornementaux des espaces verts. Aujourd'hui, les communes achètent plutôt leurs plants en mottes et ce compost en vrac est parfois mis gratuitement à la disposition des jardiniers. Informez-vous auprès de la mairie de votre commune. Prenez aussi des informations sur les pratiques des espaces verts (utilisation ou non d'herbicides, d'insecticides ou de fongicides).

Certaines municipalités mettent également à disposition des composts de quartier : les habitants peuvent apporter leurs déchets organiques sur un site où ils sont mélangés à des déchets fournis par la commune. L'ensemble est ensuite régulièrement retourné. Une fois le compost prêt, les habitants ayant déposé des matières peuvent retirer le terreau produit. Renseignez-vous près de chez vous (jardins partagés, associations, mairie...).

Avantages

En dehors du fait qu'ils ont les mêmes avantages que les composts provenant des plates-formes de compostage, les composts communaux présentent deux intérêts :

- Vous pourrez en trouver à proximité de votre lieu de résidence.
- Vous l'obtiendrez souvent gratuitement.

Inconvénients

En dehors du fait qu'ils ont les mêmes inconvénients que les composts provenant des plates-formes de compostage, les composts communaux ne sont pas forcément proposés dans toutes les communes.

ZOOM SUR

Utiliser au mieux les composts du commerce

- Les composts qui ont un label « Utilisable en agriculture biologique » et répondent donc aux normes (voir encadré page ci-contre) peuvent être apportés au potager, au pied des arbres fruitiers et des petits fruits.
- Les autres composts sont à appliquer sur les massifs ou sur la pelouse (après une scarification par exemple) si on les tamise finement pour assurer une répartition régulière.
- Les doses : pour les composts achetés en sacs, reportez-vous aux indications du fabricant. Pour les composts achetés en vrac, c'est exactement comme pour votre compost fait « maison » : déposez une couche de 5 à 10 cm sur les massifs, deux fois par an, au printemps et en automne ; vous pouvez aussi les mélanger à la terre de plantation, à raison d'un seau de 5 litres par arbuste ou de 3 ou 4 poignées par vivace.

4 L'eau au jardin

Une ressource précieuse

L'eau de pluie, indispensable

Récupérer les eaux de pluie permet non seulement de faire des économies, mais aussi de préserver la ressource en eau. Au jardin, le procédé est simple : il s'agit de recueillir l'eau tombant des toitures à l'aide d'un collecteur relié à une cuve. La réserve constituée est utile pour tous les usages du jardin au naturel.

Une eau pleine de qualités

L'eau de pluie est douce, non chlorée et légèrement acide en raison du gaz carbonique présent dans l'air. Elle est bien aérée et à température ambiante, une condition nécessaire pour que les végétaux ne subissent pas de choc thermique lors des arrosages.

L'eau de pluie répond à certains usages n'exigeant pas la pureté de l'eau potable (en aucun cas l'eau de pluie récupérée ne doit être bue) : dans la maison pour les sanitaires et le lavage du sol, au jardin pour le nettoyage de la terrasse, des véhicules et, surtout, l'arrosage des plantes. Elle est d'ailleurs beaucoup mieux adaptée à ces usages que l'eau de distribution publique, souvent plutôt calcaire. De plus, cette eau tombée du ciel est gratuite. Au lieu de la collecter au sol (bassin, mare, etc.), où elle peut s'y charger d'éléments indésirables (résidus, débris de toutes sortes), il est préférable de la récupérer lorsqu'elle tombe de votre toiture. Veillez au choix du matériau : les toitures en matériaux naturels (tuiles, ardoises, pierres) fournissent une eau de meilleure qualité que celles à base de goudron, où l'eau peut être contaminée par les substances toxiques. D'autre part, il est interdit de récupérer de l'eau de pluie provenant de toitures en amiante-ciment ou en plomb.

Pour un usage domestique de l'eau de pluie, la cuve doit être raccordée au réseau de votre logement et être équipée d'une pompe, ce qui nécessite une installation plus complexe.

> **C'EST MALIN**
>
> ***Les eaux ménagères***
>
> Pensez à récupérer l'eau utilisée à la cuisine pour l'arrosage. L'eau de lavage des légumes, par exemple, placée dans une cuvette plutôt que directement dans l'évier, pourra facilement être déversée sur vos plantes les plus proches de la maison. Il va sans dire que l'eau ainsi récupérée doit être exempte de toute trace de détergent.

Une pratique recommandée et soutenue

Cette pratique est tout à fait légale : l'article 641 du code civil stipule que « tout propriétaire a le droit d'user et de disposer des eaux pluviales qui tombent sur son fonds ».

Filtre et rehausse d'un récupérateur d'eau de pluie.

Depuis 2014, le crédit d'impôt a été supprimé, mais les dispositions pouvant évoluer, n'hésitez pas à vous renseigner auprès de votre centre des impôts ou sur www.impots.gouv.fr. D'autres aides financières peuvent être apportées par l'Agence nationale de l'habitat ou les collectivités territoriales. Il convient de consulter la mairie, la communauté de communes ou l'agence de l'eau locale.

Cuves extérieures ou enterrées

La cuve de récupération peut être un simple contenant reconverti, pourvu qu'il soit suffisamment grand, étanche et n'ait jamais contenu de produit toxique. Calez-le sous une gouttière et posez un couvercle dessus (avec une encoche au niveau du collecteur qui reliera la gouttière à la cuve) afin de garder l'eau à l'abri de l'air et de la lumière : vous éviterez ainsi les déchets et les feuilles, la formation d'algues ou les invasions de moustiques. L'eau peut être puisée par le haut ou récupérée à l'aide d'un robinet, placé vers le bas, pour assurer une pression suffisante. La cuve doit être surélevée pour un accès plus facile, et un trop-plein doit permettre au surplus de s'écouler directement vers le réseau des eaux usées.

Ce dispositif n'offre toutefois qu'une autonomie limitée. On trouve dans les jardineries, magasins de bricolage et sur Internet des cuves conçues pour la récupération des

eaux de pluie : elles peuvent être en bois, doublé à l'intérieur par une bâche solide imperméable, ou en plastique, de forme cylindrique ou rectangulaire.
Ces cuves sont relativement faciles à mettre en place, posées ou accrochées, selon leur assise. De capacité allant de 300 à 1 500 litres, elles sont prévues pour assurer l'arrosage d'un jardin moyen, en partie ou en totalité. Sensibles au gel, elles doivent être vidées et mises à l'abri pendant les périodes de risque de gelées.
Pour des usages plus importants (toilettes, lave-linge), des citernes de grande capacité, rigides ou souples, peuvent être installées en sous-sol, sous une terrasse, dans un vide sanitaire ou enterrées. Leur installation nécessite l'aide d'un professionnel.

Calculez la contenance dont vous avez besoin

Vous pouvez calculer la quantité d'eau que vous pouvez récupérer en multipliant la pluviométrie moyenne annuelle locale, exprimée en millimètres par mètre carré (1 mm/m² = 1 litre d'eau), par la surface en mètres carrés de votre toiture. Pour ajuster ce calcul, il faut prendre en compte la perte d'eau due à l'évaporation, estimée à 10 %.
Par exemple, pour une maison ayant un toit de 100 m² en Île-de-France (les estimations de pluviométrie par département sont consultables sur le site www.une-eau-pure.com), le volume collectable est :
700 x 100 x 90 % = 63 000 litres, soit 63 m³ par an.
Un chiffre à diviser par deux si le toit est à deux pentes et si la récupération ne se fait que sur un côté : dans ce cas, il vaut mieux disposer de deux installations parallèles.

Citerne de jardin.

Tonneau récupérateur d'eau de pluie.

Ces 63 m³ d'eau représentent une économie moyenne de 200 € (le prix moyen de l'eau dans les grandes villes est de 3 € par mètre cube). Une estimation à relativiser cependant, puisque la disponibilité de cette eau et les besoins du jardin évoluent en fonction des saisons.
Vous pouvez aussi vous baser sur vos propres mesures pluviométriques (voir p. 30).

À FAIRE SOI-MÊME

Mettre en place un collecteur

Le collecteur est l'accessoire indispensable qui relie la gouttière de descente d'eau de la toiture à la cuve de récupération. Pour certains modèles, percez simplement un trou dans le tuyau de descente et fixez le collecteur par un collier à l'aide de vis. L'étanchéité est assurée par un joint de mousse. Pour d'autres modèles, il est nécessaire de scier la gouttière à deux endroits parallèles et de remplacer le morceau enlevé par le collecteur. L'emplacement doit être choisi pour assurer une pente légèrement descendante entre le bout du collecteur, éventuellement prolongé par un tuyau flexible de raccordement, et l'entrée dans la cuve.

Ne vous contentez pas d'un bec d'écoulement : optez pour un collecteur muni d'un filtre qui retient les impuretés, afin d'éviter l'altération de l'eau dans la cuve.

Les ressources naturelles du jardin

Un ruisseau, un étang, une mare alimentée par une source, un puits... votre jardin dispose peut-être d'un apport naturel d'eau. Dans ce cas, il est tout à fait possible, en prenant certaines précautions, de puiser cette eau à l'aide d'une pompe et de l'utiliser pour l'arrosage.

Que dit la loi ?

L'eau d'une mare ou d'un étang situés dans votre jardin est libre d'accès, mais l'eau d'un ruisseau ou d'une rivière qui traverse ou longe le jardin n'est utilisable qu'avec l'accord des autorités locales : renseignez-vous à la mairie. Sachez cependant que, selon la loi sur l'eau et les milieux aquatiques promulguée le 30 décembre 2006, les riverains ont l'obligation d'entretenir régulièrement ces cours d'eau, sans effectuer de travaux néfastes pour les écosystèmes aquatiques.

Selon l'article 641 du Code civil, le droit au propriétaire de disposer des eaux pluviales qui tombent « sur son fonds » est applicable aux eaux de source « nées sur son fonds ».

Quant aux restrictions éventuelles d'arrosage, décrétées par les départements en cas de sécheresse, sachez qu'elles concernent également les propriétaires d'un puits (et non ceux d'une mare ou d'un étang), puisqu'il s'agit alors de préserver la nappe phréatique.

Un puits dans son jardin

Les puits permettent d'accéder aux eaux souterraines de la nappe phréatique. Indispensables autrefois pour les usages domestiques, ils ont été abandonnés lorsque les réseaux publics ont alimenté tous les foyers. Aujourd'hui, ils suscitent un nouvel intérêt car ils offrent de l'eau gratuite pour l'arrosage du jardin, facilement accessible à l'aide d'une pompe.

Utilisez l'eau tirée du puits pour arroser votre jardin.

À FAIRE SOI-MÊME

Installer une pompe

La pompe sert à conduire l'eau d'un point à un autre, de l'endroit où elle est stockée à la zone où l'on souhaite l'utiliser.

Si la profondeur de puisage est inférieure à 8 m, une pompe de surface est suffisante, qu'elle soit électrique ou activée par un moteur thermique. Elle est facile à installer, à déplacer et à entretenir, mais elle doit être vidangée et rentrée à l'abri pendant l'hiver.

Si l'eau se trouve à plus de 8 m de profondeur, utilisez une pompe immergée. Plus onéreuse, mais silencieuse et moins encombrante, elle peut rester en place toute l'année. Elle est aussi plus facile à amorcer.

Si vous avez la chance de posséder un vieux puits, sa réouverture peut donc être un bon investissement. Il faut le curer pour le débarrasser des impuretés qui se sont amassées au fond, assurer une meilleure arrivée de l'eau, obtenir une eau plus saine et éviter de boucher les crépines (filtres placés à l'extrémité du tuyau d'aspiration) ou les pompes. Vous pouvez faire appel à un professionnel ou vous lancer dans l'opération : aspirez l'eau du puits au moyen d'une motopompe (que vous pouvez louer), nettoyez le fond avec un nettoyeur haute pression et évacuez la boue sale vers l'extérieur.

Le forage d'un nouveau puits est envisageable si la nappe phréatique n'est pas trop profonde, mais il peut y avoir des restrictions préfectorales ; renseignez-vous à la mairie.

Une eau à surveiller

L'eau tirée du puits est considérée *a priori* comme non potable et ne peut être utilisée que pour des usages domestiques restreints, notamment l'arrosage. Attention, pour évaluer ses qualités et garantir son absence de toxicité (si vous vous en servez, par exemple, pour arroser les légumes du potager), il faut la faire analyser par un laboratoire agréé par le ministère des Affaires sociales, de la Santé et des Droits des femmes. Adressez-vous à la Délégation départementale de l'ARS (Agence régionale de santé) et/ou à la mairie. La liste des laboratoires agréés est aussi disponible sur le site www.sante.gouv.fr/le-controle-sanitaire-des-eaux.html.

La mare du jardin d'Elsie crée un petit écosystème.

Redonner vie à une mare

Une mare est dite naturelle lorsqu'elle a été formée spontanément par la nature, mais la plupart sont artificielles, installées dans une excavation creusée par l'homme. Elles sont alimentées soit par une source d'eau provenant d'une nappe souterraine, soit par l'eau de pluie et le ruissellement sur le sol. Abandonnée depuis plusieurs années, une vieille mare risque d'être asséchée et de disparaître sous la végétation. Dans ce cas, débarrassez-la de cette végétation envahissante et remettez-la en eau.

Créer et entretenir une mare

Il est possible de créer une nouvelle mare. À la différence d'un bassin (voir p. 120), l'environnement doit rester relativement sauvage, pour conserver un aspect naturel et permettre la circulation des petits animaux du jardin (voir p. 207). Une demande en mairie doit être déposée.

L'emplacement de la mare doit être dégagé et ensoleillé, loin de grands arbres car non seulement leurs feuilles ou leurs aiguilles vont tomber dans l'eau et en altérer la qualité, mais leurs racines risquent également de gêner. Placez-la à l'abri des jeunes enfants, pour des raisons évidentes de sécurité. Les bords doivent être doucement inclinés pour limiter les risques d'effondrement. Assurez l'étanchéité de la mare par une couche épaisse de revêtement imperméabilisant – argile ou bâche imperméable de plastique noir à base de matériaux recyclés. L'entretien consiste simplement à éclaircir les végétaux qui deviennent envahissants. Tous les trois ou quatre ans, lorsque la vase accumulée forme une couche trop épaisse, il peut être nécessaire de curer le fond.

Une arrivée d'eau régulière (source naturelle, pluie ou trop-plein de la réserve d'eau de pluie) maintient sa qualité et compense les pertes par évaporation.

Enfin, ne soyez pas pressé et observez au fil des années l'évolution de cet écosystème et sa colonisation progressive par les plantes et les petits animaux.

EN SAVOIR PLUS

La mare et l'étang, une aubaine pour le jardin

Les mares sont des petites nappes d'eau stagnante, peu profondes ; les étangs sont des étendues d'eau plus importantes. Le plus souvent créés par l'homme, ces points d'eau servaient à abreuver les animaux, à irriguer les cultures, et régulaient le ruissellement pluvial. Ils pouvaient éventuellement servir de réserve à incendie, assurer une petite production piscicole et permettre la culture de végétaux aquatiques utiles. Disparus peu à peu de nos paysages au siècle dernier, étangs et mares sont de nouveau très prisés dans les jardins d'aujourd'hui. En plus de collecter les eaux de pluie, ils participent à la création d'écosystèmes. Ceux-ci abritent une faune et une flore spécifiques, très riches, qu'il est bon de protéger.

Bassins et jardins d'eau

Les bassins

Plus structurés que les mares, les bassins apportent une note de fraîcheur et de détente, surtout si on les agrémente de fontaines et de cascades. Créant une enclave favorable à la biodiversité, cet environnement végétal et animal va se diversifier au fil des années par la venue d'une petite faune utile.

Choisir le bon endroit

La première étape est de trouver un emplacement adéquat : un endroit recevant au moins cinq à six heures de soleil par jour et sans grands arbres à proximité. Évitez les cuvettes, qui risquent de recevoir trop d'eau de ruissellement. Si le terrain est très humide, prévoyez de l'assécher avec des drains placés sous la bâche ou la coque rigide du bassin.
Bien entendu, si vous avez des enfants à la maison, veillez en premier lieu à assurer leur sécurité.

⬆ Installation d'un bassin à partir d'une coque rigide.

ZOOM SUR

Les animaux attirés par l'eau

Toutes sortes d'organismes vivent dans un bassin, les uns servant de nourriture aux autres : daphnies ou puces d'eau, insectes (nèpes ou libellules), mais aussi batraciens, oiseaux et petits mammifères. L'ensemble se régule de lui-même si un juste équilibre se crée entre ceux qui consomment et ceux qui sont consommés. Les grenouilles, interdites à la vente, viennent d'elles-mêmes si les berges sont accueillantes. La plus commune est la rainette, très utile comme auxiliaire, car elle se nourrit d'insectes (notamment de moustiques), de larves et de parasites. Voir aussi p. 207.

Coque rigide, bâche ou fond bétonné

Le bassin peut être réalisé à partir d'une coque rigide préformée en PVC ou en polyester armé de fibre de verre. Les tailles et les formes proposées par les fabricants sont variables et s'adaptent à tous les styles.
L'utilisation d'une bâche en PVC, ou autre matériau souple et solide posé au fond d'une excavation, permet a priori de donner n'importe quelle forme au bassin, mais évitez les dessins trop complexes, difficiles à mettre en place et qui gênent ensuite la circulation de l'eau pour une bonne oxygénation.
Sachez aussi que le fond du bassin peut être bétonné (ce qui évite d'employer du PVC) mais la réalisation est alors plus compliquée et plus onéreuse.
Remplissez le bassin avec de l'eau dont vous connaissez la provenance et la qualité. L'eau du robinet est souvent considérée comme la plus adaptée pour cet usage. Avant d'utiliser l'eau d'un puits, d'une rivière ou de la cuve de récupération de l'eau des toitures, assurez-vous de sa qualité (absence de nitrates et autres polluants, pH, etc.). Voir aussi p. 116.

Mettre l'eau en mouvement

En complément du plaisir visuel et auditif qu'il procure, le mouvement de l'eau fournit une meilleure oxygénation du bassin. Que l'eau soit mise en mouvement avec de simples jets d'eau, des

Les bassins créent un milieu favorable à la biodiversité. ➡

Les nénuphars oxygènent l'eau du bassin.

EN SAVOIR PLUS

Les piscines naturelles

On les appelle également piscines écologiques ou baignades naturelles.
Les piscines naturelles ont séduit les particuliers depuis quelques années grâce à leurs qualités écologiques et leur esthétisme. Elles ont également fait leur apparition au sein des municipalités, dans les hôtels, les campings ou les clubs de loisirs.

Ces piscines, qui n'utilisent aucun traitement d'épuration de l'eau (chlore, ozone, UV ou ultrafiltration), font effectuer ce travail par les plantes.
Une petite lagune, garnie de végétaux aquatiques (roseaux, joncs, etc.), doit jouxter le bassin de baignade. À l'aide d'une pompe électrique, qui assure une circulation en circuit fermé en consommant très peu d'énergie, l'eau du bassin de natation déborde dans la partie plantée de végétaux, qui sert de filtre naturel. Des micro-organismes absorbent la matière organique dégagée par les baigneurs. Une fois filtrée et épurée, l'eau est renvoyée dans le bassin.

Installez une piscine d'au moins 60 m², l'idéal étant de 100 m² et plus : plus la superficie est importante, plus l'équilibre biologique est atteint facilement, car la surface des échanges est plus grande.

ruisseaux ou des cascades, vous devrez installer des circuits fermés faisant intervenir une pompe. Cette pompe est à fixer sur un parpaing ou une brique posés bien à plat au fond du bassin, pour éviter que la vase ne vienne engorger la crépine. Ces dispositifs consomment peu d'eau, puisque celle-ci est recyclée en permanence, et peu d'électricité : une pompe de bassin est moins gourmande qu'une ampoule ! Il existe aussi des petites pompes fonctionnant à l'énergie solaire, agrémentées de batteries rechargeables lorsque le soleil est caché.

L'indispensable végétation

Les plantes oxygènent et purifient l'eau, limitent le développement des algues, absorbent les impuretés et servent d'abri aux poissons. Installez des plantes oxygénantes (élodées ou myriophylles, qui sont complètement immergées et apportent de l'oxygène dans l'eau), des plantes flottantes (lentilles d'eau ou nénuphars jaunes) et des plantes de berge en bordure du bassin (populages, roseaux ou massettes). Certaines plantes flottantes, comme les nénuphars, ont besoin d'une grande profondeur d'eau : prévoyez dès l'installation de creuser des trous d'au moins 50 cm pour y placer les paniers de plantation.

Des poissons dans le bassin

Les poissons, toujours très attrayants, ne doivent pas être trop nombreux pour préserver l'équilibre du milieu. Attendez un mois avant d'en introduire dans un bassin tout juste rempli. Les poissons rouges, capables de se maintenir dans une eau non filtrée, s'adaptent le plus facilement. Comptez 10 poissons rouges par mètre cube au maximum. Les carpes Koï, aux couleurs et aux nageoires remarquables, ont besoin de 1 m³ par sujet, ainsi que d'une eau filtrée. Si les poissons se multiplient, veillez à respecter le nombre maximal à prévoir selon la taille du bassin. Utilisez une nourriture en granulés, qui flottent, plutôt qu'en paillettes, (qui sont vite délitées et privent les poissons plus rapidement). En cas de gel, évitez que la couche de glace ne se referme à la surface en posant un obstacle flottant : les poissons pourront ainsi continuer à respirer.

Veillez à limiter le nombre de poissons dans votre bassin.

Les potées aquatiques

Même si l'on ne dispose que d'un tout petit jardin, d'une cour ou d'un simple balcon, pourquoi se priver du plaisir d'un point d'eau ? Dans un grand pot étanche, il est possible de créer un bassin miniature agrémenté de plantes et, éventuellement, d'un petit mouvement d'eau, d'un éclairage et de quelques poissons.

Le bon récipient

Les contenants utilisés pour une potée aquatique doivent être suffisamment grands, d'au moins 30 cm de haut (voire 50 cm si vous souhaitez y voir prospérer un nénuphar), pour éviter les changements trop rapides de température. Ils doivent aussi être suffisamment larges pour recevoir deux ou trois paniers de plantation pour plantes aquatiques.

Les récipients pour potée, que vous trouverez sans peine dans les jardineries, doivent être fabriqués avec un matériau épais, pour assurer une bonne régularité thermique : préférez les pots en terre cuite épaisse, laquée ou vernissée, ou encore les pots en plastique, avec une paroi double, naturellement isolante. D'autres matériaux peuvent entrer dans la composition d'un mini-jardin d'eau : le bois, la pierre naturelle ou reconstituée, le fer, le bronze, éventuellement le béton, mais aussi des matériaux plus modernes comme la résine. Certains contenants de récupération peuvent aussi convenir pour cet usage détourné : barrique en bois et tonneau, bien connus pour leur étanchéité, vieille auge de pierre (attention au poids !), baquet, grand seau ou lessiveuse en zinc, que vous pouvez peindre de couleurs vives. En forme de pot, de vasque, de coupe ou de jarre, ils pourront tous servir… à condition de ne pas être percés d'un orifice de drainage. Leur étanchéité peut être accrue en les doublant d'une bâche.

⬆ Associez plusieurs plantes pour créer un bassin miniature.

⬆ Connu pour son étanchéité, le tonneau peut être utilisé comme contenant pour votre potée.

Quelques précautions

Dans les potées de petit volume, l'équilibre biologique est plus difficile à atteindre que dans un bassin standard, en raison des risques de pollution de l'eau. Pour éviter que cette dernière ne s'échauffe et croupisse, choisissez un emplacement pas trop ensoleillé, voire à mi-ombre.

Maintenez la hauteur de l'eau à un niveau maximum, en ajoutant de l'eau fraîche du robinet au fur et à mesure des pertes par évaporation. Veillez à renouveler le contenu par moitié une fois par mois. Recueillez l'eau de cette potée, riche en particules organiques, et utilisez-la pour arroser les bacs et jardinières.

Coupez régulièrement les fleurs et les feuilles fanées de juin à octobre, pour l'esthétique mais aussi pour que ces dépôts ne polluent pas l'eau.

Avant d'installer une potée aquatique sur un balcon, vérifiez le poids que peut supporter la construction. Il est généralement de 250 à 350 kg/m^2 dans les immeubles récents, mais renseignez-vous tout de même auprès de la copropriété, du propriétaire, de l'architecte ou de l'office des HLM, surtout dans un logement ancien. Sachez qu'un cube d'eau de 50 cm de côté pèse environ

⬆ Vous pouvez créer une potée à partir d'une barrique en bois, de quelques pierres et de plantes aquatiques.

125 kg, poids auquel il faut ajouter celui du contenant. Sur un balcon en ville, en fonction de la dimension de votre potée, vous ne pourrez donc pas nécessairement utiliser tous les matériaux cités plus haut.

Installez le récipient à l'endroit définitif avant de le remplir d'eau, car il sera ensuite difficile à transporter.

Des accessoires en complément

Une toute petite pompe électrique peut servir à actionner un jet d'eau. Comme dans un bassin, ce mouvement aide l'eau à s'oxygéner, évite qu'elle ne croupisse et limite la prolifération des algues. Mais il faut alors faire attention au choix des plantes, car certaines, comme les nénuphars, préfèrent les eaux calmes.

La potée étant généralement installée à proximité de la maison, vous pouvez prévoir un éclairage pour la mettre en valeur le soir, éventuellement un éclairage solaire.

Si le contenant est assez grand, vous pouvez glisser quelques poissons rouges dans l'eau. Nourrissez-les avec des granulés qui flottent. Et, avant l'arrivée des grands froids, pensez à transférer les poissons dans un aquarium intérieur où vous pourrez les garder en attendant les beaux jours.

Intégrez ce mini-bassin dans le décor, en soignant également la végétation alentour. Il peut être posé sur une base solide (bois, briques ou tout autre support résistant) afin d'être légèrement surélevé.

Vous obtiendrez un joli effet si vous regroupez deux ou trois potées aquatiques et si vous les placez à des hauteurs différentes.

Comment créer vos potées aquatiques

Comme dans un grand bassin, garnissez la potée de plantes aquatiques, mais évitez toute surcharge : un trop grand nombre de plantes entraîne une diminution de l'oxygénation de l'eau, par manque de lumière, et une pollution rapide.

Créez un bel assortiment en réunissant trois plantes de couleurs, formes et hauteurs variées : une plante élancée (acore, carex, sagittaire ou typha), une plante flottante (azola, lentille d'eau ou jacinthe d'eau) et une plante oxygénante immergée (myriophylle, élodée ou potamogeton).

Déposez vos plantes dans des paniers de plantation pour espèces aquatiques (ajourés). Remplissez l'espace restant avec un terreau pour plantes aquatiques. Tassez la terre et terminez par une couche de gravillons.

Disposez le panier sur des briques posées en dessous, de façon que le haut du panier se trouve juste sous la surface de l'eau.

Les nénuphars, d'une manière générale, ont besoin d'au moins 50 cm d'eau, mais certaines variétés, comme *Nymphaea* 'Aurora', peuvent être plantées à une hauteur moindre (renseignez-vous au moment de l'achat).

⬅ Pour mieux l'intégrer dans votre jardin, habillez votre potée avec des rondins de bois.

Arroser sans gaspiller

Les grandes règles d'un bon arrosage

Un choix judicieux de plantes, des techniques de culture adaptées, une bonne utilisation du paillage et le recours à des plantes couvre-sol permettent de réduire les besoins en arrosage. Toutefois, arroser demeure indispensable pour la bonne installation des végétaux, pour les semis, les jeunes plants, les arbres et arbustes nouvellement plantés.

Arroser plus longtemps mais moins souvent

Arroser plus que nécessaire est inutile, car l'eau en excès ne peut être stockée par le sol et est perdue pour la végétation (ruissellement en surface ou infiltration en profondeur, selon la nature du sol), voire néfaste car pouvant entraîner l'asphyxie des racines (surtout si la terre a tendance à s'engorger facilement).

Vérifiez l'humidité du sol (avec votre doigt, un crayon ou un testeur d'humidité) au-dessous de la couche superficielle, en sachant que la profondeur investie par les racines est d'environ 20 cm pour les massifs de fleurs, 40 cm pour une pelouse et 80 cm pour un arbuste.

Un arrosage hebdomadaire et long est plus efficace qu'un arrosage quotidien et rapide : les végétaux sont ainsi poussés à développer leurs racines pour aller chercher l'eau plus profondément dans le sol. Trop souvent abreuvées, les racines restent au contraire en surface et la plante devient plus sensible à la sécheresse.

IDÉES REÇUES

« Un binage vaut deux arrosages »

C'est l'un des adages les plus connus des jardiniers, mais dont l'équation est bien abusive ! Le binage n'améliore pas la rétention en eau du sol ; il permet simplement de supprimer les plantes indésirables et donc de limiter la concurrence concernant les besoins en eau. Il facilite également la pénétration de l'air et de l'eau jusqu'aux racines en cassant la croûte du sol et réduit l'évaporation à la surface. Si le binage a bel et bien un effet positif sur les économies d'eau, il est audacieux de lui prêter un bienfait équivalant à deux arrosages.

Arrosez longtemps environ une fois par semaine.

Privilégiez les apports d'eau directement sur le sol et évitez de mouiller les feuilles, pour limiter les risques de maladies cryptogamiques (dues à des champignons, comme l'anthracnose, la pourriture grise ou la fusariose – voir tableau des maladies et parasites p. 178-193).

Adaptez votre façon d'arroser à la nature du sol pour ne pas gâcher l'eau par lessivage (migration des différents éléments du sol, nutritifs ou non, en dessous de la zone racinaire). En sol argileux ou limoneux, ayant une bonne capacité de rétention en eau, arrosez abondamment une ou deux fois par semaine (10 à 15 l/m²). Le système du goutte-à-goutte et les tuyaux microporeux posés à même le sol permettent à l'eau de s'infiltrer et d'imbiber le sol lentement (voir p. 128). En sol sableux, léger et donc drainant, les arrosages doivent être plus limités (pas plus de 3 l/m²), mais plus fréquents, afin de réduire le lessivage dans les nappes phréatiques. Sous la végétation, placez des microasperseurs, qui arrosent en pluie fine.

Rendre les plantes plus résistantes

Les plantations d'arbres, arbustes et vivaces effectuées en automne procurent aux végétaux un meilleur enracinement. Pour les inciter à constituer de fines racines en profondeur, plus efficaces pour approvisionner la plante en eau, émiettez bien le fond et les bords des trous de plantation. Au moment de la plantation, puis tous les ans et au printemps de préférence, apportez de la matière organique (compost végétal, fumier, fer-

C'EST MALIN

Installer un compteur vert

Lorsque le jardin est de grande taille, il est possible de faire installer un second compteur d'eau. Ce compteur vert, ou compteur « agricole », indépendant du compteur traditionnel, comptabilise l'eau utilisée pour des usages « ne rejetant pas d'eaux usées ». L'arrosage fait partie de ces usages, puisque l'eau retourne directement à la terre sans avoir besoin d'assainissement. Ce système permet de payer l'eau moins cher et de diviser sa facture par 2, 3 ou même 4 ! Néanmoins, la location et l'entretien de ce compteur vert ont un coût, variable selon les communes. De plus, ces compteurs ne sont pas disponibles partout ; renseignez-vous auprès de votre distributeur d'eau et/ou de votre commune.

tilisant à base d'algues, feuilles décomposées, etc.), qui améliore tant la capacité du sol à retenir l'eau que l'enracinement des végétaux.
Sachez également que d'autres produits, comme les purins ou les mycorhizes, renforcent les plantes et augmentent leur résistance à la sécheresse.
Pour en savoir plus, voir p. 166 et encadré p. 91.

Composer avec la météo

Consultez le bulletin météorologique : inutile d'arroser si la pluie est annoncée dans les heures qui viennent ! Une averse de dix minutes est généralement suffisante pour apporter l'eau nécessaire à une journée. Une pluie fine tombant pendant douze heures au printemps ou en automne permet d'éviter d'arroser pendant une semaine. Une pluie d'orage de deux à trois heures en été assure la quantité d'eau nécessaire au jardin pour quatre à cinq jours.
Le pluviomètre, un appareil très simple et facile à lire, vous indiquera la quantité d'eau exacte tombée du ciel (voir p. 30).

Le paillage permet de limiter l'évaporation.

Une cloche sur des salades pour conserver l'humidité.

Limiter les pertes d'eau

Protégez votre jardin du dessèchement en installant des haies brise-vent (voir p. 44). Ne laissez pas le sol nu, mais limitez l'évaporation en usant de paillis (voir p. 98-103) et de plantes couvre-sol (voir p. 154).
La création d'une cuvette au pied des plantations permet d'y accumuler l'eau d'arrosage (voir dessin p. 140). Encore mieux, placez les plantations sur une petite butte afin de leur assurer une meilleure conservation de l'humidité, la terre se desséchant moins ainsi.
Au potager, les cônes de forçage ou les cloches sur les jeunes plants favorisent la condensation, qui humidifie la terre. Même un simple ombrage suffit pour éviter une trop forte évaporation.

IDÉES REÇUES

« Arroser le matin à la fraîche, c'est mieux »

Au printemps, en automne et en hiver, il est effectivement conseillé d'arroser le matin, avant les premiers rayons du soleil, car l'arrosage du soir prolonge une humidité froide, qui augmente le risque de maladies cryptogamiques. En revanche, l'été, il vaut mieux arroser à la nuit tombée. Procédez lentement pour que l'eau ne s'évapore pas trop vite et pénètre bien le sol protégé du vent (généralement tombé le soir) et du soleil. Cette pratique, qui empêche la terre de se dessécher, garde le sol meuble.

En toute saison, évitez d'arroser au cours de la journée, surtout en plein soleil : l'évaporation est alors à son maximum, les végétaux ne sont pas dans de bonnes conditions pour absorber l'eau apportée, et la réverbération des gouttes d'eau peut provoquer des brûlures sur les feuilles.

Les solutions les plus économes

Si l'arrosoir reste l'outil de base, suffisant pour les jardinières et les petits jardins, une surface plus importante demande un matériel approprié. Apportant la juste dose au bon endroit, certaines installations limitent toutes les pertes préjudiciables. L'arrosage automatique, qui évite les manipulations, permet de gagner du temps, tandis que les systèmes de goutte-à-goutte sont les plus économes en eau.

De l'arrosoir à l'arroseur

▸ **L'arrosoir :** quand la surface du jardin et le nombre des potées sont réduits, un simple arrosoir suffit. Arrosez au goulot, au pied des plantes bien installées, ou à la pomme, sur les semis et les jeunes plants. Veillez à ce que l'eau soit à température ambiante et versez lentement afin d'éviter le ruissellement. L'arrosoir est également très utile pour apporter des traitements à base de purin (voir p. 166), qui aident les plantes à se renforcer, ou des engrais organiques solubles, qui les nourrissent (voir p. 94).

⬆ Un simple arrosoir suffit pour les petits jardins.

À FAIRE SOI-MÊME

Installer un arrosage au goutte-à-goutte

Les systèmes vendus dans les magasins spécialisés sont très simples à mettre en place. Faites d'abord un plan de vos besoins sur papier millimétré, en tenant compte de l'arrivée d'eau et des végétaux à arroser, afin de calculer le métrage de tuyaux nécessaire et le nombre de petits terminaux et goutteurs que vous souhaitez. Tenez également compte du débit du robinet de départ, qui doit être équipé d'un régulateur de pression. Les gros tuyaux permettent de composer le squelette de l'installation à l'aide d'éléments de raccordement : les tuyaux plus étroits se branchent sur les gros et apportent l'eau jusqu'aux plantes, maintenus en place par des cavaliers. Il existe également des kits conçus pour une surface standard ou un nombre défini de plantes à arroser.

Tout ce réseau de tuyaux n'étant pas très esthétique, vous pouvez le recouvrir de paillis pour le masquer.

▸ **Le tuyau souple :** fixé au robinet, il permet d'atteindre facilement et sans effort les lieux à arroser. Muni d'un terminal à débit réglable, il donne un arrosage ciblé et précis et convient à un petit jardin.

L'eau goutte à goutte

D'autres systèmes permettent de localiser avec une grande précision l'apport d'eau et sont donc les plus économes. Pour une efficacité maximale, l'eau d'arrosage doit percoler, c'est-à-dire pénétrer dans le sol et non ruisseler. Chaque goutte est ainsi utilisée à bon escient, acheminée au plus près des racines, avec le minimum de pertes.

▸ **Le système de goutte-à-goutte :** très performant, il est composé d'un réseau de fins tuyaux, émaillés de goutteurs ou de microasperseurs. Placez-les au pied d'une plante à arroser et réglez leur débit. L'eau est fournie lentement, à l'endroit précis où se trouvent les racines. Employez cette méthode pour le potager, les arbres, les massifs, les haies ou encore les pots et jardinières, car elle consomme 30 à 50 % moins d'eau qu'un arrosage classique.

▸ **Les tuyaux microporeux :** ils sont souvent fabriqués à partir de pneumatiques recyclés. Laissez-les courir sur le sol à proximité des plantes ou enterrez-les très légèrement. Une fois installés, ils restent en place en permanence, diffusant l'eau tout en douceur, suintant

Arrosage au goutte à goutte en juillet.

Pose d'un tuyau microporeux dans un potager.

des gouttelettes en continu. L'eau ne doit pas être trop calcaire, cependant, car elle risque de boucher les minuscules trous. Les tuyaux microporeux sont pratiques pour les plantations en ligne, comme une jeune haie. Ayant tendance à développer le chevelu racinaire superficiel, ils sont également utiles pour les plantes à durée de culture réduite, comme les légumes du potager ou les fleurs annuelles.

Le temps programmé

Il existe des programmateurs à brancher sur un système d'arrosage. Ils permettent de choisir les plages horaires, la durée et la répétition des séquences d'arrosage et, par conséquent, de contrôler la distribution d'eau et d'optimiser l'arrosage. Ils commandent aussi l'ouverture d'électrovannes libérant l'eau dans les réseaux constitués par les tuyaux (jets fixes ou micro-irrigation). Le programmateur peut être relié à une sonde installée dans le sol pour mesurer le degré d'humidité. Si celui-ci est suffisant, l'arrosage n'est pas déclenché. Le programmateur permet également de régler l'arrosage à l'heure souhaitée, éventuellement en pleine nuit. C'est un équipement particulièrement utile pour abreuver les plantes en période de vacances.

ZOOM SUR

Plantes chameaux et plantes poissons

Les unes sont très résistantes à la sécheresse, les autres aiment avoir les pieds dans l'eau ! Ce sont deux catégories de plantes, qui n'ont pas besoin d'être arrosées ou très peu.

La plupart des espèces méditerranéennes résistent bien à la sécheresse. Parmi les championnes de la sobriété, citons le romarin, l'achillée, la ficoïde, la lavande, le ciste, l'immortelle annuelle, le tamaris ou le gaura. Pour pouvoir être utilisées en dehors du climat méditerranéen, partout en France, les plantes choisies doivent également supporter le froid et être cultivées dans un sol bien drainé.

Les plantes aquatiques sont tantôt immergées, tantôt les pieds au sec mais à proximité de l'eau. Parmi celles-ci figurent l'iris de sol humide, la pondétérie, la sagittaire, le butome ou jonc fleuri… ou encore le papyrus (attention, n'étant pas rustique, il doit être mis à l'abri l'hiver).

5

Les bons gestes pour jardiner au naturel

Choisir les bons outils

Les outils manuels

La pratique du jardinage au naturel s'étant largement développée, de nouveaux outils sont apparus pour répondre à de nouveaux besoins et de nouveaux utilisateurs. Privilégiez les outils manuels, non polluants, mais adoptez ceux qui vous seront vraiment utiles (parmi les nouveaux et les anciens).

Pour travailler le sol sans le retourner

▸ L'outil le plus emblématique est la Grelinette®, aussi appelée biofourche, fourche à bêcher écologique ou « biogrif » selon les fabricants. Muni de trois, quatre ou cinq dents et de deux manches parallèles, cet outil, proche de la fourche-bêche, décompacte le sol, mais sans le retourner. On le plante dans la terre en tirant les deux manches vers soi et l'on fait décrire aux dents un arc de cercle qui disloque la terre en profondeur. Le geste exige peu d'efforts comparé à la bêche traditionnelle, puisque le dos n'est pas sollicité. De plus, les vers de terre sont épargnés et les différentes couches de terre ne sont pas mélangées, ce qui assure un bon développement de la vie microbienne.

⬆ Grelinette®.

⬆ Croc à fumier.

▸ Le croc à fumier est un outil ancien remis au goût du jour. Il permet d'ameublir la terre sur 5 à 10 cm de profondeur, mais aussi de sortir le compost de son bac, de l'étendre au sol ou encore d'étaler un paillage fin.

▸ La rotogriffe, griffe rotative ou griffe de jardin est composée de quatre dents disposées en carré et en biais et montées sur un long manche doté de deux poignées écartées, que l'on tourne d'un mouvement rotatif. L'outil décompacte et ameublit la terre sur un petit volume. Il est utile avant de planter un godet ou pour extirper les racines des herbes indésirables.

Pour désherber manuellement

▸ La Jibinette® est constituée d'une dent de 23 cm en acier et d'un manche de 1,5 m. On pique cette dent devant la plante à arracher, puis on pousse : le long manche développe un bras de levier qui minimise l'effort. La motte de terre se fend et les racines s'arrachent alors facilement. Le Jibinon® sert à extirper les racines fortement ancrées dans le sol. Il comprend deux dents en acier de 27 cm et 23 cm et un manche de 1,6 m. C'est une sorte de fourche-bêche : la première dent, légèrement plus longue que la seconde, ouvre la voie dans les sols les plus compacts.

▸ Le couteau à désherber permet de nettoyer facilement entre les dalles ou au pied des murs.

Jibinette®.

Couteau à désherber.

Gouge à asperge.

Jibinon®.

▸ La gouge à asperge, très efficace, est constituée d'une longue lame incurvée qui sert à sectionner les racines en profondeur.

▸ La binette à quatre faces possède une lame épaisse et affûtée sur trois côtés. Les deux faces latérales cassent la croûte du sol, le côté aiguisé coupe les mauvaises herbes, tandis que le côté cranté enlève les herbes coupées et nivelle le sol.

C'EST MALIN

Bien acheter son matériel

▸ Avant d'acheter, pensez à la récupération : souvent, il suffit de faire aiguiser une lame ou un fer pour que l'outil redevienne fonctionnel.

▸ Choisissez des outils de qualité, qui dureront longtemps, quitte à les payer un peu plus cher.

Pour couper avec un minimum d'efforts

▸ Les échenilloirs à manches télescopiques et force démultipliée sont utilisés pour la coupe des branches situées en hauteur (jusqu'à 5 ou 6 m), d'un diamètre inférieur à 5 cm.

▸ Les sécateurs ergonomiques sont pourvus de poignées dont la forme permet d'avoir le poignet dans le prolongement de l'avant-bras, évitant ainsi toute torsion du poignet.

▸ Les sécateurs et les coupe-branches à crémaillère permettent la coupe des petites branches avec un minimum d'efforts, grâce à la démultiplication du système.

Échenilloir à manche télescopique.

Sécateur ergonomique.

Coupe-branche à crémaillère.

Les outils motorisés

Jardiner au naturel ne signifie pas tout faire à la main et dans l'effort. Les outils de jardin motorisés facilitent la tâche du jardinier et permettent de travailler plus rapidement. Toutefois, d'un point de vue écologique, mieux vaut privilégier certains outils électriques, qui n'émettent pas de CO_2 et sont plus silencieux.

Choisir l'énergie la moins polluante

Si la surface de votre jardin est inférieure à 1 000 m^2, privilégiez des outils électriques à alimentation directe, sans batterie. Sachez qu'un moteur thermique (à essence) est en effet très polluant. En outre, un moteur électrique est moins bruyant. Les nouveaux outils équipés de batteries à ion lithium (tondeuses, mini-tronçonneuses ou taille-haies), sans cordon d'alimentation, permettent une liberté totale de mouvements, mais sachez que ces batteries sont, elles aussi, polluantes. D'un point de vue environnemental, préférez une alimentation directe.

Les tondeuses

Certaines tondeuses appelées tondeuses mulching (électriques ou à moteur à essence) n'éjectent pas l'herbe tout de suite après sa coupe, mais la propulsent de nouveau sur les lames. Le gazon est alors coupé plus finement et tombe directement entre les brins d'herbe, où il se décompose en quelques jours. Les avantages sont multiples :

- il n'y a pas à ramasser l'herbe ;
- la pelouse est ainsi fertilisée naturellement ;
- il n'est pas nécessaire d'évacuer les tontes ;
- le sol maintient ainsi une certaine humidité.

Mais il faut prendre en compte certains inconvénients :

- la tondeuse mulching fonctionne mal ou pas du tout sur une herbe haute (plus de 10 cm) ou humide ;
- il faut tondre régulièrement (chaque semaine) entre fin mars et fin octobre.

EN SAVOIR PLUS

Le désherbeur thermique

Évitez d'employer cet outil qui, même s'il est rapide et efficace pour les grandes surfaces, fonctionne avec une bouteille de gaz : outre qu'il s'agit d'une ressource non renouvelable, son utilisation peut s'avérer dangereuse et génère des gaz à effet de serre. Il est déconseillé l'été sur les sols secs, qui risquent de prendre feu, et ne convient pas pour les massifs (voir p. 50). De plus, le modèle destiné au jardinier amateur n'est pas motorisé (seul le professionnel l'est).

À savoir : vous obtiendrez un résultat assez proche en tondant votre gazon sans le bac, à condition de le faire très régulièrement. Quant aux robots de tonte utilisant l'énergie solaire, ils fonctionnent bien sur des pelouses peu difficiles : travaillant seuls, en mode automatique, ils sont assez chers mais représentent une véritable innovation.

C'EST MALIN

La location futée

Certains outils ne sont utilisés que très ponctuellement. C'est le cas du scarificateur, de la tronçonneuse, de la dessoucheuse ou du broyeur de branches à gros diamètre. Les louer permet d'en avoir l'usage pour une somme modique.

Le scarificateur

Avec ses multiples couteaux, le scarificateur extrait les débris d'herbe sèche et la mousse qui se logent entre les brins d'herbe et étouffent la pelouse. Scarifier son gazon une ou deux fois par an permet aussi d'éviter l'utilisation de produit chimique antimousse. Sur une pelouse fortement envahie par la mousse, plusieurs passages croisés et successifs sont nécessaires pour bien la nettoyer.

Scarificateur.

Le broyeur électrique

Tondeuse mulching.

Robot de tonte.

Le broyeur électrique est indispensable pour fractionner les débris de la taille des arbustes et les feuilles mortes coriaces (magnolia ou platane). Il réduit le volume des débris végétaux de 6 à 15 fois, selon les modèles. Avec cet outil, vous pouvez produire du paillis de surface à partir des débris de la taille de vos arbustes et fragmenter les branchages pour permettre un compostage plus rapide. Les modèles à rotor porte-couteaux sont moins bruyants que ceux dotés d'un plateau tournant à lame.
Pour un petit jardin, un broyeur à disque, plus rapide, suffit. Sinon, privilégiez un modèle à rotor ou turbine, en outre plus silencieux.

Broyeur électrique.

Semer et planter à bon escient

Semer, une solution avantageuse

Semer est un geste essentiel dans la pratique du jardinage et présente bon nombre d'avantages. En vous familiarisant avec les différentes techniques de semis et avec le cycle saisonnier des plantes, vous parviendrez à faire pousser une grande diversité de plantes dans votre jardin.

Pourquoi faire des semis ?

Le semis est une solution avantageuse, en particulier si vous souhaitez faire pousser un grand nombre de légumes ou de fleurs. Un sachet de graines pourra engendrer à lui seul une très grande production de plants.

En outre, semer vous permettra d'avoir accès à plus de choix. Sachez par exemple qu'environ 600 variétés de tomates sont disponibles en graines, contre seulement une petite dizaine en plants !

Autre avantage : en semant, vous avez la possibilité de différer les dates de floraison de votre jardin par des semis échelonnés. De plus, semer est la meilleure manière d'être certain de l'origine et de la qualité de vos légumes. Pensez à récolter les graines de vos propres plantes, mais retenez que les graines « maison » donnent parfois des plantes hybrides, nées de croisements avec d'autres variétés voisines. Vous pouvez aussi récolter des graines auprès de vos voisins ou amis jardiniers.

Semer ne nécessite pas de matériel coûteux : caissettes à poissons récupérées en fin de marché et barquettes de fruits et légumes constituent d'excellents contenants.

Semer : comment faire ?

Semis sous abri

Pour les plantes exigeant de la chaleur au départ (aubergine, melon ou pélargonium) et celles qui fleurissent avant les grandes chaleurs (impatiens), un châssis, une serre ou un rebord de fenêtre intérieur permettent de débuter la culture tôt, en caissettes, plaques alvéolées ou godets individuels. Optez pour un « terreau spécial semis », a priori indemne de germes pathogènes. Si vous utilisez un terreau ordinaire, passez-le au four, à 180 °C (thermostat 6), pendant une demi-heure, pour le désinfecter et éviter la fonte des semis, une maladie provoquée par différentes espèces de champignons et qui anéantit en vingt-quatre heures les jeunes plants. Remplissez le contenant avec le terreau, tassez légèrement et semez régulièrement les graines (sans trop les serrer), avant d'arroser à l'aide d'un pulvérisateur. Surveillez quotidiennement la bonne santé des jeunes plants et l'humidité du terreau. Lorsqu'ils ont deux ou trois feuilles, repiquez-les dans des pots pour les fortifier avant la plantation définitive en pleine terre, à partir de mars ou avril, selon les régions.

C'EST MALIN

Repiquez !

Lorsqu'ils sont encore dans leur caissette et avant de les installer à leur place définitive, repiquez (déplacez) les jeunes plants, dans un pot par exemple. Ces transplantations fortifient les racines et donnent de la vigueur aux plants.

EN SAVOIR PLUS

Les graines biologiques

Les graines biologiques sont issues de plantes qui sont cultivées sans pesticides ni fongicides, et ne sont pas non plus traitées lors de leur conditionnement. Pour être certain de l'origine de vos graines, produisez-les vous-même ou alors fournissez-vous auprès de grainetiers ou au rayon « graines biologiques » de votre jardinerie. Les logos AB, Demeter et Ecocert respectent un cahier des charges conforme au règlement européen sur l'agriculture biologique.

Semis en extérieur

▸ **Le semis en ligne** consiste à disposer des graines, régulièrement espacées, sur une seule ligne. Il est conseillé pour la majorité des légumes du potager et éventuellement les fleurs à bouquets. L'accès aux plantes, le repérage des mauvaises herbes et le binage sont ainsi facilités.

▸ **Le semis en pépinière**, pratiqué dans un coin abrité du jardin, en pleine terre enrichie de terreau, donne de jeunes plants que l'on repique une fois en godet, puis à leur place définitive. Il ne concerne que les espèces délicates ou celles pour lesquelles un repiquage est bénéfique (chou, rutabaga, poireau ou œillet d'Inde).

▸ **Le semis en place**, là où la plante est cultivée, est utilisé pour toutes les plantes qui supportent mal la transplantation (cerfeuil, panais, radis, mais aussi nigelle de Damas ou lupin).

▸ **Le semis en poquet** consiste à déposer trois, quatre ou cinq grosses graines

Semis en ligne.

En poquet.

À la volée.

(haricot, capucine, pois, tournesol, fève ou maïs) dans un trou et non une ligne, pour ne conserver ensuite que le plant le plus vigoureux.

▸ **Le semis à la volée** se pratique pour toutes les graines, fines (digitale, pétunia, clarkia, pavot, lin à grandes fleurs, radis à racines rondes) ou moyennement fines. Il se fait d'un geste ample et régulier du bras et de la main, sur de grandes surfaces : pelouse, prairie fleurie, parcelle d'engrais verts.

Réussir son semis

Des graines semées à l'extérieur et germant rapidement sont moins souvent pillées par les oiseaux et donnent des semis plus réguliers. Voici quelques conseils.

▸ Pour une germination plus rapide, semez à la bonne période. Semés trop tôt, les plants gèlent en extérieur ou s'étiolent sous abri ; semés trop tard, ils ne fleurissent qu'en fin de saison. De plus, toutes les graines ne germent pas à la même température : les laitues lèvent à 5 °C, les carottes dès 10 °C, etc. Il ne vaut donc pas la peine de semer plus tôt en espérant récolter en avance !

La monarde, une vivace qui se ressème spontanément.

▸ Quinze jours avant de semer, étalez un film noir biodégradable (dit aussi bioplastique) sur la terre. Le sol se réchauffera et vos semis partiront plus vite.

▸ Mélangez les graines fines à du sable : le bénéfice est double. Les graines sont semées moins serrées et le semis est facilement repérable sur la terre sombre.

▸ Certaines graines (les plus fines) sont parfois « enrobées », c'est-à-dire entourées d'une coque d'argile, ce qui les rend plus faciles à semer. Attention, dans les graines enrobées, des fongicides, herbicides et insecticides sont souvent ajoutés, sauf pour les graines enrobées biologiques.

▸ Dans la terre du jardin et quel que soit le type de semis, enterrez les graines à une profondeur égale à trois fois leur épaisseur. Dans une terre argileuse, enterrez les graines de deux fois seulement leur épaisseur et dans une terre sableuse, de quatre fois leur épaisseur. La seule exception concerne les graines fines, qui sont déposées en surface. La terre est ensuite tassée et arrosée.

▸ Ne noyez pas les graines : elles demandent de l'eau pour germer, mais ont aussi besoin d'air. Une terre gorgée d'eau est asphyxiante.

▸ Faites tremper les grosses graines (pois, fève, haricot ou ricin) vingt-quatre heures dans l'eau, ce qui accélérera leur germination.

ZOOM SUR

10 plantes fleuries qui se ressèment spontanément

- Ancolie (*Aquilegia vulgaris*)
- Bleuet des champs (*Centaurea cyanus*)
- Cosmos (*Cosmos bipinnatus*)
- Lavatère (*Lavatera trimestris*)
- Lin à grandes fleurs (*Linum grandiflorum*)
- Monarde (*Monarda didyma*)
- Myosotis (*Myosotis* spp.)
- Nigelle de Damas (*Nigella damascena*)
- Pavot de Californie (*Eschscholzia californica*)
- Pied d'alouette (*Delphinium consolida*)

Planter au bon moment

La santé d'une plante, sa stabilité en terre et sa longévité dépendent du soin que vous apporterez à sa plantation. S'il est possible de planter toute l'année, sauf lorsqu'il gèle ou qu'il fait très sec, l'automne et le printemps restent, de manière générale, les saisons les plus favorables.

Plantations d'automne

Avantages

▸ Les plantes commencent à pousser immédiatement. Jusqu'à fin novembre, la terre encore chaude après l'été et humide des pluies automnales est le siège d'une forte activité biologique. Bactéries et champignons jouent un rôle important dans le développement des racines. Ces dernières poussent ensuite par intermittence, à la faveur des redoux hivernaux. Au printemps suivant, les plantes, alimentées par un système racinaire vigoureux, partent vite.

▸ Le choix des plantes est plus grand.

▸ Les soins après plantation sont limités à quelques arrosages en cas de sécheresse prolongée.

Inconvénient

▸ Si l'hiver est long et rigoureux, les plantes les plus délicates (palmier, laurier-rose, etc.) peuvent mourir. Ne les plantez donc pas en automne.

Plantations de printemps

Avantages

▸ Il y a moins de risque de coup de froid et d'humidité sur les jeunes plants. Cette période convient donc bien aux espèces frileuses méditerranéennes (olivier, lavande, palmier, laurier-rose, etc.), surtout en climats continental et montagnard.

▸ Sur les terres glaiseuses et argileuses, l'eau s'évacue mieux au printemps. Privilégiez par conséquent cette saison sur ce type de sol.

Inconvénients

▸ Les plantes partent moins vite, car leur système racinaire se développe plus lentement.

▸ Il faut, pour certaines, les arroser chaque semaine.

Les plantes en godet

Petits arbustes, vivaces et annuelles sont vendus dans des pots en plastique de 5 à 10 cm de large.
Avantage : un coût modéré.
Inconvénient : des plantes de petite taille.

Les plantes en conteneur

Petits arbres, arbustes, rosiers, mais aussi vivaces et annuelles sont vendus dans des pots en plastique atteignant 11 à 12 cm de large. Les plantes ont déjà été cultivées au moins une année chez le pépiniériste et sont plus fortes que celles en godet.
Avantage : vous pouvez les planter en toute saison (sauf périodes de gel ou de canicule).
Inconvénient : les racines ont commencé à tourner dans le pot, en sorte que les plantes seront moins bien ancrées.

Les plantes à racines nues

Ce sont essentiellement de petits arbres, arbustes, rosiers et quelques vivaces à grosses racines (pivoine, agapanthe, campanule, pavot, etc.). Il s'agit de plantes cultivées en pépinière entre un an et cinq ans en général, en pleine terre, donc bien développées. On attend qu'elles perdent naturellement leurs feuilles, en novembre, pour les arracher au fur et à mesure des ventes (jusqu'en mars) et on débarrasse leurs racines de la terre.
Avantage : pour un prix comparable à celui d'une plante en conteneur, vous achetez un sujet deux fois plus gros et plus âgé.
Inconvénient : on ne peut planter qu'entre novembre et mars-avril.

Les plantes en motte

Il s'agit principalement d'arbres, arbustes ou rosiers. Ils ont poussé en pleine terre entre deux et dix ans, puis ont été arrachés à la fin de l'automne. Le pépiniériste a conservé le plus de racines et de terre qu'il a pu et il a emballé le tout dans de la toile de jute ou un filet.
Avantage : une excellente reprise si vous plantez entre novembre et mars.
Inconvénient : la motte est lourde et peu pratique si vous souhaitez la transporter.

EN SAVOIR PLUS

Vérifiez les racines !

Quand vous achetez un végétal en conteneur, vérifiez que les racines n'ont pas formé ce que les professionnels appellent un chignon, c'est-à-dire un ensemble quasiment indémêlable de racines. Si c'est le cas, la plante, une fois en terre, aura du mal à étendre ses racines verticalement et horizontalement. Elle sera donc moins stable, moins bien nourrie et connaîtra un développement plus passif.

Plantation d'un œillet d'Inde en godet près d'un plant de tomate. ➡

Favoriser un enracinement rapide et efficace

Les arbres et les arbustes sont les végétaux qui demandent le plus de soin pour s'enraciner. Au moment de leur plantation, pour assurer une croissance rapide des racines, gage d'une plante vigoureuse, il faut veiller à ne pas sauter d'étapes tout en respectant quelques règles simples.

Un trou de plantation adapté

▸ Avec une bêche ou une pelle, creusez un trou de 50-70 cm de côté et de profondeur pour les plantes en pot et de 80 cm-1 m de côté et de profondeur pour les plantes à racines nues.

▸ Creusez en séparant les couches de terre. Celle de surface (jusqu'à 20 à 25 cm) contient beaucoup de matière organique (débris végétaux et animaux décomposés). Celle en profondeur, ayant très peu de matière organique, compte davantage de cailloux. Déposez la terre sur une bâche, en trois ou quatre petits tas. En rebouchant le trou, vous replacerez les couches de terre dans leur ordre initial.

Des racines soignées

▸ **Plantation en pot.** Trempez le contenant entier (terre comprise) pendant trois minutes dans une bassine d'eau, jusqu'à disparition des bulles, pour mouiller la motte racinaire jusqu'à son cœur.

▸ **Dégagement de la motte.** Si les racines ont envahi le pot et ne laissent plus voir la terre, entaillez-les avec une griffe à main ; elles croîtront ainsi vers l'extérieur de la motte. Si elles sont indémêlables, coupez la base de la motte, avec un couteau, sur une hauteur de 2 cm ; la plante formera de nouvelles racines, qui partiront bien droit.

▸ **Racines nues.** Trempez les racines dans une boue épaisse faite de terre et d'eau (on parle alors de pralin et de pralinage), juste avant de les mettre en terre. Cet enrobage permet de protéger les fines racines de la dessiccation (le fait de dessécher) et leur assure une bonne reprise. On trouve aussi, dans le commerce, du pralin sous forme de poudre à diluer dans l'eau (de la bouse de vache, de la dolomie, des mycorhizes peuvent alors être ajoutés au mélange classique d'eau et de terre).

Des arrosages ciblés

▸ Une fois la plante en terre, façonnez un rebord de terre d'environ 10 cm de haut, tout autour de la plante, à l'aplomb de ses branches. Cette cuvette dirigera l'eau d'arrosage vers les racines.

▸ Remplissez complètement cette cuvette d'eau tout de suite après la plantation, pour tasser la terre et éliminer les poches d'air. Le mois qui suit, arrosez tous les deux ou trois jours. Progressivement, diminuez les arrosages. La seconde année, vous n'arroserez qu'en cas de sécheresse prolongée.

Des engrais appropriés

▸ En automne, épandez sur la surface de la terre, autour de la plante, une poignée d'engrais organiques (voir p. 94) à décomposition lente (corne broyée, poudre d'os, etc.). En mars-avril, épandez de l'engrais universel ou de l'engrais spécifique (pour arbustes à fleurs, rosiers ou plantes de terre de bruyère, par exemple).

▸ Dernier geste, épandez autour de la plante une couche de 5 à 10 cm de paillage (voir p. 98-103), pour que la terre se dessèche moins et que les mauvaises herbes ne s'installent pas. Le compost « maison », vieux de six mois à un an, fera très bien l'affaire (voir p. 104-113). Mais vous pouvez aussi étaler vos tontes d'herbe séchées deux jours au soleil, une opération à renouveler tous les quinze jours à trois semaines.

C'EST MALIN

Pour une meilleure croissance

Mélangez à la terre de plantation un engrais contenant des mycorhizes. Ces champignons microscopiques s'associent aux racines de la plante et les aident à puiser l'eau et les éléments nutritifs. Dans un sol pauvre, l'ajout de mycorhizes permet une croissance plus rapide et plus vigoureuse.

⬆ Pour bien arroser, formez un rebord de terre de 10 cm de haut autour de la plante.

Biodynamie et jardinage avec la lune

Certains jardiniers pratiquent la biodynamie en appliquant ses principes dans leur jardin (respect des phases de la lune, notamment). Voici des détails sur cette approche aux vertus plébiscitées, mais non avérées.

La biodynamie

Ce courant de pensée est inspiré, tout comme l'agriculture biologique, des théories développées dans les années 1920 par le philosophe et pédagogue autrichien Rudolph Steiner. La biodynamie vise à rendre le sol et la plante réceptifs aux nombreuses influences du ciel et de la terre, à recréer ainsi des liens harmonieux avec la nature pour procurer une alimentation saine aux hommes et aux animaux. Ces principes, d'abord appliqués au domaine de l'agriculture, se sont peu à peu étendus au jardin.

▸ C'est une méthode de culture sans produits de synthèse, englobant le sol, la faune sauvage ou domestiquée, la microfaune, l'homme, les plantes cultivées ou sauvages, les arbres et les plans d'eau – tous ces éléments étant interactifs et interdépendants.

▸ Des préparations naturelles (à base de plantes, de bouses de vache...) sont appliquées à faible dose selon un calendrier prenant en compte saisons, soleil, lune et planètes : un principe que l'on retrouve dans le jardinage avec la lune.

Si aucune grande étude scientifique n'est venue étayer cette théorie, la biodynamie est notamment plébiscitée par des viticulteurs soucieux d'une agriculture plus naturelle et de qualité.

Jardiner avec la lune, une croyance millénaire

La croyance populaire veut que, toutes les parties des végétaux étant essentiellement composées d'eau, elles soient sensibles aux phases lunaires, à la manière des marées.

Là encore, aucune grande étude ne permet de valider scientifiquement cette approche. Toutefois, c'est une pratique assez répandue qui n'a pas de conséquence néfaste pour le jardin.

La Lune et ses phases

De nombreux calendriers de jardin, élaborés de façon empirique, s'appuient sur les quatre phases de la lune.

▸ **Lune montante** (la lune est chaque nuit un peu plus haute dans le ciel) : la montée de sève serait plus forte et l'énergie se concentrerait dans les parties aériennes.

⬆ Taille d'une haie par lune descendante.

On greffe et sème les courgettes, courges et potirons, les poireaux, les laitues et les haricots.

▸ **Lune descendante** (la lune est chaque nuit un peu plus basse dans le ciel) : l'activité dans le sol serait plus intense et l'énergie se concentrerait dans les parties souterraines. On travaille alors le sol, on plante les pommes de terre et on repique. On coupe aussi les arbres et taille les haies. C'est le moment de récolter les légumes-racines (carotte, radis ou pomme de terre) et les oignons ou les échalotes.

▸ **Lune croissante** (période entre la lune invisible et la pleine lune) : les fleurs, les fruits et les légumes cueillis se conserveraient mieux. On sème les légumes-fruits (tomate, aubergine) et les légumes-fleurs (chou-fleur), on coupe le bois destiné à la fabrication des meubles et au chauffage.

▸ **Lune décroissante** (période entre la pleine lune et la lune invisible) : on sème les légumes-feuilles (laitue, épinard) et les légumes-racines (carotte, navet). La sève regagnant les racines, la période est donc propice à la plantation, au repiquage, à l'enracinement des boutures, etc.

Tailler pour conserver plus longtemps

De l'utilité de la taille

La taille concerne surtout les arbres et les arbustes et, dans une moindre mesure, les vivaces. Les raisons de tailler sont nombreuses et, en fonction des résultats souhaités, vous opérerez selon différentes techniques et à certaines périodes de l'année.

Réduire ou alléger la silhouette

▸ Les arbustes qui poussent vigoureusement (éléagnus, tamaris ou cornouiller, par exemple) doivent être taillés tous les ans ou tous les deux ans pour rester compacts et le moins encombrants possible. En mars, supprimez environ un tiers de la longueur des branches.

▸ Lorsqu'un arbuste ou un petit arbre procure une ombre trop épaisse, pratiquez une taille dite de transparence. Éclaircissez le centre de la plante, en ôtant une partie des branches, pour que la lumière atteigne le sol et que l'œil puisse traverser la ramure. Cela permet d'installer des bulbes et des vivaces au pied de l'arbuste. Cette taille se réalise en automne ou au printemps.

> C'EST MALIN
>
> ***Tailler pour mettre en valeur le feuillage***
>
> La taille supprime aussi les floraisons indésirables : ainsi, pour éviter les fleurs jaunes assez banales des phlomis et ne conserver que le feuillage argenté, taillez les buissons en boule chaque année, dès le mois de mai.

Moduler la floraison

▸ La taille influe sur la quantité de fleurs produites : taillez en février-mars les variétés remontantes des arbustes qui fleurissent de mai à octobre (rosiers, par exemple), pour les inciter à produire une floraison abondante. Taillez ensuite toutes les fleurs fanées juste au-dessus de la première feuille bien formée sous la fleur.

▸ La taille détermine également la grosseur des fleurs : ainsi, si vous taillez à 40 cm de hauteur un buddléia ou un hortensia paniculé, les inflorescences seront peu nombreuses, mais très grosses ; si vous taillez à 1,5 m de hauteur, elles seront nettement plus nombreuses, mais plus petites.

▸ La taille agit enfin sur la date de floraison : pincez (coupez d'un coup d'ongle) par exemple une partie des tiges des asters cinq à six semaines avant la floraison et vous retarderez l'éclosion des fleurs de deux semaines.

⬇ Taille d'un rosier.

Obtenir des feuillages et des rameaux plus colorés

▸ Taillez 5 à 10 cm à partir de l'empattement du rameau, chaque printemps, les arbustes au feuillage panaché (troène, fusain ou éléagnus, par exemple) ou au feuillage coloré (oranger du Mexique) : les feuilles portées par du bois de l'année arborent toujours des couleurs plus éclatantes.

▸ Taillez à 10 cm de hauteur, une année sur deux et en mars, les arbustes aux rameaux rouges (cornouillers *Cornus alba* 'Elegantissima' ou *C. alba* 'Sibirica', par exemple) ou jaune, orange et rouge (cornouiller *Cornus sanguinea* 'Midwinter Fire').

Nettoyer le bois mort, malade, et les gourmands

▸ On taille le bois mort régulièrement tout au long de l'année, mais on le distingue mieux entre mars et octobre, quand les rameaux vivants portent des feuilles. On élimine le bois dès qu'il est malade, toute l'année également, car il ne faut pas attendre pour supprimer des champignons, un parasite ou un chancre.

▸ Les rosiers, lilas ou pommiers à fleurs greffés rejettent des « gourmands », des tiges issues du porte-greffe, qui font directement concurrence à la variété greffée. Sectionnez-les le plus bas possible, dès leur apparition.

Autres raisons de tailler

Les raisons de tailler sont multiples. Dans les pages suivantes, découvrez encore d'autres techniques et d'autres finalités : comment tailler pour rajeunir des arbustes à fleurs, comment élaguer des arbres pour leur conserver une bonne santé, comment tailler les fruitiers pour récolter plus de fruits et de meilleure qualité.

La taille permet notamment d'améliorer la floraison. ➡

Tailler pour rajeunir les arbustes à fleurs

Quand un arbuste à fleurs vieillit ou est mal entretenu pendant quelques années, il perd ce qui fait son charme : une silhouette compacte et nette, une floraison abondante, un feuillage dense. Une taille de rajeunissement peut le faire repartir du bon pied.

Tailler au rythme de la floraison

Avant toute opération de rajeunissement, vous devez connaître la période appropriée pour la taille de votre arbuste, qui varie en fonction de sa floraison. Les arbustes sont ainsi classés en deux grandes catégories.

Arbustes à floraison printanière

Il s'agit des arbustes qui fleurissent entre décembre et mai, comme le jasmin d'hiver, le cognassier du Japon, le lilas commun, le forsythia, le groseillier à fleurs ou les spirées printanières. On classe aussi dans cette catégorie les rosiers anciens qui ne fleurissent qu'une fois, en mai. Ainsi, les fleurs que l'on admire au printemps se sont formées l'année précédente, en même temps que poussaient les rameaux. Il faut donc tailler le plus tôt possible, tout de suite après la floraison, pour que la plante ait le temps de reformer des rameaux et des fleurs pour l'année suivante.

⬆ Taille d'un forsythia après la floraison.

Arbustes à floraison estivale

Il s'agit des arbustes qui fleurissent entre mai et octobre, comme le buddléia, l'althéa, l'hortensia, le tamaris d'été ou les rosiers grimpants remontants. Les fleurs ont été produites au printemps de la même année. Taillez donc en fin d'hiver, vers février-mars, sans attendre que l'arbuste ait débuté sa croissance. Les nouveaux rameaux, émis par les bourgeons restants, seront porteurs des bourgeons floraux.

Reprendre un arbuste abandonné

La première phase consiste à couper tout ce qui est mort (bois sec), les grosses branches comme les brindilles. Supprimez ensuite les branches les plus anciennes (reconnaissable à leur écorce plus terne, plus écailleuse), puis celles qui se croisent à l'intérieur de la ramure. Finissez en coupant les branches restantes d'un tiers ou d'une moitié de leur longueur, selon l'importance qu'a pris la plante. Binez au pied, apportez de l'engrais naturel (voir p. 94) et arrosez une fois par semaine jusqu'à l'apparition de branches vigoureuses.

Rajeunir un arbuste vieillissant

Pour rajeunir un arbuste à fleurs, la taille s'effectue sur deux années consécutives.

- La première année, opérez juste après la floraison pour les arbustes à floraison printanière et en février-mars pour ceux à floraison estivale. Coupez la moitié des branches assez bas, entre 20 et 80 cm, selon l'importance et l'âge de la plante. Stimulez la croissance de nouvelles pousses en ôtant l'herbe au pied de la plante, en binant et en épandant au pied des granulés d'engrais organique pour arbustes à fleurs, puis une bonne couche de compost mûr. Arrosez chaque semaine (un ou deux arrosoirs de 10 l par pied), sauf lorsqu'il a plu et que le sol est mouillé ou que le froid hivernal s'installe.
- Les bourgeons situés à la base des tiges coupées, stimulés par la taille, produisent de nouvelles pousses au cours de la première année. Leur nombre est souvent important. Sélectionnez les cinq à six tiges les plus vigoureuses pour former la nouvelle charpente. Coupez les autres à leur base en automne.
- Au printemps de l'année suivante, supprimez les branches âgées que vous aviez épargnées l'année précédente. La plante émettra une fois de plus de nouvelles tiges ; vous sélectionnerez alors les plus vigoureuses et les mieux placées et supprimerez les autres au ras du sol.

Élaguer les arbres pour une parfaite santé

Élaguer un arbre n'est pas une opération anodine. La qualité des coupes est déterminante pour une cicatrisation rapide, donc une bonne santé de l'arbre. Apprenez à réaliser un élagage doux, gage de longue vie pour votre arbre.

L'élagage doux, une taille plus subtile

L'élagage doux est une technique dans laquelle les branches charpentières (ou branches principales) sont conservées tandis que les branches secondaires sont raccourcies. D'une manière générale, on évite de faire des plaies de taille (surfaces du bois fraîchement coupées) trop importantes et on aère la ramure en supprimant une partie des branches.

Les avantages pour la plante sont multiples :

▸ L'arbre est moins vulnérable : sur des plaies de petit diamètre, son bois cicatrise vite et ne pourrit pas, ce qui préserve donc sa santé.

▸ L'arbre est plus solide grâce à une ramure allégée, donnant moins de prise au vent.

▸ L'arbre est plus harmonieux, sa silhouette globale étant conservée.

Un seul inconvénient :

▸ Le prix d'un élagage doux est plus élevé qu'un travail classique, car il demande du temps, du matériel et des personnes qualifiées. Méfiez-vous des élagueurs dont les tarifs sont bas : ils pratiquent souvent des coupes grossières, sans souci de la santé de l'arbre, en tronçonnant le tronc ou les branches principales à quelques mètres du sol.

Couper au bon endroit

Le bois est constitué de cellules vivantes. Quand il est blessé, certaines de ces cellules, localisées au niveau de la plaie, produisent des substances antiseptiques (tanins, lignine, subérine, silice chez les feuillus ou résine chez les conifères) en vue d'inhiber le développement de champignons pathogènes. Un bourrelet cicatriciel se forme alors sur les bords de la plaie, qui va progressivement être recouverte par du bois nouveau. Pour une meilleure cicatrisation, préservez ces cellules en taillant au bon endroit, perpendiculairement à l'axe de la branche à supprimer, sans entamer le bois du tronc.

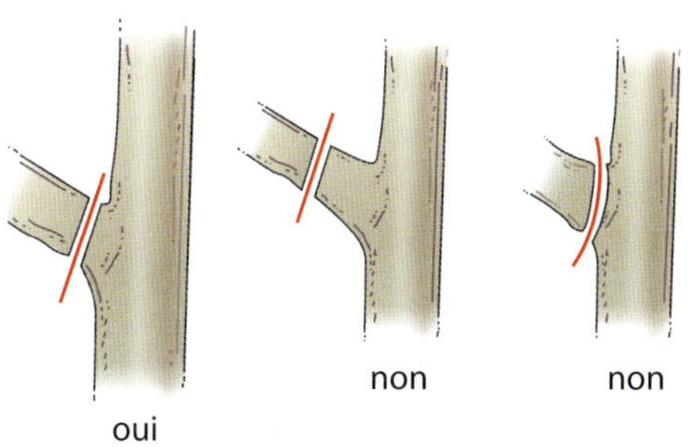

⬆ Taille d'une branche sans entamer le bois du tronc.

ZOOM SUR

Le « tire-sève », une notion importante

Les bourgeons sur une branche sont organisés en « monarchie » : le bourgeon terminal exerce une dominance sur les bourgeons situés en dessous de lui et les empêche de pousser. Si on le supprime, tous ces bourgeons minuscules vont alors se développer en même temps. C'est pourquoi, après un élagage sévère, on voit des dizaines de jeunes tiges pousser (sur un marronnier, par exemple) et que l'on dit, à tort, qu'un tel élagage « rajeunit » un arbre. Pour éviter cette prolifération de branches, qui affaiblit l'arbre et dénature sa silhouette naturelle, veillez à laisser un « remplaçant du roi », c'est-à-dire un bourgeon porté par une branche située juste en dessous de la coupe (voir le schéma ci-contre).

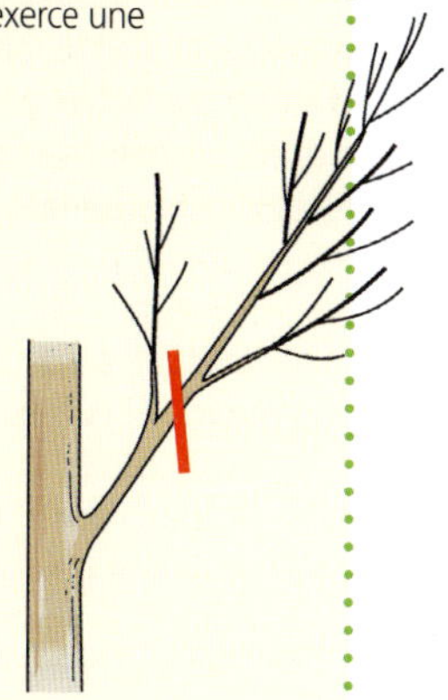

⬆ Laissez une branche en dessous de votre coupe.

Quelques règles pour élaguer correctement

▸ Commencez toujours la taille dès les premières années de l'arbre, pour ne jamais avoir à pratiquer de larges plaies de coupe.

▸ Supprimez régulièrement toutes les branches mortes et les parties malades.

▸ Ôtez les rameaux qui se développent vers l'intérieur de la ramure, pour l'aérer.

▸ Si deux rameaux se croisent ou se touchent, supprimez l'un des deux.

▸ Dans le cas où deux branches sont parallèles et très proches, éliminez l'une des deux.

▸ Si vous devez tailler une branche portée par le tronc, évitez d'entamer le bois de ce dernier.

▸ Conservez la silhouette globale de l'arbre ; si, vous devez pratiquer un élagage sévère, faites-le en hiver.

▸ N'éliminez jamais plus de 20 % du feuillage en été.

Tailler les arbres fruitiers pour récolter plus

Dans la nature, les arbres et arbustes fruitiers poussent sans qu'on ait besoin de les tailler. Pourtant, ils produisent... mais surtout des graines. Ils forment une multitude de petits fruits peu charnus et haut perchés afin d'être mieux disséminés par les oiseaux. Le fait de les tailler pousse ces arbres et arbustes à produire moins, mais à donner des fruits charnus, goûteux et facilement récoltables.

Tailler pour faciliter la récolte

Voici trois types de taille, dans l'ordre croissant de difficulté (voir dessins ci-dessous et page ci-contre).

▸ **Les formes libres** sont les plus faciles à tailler : on laisse pousser l'arbre ou l'arbuste en se contentant de couper le bois mort et les rameaux qui partent verticalement, de manière anormalement vigoureuse (on les appelle les gourmands, car ils sont plus droits, plus épais et poussent plus vite que les autres), et qui ne donnent presque pas de fruits, mais épuisent la plante. Sur un arbre, vous récolterez vos fruits avec une échelle. Deux types de taille existent alors : haute-tige et demi-tige.

EN SAVOIR PLUS

Cicatrisant ou pas ?

Les mastics cicatrisants à appliquer sur le bois fraîchement coupé ne sont utiles que s'ils sont posés dans les secondes qui suivent la taille. Évitez de mastiquer les parties de bois mortes (cela ne sert à rien) ou pourries (on enferme les germes dans une atmosphère humide). Rappelez-vous qu'une coupe bien faite, avec du matériel désinfecté et bien aiguisé, compte beaucoup plus que l'application d'un cicatrisant, d'autant que l'efficacité de cette pratique est controversée.

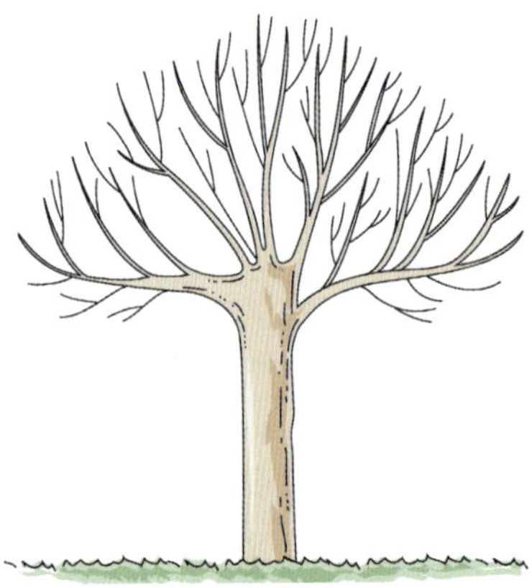

⬆ Forme libre en haute-tige.

⬆ Forme artificielle en gobelet.

⬆ Forme libre en demi-tige.

⬆ Forme artificielle en fuseau.

Pommier taillé en gobelet.

Pommier palissé en U sur un mur.

▸ **Les formes artificielles** sont très pratiques : pour la forme en gobelet, les branches sont disposées de façon régulière, sur un tronc assez court (de 20 cm à 1 m environ de haut), créant une sorte de puits de lumière au milieu de la ramure. Les fruits sont à portée de main. La taille se résume à conserver cette forme dégagée. Dans le cas de la forme en fuseau, les branches sont régulièrement réparties de part et d'autres de l'axe central (tronc).

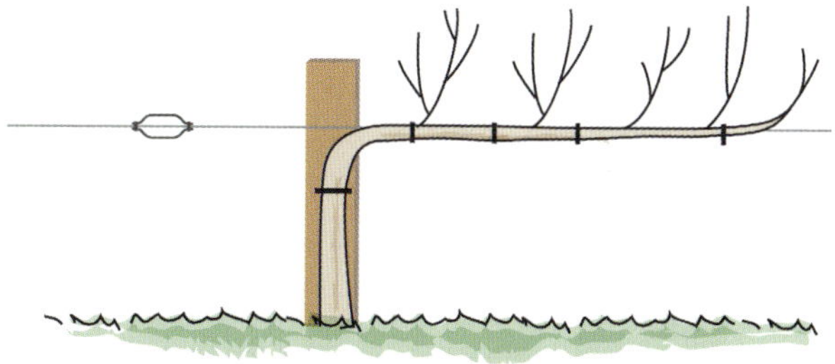

Forme palissée en cordon.

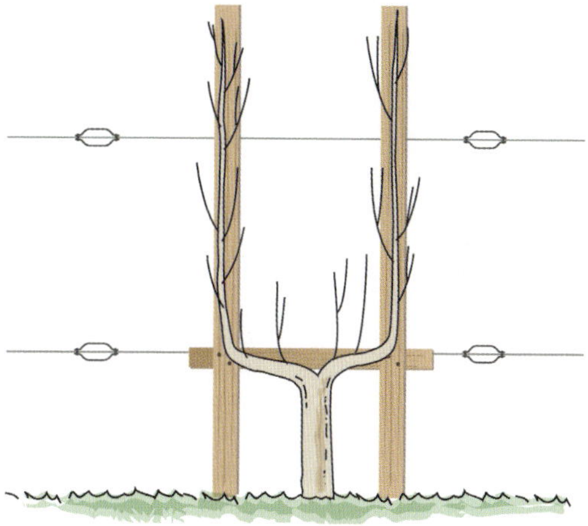

Forme palissée en U.

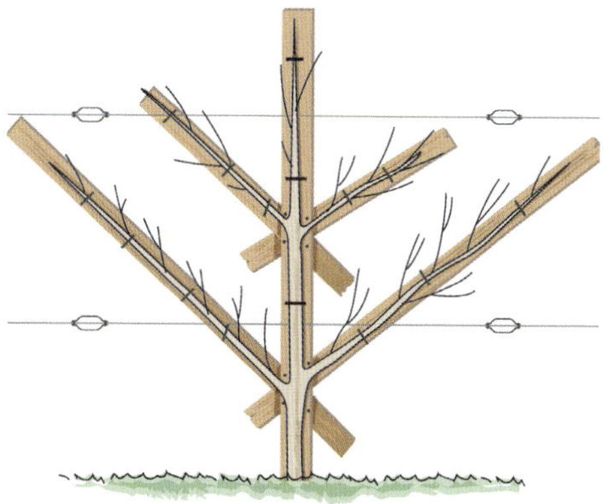

Forme palissée en palmette.

▸ **Les formes palissées** contre un mur ou sur un fil de fer (en espalier : cordon, forme en U, palmettes) donnent également des fruits à portée de main. En revanche, la taille demande certaines connaissances techniques. Les formes palissées ne sont pas conseillées aux débutants. Palissez les lianes, qui développent de nombreuses tiges, au fur et à mesure contre un support, un mur ou une pergola, et ne conservez que quatre ou cinq belles branches.

⬆ Taille de formation d'un cerisier.

Tailler pour produire plus

Quelle que soit la forme de votre arbre ou arbuste, il faut ensuite procéder aux deux tailles suivantes.

Taille de formation

C'est elle qui maintient l'équilibre de la charpente (nombre, disposition et inclinaison des branches principales).

- Supprimez branches mortes et brindilles.
- Coupez les branches qui se croisent ou celles qui sont très proches.
- Limitez le nombre de branches de la charpente.
- Faites passer l'air et la lumière jusqu'au cœur de l'arbre, en dégageant le centre de la ramure.
- Quand le bois est « dur » (pommier, poirier ou prunier), taillez 5 mm au-dessus du bourgeon. Quand il est « creux » (cassissier, groseillier à grappes ou vigne), taillez 20 mm au-dessus.

Taille de fructification

C'est elle qui oblige l'arbre ou arbuste à produire des fruits bien répartis sur ses branches.

- Supprimez les branches mortes et celles qui s'entrecroisent, en conservant la branche la plus vigoureuse. Ôtez aussi les fruits secs et malades restés sur les branches.
- Réduisez la longueur des branches principales d'un tiers ou de moitié environ. La sève part alors dans les branches secondaires, qui, ainsi, poussent. Vous rabattrez aussi ces dernières d'un tiers. Sachez aussi qu'il vous faudra tailler au-dessus d'un bourgeon tourné vers l'extérieur, pour optimiser l'orientation de la future branche.
- Dégagez un peu plus le centre de l'arbre, comme vous l'avez fait pour la taille de formation, pour que tous les fruits mûrissent au soleil. Pour cela, supprimez les branches se développant vers l'intérieur.
- En taillant, canalisez la force de l'arbre : les branches les plus vigoureuses sont toujours situées au sommet de la plante. Vous pouvez les tailler court. Vous laisserez celles du bas (qui sont en général moins vigoureuses) plus longues.

Calendrier des tailles

Les arbres fruitiers se taillent principalement en hiver, entre octobre et mars inclus. Pour les coupes de grosses branches, il est préférable d'intervenir en août pour les cerisiers et en septembre pour les pruniers, car ils cicatrisent mieux à cette période. Sachez qu'il faut éviter de tailler si la température de l'air est inférieure à 0 °C.

Taille des framboisiers en juillet.

Le bois mort ou malade doit être ôté en toute saison.

Essence	Période de taille	Remarques
Abricotier	À la fin de l'hiver, juste avant le départ de la végétation	L'arbre n'aime pas la taille, qui ne doit être pratiquée qu'en cas de nécessité (encombrement).
Actinidia (kiwi)	Fin décembre et janvier	Taillez les pousses qui ont porté des fruits.
Agrumes	Février-avril	Équilibrez les branches.
Amandier	Janvier-février	Taillez les premières années pour donner une belle forme à l'arbre.
Cerisier	Août	L'arbre n'aime pas la taille : limitez-la au strict nécessaire (la première année pour équilibrer les branches).
Cognassier	Février	Pas besoin de tailler les arbres jeunes, sauf si vous souhaitez leur donner une forme érigée. Laissez l'arbre faire sa charpente, puis éclaircissez au bout de quatre à cinq ans.
Framboisier	Variétés non remontantes : en juillet-août Variétés remontantes : en automne après la fructification d'automne et en juillet-août après la fructification d'été	Le bois ancien à supprimer se reconnaît à son écorce plus grise et plus fendillée. – Pour les variétés non remontantes, coupez au ras du sol les branches mortes ayant donné des fruits, ainsi que les rejets trop faibles, et conservez entre cinq et dix belles cannes. – Pour les variétés remontantes, taillez après la fructification d'automne les 20 premiers centimètres secs des tiges ayant fructifié et taillez au ras du sol après la seconde fructification (en été) les tiges ayant fructifié deux fois et désormais sèches.
Groseillier et cassissier	Janvier-février	Supprimez en priorité les rameaux de plus de trois ans. Laissez une dizaine de tiges choisies parmi les plus jeunes. Coupez ces rameaux principaux d'un tiers et laissez trois bourgeons sur les rameaux secondaires.
Kaki	Été et hiver	En été, coupez le bois mort et, en hiver, coupez les tiges trop longues.
Mûrier	En fin d'hiver	Taillez au ras du sol les rameaux ayant porté des fruits.
Néflier	Février	Taille légère : coupez les branches mortes ou mal placées.
Noisetier	Février-mars	Dégagez le centre et coupez les drageons au ras du sol.
Noyer	Septembre	L'arbre n'aime pas la taille : limitez-la au strict nécessaire sur les arbres de moins de quatre ans. Ensuite élaguez les branches gênantes.
Pêcher	Juste avant le départ de la végétation, en janvier-février	Conservez les groupes de bourgeons renflés présents à la base des rameaux. Ceux-ci vont donner des fleurs et des fruits.
Poirier	Novembre à février	Supprimez les branches mortes et les branches poussant vers l'intérieur pour bien répartir la sève dans les branches et obtenir une belle production.
Pommier	Novembre à février, hors gel	Il faut conserver les branches le plus horizontalement possible.
Prunier	Septembre	Coupez les rameaux qui ont porté des fruits et ceux dirigés vers l'intérieur.
Vigne	Décembre à mars	Taille indispensable tous les ans.

Désherber au naturel

Distinguer le bon grain de l'ivraie

Les « mauvaises » herbes ne méritent pas toutes cette appellation négative. Même si elles s'installent au jardin sans autorisation, certaines d'entre elles sont les bienvenues si l'on sait les gérer. Apprenez à faire la différence entre herbes amies et herbes indésirables.

Des herbes vivaces à contrôler

Toutes les plantes vivaces qui se reproduisent abondamment, ou très rapidement, doivent être surveillées de près. C'est le cas de l'armoise ou de la bardane, dont la racine pivotante s'élimine à la gouge à asperge (voir p. 133), mais aussi du chiendent. Quant à l'oxalis, qui arrive dans les pots des jardineries, il parvient à former de véritables tapis : éliminez donc la moindre plantule dès le départ.

Ayez aussi un œil sur les herbes qui poussent de façon accélérée, comme le chardon, qui développe dans la saison des racines de plus de 1 m, la potentille rampante, le liseron, la renoncule et la prêle. La ronce est aussi une championne de vitesse, avec des pousses de plus de 3 m en une saison ! Enfin, grande ennemie : l'ambroisie, dont le pollen provoque des allergies (rhinite, conjonctivite, trachéite, asthme, urticaire, eczéma) entre août et septembre.

Aucune mauvaise herbe ne doit se développer dans les semis, à côté des plantes fragiles ou récemment plantées, entre les légumes (elles peuvent se faire concurrence pour le soleil, l'air, l'eau et les éléments nutritifs) ou en bordure du potager (elles peuvent parfois abriter des limaces).

⬆ Armoise.

⬆ Bardane.

⬆ Chiendent.

⬆ Oxalis.

Renoncule.

Liseron.

Prêle.

Chardon.

Ronce.

Potentille rampante.

Ambroisie.

Des herbes annuelles à contrôler

Certaines plantes annuelles ne sont guère nuisibles. Tout au plus sont-elles inesthétiques dans nos massifs. On peut se contenter d'un désherbage ponctuel. Le séneçon vulgaire se développe en trois mois, en toute saison, mais il se bine très facilement ; attention, un séneçon arraché lorsqu'il est en fleur peut continuer à former ses graines, même au sol. Le mouron s'arrache aussi très facilement en binant. Quant à la vesce cultivée, elle peut vous être utile. Ses racines portent de minuscules nodules dans lesquels vivent des bactéries utiles, qui captent l'azote de l'air. Si la vesce vous gêne, ne l'arrachez pas, mais coupez plutôt les tiges en laissant les racines dans le sol ; elles se décomposeront en enrichissant la terre en azote.

Séneçon vulgaire.

Mouron.

Vesce cultivée.

ZOOM SUR

De « bonnes » mauvaises herbes

Certaines plantes sont des auxiliaires du jardinier et servent de gîte à la faune utile. S'il n'est bien sûr pas question de les laisser envahir le jardin, vous pouvez en conserver des pieds çà et là. Ainsi, l'ortie nourrit les chenilles des papillons : gardez-en quelques pieds au fond du jardin. Quand elle prend de l'ampleur, coupez-la pour faire du purin d'ortie, riche en éléments nutritifs (voir p. 166). Vous arroserez les autres plantes avec cette solution. Le lamier, lui, fleurit tôt en saison et nourrit les premiers insectes butineurs : laissez-en quelques pieds en bordure de massif. Sachez enfin que le plantain produit des graines dont se nourrissent les oiseaux, tandis que le trèfle fixe l'azote de l'air dans le sol grâce à ses racines.

D'autres plantes sont comestibles et relèvent délicieusement les salades, comme le pissenlit qui attire en outre les pollinisateurs, les jeunes feuilles tendres de pâquerette ou bien les feuilles de cardamine, au goût de cresson.

Lamier pourpre.

Ortie.

Plantain.

Trèfle.

Pissenlit.

Cardamine.

Désherber vite et bien

Le désherbage n'est certes pas la tâche la plus plaisante du jardin au naturel. Elle est cependant indispensable. Alors autant opérer de manière efficace et rapide, pour profiter au maximum de son jardin.

Une nouvelle approche : la gestion différenciée

De nombreux services municipaux pratiquent la « gestion différenciée », un entretien des espaces verts basé sur l'importance de la fréquentation des lieux. Les endroits très fréquentés sont désherbés soigneusement, tandis que les lieux peu passants sont laissés plus sauvages. Les espaces vitaux pour les insectes, les oiseaux ou les hérissons sont ainsi préservés. Dans votre jardin, procédez de même : entretenez avec soin les endroits les plus passants, mais laissez les plantes se développer au fond du jardin (sauf les invasives, voir p. 55).

C'EST MALIN

Le faux semis

Il permet de réduire la quantité de graines de mauvaises herbes présentes dans le sol. Pour cela, on prépare la terre comme pour un vrai semis. On arrose ensuite en pluie fine. Les graines des mauvaises herbes germent alors en quinze jours : un simple binage les élimine. Il n'y a plus qu'à installer le « vrai » semis !

La prévention, une mesure utile

▸ Développez la technique du paillage qui empêche les mauvaises herbes de germer ou de s'installer durablement (voir p. 98-103).

▸ Au moment de la plantation d'un arbre ou d'une haie, couvrez la terre au pied avec des cartons. Posez par-dessus du compost, de la paille, des feuilles mortes, des tontes de gazon ou un paillis classique. Ce paillage gardera aussi l'humidité.

Couteau à désherber.

▸ Entre la récolte d'une culture et le début de la suivante, ne laissez pas la terre nue : semez des engrais verts comme la phacélie et la moutarde, qui poussent vite et empêchent les mauvaises herbes de s'installer ; elles peuvent être coupées ou tondues après deux ou trois mois de culture, ou laissées sur place, où elles enrichissent le sol en se décomposant.

▸ Avant le semis : couvrez le sol avec un film biodégradable (dit aussi bioplastique) issu de matières renouvelables, comme le maïs, la canne à sucre ou le blé. Laissez ainsi deux semaines. Si le soleil est au rendez-vous, la température va grimper jusqu'à 50 °C sous le plastique et tuer les graines des indésirables.

▸ Pensez également aux plantes couvre-sol (voir p. 154), très utiles pour réduire le désherbage.

Le bon moment pour agir

▸ Pour la plupart des annuelles (voir page ci-contre), il vaut mieux intervenir entre le moment de la levée des graines et celui de la formation des fleurs.

▸ Pour les espèces vivaces (voir p. 150), il faut intervenir tous les ans au moins une fois au printemps, puis en automne, et ce, plusieurs années de suite. Les mauvaises herbes s'affaiblissent au fil du temps.

▸ Il est préférable de biner après une bonne pluie, pour faciliter l'extraction des racines. Un second passage quinze jours plus tard, quand il fait chaud et sec, avec une binette très aiguisée, affaiblit durablement les plantes ou les élimine.

EN SAVOIR PLUS

Les méfaits des désherbants

Les désherbants chimiques opèrent selon différents modes d'action. Néanmoins, quel que soit le type de désherbant, une partie finit toujours par se retrouver dans les nappes phréatiques. Évitez absolument de les utiliser.

Il existe des alternatives aux désherbants chimiques : de l'eau bouillante, quand les mauvaises herbes ne sont pas trop envahissantes ou si la surface est limitée, un couteau à désherber pour supprimer les racines en profondeur des pissenlits ou encore un scarificateur pour la mousse du gazon. Pour en savoir plus, voir p. 50.

La manne des plantes couvre-sol

Les couvre-sol sont des plantes (vivaces souvent) qui habillent toute la surface du sol, le couvrant d'un épais manteau végétal, et empêchent naturellement les mauvaises herbes de se développer, facilitant et réduisant le désherbage.

Un tapis contre les mauvaises herbes

Comme leur nom l'indique, les plantes couvre-sol forment un épais tapis qui prive la terre de la lumière nécessaire à la germination des graines des mauvaises herbes, en latence dans le sol. Ainsi, elles permettent d'éviter la corvée du désherbage, sauf durant la première année, quand les plants sont jeunes et ne couvrent pas encore toute la surface. À partir de la deuxième année, les plants couvrent en général la quasi-totalité de la surface, empêchant la levée des plantes adventices (plantes qui germent sans avoir été semées).
Le jardinier passe ainsi moins de temps à nettoyer le pied des haies, des arbres, des murs et les abords des bâtiments, terrasses, clôtures ou escaliers, des endroits où les mauvaises herbes se nichent volontiers et d'où on a beaucoup de mal à les déloger.

Des myosotis en couvre-sol sur un talus.

ZOOM SUR

Des couvre-sol pour un jardin au naturel

Sous les arbres et les arbustes
Pervenche (*Vinca minor*); lierre (*Hedera helix*); alchémille (*Alchemilla mollis*); buglosse de Sibérie (*Brunnera macrophylla*); euphorbe (*Euphorbia characias*); hellébore (*Helleborus* spp.); lamier (*Lamium* spp.).

Sur un talus, une zone rocheuse ou un terrain en dénivelé
Cotonéaster (*Cotoneaster* spp.); achillée (*Achillea* spp.); millepertuis (*Hypericum calycinum*) ; orpin (*Sedum* spp.) ; bergénia (*Bergenia cordifolium*) ; euphorbe (*Euphorbia characias*) ; pervenche (*Vinca minor*) ; œillet vivace (*Dianthus* spp.) ; myosotis (*Myosotis sylvatica*).

Une alternative à la pelouse

Les couvre-sol, dont l'épaisseur peut varier de quelques centimètres à plusieurs dizaines de centimètres, remplacent aisément une partie de la pelouse.
De nombreuses espèces pousseront avec bonheur dans les endroits humides, autour des bassins ou le long des ruisseaux, là où la tondeuse a tendance à s'enfoncer, ou dans les coins ombragés, là où la pelouse a bien du mal à rester dense plus d'une saison. Les couvre-sol habillent en outre les endroits difficiles d'accès : talus, dessous des arbres, zones rocheuses, dénivelés et endroits reculés aux contours compliqués.

Un atout pour l'environnement

Comme les plantes couvre-sol n'ont pas besoin d'être tondues avec une tondeuse à moteur, elles préservent l'énergie fossile que représente l'essence. Le jardinier pollue moins ou consomme moins d'électricité, et évite les nuisances sonores. Il génère aussi moins de déchets verts.
Les couvre-sol étant le plus souvent des vivaces aux racines profondes, ce sont des plantes relativement économes en eau.
Autre atout, un tapis de couvre-sol est accueillant pour la faune et la microfaune. Certaines de ces plantes attirent les oiseaux, les papillons ou les insectes auxiliaires, auxquels elles fournissent le gîte et le couvert.
Enfin, les plantes couvre-sol laissent l'eau de pluie pénétrer dans le sol, ce qui limite le ruissellement et l'engorgement des stations d'épuration. Elles font barrage à l'érosion sur les endroits en pente, protégeant la terre des pluies violentes et du vent.

Le défrichage

Il arrive que l'on décide de remettre en culture des endroits longtemps délaissés, où la nature a commencé à reprendre ses droits. Comment défricher un terrain naturellement, sans utiliser de produits chimiques polluants ?

Premier nettoyage

En premier lieu, observez bien les plantes : il y a peut-être des arbres à conserver, des plantes vivaces à déplacer et récupérer, des graines à récolter avant de tout arracher. Si vous devez tailler des haies, des arbres ou des arbustes, prévoyez de le faire en dehors des périodes de nidification de manière à ne pas déranger les oiseaux.

Puis coupez à ras les arbres et arbustes sauvages que vous ne voulez pas garder.

Une méthode classique, mais peu écologique

La méthode traditionnelle consiste à passer une débroussailleuse, puis un motoculteur, qui retourne la terre. Ce faisant, vous détruisez une bonne partie des vers de terre et vous cassez la structure de la terre. Si les mauvaises herbes ne sont pas suffisamment hachées, certaines se réenracineront spontanément.

C'EST MALIN

Les bons réflexes

▸ Ne brûlez pas les tas de bois ou de branches issus de votre défrichage, en place depuis quelque temps. Il est probable que la petite faune utile y ait trouvé refuge : crapauds, musaraignes, salamandres, orvets ou hérissons.

▸ Ne jetez pas les débris végétaux. Passez tout ce qui est un peu dur au broyeur. Vous les utiliserez pour couvrir les cartons ou pour faire du compost. Vous obtiendrez alors un bon amendement six à huit mois plus tard, lequel vous sera précieux au moment des plantations.

▸ Ne mettez pas le terrain complètement à nu : conservez si possible en pourtour quelques arbres utiles pour la faune sauvage, notamment le sureau, le sorbier et le pyracantha.

▲ Les débris végétaux sont ensuite utilisés pour le compost.

Des méthodes qui préservent la vie du sol

▸ Pour de petites surfaces, vous pouvez tout simplement utiliser la biofourche (aussi appelée Grelinette®, voir p. 132), pour décompacter le sol et retirer les racines des touffes d'herbe. Il suffit ensuite de passer un coup de râteau, en nivelant le sol. À la campagne, on peut, si le terrain est clos, accueillir quelques chèvres, qui ont le mérite de brouter toute la végétation.

▸ La meilleure méthode naturelle, pour une surface de plus de 10 à 15 m², est celle des cartons. Tondez l'herbe avec une tondeuse, à 4 à 5 cm de haut, puis déposez sur toute la surface une couche ou, mieux, deux couches de cartons d'emballage (ôtez auparavant les éventuels rubans adhésifs, qui ne se décomposent pas). Par-dessus, déposez une couche de 10 cm de compost de jardin, si vous en avez ; sinon, déposez les herbes que vous avez coupées sur le terrain et les rameaux ligneux passés au broyeur. La couche, au final, peut mesurer de 20 à 25 cm d'épaisseur. Vous pouvez également épandre de la paille, des feuilles mortes ainsi que des tontes de gazon. Toute matière organique végétale convient. Au bout de six à huit mois, les micro-organismes du sol auront fait leur travail de digestion de la matière organique et tout se sera décomposé. Les plantes sous les cartons, privées de lumière, auront dépéri.

Multiplier ses plantes

Pourquoi multiplier ses plantes

Multiplier ses plantes est plus qu'un simple passe-temps ou une activité destinée à satisfaire sa curiosité. C'est une manière de mieux connaître les plantes et de suivre le cycle de la graine, comprendre les mystères et les rythmes du vivant et développer son sens de l'observation. Les atouts sont nombreux et les techniques loin d'être aussi compliquées qu'on se l'imagine. En multipliant vos plantes, vous participerez à leur sauvegarde et ferez évoluer votre jardin vers une plus grande biodiversité.

Quel type de multiplication ?

Selon ce que l'on recherche (conservation ou création de nouvelles variétés), on utilisera l'un ou l'autre de ces deux grands types de multiplication des plantes.

▸ Les méthodes qui ne font pas appel à la reproduction sexuée : bouturage, marcottage ou division. Elles reproduisent des plantes identiques à la plante mère.

▸ Les méthodes qui font appel à la reproduction sexuée : récolte et semis des graines. Vous pouvez récolter des graines de fleurs déjà fécondées ou bien réaliser vos propres croisements (voir encadré ci-dessous). Vous obtiendrez dans ce cas des sujets différents des « parents » (forme, taille et couleur des feuilles, des fleurs, des fruits, hauteur, largeur, précocité, goût), puisqu'il y a brassage génétique.

À FAIRE SOI-MÊME

Réalisez des croisements

Pour réaliser vos propres croisements, prenez un pinceau, prélevez le pollen sur l'étamine d'une fleur et posez-le sur le pistil d'une autre fleur. Quand la fleur est fécondée, récoltez et semez les graines ainsi obtenues et découvrez de nouvelles variétés. Cette technique n'est pas destinée qu'aux amateurs avertis. Vous pouvez aussi plus simplement récolter vos propres graines dans votre jardin ou dans ceux de vos amis ou voisins jardiniers. Le hasard des croisements opérés par les insectes ou le vent fera peut-être de vous le « découvreur » d'un coloris inédit ou, qui sait, d'une forme nouvelle de rosier, delphinium, gaillarde, campanule, hellébore ou arbre de Judée, cytise ou érable.

⬆ Marcottage d'une clématite.

Atout économique

Savoir multiplier ses annuelles, ses vivaces, ses arbres et ses arbustes est un formidable moyen de disposer de plantes à un coût proche de zéro. L'opération s'avère particulièrement rentable lorsque l'on a une haie à planter, un tapis de couvre-sol à installer, un verger à renouveler ou même un massif entier à refaire.

▸ Il faut bien sûr s'y prendre au minimum une saison à l'avance, mais le jeu en vaut largement la chandelle : au bout du compte, on obtient un jardin foisonnant à moindre coût.

▸ Cela permet de planter jeunes tous les types d'arbres et d'arbustes, un bon moyen d'avoir des plantes bien enracinées, très stables face au vent et dotées d'une excellente longévité. Vous n'aurez pas à les remplacer avant longtemps. Pour le potager, il est intéressant de savoir multiplier les plantes à courte durée de vie (romarin par semis ou bouturage, thym par semis, bouturage ou division de touffe) ou les plantes que l'on consomme quotidiennement (persil par semis, ciboulette par division de touffe), pour pouvoir les remplacer régulièrement.

Atout affectif

▸ Multiplier ses plantes permet d'obtenir plusieurs exemplaires d'une plante que l'on aime particulièrement. Certains jardiniers conservent ainsi pendant des années le même géranium hérité de leur mère, bouturé tous les ans…

▸ La multiplication permet aussi d'augmenter son stock de plantes pour en offrir aux amis et voisins. C'est un cadeau très apprécié entre jardiniers, car chacun connaît la somme d'attentions et de soins qu'il a fallu prodiguer pour obtenir un jeune plant vigoureux.

▸ La multiplication est également une manière d'initier les enfants au jardinage. Faites-leur pratiquer des boutures qui s'enracinent rapidement dans l'eau, comme les tiges de basilic ou de tomate (voir p. 158).

▸ Enfin, la multiplication vous donne l'occasion de voyager sans quitter votre salon : faites-y grandir vos semis de noyau d'avocat ou de graines de papaye, votre marcotte de caoutchouc, ainsi que vos boutures de caféier ou de ficus.

Atout jardinier

▸ Multiplier ses plantes contribue à préserver certaines variétés rares ou anciennes, introuvables dans les circuits classiques de commercialisation. C'est le moyen de conserver des variétés locales, adaptées aux spécificités de votre région. C'est surtout vrai dans le cas des arbres fruitiers, pour lesquels des générations de jardiniers ont sélectionné des variétés parfaitement adaptées au sol de la région, à son ensoleillement, sa pluviométrie, ses températures hivernales et printanières. Ces variétés sont la mémoire de notre patrimoine local (voir p. 54).

▸ Rien n'empêche d'échanger ces variétés avec d'autres jardiniers. Les « trocs verts » se sont d'ailleurs multipliés de manière exponentielle durant ces dix dernières années, tant dans les villages que dans les villes, où ils favorisent des échanges entre jardiniers amateurs et professionnels. Sans ces échanges, beaucoup de variétés auraient sans doute disparu.

▸ La multiplication est aussi un bon moyen de rajeunir ses vivaces. Une touffe trop âgée se dégarnit en général à partir du centre et produit des fleurs de plus en plus petites au fil des années. Les jeunes plants sont toujours plus compacts et plus florifères.

▸ Enfin, savoir multiplier ses plantes permet de disposer en permanence d'un stock de plantes annuelles de remplacement pour garnir ses massifs, qui se vident un peu en cours de saison, ou de les fleurir avant tout le monde au printemps. Récoltez en automne des graines d'impatiens, de cosmos, de nigelle, de pavot ou de pétunia. Vous les sèmerez en mars de l'année suivante, en petits godets individuels (à l'abri des gelées, en intérieur), pour fleurir vos massifs ou votre potager.

Division de touffes de ciboulette à la main.

Bouturer, un jeu d'enfant

Bouturer consiste à faire s'enraciner un morceau de tige, de racine ou de feuille prélevé sur une plante (arbustes, vivaces et certaines vivaces cultivées comme des annuelles). Pour certaines espèces, c'est très facile : il suffit de les laisser quelques semaines dans un verre d'eau pour voir les racines apparaître. On se pique vite au jeu !

Les plantes faciles à bouturer

Débutez avec le laurier-rose ou le forsythia. Le premier s'enracine en été au bout d'un mois dans un verre d'eau (voir l'encadré ci-contre), le second directement dans la terre, à toute époque de l'année. Le saule, le groseillier à fleurs et le lierre sont également des boutures faciles à réaliser en pleine terre.

Prélevez à la bonne saison

▸ **Les « boutures de bois vert »** sont prélevées sur des rameaux encore tendres, aux extrémités des branches, au printemps ou en début d'été. Elles donnent de bons résultats avec le buddléia, la tomate, le basilic, le buis, le géranium, le romarin, le thym, le fuchsia et l'hydrangéa.

▸ **Les « boutures semi-aoûtées »** sont prélevées entre la mi-août et la mi-septembre sur des rameaux encore un peu verts, mais en train de se lignifier (se transformer en bois). On les repère à leur base dure, de couleur brune, et à leur pointe encore tendre. Laurier, groseillier à fleurs, caféier, lilas, lierre, rosier, hortensia se bouturent ainsi pendant cette période.

Prélèvement d'une bouture de buis commun.

EN SAVOIR PLUS

Bouturer dans l'eau

Cette technique est utilisée pour les lauriers-roses, les sauges, les tomates, les basilics et les saules. Coupez un rameau de 10 cm de long, à 5 mm sous une feuille. Ôtez les feuilles qui risquent de tremper dans l'eau. Mettez votre bouture dans un verre d'eau et renouvelez cette dernière tous les trois jours. Selon la plante, les racines apparaissent entre une semaine et deux mois. Plantez dans du terreau quand les racines mesurent moins de 10 cm de longueur, sans trop attendre, car elles risquent alors de pourrir.

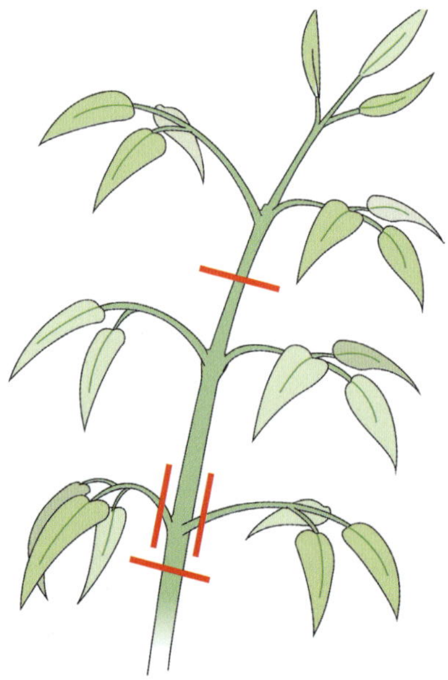

Sur un rameau de 10 cm, coupez 5 mm sous une feuille, ôtez l'extrémité tendre et les feuilles inférieures.

Réalisation d'une bouture de géranium.

Boutures de rosier.

▸ **Les « boutures de bois sec »** sont prélevées quand le rameau est totalement lignifié (durci), à partir d'octobre. Troène, seringat, saule, ficus, forsythia et viorne se multiplient bien par bouture de bois sec.

Prélevez de la bonne manière

Procédez tôt le matin, quand les tissus des végétaux sont gorgés d'eau. Pour tous types de boutures, avec un sécateur bien nettoyé, coupez des rameaux n'ayant pas fleuri, de 10 cm de long. Coupez 5 mm juste sous une feuille (ou un bourgeon) car, à cet endroit, la concentration d'hormones stimulant la production de racines est maximale. Ôtez les feuilles inférieures et supprimez avec l'ongle l'extrémité tendre.

Si vous devez attendre quelques jours avant de les mettre en terre, enveloppez-les d'un morceau de papier absorbant humidifié, puis placez-les dans un sac en plastique et rangez-les dans le réfrigérateur.

Mettez dans un pot et couvrez, avant de transplanter

Enfoncez la bouture dans du terreau humide (dans un godet, par exemple), puis pressez pour faire adhérer la terre autour. Étiquetez. Couvrez ensuite d'un plastique transparent et placez dans un endroit entre 18 et 24 °C, à la lumière, mais pas en plein soleil. Ôtez régulièrement tout ce qui moisit, dessèche ou meurt. Les boutures s'enracinent entre six semaines et... un an. On reconnaît qu'une bouture a pris au fait que la tige conserve sa couleur d'origine et que les bourgeons grossissent. Transplantez au jardin au printemps suivant, quand les boutures ont donné leurs premières feuilles.

Boutures dans un pot sous une protection plastique.

Diviser, une cure de jouvence pour les plantes

Diviser ses plantes permet de les rajeunir : elles sont alors plus saines et plus florifères. Mais on peut aussi diviser pour augmenter son stock de plantes et simplement reproduire le même pied d'origine, puisqu'une division est en fait un clonage.

Que diviser ?

▸ On divise les vivaces, les graminées, les bambous, les bulbes qui poussent en touffes (perce-neige, ciboulette), les tubercules (dahlia), les rhizomes (iris) et les arbustes dont la souche émet beaucoup de nouvelles tiges (cornouiller, corète du Japon). Lorsqu'on divise un arbuste, on parle d'éclatage.

▸ Si vous voulez augmenter votre stock de plantes, ne divisez pas une plante trop jeune. Vous risqueriez de perdre à la fois le pied mère, affaibli par la division, et les jeunes plants, trop petits pour survivre aux hivers rudes.

Quand diviser ?

Pour certaines plantes (voir tableau ci-dessous), la division doit s'effectuer régulièrement tous les trois à quatre ans, par exemple ; pour d'autres, elle n'est nécessaire que quand les pieds deviennent trop enva-

Tranchez les grosses mottes avec une bêche.

Période de division	Plantes	Remarques
Février-mars	Aster d'été, graminées, géranium, hélénie, hosta, monarde, népéta, rose trémière, achillée, bergénia, liatride, persicaire	Divisez l'aster d'été et la monarde tous les quatre à cinq ans et l'hélénie et la liatride tous les trois à quatre ans.
Mars-avril	Thym, perce-neige, estragon, menthe, origan, oseille, rhubarbe, sarriette, raifort	Divisez le perce-neige après la floraison. Divisez l'estragon, l'origan, l'oseille et le thym tous les trois à quatre ans.
Avril	Bambou, narcisse	Divisez le narcisse après la floraison.
Printemps	Buglosse de Sibérie, lamier, ciboulette, dahlia, coréopsis, épiaire, gaillarde, valériane rouge, centaurée	Divisez le coréopsis, l'épiaire, la gaillarde, la centaurée et la valériane rouge tous les trois à quatre ans.
Juin	Plantes ayant fleuri en mars-avril-mai, telles que hellébore, muscari	
Mi-juillet-fin août	Iris (et tous les rhizomes), sternbergia, buglosse	Divisez l'iris (et tous les rhizomes) après la floraison, tous les quatre à cinq ans. Divisez le sternbergia tous les cinq ans.
Septembre-octobre	Hémérocalle et plantes ayant fleuri en mai, telles que pavot	
Automne	Buglosse de Sibérie, lamier, persicaire, sauge officinale, centaurée, œillet, achillée	Divisez la centaurée et l'œillet tous les trois à quatre ans.
Hiver	Arbustes à floraison printanière, tels que cornouiller, corète du Japon	Pour les arbustes, n'installez pas les éclats tout de suite en pleine terre, mais plutôt en pot durant toute une saison, ce qui permettra de mieux les soigner, le cas échéant.

Tranchez les mottes avec deux fourches-bêches.

Divisez les touffes d'iris à la main.

hissants ou que les espèces sont moins vigoureuses (dans ce cas, nous n'avons pas mis d'indication particulière dans le tableau).

Comment procéder ?

Déterrez la souche dans son entier, avec le maximum de racines. Avec une bêche au fer bien affûtée et nettoyée (ou un couteau) pour les arbustes et les vivaces, tranchez la motte racinaire verticalement pour faire deux, trois ou quatre morceaux, selon sa grosseur. Replantez chaque morceau dans de la terre nouvelle, après avoir éliminé les parties du centre, qui sont moins productives, car plus anciennes. Arrosez copieusement. Pour les touffes de bulbes et d'aromatiques, la séparation se fait à la main.

C'EST MALIN

La méthode des deux fourches-bêches

Pour les touffes très difficiles à séparer, plantez au centre de la touffe deux fourches-bêches dos à dos. Commencez à faire doucement levier, en vous assurant que chaque fourche-bêche prend appui sur l'autre. La force est ainsi démultipliée et même les souches les plus coriaces se séparent facilement en deux.

En ce qui concerne les bambous, repérez trois ou quatre cannes (tiges) éloignées de la touffe principale. Bêchez à 30 cm de profondeur autour de ces cannes. Extrayez-les en coupant le rhizome (tige souterraine) qui les relie à la plante principale. Coupez les cannes d'un tiers en hauteur et replantez-les. Arrosez abondamment.

Division de touffes de vivaces au couteau.

La greffe, une technique de pointe

La maîtrise de la greffe est considérée comme l'étape ultime dans le parcours d'un jardinier, celle qui demande le plus de savoir-faire. Voici quelques notions de base pour vous initier.

La greffe, une association

La greffe est une technique qui permet d'associer par « soudure » naturelle le système racinaire d'une plante vigoureuse, mais sans grand intérêt, avec une variété intéressante, mais au système racinaire peu performant. On obtient un nouveau sujet qui allie les qualités du porte-greffe (les racines) à celles du greffon (la variété intéressante).

Pour que la greffe prenne, les plantes doivent appartenir à la même famille botanique (rosacées, fagacées, moracées) ou, mieux, au même genre (*Prunus, Castanea, Ficus*). Arbres fruitiers et vigne, rosiers, glycines, lilas et conifères nains sont presque toujours greffés.

Voir aussi p. 369 pour des détails sur la greffe pratiquée sur les arbres fruitiers et les arbustes à petites fleurs.

Des avantages multiples

La greffe est une pratique avantageuse à bien des égards.

- On greffe pour avoir des plantes vigoureuses et accroître la résistance aux maladies. Les plantes ainsi obtenues ont moins – voire pas du tout – besoin de traitements (légumes).
- On greffe pour avoir de meilleures performances dans les sols un peu difficiles - salés (au bord de la mer), calcaires, secs - ou en climat un peu trop froid (rosier).
- On greffe pour produire rapidement un stock important de plantes que l'on ne peut bouturer, diviser ou semer (pivoine arbustive).
- On greffe pour favoriser une mise à fleurs, donc à fruits, rapide et abondante (agrumes ou noyer).

La greffe, association d'un porte-greffe et d'un greffon.

Greffons sur un cerisier dans un verger.

Choisir le bon porte-greffe

Il existe pour chaque plante un porte-greffe adapté, soit une plante sélectionnée pour des qualités qu'elle va transmettre au greffon. En tant qu'amateur, le plus simple, si vous greffez, est de prendre pour porte-greffe ce que l'on appelle un franc, c'est-à-dire un plant issu d'un semis de graines de la plante à multiplier. Les francs montrent toujours une grande vigueur.

Si vous achetez un rosier ou un arbre fruitier, renseignez-vous auprès du vendeur sur la nature du porte-greffe. Ainsi, en sol calcaire, un rosier greffé sur *Rosa canina* aura une meilleure tenue et jaunira beaucoup moins facilement. Si votre sol est lourd, argileux, mieux vaut qu'il soit greffé sur *R. laxa* ou *R. multiflora* 'Inermis'. Un pommier greffé sur M111 montrera une bonne résistance au puceron lanigère. Enfin, un poirier greffé sur 'Farold 87 Dayto' sera, lui, résistant au feu bactérien.

ZOOM SUR

Obtenir des plantes spéciales

On greffe aussi pour obtenir des sujets spéciaux : arbre fruitier portant plusieurs variétés ou différents fruits (poires et coings), arbre fruitier nain ou sujet « pleureur ». Dans ce dernier cas, la greffe consiste à offrir à la variété intéressante un « tronc » ou une « tige » assez hauts, qu'elle n'aurait pu produire naturellement. L'intérêt est de mettre en valeur le port naturellement pleureur ou buissonnant de ces plantes en le surélevant du sol de 50 cm à 1,5 m environ. C'est ainsi que l'on monte sur tige des rosiers, fuchsias, anthémis, lilas, saules, lavandes, bégonias et osmanthes.

Le marcottage, pour les plus patients

Le marcottage est une technique de multiplication directement inspirée par la nature. Certaines plantes émettent des branches qui, en touchant le sol, s'enracinent au point de contact et donnent un nouveau sujet, qui peut ensuite être séparé du pied mère.

Une technique de multiplication lente

Le marcottage peut être vu comme une bouture, mais moins risquée, puisque le jeune plant n'est séparé du pied mère que quand il a développé ses propres racines. À l'instar du bouturage, le marcottage conserve les caractéristiques génétiques de la plante de départ, puisqu'il n'y a ni fécondation, ni brassage génétique. Il est plutôt réservé à l'amateur, car c'est une technique de multiplication lente et difficile à pratiquer à grande échelle.

Comment procéder

Le marcottage s'effectue d'avril à juillet. L'enracinement est plus ou moins rapide selon les espèces. La séparation du pied mère a lieu en octobre-novembre ou au printemps suivant, selon le développement du jeune pied.

▸ **Le marcottage en pleine terre ou par couchage,** méthode la plus connue, s'applique à toutes les plantes dotées de branches basses assez souples pour être abaissées à terre. Choisissez une longue tige, entaillez le bois sur 1 mm de profondeur à l'endroit qui va toucher le sol, juste sous un bourgeon, et supprimez toutes les feuilles qui seraient enterrées. Faites une petite tranchée dans laquelle vous placerez la tige courbée, maintenue par un ou deux crochets, et comblez ensuite avec la terre. Redressez l'extrémité de la tige libre, avec un tuteur.

▸ **Le marcottage en l'air (ou annulaire)** est utilisé pour multiplier des arbres comme le caoutchouc ou le figuier. Effeuillez le milieu d'une belle branche, incisez l'écorce à cet endroit et, seulement si l'espèce est difficile à multiplier, saupoudrez d'hormones naturelles de bouturage (vendues en jardinerie et contenant de l'auxine). Enveloppez cette partie de la branche avec un mélange de terreau et de mousse humides, puis maintenez par un petit sac en plastique fermé aux deux extrémités par du raphia. Ce manchon doit rester humide. Lorsque des racines sont apparues, coupez sous la marcotte, enlevez le sac et plantez la motte racinaire.

⇑ Marcottage en l'air.

▸ **Le marcottage en serpent** est généralement effectué sur de longs rameaux que l'on courbe en plusieurs endroits pour les enterrer et obtenir ainsi plusieurs plants. Il s'applique à la glycine, au jasmin ou au chèvrefeuille, qui développent tous de longues tiges souples.

⇑ Marcottage en pleine terre.

⇑ Marcottage en serpent.

ZOOM SUR

Les plantes qui se marcottent facilement

Les ronces sont l'exemple le plus classique du marcottage naturel. Elles développent de longues tiges qui s'enracinent en touchant le sol et redonnent une ronce.

Parmi les arbustes se marcottant facilement, citons le rhododendron, la viorne, le deutzia, l'hydrangéa arbustif, le romarin, le forsythia et le laurier-rose. Les plantes grimpantes qui produisent de longues tiges souples se marcottent tout aussi aisément : chèvrefeuille, passiflore, hydrangéa grimpant, lierre, glycine, clématite et jasmin.

6 Un jardin en bonne santé toute l'année

La prévention, indispensable

Renforcer les défenses des plantes

Une plante saine résiste davantage aux attaques de maladies et de parasites qu'un végétal chétif. Pour avoir un jardin en bonne santé et limiter les soins, prenez les devants !

Une action préventive

Avant même de penser traitement, il s'agit d'offrir à vos plantes les meilleures conditions de végétation pour stimuler leur croissance et renforcer leurs défenses naturelles.

▸ Faites le choix de variétés résistantes et de végétaux adaptés au climat de votre région et au type de sol de votre jardin.

▸ Veillez à la bonne exposition de vos plantations en fonction de leurs besoins.

▸ Pratiquez une fertilisation équilibrée.

▸ Adoptez les bonnes pratiques et les bonnes règles d'entretien du jardinage au naturel.

Purins et décoctions

Vous disposez de tout un éventail de préparations naturelles dont l'effet curatif se double parfois d'une action préventive. Attention : même s'il s'agit de produits naturels, leur emploi doit respecter les mêmes règles de précaution que pour les produits du commerce (à mettre hors de portée des enfants, à manier avec gants, masque...).

Dès la plantation, appliquez les solutions suivantes, en renouvelant tous les quinze jours.

Préparation d'une décoction de prêle des champs.

C'EST MALIN

Des algues qui stimulent les défenses naturelles

Riches en potasse et en oligoéléments, les algues, notamment les algues brunes, stimulent les défenses naturelles des végétaux. Vous trouverez facilement des produits élaborés à partir d'algues dans les rayons de produits biologiques, mais il est possible de les ramasser soi-même. Attention, une réglementation en matière de cueillette stipule que celle-ci doit être raisonnable pour ne pas mettre en danger le peuplement de l'espèce, celle des jeunes pousses étant interdite. En cas de doute, adressez-vous à la mairie de votre domicile.

▸ **Le purin d'ortie.** Il est efficace pour prévenir ou combattre les altises, acariens rouges (en infusion), pucerons et champignons (maladies cryptogamiques). Plongez 1 à 1,5 kg de feuilles et de tiges d'orties finement hachées dans 10 litres d'eau. Laissez macérer quinze jours et filtrez. Diluez la préparation à 5 % (5 % de purin et 95 % d'eau) si vous l'utilisez en infusion que vous pulvérisez sur le feuillage et à 20 % si vous l'épandez sur le sol.

▸ **Le purin de consoude.** Préventif, il stimule la végétation et renforce les défenses des plantes contre les insectes ou maladies. Faites macérer 1 kg de feuilles et de tiges dans 10 litres d'eau, pendant quinze jours. Filtrez, diluez à 10 % et arrosez le sol avec le purin.

▸ **La décoction de tanaisie.** Cette décoction est utile pour prévenir contre les mouches blanches, les mouches des légumes et les otiorhynques. Faites bouillir 10 litres d'eau avec 400 g de feuilles fraîches. Laissez refroidir, filtrez et pulvérisez sur le feuillage.

▸ **La décoction de prêle des champs.** Incorporez 50 g de feuilles et tiges séchées et broyées dans 10 litres d'eau et portez le tout à ébullition. Filtrez et pulvérisez pour prévenir et lutter contre le mildiou, la rouille, la pourriture grise, la moniliose, le marsonia (taches foliaires) ou la cloque du pêcher.

▸ **Le purin de tomate.** Pour éviter les altises et la piéride du chou, faites macérer 1 kg de feuilles et de tiges dans 10 litres d'eau pendant huit jours. Filtrez et pulvérisez sur le feuillage.

▸ **Le purin de fougère aigle.** Pulvérisé sur le feuillage contre les limaces, escargots et pucerons. Pendant dix jours, faites macérer 800 g de feuilles dans 10 litres d'eau. Filtrez.

Le pommier aime la bourrache

Il en est des végétaux comme des humains : certains aiment à vivre ensemble, d'autres ne s'apprécient guère. Ainsi, si le pommier aime la bourrache, c'est tout simplement parce que cette plante aux fleurs bleues attire les abeilles qui participent à la fécondation de ses fleurs. À l'inverse, les haricots et les pois voient leur croissance ralentie s'ils sont placés à proximité d'une plantation d'ail.

Copains, copines

Tout jardinier expérimenté vous le dira : lors de vos semis et plantations, veillez à bien associer les végétaux entre eux. Voilà ce que l'on appelle l'allélopathie. Un terme scientifique pour désigner l'émission, par une plante, de composés chimiques qui établissent des relations positives ou négatives avec les plantes voisines. D'où l'intérêt de bien réfléchir avant d'aménager ou de faire évoluer son jardin, notamment au potager, où ces effets se remarquent le plus. On sait par expérience que la betterave, par exemple, croît davantage si elle est placée à proximité des laitues, que le poireau préfère la compagnie des tomates et des carottes à celle des pois ou encore que les radis sont plus piquants s'il y a du cerfeuil à côté d'eux.

Le tableau p. 168-170 indique quelques associations à privilégier ou à éviter.

Une question d'odeur

De nombreuses plantes, fleuries ou aromatiques, sont de précieuses alliées pour le jardinier. L'odeur qu'elles émettent est, en effet, un redoutable répulsif pour certains insectes.

L'une des plus connues est l'œillet d'Inde, mais il en est de même avec le souci, dont le parfum brouille le sens olfactif de nombreux insectes tels que les pucerons ou les mouches blanches, qui se trouvent ainsi naturellement éloignés des cultures. Créez quelques bordures autour de vos carrés de légumes pour leur assurer une bonne protection. De plus, les racines de l'œillet d'Inde limiteraient l'expansion de certaines mauvaises herbes, dont le liseron, véritable plaie dans un jardin.

Le feuillage de l'armoise, à l'odeur camphrée, éloigne les pucerons, ainsi que les chenilles de nombreux papillons. Quant à la rue officinale, arbrisseau à fleurs jaunes, aussi appelée, à raison, rue fétide, elle tient à bonne distance tous les insectes sur quelques mètres carrés. Enfin, l'odeur âcre de la sauge officinale ne plaît guère aux fourmis. Ces insectes ne sont pas, en eux-mêmes, très gênants, mais ils raffolent des pucerons qu'ils élèvent pour consommer leur miellat. En vous débarrassant des fourmis, vous échapperez par là même à l'invasion de colonies de pucerons.

De bonnes compagnes : carottes et poireaux.

Des plantes tonifiantes

Avec le temps, les jardiniers ont également remarqué que la végétation de certaines espèces était améliorée si elles étaient installées au côté d'autres. Ainsi, les voisines de la camomille ont une croissance stimulée, d'où une meilleure résistance aux maladies. Il en est de même avec la consoude, dont on tire un excellent purin (voir page ci-contre). Sa racine pivotante apporte au sol des sels minéraux indispensables au développement des plantes voisines. Quant à la valériane rouge, ses racines attirent les vers de terre, lesquels contribuent à aérer le sol, ce qui favorise la croissance des plantes.

Des plantes protectrices

S'il est difficile de le prouver scientifiquement, on ne peut nier l'observation faite par de nombreux pratiquants du jardinage au naturel sur les effets antimaladies de certaines plantes. L'œillet d'Inde, encore celui-là, possède des racines qui émettraient certaines substances ayant une action destructive sur les germes des maladies provoquées par les champignons. La ciboulette, plante condimentaire, limite l'invasion de la rouille sur les feuilles des rosiers. Plantez-la en bordure des massifs pour joindre l'utile à l'agréable. De même, le basilic fait bon ménage avec la tomate, qu'il préserve du mildiou. Enfin, l'ail est un bon compagnon pour les rosiers, qu'il protège de la maladie des taches noires (taches foliaires).

Associations de bon sens

Il est, par ailleurs, utile d'avoir certaines plantes dans un jardin. Il s'agit notamment de celles qui attirent de nombreux insectes pollinisateurs lesquels en profitent pour butiner les fleurs voisines et, ainsi, participent à leur fécondation (voir p. 200). La bourrache, la camomille ou la sarriette font partie de ces séduisantes. Pensez aussi à regrouper dans un même espace des végétaux qui ont les mêmes exigences en termes d'eau ou de nourriture. Cela vous évitera des gaspillages. Autre particularité intéressante : des plantes comme les capucines ou les fèves font le régal des pucerons. Sacrifiez-les au reste du jardin, car les parasites s'y regrouperont en grand nombre, délaissant les autres fleurs ou légumes.

Plante	À associer avec	Intérêts	À éviter avec
Absinthe	Légumes	• Éloigne les acariens	
Ail	Betterave, carotte, fraisier, laitue, pomme de terre, radis, tomate, rosier	• Pour toutes les plantes : éloigne les insectes • Pour le fraisier : préserve des maladies cryptogamiques • Pour le rosier : évite les taches noires	Chou, haricot, fève, poireau, pois
Ail d'ornement	Rosier, arbres fruitiers, pêcher	• Pour le rosier et les arbres fruitiers : éloigne les pucerons • Pour le pêcher : freine la cloque du pêcher	
Aneth	Chou	• Éloigne la piéride et la mouche du chou	Carotte
Arbres fruitiers	Ail d'ornement, bourrache	• Les deux plantes poussent bien ensemble	
Armoise	Légumes, rosier	• Éloigne de nombreux insectes	Fenouil, pomme de terre, sauge
Asperge	Œillet d'Inde, persil, poireau, pois, rose d'Inde, tomate	• Les deux plantes poussent bien ensemble	
Aubergine	Haricot, pois, pomme de terre, thym,	• Pour la pomme de terre : éloigne les doryphores • Pour les autres plantes : les deux plantes poussent bien ensemble	Piment, poivron
Basilic	Chou, courge, haricot, tomate	• Pour toutes les plantes : attire les insectes pollinisateurs et éloigne les doryphores, les mouches blanches (aleurodes) • Pour le chou : éloigne la mouche du chou • Pour la tomate : renforce le goût et la préserve du mildiou	Rue officinale
Betterave	Ail, céleri, chou, échalote, épinard, laitue, oignon, radis	• Les deux plantes poussent bien ensemble	Carotte, haricot, poireau, pomme de terre, tomate
Bourrache	Arbres fruitiers, fraisier, tomate	• Attire les insectes pollinisateurs • Pour les fraisiers : favorise la production de fruits	
Camomille	Légumes	• Tonifie les plantes voisines	
Capucine	Plantes fleuries et légumes	• Attire les pucerons	
Carotte	Famille des aillacées (ail, échalote, oignon, poireau) Céleri, haricot, laitue, radis, romarin, sauge, tomate	• Pour les aillacées : éloigne la mouche de l'oignon, la teigne du poireau • Pour les autres plantes citées : les deux plantes poussent bien ensemble	Aneth, betterave, pomme de terre
Céleri	Chou, betterave, carotte, concombre, cornichon, fenouil, haricot, poireau, poirée, pois, tomate	• Pour le poireau : éloigne la teigne du poireau • Pour le chou : éloigne la piéride du chou • Pour les autres plantes : les deux plantes poussent bien ensemble	Laitue, persil, pomme de terre
Cerfeuil	Radis	• Donne du piquant au radis	

Plante	À associer avec	Intérêts	À éviter avec
Ciboulette	Rosier	• Limite l'invasion de la rouille	
Chou	Aneth, basilic, betterave, céleri, concombre, cornichon, fougère, haricot, laitue, marjolaine, menthe, œillet d'Inde, oignon, origan, panais, poirée, pois, pomme de terre, romarin, rose d'Inde, sauge, thym, tomate	• Les deux plantes poussent bien ensemble	Ail, échalote, fraisier, persil, poireau, radis
Concombre	Céleri, chou, haricot, laitue, maïs doux, rutabaga	• Les deux plantes poussent bien ensemble	Tomate
Consoude	Plantes fleuries et légumes	• Apporte des minéraux au sol	
Cornichon	Céleri, chou, haricot, laitue, maïs doux, rutabaga	• Les deux plantes poussent bien ensemble	Tomate
Courge	Basilic	• Les deux plantes poussent bien ensemble	
Courgette	Maïs doux	• Les deux plantes poussent bien ensemble	Pomme de terre
Échalote	Betterave, carotte, pomme de terre	• Les deux plantes poussent bien ensemble	Chou, haricot
Épinard	Betterave, fraisier, haricot, poireau, radis	• Pour le fraisier: favorise la production de fruits • Pour les autres plantes: les deux plantes poussent bien ensemble	
Fenouil	Céleri, poireau	• Les deux plantes poussent bien ensemble	Armoise
Fève	Laitue, panais, pomme de terre, radis	• Les deux plantes poussent bien ensemble	Ail
Fougère	Chou	• Éloigne la piéride du chou	
Fraisier	Ail, bourrache, épinard, haricot blanc, laitue, oignon, poireau, souci	• Les deux plantes poussent bien ensemble	Chou
Framboisier	Myosotis	• Les deux plantes poussent bien ensemble	
Haricot	Aubergine, basilic, carotte, céleri, chou, concombre, cornichon, épinard, fraisier, laitue, maïs doux, melon, navet, œillet d'Inde, piment, poivron, pomme de terre, radis, romarin, rose d'Inde, rutabaga, sarriette, tétragone, tomate	• Pour le fraisier: favorise la production de fruits • Pour les autres plantes: les deux plantes poussent bien ensemble	Ail, betterave, échalote, oignon, persil, poireau
Laitue	Ail, betterave, carotte, chou, concombre, cornichon, fève, fraisier, haricot, melon, navet, oignon, poireau, poirée, pois, radis, rutabaga, œillet d'Inde	• Pour le fraisier, favorise la production de fruits • Pour les autres plantes: les deux plantes poussent bien ensemble	Céleri, persil
Lavande	Rosier	• Chasse les pucerons et autres ravageurs	
Lin à grandes fleurs	Pomme de terre	• Éloigne les doryphores	
Mâche	Poireau	• Les deux plantes poussent bien ensemble	
Maïs doux	Concombre, cornichon, courgette, haricot, melon, pois, potiron	• Les deux plantes poussent bien ensemble	
Marjolaine	Chou	• Les deux plantes poussent bien ensemble	
Mélisse	Légumes	• Attire les insectes pollinisateurs • Éloigne les acariens	
Melon	Haricot, laitue, maïs doux	Les deux plantes poussent bien ensemble	
Menthe	Chou, radis, rosier	• Pour le chou: éloigne les altises et la mouche du chou • Pour le radis: éloigne les altises • Pour le rosier: éloigne les pucerons	
Myosotis	Framboisier	• Éloigne les vers du framboisier	
Navet	Haricot, laitue, tomate, pois, romarin	• Les deux plantes poussent bien ensemble	Oignon
Œillet d'Inde	Légumes, rosier	• Éloigne les insectes	

Plante	À associer avec	Intérêts	À éviter avec
Oignon	Betterave, carotte, chou, fraisier, laitue, panais, poirée, tomate	• Pour le fraisier : préserve des maladies cryptogamiques • Pour les autres plantes : les deux plantes poussent bien ensemble	Haricot, navet, pomme de terre
Origan	Chou	• Les deux plantes poussent bien ensemble	
Panais	Chou, fève, oignon	• Les deux plantes poussent bien ensemble	
Pêcher	Ail d'ornement	• Les deux plantes poussent bien ensemble	
Persil	Asperge, poireau, radis, tomate	• Les deux plantes poussent bien ensemble	Céleri, chou, haricot, laitue, pois
Piment	Haricot	• Les deux plantes poussent bien ensemble	Aubergine, pomme de terre
Poireau	Asperge, carotte, céleri, épinard, fenouil, fraisier, laitue, mâche, persil, tomate	• Pour le fraisier : préserve des maladies cryptogamiques • Pour la carotte : éloigne la mouche de la carotte • Pour les autres plantes : les deux plantes poussent bien ensemble	Ail, betterave, chou, haricot, pois
Poirée	Céleri, chou, laitue, oignon	• Les deux plantes poussent bien ensemble	
Pois	Asperge, aubergine, céleri, chou, laitue, maïs doux, navet, pomme de terre, radis, rutabaga	• Les deux plantes poussent bien ensemble	Ail, persil, poireau, tomate
Poivron	Haricot	• Les deux plantes poussent bien ensemble	Aubergine, pomme de terre
Pomme de terre	Ail, aubergine, chou, échalote, fève, haricot, lin à grandes fleurs, pois, œillet d'Inde, rose d'Inde, sauge	• Les deux plantes poussent bien ensemble	Armoise, betterave, carotte, céleri, courgette, oignon, piment, poivron, tomate
Potiron	Maïs	• Les deux plantes poussent bien ensemble	
Radis	Ail, betterave, carotte, cerfeuil, épinard, fève, haricot, laitue, menthe, persil, pois, tétragone, tomate	• Les deux plantes poussent bien ensemble	Chou
Romarin	Carotte, chou, haricot, navet	• Pour le chou : éloigne la mouche du chou • Pour les autres plantes : les deux plantes poussent bien ensemble	
Rose d'Inde	Légumes, rosier	• Éloigne les insectes	
Rosier	Ail, ail d'ornement, armoise, ciboulette, lavande, menthe, œillet d'Inde, rose d'Inde, sarriette	• Les deux plantes poussent bien ensemble	
Rutabaga	Concombre, cornichon, haricot, laitue, pois, tomate	• Les deux plantes poussent bien ensemble	
Sarriette	Rosier et légumes	• Éloigne les pucerons noirs • Attire les abeilles	
Sauge officinale	Carotte, chou, pomme de terre	• Pour la carotte : éloigne la mouche de la carotte • Pour le chou : éloigne la piéride du chou et la mouche du chou • Pour la pomme de terre : éloigne les doryphores • Éloigne les fourmis	Armoise
Souci	Légumes et fraisier	• Éloigne de nombreux insectes	
Tétragone	Haricot, radis	• Les deux plantes poussent bien ensemble	
Thym	Aubergine, chou	• Les deux plantes poussent bien ensemble	
Tomate	Ail, asperge, basilic, bourrache, carotte, céleri, chou, haricot, navet, œillet d'Inde, oignon, persil, poireau, radis, rose d'Inde, rutabaga	• Pour le chou : éloigne la mouche du chou • Pour les autres plantes : les deux plantes poussent bien ensemble	Betterave, concombre, cornichon, pois, pomme de terre
Valériane rouge	Légumes	• Attire les vers de terre	

Vive la rotation des cultures !

Nourrir les plantes sans épuiser le sol, éviter qu'une maladie gagne du terrain ou que des parasites s'installent durablement, telles sont les bonnes raisons pour ne pas cultiver au même emplacement, deux années de suite, les mêmes plantes ou celles appartenant à la même famille. C'est le principe de la rotation des cultures.

Éviter l'épuisement du sol

Toutes les plantes n'ont pas les mêmes besoins nutritionnels. Certaines sont très gourmandes en nourriture et ont une culture qui s'étale sur plusieurs mois, tandis que d'autres se contentent de peu et sont récoltées quelques semaines après le semis.
Vous pouvez pratiquer la rotation des cultures dans les massifs de fleurs, mais aussi et surtout au potager. Dans les massifs de fleurs, cette rotation se justifie surtout par la présence de parasites, car les fleurs sont moins exigeantes que les légumes d'un point de vue nutritionnel.
De plus, et ce n'est pas négligeable, en variant vos plantations fleuries d'une année sur l'autre, vous aurez un décor en perpétuel mouvement.

Limiter les parasites et les maladies

De nombreux insectes sont propres à une espèce de plantes. Leurs œufs ou leurs larves hivernent souvent dans le sol. De même, certaines maladies sont dues à des spores de champignon ou des mycéliums qui se répandent dans le sol. Tous attendent le moment propice pour trouver un bon terrain végétal où se développer. En alternant les cultures sur plusieurs années, vous éviterez leur développement, sans avoir à utiliser de produit pour les faire disparaître.

Comment faire tourner ses cultures

Divisez vos plantations en parcelles (trois à six) et faites-les « tourner » d'une parcelle à l'autre sur trois à six années de suite, selon la fertilité naturelle de votre sol et l'importance des parasites et maladies observés.
Voici un exemple de rotation pour des cultures légumières étalées sur quatre ans.
Divisez votre potager en quatre parcelles. Dans la première parcelle :

- **La première année,** faites un apport important de matière organique (voir p. 96). Semez ou plantez des légumes-fruits (courge, tomate, aubergine ou concombre), qui demandent un sol très fertile. En attendant d'avoir une « vraie » rotation, cultivez d'autres types de légumes dans les trois autres parcelles.

La rotation des cultures se pratique principalement au jardin potager.

- **La deuxième année**, cultivez des légumes-racines tels que les carottes, les pommes de terre et les salsifis. Tout comme les légumes-fruits, les légumes-racines ont besoin d'une quantité importante de nourriture, mais leurs racines peuvent aller puiser les fertilisants qui ont migré plus profondément dans la terre. En outre, leurs racines contribuent à ameublir le sol.
- **La troisième année**, c'est au tour des légumes-feuilles, c'est-à-dire ceux dont on consomme le feuillage, comme les salades, les choux et les épinards.
- Enfin, **la quatrième année**, plantez des bulbes : échalotes, oignons ou ail. Ils se contentent des restes de matière organique apportés lors des labours précédents.

Ainsi, chaque année, vous décalez vos cultures d'une parcelle, nourrissant la partie qui reçoit les légumes-fruits avec une quantité importante de matière organique.

Maladies, parasites et aléas de culture

Anticiper, encore et toujours !

On ne saurait le répéter, en matière de jardinage au naturel, il est une règle d'or pour avoir des plantes en bonne santé : appliquer l'adage « mieux vaut prévenir que guérir » !

Une vigilance quotidienne

Pour déceler l'apparition d'un insecte ravageur ou les prémices d'une maladie, chaque jour, faites le tour de votre jardin. En observant les végétaux qui le décorent ou qui croissent dans le potager, vous serez à même de voir une feuille qui jaunit ou se couvre de taches inhabituelles, une chenille en train de ronger un feuillage, des papillons qui volettent au-dessus d'un chou, des pucerons qui s'amassent à l'extrémité d'une pousse… Écartez les branches de vos arbustes, retournez les feuilles d'un légume : certains parasites se cachent à l'intérieur d'un buisson ou sous le revers d'une feuille. Soulevez une écorce qui se détache d'un tronc et vérifiez qu'elle n'abrite pas d'œufs ou de larve. Examinez vos fruits pour vous assurer de leur bonne santé.

Estimer l'ampleur des dégâts

Une fois décelés un insecte ravageur ou une maladie, évaluez l'importance de l'attaque afin de rapidement mettre en œuvre les moyens de limiter ou d'éradiquer l'envahissement ou la contamination. Apprenez à déterminer la cause des dégâts observés. Un jaunissement du feuillage n'est peut-être pas dû à une maladie, mais à un problème de culture : un excès ou une insuffisance d'arrosage, une faiblesse dans la fertilité du sol, une carence en minéraux ou un aléa climatique. Certains insectes ou maladies n'apparaissent qu'en présence de conditions climatiques particulières : ainsi, un temps chaud et humide favorise le mildiou, alors qu'un air sec et une température élevée sont propices à l'apparition des acariens rouges.

EN SAVOIR PLUS

Le jardin au naturel, un jardin zéro traitement ?

Même si vous êtes un jardinier précautionneux, qui surveille attentivement ses plantations, il vous faudra peut-être exceptionnellement faire appel à un produit de traitement. Vous ne pouvez pas lutter contre tout : pluies excessives, arrivée massive de pucerons, manque de soins en cas d'absence prolongée, etc. Mais, dans tous les cas, votre objectif doit être de retarder le plus possible l'emploi de produits phytosanitaires (voir p. 174). Restez vigilant à longueur d'année.

Des fougères pour lutter contre la piéride du chou.

Avant de sortir le pulvérisateur

En vous y prenant suffisamment tôt, des gestes simples évitent d'avoir recours aux produits de traitement, soient-ils naturels. Coupez une branche malade, arrachez un légume avant qu'il ne contamine ses voisins, cueillez un fruit portant des traces de moisissure ou enlevez quelques feuilles pour bloquer l'expansion d'une maladie. Brûlez aussitôt les déchets. Ne les portez surtout pas sur le tas de compost. Si les insectes sont peu nombreux (pucerons, doryphores), mettez des gants et écrasez-les entre vos doigts. Secouez les tiges du lis, par exemple, pour faire tomber les criocères sur le sol et les ramasser. Retirez à la main les limaces qui envahissent votre jardin (cela reste la solution naturelle la plus efficace). Pensez d'abord aux gestes « mécaniques » pour écarter les maladies ou les invasions d'insectes avant d'utiliser un produit.

Betterave, sauge, poirée et chou font bon ménage.

Mieux connaître les produits existants

Dans le commerce, l'offre en matière de protection des végétaux est très importante. Dans un jardin au naturel, évitez les produits chimiques, néfastes pour la biodiversité et l'environnement. Des alternatives naturelles existent, à condition d'user de précaution et de parcimonie. Petit tour d'horizon...

Les grandes familles de traitement

Parmi la pharmacopée du jardin, on peut classer les produits en différentes catégories.

▸ **Les herbicides.** Ces produits sont destinés à détruire la végétation en place, notamment les mauvaises herbes, ou à bloquer la germination de graines. Pour ce qui est des agents chimiques, le plus employé est le glyphosate, un herbicide foliaire qui détruit tous les végétaux avec lesquels il entre en contact. « Efficace », il est aussi très nocif car, pour entrer dans la plante, on lui adjoint un agent de pénétration, qui accroît sa toxicité. Les herbicides causent des dommages réels à la faune et à la flore, tout comme ils polluent les ressources en eau. Il n'en existe pas de « biologiques » et ils sont à bannir absolument. Heureusement, il existe des solutions alternatives efficaces, qui vous assurent un terrain exempt de végétation indésirable : techniques culturales (binage, paillage, faux semis, plantes couvre-sol, etc.), préparations « maison » à base d'eau bouillante, etc. (voir pp. 50 et 153).

Privilégiez les solutions alternatives en travaillant la terre.

ZOOM SUR

Lexique des traitements phytosanitaires

▸ **Systémique :** il s'agit d'un produit absorbé par la plante, véhiculé ensuite par la sève. Dans le cas d'un désherbant, la destruction du végétal est totale. S'il s'agit d'un insecticide, le prédateur l'ingère en consommant la plante et s'empoisonne.

▸ **De contact :** ce produit agit par contact sur le parasite qu'il recouvre, bloquant ses fonctions vitales, ou, dans le cas d'une application sur des œufs, empêche leur éclosion. Cela concerne les insecticides.

▸ **Rémanence :** elle indique la durée d'action d'un produit absorbé par le végétal ou incorporé dans le sol. Celle-ci peut être courte (une à deux semaines) ou se prolonger sur plusieurs mois.

▸ **Les insecticides.** Prévenant les méfaits des insectes ou traitant les plantes atteintes, ces produits s'emploient sur tous les végétaux : fleurs, légumes, fruits, arbres et arbustes. Attention : dans la majeure partie des cas, les insecticides tuent sans discernement faune nuisible et faune utile. En ce qui concerne les produits chimiques, le choix est vaste. Mais, en plus de se retrouver dans la chaîne alimentaire, leur matière active contamine l'eau des nappes souterraines. Les insecticides biologiques sont en grande majorité fabriqués à base de pyréthrine, une substance issue d'une fleur, le pyrèthre, ou de certains chrysanthèmes. Elle agit sur le système nerveux des insectes, notamment des pucerons. Avantage : ces insecticides « naturels » se dégradent plus rapidement que les produits chimiques. Inconvénients : souvent, il faut renouveler leur application et, comme pour les traitements conventionnels, ils peuvent avoir des effets sur les insectes utiles notamment.

▸ **Les fongicides.** Appelés aussi anticryptogamiques, ces produits luttent contre les maladies provoquées par des champignons (spores ou mycéliums). La panoplie chimique est très vaste, avec un large spectre d'actions ou une portée limitée à un seul type de maladie. Avantages : une durée d'action assez longue dans le temps, peu d'interventions et une grande « efficacité ». Inconvénients : on les retrouve aussi dans la chaîne alimentaire et leurs principes actifs

Les produits chimiques nuisent à la petite faune utile.

passent dans le sol et l'eau, qu'ils contaminent, d'où un risque sanitaire. Si vous devez absolument traiter, privilégiez les fongicides naturels à base de soufre ou de cuivre (bouillie bordelaise, par exemple), qui ont une action tout aussi efficace que celle des substances chimiques. Mais sachez qu'ils restent toxiques : le sulfate de cuivre en particulier, contenu dans la bouillie bordelaise, passe lui aussi dans le sol.

- À côté de ces trois grandes familles, on trouve des **acaricides**, destinés à détruire les acariens (acarien rouge, tétranyque, phytopte, etc.), des **rodonticides**, pour combattre les rongeurs (rats, souris, mulots, etc.), et des **molluscicides**, destructeurs des mollusques (limaces, escargots). Cependant, là encore, les produits chimiques sont particulièrement néfastes : certains antilimaces, par exemple, contiennent du métaldéhyde, toxique pour tous les êtres vivants. Évitez-les !

Les produits chimiques : attention !

Les produits phytosanitaires issus de l'industrie chimique sont néfastes pour l'environnement, contribuant à la pollution du sol et des nappes phréatiques. Du fait de leur toxicité, ils mettent en péril la biodiversité. Certains peuvent même participer au développement de maladies (asthme, cancer) ou d'allergies. Vous l'aurez compris, les produits chimiques sont à exclure dans l'approche d'un jardinage au naturel.

Les produits naturels : la panacée ?

Qu'ils soient à base d'éléments naturels, comme le soufre ou le cuivre, ou composés d'extraits végétaux, les produits naturels se sont développés ces dernières années : bouillie bordelaise, produits à base de phosphate ferrique contre les limaces et escargots, antiacariens et anticochenilles à base d'huiles végétales, purins végétaux, etc. Vous les trouverez facilement dans les rayons des jardineries. En ce qui concerne les purins végétaux, l'un des plus répandus est le purin d'ortie. Mais on peut également acheter des purins de consoude, de prêle et de fougère aigle... Enfin, il convient d'ajouter les préparations que l'on peut faire soi-même (voir p. 166).

Ces traitements sont relativement efficaces, mais leur action est souvent de courte durée. Surtout, ces traitements naturels ne sont pas sans danger pour vous-même, les animaux familiers et la faune utile. Le cuivre (et donc le sulfate de cuivre présent notamment dans la bouillie bordelaise), par exemple, présente des risques pour les micro-organismes, les vers de terre et les poissons. Ne les utilisez donc qu'avec parcimonie, au cas par cas et avec beaucoup de précautions. Dans tous les cas, respectez les doses et les conditions d'emploi indiquées par les fabricants. Protégez-vous également en portant des vêtements appropriés : gants, masque, chapeau, veste et pantalon lessivables. Et, surtout, ne surdosez pas.

Les incidents de culture

Si les insectes et les maladies constituent la majeure partie des attaques et des nuisances dans un jardin, d'autres causes peuvent entraîner des problèmes culturaux.

Les carences

Le sol est constitué d'éléments chimiques et d'oligo-éléments, substances présentes en quantité infinitésimale, mais essentielles pour l'organisme de la plante. Si l'un d'eux manque ou se trouve en quantité trop faible, la végétation devient malingre, le feuillage blanchit (on parle de chlorose), la plante dépérit et meurt. Une analyse de sol (voir p. 89), préalable à toute plantation, vérifie leur présence et indique la quantité à apporter pour rétablir l'équilibrc.

▸ **L'azote :** son absence se traduit par un feuillage terne et une plante rachitique. Remède : apportez un fertilisant riche en azote et évitez les arrosages copieux qui lessivent le sol.

▸ **Le calcium :** s'il n'est pas présent, le feuillage est sec, le développement faible, avec des crevasses sur les légumes-racines. Remède : apportez de la chaux et évitez le manque d'eau, qui accentue cette carence.

▸ **Le phosphore :** une déficience ralentit la végétation, le feuillage est nécrosé, la floraison et la fructification sont médiocres. Remède : apportez un fertilisant riche en acide phosphorique.

⬆ Agapanthe souffrant de la sécheresse.

▸ **Le potassium :** un manque donne une floraison faible et une production médiocre de fruits ; le feuillage, brun violacé, est nécrosé. Remède : apportez du sulfate de potassium au printemps et en automne.

▸ **Les oligoéléments :** le manque de bore provoque le fendillement des racines (légumes-racines), avec la présence de chancres et le jaunissement du limbe des feuilles des arbres fruitiers, les nervures restant vertes ; arrosez avec du purin d'ortie ou de consoude. La déficience en fer et en manganèse entraîne des nécroses sur le feuillage ; enfouissez un engrais riche en chélate de fer et en manganèse. Sans magnésium, la croissance est chétive et le feuillage jaunit ; apportez du sulfate de magnésium. Enfin, une carence en cuivre se traduit par un affaiblissement des tiges et une floraison déficiente ; pratiquez des apports réguliers de matière organique (compost).

Les aléas climatiques

La pluie, le vent et la température sont des phénomènes naturels avec lesquels il faut apprendre à composer pour prévenir les dégâts.

▸ **La pluie :** en cas d'averses drues, le sol est tassé, d'où une asphyxie des racines et un affaiblissement de la plante, avec chute des boutons floraux. S'il grêle, les tiges sont brisées et les feuilles déchiquetées. Griffez le sol après une pluie battante et installez des protections (toiles, canisses, filets à mailles très fines) au-dessus des plantes fragiles en cas d'orage.

▸ **Le vent :** il assèche le sol, déforme les plantes, casse les tiges, accélère la transpiration naturelle, d'où l'obligation d'arroser davantage. Il gêne aussi les insectes butineurs. Installez des haies brise-vent pour limiter son action (voir p. 44).

▸ **La température :** le froid détruit les organes de reproduction et entraîne un noircissement du feuillage. Installez des protections (cloches, tunnels, voiles ou paillage). À l'opposé, une forte chaleur assèche le sol, flétrit les plantes, brûle les feuilles et les fruits. Protégez-les avec des voiles tendus sur des piquets. Enfin, sachez que de brusques changements de température peuvent provoquer des à-coups dans la végétation, qui se manifestent par des éclatements des tiges et des fruits, mais il n'existe malheureusement aucun moyen de prévention.

Maladies et parasites

Le tableau des pages suivantes regroupe les principaux parasites, ravageurs et maladies du jardin et vous donne des clés pour savoir les reconnaître, les empêcher de s'installer, voire vous en débarrasser.

Avant toute chose, rappelez-vous que jardiner au naturel, c'est d'abord agir par des moyens préventifs (en implantant par exemple chez vous des végétaux adaptés à votre terrain et à votre climat).

Toutefois, si vous êtes confronté à une attaque sévère de ravageurs ou à une maladie qui menace la vie de vos plantes, des soins sont alors indispensables. Avant d'envisager un traitement curatif, évaluez toujours le danger pour la plante et les plantes environnantes, l'intérêt de les sauver. Dans bien des cas, une solution mécanique est possible (coupez les parties infestées, désinfectez ensuite vos outils de taille à l'alcool à 70 °, voire arrachez la plante). Et si vous décidez d'utiliser un soin, proscrivez les produits chimiques de synthèse et n'ayez recours qu'à des produits d'origine naturelle, et cela avec parcimonie.

Rappelez-vous que les traitements naturels restent des traitements. Ils peuvent donc avoir des effets sur l'environnement et la faune.

Certes les insecticides d'origine naturelle (à base de pyréthrine par exemple) se dégradent plus rapidement que leurs homologues de synthèse. Mais ils peuvent éliminer, de la même manière que les traitements conventionnels, les insectes sans distinction (et donc les insectes utiles). Il faut donc ne les utiliser qu'en dernier recours.

Autre exemple : le cuivre (contenu dans la bouillie bordelaise ou d'autres fongicides à base d'oxychlorure ou d'hydroxyde de cuivre) ou le soufre sont des produits acceptés dans la gamme des produits « bio », mais ils comportent une part d'écotoxicité non négligeable. En s'accumulant dans le sol, les préparations à base de cuivre présentent des risques pour les micro-organismes, les vers de terre et les poissons.

Et, surtout rappelez-vous que jardiner au naturel c'est aussi parfois savoir accepter l'échec.

Virus de la mosaïque sur des feuilles de courges.

NOM	PLANTES CONCERNÉES	SYMPTÔMES	PRÉVENTION	TRAITEMENT
Acarien cécidogène ACARIEN 	Nombreux arbres (**tilleul, érable, noyer, poirier, saule**…) ; certains arbustes (**genêt, fusain, groseillier à fleurs, noisetier, lilas, vigne**…) ; **fuchsia** dans l'ouest de la France. Ces acariens cécidogènes sont également appelés phytoptes.	Feuilles, tiges ou fleurs présentent de curieuses déformations ou galles colorées (galles en doigt de gant du tilleul, « breloques » du frêne, érinose de la vigne…). Celles-ci ne perturbent pas la plante. Seule une espèce est dangereuse : *Aculops fuchsiae*, ou galle du fuchsia.	Ne transportez pas votre fuchsia malade et détruisez-le. Pour toute nouvelle acquisition, procédez à une inspection minutieuse de la plante pour vous assurer de son parfait état de santé : repérez toute malformation ou excroissance.	Il n'est généralement pas nécessaire d'intervenir sur les arbres et arbustes. En cas de forte infestation au printemps, pulvérisez éventuellement un produit à base de soufre dès l'apparition des feuilles.
Acarien rouge ACARIEN 	Principalement **pommier, poirier, pêcher, amandier, prunier** ; parfois **groseillier à fleurs, aubépine, sorbier, cognassier**.	Les feuilles ternissent et prennent des reflets plombés… c'est la « grisette » du pommier. Au revers s'activent de minuscules acariens de couleur rouge brique. Ils sont très entreprenants à la fin du printemps et en été ; l'hiver, on les trouve sur les écorces sous forme d'œufs pondus.	Plantez vos fruitiers dans un environnement dégagé et évitez les fertilisations azotées, qui rendent les arbres particulièrement attractifs pour ces acariens. Plantez de la mélisse, de la sauge ou de l'absinthe près des plantes sensibles : elles éloigneront les acariens. Vous pouvez aussi appliquer de l'infusion de purin d'ortie (voir p. 166).	Par une journée ensoleillée d'hiver, pulvérisez une huile insecticide (huile de colza) dans la ramure afin de détruire les œufs hivernants et renouvelez l'opération dès l'apparition des premiers symptômes au printemps. Vous pouvez aussi appliquer du purin d'ortie (voir p. 166).
Altise INSECTE 	Famille des **brassicacées (jeune chou, radis, roquette)** ; **betterave, fuchsia, crambé, œillet, giroflée quarantaine, poirée, navet**.	Les feuilles (jeunes plants surtout) se perforent au cours de leur croissance. En les frôlant, vous déclenchez l'agitation de ces nombreux petits coléoptères noirs, qui sautent dans tous les sens. Les larves, sombres également, continuent à grignoter le revers des feuilles. La croissance des plantes s'en trouve ralentie, des jeunes semis de radis peuvent même être anéantis.	Maintenez le sol frais et humide, et pulvérisez une décoction de sureau noir, aux propriétés insectifuges (1 kg de feuilles à laisser macérer dans 10 litres d'eau pendant vingt-quatre heures, puis à faire bouillir trente minutes). Près des plantes sensibles, plantez des œillets d'Inde, des roses d'Inde ou de la menthe qui éloigneront les altises. Vous pouvez aussi appliquer du purin d'ortie ou de tomates (voir p. 166).	En cas de forte infestation, sachez qu'un insecticide d'origine naturelle, à base de pyréthrine, est efficace pulvérisé en fin de journée.
Anthracnose CHAMPIGNON 	**Haricot, pois** et famille des **cucurbitacées**. Sur le **melon** et la **courgette**, l'anthracnose est appelée la nuile rouge. Touche aussi parfois le **saule**, l'**érable**, le **chêne**, le **cerisier**, le **groseillier**, la **vigne vierge**.	Des taches brunes à translucides s'étendent sur les feuilles ou les tiges, qui ensuite se nécrosent. Sur les fruits, elles sont rondes et brunâtres avant de se creuser. Par la suite, des pourritures endommagent la récolte.	Ramassez les feuilles des arbres malades tombées au sol en automne. Au potager, respectez une rotation d'au moins trois années entre deux cultures et évitez de passer dans les rangées tant que les plantes sont mouillées, pour ne pas contaminer les autres végétaux.	Il n'est pas nécessaire d'intervenir sur des arbres malades, car les dégâts sont assez limités et il est très difficile de traiter en hauteur un grand arbre. En revanche, sur les plantes du potager, enlevez au plus vite les parties atteintes et, si nécessaire, vous pouvez envisager un fongicide minéral à base d'oxychlorure de cuivre, à la dose de 1 g par litre d'eau.

NOM	PLANTES CONCERNÉES	SYMPTÔMES	PRÉVENTION	TRAITEMENT
Balanin des noisettes INSECTE 	Noisetier (fruits uniquement).	Un petit trou rond se remarque sur la coque ; à l'intérieur, plus de fruit, mais un tas d'excréments. La femelle du balanin pond dans la jeune noisette fin mai et début juin. Après avoir mangé l'intérieur du fruit, la larve s'échappe en forant un trou, se laisse tomber et passe l'hiver dans les premiers centimètres du sol.	En hiver, travaillez le sol sous la ramure des noisetiers attaqués. Remontées à la surface, les larves du balanin sont alors détruites par les gelées et font le régal des oiseaux insectivores.	Aucun traitement curatif efficace. Fin mai et début juin, étendez un drap sous le noisetier et secouez énergiquement les branches pour pouvoir récolter et capturer les balanins.
Bupreste INSECTE 	**Thuya, cupressacées, pin, genévrier** (bupreste du genre *Scintillatrix* ou *Lampra*) ; **poirier, sorbier** (bupreste sinueux) ; **abricotier, pêcher** (capnode).	Des branches se dessèchent soudainement et l'arbre meurt brutalement (cas des abricotiers et des pêchers). Sous l'écorce, des larves couleur crème occupent des galeries aplaties. Les insectes xylophages perturbent le passage de la sève et entraînent le dépérissement des branches. Le capnode installé au collet des arbres affaiblis provoque leur déclin.	Maintenez vos arbres en bon état physiologique – arrosages en été, apport d'un compost bien mûr au sol tous les ans… – et, surtout, évitez de planter des haies de *Thuya plicata* 'Atrovirens', particulièrement vulnérable au bupreste.	Aucun traitement curatif efficace. Dès l'arrivée des buprestes, coupez les branches desséchées et brûlez-les.
Capricorne INSECTE 	**Chêne** (grand capricorne), **peuplier, saule** (saperde). Deux nouvelles espèces originaires d'Asie (*Anoplophora chinensis* et *Anoplophora glabripennis*) colonisent tous les **feuillus**.	Des gros trous irréguliers se forment sur les écorces et de la sciure tombe au pied des arbres. Les larves des capricornes creusent des galeries dans le bois profond et y demeurent plusieurs années. Les adultes, des coléoptères aux longues antennes, volent pendant l'été et leurs femelles déposent les œufs sur les vieux arbres ou les sujets affaiblis.	Évitez de modifier l'environnement de vos arbres (creusement et imperméabilisation du sol), de sectionner les racines et de pratiquer des élagages sévères. Au pied des vieux chênes, épandez du broyat de branches.	Aucun traitement curatif efficace. Le grand capricorne du chêne est un insecte protégé, qui ne doit pas être détruit.
Carpocapse des pommes et des poires INSECTE 	Principalement **pommier** et **poirier** ; parfois **noyer** et **cognassier**.	Dans la partie centrale du fruit court une galerie garnie de sciure et occupée par une chenille rosée. À l'extérieur, un petit orifice vous révèle sa présence. Les pommes et les poires habitées tombent prématurément. C'est au printemps et en été que le papillon adulte vole autour des arbres et dépose ses œufs ; les jeunes chenilles gagnent alors rapidement les fruits.	Dès le début du printemps, installez des nichoirs pour attirer les mésanges, avides de chenilles. Dès la fin du mois de mai, enfilez sur chacun de vos fruits un petit sac en papier kraft, que vous fixerez avec un élastique. Retirez le sac quinze jours avant la récolte, pour que vos fruits prennent de la couleur.	Ramassez tous les fruits véreux tombés en été et détruisez-les. Pour capturer des papillons mâles et limiter ainsi la descendance du carpocapse, posez des pièges à phéromones dès le mois de mai.

NOM	PLANTES CONCERNÉES	SYMPTÔMES	PRÉVENTION	TRAITEMENT
Cécidomyie INSECTE 	**Rosier, saule, if, févier d'Amérique, hêtre, buis; violette** ; au jardin fruitier: **poirier, framboisier, cassissier**.	Des cloques colorées en forme de goutte d'eau, des boursouflures ou un enroulement du bord des feuilles, des pousses en forme de rosettes, des fruits déformés ou des grosseurs sur les tiges, tous ces signes révèlent la présence d'un petit asticot, verdâtre à orangé, caché à l'intérieur. C'est la femelle de la cécidomyie, qui initie la formation de ces galles lors de la ponte.	Pour limiter la prolifération de ces insectes, ramassez les feuilles tombées au sol en automne et effectuez en hiver un léger bêchage, qui exposera les formes hivernantes des insectes aux basses températures.	Dès l'apparition des symptômes, coupez les parties déformées, qui abritent les cécidomyies: tiges boursouflées sur les framboisiers, feuilles cloquées ou enroulées sur les buis, les cassissiers et les rosiers…
Champignon lignivore CHAMPIGNON 	Tous les arbres **feuillus** et les **résineux**.	Une volumineuse console plus ou moins colorée, dure ou molle, se développe sur le tronc ou au niveau du collet: c'est la fructification d'un champignon lignivore. Il s'étend dans le bois au cœur de l'arbre, qu'il décompose entraînant la formation d'une pourriture blanche et fibreuse ou rouge et cubique. Votre arbre peut être fragilisé.	Ces champignons ne s'installant qu'à la faveur de grosses plaies, limitez les coupes lors de la taille ou de l'élagage d'un arbre (pas plus de 5 à 10 cm de diamètre) et veillez aussi à ne pas sectionner de grosses racines.	Aucun traitement curatif efficace. Il vaut mieux faire vérifier votre arbre par un arboriste spécialisé pour savoir s'il ne présente pas de risque de casse. Un sujet creux peut souvent vivre pendant de nombreuses années.
Chancre cortical CHAMPIGNON 	Nombreuses **cupressacées**, notamment les **cyprès** toujours verts: **cyprès de Lambert** et **de Leyland**.	Une branche se dessèche brutalement. À sa base, l'écorce boursouflée et craquelée exsude des écoulements de résine. Le champignon (*Coryneum*) s'est installé dans le bois à la faveur d'une blessure et il détruit les tissus sous l'écorce, qui prennent alors une teinte rougeâtre. Cette grave maladie entraîne parfois la mort de l'arbre.	Déposez un paillis de matière organique au pied des cyprès. Évitez les grosses plaies. Après la taille, appliquez en prévention une préparation à base d'hydroxyde de cuivre (10 ml pour 1 litre d'eau).	Aucun traitement curatif efficace. Coupez les branches atteintes 20 cm en dessous des premiers chancres et brûlez-les.
Chancre européen CHAMPIGNON 	Principalement **pommier** et **poirier**; parfois **sorbier**.	L'écorce se boursoufle et se décolle sur le tronc ou les branches, autour d'une ancienne plaie; à cet endroit, les tissus vivants sont détruits. Le champignon responsable a réussi à s'infiltrer grâce à une blessure. Lorsque les flux de sève sont interrompus, l'arbre dépérit; il se casse parfois au niveau de la zone chancreuse.	Traitez les arbres sensibles après la chute des feuilles, en automne, et juste après la taille d'hiver, avec un fongicide minéral à base de cuivre (bouillie bordelaise, à la dose de 20 g d'eau, ou oxychlorure de cuivre, à la dose de 12 g par litres d'eau).	Coupez les branches porteuses de chancres et retirez soigneusement les tissus nécrosés sur le tronc avec une serpette, puis badigeonnez la plaie fraîche avec un pinceau imbibé de bouillie bordelaise liquide, non diluée.

NOM	PLANTES CONCERNÉES	SYMPTÔMES	PRÉVENTION	TRAITEMENT
Charbon du maïs CHAMPIGNON 	**Maïs** (aussi bien les variétés fourragères, destinées à l'alimentation du bétail, que les maïs doux).	Des excroissances blanches à grises, parfois de la grosseur d'un poing, apparaissent sur les épis de maïs et quelquefois sur les tiges et le bord des feuilles. À maturité, elles libèrent une poussière noire. C'est en infectant les ovaires que ce champignon provoque ces tumeurs surprenantes. Il est stimulé par un temps humide et se maintient dans le sol pendant l'hiver.	Respectez une rotation d'au moins trois ans entre deux cultures de maïs au même endroit.	Aucun traitement curatif efficace. Coupez rapidement les épis, les feuilles ou les tiges infectés et brûlez-les.
Chenille processionnaire INSECTE 	**Pin** et **cèdre**, surtout dans le sud de la France ; parfois **chêne**.	Les aiguilles ou les feuilles sont grignotées. Sur les pins et les cèdres, les chenilles se réfugient en hiver dans des bourses soyeuses tissées au bout des branches. Sur les chênes, elles forment des nids en été sur les troncs. Toutes vivent en groupe et peuvent, ensemble, défolier un sujet adulte. Leurs poils urticants sont très agressifs pour l'homme.	Installez des nichoirs pour attirer les mésanges, qui se régaleront de ces chenilles.	En été, placez sur l'arbre un piège à phéromones pour capturer les papillons mâles. Coupez les nids en hiver ou utilisez un éco-piège au printemps : un anneau encercle le tronc et réceptionne dans un sac les chenilles, qui se trouvent ainsi prises au piège. Si nécessaire, à la fin de l'été ou au début du printemps, vous pouvez pulvériser un insecticide microbiologique à base de *Bacillus thuringiensis.*
Cicadelle INSECTE 	Arbres et arbustes (**érable, charme, rhododendron, azalée**) ; plantes à massif (**sauge, rose trémière, chrysanthème, lavatère**) ; plantes en pot (**pélargonium**).	Sur les feuilles se forment des petits points jaune clair qui correspondent, au revers, aux ponctions faites par les insectes. Pas moyen de les prendre sur le fait : ils sautent et s'échappent à la moindre alerte. La cicadelle du rhododendron véhicule un champignon responsable de la maladie du dessèchement des boutons floraux *(bud blast).*	Maintenez une ambiance humide et couvrez le pied des végétaux en semant du gazon ou en déposant un paillage et arrosez régulièrement, en pluie très fine, la végétation sensible en été.	En cas de très forte infestation, sachez qu'un insecticide d'origine naturelle, à base de pyréthrine, est efficace pulvérisé en fin de journée. Aucun traitement efficace pour lutter contre le *bud blast.*
Cicadelle blanche INSECTE 	Plus de 300 **espèces végétales** peuvent être touchées, mais principalement **mûrier platane, orme, érable, vigne, pêcher, framboisier, vigne vierge, mimosa**.	Une substance collante et abondante s'écoule sous les plantes. C'est un excès de sucre, le miellat, rejeté par les cicadelles après s'être nourries de sève. Au printemps, les larves forment des manchons cotonneux blancs sur les rameaux et sous les feuilles. En été apparaissent les adultes, des petites cigales aux ailes couvertes d'une couche cireuse blanc cassé.	Ces insectes affectionnant tout particulièrement les ambiances confinées, aérez et éclaircissez les massifs trop denses pour ne pas les inciter à séjourner dans votre jardin.	Utilisez un puissant jet d'eau au printemps pour déloger les cicadelles sous les feuilles et sur les rameaux. Une lutte biologique consistant à lâcher un prédateur naturel (*Neodryinus typhlocybae*) peut se mettre en place dans le sud de la France.

NOM	PLANTES CONCERNÉES	SYMPTÔMES	PRÉVENTION	TRAITEMENT
Cloque CHAMPIGNON 	**Pêcher, nectarinier**; parfois **amandier**.	Les feuilles, dès leur apparition au printemps, se déforment. Elles s'enroulent et se cloquent, prennent une teinte vert pâle ou rougeâtre, puis tombent prématurément. Le champignon ne s'installe que sur les jeunes feuilles, par temps frais. Il devient inactif dès qu'elles sont entièrement étalées et qu'un réchauffement a lieu.	Maintenez votre pêcher le plus vigoureux possible par des apports à son pied de matière organique compostée et n'oubliez pas de tailler en hiver les rameaux desséchés. Plantez aussi de l'ail d'ornement en nombre près de votre pêcher. Vous pouvez aussi appliquer de la décoction de prêle des champs (voir p. 166).	Vous pouvez appliquer de la décoction de prêle des champs. Au cours de la saison hivernale, pulvérisez de la bouillie bordelaise sur l'ensemble de l'arbre. Au gonflement des bourgeons, puis une fois par semaine jusqu'à l'étalement des feuilles, pulvérisez un fongicide minéral à base d'oxychlorure de cuivre, à la dose de 5 g par litre d'eau.
Cochenille à bouclier INSECTE 	Fruitiers (**poirier, pommier, pêcher, cassissier**); arbres et arbustes (**lilas, fusain, buis, escallonia, bouleau**) ; conifères (**cyprès, genévrier, thuya, pin**).	Des petites pastilles rondes et blanches, en forme d'œuf sur le plat, ou des sortes de coquilles de moule grises à brunes se multiplient sur les écorces. Les cochenilles vivent sous ces boucliers cireux confectionnés par leurs soins. Immobiles, elles se nourrissent en enfonçant leur stylet piqueur-suceur dans les tissus de la plante.	Choisissez des végétaux bien adaptés à votre région et évitez une plantation trop dense. Évitez aussi les tailles en topiaire, qui favorisent le développement de ces insectes.	Brossez énergiquement les troncs pour éliminer les cochenilles. En cas de forte attaque, pulvérisez une huile insecticide (huile de colza) en hiver, puis à la fin du printemps.
Cochenille à carapace INSECTE 	**Laurier-rose, olivier, céanothe, spirée, glycine, hortensia, tilleul, érable, agrumes, camélia, houx, viorne, conifères, weigélia.**	Des coques brunes, luisantes et bombées sont plaquées sur les branches et les rameaux. Ces carapaces cireuses protègent les cochenilles. Certaines d'entre elles, les pulvinaires, confectionnent à l'approche de l'été un amas cotonneux blanc. Toutes se nourrissent de sève élaborée et affaiblissent les plantes.	Lors de la taille, aérez les houppiers (ensemble de branches situé à la cime d'un arbre) et distancez les arbustes trop serrés. Favorisez toujours l'installation de la petite faune utile (gîtes à insectes, paillages organiques…).	Pulvérisez une huile insecticide (huile de colza) au début de l'été car, à cette période, les jeunes larves des cochenilles sont mobiles sur les plantes et particulièrement vulnérables.
Cochenille à corps mou INSECTE 	Plantes d'intérieur et de serre (**euphorbe, crassulacées, palmier d'intérieur, orchidée, ficoïde, fougère**).	Des petits amas blancs et poudreux grossissent à la base des feuilles ou sur les tiges. Sous cette pruine blanche (pellicule cireuse et poudreuse) se cachent des sortes de petits cloportes peu mobiles, qui se nourrissent en prélevant la sève. La croissance des plantes est arrêtée.	Maintenez une ambiance assez humide et aérée. En été, sortez les plantes les plus sensibles : elles seront efficacement « nettoyées » par les prédateurs naturels de ce parasite (chrysopes, coccinelles, certaines espèces de punaises).	Si l'infestation se limite à quelques spécimens, retirez-les à l'aide d'un coton imbibé d'alcool. Si le nombre de cochenilles est trop important, pulvérisez une huile insecticide (huile de colza). En serre, n'hésitez pas à lâcher une coccinelle prédatrice, *Cryptolaemus montrouzieri*.

NOM	PLANTES CONCERNÉES	SYMPTÔMES	PRÉVENTION	TRAITEMENT
Criblure à *Coryneum* CHAMPIGNON 	Fruitiers (**pêcher, amandier**) ; arbustes d'ornement (**laurier-palme**).	Des petites taches violacées se forment sur les feuilles, qui se nécrosent peu à peu. Des lambeaux de tissus se décrochent et des perforations rondes apparaissent. C'est la réaction de la plante face à *Coryneum*, un champignon microscopique qui infeste les jeunes feuilles au début du printemps ; la plante isole le champignon en nécrosant la partie malade, qui finit par tomber.	Ramassez les feuilles jonchées au sol et détruisez-les, car elles peuvent héberger le champignon parasite.	Au cours de l'hiver, pulvérisez de la bouillie bordelaise sur l'ensemble de l'arbre (20 g par litre d'eau). Dès l'apparition des jeunes feuilles au printemps, envisagez de pulvériser un fongicide minéral à base d'oxychlorure de cuivre, à la dose de 5 g par litre d'eau, puis renouvelez l'opération quinze jours après.
Doryphore INSECTE 	Principalement **pomme de terre**, mais parfois **aubergine, tomate, belladone**.	Dès le printemps, les feuilles sont rongées par des coléoptères au corps jaune rayé de noir ou par des larves jaune orangé aux flancs ponctués de noir. Sur leur face inférieure sont stockés des paquets d'œufs rose orangé. En cas de prolifération, ces insectes parviennent à défolier entièrement les plants.	Après la récolte, détruisez systématiquement les repousses pour empêcher les doryphores de se maintenir dans votre potager. Respectez une rotation de quatre années entre chaque culture. Semez du lin à grandes fleurs, du basilic ou de la sauge (sclarée ou officinale) pour éloigner les doryphores.	Mettez des gants et récoltez les doryphores avec vos doigts, puis détruisez-les. Les larves étant plus sensibles que les adultes, vous pouvez éventuellement envisager, en cas de forte infestation, de pulvériser avant l'apparition des insectes parfaits un insecticide d'origine naturelle, à base de pyréthrine en fin de journée (après le coucher du soleil).
Escargot et limace GASTÉROPODES 	Toutes les **plantes herbacées** au **feuillage tendre et charnu**, surtout les **jeunes plants**.	De larges encoches dans les feuilles, des tiges sectionnées, des fleurs dévorées et parfois des fruits abîmés (fraises) – tels sont les dommages causés par les escargots et les limaces qui laissent derrière eux des traînées luisantes de mucus. Ils se montrent particulièrement entreprenants au printemps et en automne, lors des périodes humides.	Couvrez le sol au pied des plantes sensibles avec des paillettes de lin ou de chanvre, des aiguilles de pin ou des cosses de sarrasin et limitez les arrosages par aspersion. Épandez un cordon de cendre autour de celles qui ont été visitées. Les gastéropodes n'apprécient pas ces matières à cause de leur mode de déplacement. Vous pouvez aussi appliquer du purin de fougère aigle (voir p. 166).	Disposez des planches ou des tuiles sur le sol pour piéger ces gastéropodes, qui s'en serviront comme abri, et ainsi les récolter à la main. Vous pouvez aussi épandre des granulés antilimaces à base de phosphate ferrique – un produit minéral naturel – ou arroser vos plantes avec une préparation à base de nématodes parasites *(Phasmarhabditis hermaphrodita)* diluée dans l'eau.
Feu bactérien BACTÉRIE 	Certaines plantes de la famille des rosacées (**amélanchier, aubépine, cognassier à fleurs, cotonéaster, poirier, pyracantha, pommier, néflier**...).	De jeunes pousses se dessèchent au printemps ; leur extrémité se recourbe et forme une crosse caractéristique. À leur base s'écoule un petit liquide orangé. Plus tard, des branches entières sèchent tout en gardant leur feuillage, comme si elles avaient été brûlées. Véhiculées par le vent, la pluie, les insectes ou les outils de taille, les bactéries pénètrent par d'infimes plaies.	Choisissez des variétés de pommier et de poirier résistantes au feu bactérien. Taillez les plantes sensibles par temps sec uniquement et pulvérisez sur l'ensemble du végétal de la bouillie bordelaise (25 g par litre d'eau) juste après la taille.	Aucun traitement curatif efficace. Si la maladie est déclarée, coupez les parties touchées bien en dessous des symptômes (1 m) et brûlez-les.

NOM	PLANTES CONCERNÉES	SYMPTÔMES	PRÉVENTION	TRAITEMENT
Fumagine CHAMPIGNON 	**Toutes les plantes** sans exception.	Un feutrage noir et charbonneux recouvre les feuilles. Vous pouvez l'enlever facilement en frottant ou en grattant avec l'ongle et, dessous, les tissus sont indemnes. Ce champignon se développe sur les écoulements de miellat rejetés par divers insectes piqueurs-suceurs (pucerons, cochenilles, psylles). À vous de débusquer l'insecte qui en est à l'origine.	Pour éviter que cette pellicule noire ne s'agrippe à vos plantes, détectez puis, éventuellement, intervenez contre les premières attaques d'insectes piqueurs-suceurs.	Pour faire disparaître la fumagine, « nettoyez » la plante avec une préparation à base de savon noir (30 g par litre d'eau additionnés d'une cuillerée d'huile de cuisine), en frottant les feuilles avec une éponge imbibée ou en pulvérisant la préparation sur l'arbuste. Si nécessaire, sachez qu'une huile insecticide (huile de colza) est efficace contre les insectes piqueurs-suceurs.
Fusariose vasculaire CHAMPIGNON 	Au jardin d'ornement : **cyclamen, reine-marguerite** ; au potager : **concombre, courgette, melon, tomate**.	La plante se flétrit aux heures les plus chaudes de la journée, puis elle finit par se dessécher entièrement. En coupant la tige, vous pouvez constater une nécrose des tissus internes. Le champignon se maintient dans le sol et contamine la plante par les racines. Il se développe ensuite dans les vaisseaux conducteurs et obstrue le passage de la sève brute.	Respectez une rotation des cultures de quatre années après une attaque de fusariose vasculaire au potager. Privilégiez dès lors des variétés peu sensibles à la maladie (hybrides récents).	Aucun traitement curatif efficace. Arrachez et brûlez les plantes atteintes. Évitez absolument de composter les déchets des plantes malades et ne les enfouissez pas dans le sol, car le champignon peut s'y conserver.
Galéruque et criocère INSECTES 	Plantes herbacées (**lis, fritillaire, iris, nénuphar, giroflée ravenelle, capucine, asperge**…) ; arbustes (**laurier-tin, aubépine**…) et arbres (**aulne, orme, peuplier, saule**…).	De petits trous et des zones décapées apparaissent sur les feuilles, qui deviennent progressivement transparentes. Au revers, des petites larves de couleur sombre, souvent groupées, grignotent la feuille. Plus tard, c'est au tour des adultes de s'alimenter ainsi. Sur le lis, la larve se couvre de ses excréments et prend un aspect visqueux caractéristique.	Sur le laurier-tin, taillez les jeunes pousses en fin d'automne, car l'insecte y dépose ses œufs d'hiver. Aucune prévention n'est efficace sur les autres plantes.	Secouez les plantes pour faire tomber les insectes et les larves, et ramassez-les à la main. En cas de forte infestation, sachez qu'un insecticide d'origine naturelle, à base de pyréthrine est efficace. En ce qui concerne les nénuphars, tout insecticide est à proscrire pour ne pas polluer l'eau. Vous délogerez les galéruques sur les nénuphars en utilisant un jet d'eau.
Galle bactérienne BACTÉRIE 	**Laurier-rose, forsythia, frêne, olivier**.	Des sortes de tumeurs ou des galles irrégulières, de consistance rugueuse, émergent sur les branches, les tiges ou les feuilles. Chez le laurier-rose, elles se forment même sur les boutons floraux. La bactérie s'installe dans des plaies de taille et des petites fissures au niveau des tissus.	N'utilisez plus de fertilisants azotés et évitez les arrosages par aspersion.	Aucun traitement curatif efficace. Dès l'apparition des symptômes, coupez les rameaux et les feuilles porteurs de galles, puis brûlez-les. Afin de protéger les plaies, pulvérisez juste après la taille de la bouillie bordelaise, à la dose de 25 g par litre d'eau.

NOM	PLANTES CONCERNÉES	SYMPTÔMES	PRÉVENTION	TRAITEMENT
Hanneton INSECTE 	**Dahlia, pivoine, pomme de terre, laitue, fraisier… Gazons** parfois.	La plante flétrit, puis s'affaisse soudainement. À sa base, les racines sont rongées. En dégageant la terre, vous trouverez des gros vers blancs, à l'extrémité abdominale sombre, qui s'enroulent sur eux-mêmes. Les adultes, des coléoptères au vol bruyant, broutent parfois les feuilles des arbres.	Accueillez les prédateurs du hanneton : merles, grives et hérissons. Relevez la hauteur de coupe de votre pelouse pour perturber la ponte des femelles. Et n'épandez pas de fumier frais au potager : préférez des matières organiques plus décomposées car, en se décomposant, les matières produisent de la chaleur, ce qu'apprécie le ver blanc, ou larve du hanneton.	Un traitement biologique à base de nématodes parasites *(Heterorhabditis bacteriophora)*, épandu à l'arrosoir sur le sol, vous débarrassera de ces insectes.
Hernie du chou CHAMPIGNON 	Principalement **choux, radis, navet, rutabaga**.	Les racines sont anormalement gonflées et hypertrophiées. D'abord de couleur claire, ces tumeurs s'assombrissent progressivement et finissent par pourrir. La plante ne pousse plus, flétrit et peut dépérir. Le champignon attaque les racines, puis se propage dans le sol grâce aux écoulements d'eau. C'est dans les terres humides et à pH acide que les plantes sont le plus vulnérables.	Si la maladie s'est déclarée, respectez une rotation d'au moins six ans entre chaque culture de choux ou de toute autre plante de la même famille au même endroit. Effectuez des amendements calcaires étalés sur plusieurs années afin de relever le pH du sol.	Aucun traitement curatif n'est efficace. Arrachez soigneusement les plantes touchées et éliminez-les ; ne les mettez surtout pas au compost, car le champignon y survivrait.
Maladie du corail CHAMPIGNON 	De nombreux arbres et arbustes (principalement **arbre à soie, sumac, érable, tilleul, marronnier, groseillier à fleurs**).	Des rameaux ou des branches se dessèchent ou ne partent pas au printemps. Les pustules orange vif qui apparaissent sur l'écorce rougissent en automne. Le champignon en cause, *Nectria cinnabarina*, ne s'installe que sur des sujets affaiblis (en manque d'eau notamment). Il colonise aussi les chicots de branches laissés après un mauvais élagage.	Prenez grand soin de vos arbres et arbustes et arrosez-les bien, notamment au moment de la plantation. Lors des opérations de taille, respectez soigneusement les angles de coupe pour permettre une cicatrisation rapide (voir p. 145).	Coupez rapidement les branches atteintes, couvertes de pustules orangées, et brûlez-les. Juste après la taille, pulvérisez de la bouillie bordelaise (25 g par litre d'eau) sur tout le végétal.
Mildiou CHAMPIGNON 	Plantes du potager (principalement **tomate, pomme de terre, vigne, aubergine, cerfeuil, épinard, melon, oignon, poireau, topinambour, laitue, mâche** et parfois certains **choux** et **navets**) ; plantes de massif (**pois de senteur, tournesol, alysse odorant, diascia, giroflée ravenelle, dimorphothéca**).	Des taches jaunâtres, d'aspect huileux, se diffusent sur les feuilles. Au revers, un feutrage blanc s'étale. Rapidement, les zones tachées se nécrosent et les feuilles se dessèchent. Les tiges, les fruits et même les tubercules de pomme de terre dans le sol sont touchés.	Pour éviter de stimuler le champignon, arrosez le matin plutôt que le soir. Espacez les plants au potager (60 cm au minimum pour les tomates, 40 cm pour les laitues). Et, par précaution, respectez une rotation de quatre à cinq ans. Vous pouvez aussi appliquer de la décoction de prêle des champs (voir p. 166).	Lorsque le temps est favorable au mildiou (temps chaud et humide, généralement à la fin du printemps), pulvérisez de la bouillie bordelaise (12 g par litre d'eau) et cela après chaque pluie importante (20 mm de précipitations). Coupez les feuilles tachées dès leur apparition et brûlez-les. Vous pouvez aussi appliquer de la décoction de prêle des champs.

NOM	PLANTES CONCERNÉES	SYMPTÔMES	PRÉVENTION	TRAITEMENT
Mineuse foliaire INSECTE 	Principalement plantes herbacées (**chrysanthème, dahlia, betterave, céleri, tomate, salade, persil, poireau**…) ; quelques arbres (**marronnier, houx, pommier, cerisier**).	Une pastille argentée plus ou moins ronde ou une traînée sinueuse se dessinent sur les feuilles. En soulevant l'épiderme, vous découvrez une petite chenille ou un asticot blanchâtre, qui creuse une galerie à l'intérieur de la feuille en conservant les épidermes. Les insectes adultes s'échappent des galeries et pondent sur les feuilles voisines.	Ramassez les feuilles en automne et brûlez-les pour limiter la prolifération de l'insecte l'année suivante.	Aucun traitement curatif efficace. Coupez les feuilles atteintes dès l'apparition des insectes. Face à la mineuse du marronnier, disposez un piège à phéromones dans l'arbre au début du printemps et entretenez-le jusqu'à la fin de l'été.
Moniliose CHAMPIGNON 	Tous les fruitiers (principalement **cerisier, prunier, pêcher, abricotier**) ; certains **Prunus d'ornement (cerisier à fleurs)**.	Les fleurs se dessèchent au printemps et forment des « paquets » agglomérés qui se couvrent d'une fine pruine beige. Sur les fruits mûrs, le champignon provoque une pourriture molle. Parfois, des rameaux se dessèchent et, à leur base, s'écoule de la gomme. La récolte peut être entièrement anéantie certaines années.	Lors de la taille en hiver, pensez à retirer les fruits desséchés (appelés momies) qui sont restés accrochés sur les branches mortes. En cours de végétation, supprimez les fruits en surnombre. Pulvérisez sur les arbres fruitiers une décoction de prêle des champs (voir p. 166) ou le jus filtré de feuilles de raifort hachées ou mixées qui ont la réputation de protéger les fruits de la moniliose.	Après la chute des feuilles – en automne et juste avant le débourrement, au printemps – pulvérisez de la bouillie bordelaise (20 g par litre d'eau) sur tous vos fruitiers. Vous pouvez aussi appliquer de la décoction de prêle des champs (voir p. 166).
Mouche blanche INSECTE 	**Bacopa, bleuet des champs, fuchsia, œillet, pélargonium, lantana, agrumes** (aleurodes). D'autres mouches blanches choisissent la **viorne**, l'**héliotrope**, l'**azalée**, l'**impatiens**, l'**aubergine**, le **chou**.	Un liquide collant et luisant s'épanche sous les plantes. Au revers des feuilles, des petites « mouches » blanches s'échappent alors que leurs larves – des pastilles verdâtres – restent immobiles. Après avoir prélevé de grandes quantités de sève, les insectes rejettent ce miellat riche en sucres.	Maintenez une certaine humidité dans la serre ou la véranda et aérez régulièrement. Pour les plantes d'extérieur, plantez près des sujets sensibles des œillets d'Inde, des roses d'Inde, des soucis ou du basilic, qui éloigneront les mouches. Vous pouvez aussi appliquer de la décoction de tanaisie (voir p. 166).	Tôt le matin, pulvérisez du savon noir (30 g dilués dans 1 litre d'eau additionnée d'une cuillerée d'huile de table) à trois ou quatre reprises, espacées de quelques jours. Vous pouvez aussi poser des pièges jaunes englués.
Mouche des fruits INSECTE 	Les variétés de **cerises** tardives (récoltées en juin) craignent la mouche de la cerise. Dans le Sud, l'**olivier** est touché par la mouche de l'olive. La mouche méditerranéenne des fruits peut s'installer sur le **pêcher**, l'**abricotier**, l'**actinidia** (kiwi) et les **agrumes**.	La partie centrale du fruit abrite une galerie habitée par un asticot. Les olives changent de couleur et tombent prématurément ; ainsi récoltées, elles altèrent la qualité de l'huile produite. Les cerises véreuses pourrissent sur l'arbre. Les mouches ont déposé leurs œufs sur l'épiderme des fruits lors de leur maturation.	Si la mouche de la cerise sévit dans votre jardin, privilégiez les variétés précoces. Aucune prévention efficace contre la mouche de l'olive.	Contre la mouche de la cerise, avant la maturité des fruits, accrochez dans l'arbre un piège attractif spécifique de la mouche. Complétez par la pose de pièges jaunes englués disposés en croix. Contre la mouche de l'olive, pulvérisez régulièrement, à partir du mois de mai, une préparation à base d'argile (disponible dans le commerce et sur les sites spécialisés), qui dissuade les adultes de pondre sur les fruits.

NOM	PLANTES CONCERNÉES	SYMPTÔMES	PRÉVENTION	TRAITEMENT
Mouche des légumes INSECTE 	Plantes du potager (principalement **carotte, chou, betterave, poireau, oignon, pois, haricot, ail, asperge, échalote, navet, panais, rutabaga**) ; **ail d'ornement**.	Les plantes jaunissent et poussent laborieusement. Dans les racines ou les bulbes, des asticots de couleur crème s'activent et des pourritures envahissent les tissus minés. La période de vol de ces insectes varie en fonction des espèces et des régions. Leurs œufs sont déposés sur le sol, à la base des plantes.	Pratiquez une rotation variée (voir p. 171) et tendez un filet anti-insectes lors des périodes de vol. Contre la mouche du chou, disposez une collerette en carton au pied des plantes ou plantez tomate, menthe, romarin, basilic, aneth, sauge officinale, œillet d'Inde ou rose d'Inde. Contre la mouche de la carotte, plantez de la sauge officinale ou du poireau. Vous pouvez appliquer de la décoction de tanaisie (voir p. 166).	Arrachez rapidement les plantes malades, sans oublier de retirer la terre en contact avec les racines attaquées, et brûlez-les.
Noctuelle défoliatrice INSECTE 	Toutes les plantes à massif, de nombreux légumes au potager (**tomate, haricot, chou, navet, cresson**…) et potées fleuries de **géraniums** ou de **primevères**.	De larges encoches se forment sur les feuilles et parfois dans les fruits, des tiges se sectionnent et des fleurs sont « broutées ». Les dégâts s'accroissent jour après jour sans fautif visible. C'est que les chenilles vertes des noctuelles s'activent la nuit et se réfugient le jour au pied des plantes ou au revers des feuilles.	Fauchez ou arrachez régulièrement les plantes spontanées autour du potager, car elles peuvent héberger l'insecte.	Capturez dans un premier temps les chenilles lors d'une expédition nocturne. Si la tâche est trop dure, vous pouvez envisager de pulvériser un insecticide microbiologique à base de *Bacillus thuringiensis* dès les premiers dégâts, mais ne tardez pas, car ce produit n'est réellement actif que sur les jeunes chenilles.
Oïdium CHAMPIGNON 	Presque toutes les plantes du jardin.	Les feuilles – surtout les jeunes tissus – se recouvrent d'un feutrage blanc plus ou moins épais, de consistance farineuse. Elles se déforment et, parfois, se perforent. Lors de fortes attaques, elles chutent prématurément. Les champignons en cause affectionnent les ambiances chaudes.	Évitez les tailles sévères, qui stimulent le développement des jeunes pousses sensibles. Dégagez et aérez les massifs d'arbustes trop confinés et limitez les apports de fertilisants azotés. Optez dorénavant pour des variétés résistantes à l'oïdium (précision indiquée sur les étiquettes apposées sur les végétaux). L'infusion de feuilles d'achillée mille-feuille prévient efficacement l'oïdium des arbres fruitiers.	Retirez les premières feuilles atteintes et pulvérisez un fongicide minéral à base de soufre dès les premières taches. Pour une bonne efficacité du traitement, veillez à ce que les températures soient comprises entre 15 et 25 °C.
Otiorhynque INSECTE 	Presque toutes les plantes en pot (principalement **primevère, cyclamen, bégonia tubéreux**) ; la plupart des arbustes du jardin (principalement **rhododendron, laurier-tin, troène, lilas**).	Le pourtour des feuilles présente des encoches régulières. Ces dégâts, sans gravité, sont le fait des adultes – de discrets otiorhynques (type de charançon) noirâtres – qui s'alimentent lors de leurs sorties nocturnes. Les larves, en revanche, vivent dans le terreau et peuvent endommager les racines des plantes et les faire dépérir.	Lors de toute nouvelle plantation, pensez à inspecter soigneusement les mottes des plantes achetées pour éliminer les larves d'otiorhynques. Vous pouvez aussi appliquer de la décoction de tanaisie (voir p. 166).	Éliminez les insectes adultes lors d'une sortie nocturne ; secouez énergiquement les arbustes et récoltez les otiorhynques sur un drap posé à terre. Si vous suspectez des dégâts larvaires, épandez au pied des plantes une préparation à base de nématodes parasites *(Heterorhabditis megidis)* à l'aide d'un arrosoir.

NOM	PLANTES CONCERNÉES	SYMPTÔMES	PRÉVENTION	TRAITEMENT
Piéride du chou INSECTE 	Toutes les plantes de la **famille des brassicacées** (principalement **chou**) et, parfois, **capucine**.	Les feuilles sont très largement dévorées – à l'exception des nervures principales – par des groupes de chenilles vert grisâtre parcourues de trois lignes parallèles jaunes, pouvant atteindre 5 cm de long. Les papillons, aux ailes blanches marquées de noir, ont déposé les œufs jaune citron au revers du feuillage ; ils s'activent beaucoup en été dans les jardins.	Disposez un filet anti-insectes sur vos choux à partir de la mi-juillet, pour éviter les pontes des papillons et limiter ainsi leur descendance. Retirez-le fin octobre. Semez de l'aneth ou de la sauge, ou plantez du céleri, toutes plantes qui éloigneront la piéride. Appliquez aussi du purin de tomate (voir p. 166).	Récoltez à la main les œufs ou les chenilles sur les plantes et détruisez-les. Si l'attaque est importante, sachez qu'un insecticide microbiologique à base de *Bacillus thuringiensis*, pulvérisé sur l'ensemble de la plante, est particulièrement efficace contre les jeunes chenilles.
Pourridié à armillaire CHAMPIGNON 	Tous les **arbres** et **arbustes** du jardin.	L'arbre flétrit puis se dessèche au cours de l'été. L'écorce des racines ou de la base du tronc se décolle assez facilement ; dessous, une plaque de mycélium blanc apparaît. Des fructifications de champignons beiges en touffe se forment au pied de l'arbre. L'armillaire attaque toujours son hôte par ses racines, les détruit entièrement et empêche alors toute circulation de sève.	N'arrosez pas de façon répétitive les arbres ou les arbustes. Dans les zones contaminées, attendez au moins cinq ans pour effectuer une nouvelle plantation ; seuls des bambous ou des jeunes semis d'arbres et d'arbustes sont capables de résister à la maladie.	Aucun traitement curatif efficace. Coupez l'arbre ou l'arbuste mort sans trop tarder et retirez soigneusement sa souche.
Pourriture grise CHAMPIGNON 	**Cactées, cinéraire maritime, crassulacées, colchique, giroflée quarantaine, glaïeul, impatiens, perce-neige, sternbergia, dahlia, œillet d'Inde, rose d'Inde, salade, oignon, laitue, fraisier, framboisier**.	Feuilles, tiges, fleurs ou fruits se nécrosent soudainement. Une fine pruine grisâtre couvre les tissus endommagés. Le champignon responsable de cette pourriture, *Botrytis*, apprécie les ambiances saturées en eau. Sur les pétales des fleurs se forment de petites nécroses : c'est la « picote ».	Espacez les plantes dans les massifs, distancez les potées et éclaircissez les semis (enlevez les plants en surnombre). Ventilez régulièrement la serre. Entre deux arrosages (le matin de préférence), laissez sécher le terreau. Et, lors des opérations d'entretien, attention à ne pas blesser les plantes. Paillez le pied des fraisiers. Vous pouvez aussi appliquer de la décoction de prêle des champs (voir p. 166).	Aucun traitement curatif efficace. Coupez et brûlez au plus vite fleurs, tiges ou feuilles endommagées, car *Botrytis* se propage rapidement.
Psylle INSECTE 	**Arbre de Judée, buis, laurier-sauce, valériane rouge, poirier**. Depuis quelques années, de nouveaux psylles originaires d'Asie se répandent sur l'**éléagnus** et l'**arbre à soie**.	Une abondante substance collante s'écoule et se recouvre de salissures noires. Après avoir ponctionné la sève élaborée, les psylles ont rejeté l'excès de sucre, le miellat, sur lequel s'est développé un champignon, la fumagine. Certains d'entre eux provoquent aussi l'enroulement et le cloquage des feuilles (buis, laurier-sauce ou valériane rouge).	Pour limiter leur champ d'action, évitez de tailler sévèrement les arbres ou arbustes sensibles et diminuez fortement les apports d'engrais azotés.	Pulvérisez deux ou trois fois du savon noir (30 g dilués dans 1 litre d'eau additionnée d'une cuillerée d'huile de table) à huit ou quinze jours d'intervalle. Pour déloger le psylle de l'arbre à soie, utilisez un jet d'eau froide.

NOM	PLANTES CONCERNÉES	SYMPTÔMES	PRÉVENTION	TRAITEMENT
Puceron INSECTE 	**Toutes les plantes** du jardin. Au sommet du palmarès : le puceron noir de la **fève** et le puceron vert du **pêcher**. Il existe de très nombreuses espèces de pucerons, aux couleurs variées. Certains portent des épanchements cireux et cotonneux, les pucerons laineux et lanigères.	Les jeunes pousses se déforment et les feuilles se cloquent. Au revers, des colonies d'insectes sont à l'ouvrage. Grâce à leur stylet piqueur-suceur, ils prélèvent la sève élaborée et rejettent une substance collante et luisante, le miellat. Dessus se forme un champignon noir, la fumagine.	Accueillez les coccinelles. Sachez que les infusions de feuilles d'ortie ont des propriétés insectifuges intéressantes (1 kg dans 10 litres d'eau pendant douze heures). Près de vos plantes sensibles, plantez de la menthe, de la lavande, de l'armoise, des œillets d'Inde, des roses d'Inde, des soucis, de l'ail ou de la sarriette, qui éloigneront les pucerons. Ou semez des capucines. Vous pouvez aussi appliquer du purin d'ortie (voir p. 166).	Coupez les pousses trop infestées et brûlez-les. Vous pouvez envisager de lâcher des auxiliaires du commerce : coccinelle *Adalia bipunctata* ou chrysope verte *(Chrysoperla carnea)*. Vous pouvez aussi préparer une infusion à base de feuilles de rhubarbe, de l'infusion d'orties, du purin de fougère aigle ou de la décoction de tanaisie (voir p. 166), que vous pulvériserez sur les plantes infestées de pucerons.
Puceron galligène INSECTE 	**Peuplier**, **orme** et certains résineux (***Epicea*** et ***Abies***), au printemps, en été et en automne ; en été, ces pucerons atteignent les racines de la **renoncule**, de la **carotte** ou de la **salade**.	Sous l'effet de leurs piqûres surgissent des galles architecturées en forme de bourses sur les feuilles ou ressemblant à de petits « ananas » sur les jeunes pousses des résineux. Les salades sur lesquelles ils ont poursuivi leur cycle restent chétives et ne réussissent pas à pousser correctement.	Aucune mesure préventive ne se justifie contre ce type de pucerons peu dommageables pour les arbres. Évitez simplement de cultiver des salades ou des carottes à proximité de peupliers d'Italie. Si elles sont déjà en place, arrosez-les généreusement.	Retirez les feuilles couvertes de galles et éliminez-les. Arrosez vos pieds de salades ou de carottes avec un extrait fermenté de tanaisie (1 kg pour 10 litres d'eau, voir p. 166). Il n'y a pas lieu de traiter les résineux, car les dégâts sont minimes. Retirez les parties atteintes.
Punaise INSECTE 	**Pommier**, **poirier**, parfois plantes à grosses fleurs comme le **dahlia** (punaise verte des bois) ; **chou**, **pomme de terre**, **coriandre** (punaise rouge).	Les pommes se déforment et les poires deviennent pierreuses. En piquant les fruits pour se nourrir, les punaises injectent une salive toxique qui provoque ces dépressions. Ils sont disgracieux, mais tout à fait comestibles. Les feuilles des choux se couvrent de points jaunes, se déforment et se perforent. Les fleurs atteintes s'épanouissent difficilement.	Arrosez plus régulièrement les massifs qui attirent les punaises et maintenez le sol humide grâce à un paillage de matière organique au pied des choux ou des pommes de terre.	Secouez énergiquement les plantes attaquées pour recueillir les punaises qui tombent. En cas de forte attaque au potager, sachez qu'un insecticide d'origine naturelle, à base de pyréthrine, est efficace pulvérisé tôt le matin.
Pyrale du maïs INSECTE 	Principalement **maïs**, parfois **houblon**, **framboisier**, **potée de chrysanthèmes** de fleuriste.	La canne de maïs est fragilisée par une galerie interne qu'occupe une chenille gris jaunâtre. À la base de certaines feuilles, un trou dans la tige libère de la sciure sombre (ses déjections). Parfois, la chenille endommage fortement les épis. Elle passe l'hiver dans les tiges sèches ; le papillon, qui émerge au printemps suivant, pond ses œufs au revers des feuilles.	En fin de culture, ramassez soigneusement toutes les cannes de maïs et brûlez-les afin de détruire les chenilles de la pyrale.	Une fois à l'intérieur des tiges, les larves de la pyrale deviennent intouchables. À partir du mois de juin, inspectez régulièrement le revers des feuilles pour en déloger les œufs pondus en groupe, autour de la nervure médiane.

NOM	PLANTES CONCERNÉES	SYMPTÔMES	PRÉVENTION	TRAITEMENT
Rhizoctone violet CHAMPIGNON 	Plantes du potager (**carotte, pomme de terre, asperge, crosne, betterave**) et certains arbres (**mûrier platane**).	En été, la plante flétrit même quand elle est arrosée correctement. Assez rapidement, des bactéries s'installent, occasionnant une pourriture humide et malodorante. En arrachant la plante, vous découvrez une pourriture sèche de la racine charnue, qui se couvre d'une fine moisissure violette. Le champignon se maintient dans le sol sous la forme de petits sclérotes noirs (petits cailloux très résistants).	Lorsque la maladie s'est déjà déclarée, respectez une rotation d'au moins cinq ans entre chaque culture sensible. Faites tremper les griffes d'asperges (partie enterrée de l'asperge) dans une solution à base d'eau de Javel (50 ml par litre d'eau) pendant dix minutes avant de les planter.	Arrachez soigneusement les groupes de plantes atteintes. Brûlez-les et ne compostez surtout pas les déchets de cultures malades.
Rouille CHAMPIGNON 	Principalement plantes herbacées (**pois, menthe verte, poireau, asperge, salsifis** ou **ail** au potager, **pâquerette, rose trémière, chrysanthème, œillet d'Inde, rose d'Inde, pensée, spirée, alysse, pélargonium, muflier** dans les massifs); mais aussi arbres et arbustes (**conifère, bouleau, rosier, millepertuis, lavatère arbustive, mahonia, poirier d'ornement, cytise, fuchsia, abricotier, prunier**).	Des points jaunes à orangés se multiplient sur les feuilles. Au revers, vous découvrez des pustules proéminentes orangées, correspondant aux fructifications de la rouille. Les feuilles atteintes jaunissent, se dessèchent, puis tombent prématurément. Le champignon affectionne les ambiances chaudes et humides.	N'arrosez pas le soir, car un feuillage qui reste humide favorise l'apparition de la rouille. Privilégiez les variétés résistantes à la rouille quand elles existent (point indiqué sur l'étiquette) et choisissez des emplacements dégagés pour les plantes sensibles. Plantez de la ciboulette, qui limite l'invasion de la rouille. L'infusion de feuilles d'achillée mille-feuille et la décoction de prêle des champs préviennent efficacement la rouille.	Ne tardez pas à éliminer les premières feuilles basses tachées. En début d'attaque, pulvérisez un fongicide minéral à base d'oxychlorure de cuivre (3 g par litre d'eau) et renouvelez l'opération tous les quinze jours.
Scolyte INSECTE 	Tous les **arbres** et **arbustes**. Les plus représentés sont le scolyte du pin (sténographe) et ceux de l'orme (petit et grand scolytes). Ces derniers transportent la maladie de la graphiose d'un arbre à l'autre.	L'arbre se dessèche, puis meurt. Son écorce est criblée de trous de 1 mm de diamètre. Dessous, des petites galeries garnies de sciure formant de curieuses arabesques ont été creusées par des larves blanches. Les adultes, des petits coléoptères noirs, volent pendant la belle saison à la recherche d'hôtes affaiblis où déposer leur ponte.	Choisissez des variétés d'ormes résistantes à la graphiose (mention précisée sur l'étiquette des végétaux).	Aucun traitement curatif efficace. Coupez et brûlez rapidement les branches atteintes.
Sitone du pois INSECTE 	Principalement légumineuses (**pois, fève, haricot**), quelques plantes sauvages et fourragères (**luzerne, lotier, trèfle**...).	Des encoches semi-circulaires se multiplient à la périphérie des feuilles. Aux heures les plus chaudes, des petits charançons gris-brun (5 mm) s'activent; par temps couvert, ils se cachent. Les larves vivent dans la terre en se nourrissant des petites nodosités présentes sur les racines. L'insecte adulte hiverne dans le sol et réapparaît au printemps. Ses dégâts sont peu importants.	Sachez que les semis précoces et les plantes vigoureuses sont souvent moins attaqués. Respectez une rotation de trois ou quatre années entre chaque culture de légumineuses au même endroit.	En général, il n'y a pas lieu de traiter. En cas d'infestation massive (si toutes les jeunes feuilles sont découpées en périphérie), sachez qu'un insecticide d'origine naturelle, à base de pyréthrine, est efficace pulvérisé sur toute la plante.

NOM	PLANTES CONCERNÉES	SYMPTÔMES	PRÉVENTION	TRAITEMENT
Tache foliaire CHAMPIGNON 	Plusieurs plantes peuvent contracter une maladie responsable de taches foliaires : **rosier** (maladie des taches noires ou marsonia), **fraisier** (maladie des taches pourpres), **céleri** (septoriose), **yucca** (maladie des taches concentriques), **hortensia** (phyllostictose), **iris** (hétérosporiose), **crosne, tomate, carotte, persil** (alternariose), **camélia** *(Pestalotiopsis)*, **rhododendron** *(Pestalotia)* et aussi **azalée, érable, weigélia, hellébore**.	Les feuilles se couvrent de taches sombres plutôt rondes, de taille variable. Les plus atteintes jaunissent et tombent prématurément. Les champignons en cause se plaisent dans des ambiances humides et chaudes et des espaces confinés. Ils perturbent généralement peu les arbustes, mais peuvent mettre en péril les plantes herbacées.	Espacez les plantes et aérez les massifs ou les planches du potager. Arrosez au petit matin plutôt que le soir et ramassez le feuillage au sol. Pour lutter contre la maladie des taches noires du rosier, vous pouvez aussi appliquer de la décoction de prêle des champs (voir p. 166).	Retirez soigneusement les feuilles malades dès leur apparition et pulvérisez un fongicide à base d'oxychlorure de cuivre (1 g par litre d'eau). Renouvelez l'opération à deux ou trois reprises, à cinq jours d'intervalle.
Tavelure CHAMPIGNON 	Principalement **pommier** et **poirier** ; parfois **olivier, pyracantha, saule, cognassier à fleurs**.	Des taches noires olivâtres, aux contours diffus, apparaissent sur les feuilles. Les fruits contaminés se déforment et se crevassent. Ils se maculent de noir, deviennent disgracieux, mais restent comestibles. Le champignon contamine d'abord les feuilles lors des périodes pluvieuses au printemps, puis il s'installe sur les fruits en formation.	Choisissez des variétés de pommes et de poires peu sensibles à la tavelure ('reinette grise', 'florina', 'williams'…). En hiver, ramassez soigneusement les feuilles et les fruits tombés, car le champignon s'y conserve.	Un peu avant le débourrement, au printemps, pulvérisez de la bouillie bordelaise (20 g par litre d'eau). Avant la floraison puis juste après, pulvérisez du soufre micronisé (7,5 g par litre d'eau) et cela tous les dix jours tant que le temps reste favorable à la maladie (frais et humide).
Teigne (ver) du poireau INSECTE 	Toutes les **plantes du genre** ***Allium***, mais principalement **poireau, oignon** et **ail**.	Les feuilles se cassent, se déforment et se dessèchent ; elles sont minées à l'intérieur par des chenilles jaunâtres, ponctuées de noir. Les intruses progressent de l'extrémité des feuilles vers le fût des poireaux, qui deviennent inconsommables. Plusieurs générations se succèdent, les plus dommageables étant celles de l'été.	Disposez un filet anti-insecte juste après la plantation des poireaux et maintenez-le jusqu'en octobre pour éviter les pontes des papillons. Associez les poireaux avec des carottes ou du céleri pour limiter les attaques.	Ne tardez pas à couper l'extrémité des feuilles minées. Si nécessaire, sachez qu'un insecticide microbiologique à base de *Bacillus thuringiensis* est efficace pulvérisé sur toute la plante à deux reprises, à dix jours d'intervalle.
Tenthrède INSECTE 	Principalement **rosier** ; parfois **bouleau, saule, groseillier à fleurs, pin, cerisier**.	Les feuilles sont décapées et deviennent translucides ou elles sont grignotées à leur périphérie. Des chenilles jaunes à verdâtres, avec des points noirs, se redressent à votre approche. Certaines aux allures de limaces, les « décapeuses », festoient sous les feuilles. Très souvent en nombre, ces larves réussissent parfois à mettre à nu un pied de rosier.	Incitez les oiseaux insectivores (mésanges) à s'établir chez vous en installant des nichoirs dans les arbres dès le début du printemps.	Récoltez à la main les larves des tenthrèdes en petit nombre. En cas de forte attaque, sachez qu'un insecticide d'origine naturelle, à base de pyréthrine, est efficace pulvérisé plutôt en fin de journée.

NOM	PLANTES CONCERNÉES	SYMPTÔMES	PRÉVENTION	TRAITEMENT
Tétranyque tisserand INSECTE 	Au potager : principalement **tomate, haricot, fraisier** ; au jardin d'ornement : principalement **impatiens, œillet d'Inde, rose d'Inde, dahlia, fuchsia, oranger du Mexique, céanothe, hortensia, rhododendron, bignone, rosier** ; à l'intérieur ou dans les serres : **toutes les plantes**.	Les feuilles se décolorent, prennent des reflets argentés, puis se dessèchent et tombent. Souvent, une fine toile tissée les entoure. Elles ont été piquées par une multitude d'acariens jaunâtres, mesurant à peine 0,5 mm de long, que vous aurez donc bien du mal à observer au revers des feuilles.	N'hésitez pas à brumiser régulièrement vos plantes sensibles au cours des périodes chaudes et limitez les apports d'engrais azoté au jardin potager.	En début d'attaque, effectuez trois à quatre pulvérisations, à quarante-huit heures d'intervalle, d'une décoction d'ail (70 g par litre d'eau) diluée à 30 %.
Thrips INSECTE 	Plantes de serre chaude et d'intérieur ; **poireau, oignon, pois** au potager ; **glaïeul, laurier-tin, arbousier** au jardin.	Les feuilles se décolorent par endroits ; apparaissent alors des taches grisâtres ou des petites stries argentées sur le poireau et le glaïeul. Au revers, des points noirs luisants, correspondant aux déjections de l'insecte, se multiplient. La chute des feuilles est prématurée.	Effectuez de fréquentes brumisations. Épandez un paillage organique au sol, qui maintient une atmosphère humide et incommode l'insecte. Dégagez les arbustes étouffés par leurs voisins.	Suspendez dans la serre des pièges englués de couleur bleue. En cas de forte attaque sur vos végétaux extérieurs, pulvérisez un insecticide d'origine naturelle, à base de pyréthrine, de préférence en fin de journée.
Tigre INSECTE 	Principalement **platane** ; parfois **rhododendron, cotonéaster, pommier, poirier, cerisier**.	Les feuilles jaunissent progressivement et deviennent presque entièrement blanches en fin de saison. Au revers, des petites punaises aplaties, aux reflets argentés, ponctionnent les tissus et laissent sur place leurs déjections, qui ont l'aspect de taches noires luisantes. En été, elles volettent sous les platanes attaqués.	Maintenez une ambiance humide autour des arbustes (arrosage régulier en pluie très fine, paillage organique au sol).	La présence de ces insectes n'est pas grave sur les arbres et arbustes. Un traitement n'est donc pas indispensable.
Tordeuse du pois INSECTE 	Au potager, **pois, haricot, lentille** et aussi quelques plantes sauvages et fourragères (**gesse, vesce** et **trèfle**).	Les grains sont grignotés et les gousses souillées d'excréments à l'intérieur. C'est l'œuvre de petites chenilles jaunâtres, à tête brune, qui y séjournent trois à quatre semaines. En fin d'été, elles se laissent tomber au sol et s'y enfoncent pour hiverner. Les papillons adultes apparaissent à partir de la fin du mois de mai.	Dans les sites infestés, choisissez de préférence des variétés précoces ('Petit Provençal' par exemple) ou semez le plus tôt possible. Respectez une rotation de quatre ou cinq ans avant de replanter une légumineuse au même endroit.	Les traitements avec des insecticides biologiques se montrent inefficaces, car les chenilles pénètrent très rapidement dans les gousses, où elles sont alors inaccessibles. Vous pouvez en revanche piéger les papillons à l'aide d'une phéromone sexuelle attractive. Disposez votre piège à phéromones et sa capsule attractive dès le début du mois de juin.

NOM	PLANTES CONCERNÉES	SYMPTÔMES	PRÉVENTION	TRAITEMENT
Ver du framboisier INSECTE 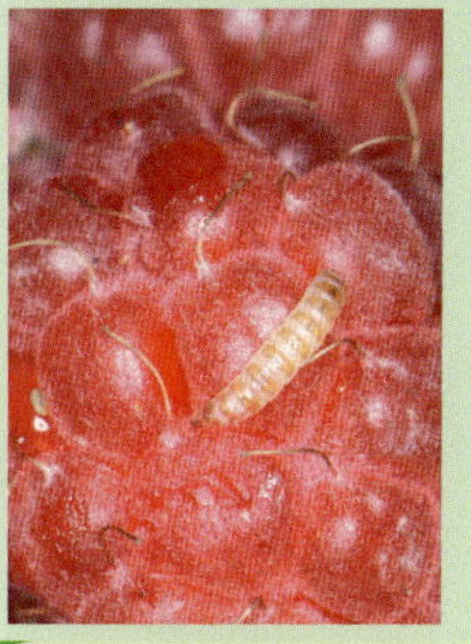	Principalement **framboisier, mûrier** (genre *Rubus*), parfois **aubépine**.	Les framboises et les mûres sont déformées et poussent anormalement. Parmi elles, vous pouvez surprendre des larves jaunâtres, ponctuées de brun, qui dévorent les fruits (ils sèchent et durcissent). Les dégâts les plus importants surviennent en été. Sur les aubépines, les larves provoquent de petites encoches sur les fruits. Les adultes, des petits coléoptères bruns, préfèrent les boutons floraux et les jeunes feuilles.	Plantez des variétés remontantes ('Zeva' par exemple), moins sensibles au ver du framboisier, car elles produisent à des périodes où l'insecte est peu présent. Paillez le pied des framboisiers et des mûriers avec un mulch de matière organique. Plantez des myosotis, qui éloignent les vers. Aucune prévention efficace pour l'aubépine.	Pour capturer les adultes attirés par la couleur des fleurs, disposez juste avant la floraison des pièges blancs englués entre les rangées de framboisiers, à 1 m de haut.
Verticilliose CHAMPIGNON 	De nombreux arbres et arbustes (**abricotier, pêcher, érable, catalpa, hêtre, peuplier, tilleul, sureau**…) et certaines plantes au potager (**tomate, fraisier, pomme de terre, aubergine** ou **artichaut**).	La plante flétrit, puis se dessèche soudainement, le plus souvent en été. En coupant une tige ou une branche touchées, vous décelez un anneau sombre juste sous l'écorce. Le champignon vit dans les vaisseaux conducteurs, les obstrue et empêche toute remontée de sève. Il se maintient dans le sol et attaque les racines.	Au potager, respectez une rotation de cinq ans entre deux cultures sensibles. Alternez avec de l'ail, des poireaux ou des choux, qui sont résistants. Choisissez des variétés de tomates résistantes (variétés hybrides récentes). Limitez la fertilisation. Sur un arbre, ne coupez pas aussitôt les parties desséchées, qui pourraient repartir au printemps prochain.	Aucun traitement efficace. Au potager, arrachez rapidement les plantes atteintes, en prélevant également la terre autour des racines, et détruisez le tout (sans compostage).
Virus de la mosaïque VIRUS 	**Concombre, melon, courgette, épinard** et **tétragone, haricot, tomate** et de nombreuses **plantes sauvages**.	Une marbrure décolorée ayant l'aspect d'une mosaïque verte ou jaune se dessine sur les feuilles et même sur les fruits. Les plantes atteintes restent chétives et rabougries, mais elles ne meurent pas en général. Le virus est transmis d'une plante à l'autre par les pucerons. Dans un jardin, les dégâts sont rarement importants.	Luttez contre les pucerons, ce qui limitera les possibilités de transmission du virus. Mais sachez qu'il suffit de quelques insectes porteurs pour contaminer une plante. Évitez surtout de bouturer ou de diviser une plante vivace présentant des symptômes suspects, car le virus se retrouvera systématiquement dans les nouvelles plantes.	Arrachez rapidement les plantes malades.
Zeuzère INSECTE 	Tous les arbres fruitiers (principalement **poirier, noyer**) ; certains arbres d'ornement (**bouleau, érable, tilleul**).	Sur l'écorce, un petit trou laisse échapper un liquide sombre ainsi qu'une sciure humide et agglomérée. À l'intérieur, une grosse chenille de teinte crème, avec des points noirs, creuse le bois dans une galerie souvent rectiligne. La branche atteinte peut se dessécher ou se casser lors d'une journée ventée. L'adulte, un papillon nocturne, vole au cours de l'été.	Les oiseaux insectivores (mésanges) étant d'actifs régulateurs de la zeuzère, accueillez-les dans votre jardin en leur proposant des nichoirs au début du printemps.	Si vous détectez la présence d'une chenille dans une branche, lors de la taille d'hiver des arbres fruitiers, par exemple, introduisez un fil de fer souple dans la galerie afin de la détruire. Si ce procédé vous déplaît, coupez la branche et brûlez-la.

7 Les animaux du jardin au naturel

La petite faune utile

Mieux connaître la petite faune utile

De nombreux petits animaux peuvent devenir vos alliés si vous leur offrez l'hospitalité. De jour comme de nuit, ils travailleront pour vous sans même que vous vous en rendiez compte. Quelques principes simples vous permettront de créer un refuge naturel dont vous tirerez d'innombrables bénéfices.

En quoi la petite faune est-elle utile pour le jardinier ?

Lutte contre les ravageurs, recyclage et enrichissement du sol, pollinisation des fleurs... de nombreux animaux contribuent, par leur mode de vie, à la protection du jardin et à la biodiversité : des insectes auxiliaires ou pollinisateurs, mais aussi des oiseaux, des petits mammifères, des batraciens, des reptiles dévorant eux aussi quantité d'indésirables (chenilles, insectes ravageurs). Chacun joue un rôle dans la chaîne alimentaire du jardin.

Des coléoptères comme les carabes se nourrissent d'œufs de limace et sont donc utiles, au même titre que les coccinelles et leurs larves consommatrices d'un nombre incroyable de pucerons. Insectivores et granivores œuvrent à un équilibre naturel et permettent de diminuer l'usage des traitements, même biologiques (voir p. 174) : les premiers éliminent les insectes ravageurs, les seconds se chargent d'un nombre conséquent de graines de « mauvaises » herbes. Les recycleurs, parmi lesquels les géotrupes, aussi appelés bousiers, ont quant à eux une action souterraine moins visible, mais ils participent à la transformation des déchets et contribuent à la fertilité du sol en prenant part à la formation de l'humus. Enfin, grâce aux pollinisateurs (abeilles, bourdons, certains xylophages...), les fleurs sont pollinisées, les fruitiers et les légumes, mieux fécondés, et les récoltes, plus abondantes (voir p. 200).

> **C'EST MALIN**
>
> ***Stop aux noyades***
>
> Multipliez les points d'eau – soucoupe, large coupelle, fontaine... – mais assurez-vous que les animaux ne s'y noieront pas en leur offrant une passerelle de sortie, par exemple un simple caillou dans une soucoupe pour les insectes ou une planchette dans un bassin pour les hérissons.

Comment les encourager à venir et à rester ?

Les animaux s'aventurent d'abord dans un jardin à la recherche de nourriture, d'eau et d'un abri. Ils y restent s'ils se sentent en sécurité. Leur fournir le « gîte », le « couvert » et la tranquillité, en ménageant des coins de jardin qui offrent « naturellement » abri et nourriture, est donc le meilleur moyen de les retenir.

Un tas de bois pour attirer les hérissons.

Quelques aménagements simples constituant autant d'habitats, donc d'écosystèmes différents, suffisent à attirer bon nombre de nouveaux habitants.

▸ **Pierrailles et murailles.** Un mur en pierres sèches ou, à défaut, un petit tas de pierres plates ou rondes sera très apprécié des invertébrés. Les lézards s'y plairont également si le soleil y parvient.

▸ **Lierre, ronces et orties.** Le lierre protège les oiseaux et les insectes des intempéries et ses fleurs constituent une précieuse source de nectar en automne. Les ronces bardées d'épines servent de forteresse aux petits oiseaux et leurs mûres sont une manne pour les gourmands. Quant aux orties, elles nourrissent une ribambelle de papillons et d'autres invertébrés.

▸ **Herbes folles.** Laissez pousser quelques herbes folles au bord de la pelouse ou de la terrasse, pour varier la structure du jardin. Elles apportent ombre et humidité aux petites bêtes et leur permettent de se déplacer à l'abri des prédateurs. Mieux, offrez-vous une mini-friche, où vous n'interviendrez absolument pas, ou une prairie fleurie (voir p. 43).

Une prairie fleurie pour les insectes pollinisateurs.

▸ **Une tôle.** Une tôle au sol dans un endroit ensoleillé est une vraie couverture chauffante. Elle sera très appréciée par certains animaux utiles du jardin. En la soulevant délicatement, vous y découvrirez peut-être un orvet qui se réchauffe ou une boule de foin remplie de bébés musaraignes.

▸ **Tas de branches.** Il sert de garde-manger aux invertébrés mangeurs de bois (xylophages), lesquels contribuent à la bonne santé des écosystèmes en participant à la décomposition du bois mort. En installant votre tas de bois à une certaine distance de votre maison, vous n'aurez aucun risque que ces insectes s'attaquent à votre charpente.

Le tas de bois peut aussi attirer un hérisson, une belette ou une hermine, et intéresse à coup sûr le troglodyte, un minuscule oiseau toujours en quête d'un abri au sol pour se cacher ou faire son nid. Couvert d'une bonne couche de foin qui l'imperméabilise, il fait un excellent abri pour l'hiver.

De l'eau en toute saison

Des sécheresses de l'été aux gels de l'hiver, les animaux ont besoin d'eau en toute saison : elle leur sert à boire et à se nettoyer.

▸ **Les insectes.** Les abeilles ont besoin de recueillir du liquide pour élaborer leur miel. Certaines guêpes solitaires façonnent un abri d'argile et de salive pour leurs larves. D'autres, qui vivent en colonie, fabriquent un grand nid de carton constitué de bois malaxé avec leur salive. Mais, pour produire beaucoup de salive, il faut boire suffisamment. Une soucoupe plate posée sur une pierre, un mur ou un piquet fait parfaitement l'affaire.

▸ **Les oiseaux.** Savez-vous que si les oiseaux s'en prennent parfois aux tomates, c'est essentiellement pour se désaltérer ? Installez un point d'eau dans votre potager et vous avez toutes les chances de limiter les dégâts. Pendant les canicules, les oiseaux perdent beaucoup d'humidité par évaporation et ont absolument besoin de se réhydrater. En hiver, lorsqu'il gèle, ils manquent plus souvent d'eau que de nourriture. La gente ailée a aussi besoin d'eau pour se toiletter toute l'année. Placez une large coupelle à bords rugueux ou une grande terrine plate en terre cuite, mais hors de portée des chats ! Veillez à changer l'eau tous les jours pour éviter les transmissions de maladies.

EN SAVOIR PLUS

Deux gestes à éviter

▸ Ne donnez pas de coups de fourche intempestifs dans un tas de feuilles : vous pourriez blesser des animaux – hérisson en particulier – qui s'y cachent.

▸ Ne brûlez pas les tas de feuilles : non seulement vous produiriez du carbone alors qu'elles peuvent constituer un excellent compost, mais vous sacrifieriez aussi une foule de petites bêtes très utiles.

Le rôle des insectes auxiliaires

De nombreux insectes utiles sont présents dans nos jardins même si, souvent, ils passent inaperçus. Ils jouent un rôle très important en freinant le développement des ravageurs – une aide si précieuse qu'elle leur vaut d'être appelés insectes auxiliaires. Tout jardinier soucieux d'œuvrer au naturel se doit de bien les traiter.

Prédateur ou parasite

La communauté des insectes auxiliaires se divise en deux grandes familles : les prédateurs et les parasites. Les premiers (coccinelles, syrphes, chrysopes, etc.) chassent et dévorent leurs proies. Les seconds (guêpes parasites, dacnusas, trichogrammes, etc.) pondent dans le ravageur, lequel sert alors de nourriture aux larves qui le dévorent de l'intérieur. Chaque espèce de parasites est hautement spécialisée et ne s'en prend qu'à une espèce donnée de ravageurs.

Connaître leur cycle de vie

Les insectes se reproduisent en pondant des œufs dont sortent des larves qui ne ressemblent en rien à l'adulte qu'elles deviendront. Après une durée qui varie selon les espèces (une dizaine de jours pour les coccinelles et les syrphes), les larves se métamorphosent en insectes adultes. Les larves, très voraces, participent activement à la lutte biologique, autant, voire davantage, que les adultes. Le jardinier averti se doit donc de les reconnaître afin de ne pas les détruire par ignorance.

Les pucerons : un exemple à suivre

Prenons le cas des pucerons. Même si l'on peut être réfractaire à l'idée de les laisser tranquilles, car ils sucent la sève des plantes et les affaiblissent, c'est pourtant là une façon très efficace d'attirer leurs prédateurs attitrés. Si aucun traitement chimique ou biologique n'est réalisé, les auxiliaires naturels colonisent le jardin dans les deux à trois semaines qui suivent l'invasion de pucerons et vous en êtes vite débarrassé.

Introduire artificiellement des auxiliaires ?

Face à une invasion de ravageurs, l'achat et le lâcher d'auxiliaires issus d'élevages (coccinelles, chrysopes, nématodes) peuvent être tentants. Certes, cette technique élimine le stress chimique de la plante dû aux traitements insecticides et fongicides et supprime les risques des pesticides pour l'environnement et le jardinier. Mais le lâcher d'auxiliaires demande le respect de certaines règles en relation avec la biologie et le comportement de l'auxiliaire, des conditions climatiques adaptées et une mise en place immédiate après l'achat, sans quoi les insectes périraient faute de retrouver de quoi se nourrir. La manipulation est donc complexe. On peut toutefois y avoir recours en milieux artificiels (serres, par exemple) ou dans le but de se débarrasser d'un ravageur spécifique, qui ne peut pas être éradiqué par la faune présente.

L'introduction d'auxiliaires doit, en conclusion, être effectuée avec un maximum de précautions et par des jardiniers avertis.

⬅ La coccinelle, précieux auxiliaire du jardin.

EN SAVOIR PLUS

La menace des coccinelles asiatiques à sept points

A priori utiles, ces insectes qui ont souvent été introduits dans les jardins par lâcher se sont en fait révélés nuisibles. Ils constituent une véritable menace pour les espèces locales, qui n'ont plus assez de nourriture et dont ils dévorent les larves. Ils possèdent aussi une grande propension à se reproduire : c'est une espèce invasive, écologiquement redoutable.

⬆ Les chrysopes sont de grands amateurs de pucerons.

Les pollinisateurs, des acteurs clés

Les insectes pollinisateurs jouent les intermédiaires dans les « noces » des plantes en transportant le pollen (élément mâle) d'une fleur sur le pistil (élément femelle) d'une autre, assurant ainsi la fécondation et donc la reproduction des fleurs. Sans eux, point de fruits, ni de graines, ou très peu, car l'efficacité du vent, autre agent de transport, reste aléatoire.

L'abeille : un des plus importants insectes pollinisateurs.

En quoi consiste la pollinisation ?

Pour qu'une fleur devienne un fruit, elle doit être fécondée – en d'autres termes, le pollen (gamète mâle, équivalent du spermatozoïde) doit atteindre les ovaires (organe femelle). Certaines plantes, peu nombreuses, comme le pois ou le blé, sont hermaphrodites et peuvent s'autoféconder. D'autres, dont les grains de pollen sont petits et légers, confient le soin de les emporter aux éléments naturels (vent, pluie) : c'est le cas des conifères et des plantes à chatons. Toutes les autres plantes à fleurs ont besoin d'une aide extérieure. Qui, mieux que l'insecte, peut réaliser cette tâche ? C'est ce transport du pollen d'une fleur jusqu'à l'ovule d'une autre qui s'appelle la pollinisation. Afin d'encourager les visiteurs, la plante fabrique un liquide sucré : le nectar. Ainsi, lorsque les insectes viennent se régaler, ils se couvrent de pollen en se frottant aux étamines. Chacun y trouve son compte : la fleur est pollinisée et l'insecte recueille de la nourriture.

Qui sont les pollinisateurs ?

En tête figurent les abeilles. Réelles championnes, elles peuvent visiter jusqu'à 700 fleurs en une journée. Outre l'abeille domestique, qui nous fournit en miel, il existe de nombreuses abeilles sauvages, souvent solitaires (voir encadré page ci-contre). Un jardin en héberge facilement une vingtaine d'espèces. Leurs cousins, les bourdons, qui vivent en société, sont eux aussi très efficaces. Viennent ensuite les papillons, les guêpes, les diptères, dont les syrphes, des mouches virtuoses déguisées en guêpes, ainsi que les coléoptères.

Dans les climats tempérés, seuls des insectes jouent ce rôle mais, sous les tropiques, des oiseaux (colibri) et des mammifères (chauve-souris frugivore) participent aussi à la pollinisation des plantes.

À chacun son type, à chacun son goût

Chaque type d'insecte porte une trompe de taille et de forme spécifiques : il ne peut donc pas visiter n'importe quelle fleur. La mouche se pose essentiellement sur des petites fleurs accessibles, car sa trompe épaisse n'est pas « spécialisée ». L'abeille, mieux outillée, possède une longue langue lui servant de paille et peut atteindre des corolles plus profondes. Les papillons déroulent d'immenses trompes munies d'un

EN SAVOIR PLUS

Les enjeux de la pollinisation

La reproduction de plus de 200 000 espèces végétales dépend totalement du butinage des insectes pollinisateurs. Sans leur intervention, 85 % des plantes à fleurs disparaîtraient de la surface de la terre. Et nos assiettes se révéleraient bien pauvres : sans les fruits et légumes qui apportent vitamines, minéraux et antioxydants, la richesse nutritionnelle de notre alimentation serait menacée.

Abeilles domestiques en danger

Lancé depuis des années déjà par les apiculteurs, ce cri d'alarme est aujourd'hui relayé par la communauté scientifique, qui s'interroge sur les causes pouvant entraîner l'effondrement de nombreuses colonies d'abeilles. Parmi les facteurs possibles, les intoxications dues aux pesticides, qui contiennent des substances paralysant certains insectes ou attaquant leur système nerveux central. Les insecticides systémiques seraient les plus toxiques car, migrant dans la plante par la sève, ils se retrouvent dans le pollen et le nectar des fleurs, utiles aux abeilles.

Un nichoir à insectes.

canal destiné à aspirer des liquides nutritifs impossibles à atteindre par d'autres.

En outre, les insectes ont des préférences. Les abeilles visitent surtout les fleurs jaunes ou bleues, aux odeurs douces ; les coléoptères affectionnent les fleurs blanches ou ternes, fortement odorantes ; les papillons vont plutôt vers les fleurs rouges, jaunes ou bleues, aux parfums suaves ; les mouches apprécient les fleurs malodorantes et peu colorées.

Comment encourager les pollinisateurs à rester au jardin

Pour aider les pollinisateurs dans leur besogne et les inciter à rester, évitez bien sûr d'utiliser pesticides et insecticides. Vous pouvez aussi notamment :

- assurer des floraisons du début du printemps à la fin de l'automne ;
- aménager un coin de terre battue pour que les abeilles solitaires pollinisatrices, telles que collètes, andrènes et eucères puissent y construire leurs mini-taupinières ;
- offrir un refuge aux xylophages pollinisateurs, comme une bûche agrémentée de trous de 10 à 15 cm de profondeur, de diamètre variable ;
- suspendre un fagot de tronçons de tiges de plantes à moelle (buddléia, fenouil, framboisier, sureau), qui attirera immanquablement les insectes amateurs ;
- installer un nichoir à insectes au soleil, à l'abri des vents dominants, à proximité d'un parterre de fleurs. Les premières abeilles solitaires et les bourdons arrivant vers le mois d'avril, il faut donc que les abris soient prêts au tout début du printemps.

ZOOM SUR

Cinq abeilles solitaires

Plus de 80 % des abeilles sont des abeilles solitaires. Ce sont les meilleures pollinisatrices.

- **L'abeille charpentière,** ou xylocope violet, est la plus grosse des abeilles d'Europe ; elle vole en produisant un fort bourdonnement. Ses puissantes mandibules lui permettent de creuser des galeries dans le bois mort, où elle édifie des cellules à l'aide de sciure de bois mâchée et agglutinée avec sa salive. Elle butine la sauge, le romarin, le pissenlit ou d'autres fleurs, celles des haricots verts par exemple.
- **L'osmie**, parfois appelée abeille maçonne, est une petite abeille rousse qui se cache dans les trous des murets ; la tête du mâle est ornée d'une touffe de poils blancs. Elle recherche les galeries de bois mort ou les tiges creuses des végétaux pour y construire des cellules dans lesquelles elle pond. Au printemps, elle butine les fleurs d'arbres fruitiers.
- **L'andrène cinéraire** se reconnaît au duvet argenté auquel elle doit son nom et qui couvre son thorax et son abdomen. Elle creuse son nid dans la terre ou le sable et aime butiner les fleurs de véronique, de groseillier ou de pissenlit.
- **La mégachile**, abeille découpeuse de feuilles, se distingue par sa tête assez large. Elle tapisse son nid avec des feuilles roulées. Pour récolter le pollen, elle est équipée d'une efficace brosse ventrale. Le trèfle et la luzerne sont ses fleurs de prédilection.
- **Le halicte**, surnommé abeille coucou, a le thorax et l'abdomen brun foncé. Elle pond dans le nid des autres, un peu comme l'oiseau du même nom.

Les oiseaux du jardin

Les oiseaux sont des hôtes incontournables des jardins. Ils s'y nourrissent, y chantent, y séduisent un(e) partenaire et s'y reproduisent. Ils constituent à la fois un régal pour les yeux et une aide appréciable pour le jardinier ! Quelques astuces suffisent pour qu'ils s'installent chez vous.

Parfois redoutés, mais toujours utiles

Bien sûr, il y a quelques débordements, semis chamboulés et fruits dévorés. Mais, globalement, les oiseaux sont des auxiliaires très zélés, qui apportent des bénéfices bien supérieurs aux pertes éventuelles de récoltes. Les uns dévorent chenilles et insectes, contribuant ainsi à l'équilibre de la faune, tandis que les autres, en se gavant de graines, participent à la lutte contre les mauvaises herbes.

Les attirer tout en protégeant les cultures

Un jardin au naturel bien pensé possède une haie (voir p. 44-47). Elle fournit à la fois un refuge, un dortoir et, pour de nombreuses espèces, un lieu de nidification, ainsi que des ressources alimentaires directes (bourgeons, feuilles, baies) et indirectes (insectes, araignées). Les meilleures essences sont l'aubépine, le fusain, la viorne obier, le sorbier des oiseleurs et le cornouiller. Mais, parfois, les oiseaux peuvent provoquer de véritables nuisances. Une bande de sansonnets peut déshabiller un cerisier en un temps record, pour votre plus grande frustration. Installez des filets (disponibles en jardinerie) sur les arbustes, les arbres et les légumes que vous voulez protéger. Fermez bien le bas pour qu'ils n'y pénètrent pas, au risque de se blesser. Sachez cependant que les oiseaux sont malins ! Ils s'habituent très vite aux objets supposés les faire fuir : cédérom, papier aluminium et hareng saur sont très aléatoires...

⬆ Moineau domestique.

Faut-il les nourrir ?

Si vous souhaitez profiter de leurs services pour lutter naturellement contre les pucerons, cochenilles et chenilles, vous devez laisser les oiseaux chercher eux-mêmes leur nourriture. Le nourrissage doit donc être occasionnel et se limiter à la période hivernale. Dès les premières gelées, quand ils n'ont plus accès à leur nourriture habituelle, donnez-leur des graines, des fruits et de la graisse (voir p. 204). Lorsque le froid est très intense, les boules de saindoux et de graines (vendues en jardinerie ou à concocter soi-même) sont les bienvenues. Évitez le pain sec et les aliments salés qui risquent de provoquer des troubles digestifs graves. Et n'oubliez pas l'eau, indispensable en cas de gel. Dès que le mercure est à la hausse, commencez le « sevrage » et poursuivez-le jusqu'aux alentours du mois d'avril. Au retour des beaux jours, cessez complètement de les alimenter.

EN SAVOIR PLUS

Du bon usage de la boue

Les hirondelles, fieffées dévoreuses d'insectes, ont besoin de boue pour bâtir et entretenir leur nid. Or elles en trouvent de moins en moins souvent. Au printemps, offrez-leur un bac de boue à humidifier régulièrement. La boue ne doit être ni trop sèche, ni trop humide, afin qu'elles en fassent facilement des boulettes.

Des hôtes à l'année

Certains oiseaux sont visibles au jardin tout au long de l'année. Apprenez à les reconnaître et à connaître leur rôle dans la lutte naturelle contre les ravageurs.

- **La mésange bleue (voir photo) :** calotte et ailes bleu vif, gorge noire, dos moitié vert, moitié gris-bleu, ventre jaune barré d'une cravate noire brisée ; bec petit et pointu. Elle chasse les œufs et les larves d'insectes, pucerons et chenilles jusque sur les tiges les plus frêles.

- **La mésange charbonnière :** tête et gorge noires, joues blanches, ventre jaune barré d'une cravate noire, dos et croupion vert olive. Elle arpente sans cesse troncs et branches des arbres pour débusquer des proies, participant activement à la protection contre les ravageurs des arbres fruitiers et des arbres d'ornement. Un couple en nidification totalise environ 1 800 captures par jour pour le nourrissage de ses jeunes.

Mésange charbonnière.

Rouge-gorge familier.

Verdier d'Europe.

Chardonneret élégant.

▸ **Le rouge-gorge familier :** face et gorge orange vif avec liseré gris sur les côtés, ventre brun, dos, ailes et queue brun-vert olive. Ce petit insectivore aime surveiller le travail du jardinier, surtout quand il remue la terre, ce qui dévoile des proies appétissantes comme les limaces, les escargots et les acariens.

▸ **Le moineau domestique :** calotte grise, nuque marron, gorge noire, joues et ventre blancs, dos brun et croupion gris pour le mâle ; la femelle est brun grisâtre, avec des rayures brun-noir sur le dos. Au moment de l'élevage des jeunes, les parents prospectent inlassablement le jardin à la recherche de petites proies (acariens, vers de terre...).

▸ **Le pic-vert (voir photo) :** dos vert, calotte rouge vif descendant jusqu'à la nuque, tache noire autour de l'œil, gorge blanchâtre et ventre gris jaunâtre ; le mâle arbore une moustache rouge. Ce volatile adore les fourmis et limite donc la prolifération des fourmilières dans la pelouse.

▸ **Le verdier d'Europe :** dos vert olive, ventre vert jaunâtre, ailes ornées d'une barre jaune vif, queue striée de jaune chez le mâle ; la femelle est brun grisâtre dessus et gris jaunâtre dessous. Cet oiseau peut consommer de grandes quantités de graines de pissenlit, d'onagre, d'armoise et bien d'autres plantes spontanées dans le jardin, qui se ressèment trop rapidement.

▸ **Le chardonneret élégant :** masque rouge vif sur la face, souligné d'une ligne noire autour du bec, ailes jaune citron et noir. Il sait extraire les graines avec dextérité et participe ainsi au contrôle de certaines plantes très gênantes dans les planches du potager (cirse, panicaut, cardère).

ZOOM SUR

Cinq bons gestes en faveur des oiseaux

▸ N'éliminez pas les arbres morts, sauf en cas de danger. Ils font à la fois d'excellents postes d'observation et des garde-manger (insectes xylophages).

▸ Laissez à leur disposition les plantes montées en graine, sauvages ou cultivées. Ils s'en régaleront dès les premiers frimas.

▸ Ne ramassez pas les feuilles mortes au pied des arbres. En se décomposant, elles accueillent des vers de terre et d'autres petites bêtes que merles et rouges-gorges trouvent facilement durant les grands froids de l'hiver.

▸ N'hésitez pas à installer des nichoirs et des mangeoires (voir p. 204).

▸ Ne taillez pas trop tôt afin de préserver les baies, précieuses pendant la disette hivernale.

Nichoirs et mangeoires

En mettant à la disposition des oiseaux gîte et couvert, vous offrirez à vos petits pensionnaires une protection précieuse, à condition de respecter quelques règles.

Nichoirs

Choisir un nichoir

La plupart des jardineries proposent des nichoirs. Choisissez le modèle le plus simple, de type boîte aux lettres, avec un toit protégé par une plaque de zinc : ce modèle convient à de nombreuses espèces. Si des chats fréquentent votre jardin, privilégiez un nichoir à balcon, sorte d'avancée dans sa partie haute qui préserve l'accès au nid. Si vous le fabriquez vous-même, attention aux erreurs fatales : n'installez pas de perchoir sur votre nichoir, ce qui fournirait un point d'appui pour certains prédateurs comme les pics. Le trou d'envol, proportionné à la taille du volatile, doit être percé suffisamment haut, sous l'avancée du toit ; ainsi, la nichée sera à l'abri des intempéries et des prédateurs. Pour protéger le bois, évitez les peintures toxiques ; préférez l'huile de lin naturelle.

Quand et où le mettre en place ?

Posez votre nichoir d'octobre ou novembre à début mars, pour que les oiseaux aient le temps de le repérer avant l'hiver et l'adoptent dès la première année. Il servira même d'abri lors des grands froids. Positionnez le nichoir entre 2 et 6 m de hauteur, suspendu à une grosse branche ou accroché à un tronc d'arbre, sans branches à proximité – elles pourraient servir d'appui à des prédateurs. Orientez-le si possible vers l'est ou le sud-est, à l'abri des vents dominants, et inclinez-le très légèrement vers le bas pour éviter que la pluie n'y pénètre. Ne vous approchez pas trop près du nichoir pendant la période de nidification, car il est essentiel de préserver la couvée.

Suspendu, le nichoir est à l'abri des prédateurs.

EN SAVOIR PLUS

La LPO, une association-ressource

La Ligue pour la protection des oiseaux (LPO) propose des modèles de nichoir en parfaite adéquation avec les espèces ciblées, ainsi que des mangeoires et des abreuvoirs. Vous trouverez sur son site Internet des conseils et des instructions pour créer un refuge LPO dans votre jardin. Tél. : 05 46 82 12 34 – www.lpo.fr

Entretien

Nettoyez les nichoirs chaque année, à partir de fin août, après que les nichées les plus tardives se sont envolées. Retirez les anciens nids et les déchets qui s'y sont accumulés, sinon les nichoirs ne seront pas réutilisés.

Mangeoires

Choisir une mangeoire

On trouve de nombreux modèles de mangeoire dans le commerce : en bois ou en plastique, sous forme de filet, à toit ouvrant ou avec ventouses pour accrocher à une fenêtre. Mais une simple planchette sur laquelle on dépose de la nourriture peut aussi faire l'affaire.

Quand et où la mettre en place ?

Installez votre mangeoire en octobre-novembre et nourrissez les oiseaux jusqu'en mars-avril – jusqu'à ce qu'ils soient en mesure de trouver leur nourriture eux-mêmes dans la nature. Accrochez la mangeoire à une branche d'arbre ou posez-la sur le rebord d'une fenêtre, hors d'atteinte des prédateurs (notamment des chats). Posez ces postes de ravitaillement à l'abri des vents dominants et des fortes pluies. Approvisionnez la mangeoire en graines par petites quantités, une ou deux fois par jour. Il existe toutefois des mangeoires-silos, qui permettent de stocker des aliments à l'abri de l'humidité et qui fonctionnent en mode de distribution automatique. N'oubliez pas non plus les boules de graisse, très utiles en plein hiver.

Entretien

Les mangeoires doivent être nettoyées au moins une fois par semaine, afin d'éviter les maladies. Ne laissez pas traîner trop longtemps des aliments non consommés, surtout en cas de redoux, car ils risquent de se gâter et de nuire à la santé des volatiles.

Une mangeoire remplie de graines fait des heureux en hiver.

Les petits mammifères du jardin

De petits mammifères s'invitent fréquemment dans les massifs de nos jardins, le plus souvent la nuit. La présence discrète de ces dévoreurs de larves et d'insectes contribue à équilibrer naturellement le fragile écosystème du jardin.

Le hérisson apprécie insectes et invertébrés.

Le hérisson

Son gros appétit en fait un allié de choc pour le jardinier. En une nuit, il peut croquer une centaine de chenilles, limaces, escargots et larves de toutes sortes. Pour l'attirer, donnez-lui un peu de pâtée pour chats ou chiens. En revanche, ne lui proposez jamais de lait et évitez de lui donner vos restes alimentaires, car certains produits peuvent le rendre malade. Favorisez sa présence en aménageant un ou plusieurs abris artificiels pour l'aider à s'installer confortablement pendant la saison froide. Choisissez un coin calme et assez sauvage du jardin, dans un lieu protégé entouré d'une végétation dense, à l'abri de la pluie et des vents dominants, ou un tas de branches mortes ou de feuilles sèches. N'importez pas un hérisson dans votre jardin : vous le priveriez de son territoire et l'absence de ses repères pourrait lui être fatale.

La musaraigne

Championne dans la catégorie « dévoreuses d'insectes », la musaraigne se reconnaît à son museau pointu. Elle détruit en une journée son propre poids d'insectes, de larves et de limaces. Près du tas de compost, son garde-manger favori, amoncelez des feuilles mortes où elle pourra s'installer en hiver, pour se protéger du froid, et au printemps, pour élever ses petits. Tondez haut pour qu'elle se faufile dans la pelouse en échappant à ses nombreux ennemis, la chouette et, surtout, le chat.

EN SAVOIR PLUS

Les taupes : pas si hostiles que ça !

Considérée comme une intruse et mal aimée des jardiniers, la taupe est pourtant plus utile que nuisible dans un jardin au naturel. Certes, elle a tendance à mettre le gazon et les planches de culture sens dessus dessous. Mais force est de constater qu'elle contribue au drainage des sols humides et consomme beaucoup d'indésirables (larves de hannetons, limaces, courtilières). Elle s'attaque même aux nids des campagnols. Ses monticules fournissent une excellente terre pour potée. Une fois aplani au râteau, l'endroit peut être réensemencé. Enfin, la taupe attire les aoûtats et détourne donc en partie les attaques de ces acariens. Autant de vertus qui, même si elles ne peuvent pas faire oublier les dégâts considérables que peut causer une taupe au jardin, sont à prendre en considération.

La chauve-souris

Chasseresse au long cours, la chauve-souris est une alliée de poids contre les moustiques et les mouches. Une seule chauve-souris brune peut facilement capturer 600 moustiques à l'heure. Elle est particulièrement utile parce qu'elle chasse à la tombée de la nuit les insectes que les animaux insectivores diurnes ne peuvent pas attraper, comme les carpocapses, les phalènes, les noctuelles, les tipules et les hannetons.

L'écureuil

Ce petit animal, dont la vue est toujours réjouissante, est le seul des petits mammifères à fréquenter le jardin pendant la journée. Très habile et rusé, il ramasse des noisettes dans les haies, mais consomme aussi des graines de conifères, des glands, des faines, sans compter les bourgeons, les tubercules et les champignons. Pour l'attirer, il suffit de mettre à sa disposition des noisettes, sa gourmandise préférée. Il existe des mangeoires spécialement conçues pour lui, qu'il est le seul à savoir ouvrir.

Autour de la mare

Dans un écosystème naturel, les habitats humides sont d'une importance vitale. Une mare dans un jardin constitue non seulement une réserve aquatique, mais aussi un lieu d'accueil pour toute la faune, qui vient y chasser et se rafraîchir. De nombreux insectes aériens, comme les libellules, apprécient cet espace aquatique et y pondent leurs œufs. Il en va de même pour les batraciens. Le jour, les hirondelles aiment chasser les insectes au-dessus de l'eau pour faire place, à la tombée de la nuit, aux chauves-souris.

Des alliés inestimables

Hormis le bruit des croassements au printemps, on ne connaît pas d'inconvénients à la présence des batraciens (sauf le crapaud, qui libère son venin lorsqu'on exerce une pression sur lui – voir p. 208). Les grenouilles vertes vivent tout au long de l'année autour de la mare. D'autres, comme les crapauds, les grenouilles rousses ou les rainettes arboricoles, ne font que s'y reproduire ; ils préfèrent les recoins humides et ombragés du jardin ou les abords de la maison, où on les retrouve surtout la nuit. Les batraciens jouent un rôle capital dans la régulation de divers invertébrés en se nourrissant de petits animaux exclusivement vivants : vers, limaces, chenilles, coléoptères et larves. Attention, la loi interdit de transporter les batraciens, leurs œufs et leurs têtards ; il vous faudra juste un peu de patience au moment de la création de la mare.

Des visiteurs indésirables ?

Parmi eux, les moustiques. Ils pondent dans la mare sitôt après sa mise en eau, mais leurs larves ne survivront pas à l'arrivée des premiers prédateurs. Dès que votre mare sera peuplée de notonectes, de larves de libellules, de dytiques et de tritons, celles des moustiques n'auront plus aucune chance de devenir adultes. Méfiez-vous plutôt des vieilles bassines laissées à la pluie ou des tonneaux d'eau d'arrosage : c'est souvent là que les moustiques pullulent, sans prédateurs pour vous en débarrasser.

Concernant les reptiles, seule la couleuvre à collier vit au bord de la mare. Elle participe à la régulation des populations de grenouilles, son mets favori. Les autres reptiles préfèrent les endroits secs et ensoleillés.

Les larves de libellules dévorent les larves de moustiques.

Grenouille verte dans une mare.

C'EST MALIN

À faire et à ne pas faire

N'hésitez pas à procéder à quelques aménagements : pour éviter que les animaux ne soient piégés dans la mare, la pente doit être douce. Sinon, ajoutez une planche qui fera office de passerelle ; créez une mini-baignoire en délimitant avec des cailloux un petit trou d'eau en bordure de mare, pour permettre aux oiseaux de se baigner sans risque. En revanche, n'introduisez ni poissons, ni tortues de Floride : ce sont des prédateurs voraces, qui ont tôt fait de détruire les larves aquatiques et les pontes d'amphibiens, vous privant par exemple des grenouilles si utiles.

Les animaux de la maison

Animaux domestiques : la cohabitation au jardin

Ils partagent nos vies et... nos jardins, mais on ne peut pas exiger d'eux qu'ils aient le même comportement que nous ! Or ils peuvent détruire la flore, faire fuir la faune sauvage utile ou encore se mettre en danger. Voici quelques règles pour que tout se passe bien.

Les chats et les chiens

Les chats sont des prédateurs carnivores attirés par tout ce qui bouge. Nichoirs et autres abris doivent absolument être hors de leur portée, sous peine de voir des petits auxiliaires, en particulier les oisillons et les jeunes hérissons, croqués. Il existe des dispositifs pour empêcher les chats de grimper aux mangeoires ou aux arbres dans lesquels nichent des oiseaux (voir p. 204). Mettre une clochette qui tinte facilement au collier d'un chat préviendra souris, musaraignes, lézards et autres petites proies potentielles de son approche.

⬆ Un collier antichat pour protéger les nichoirs.

Tout comme les chats, les chiens possèdent un instinct de chasse. Ils adorent poursuivre le ballon ou... les autres animaux. Soyez vigilant et n'hésitez pas à intervenir pour les stopper dans leurs élans ravageurs.

Mauvaises rencontres animales...

▸ **Crapauds.** Un chien qui joue avec un crapaud n'est pas à l'abri du danger. Le petit amphibien libère son venin lorsqu'on exerce une pression sur lui, lequel provoque une inflammation sévère de la cavité buccale et du pharynx, ainsi que des vomissements chez son attaquant. S'il ne l'avale pas, ce qui peut être mortel, il se rétablira généralement en quelques jours.

▸ **Chenilles processionnaires** (voir p. 181). Intrigués par leur file ondulante, le chien et le chat n'hésitent pas à approcher le bout de leur nez, voire à goûter... Salivation excessive et œdème lingual sont quelques symptômes buccaux qui trahissent cette rencontre malheureuse.

▸ **Abeilles et guêpes.** Nos compagnons à quatre pattes aiment titiller ces bestioles bourdonnantes. Les piqûres à la patte ne sont pas rares et s'avèrent le plus souvent exemptes de danger mais, si elles se situent autour de la cavité buccale, il peut se produire un œdème dans la région du larynx, avec éventuelle asphyxie.

... et végétales

▸ **Laurier-rose : fleurs et feuilles (voir photo).** C'est l'une des plantes les plus dangereuses pour les animaux domestiques. Il cause des réactions urticantes, puis des troubles cardiaques suivis de troubles nerveux et du décès de l'animal qui y aura goûté. Même sèches, ses feuilles restent toxiques.

▸ **Hortensia : fleurs et feuilles.** Il contient une toxine proche du cyanure, qui asphyxie mortellement l'animal.

▸ **Séneçon vulgaire : fleurs et feuilles.** L'ingestion de cette grande plante sauvage provoque vertiges, agitation et cécité.

▸ **If : toute la plante et plus particulièrement les baies.** Son ingestion

C'EST MALIN

Une ruche au jardin

S'occuper d'une ruche et récolter son miel n'est pas très difficile, mais demande un certain savoir-faire. Le mieux est de se former auprès d'un apiculteur proche de chez vous. Il vous conseillera aussi pour le choix et l'installation de votre ruche et pourra peut-être même vous fournir votre premier essaim. Certains syndicats d'apiculteurs régionaux proposent des ruchers-écoles, où sont enseignées toutes les bases de l'apiculture. Attention, la déclaration d'un rucher à la mairie et à la préfecture est obligatoire. Vous recevrez un numéro d'immatriculation pour votre rucher et serez considéré comme un éleveur, avec les obligations qui vont avec ce statut, notamment la déclaration des maladies.

Poules et chats, une cohabitation parfois réussie.

entraîne des troubles cardiaques, des vomissements et des diarrhées importantes.

▸ **Gui : baies.** Ses baies blanches occasionnent des troubles du système digestif et des tressaillements musculaires.

▸ **Muguet : feuilles.** Son ingestion est suivie de vomissements et d'une perturbation du rythme cardiaque.

▸ **Cytise : toute la plante.** Son absorption peut provoquer la mort par asphyxie.

Dans tous les cas, consultez rapidement votre vétérinaire si votre animal est pris de vomissements violents ou de diarrhées sévères, s'il présente des troubles de locomotion ou des difficultés respiratoires.

Attention poison

Sur les quelque 4500 plantes répertoriées en France, environ 200 sont toxiques. Impossible de toutes les éliminer du jardin. Mais, la plupart du temps, l'intoxication est bénigne. Les animaux ingèrent de petites quantités ; ne trouvant pas le goût à leur convenance, ils s'arrêtent spontanément et, comme la majorité de ces plantes induit des troubles digestifs, ils vomissent la plus grande partie de ce qu'ils ont avalé, ce qui favorise l'expulsion des toxines. Soyez toutefois très attentif aux chiots, qui mordillent tout ce qui tombe sous leurs dents !

Crotte alors !

Les animaux domestiques se soulagent souvent au mieux dans les fleurs, au pire dans les salades. En grattant, le chat compromet les semis. Deux bonnes idées : éloignez-le en plantant dans le potager de la rue, dont il déteste l'odeur, et attirez-le dans un endroit qui ne craint rien en installant de la cataire, la fameuse herbe-aux-chats qui le rendra fou de bonheur ! Quant au chien, il est possible de l'éduquer à faire ses besoins dans un endroit spécifique du jardin. Mieux vaut lui apprendre tout petit. On peut toutefois rééduquer un adulte. On peut aussi clôturer son potager.

Les poules

Pourquoi ne pas essayer de produire vous-même vos œufs ? Si votre terrain est suffisamment vaste, installez un parcours clos (comptez 10 m^2 au minimum par poule), pourvu d'arbustes sous lesquels elles se protégeront du soleil. Il leur faut aussi un poulailler pour dormir, manger et pondre. Les poules élevées en plein air passent leur temps à dénicher vers de terre, insectes et verdure, qui leur apportent tous les compléments dont elles ont besoin. Elles se régalent aussi de tous les déchets de cuisine, épluchures de légumes, restes de viande. Évitez de leur donner du poisson qui donne un mauvais goût aux œufs.

EN SAVOIR PLUS

Poules : à faire et à ne pas faire

Le lâcher de poules est préconisé contre les parasites qui vivent en terre. C'est très efficace notamment au verger mais, au potager, l'opération doit s'effectuer avant la mise en culture, sous peine de voir les poules se régaler aussi des premières plantules.

Très riches en azote, les fientes des poules peuvent brûler le sol. Elles ne sont donc utilisables comme engrais organique que délayées dans l'eau et déversées sur la terre avant d'y être mélangées par le labour. Il ne faut jamais les verser directement sur les végétaux.

LES PLANTES

AU JARDIN NATUREL

8 Les arbres, les arbustes et les grimpantes

Une grande famille

Les arbres et arbustes sont des végétaux ligneux. L'arbre se distingue par un tronc, supportant branches et rameaux, et une taille adulte souvent élevée (jusqu'à 40 m). L'arbuste, qui présente plusieurs branches partant du sol, dépasse rarement 6 à 8 m. Les plantes grimpantes ligneuses produisent également du bois, mais elles sont incapables de se tenir dressées sans l'aide d'un support : elles s'accrochent au moyen de racines aériennes (lierre), de vrilles (clématite) ou de tiges volubiles (glycine).

Des usages variés

Par leur présence permanente et leur stature parfois imposante, les végétaux ligneux contribuent à modeler le jardin. Ainsi, les conifères (voir p. 216-217) sont prisés pour leur silhouette dense, décorative toute l'année. C'est le cas aussi des feuillus à feuillage persistant (olivier, eucalyptus, palmier), dont certains offrent une floraison attrayante. Les feuillus à feuillage caduc sont recherchés pour leur floraison (cerisier à fleurs, arbre de Judée), leurs fruits (sorbier des oiseleurs, aubépine), leur feuillage (liquidambar, tulipier de Virginie), leur port (saule pleureur, noisetier tortueux) et parfois leur écorce (érable, cornouiller). Les arbres sont appréciés pour leur cime épaisse, qui dispense de l'ombre en été. Dans la partie sauvage du jardin, les souches et arbres morts sont des lieux d'accueil convoités par une faune variée.
Moins imposants que les arbres, les arbustes se prêtent à la constitution de massifs et de haies mêlant des espèces à feuillage persistant (certains berbéris, buis, laurier-tin) et d'autres à feuillage caduc (forsythia, buddléia, spirée).

Plantation d'hortensias dans un jardin.

La plupart des arbustes sont plantés pour leurs fleurs colorées et parfois parfumées, comme le rosier, le lilas ou encore le seringat.
Dans un jardin au naturel, les arbustes tels que le fusain, le noisetier et le troène sont très utiles pour constituer des haies champêtres, qui offrent refuge et nourriture à une multitude d'animaux. Les espèces couvre-sol, comme certains cotonéasters et le millepertuis, garnissent les talus tout en empêchant la pousse des mauvaises herbes. Les murs habillés de plantes grimpantes, telles que bignone et vigne vierge, abritent de nombreux insectes et favorisent la nidification des oiseaux.

Plantation

Quand planter ?

L'automne est la meilleure période pour planter des végétaux élevés en conteneur (arbres, arbustes et plantes grimpantes). Une fois en terre, les racines ont le temps de reprendre leur croissance avant l'hiver et la plante part plus vite au printemps suivant. Néanmoins, la plantation au printemps est conseillée en climats continental ou montagnard, dans les sols lourds et très humides en hiver ou encore quand les espèces à feuillage persistant sont sensibles au froid.
Les arbres à racines nues sont, eux, commercialisés pendant leur période de repos végétatif, entre novembre et mars. Plantez-les le plus rapidement possible pour éviter que leurs racines ne sèchent. Si le sol est gelé ou très humide, mettez-les en jauge en attendant le retour de conditions favorables : choisissez un endroit à l'abri d'une haie ou d'un mur, creusez un trou de la profondeur des racines, placez les plants inclinés vers la haie ou le mur et recouvrez les racines avec un mélange de terre et de sable.

Comment planter un arbuste en conteneur ?

Creusez un trou d'environ 60 cm de côté et de profondeur. Placez le conteneur dans un seau rempli d'eau afin de bien humecter la motte. Dépotez l'arbuste. Dégagez les racines qui sont enroulées autour de la motte. Posez la motte dans le trou et ajustez de façon que sa surface affleure avec le niveau du sol. Comblez le trou avec de la terre. Tassez et arrosez.
Dans le cas d'une plante grimpante, creusez le trou à 40-50 cm du mur, de la haie ou de tout autre support. Placez la plante en l'inclinant vers le support. Rebouchez le trou. Tassez et arrosez. Détachez les tiges, dirigez-les vers le support et attachez-les.

Cerisier, arbre de Judée et conifère.

Comment planter un arbre à racines nues?
Creusez un trou de 80 cm-1 m de côté et de profondeur. Raccourcissez les racines et coupez celles qui sont abîmées. Laissez tremper les racines dans un mélange d'eau et de terre, pendant au moins une heure. Ce « pralinage » permet de maintenir l'humidité au niveau des racines et facilite la reprise. Placez l'arbre dans le trou et étalez les racines : il doit être enterré à la même profondeur qu'en pépinière (repérable à l'endroit où l'écorce change de couleur).
Rebouchez le trou avec la terre. Tassez et arrosez. Enfoncez un tuteur à côté de l'arbre. Attachez le tronc au tuteur avec un lien (raphia, collier plastique, etc.), sans trop serrer. Ces attaches doivent être maintenues trois ou quatre ans, le temps que les racines se soient suffisamment développées pour assurer la stabilité de l'arbre.

Entretien

Paillez les arbustes nouvellement plantés (voir p. 98). Durant le printemps (s'il est sec) et l'été, arrosez régulièrement les arbres et arbustes qui viennent d'être plantés. Une fois établis, les végétaux ligneux ont rarement besoin d'être arrosés.
Pratiquée trois ou quatre ans après la plantation, la taille de formation des arbres d'ornement consiste à donner à l'arbre une charpente équilibrée, avec un tronc droit et des branches bien réparties. Par la suite, les interventions se limitent le plus souvent à l'élimination du bois mort.
La taille des arbustes est plus complexe. Certains demandent à être taillés de façon importante systématiquement tous les ans, comme le buddléia et le caryoptéris. Pour d'autres, la taille est moins systématique, plus légère et se réduit au retrait du bois mort et des branches mal placées. C'est le cas, par exemple, de l'amélanchier, du camélia et du rhododendron.
Les arbres se taillent pendant la période de repos végétatif, entre novembre et février, en dehors des périodes de gel.
Les arbustes à floraison hivernale ou printanière, tel le forsythia, fleurissent sur des rameaux nés l'année précédente. On les taille après la floraison. Les arbustes à floraison estivale ou automnale, comme le buddléia, fleurissent sur les rameaux qui ont poussé au début de la saison. Ils sont taillés court, juste avant la reprise de la croissance, fin février ou début mars (selon les régions).
Pour en savoir plus, voir p. 142-145.

Maladies et parasites

Tous les feuillus sont concernés par les insectes tels que les capricornes ou les scolytes, par les champignons comme la fumagine, le pourridié à armillaire ou les champignons lignivores ; ils peuvent aussi être touchés par l'oïdium. Pour les conifères, voir page suivante.

Les meilleurs conifères pour le jardin

De l'arbre de grand développement qui se plante en isolé à l'arbuste nain, parfait pour la rocaille, les conifères jouent un rôle important dans l'aménagement du jardin. Leurs silhouettes variées restent décoratives toute l'année, avec des feuillages offrant une large palette de tons verts, bleutés et dorés. Les espèces et variétés de conifères utilisées dans les jardins s'accommodent, pour la plupart, d'une terre moyennement fertile, bien drainée. D'une manière générale, les sapins et les épicéas préfèrent un sol frais, peu calcaire, tandis que les pins, cyprès et genévriers poussent bien en sol sec.

Feuilles et fruits

Les conifères se distinguent des feuillus par leurs feuilles en forme d'aiguilles ou d'écailles, persistantes chez la grande majorité des espèces. De longueur variable, les aiguilles sont groupées chez les pins, solitaires chez les épicéas et les sapins. Les cyprès et les thuyas ont des petites feuilles aplaties en forme d'écailles, non piquantes.
La plupart des espèces produisent des fruits en forme de cônes, constitués d'écailles ligneuses qui s'écartent à maturité en libérant les graines. Chez les autres espèces, comme le genévrier ou l'if, la graine est entourée par une enveloppe charnue.

Dans un jardin au naturel

En hiver, les graines des conifères nourrissent de nombreux oiseaux, tels que les mésanges, le pic épeiche ou le sizerin flammé ; elles font aussi le régal des écureuils. Les fruits du genévrier et de l'if attirent les grives, les merles et les verdiers, qui en mangent la pulpe et rejettent la graine (attention, toutes les parties de l'if, et en particulier les baies, sont extrêmement toxiques). Les haies de conifères constituées d'une seule espèce ne sont pas indiquées pour les jardins naturels. Il est préférable d'utiliser ces végétaux décoratifs en les plantant en isolé. Les oiseaux pourront trouver un abri où y nicher. Afin d'obtenir un effet naturel, choisissez des essences indigènes telles que pin, sapin, épicéa, if ou genévrier. Si vous souhaitez un arbre à l'aspect plus sophistiqué, tournez-vous vers les variétés ornementales par leur port ou la teinte de leur feuillage (*Cupressus arizonica*, au feuillage bleuté, ou *Cupressus macrocarpa* 'Goldcrest', aux reflets dorés).

Plantation

Quand vous achetez un conifère, renseignez-vous sur son développement à l'âge adulte et prévoyez un

EN SAVOIR PLUS

Les conifères à feuillage caduc

Les conifères n'ont pas tous un feuillage persistant. En automne, les aiguilles du mélèze (*Larix decidua*) se teintent de jaune, puis de brun, avant de tomber. Le cyprès chauve (*Taxodium distichum*) perd aussi ses aiguilles en automne ; cet arbre de grande taille aime la proximité de l'eau. D'un point de vue botanique, l'arbre aux quarante écus (*Ginkgo biloba*) se rapproche des conifères, bien que d'aspect différent ; ses feuilles en éventail virent au jaune d'or en automne.

C'EST MALIN

Sapin ou épicéa ?

Bien souvent, lorsque l'été est sec, les sapins (*Abies*) sont confondus avec les épicéas (*Picea*). Pour les distinguer, observez les cônes : ils sont dressés chez les sapins et pendants chez les épicéas. Les aiguilles des sapins sont aplaties et marquées de deux bandes blanches au revers, tandis que celles des épicéas, plus piquantes, sont arrondies et vert uni.

Plantation d'un cyprès au printemps.

Épicéa du Colarado 'Globosa'.

Chamaecyparis lawsoniana 'Columnaris'.

Faux cyprès de Lawson.

emplacement adapté à ses dimensions. Les arbres sont vendus en motte ou en conteneur. Plantez-les fin septembre-début octobre ou en mars-avril – dans ce cas, surveillez bien leurs besoins en eau si le printemps est sec.
Creusez un trou de 50-70 cm de diamètre et de profondeur. Ameublissez le fond avec une fourche-bêche. Mélangez la terre extraite avec un peu de terreau ou de compost. Si le conifère est en motte, déposez-le tel quel dans le trou de façon que la surface de la motte affleure avec le niveau du sol, puis coupez les liens et rabattez le filet qui entoure la motte. Si le plant est en conteneur, dépotez-le délicatement et placez-le dans le trou. Ajustez la hauteur. Rebouchez et arrosez copieusement.

Entretien

En l'absence de pluie, arrosez régulièrement après la plantation. Restez vigilant pendant les périodes de temps sec les deux années qui suivent la plantation. Une fois bien établis, les conifères n'ont plus besoin d'arrosage. Si vous avez une haie de thuyas, taillez-la deux fois par an, en mars-avril et fin août-début septembre. Par la suite, envisagez de la remplacer par une haie champêtre, plus favorable à la biodiversité.

Maladies et parasites

Les parasites les plus courants sont les cochenilles à bouclier, les pucerons, les pucerons galligènes, les chenilles processionnaires. Les résineux sont tous concernés par le champignon lignivore. Les conifères peuvent être touchés par la rouille ; les thuyas, pins et genévriers peuvent être attaqués par les buprestes, les pins par les tenthrèdes et les ifs par les cécidomyies. Le chancre cortical colonise de nombreuses cupressacées, mais il ne touche pas le cyprès bleu d'Arizona.

ZOOM SUR

De bons choix pour un jardin au naturel

Des conifères pour les grands espaces
Les conifères, qui atteignent 10 à 20 m de haut, sont réservés aux grands jardins. Les sapins (*Abies*) et les épicéas (*Picea*) sont des arbres décoratifs par leur silhouette régulière, pyramidale ou conique. Certaines espèces et variétés possèdent un feuillage bleuté, comme le sapin d'Espagne bleu (*Abies pinsapo* 'Glauca') et l'épicéa Koster (*Picea pungens* 'Koster'). Les pins (*Pinus*) sont appréciés pour leurs longues aiguilles et leurs grosses pommes de pin. Les cèdres (*Cedrus*) sont des arbres majestueux parfaits pour les grands espaces. Les cyprès (*Cupressus, Chamaecyparis,* x *Cupressocyparis*) et les thuyas (*Thuja*) présentent de nombreuses variétés au feuillage doré, comme *Cupressus macrocarpa* 'Goldcrest', *Chamaecyparis lawsoniana* 'Alumii Gold' et *Thuja occidentalis* 'Golden Globe', ou au feuillage bleuté, comme *Cupressus arizonica* et *Chamaecyparis lawsoniana* 'Columnaris'.

Des conifères pour les petits espaces
Les conifères de faible développement sont intéressants dans les endroits où l'espace est limité. Les faux cyprès (*Chamaecyparis*) offrent un large choix de petits conifères arrondis ou colonnaires, dans des tons verts (*C. obtusa* 'Nana Gracilis'), bleus (*C. pisifera* 'Boulevard') et dorés (*C. lawsoniana* 'Minima Aurea'). Les genévriers (*Juniperus*) sont souvent employés pour garnir les rocailles et les talus. Parmi les pins, épicéas, thuyas et ifs, on trouve également des variétés basses parfaites pour les petits jardins : *Pinus mugo* 'Mops', *Picea pungens* 'Globosa', *Thuja occidentalis* 'Sunkist' et *Taxus baccata* 'Standishii'.

Abélia

Abelia x grandiflora

Avec son port buissonnant, l'abélia est intéressant pour constituer une haie moyenne ou pour garnir la base d'une haie fleurie. Sa floraison tardive de clochettes étroites parfumées, blanc rosé à gorge orange, assure le spectacle en arrière-saison, tout en faisant la joie des insectes butineurs. Ses feuilles ovales brillantes, semi-persistantes (elles tombent lorsque l'hiver est rigoureux), sont en général vert vif, mais il existe des variétés à feuillage panaché, décoratives toute l'année.

Hauteur : 1-2,5 m.

Étalement : 1-2,5 m.

Sol : tout type de sol bien drainé.

Exposition : soleil ou mi-ombre, à l'abri des vents froids.

Plantation : de préférence en automne dans les régions aux climats océanique ou méditerranéen, au printemps dans les autres régions.

Entretien : après la floraison, coupez le bois mort et, sur les arbustes bien établis, coupez près du sol environ un quart des plus vieilles tiges (plus épaisses et plus claires) pour assurer leur renouvellement. En fin d'hiver, coupez les rameaux qui ont souffert du gel.

Floraison : de juillet à novembre.

Variétés/Espèces du jardin au naturel : 'Kaleidoscope' (feuillage panaché de vert clair, teinté d'orange au printemps, de rouge en hiver), 'Prostrata' (arbuste compact), 'Edward Goucher' (fleurs roses), 'Francis Mason' (feuillage doré).

Maladies et parasites : généralement aucun.

Acacia jaune

Caragana arborescens

Si votre jardin est situé dans une région aux climats continental ou montagnard, vous n'aurez aucun souci avec cet arbuste épineux originaire de Sibérie. Il supporte également très bien la sécheresse. Son feuillage caduc rappelle celui de l'acacia (*Robinia pseudoacacia*). Il donne au printemps de nombreuses fleurs, recherchées par les abeilles, semblables, par leur forme, à celles des pois, mais de coloris jaune. Dense et résistant au vent, l'acacia jaune s'intègre dans une haie brise-vent, qui protégera vos plantations plus délicates, ou s'associe à d'autres arbustes épineux pour réaliser une barrière impénétrable. Les variétés pleureuses, souvent greffées au sommet d'une tige, sont plus adaptées au jardin d'ornement, où vous les planterez en isolé.

Hauteur : 3-5 m.

Étalement : 2-3 m.

Sol : tout type de sol bien drainé, même calcaire. Craint les terres trop humides.

Exposition : soleil.

Plantation : de l'automne au printemps quand le sol n'est ni gelé, ni détrempé.

Entretien : en fin d'hiver ou au début du printemps, coupez les branches mortes ou malades et taillez les branches mal orientées pour équilibrer la silhouette de l'arbuste.

Floraison : en mai-juin.

Variétés/Espèces du jardin au naturel : 'Lorbergii' (branches arquées, feuillage fin), 'Walker' (rameaux pleureurs, feuillage très finement découpé), 'Pendula' (port pleureur).

Maladies et parasites : généralement aucun.

Althéa

Hibiscus syriacus

En été, la floraison colorée de l'althéa, aussi appelé mauve en arbre, ne passe pas inaperçue. Ses grandes fleurs, dont l'aspect évoque celui des roses trémières, offrent une large gamme de coloris, dans des tons blancs, roses, rouges et bleu violacé. Les pétales présentent souvent une teinte contrastée à la base. Utilisez-le pour enrichir une haie fleurie, plantez-le en isolé ou intégrez-le dans un massif d'arbustes ou de plantes vivaces. Laissé libre, l'althéa forme un beau buisson aux tiges dressées, mais qui a tendance à se dégarnir à la base.

Hauteur : 2-3 m.

Étalement : 1-1,5 m.

Sol : fertile, bien drainé, même calcaire, à l'abri des vents froids.

Exposition : soleil.

Plantation : de préférence en automne, au printemps si votre terre est argileuse et humide.

Entretien : chaque année, en mars, coupez le bois mort et les tiges mal orientées, et raccourcissez les rameaux qui ont fleuri l'année précédente. Une taille légère donne à l'arbuste un port naturel et touffu.

Floraison : de juillet à octobre.

Variétés/Espèces du jardin au naturel : 'Hamabo' (fleurs rose pâle à cœur rouge), 'Pink Giant' (fleurs rose vif à cœur rouge foncé), 'Oiseau bleu' (fleurs bleues à cœur pourpre), 'Red Heart' (fleurs blanches à cœur rouge), 'William R. Smith' (fleurs blanches), 'Woodbridge' (fleurs rouge clair à cœur rouge foncé).

Maladies et parasites : pucerons noirs.

Amélanchier

Amelanchier lamarckii

L'amélanchier est aussi décoratif planté en isolé que mélangé à d'autres arbustes pour créer une haie champêtre vivante et colorée. Ses petites fleurs blanches, disposées en grappes pendantes, attirent abeilles et papillons. Durant l'été, elles font place aux fruits, des petites baies sucrées rouges, puis violet foncé, qui font le régal des oiseaux. Le spectacle se poursuit en automne, quand le feuillage revêt de brillants tons rouges et cuivrés. Avec l'âge, ce grand arbuste finit parfois par former un petit arbre. Originaire des régions froides d'Amérique du Nord, il ne craint pas le gel.

Hauteur: 4-8 m.

Étalement: 2-6 m.

Sol: neutre à acide, frais, bien drainé.

Exposition: soleil ou mi-ombre.

Plantation: de préférence en automne, au début du printemps pour les sols lourds et humides.

Entretien: en fin d'hiver, coupez le bois mort et les rameaux mal placés. Au printemps, paillez le pied pour garder la fraîcheur du sol.

Floraison: en avril-mai.

Variétés/Espèces du jardin au naturel: *A.* 'Ballerina' (grandes fleurs blanches), *A.* x *grandiflora* 'Robin Hill' (fleurs rose tendre), *A. laevis* (fleurs blanches, jeunes feuilles bronze).

Maladies et parasites: feu bactérien.

Arbousier

Arbutus unedo

Originaire du Bassin méditerranéen, l'arbousier est un petit arbre aux belles qualités ornementales. En forme de clochettes, ses fleurs blanches ou roses éclosent en automne. Les fruits qui en sont issus mettent un an pour mûrir, donnant l'automne suivant des sortes de fraises rouges, comestibles mais insipides, qui lui ont valu le nom d'arbre aux fraises; les arbouses constituent une nourriture appréciable pour les oiseaux en hiver. Son feuillage persistant, vert foncé et finement denté, et son écorce brune, qui se détache en lambeaux, en font un sujet de choix pour une haie champêtre. L'arbousier a besoin d'un climat océanique ou méditerranéen pour bien fructifier, mais il possède une bonne résistance au gel.

Hauteur: 5-8 m.

Étalement: 2-6 m.

Sol: neutre à acide, bien drainé.

Exposition: situation abritée dans les régions aux climats continental et montagnard, soleil dans les autres régions.

Plantation: de préférence en automne. Choisissez son emplacement avec soin, car l'arbousier supporte mal la transplantation.

Entretien: si vous souhaitez limiter le développement de votre arbre, taillez-le légèrement en automne ou au printemps.

Floraison: de septembre à novembre.

Variétés/Espèces du jardin au naturel: 'Rubra' (fleurs roses), 'Compacta' (très florifère, plus petit que l'espèce), *A.* x *andrachnoides* (belle écorce brun-roux, silhouette étalée).

Maladies et parasites: thrips.

Arbre à perruques

Cotinus coggygria

Souvent planté en isolé ou en massif, cet arbuste à feuillage caduc à la silhouette rameuse peut parfaitement s'intégrer dans une haie champêtre. Vous l'apprécierez pour ses grosses fleurs vaporeuses beige rosé à pourpres, les « perruques », et pour ses feuilles ovales, qui se parent en automne de belles teintes jaunes, orange et rouges. Il supporte très bien la taille, mais l'arbuste s'épanouira si vous le laissez se développer naturellement.

Hauteur: 2-4 m.

Étalement: 2-4 m.

Sol: tout type de sol bien drainé, même calcaire.

Exposition: soleil ou mi-ombre (le feuillage pourpre devient plus coloré au soleil).

Plantation: en automne ou au printemps.

Entretien: tous les deux ou trois ans, en mars, taillez les tiges mal orientées et raccourcissez celles qui sont trop longues pour conserver une silhouette régulière. Si vous coupez les tiges des variétés à feuillage pourpre chaque année, à la même époque, à environ 50 cm du sol, vous obtiendrez des feuilles plus grandes et plus colorées.

Floraison: en mai-juin, mais les « perruques » restent décoratives jusqu'en septembre.

Variétés/Espèces du jardin au naturel: 'Rubrifolius' (feuillage rouge pourpré virant au rouge vif en automne), 'Young Lady' (arbuste compact et arrondi), 'Royal Purple' (feuillage pourpre), 'Golden Spirit' (feuillage doré au printemps, jaune-vert en été, rouge en automne), 'Flame' (feuillage rouge et orange en automne).

Maladies et parasites: généralement aucun.

Arbre à soie

Albizia julibrissin

Originaire d'Asie, ce petit arbre à feuillage caduc proche du mimosa, par son aspect, résiste bien au gel, mais il a besoin pour cela d'étés longs et chauds. C'est la raison pour laquelle il faut le réserver aux régions de l'Ouest et du Midi, où son extrême résistance à la sécheresse et à la chaleur est appréciée. Ses grandes fleurs soyeuses blanc et rose, visitées par les abeilles et les papillons, son feuillage finement divisé et sa silhouette en parasol en font un sujet de choix pour le jardin d'ornement. Grâce à son système racinaire peu envahissant et à ses fruits non salissants, l'arbre à soie convient aussi pour les terrasses.

Hauteur: 6-10 m.

Étalement: 4-8 m.

Sol: tout type de sol, même peu fertile et calcaire, mais très bien drainé.

Exposition: soleil, à l'abri des vents froids.

Plantation: en automne.

Entretien: la taille est inutile, l'arbre étant bien plus beau avec un port naturel.

Floraison: en juillet-août.

Variétés/Espèces du jardin au naturel: 'Rosea' (fleurs roses, rustique), 'Summer Chocolate' (feuillage pourpre, mellifère, attire les papillons, moins vigoureuse que les autres variétés).

Maladies et parasites: maladie du corail, psylles de l'arbre à soie.

Arbre de Judée

Cercis siliquastrum

L'arbre de Judée a quitté sa terre natale, le Proche-Orient, pour venir embellir nos jardins, gardant de son origine méditerranéenne une excellente résistance à la sécheresse et au calcaire. Il est aussi décoratif en isolé qu'intégré dans une haie champêtre, où ses branches nues gainées de myriades de petites fleurs rose pourpré vif ne manquent jamais d'attirer le regard au printemps. Les feuilles caduques arrondies, vert bleuté, apparaissent ensuite, tandis qu'en été se développent les fruits, des gousses pendantes rouges qui persistent sur l'arbre jusqu'en hiver. Ces gousses font le bonheur des oiseaux, notamment des mésanges, qui les percent pour en extraire les graines.

Hauteur: 5-8 m.

Étalement: 3-5 m.

Sol: tout type de sol bien drainé, même sec et calcaire.

Exposition: soleil, à l'abri des vents froids.

Plantation: pour les plants à racines nues, de novembre à fin mars et, pour ceux en conteneur, en automne en climats océanique et mediterranéen et au début du printemps en climats continental et montagnard.

Entretien: en fin d'hiver, coupez le bois mort. La taille est inutile, sauf pour limiter le développement de votre arbre.

Floraison: de fin avril à début mai. Courant mai pour *C. siliquastrum* 'Alba'.

Variétés/Espèces du jardin au naturel: *C. siliquastrum* 'Alba' (floraison blanche courant mai), *C. canadensis* (originaire d'Amérique du Nord, plus rustique que *C. siliquastrum*) et sa variété 'Forest Pansy' (belles feuilles rouge-pourpre).

Maladies et parasites: psylles.

Aubépine

Crataegus spp.

Très commune dans nos campagnes, l'aubépine constitue un garde-manger pour la faune sauvage. Sa végétation offre un abri sûr à divers rongeurs et, grâce à ses épines qui éloignent les prédateurs, elle favorise la nidification des oiseaux. Les feuilles caduques découpées de ce petit arbre forment une couronne arrondie. En mai, les branches se couvrent de bouquets aplatis de petites fleurs parfumées blanches, roses ou rouges, qui attirent une multitude d'insectes. Ces fleurs donnent naissance à des fruits rouges qui font le régal de nombreux oiseaux. L'aubépine est un sujet de choix pour former une haie champêtre.

Hauteur: 4-10 m.

Étalement: 4-8 m.

Sol: tout type de sol bien drainé, même calcaire.

Exposition: soleil ou mi-ombre.

Plantation: pour les plants à racines nues, de novembre à fin mars et, pour ceux en conteneur, en automne en climats océanique et mediterranéen et en automne et au début du printemps en climats continental et montagnard.

Entretien: taillez les haies d'aubépines après la floraison.

Floraison: en mai-juin.

Variétés/Espèces du jardin au naturel: épine blanche ou *C. monogyna* (fleurs blanches, fruits rouge foncé), aubépine à deux styles ou *C. laevigata* (moins vigoureuse que la précédente) et ses variétés ornementales 'Paul's Scarlet' (fleurs doubles rouges) ou 'Crimson Cloud' (fleurs simples rouges à cœur blanc).

Maladies et parasites: oïdium, pucerons, feu bactérien, acariens rouges, galéruques, criocères, vers du framboisier.

▶▶▶ **Azalée:** voir p. 246-247

Baguenaudier

Colutea arborescens

Pour diversifier vos haies champêtres, n'hésitez pas à adopter partout en France cet arbuste indigène qui pousse à l'état spontané sur les coteaux calcaires du Midi et de l'Est. Le baguenaudier vous plaira par son feuillage caduc léger, divisé en petites feuilles arrondies, ses grappes de fleurs semblables à celles du petit pois, mais jaunes, très mellifères, et ses curieuses gousses renflées, brun rougeâtre et translucides à maturité (d'où son autre nom d'arbre aux vessies). À noter que, dans certaines régions du Sud-Est, il peut être visité par l'azuré du baguenaudier, un joli papillon bleuté relativement rare, dont le cycle de vie est strictement lié à l'arbuste.

Hauteur: 1-3 m.

Étalement: 1-3 m.

Sol: tout type de sol bien drainé, même caillouteux et calcaire.

Exposition: soleil.

Plantation: de l'automne au printemps quand le sol n'est ni gelé, ni détrempé.

Entretien: tous les deux ou trois ans, en fin d'hiver, raccourcissez les branches d'un tiers de leur longueur pour favoriser la floraison et limiter le développement.

Floraison: en juin-juillet, puis de nouveau en petit nombre en août.

Variétés/Espèces du jardin au naturel: *C.* x *media* 'Copper Beauty' (fleurs d'un bel orange lumineux, issu d'un croisement entre *C. arborescens* et *C. orientalis*).

Maladies et parasites: généralement aucun.

Berbéris

Berberis spp.

Les berbéris, ou épines-vinettes, forment un vaste groupe d'arbustes à feuillage persistant ou caduc selon les espèces. Les petites fleurs jaunes ou orangées, qui s'épanouissent au printemps, sont très appréciées des abeilles, et les baies noir bleuté ou rouges qui leur succèdent le sont tout autant par les oiseaux. Souvent pourvus d'épines acérées, ils sont utiles pour établir des haies végétales impénétrables, plus plaisantes à la vue que des clôtures métalliques et, surtout, plus accueillantes pour la faune sauvage. Les berbéris caducs résistent bien à la sécheresse.

Hauteur: 1-3 m.

Étalement: 1-4 m.

Sol: tout type de sol, même sec et calcaire, pour les berbéris caducs; frais, bien drainé pour les berbéris persistants.

Exposition: soleil ou mi-ombre.

Plantation: en automne ou au printemps pour les berbéris caducs, au printemps pour les berbéris persistants, quelle que soit la région.

Entretien: la taille est inutile pour les berbéris plantés en haie champêtre. Pour les haies taillées, intervenez en fin d'été sur les espèces caduques, après la floraison pour les persistantes.

Floraison: d'avril à juin.

Variétés/Espèces du jardin au naturel: *B. thunbergii* (belles teintes d'automne, caduc), *B.* x *stenophylla* (fleurs jaune orangé, longs rameaux arqués, persistant), *B. darwinii* (petites feuilles épineuses rappelant celles du houx, persistant).

Maladies et parasites: pucerons, oïdium.

Bignone

Campsis spp.

Si vous aimez l'exubérance, laissez-vous tenter par la bignone afin d'égayer un mur triste, garnir une façade sans intérêt ou habiller un arbre mort. Cette plante grimpante transformera une zone nue en un fouillis de verdure propice à l'accueil d'animaux divers, d'insectes et d'oiseaux. Ses tiges s'accrochent toutes seules, à la manière du lierre, et elle se couvre de l'été à l'automne des grappes de grosses fleurs en trompette à l'aspect exotique, jaunes, orangées ou rouges. Ses grandes feuilles caduques prennent une belle teinte dorée en automne. Originaire du sud-est des États-Unis, cette plante est rustique, mais requiert un été ensoleillé pour bien fleurir.

Hauteur: jusqu'à 10 m.

Étalement: jusqu'à 6 m.

Sol: tout type de sol bien drainé, mais retenant une certaine humidité en été.

Exposition: soleil, à l'abri des vents froids.

Plantation: de préférence en automne dans les régions aux climats océanique ou méditerranéen, au printemps dans les autres régions.

Entretien: tous les ans, en fin d'hiver, taillez les pousses de l'année précédente à 10-15 cm du vieux bois.

Floraison: de juillet à septembre.

Variétés/Espèces du jardin au naturel: *C.* x *tagliabuana* 'Madame Galen' (fleurs rouge orangé), *C. radicans* 'Flava' (fleurs jaune safran), *C. radicans* 'Flamenco' (fleurs rouge orangé), *C. grandiflora* (très grosses fleurs orangées, pour les régions aux climats océanique ou méditerranéen).

Maladies et parasites: pucerons, tétranyques tisserands.

▶▶▶ **Bouleau:** voir p. 222-223

Les bouleaux

Plantés en groupe à proximité de la maison ou intégrés dans une haie, les bouleaux (*Betula* spp.) séduisent par leur silhouette élégante, leur écorce décorative qui se détache en lanières et la coloration automnale de leur feuillage léger. Le bouleau, outre qu'il supporte les fortes gelées, s'accommode de la plupart des sols, y compris ceux à texture sableuse, même s'il pousse mieux dans une terre fraîche et bien drainée. Installez-le au soleil, pas trop près des murs, car ses racines sont très étalées.

Écorce de bouleau.

Une aubaine pour la biodiversité

Régulièrement utilisés dans les haies champêtres, les bouleaux sont d'un grand intérêt pour le jardin au naturel. Intégrés dans une haie brise-vent, ils sont efficaces grâce à leur cime très rameuse pour atténuer les rafales en hiver. Les ramilles qui tombent sur le sol sous l'effet des bourrasques font le bonheur des corneilles et des pies, lesquelles les utilisent pour faire leur nid. Les insectes qui logent dans les crevasses de l'écorce nourrissent des oiseaux tels que grimpereaux, sittelles et pics. Bourgeons, chatons et graines sont également consommés par divers oiseaux, comme le sizerin flammé, le chardonneret, le tarin des aulnes et le bouvreuil.

Plantation

Plantez les sujets à racines nues entre novembre et mars, quand le sol n'est ni gelé ni détrempé. Les arbres vendus en conteneur peuvent être plantés toute l'année, mais l'automne est la période la plus favorable : la terre est humide et ne s'est pas encore refroidie, permettant au système racinaire de bien se développer avant la reprise de croissance, au printemps suivant. Tuteurez solidement les jeunes arbres. Arrosez régulièrement pendant la première saison de croissance.

En raison de leur silhouette légère et effilée, les bouleaux sont souvent plantés en cépée. Ce principe consiste à regrouper au même endroit trois plants pour obtenir un ensemble compact et décoratif. Creusez un trou d'environ 1 m de côté et 70 cm de profondeur. Ameublissez le fond avec une fourche-bêche et incorporez un peu de compost bien décomposé. Dépotez les plants et placez les trois arbres côte à côte au milieu du trou, en les inclinant légèrement vers l'extérieur. Enfoncez un tuteur près de chaque tronc pour maintenir l'inclinaison et attachez chaque plant. Remplissez le trou avec la terre, tassez et arrosez.

EN SAVOIR PLUS

Les variétés du bouleau blanc

Le bouleau blanc a donné naissance à des variétés hautement décoratives. 'Fastigiata', au port haut et étroit (3-4 m de large), produit des branches dressées, serrées le long du tronc. 'Laciniata' développe également une silhouette étroite, avec des branches souples retombantes, garnies de feuilles vert clair finement découpées. 'Purpurea' se distingue par un feuillage pourpre, qui tranche sur l'écorce blanche. 'Tristis', le bouleau pleureur, a des rameaux souples très retombants et une écorce qui reste blanche à la base du tronc. 'Youngii' présente aussi un port pleureur, mais il est plus petit (5-8 m). 'Trost's Dwarf' tient plus de l'arbuste que de l'arbre : ce bouleau nain, au feuillage finement découpé, ne dépasse pas 1,2 m de hauteur et convient à la culture en bac.

Feuilles de bouleau pubescent.

Bouleau noir.

Betula utilis var. *jacquemontii*.

Entretien

La taille se limite à la suppression du bois mort. Intervenez entre septembre et novembre, car les coupes effectuées au printemps provoquent un écoulement de sève.

Maladies et parasites

La rouille se traduit par l'apparition de points jaunes sur la face supérieure des feuilles et de pustules orangées sur leur revers. Des pucerons et des tenthrèdes envahissent parfois les feuilles, qui deviennent collantes au toucher et des zeuzères s'installent sous l'écorce. Les cochenilles à bouclier qui se nourrissent de feuilles de bouleau sont rarement un problème dans les jardins.

ZOOM SUR

De bons choix pour un jardin au naturel

Les bouleaux sont des arbres à feuillage caduc et à croissance rapide. Les feuilles triangulaires, vertes, virent au jaune lumineux en automne. Les petites fleurs, qui éclosent en avril-mai, sont réunies en chatons mâles, longs et pendants, et en chatons femelles, courts et dressés. Les fruits, en forme de petits cônes pendants, se désagrègent sur l'arbre en libérant des graines ailées.

▸ Le bouleau blanc – *B. pendula*, également appelé bouleau verruqueux – est une espèce spontanée dans toute l'Europe. Il mesure jusqu'à 25 m de haut. Son écorce lisse blanc argenté, particulièrement décorative en hiver, se détache en bandes horizontales ; avec l'âge, elle se fonce et se crevasse à la base du tronc. Les fines branches au port retombant sont couvertes de petites verrues grises. L'espèce a donné naissance à une dizaine de variétés (voir encadré page ci-contre) prisées pour leur feuillage ou leur port. Pour mettre en valeur ces qualités ornementales, plantez-les en isolé dans la partie la mieux aménagée du jardin.

▸ Plus nordique que le bouleau blanc, le bouleau pubescent, ou *B. pubescens*, pousse dans les sols humides et acides. Il atteint 20 m de haut et se distingue par une écorce gris-jaune et des petites branches non retombantes, recouvertes de poils. L'arbre se plaît au bord de l'eau.

▸ Originaire d'Amérique du Nord, le bouleau noir, ou *B. nigra*, présente une silhouette conique et une écorce brun acajou fissurée ; il peut atteindre 20 m de haut et préfère les sols acides et frais. Autre espèce américaine, le bouleau à papier – *B. papyrifera*, encore appelé bouleau à canots – est de taille similaire ; son écorce blanche se détache en fins lambeaux tout en laissant apparaître la nouvelle écorce brun orangé.

▸ Le bouleau de Chine, ou *B. albosinensis*, a une écorce brillante rouge orangé, qui s'exfolie en couches successives. Le bouleau de l'Himalaya, ou *B. utilis*, possède une écorce brun orangé, qui se détache en lamelles. Elle est d'un blanc éclatant chez la variété *B. utilis* var. *jacquemontii*. Originaire du Japon, *B. maximowicziana* a de grandes feuilles en forme de cœur et une écorce brun orangé à gris pâle. Ces bouleaux atteignent près de 20 m lorsqu'ils parviennent à l'âge adulte.

Bruyère

Erica, Calluna

Familières des paysages de landes, les bruyères ont également toute leur place au jardin. Leur feuillage persistant en fait un excellent couvre-sol et leur floraison est un festin pour les abeilles. Les bruyères, qui se déclinent en une grande variété de tons blancs, roses et rouges, n'ont pas nécessairement besoin d'une terre sableuse et acide pour pousser.

Hauteur: 30-60 cm.

Étalement: 30-60 cm.

Sol: sol acide, humifère et bien drainé pour la callune; les bruyères d'hiver tolèrent le calcaire.

Exposition: soleil ou mi-ombre.

Plantation: de préférence au printemps. Pour un plus bel effet, plantez les bruyères en groupes.

Entretien: tous les ans, après la floraison, taillez les tiges défleuries juste sous les fleurs, au sécateur ou à la cisaille, pour éviter que les touffes ne se dégarnissent.

Floraison: de décembre à avril pour les bruyères d'hiver, de juin à août pour la callune et la bruyère cendrée.

Variétés/Espèces du jardin au naturel: bruyères d'hiver ou *Erica carnea* et *Erica* x *darleyensis*, callune ou *Calluna vulgaris*, bruyère cendrée ou *Erica cinerea*, bruyère vagabonde ou *Erica vagans*.

Maladies et parasites: généralement aucun.

Buddléia

Buddleja spp.

Le buddléia, ou arbre aux papillons, ne doit pas son nom au hasard: ces insectes butineurs semblent irrésistiblement attirés par ses longs épis parfumés. L'espèce la plus couramment cultivée est *Buddleja davidii*. Importée de Chine, elle se ressème abondamment dans la nature, ce qui lui a valu le statut de « plante invasive ». Plantez de préférence les variétés horticoles issues de cette espèce: elles produisent peu ou pas de graines fertiles. Parfaits dans une haie fleurie, où d'autres arbustes camoufleront leur base souvent dégarnie, les buddléias offrent une large palette de coloris dans des tons violets, roses, blancs et bleus.

Hauteur: 2-4 m.

Étalement: 3-5 m.

Sol: tout type de sol bien drainé, même calcaire.

Exposition: soleil.

Plantation: de préférence en automne.

Entretien: pour *B. davidii*, tous les ans en fin d'hiver, coupez toutes les tiges à 5-10 cm du vieux bois. Pour *B. alternifolia* et *B. globosa*, raccourcissez, après la floraison, les tiges trop longues pour conserver une forme harmonieuse. Le buddléia se bouture au printemps.

Floraison: de juillet à septembre.

Variétés/Espèces du jardin au naturel: *B. davidii* 'Pink Delight' (fleurs rose vif), 'Royal Red' (fleurs rouge carmin), 'Black Knight' (fleurs violet foncé), 'White Profusion' (fleurs blanc pur), 'Empire Blue' (fleurs bleu violacé), *B. globosa* (fleurs jaunes, feuillage persistant, pour les régions aux climats océanique ou méditerranéen).

Maladies et parasites: généralement aucun.

Buis

Buxus spp.

Si vous aimez les plantations bien ordonnées, mais souhaitez également attirer les insectes pollinisateurs dans votre jardin, pensez au buis. Ses petites fleurs vert pâle, qui éclosent au début du printemps, sont discrètes, mais leur pollen exerce un véritable attrait sur les abeilles. Avec ses petites feuilles persistantes vert foncé et luisantes, qui restent décoratives toute l'année, il forme de belles haies opaques. Il existe de nombreuses variétés horticoles, avec des feuillages diversement panachés ou des ports très compacts, parfaits pour la réalisation de bordures basses. Habitués des sous-bois, les buis se plaisent dans les jardins orientés vers le nord.

Hauteur: 70 cm-6 m.

Étalement: 70 cm-3 m.

Sol: tout type de sol frais bien drainé, même calcaire. Sur sols secs et caillouteux, croissance plus lente.

Exposition: soleil ou mi-ombre.

Plantation: de préférence au printemps.

Entretien: taillez les haies deux fois par an, en juin, puis en septembre. Évitez néanmoins de les tailler trop court pour ne pas pénaliser la floraison. Le buis se bouture au printemps.

Floraison: en mars-avril.

Variétés/Espèces du jardin au naturel: *B. sempervirens* 'Rotundifolia' (feuilles plus grandes que chez l'espèce), 'Suffruticosa' (80 cm de haut, très dense, pour bordures basses), 'Elegans' (petites feuilles bordées de blanc crème), 'Aureo-variegata' (feuillage panaché de vert et de jaune), *B. microphylla* (compact, feuilles et rameaux très fins).

Maladies et parasites: cécidomyies, cochenilles à bouclier, psylles.

Camélia

Camellia spp.

Cet arbuste à floraison printanière est mis en valeur par son feuillage persistant brillant vert foncé, ses grandes fleurs blanches, roses, rouges ou jaunes, simples ou doubles, qui éclosent entre février et mai selon les variétés, parfois même en plein hiver si le temps est clément. Les insectes butineurs l'apprécient particulièrement. Bien adaptés au climat océanique, les camélias forment dans ces régions d'opulentes haies. Dans le nord et l'est de la France, il leur faut un emplacement abrité et protégé du soleil matinal – un dégel brutal peut faire tomber les boutons floraux. Dans le Midi, où ils risquent de souffrir de la sécheresse estivale, abritez-les du soleil brûlant et évitez de les planter dans les jardins orientés vers le sud.

Hauteur: 3-4 m, ou plus.

Étalement: 1-2 m.

Sol: neutre à acide, frais, mais bien drainé.

Exposition: soleil ou mi-ombre.

Plantation: en automne dans les régions aux climats océanique ou méditerranéen, au printemps dans les autres régions.

Entretien: après la floraison, taillez légèrement pour équilibrer la silhouette de l'arbuste et pour éliminer le bois mort. Paillez le sol pour y maintenir l'humidité.

Floraison: de décembre à mai, selon les variétés.

Variétés/Espèces du jardin au naturel: *C. japonica* (plusieurs centaines de variétés), *C. sasanqua* (floraison automnale et parfumée, nombreuses variétés également).

Maladies et parasites: taches foliaires, pucerons, cochenilles à carapace.

Caryoptéris

Caryopteris spp.

Dans un jardin au naturel, les fleurs de fin de saison sont appréciables, car les nouvelles abeilles qui naissent à cette période doivent se nourrir de nectar pour traverser l'hiver. Ce petit arbuste au port souple produit d'août à octobre des fleurs bleu lavande très mellifères. Ses feuilles lancéolées gris-vert dégagent une odeur balsamique quand on les froisse. Sa taille raisonnable en fait un sujet de choix pour les plates-bandes mélangées, mais utilisez-le aussi pour constituer une petite haie fleurie. Dans les régions aux climats continental ou montagnard, plantez-le au pied d'un mur exposé au sud.

Hauteur: 1-1,2 m.

Étalement: 1-1,5 m.

Sol: tout sol léger (pas trop argileux), bien drainé, même caillouteux et calcaire.

Exposition: soleil ou mi-ombre.

Plantation: en automne dans les régions aux climats océanique ou méditerranéen, au printemps dans les autres régions.

Entretien: tous les ans, en février-mars, coupez le bois mort ou abîmé et taillez toutes les tiges de l'année précédente à environ 5 cm du vieux bois. Paillez le sol au pied de l'arbuste en hiver.

Floraison: d'août à octobre.

Variétés/Espèces du jardin au naturel: *C.* x *clandonensis* 'Heavenly Blue' (fleurs bleu lavande), 'Kew Blue' (fleurs bleu violacé foncé), 'Worcester Gold' (feuillage doré, fleurs bleu lavande), *C. incana* 'Sunshine Blue' (feuillage doré, fleurs bleu violet).

Maladies et parasites: généralement aucun.

Céanothe

Ceanothus spp.

Petits arbres ou arbustes à feuillage caduc ou persistant, les céanothes, ou lilas de Californie, sont remarquables par leur abondante floraison, qui attire abeilles et papillons. Si le bleu prédomine, il existe aussi des variétés à fleurs roses ou blanches. Les céanothes à feuillage persistant fleurissent au printemps; ils résistent jusqu'à – 7 °C et sont mieux adaptés aux régions au climat océanique doux. Ceux à feuillage caduc supportent mieux le froid et fleurissent plus tard, durant l'été.

Hauteur: 30 cm-5 m.

Étalement: 1,5-4 m.

Sol: fertile, bien drainé, pas trop calcaire.

Exposition: soleil, à l'abri des vents froids.

Plantation: en automne dans les régions aux climats océanique ou méditerranéen, au printemps dans les autres régions.

Entretien: effectuez une taille sévère sur les céanothes à feuillage caduc tous les ans en février-mars; pour les céanothes persistants une taille légère suffit après la floraison.

Floraison: de mars à juin (persistants), de juin à septembre (caducs).

Variétés/Espèces du jardin au naturel: *C. thyrsiflorus* 'Millerton Point' (blanc, persistant), 'Blue Sapphire' (bleu, persistant), 'El Dorado' (feuillage panaché de jaune, persistant), 'Repens' (couvre-sol, persistant), *C. impressus* 'Puget Blue' (bleu foncé, persistant), *C. prostratus* (couvre-sol, persistant), *C.* x *pallidus* 'Marie Simon' (rose clair, caduc), *C.* x *delilianus* 'Gloire de Versailles (bleu clair, caduc), 'Henri Desfossé' (bleu violacé, caduc).

Maladies et parasites: cochenilles à carapace, tétranyques tisserands.

▶▶▶ **Cèdre:** voir p. 216-217

Cerisier à fleurs

Prunus spp.

La floraison exceptionnelle des cerisiers du Japon, qu'ils soient de petite ou grande taille, est l'un des symboles forts de l'arrivée du printemps. Simples ou doubles, les fleurs se déclinent dans une large palette de blancs et de roses. En automne, leurs feuilles caduques dentées se parent généralement de superbes teintes jaunes, rouges et orangées, et l'écorce brillante, colorée de certains d'entre eux est très décorative en hiver.

Hauteur : 2-10 m.

Étalement : 2-8 m.

Sol : fertile, frais, mais bien drainé.

Exposition : soleil.

Plantation : de novembre à mars pour les plants à racines nues, de préférence en automne pour ceux en conteneur.

Entretien : taille limitée à la suppression du bois mort ou malade.

Floraison : de mars à mai.

Variétés/Espèces du jardin au naturel : variétés à fleurs simples ou semi-doubles, plus riches en pollen et en nectar, telles que *P. incisa* 'Kojo-no-mai' (blanc rosé), *P.* x *yedoensis* (rose pâle), *P.* 'Accolade' (rose pâle) et *P. subhirtella* 'Automnalis' (fleurs blanc rosé en automne et hiver). Pensez aussi à l'abricotier japonais *P. mume* 'Beni-chidori' (arbuste à floraison précoce rose-rouge) et au prunier myrobolan *P. cerasifera* 'Pissardii' (fleurs roses, feuilles pourpres). Le prunellier (*P. spinosa*) et le merisier (*P. avium*) poussent dans nos bois ; les oiseaux raffolent de leurs fruits.

Maladies et parasites : pucerons, moniliose.

Charme

Carpinus betulus

Associez le charme, qui conserve une partie de ses feuilles sèches durant l'hiver, à d'autres arbres et arbustes pour créer une haie dense, efficace contre le vent et accueillante pour les oiseaux et autres petits animaux. Cette haie prend le nom de charmille lorsqu'elle n'est constituée que de charmes. Non taillé, le charme devient un grand arbre à la cime arrondie, avec des feuilles ovales vert moyen, dentées, qui virent en automne au jaune, puis au brun-roux. Il produit des chatons mâles, jaunes, de 3 cm de long, et des chatons femelles, verts, plus grands ; ces derniers donnant naissance à des graines ailées, appelées samares. Le charme craint les sécheresses prolongées et les fortes chaleurs. Dans le Midi, remplacez-le par le charme-houblon (*Ostrya carpinifolia*), d'origine méditerranéenne, dont les feuilles ressemblent à celles du charme et les fruits à ceux du houblon.

Hauteur : 15-20 m.

Étalement : 8-12 m.

Sol : profond, frais, bien drainé. Tolère le calcaire.

Exposition : soleil ou mi-ombre.

Plantation : de novembre à mars pour les plants à racines nues, plutôt en automne pour ceux en conteneur.

Entretien : taillez les haies au moins une fois par an, en juin, et si besoin de nouveau en novembre.

Floraison : en avril-mai.

Variétés/Espèces du jardin au naturel : *C. betulus* 'Fastigiata' (variété vigoureuse au port pyramidal), 'Pendula' (port pleureur, 3-4 m de haut), 'Purpurea' (feuillage pourpre, puis vert sombre).

Maladies et parasites : cicadelles.

Chèvrefeuille

Lonicera spp.

Grimpants ou arbustifs, caducs ou persistants, les chèvrefeuilles sont de précieux alliés pour le jardinier. Avec ses tiges volubiles, le chèvrefeuille des bois (*L. periclymenum*), aux fleurs jaune crème, grimpant sur un vieux tronc ou une haie, favorise la nidification des oiseaux. Ses grandes fleurs très odorantes attirent les papillons nocturnes. Les hybrides tels que *L.* x *brownii* et *L.* x *heckrottii* offrent des coloris intenses rouges, jaunes ou roses. Les chèvrefeuilles arbustifs et persistants aux longues tiges souples s'épanouissent dans les haies denses.

Hauteur : 4-7 m (grimpants) ; 60 cm-3 m (arbustes).

Étalement : 3-4 m (grimpants) ; 1-2,5 m (arbustes).

Sol : fertile, humifère, bien drainé, humide en été.

Exposition : soleil ou mi-ombre.

Plantation : de l'automne au printemps.

Entretien : si nécessaire, taillez après la floraison pour limiter le développement de la plante.

Floraison : de juin à octobre, en hiver pour *L. fragrantissima*.

Variétés/Espèces du jardin au naturel : grimpants et caducs : *L. periclymenum* 'Belgica' (rouge rosé et crème), 'Serotina' (rouge brique et crème), *L.* x *brownii* 'Dropmore Scarlet' (rouge orangé), *L.* x *heckrottii* 'Goldflame' (rouge vif et jaune orangé). Grimpants et persistants ou semi-persistants : *L. henryi* (rose saumoné), *L. japonica* 'Halliana' (jaune et crème). Arbustifs et persistants : *L. nitida* 'Baggesen's Gold' (feuillage doré), 'Elegant' (petites feuilles vert foncé), *L. fragrantissima* (floraison hivernale blanche, parfumée).

Maladies et parasites : pucerons.

Chimonanthe

Chimonanthus praecox

Originaire de Chine, cet arbuste caduc au port buissonnant ne craint pas le froid. Ses fleurs à l'aspect cireux, jaune pâle, tachées de brun pourpre à l'intérieur, s'épanouissent sur le bois nu en plein cœur de l'hiver et offrent un des parfums les plus puissants du jardin. Par temps doux, elles font le bonheur des premiers insectes butineurs de l'année. Plantez le chimonanthe de préférence à proximité d'un lieu de passage ou au pied d'un mur ensoleillé. Quand les boutons floraux sont prêts à éclore, coupez des rameaux pour les faire fleurir en vase, à l'intérieur. Intégrez-le dans une haie champêtre, sur un fond de feuillages persistants, qui mettront en valeur sa délicate floraison. Ayez juste un peu de patience, car il peut mettre trois à six ans avant de produire ses premières fleurs. Sachez aussi que les étés longs et chauds favorisent la floraison.

Hauteur: 2-3 m.

Étalement: 2-3 m.

Sol: léger (pas trop argileux), humifère, frais mais bien drainé, pas trop calcaire.

Exposition: soleil.

Plantation: de préférence en automne, dans un endroit bien abrité des vents froids.

Entretien: la taille est inutile.

Floraison: de décembre à février.

Variétés/Espèces du jardin au naturel: *C. praecox* 'Grandiflorus' (fleurs plus grandes et d'un jaune plus soutenu), 'Luteus' (grandes fleurs jaune clair).

Maladies et parasites: généralement aucun.

Ciste

Cistus spp.

Arbustes familiers des paysages méditerranéens, les cistes ne craignent ni la sécheresse, ni la chaleur, ni le calcaire. Réservés aux climats océanique et méditerranéen, ces arbustes arborent de grandes fleurs éphémères, mais continuellement renouvelées, blanches ou roses, composées de pétales chiffonnés souvent marqués d'une tache pourpre à la base; riches en pollen, ces fleurs font le bonheur des abeilles et des papillons. Le feuillage persistant, vert pâle à gris-vert, parfois collant, est aromatique chez certaines espèces. Le ciste supporte un gel modéré s'il pousse dans un sol très perméable.

Hauteur: 30 cm-2 m.

Étalement: 60 cm-2 m.

Sol: très bien drainé, même peu fertile et calcaire.

Exposition: soleil.

Plantation: de préférence en automne; au printemps dans les régions où le froid est plus marqué en hiver.

Entretien: en mars, supprimez le bois mort, coupez les branches mal orientées pour équilibrer la silhouette et taillez les extrémités qui ont souffert du gel.

Floraison: d'avril à juillet.

Variétés/Espèces du jardin au naturel: *C.* x *hybridus* (fleurs blanches), ciste pourpre ou *C.* x *purpureus* (fleurs roses maculées de pourpre), ciste cotonneux ou *C. albidus* (fleurs roses, feuilles duveteuses), ciste à gomme ou *C. ladanifer* (fleurs blanches maculées de pourpre), *C. parviflorus* (fleurs roses), *C.* x *pulverulentus* (fleurs roses).

Maladies et parasites: généralement aucun.

Cognassier à fleurs

Chaenomeles spp.

La floraison souvent éclatante des cognassiers à fleurs survient tôt, à une époque où le jardin commence tout juste à s'éveiller de sa torpeur hivernale. Ces arbustes caducs aux rameaux épineux produisent des fleurs simples ou doubles, dans des tons de blanc à rouge vif, avant l'apparition du feuillage. Les fruits jaunes qui leur succèdent, semblables à des petits coings, ne sont pas comestibles crus; cuits, ils servent à la confection de confitures ou des liqueurs. Si l'utilisation des cognassiers à fleurs dans une haie champêtre permet d'avoir une floraison très précoce, ces arbustes épineux rendent la haie plus difficile d'accès.

Hauteur: 80 cm-2,5 m.

Étalement: 1-2 m.

Sol: tout type de sol bien drainé. Tolère le calcaire.

Exposition: soleil ou mi-ombre. La floraison est plus abondante au soleil.

Plantation: en automne.

Entretien: après la floraison, coupez les tiges en surnombre pour éclaircir le cœur de l'arbuste.

Floraison: de février à avril.

Variétés/Espèces du jardin au naturel: cognassier du Japon ou *C. japonica* 'Orange Beauty' (fleurs rouge orangé), 'Sargentii' (fleurs orange), *C. speciosa* 'Nivalis' (fleurs blanches), 'Falconnet Charlet' (fleurs doubles rose saumoné), *C.* x *superba* 'Crimson and Gold' (fleurs rouge vif).

Maladies et parasites: acariens rouges, carpocapses, pucerons, tavelure, feu bactérien.

Clématite: voir p. 228-229

Les clématites

Prisées pour leur floraison colorée, odorante, et leurs fruits plumeux, les clématites (*Clematis* spp.) sont largement utilisées pour garnir murs, clôtures, arbres et arbustes. Installez-les dans un sol fertile, frais, mais bien drainé. Choisissez un endroit ensoleillé ou mi-ombragé, qui ne soit pas brûlant en été. Ces plantes grimpantes, aux longues tiges souples, s'accrochent seules grâce à leurs feuilles volubiles, qui s'enroulent autour du support. Plantez-les au pied d'un arbuste et laissez-les se faufiler entre ses tiges, ou habillez-en un grillage ou un mur sur lequel vous fixerez un treillage.

Plantation de clématites au printemps.

Trois groupes

Les clématites, à feuillage caduc, sont classées en différents groupes selon l'époque de floraison et de taille de la fleur.
Le groupe I réunit les variétés à petites fleurs fleurissant en fin d'hiver ou au printemps, sur les pousses qui se sont développées pendant l'été précédent.
Le groupe II rassemble les variétés à grandes fleurs fleurissant en mai-juin, sur les rameaux latéraux des tiges de l'année précédente, puis, pour certaines, de nouveau en août-septembre, plus discrètement, sur les pousses apparues au cours de la saison ; les fleurs dressées, simples, semi-doubles ou doubles, ont des pétales largement étalés.
Le groupe III comporte les variétés à grandes fleurs et les espèces et variétés à petites fleurs qui fleurissent de juin à octobre, sur les pousses développées au printemps précédent.

ZOOM SUR

Des clématites non grimpantes

La famille des clématites comprend aussi quelques espèces vivaces herbacées aux tiges dressées, comme *C. recta* (fleurs blanches parfumées, 1,5 m), *C. integrifolia* (fleurs campanulées violettes, 40-50 cm) et *C. heracleifolia* (petites fleurs bleues parfumées, semblables à des jacinthes, 1 m).

EN SAVOIR PLUS

Le dépérissement de la clématite

Favorisé par un sol humide, le dépérissement de la clématite survient surtout au printemps. Cette maladie attaque une ou plusieurs tiges, dans la partie située juste au-dessus du niveau du sol. Les feuilles se dessèchent brutalement et la tige noircit. Intervenez sans tarder. Dégagez la terre autour de la tige malade, sur 8-10 cm de profondeur, et coupez celle-ci largement en dessous des zones nécrosées. Rebouchez le trou avec de la terre fraîche ou du terreau. La plante devrait émettre de nouvelles pousses. Brûlez les tiges malades.

Plantation

Plantez les clématites en automne ou au printemps. Creusez un trou de 50 cm de côté et de profondeur, à 30-40 cm du mur. Déposez au fond une couche de graviers, puis un peu de la terre

Les clématites s'accrochent facilement sur les murs et grillages.

Clématite alpine.

Clématite 'Nelly Moser'.

Clématite 'Madame Julia Correvon'.

extraite mélangée à du compost bien décomposé. Placez le conteneur dans un seau rempli d'eau, afin de bien humecter la motte de terre. Dépotez délicatement la clématite. Mettez la motte dans le trou en l'inclinant vers le support, de façon que la base des tiges soit enterrée de 10 cm environ. Comblez le trou avec de la terre. Tassez et arrosez. Ombrez la base de la plante avec une tuile, pour éviter que le soleil ne brûle l'écorce.

Entretien

Pour favoriser le départ de plusieurs tiges, taillez les clématites à 30-40 cm du sol à la fin de l'hiver suivant la plantation. Les deux premières années, arrosez régulièrement les jeunes plants et guidez leurs tiges vers le support. Au début du printemps, paillez avec du compost bien décomposé pour maintenir la fraîcheur dans le sol. Durant l'été, épandez au pied de la plante un engrais organique riche en potassium (de type engrais pour tomates) et palissez-les si besoin.

Taille des clématites

Lorsqu'elles ne sont pas taillées, les clématites finissent par se dégarnir à la base et à produire moins de fleurs. La taille dépend essentiellement de la période de floraison et de la taille des fleurs. Quand vous taillez une tige, coupez toujours au-dessus d'une paire de bourgeons bien renflés.

Pour les clématites précoces à petites fleurs (groupe I), effectuez une taille de nettoyage après la floraison, tous les deux ou trois ans. Éliminez les tiges sèches, puis raccourcissez les tiges trop longues, qui s'échappent du support. Coupez les rameaux en surnombre si la végétation est trop touffue. Pour les clématites à grandes fleurs (groupe II), coupez en février-mars les tiges sèches ou faibles. Après la première floraison, raccourcissez toutes les tiges du tiers ou de la moitié de leur longueur. La taille des clématites à floraison tardive (groupe III) est plus sévère. En février-mars, raccourcissez toutes les tiges nées l'année précédente à 40-50 cm du sol.

ZOOM SUR

De bons choix pour un jardin au naturel

Les clématites du groupe I

Elles sont issues d'espèces sauvages telles que *C. alpina*, *C. macropetala* et *C. montana*, ou encore *C. armandii*, au feuillage persistant, à réserver aux climats océanique et méditerranéen. Selon leur origine, les variétés atteignent de 3 à 10 m de haut. Robustes et résistantes aux maladies, elles se couvrent entre mars et mai de petites fleurs en forme de clochettes pendantes. Citons : 'Apple Blossom' (fleurs rose pâle, feuillage persistant, 5-7 m), 'Frances Rivis' (fleurs bleues à cœur blanc, 3 m), 'Markham's Pink (fleurs semi-doubles roses, 2-3 m), 'Mayleen' (fleurs rose lavande, 6-8 m) et 'Rubens' (fleurs rose pâle, feuillage bronze au printemps, 6-8 m).

Les clématites du groupe II

Selon les variétés, les fleurs mesurent de 10 à 20 cm de diamètre. Citons : 'Mevrouw Le Coultre' ou 'Madame Le Coultre' (fleurs blanches, 3-4 m), 'Nelly Moser' (fleurs aux pétales rose pâle marqués d'une raie médiane rose foncé, 3-4 m), 'The President' (fleurs bleu-violet, 2-3 m) et 'Vyvyan Pennell' (fleurs doubles mauves, 2-3 m).

Les clématites du groupe III

Les variétés à grandes fleurs donnent des fleurs simples, aplaties, de 7 à 15 cm de diamètre. Citons : 'Ernest Markham' (fleurs rouge-pourpre, 3-5 m), 'Hagley Hybrid' (fleurs rose clair, 3-4 m), 'Jackmanii' (fleurs bleu-violet, 3-5 m) et 'Ville de Lyon' (fleurs rouge carmin vif, 3-4 m).
Les espèces et variétés à petites fleurs de ce groupe produisent des fleurs ne dépassant pas 10 cm de large, aux formes variables. Citons : 'Madame Julia Correvon' (fleurs rouge foncé vif, 5-6 m), 'Polish Spirit' (fleurs bleu-violet, 4-5 m) et *C. tangutica* (fleurs jaunes en clochettes pendantes, 4-5 m).

Corète du Japon

Kerria japonica

Pour illuminer une haie champêtre au début du printemps, adoptez cet arbuste vigoureux à feuilles caduques. Ses tiges arquées se couvrent de fleurs jaune d'or, simples ou doubles ; les fleurs doubles sont très spectaculaires, mais les fleurs simples produisent un effet plus naturel et attirent les insectes butineurs. Après la chute des feuilles, en hiver, les rameaux révèlent une teinte verte brillante. Facile à entretenir et peu exigeant, le corète a tendance à produire des drageons (nouvelles tiges qui apparaissent au pied de l'arbuste et permettent le renouvellement des plus anciennes).

Hauteur: 1,5-2 m.

Étalement: 1-2 m.

Sol: tout type de sol bien drainé, même calcaire.

Exposition: soleil ou mi-ombre.

Plantation: en automne ou au printemps.

Entretien: après la floraison, taillez les tiges qui ont fleuri en les raccourcissant d'un tiers de leur longueur. Tous les deux ou trois ans, coupez près du sol environ un quart des tiges les plus anciennes. Avec une bêche, supprimez les drageons qui sortent trop loin du pied de l'arbuste et ne présentent pas d'intérêt pour le renouvellement des tiges. Divisez la souche en hiver.

Floraison: en avril-mai. Refleurit légèrement en automne.

Variétés/Espèces du jardin au naturel: 'Simplex' (fleurs simples), 'Golden Guinea' (fleurs simples), 'Picta' (fleurs simples, feuillage vert panaché de blanc), 'Pleniflora' (fleurs doubles en gros pompons).

Maladies et parasites: généralement aucun.

Cornouiller

Cornus spp.

Souvent planté en haie champêtre, le cornouiller mâle (*C. mas*) se distingue par sa floraison très précoce en février-mars, avec des bouquets de petites fleurs jaunes mellifères, prisées par les abeilles à la sortie de l'hiver. Les fruits rouges qui leur succèdent sont comestibles et recherchés par les oiseaux. Le cornouiller sanguin (*C. sanguinea*) arbore de jeunes rameaux rouge vif en hiver et un feuillage jaune orangé en automne. Sa floraison blanche au printemps donne des fruits pourpres, non comestibles. Il est plus adapté à une haie taillée. Originaire d'Asie, le cornouiller blanc (*C. alba*) affiche, lui aussi, une écorce colorée et de belles teintes d'automne. Il existe d'autres cornouillers à feuillage panaché ou à floraison ornementale. Tous sont habitués des sous-bois et se plaisent dans les jardins orientés vers le nord.

Hauteur: 3-5 m.

Étalement: 3-5 m.

Sol: frais, bien drainé, calcaire (mais neutre à acide pour *C. florida* et *C. kousa*).

Exposition: soleil ou mi-ombre.

Plantation: en automne ou au printemps.

Entretien: une année sur deux, en février-mars, taillez toutes les tiges des cornouillers à rameaux colorés à 10 cm du sol. Divisez la souche en hiver.

Floraison: de février à juin, selon les espèces.

Variétés/Espèces du jardin au naturel: cornouiller mâle ou *C. mas* (fleurs jaunes), cornouiller sanguin ou *C. sanguinea* (rameaux rouges), 'Winter Flame' (rameaux jaune orangé), cornouiller blanc ou *C. alba* (rameaux rouges), 'Sibirica' (rameaux rouge vif), *C. florida* (fleurs blanc rosé).

Maladies et parasites: généralement aucun.

Cotonéaster

Cotoneaster spp.

Bien qu'on les retrouve moins souvent qu'autrefois dans les jardins, les cotonéasters sont utiles, car accueillants pour la petite faune sauvage. Ils possèdent une végétation dense, un port étalé, des fleurs riches en nectar, très recherchées par les abeilles, et des baies rouges qui nourrissent divers oiseaux et petits mammifères en automne et en hiver. Le groupe comprend des arbustes persistants assez grands, utilisés pour réaliser des écrans végétaux, et des espèces couvre-sol à feuillage caduc ou persistant pour garnir un talus.

Hauteur: 20 cm-3 m.

Étalement: 1-3 m.

Sol: tout type de sol bien drainé.

Exposition: soleil ou mi-ombre.

Plantation: en automne ou au printemps.

Entretien: en mars, coupez le bois mort, les tiges dégarnies ou celles qui sont mal orientées et déparent la silhouette. Sur les cotonéasters plantés en haie, coupez en mai-juin les tiges les plus longues pour favoriser le départ de nouvelles pousses au cœur de l'arbuste.

Floraison: en mai-juin.

Variétés/Espèces du jardin au naturel: grands buissons persistants : *C. franchetii*, *C. lacteus*. Arbustes bas et couvre-sol : *C. horizontalis* (caduc), *C. dammeri* (persistant), *C. procumbens* 'Streib's Findling' (persistant, couvre-sol).

Maladies et parasites: feu bactérien, tigres.

▶▶▶ **Cyprès:** voir p. 216-217

Cytise

Laburnum anagyroides

Parfaitement adapté aux petits jardins, le cytise (encore appelé aubour ou faux ébénier) ne passe pas inaperçu au printemps. Il se pare d'une multitude de grappes pendantes de fleurs jaune vif. Laissez-le se développer librement ou utilisez-le avec d'autres petits arbres ou grands arbustes pour constituer une haie champêtre qui vous protégera du vent. Ses fleurs riches en nectar sont très appréciées par les abeilles. Le feuillage, découpé en petites feuilles ovales, prend une belle teinte jaune en automne. Sachez néanmoins que toute la plante est toxique, notamment les graines noires enfermées dans de longues gousses brunes. Si vous avez des enfants, coupez les fruits ou choisissez la variété 'Vossii', qui fructifie très peu.

Hauteur : 5-6 m.

Étalement : 3-4 m.

Sol : tout type de sol bien drainé, même calcaire.

Exposition : soleil ou mi-ombre.

Plantation : de l'automne au printemps quand le sol n'est ni gelé, ni détrempé.

Entretien : la taille est inutile. Coupez juste le bois mort.

Floraison : en mai-juin.

Variétés/Espèces du jardin au naturel : *Laburnum* x *watereri* 'Vossii' (très longues grappes, faible production de graines).

Maladies et parasites : pucerons noirs, rouille.

Deutzia

Deutzia spp.

Vous apprécierez les deutzias pour l'abondance de leur floraison et leur excellente résistance aux parasites. Ces arbustes de diverses tailles, à feuillage caduc, se couvrent à la fin du printemps de bouquets de petites fleurs blanches ou roses, simples ou doubles selon les variétés. Intégrez les plus grands dans une haie fleurie. Utilisez les formes plus compactes, dotées de rameaux fins gracieusement arqués, dans une plate-bande mélangée.

Hauteur : 1-2,5 m.

Étalement : 1-2 m.

Sol : frais, riche en matière organique.

Exposition : soleil.

Plantation : de préférence en automne, au printemps si votre terre est argileuse et humide.

Entretien : chaque année, après la floraison, raccourcissez toutes les tiges qui ont fini de fleurir en coupant juste au-dessus d'une pousse latérale orientée vers l'extérieur de l'arbuste.

Floraison : en mai-juin.

Variétés/Espèces du jardin au naturel : *D. gracilis* (petites fleurs simples blanches, accepte la mi-ombre), *D.* x *hybrida* 'Mont Rose' (grandes fleurs simples d'un rose teinté de mauve), *D.* x *magnifica* (grandes fleurs doubles blanches, atteint 2 m de hauteur), *D.* x *rosea* 'Carminea' (forme compacte, nombreuses fleurs blanc rosé et carmin, feuillage pourpre en automne, accepte la mi-ombre), *D. scabra* 'Pride of Rochester' (fleurs doubles blanches, roses en boutons, jusqu'à 2,5 m de hauteur).

Maladies et parasites : généralement aucun.

Éléagnus

Elaeagnus spp.

Caducs ou persistants, les éléagnus, ou chalefs, sont des végétaux robustes et peu exigeants. Très résistants aux embruns, ils sont parfaits pour constituer des haies brise-vent dans les jardins de bord de mer, mais s'adaptent aussi très bien dans les autres régions. Grand arbuste ou petit arbre, l'olivier de Bohême est doté d'un beau feuillage caduc argenté et résiste bien à la sécheresse. Il produit au printemps des petites fleurs crème, au parfum de miel, suivies de fruits ovoïdes brun-jaune comestibles, d'une saveur douce. Les éléagnus persistants, à feuillage souvent panaché, restent décoratifs toute l'année. Intégrez-les dans une haie champêtre.

Hauteur : 2-3 m (jusqu'à 8 m pour l'olivier de Bohême).

Étalement : 1,5-2 m (jusqu'à 4 m pour l'olivier de Bohême).

Sol : bien drainé, pas trop calcaire.

Exposition : soleil ou mi-ombre.

Plantation : en automne ou au printemps.

Entretien : en mars, raccourcissez les tiges trop longues ou mal orientées pour équilibrer la silhouette et taillez 5 à 10 cm à partir de l'empattement pour des feuillages colorés. Taillez les haies d'éléagnus en avril, puis de nouveau en août.

Floraison : en mai-juin.

Variétés/Espèces du jardin au naturel : olivier de Bohême ou *E. angustifolia* (feuillage argenté, caduc), 'Limelight' (feuillage panaché de jaune et de vert pâle, persistant), *E. pungens* 'Maculata' (feuillage jaune vif panaché de vert, persistant, idéal en climat océanique).

Maladies et parasites : psylles.

▶▶▶ **Épicéa :** voir p. 216-217
▶▶▶ **Érable :** voir p. 232

Les érables

La famille des érables (*Acer* spp.) se compose d'arbres de haute taille, souvent utilisés en alignement dans les villes, mais aussi d'arbustes dont certains dépassent à peine 1 à 2 m de haut. L'attrait principal de ces végétaux réside dans leur feuillage, aux formes et aux teintes décoratives, et dans leur écorce. Les érables se plaisent dans les terres fraîches bien drainées et préfèrent un emplacement abrité des vents froids, au soleil (non brûlant), à mi-ombre ou à l'ombre.

Plantation

Plantez les érables de préférence en automne, dans un trou faisant le double du volume de la taille de la motte, en incorporant un peu de matière organique à la terre de rebouchage.

Entretien

Taillez les érables en février-mars, pour éliminer le bois mort et les tiges mal placées.

Des couleurs éclatantes en automne

L'érable argenté (*A. saccharinum*), l'érable à sucre (*A. saccharum*) et l'érable rouge (*A. rubrum*), tous originaires d'Amérique du Nord, se distinguent par des couleurs automnales intenses. Également natif d'Amérique du Nord,

Feuillage d'érable à l'automne.

l'érable negundo (*A. negundo*) a des feuilles composées comme celles du frêne ; ses variétés à feuillage panaché sont fréquemment employées dans les jardins. Issu du Moyen-Orient, l'érable de Cappadoce (*A. cappadocicum*) prend une teinte dorée en automne.

Des écorces décoratives

L'écorce de certains érables asiatiques est particulièrement attrayante en hiver. Elle est brune et veinée de blanc chez l'érable à peau de serpent (*A. capillipes*), verte et veinée de blanc chez l'érable de David (*A. davidii*). L'érable cannelle (*A. griseum*) a une écorce brun-roux, qui s'exfolie en couches successives, et un feuillage rouge orangé en automne.

Les érables du Japon

Ces érables sont prisés pour leur feuillage coloré et finement découpé. De croissance lente, ils restent souvent à l'état d'arbustes avec de fins rameaux ; certains finissent par donner des petits arbres de 5-6 m de haut. Ils se prêtent bien à la culture en pot. L'érable du Japon préfère un sol acide, qui reste frais en été.

A. palmatum a donné naissance à des centaines de variétés, dont les classiques 'Atropurpureum' (feuillage pourpre) et 'Dissectum' (feuillage très fin).

A. shirasawanum 'Aureum' est cultivé pour son feuillage jaune tendre et *A. japonicum* 'Aconitifolium' pour ses feuilles profondément découpées, rouge vif en automne.

Maladies et parasites

Les érables sont parfois attaqués par les cochenilles à carapace (pulvinaires), les acariens cécidogènes, les cicadelles, les cicadelles blanches et les zeuzères. Ils peuvent aussi être sujets à la maladie du corail, à l'anthracnose, aux taches foliaires et à la verticilliose.

Érable du Japon 'Aureum'.

ZOOM SUR

De bons choix pour un jardin au naturel

Les espèces indigènes ont toute leur place dans les jardins au naturel. L'érable sycomore (*A. pseudoplatanus*) et l'érable plane (*A. platanoides*) peuvent atteindre 20 m de haut ; ils sont réservés aux grands jardins, mais certaines de leurs variétés, comme *A. platanoides* 'Globosum', sont moins encombrantes. L'érable champêtre (*A. campestre*), plus petit (8-10 m), est souvent planté dans les haies brise-vent. Ses petites fleurs vert pâle, réunies en grappes pendantes, sont très mellifères. Ses graines, entourées d'une aile membraneuse, font quant à elles le régal des bouvreuils, gros-becs, écureuils et autres petits animaux. Son feuillage, enfin, prend des teintes jaunes et orangées en automne.

Escallonia

Escallonia spp.

Réservé aux climats océanique et méditerranéen, l'escallonia est souvent utilisé en bord de mer, où il forme de belles haies compactes. Il arbore des petites feuilles vert foncé, brillantes, et des fleurs roses, rouges ou blanches. Intégrez cet arbuste persistant dans une haie champêtre, qu'il agrémentera de sa floraison estivale. Ses fleurs riches en nectar attirent les abeilles et les papillons.

Hauteur : 2-3 m.

Étalement : 1,5-2 m.

Sol : tout type de sol bien drainé, pas trop calcaire.

Exposition : soleil ou mi-ombre.

Plantation : de préférence au printemps, à l'abri des vents froids.

Entretien : en février-mars, taillez les haies d'escallonias pour leur redonner une forme harmonieuse et régulière ; sur les arbustes isolés, à la même époque, taillez les tiges trop longues, qui déparent la silhouette de la plante, et coupez les extrémités qui ont gelé durant l'hiver.

Floraison : de juin à août.

Variétés/Espèces du jardin au naturel : *E.* 'Apple Blossom' (fleurs rose pâle à cœur blanc), 'Donard Radiance' (grandes fleurs roses), 'Donard Seedling' (fleurs rose clair), 'Iveyi' (fleurs blanches), 'Langleyensis' (fleurs rose carmin, résiste bien au froid), 'Peach Blossom' (fleurs rose pâle), *E. rubra* 'Crimson Spire' (fleurs rouge cramoisi), *E. rubra* var. *macrantha* (grandes fleurs rouge rosé).

Maladies et parasites : cochenilles à bouclier.

Exochorda

Exochorda spp.

Peu répandu dans les jardins, cet arbuste à feuillage caduc gagne à être connu grâce à sa superbe floraison printanière et ses tiges gracieusement arquées. Les boutons arrondis d'un blanc pur, semblables à des petites perles, éclosent en donnant de grandes fleurs, qui attirent divers insectes butineurs. Les feuilles vert clair, finement duveteuses, se teintent de jaune en automne. Plantez-le en isolé et laissez-le s'épanouir sans contrainte, ou intégrez-le dans un massif d'arbustes. Dans une haie champêtre, installez-le à côté d'un arbuste à feuillage persistant vert foncé, qui mettra en valeur sa floraison immaculée.

Hauteur : 1-3 m.

Étalement : 1-1,5 m.

Sol : frais, neutre à acide.

Exposition : soleil ou mi-ombre.

Plantation : en automne ou au printemps si votre terre est argileuse et humide.

Entretien : après la floraison, raccourcissez les tiges trop longues pour équilibrer la silhouette de l'arbuste.

Floraison : en avril-mai.

Variétés/Espèces du jardin au naturel : *E. racemosa* (jusqu'à 3 m de haut), *E.* x *macrantha* (jusqu'à 3 m de haut), 'The Bride' (forme compacte, jusqu'à 1,5 m de haut).

Maladies et parasites : généralement aucun.

Forsythia

Forsythia x *intermedia*

Incontournable dans les jardins, le forsythia annonce en fanfare l'arrivée du printemps. Ses branches encore nues se couvrent d'une multitude de fleurs étoilées jaune vif, parfois dès février pour les variétés les plus précoces. Installez ces arbustes à feuilles caduques dans un massif, adoptez les variétés de grande taille pour enrichir et égayer une haie fleurie et utilisez celles au port étalé pour garnir un talus. En janvier-février, coupez quelques branches avant l'ouverture des boutons et laissez-les s'épanouir à l'intérieur de la maison. Comme il résiste bien à la pollution urbaine, vous pouvez également le planter sur votre balcon.

Hauteur : 80 cm-3 m.

Étalement : 1-2 m.

Sol : tout type de sol bien drainé, même calcaire.

Exposition : soleil ou mi-ombre.

Plantation : en automne ou au printemps.

Entretien : tous les deux ou trois ans, après la floraison, supprimez les branches les plus anciennes, les tiges faibles ou mal orientées, et taillez l'extrémité des rameaux qui ont fleuri pour favoriser la pousse de nouvelles tiges. Le forsythia se bouture facilement en pleine terre.

Floraison : de février à avril, selon les variétés.

Variétés/Espèces du jardin au naturel : 'Lynwood' (grandes fleurs jaune d'or en mars, 2-3 m de haut), 'Spectabilis' (grandes fleurs jaune vif en mars, 2-3 m de haut), 'Marée d'or' (fleurs jaune vif dès février, 80 cm de haut, port très étalé), 'Week-end' (fleurs jaune d'or en mars, 2-3 m de haut).

Maladies et parasites : pourridié à armillaire, galle bactérienne du forsythia.

▶▶▶ **Faux-cyprès :** voir p. 216-217

Fuchsia de Magellan

Fuchsia magellanica

Si vous aimez les clochettes colorées des fuchsias, adoptez le fuchsia de Magellan. Contrairement à la plupart de ses cousins, il supporte bien le gel. Dans les régions où la température en hiver ne descend pas en dessous de – 5 °C, cet arbuste semi-persistant atteindra une belle taille et pourra être intégré dans une haie champêtre. Dans les autres régions, la partie aérienne est détruite par les gelées, mais la souche repart naturellement chaque année au printemps, donnant un arbuste qui ne dépassera pas 1 m de hauteur. Ses fines fleurs rouge et violet s'épanouissent de l'été jusqu'aux premières gelées et attirent divers insectes butineurs.

Hauteur: 1-3 m.

Étalement: 70 cm-2 m.

Sol: léger, riche, ne séchant pas trop en été.

Exposition: soleil (mais pas brûlant) ou mi-ombre.

Plantation: de préférence en automne dans les régions aux climats océanique ou méditerranéen, au printemps dans les autres régions.

Entretien: dans les régions où la partie aérienne ne gèle pas, chaque année en février-mars, taillez les rameaux latéraux à quelques centimètres de leur base. Dans les autres régions, en octobre, avant les premières gelées, coupez toutes les tiges près du sol.

Floraison: de juin à octobre.

Variétés/Espèces du jardin au naturel: 'Riccartonii' (fleurs rouge vif, le plus résistant aux gelées), var. *molinae* (fleurs lilas pâle et blanc), var. *gracilis* 'Aurea' (fleurs rouge et violet, feuillage doré).

Maladies et parasites: rouille, pucerons. Voir la liste complète p. 427.

Fusain

Euonymus spp.

Familier de nos campagnes, le fusain d'Europe est un incontournable de la haie champêtre, très précieuse pour favoriser la nidification des oiseaux. Les fauvettes et les rouges-gorges apprécient aussi ses petits fruits rose vifs renfermant de grosses graines orange. Comme chez le fusain ailé, un de ses cousins asiatiques, son feuillage caduc prend des teintes flamboyantes en automne. Ces arbustes caducs se distinguent ainsi de leurs cousins persistants, prisés pour leurs feuillages souvent panachés, tel le fusain du Japon, ou leur port rampant, idéal pour couvrir le sol et étouffer les mauvaises herbes – c'est le cas du fusain nain. Habitués des sous-bois, les fusains se plaisent dans les jardins orientés vers le nord.

Hauteur: 1-3 m.

Étalement: 2-3 m.

Sol: tout type de sol frais bien drainé, même calcaire.

Exposition: soleil ou mi-ombre.

Plantation: en automne pour les fusains caducs, au printemps pour les fusains persistants.

Entretien: en mars-avril, coupez les branches mortes et raccourcissez les tiges trop longues (5 à 10 cm à partir de l'empattement du rameau) pour une forme harmonieuse et des feuillages colorés.

Floraison: au printemps.

Variétés/Espèces du jardin au naturel: fusain d'Europe ou *E. europaeus* 'Red Cascade' (gros fruits rouges, caduc), fusain ailé nain ou *E. alatus* 'Compactus' (1 m de haut, tiges ailées, caduc), fusain du Japon ou *E. japonicus* (persistant), fusain nain ou *E. fortunei* (persistant).

Maladies et parasites: acariens cécidogènes, cochenilles à bouclier.

Gattilier

Vitex agnus castus

Si vous habitez une région aux climat océanique et méditerranéen, laissez-vous tenter par ce bel arbuste d'origine méditerranéenne. Le gattilier est également connu sous les noms d'arbre à poivre et de poivre de moine, car ses feuilles caduques gris-vert, en forme de doigts comme celles du marronnier, dégagent une odeur poivrée quand on les froisse. Il fleurit tard, à une époque où les fleurs se font plus rares pour les abeilles, donnant de longs épis de petites fleurs violacées. Il a aussi besoin de chaleur pour bien fleurir, tolère les embruns et n'est pas exigeant sur la nature du sol (à condition qu'il ne soit pas trop humide). Vous pouvez le planter dans un massif d'arbustes ou l'inclure dans une haie champêtre.

Hauteur: 2-3 m.

Étalement: 1-2 m.

Sol: tout type de sol bien drainé, même calcaire.

Exposition: soleil.

Plantation: en automne dans les régions au climat océanique et méditerranéen, au printemps dans les autres régions.

Entretien: en mars-avril, coupez toutes les tiges qui ont fleuri sur une pousse vigoureuse orientée vers l'extérieur du buisson. Dans les régions aux climats continental et montagnard, installez-le près d'un mur abrité et paillez le pied en hiver. Si les branches ont gelé, coupez-les au ras du sol et l'arbuste repartira au printemps.

Floraison: en août-septembre.

Variétés/Espèces du jardin au naturel: 'Latifolia' (plus résistante au froid).

Maladies et parasites: généralement aucun.

Genêt

Cytisus spp., *Genista* spp.

Bien qu'appartenant à deux genres différents, les *Cytisus* et les *Genista* partagent le même nom commun. Au printemps, les rameaux verts de ces arbustes se couvrent de fleurs odorantes. Le jaune est la couleur dominante, mais il existe des variétés diversement colorées. Les *Cytisus* se déclinent en de nombreuses variétés offrant une palette de tons blancs, jaunes, crème, orange et rouges. Les *Genista* forment des buissons caducs assez bas et leurs tiges souvent épineuses portent des fleurs jaunes.

Hauteur : 50 cm-2 m.

Étalement : 1-2 m.

Sol : tout type de sol bien drainé, même peu fertile. Peu ou pas calcaire pour les *Genista*.

Exposition : soleil.

Plantation : de préférence au printemps.

Entretien : sur les *Cytisus*, après la floraison, taillez d'un tiers environ les tiges qui ont fleuri. Taillez le genêt à balais en mars, en raccourcissant tous les rameaux des trois quarts de leur longueur. Sur les *Genista*, après la floraison, raccourcissez les tiges trop longues pour équilibrer la silhouette.

Floraison : en avril-mai pour les *Genista*, en mai-juin pour les *Cytisus*.

Variétés/Espèces du jardin au naturel : *C.* x *praecox* 'Albus' (fleurs blanches), 'Allgold' (fleurs jaunes), 'Hollandia' (fleurs rouge et blanc), genêt à balais ou *C. scoparius* 'Andreanus' (fleurs jaune et rouge), ajonc d'Espagne ou *G. hispanica* (fleurs jaunes, port compact), genêt de Syrie ou *G. lydia* (fleurs jaune vif, port étalé).

Maladies et parasites : pucerons noirs, acariens cécidogènes.

Glycine

Wisteria spp.

La glycine se couvre au printemps de longues grappes pendantes de fleurs violettes, mauves, blanches ou, plus rarement, roses. Très parfumées chez la glycine de Chine, elles attirent divers insectes butineurs, notamment la grosse abeille charpentière, au corps noir et aux ailes bleutées. Le feuillage caduc, vert tendre en été, vire au jaune en automne. Utilisez cette plante grimpante vigoureuse pour habiller un mur, une clôture ou une tonnelle, ou laissez-la grimper dans un arbre.

Hauteur : 10-15 m.

Étalement : 10-15 m.

Sol : peu fertile, pas trop calcaire, bien drainé.

Exposition : soleil ou mi-ombre.

Plantation : de préférence en automne.

Entretien : en janvier-février, coupez les tiges secondaires (insérées sur les branches principales) en laissant à la base cinq ou six bourgeons bien gonflés (ceux qui vont donner les fleurs). En juin-juillet, après la floraison, raccourcissez les tiges trop longues et coupez de nouveau les tiges secondaires à 15-20 cm de leur base.

Floraison : en avril-mai, puis de nouveau en été, mais moins abondante.

Variétés/Espèces du jardin au naturel : glycine de Chine ou *W. sinensis* (fleurs bleu violacé, grappes de 20-30 cm), 'Alba' (fleurs blanches), glycine du Japon ou *W. floribunda* (fleurs lilas pâle et violet foncé, grappes de 20-50 cm), 'Alba' (fleurs blanches), 'Macrobotrys' (fleurs lilas pâle et violet foncé, grappes de 80 cm-1 m), 'Rosea' (fleurs rose clair).

Maladies et parasites : cochenilles à carapace.

Groseillier à fleurs

Ribes sanguineum

Le groseillier à fleurs est, avec le forsythia, l'un des premiers arbustes à donner des couleurs éclatantes au jardin après l'hiver. Aussi décoratif dans un massif d'arbustes que dans une haie champêtre, il possède des grappes pendantes ornées de petites fleurs rose carmin. Ces fleurs s'épanouissent sur les branches nues avant l'apparition des feuilles. Une floraison précoce qui fait le bonheur des premiers insectes butineurs de l'année. Le feuillage dégage une odeur de cassis quand on le frotte. Le groseillier à fleurs s'utilise aussi en haie taillée, mais l'effet est plus naturel si on le laisse se développer librement.

Hauteur : 1-3 m.

Étalement : 1-2 m.

Sol : bien drainé, pas trop sec, même calcaire.

Exposition : soleil ou mi-ombre.

Plantation : de préférence en automne.

Entretien : chaque année, après la floraison, coupez le bois mort et supprimez à la base environ une tige sur cinq, parmi les plus anciennes, ce qui permet d'assurer leur renouvellement. Le groseillier à fleurs se bouture facilement en pleine terre.

Floraison : en mars-avril.

Variétés/Espèces du jardin au naturel : *R. sanguineum* 'Atrorubens' (fleurs rouge cramoisi), 'King Edward VII' (fleurs rouge vif), 'Pulborough Scarlet' (grandes fleurs rouge foncé), 'Tydeman's White' (fleurs blanc rosé).

Maladies et parasites : oïdium, phytoptes du groseillier (acariens cécidogènes), maladie du corail, pucerons, tenthrèdes, acariens rouges.

▶▶▶ **Genévrier :** voir p. 216-217

▶▶▶ **Hortensia :** voir p. 236-237

Les hortensias

Fréquemment plantés dans les jardins de bord de mer, les hortensias classiques sont prisés pour leurs grosses fleurs roses ou bleues. La famille des hortensias (*Hydrangea* spp.) comprend également d'autres arbustes décoratifs par leur floraison ou leur feuillage, ainsi que l'hortensia grimpant, précieux pour garnir un mur exposé à l'ombre. Installez les hortensias dans un sol humifère, acide ou peu calcaire, frais mais bien drainé. Choisissez un emplacement ombragé ou mi-ombragé, protégé des vents forts et du soleil brûlant (ne les plantez pas dans les jardins orientés vers le sud). Attention, cependant, si vous avez des animaux domestiques, car cet arbuste est très toxique.

Hortensias en fleurs dans un jardin.

Plantation

Plantez les hortensias en automne ou au printemps. Immergez le pot dans un seau rempli d'eau, pour bien humecter la motte. Creusez un trou environ deux fois plus grand que la motte. Mélangez la terre extraite avec du compost bien décomposé ou de la terre de bruyère. Sortez l'arbuste de son pot et mettez-le en place dans le trou. Ajustez la profondeur, puis comblez le trou avec le mélange terreux. Tassez et arrosez copieusement.

Plantation d'un hortensia au printemps.

Entretien

Apportez au début du printemps un engrais organique pour les plantes de terre de bruyère ou un fertilisant à base de poudre d'ardoise, afin d'accentuer la teinte bleue des fleurs (voir encadré page ci-contre). Avant l'été, quand la terre est bien humide, épandez un paillis d'écorces de pin pour maintenir la fraîcheur dans le sol. Durant la saison, arrosez régulièrement les arbustes en cas de temps sec persistant.
En climats continental et montagnard, Ne supprimez pas les fleurs séchées des hortensias : elles restent longtemps décoratives et, en hiver, protègent du froid les bourgeons situés plus bas sur les tiges. Les hortensias peuvent se bouturer en août-septembre.

EN SAVOIR PLUS

Une floraison généreuse

Les fleurs des hortensias sont, en fait, composées d'une multitude de petites fleurs individuelles, fertiles ou stériles. Chez les hortensias « à tête plate », les fleurs stériles pourvues de pétales entourent les petites fleurs fertiles sans pétales. Chez les hortensias « à tête ronde », les fleurs sont identiques et forment un gros bouquet rond.

Taille des hortensias

Les hortensias classiques se taillent légèrement chaque année, en février-mars. Éliminez le bois mort et les tiges faibles. Chez les plantes adultes, coupez au ras du sol une ou deux des tiges les plus anciennes et raccourcissez les tiges restantes en coupant sous les fleurs, juste au-dessus d'une paire de bourgeons. L'hortensia paniculé fleurit sur les tiges de l'année, de sorte qu'il faut le tailler court tous les ans en fin d'hiver. Commencez comme pour les hortensias classiques, mais taillez plus sévèrement

C'EST MALIN

Une teinte bleue en sol acide

Chez certaines variétés, comme 'Bodensee' et 'Blauer Prinz', les fleurs ont la particularité de virer au bleu en sol acide. On peut renforcer cette teinte en utilisant des fertilisants à base de poudre d'ardoise.

les rameaux restants : raccourcissez-les en ne laissant que deux ou trois bourgeons à leur base.
Pour *H. arborescens*, *H. quercifolia* et *H. aspera*, intervenez tous les ans ou tous les deux ans, en fin d'hiver, pour éliminer le bois mort. Si nécessaire, coupez une ou deux vieilles tiges pour aérer le cœur de l'arbuste.
Quant à l'hortensia grimpant, il se contente d'une taille de nettoyage tous les deux ou trois ans, en février-mars. Supprimez les tiges qui débordent du support si vous souhaitez limiter son développement.

Hydrangea macrophylla.

Hortensia grimpant en fleurs.

Maladies et parasites

Surveillez les attaques de cochenilles à carapace (pulvinaires). Ces insectes se manifestent par l'apparition d'amas floconneux blancs le long des tiges et sous les feuilles. Vos hortensias peuvent également présenter des taches foliaires dues à une maladie appelée phyllostictose. Des tétranyques tisserands peuvent aussi les coloniser.

ZOOM SUR

De bons choix pour un jardin au naturel

Les hortensias arbustifs

L'espèce *H. macrophylla* a donné naissance à de nombreuses variétés de tailles différentes. Ces arbustes à feuillage caduc et au port buissonnant, de 50 cm à 2 m de haut, se développent avec plus de vigueur dans les régions au climat océanique, frais et humide. Les grandes feuilles ovales, vert franc, sont épaisses et dentées. Les fleurs s'épanouissent de juin à septembre. Les variétés les plus courantes sont celles à grosses fleurs rondes. Leur teinte varie du blanc ('Sœur Thérèse') au rouge ('Alpenglühen'), en passant par le rose ('Ayesha' et 'Europa'). Les variétés à fleurs aplaties se déclinent dans des tons de blanc ('Tricolor', feuillage panaché de crème et argenté), rose ('Mousmée'), rouge ('Geoffroy Chadbund') ou bleu ('Blaumeise'). *H. serrata* 'Bluebird' est une variété à fleurs semi-plates bleues, lilas ou roses ; son feuillage vire au rouge cuivré en automne.

L'hortensia de Virginie (*H. arborescens*) est connu pour sa variété 'Annabelle', qui produit en juillet-août d'énormes fleurs blanches arrondies, de 20 à 35 cm de diamètre ; il supporte bien le froid et s'accommode de la plupart des sols s'ils ne sont pas excessivement calcaires. L'hortensia paniculé (*H. paniculata*) est un arbuste à la silhouette bien équilibrée, parfait pour les haies mélangées. Ses grandes fleurs coniques apparaissent à l'extrémité des tiges de juillet à octobre. La plupart des variétés ont des fleurs blanches, qui rosissent en fin de floraison. Leur hauteur varie de 1,5 à 2 m. L'hortensia à feuilles de chêne (*H. quercifolia*) vaut principalement pour son feuillage. Ses grandes feuilles divisées en lobes profonds prennent une teinte rouge pourpré en automne. Ses fleurs blanches en grappes dressées s'épanouissent de juillet à octobre ; elles se colorent de rose en fin de floraison. Enfin, *H. aspera* a des rameaux velus garnis de feuilles ovales vert foncé, duveteuses au revers ; ses fleurs plates sont bleu pourpré au centre et de couleur blanche, teintée de rose pâle ou de mauve, sur le pourtour.

L'hortensia grimpant

L'hortensia grimpant (*H. petiolaris*) s'accroche seul à un support grâce à ses racines aériennes, à la manière du lierre. Très vigoureux, il se plaît dans toutes les régions de France et peut couvrir rapidement des surfaces exposées au nord. Il produit en mai-juin de grandes fleurs blanches, en forme de dômes. Ses tiges acajou prennent, avec l'âge, un aspect crevassé.

Houx

Ilex spp.

Utilisé dans les haies mélangées, le houx est apprécié pour ses feuilles persistantes, épaisses et épineuses, d'un vert foncé brillant, et pour ses baies colorées, qui attirent les oiseaux. Les variétés à feuillage panaché sont très décoratives, notamment en hiver. On distingue des plantes mâles et des plantes femelles (distinction indiquée en jardinerie); seules ces dernières portent des fruits. Pour obtenir des baies, plantez au moins un pied mâle pour cinq femelles. Toutefois, certaines variétés sont à la fois mâle et femelle. Habitué des sous-bois, le houx se plaît dans les jardins orientés vers le nord.

Hauteur: 3-5 m.

Étalement: 2-3 m.

Sol: frais, bien drainé, pas trop calcaire.

Exposition: soleil ou mi-ombre.

Plantation: au printemps.

Entretien: la croissance du houx étant lente, contentez-vous d'une taille légère tous les deux ou trois ans, en septembre, pour éliminer le bois mort et supprimer les tiges qui déparent sa silhouette. Sans taille, il finit par former un véritable arbre.

Floraison: en mai-juin, suivie de baies colorées.

Variétés/Espèces du jardin au naturel: houx commun ou *I. aquifolium* 'Alaska' (femelle, fructification abondante), 'Argentea Marginata' (femelle, feuillage bordé de blanc argenté), 'Golden Queen' (mâle, feuillage panaché de jaune), 'J.C. Van Tol' (mâle et femelle, fructification abondante), *I.* x *altaclerensis* 'Golden King' (femelle, feuilles bordées de jaune d'or, peu épineuses).

Maladies et parasites: cochenilles à carapace, mineuses foliaires du houx.

Jasmin d'hiver

Jasminum nudiflorum

Pour lutter contre la grisaille hivernale, palissez les longues tiges vertes et anguleuses de ce jasmin sur un mur ou une clôture en ville ou à la campagne – les branches ne s'accrochent pas toutes seules à un support. En hiver, dès que le temps se radoucit, elles se couvrent d'une multitude de fleurs jaunes. En revanche, ces dernières ne sont pas parfumées comme celles de son cousin, le jasmin blanc. Les petites feuilles vertes, discrètes, apparaissent après la floraison. Planté en haut d'un muret, le jasmin d'hiver laisse délicatement retomber ses rameaux souples.

Hauteur: 2-4 m.

Étalement: 2-3 m.

Sol: tout type de sol bien drainé, même peu fertile et calcaire.

Exposition: soleil ou mi-ombre.

Plantation: de préférence en automne, au printemps si votre terre est argileuse et humide.

Entretien: chaque année, après la floraison, raccourcissez les tiges trop longues et supprimez les rameaux les plus anciens, qui fleurissent moins. Vous éviterez ainsi que la végétation ne devienne trop dense.

Floraison: de décembre à mars. Une fois épanouies, les fleurs s'abîment s'il survient une période de gel ou de neige, mais la floraison reprend quand les températures remontent.

Variétés/Espèces du jardin au naturel: 'Aureum' (feuilles teintées de jaune), 'Mystique' (feuilles vert foncé bordées de blanc argenté).

Maladies et parasites: généralement aucun.

Kolkwitzia

Kolkwitzia amabilis

Le kolkwitzia, appelé aussi buisson de beauté, est un arbuste à feuillage caduc et aux tiges souples, gracieusement arquées. Les fleurs printanières, en forme de clochettes, sont rose clair et tachées de jaune orangé au centre. Riches en nectar et en pollen, elles font le bonheur des insectes butineurs. L'écorce gris-brun clair des tiges les plus anciennes se détache en grandes lanières, produisant un effet décoratif. Plantez le kolkwitzia à l'arrière d'une platebande mêlant arbustes et plantes vivaces ou isolé sur une pelouse, ou encore intégrez-le dans une haie fleurie en ville ou à la campagne. Il a tendance à produire des drageons (nouvelles tiges qui apparaissent au pied de l'arbuste, assurant le renouvellement des plus anciennes).

Hauteur: 2-3 m.

Étalement: 1-2 m.

Sol: tout type de sol bien drainé, même calcaire.

Exposition: soleil ou mi-ombre.

Plantation: en automne ou au printemps.

Entretien: tous les deux ans, coupez le bois mort, raccourcissez les tiges trop longues pour équilibrer la silhouette de l'arbuste et coupez à la base environ une tige sur cinq, parmi les plus anciennes. Avec une bêche, supprimez les drageons qui sortent trop loin du pied de l'arbuste et ne présentent pas d'intérêt pour le renouvellement des tiges.

Floraison: en mai-juin.

Variétés/Espèces du jardin au naturel: *K. amabilis* 'Pink Cloud' (fleurs rose foncé).

Maladies et parasites: généralement aucun.

►►► **If:** voir p. 216-217

Laurier-rose

Nerium oleander

Dans les régions au climat méditerranéen ou proches du littoral atlantique, installez en pleine terre cet arbuste persistant. Dans les autres régions, il se cultive en bac et doit passer l'hiver à l'abri des gelées. Les fleurs sont simples ou doubles selon les variétés, parfois parfumées, et se déclinent dans une large palette de tons roses, blancs, rouges et jaunes. Dans une haie champêtre, préférez les variétés à fleurs simples, d'aspect plus naturel. Attention, toutes les parties de la plante sont très toxiques par ingestion.

Hauteur: 2-4 m.

Étalement: 1-2 m.

Sol: tout type de sol bien drainé.

Exposition: soleil.

Plantation: au printemps, à l'abri des vents forts.

Entretien: en été, arrosez copieusement pendant les périodes de canicule. Tous les ans ou tous les deux ans, après la floraison, coupez le bois mort et raccourcissez les tiges trop longues pour rééquilibrer la silhouette de l'arbuste. Le laurier-rose se bouture très bien dans l'eau.

Floraison: de juin à septembre.

Variétés/Espèces du jardin au naturel: 'Alsace' (fleurs simples blanc rosé), 'Emile Sahut' (fleurs simples rouge velouté), 'Minouche' (fleurs simples rose vif), 'Isle of Capri' (fleurs simples jaune clair), 'Soleil Levant' (fleurs simples rose saumon vif), 'Madame Allen' (fleurs doubles roses, très parfumées), 'Provence' (fleurs doubles rose saumon clair, très parfumées), 'Villa Romaine' (fleurs rose clair et rose vif, résiste bien au froid).

Maladies et parasites: cochenilles à carapace, pucerons, galle bactérienne.

Laurier-tin

Viburnum tinus

Il serait dommage de se priver de ce bel arbuste à feuillage persistant! Ses grandes feuilles ovales, vert foncé, font bel effet toute l'année et, de la fin de l'automne au début du printemps, il se couvre de bouquets denses de petites fleurs blanches, suivies en été de baies noir bleuté. Le laurier-tin ne demande que peu d'entretien, ne craint ni le vent, ni les embruns, et a toute sa place dans une haie champêtre en ville ou à la campagne; en hiver, son feuillage persistant offrira un refuge pour une faune variée. Contrairement à ce que son nom pourrait laisser supposer, il n'appartient pas à la famille des lauriers (*Laurus*), mais à celle des viornes (*Viburnum*).

Hauteur: 2-3 m.

Étalement: 2-3 m.

Sol: tout type de sol fertile, frais et bien drainé, même calcaire.

Exposition: situation abritée (au pied d'un mur bien exposé) dans les régions aux climats continental et montagnard, soleil ou mi-ombre dans les autres régions.

Plantation: en automne dans les régions aux climats océanique et méditerranéen, au printemps dans les autres régions.

Entretien: en avril, coupez les tiges défleuries de la moitié de leur longueur.

Floraison: de novembre à avril.

Variétés/Espèces du jardin au naturel: 'Eve Price' (arbuste compact), 'Gwenllian' (fleurs teintées de rose), 'Lucidum' (grandes feuilles), 'Variegatum' (feuillage vert bordé de crème), 'Purpureum' (jeune feuillage pourpre).

Maladies et parasites: galéruques et criocères, otiorhynques, thrips.

Lavatère arbustive

Lavatera spp.

Cet arbuste buissonnant pousse rapidement, mais sa durée de vie est assez courte (trois à cinq ans). Il se multiplie néanmoins facilement par bouturage. Ses feuilles semi-persistantes sont vert argenté. Ses tiges dressées se couvrent, de l'été à l'automne, de grandes fleurs blanches ou roses, selon les variétés. Riches en pollen et en nectar, elles attirent les abeilles, les bourdons et divers papillons. Installez la lavatère arbustive dans un massif de plantes vivaces ou d'arbustes.

Hauteur: 1-3 m.

Étalement: 1-2 m.

Sol: léger, bien drainé, même peu fertile et calcaire. Craint les sols humides en hiver.

Exposition: soleil.

Plantation: de préférence au printemps, à l'abri des vents forts; en climat continental ou montagnard, dans un endroit protégé et abrité des vents froids.

Entretien: chaque année, en février-mars, taillez toutes les tiges à 30-50 cm du sol, juste au-dessus d'une tige latérale vigoureuse. Dans les régions où la température descend en dessous de – 10 °C, paillez le pied en hiver.

Floraison: de juin à octobre.

Variétés/Espèces du jardin au naturel: *L.* 'Rosea' (fleurs rose mauve), 'Barnsley' (fleurs blanches à cœur rouge, virant au rose pâle), 'Bredon Springs' (fleurs rose vif), 'Burgundy' (fleurs rose carmin), 'Burgundy Wine' (fleurs rose foncé pourpré), 'Ice Cool' (fleurs blanches), 'Blushing Bride' (fleurs blanches à cœur pourpre), 'Candy Floss' (fleurs rose pâle).

Maladies et parasites: rouille, cicadelles.

Lierre

Hedera helix

Robuste, le lierre s'accommode très bien des emplacements ombragés. Utilisez-le pour garnir une façade nue, un talus ou un arbre mort, pour agrémenter une haie à la campagne, garnir une cour ou un balcon ou en plante couvre-sol. Ses tiges grimpantes s'accrochent elles-mêmes et sa végétation dense attire une petite faune nombreuse. Selon les variétés, son feuillage persistant est vert foncé uni ou panaché de tons argentés, blancs, crème ou jaunes. Ses petites fleurs jaune-vert s'épanouissent au début de l'automne. Très appréciées par les abeilles, elles sont suivies de baies noires qui nourrissent oiseaux et mammifères.

Hauteur: 3-10 m, ou plus.

Étalement: 1-6 m, ou plus.

Sol: tout type de sol bien drainé.

Exposition: soleil, mi-ombre ou ombre.

Plantation: en automne ou au printemps.

Entretien: chaque année, en novembre, raccourcissez les tiges trop longues et utilisez une cisaille pour désépaissir les plantes poussant sur un mur. Le lierre se bouture très bien dans l'eau ou en pleine terre.

Floraison: en septembre-octobre.

Variétés/Espèces du jardin au naturel: lierre de Colchide ou *H. colchica* 'Dentata Variegata' (grandes feuilles panachées de vert, gris-vert et jaune crème), lierre commun ou *H. helix* 'Glacier' (feuilles panachées de gris-vert et d'argenté), 'Oro di Bogliasco' ou 'Goldheart' (feuilles marquées d'une tache jaune au centre), 'Erecta' (port dressé), 'Atropurpurea' (feuilles se teintant de pourpre par temps froid).

Maladies et parasites: généralement aucun.

Liquidambar

Liquidambar styraciflua

Hautement décoratif, le liquidambar, ou copalme d'Amérique, est spectaculaire en automne. Ses feuilles caduques vert clair sont découpées en cinq ou sept lobes pointus. Certaines variétés présentent des feuillages panachés de jaune ou de crème. La floraison printanière, jaune-vert, est très discrète. En automne, le feuillage se pare de teintes flamboyantes rouges, orange, jaunes et pourpres. Parfois, toutes les couleurs se mêlent sur le même arbre. Plantez le liquidambar en isolé, à proximité de la maison, ou utilisez-le en bosquet pour créer un lien entre les massifs de fleurs et la partie plus sauvage du jardin.

Hauteur: 10-25 m.

Étalement: 5-10 m.

Sol: frais, bien drainé, neutre à acide (craint les excès de calcaire).

Exposition: soleil ou mi-ombre.

Plantation: de novembre à mars pour les plants à racines nues, de préférence en automne pour ceux en conteneur.

Entretien: si nécessaire, en février-mars, coupez le bois mort et les branches qui déparent la silhouette de l'arbre.

Floraison: en mai-juin.

Variétés/Espèces du jardin au naturel: 'Worplesdon' (feuilles découpées en lobes étroits), 'Aurea' (feuilles panachées de jaune), 'Burgundy' (feuillage d'automne rouge violacé), 'Gumball' (cime arrondie, ne dépasse pas 3 m de haut), 'Manon' (feuilles bordées de crème), 'Variegata' (feuilles mouchetées de jaune).

Maladies et parasites: généralement aucun.

Magnolia

Magnolia spp.

Selon les espèces, les magnolias sont des arbres ou des arbustes, à feuillage caduc ou persistant (réservé aux climats océanique et méditerranéen). Le magnolia à grandes fleurs est un arbre persistant aux feuilles vert foncé, épaisses et luisantes, garnies d'un duvet roux sur la face inférieure. Ses fleurs, blanc crème et odorantes, font environ 25 cm de diamètre. Les magnolias arbustifs à feuillage caduc produisent des fleurs blanches, roses ou jaunes, sur les rameaux nus.

Hauteur: 10-15 m (arbres), 2-5 m (arbustes).

Étalement: 6-8 m (arbres), 2-5 m (arbustes).

Sol: fertile, humifère, bien drainé.

Exposition: soleil ou mi-ombre.

Plantation: de préférence au printemps.

Entretien: si nécessaire, en février-mars, coupez le bois mort et taillez les branches mal orientées pour équilibrer la silhouette de la plante.

Floraison: en mars-avril (en été pour les magnolias à grandes fleurs).

Variétés/Espèces du jardin au naturel: magnolia à grandes fleurs ou *M. grandiflora* (fleurs crème), 'Galissonière' (fleurs blanc crème), magnolia à fleurs de lis ou *M. liliflora* 'Nigra' (fleurs rose pourpré foncé, arbuste caduc), *M.* x *loebneri* 'Leonard Messel' (fleurs roses, arbuste caduc), magnolia de Soulange ou *M.* x *soulangeana* (fleurs rose et blanc, arbuste caduc), magnolia étoilé ou *M. stellata* (fleurs blanches, arbuste caduc), *M.* 'Yellow Bird' (fleurs jaune citron, arbuste caduc).

Maladies et parasites: généralement aucun.

▶▶▶ **Lilas:** voir page ci-contre

Les lilas

Si le lilas (*Syringa* spp.) s'avère si répandu dans les jardins, c'est qu'il est très apprécié au printemps pour ses grandes grappes odorantes, aussi décoratives au jardin qu'en vase, à l'intérieur de la maison. En choisissant des espèces aux époques de floraison échelonnées, vous en profiterez plusieurs semaines. Rustique, le lilas commun (*S. vulgaris*) se plaît dans une terre fertile, fraîche, même calcaire. Il tolère la mi-ombre, mais la floraison est plus abondante au soleil.

Un arbuste vigoureux

Le lilas commun atteint 4-5 m de haut et 2-3 m de large. Ses branches dressées sont garnies de feuilles vert clair, en forme de cœur, caduques. Selon les variétés, les petites fleurs simples ou doubles, réunies en grappes denses, offrent une large gamme de couleurs dans des tons blancs, roses, rouges, violets ou mauves. Si son port naturel en fait un sujet de choix pour les haies libres, il est également décoratif planté en isolé ou dans un massif d'arbustes.

Plantation

Plantez les lilas en automne ou au printemps, dans une fosse faisant le double du volume de la motte. Incorporez de la matière organique à la terre de rebouchage. Arrosez.

Entretien

Arrosez régulièrement la première année. Par la suite, arrosez le lilas uniquement en cas de sécheresse marquée et prolongée. Non taillé, l'arbuste finit par se dégarnir à la base. Tous les ans, après la floraison, taillez les rameaux qui ont fleuri à mi-hauteur environ, juste au-dessus d'une paire de feuilles. Coupez le bois mort et les branches qui sont trop serrées, pour aérer le centre. Sachez aussi que les lilas que vous achetez dans le commerce sont presque toujours greffés. Ils produisent parfois des gourmands issus du porte-greffe. sectionnez-les le plus bas possible dès leur apparition. Les lilas peuvent se bouturer en août-septembre.

Lilas en fleurs en été.

Maladies et parasites

Le lilas est rarement sujet aux maladies. Le phytopte du lilas est un acarien cécidogène qui provoque le dessèchement des boutons floraux, tandis que la bactériose se manifeste par des taches brunes sur les feuilles et des chancres noirs sur les rameaux. Dans les deux cas, coupez et brûlez les parties atteintes. Le lilas peut aussi être touché par les cochenilles à bouclier, les otiorhynques et les psylles.

ZOOM SUR

Varier les couleurs !

- 'Andenken an Ludwig Späth' (fleurs simples rouge pourpré foncé)
- 'Belle de Nancy' (fleurs semi-doubles mauves)
- 'Charles Joly' (fleurs doubles pourpre foncé)
- 'Charles X' (fleurs simples rose pourpré)
- 'Katherine Havemeyer' (grosses grappes, fleurs doubles mauve pâle, violet foncé en boutons)
- 'Madame Lemoine' (fleurs doubles blanches)
- 'Michel Buchner' (fleurs doubles mauve pâle, rouge pourpré foncé en boutons)
- 'Mrs. Edward Harding' (fleurs simples rouge pourpré)
- 'Président Grévy' (fleurs doubles bleu pâle)
- 'Sensation' (fleurs violettes bordées de blanc)

ZOOM SUR

De bons choix pour un jardin au naturel

Le lilas commun fleurit en avril-mai. Pour étendre la saison, utilisez les variétés de *S.* x *hyacinthiflora*, telles que 'Esther Staley' (fleurs rose-mauve) et 'Pocahontas' (fleurs bleu violacé), plus précoces d'une semaine environ. *S. reflexa*, aux grappes retombantes de fleurs roses, et les hybrides qui en sont issus, comme *S.* x *prestoniae* 'Redwine' (fleurs blanc rosé, feuillage pourpre), fleurissent plus tard, en mai-juin. *S. microphylla* 'Superba' donne des grappes légères de fleurs roses, plus petites que celles du lilas commun, mais très parfumées, en mai, puis par intermittence jusqu'en automne. C'est le cas aussi de *S. meyeri* 'Palibin', aux petites grappes roses. Ces deux derniers lilas ne dépassent pas 2 m de haut.

Mahonia

Mahonia spp.

Les feuilles persistantes et épineuses du mahonia rappellent celles du houx. Vert foncé et brillantes, elles se teintent de pourpre ou de bronze en hiver. Cet arbuste produit des petites fleurs jaunes réunies en grappes dressées, parfois parfumées. Les baies noir bleuté qui leur succèdent sont prisées des oiseaux. Leur jus sert à préparer des gelées ou des liqueurs. Évitez de les consommer crues : elles sont amères et légèrement toxiques (laxatives). Lorsque cet arbuste à croissance lente, décoratif toute l'année, est intégré dans une haie champêtre, il contribue à la rendre plus impénétrable.

Hauteur : 1-3 m.

Étalement : 1,5-3 m.

Sol : frais, bien drainé, humifère.

Exposition : soleil ou mi-ombre.

Plantation : au printemps.

Entretien : coupez de temps à autre les tiges dégarnies et celles qui déparent la silhouette de l'arbuste. Supprimez les tiges qui apparaissent au pied des *M. aquifolium*.

Floraison : de novembre à mars, selon les espèces.

Variétés/Espèces du jardin au naturel : *M. aquifolium* (petites grappes arrondies au printemps, arbuste ne dépassant pas 1,5 m de haut), 'Apollo' (sans drageons), *M.* x *media* 'Charity' (fleurs à odeur de muguet de novembre à janvier, en grappes fines, grandes feuilles à l'aspect assez raide), *M. japonica* 'Bealei' (fleurs odorantes en février-mars, en grappes fines, grandes feuilles à l'aspect un peu raide).

Maladies et parasites : oïdium, rouille.

Millepertuis

Hypericum spp.

Les millepertuis sont des arbustes à feuillage caduc, semi-persistant ou persistant, selon les espèces. Leurs fleurs jaunes, ornées au centre d'un gros bouquet d'étamines, sont visitées par les abeilles et les bourdons. Certaines espèces produisent des fruits rouges très décoratifs. Le millepertuis à grandes fleurs, de 30-40 cm de haut, est une plante couvre-sol. Grâce à ses rhizomes (tiges souterraines qui produisent de nouvelles pousses à distance de la plante) et à son feuillage persistant, il garnira avantageusement un talus à mi-ombre. Les espèces ou variétés formant des arbustes plus grands sont parfaites pour enrichir une haie champêtre.

Hauteur : 30 cm-1,5 m.

Étalement : 30 cm-1 m.

Sol : tout type de sol bien drainé, même sec et calcaire.

Exposition : soleil ou mi-ombre.

Plantation : en automne ou au printemps.

Entretien : tous les deux ou trois ans, taillez les arbustes pour qu'ils gardent une silhouette dense et harmonieuse.

Floraison : de juin à septembre-octobre.

Variétés/Espèces du jardin au naturel : millepertuis à grandes fleurs ou *H. calycinum* (feuillage persistant), *H.* 'Hidcote' (fleurs jaune d'or, feuillage persistant), *H.* x *inodorum* 'Elstead' (fruits coniques rouge vif, feuillage semi-persistant), *H.* x *moserianum* 'Tricolor' (feuillage semi-persistant panaché de blanc et teinté de rose, ne dépasse pas 50 cm de haut).

Maladies et parasites : rouille.

Mimosa

Acacia spp.

Typiques de la Côte d'Azur, les mimosas sont prisés pour leurs pompons jaunes au parfum délicat. Le mimosa d'hiver supporte, dans les autres régions, de brèves gelées jusqu'à – 10 °C s'il est planté dans un endroit chaud et ensoleillé, abrité des vents froids. L'arbre est également décoratif par son feuillage persistant gris-vert, léger, finement découpé et dentelé. L'espèce produit de nombreux drageons (pousses qui apparaissent au pied de la plante) et a tendance à être envahissante. Les variétés n'ont pas cet inconvénient. Le mimosa des quatre saisons est plus petit et fleurit par intermittence toute l'année. Il résiste moins bien au gel.

Hauteur : 4-8 m.

Étalement : 2-4 m.

Sol : profond, léger (pas trop argileux), bien drainé.

Exposition : soleil ou mi-ombre.

Plantation : au printemps.

Entretien : si nécessaire, coupez en mars les branches qui déparent la silhouette de l'arbre et les rameaux qui ont gelé.

Floraison : de janvier à mars pour le mimosa d'hiver ; d'octobre à janvier, puis de nouveau pendant l'été, pour le mimosa des quatre saisons.

Variétés/Espèces du jardin au naturel : mimosa d'hiver ou *A. dealbata* (fleurs jaune vif, très parfumées), 'Gaulois Astier' (feuilles vert foncé), 'Mirandole' (grandes fleurs jaune d'or), mimosa des quatre saisons ou *A. retinodes* (fleurs jaunes, odorantes), 'Lisette' (grandes fleurs).

Maladies et parasites : cicadelles blanches.

Noisetier d'ornement

Corylus spp.

Très utilisé dans la haie champêtre ou brise-vent appréciée des animaux, cet arbuste ramifié forme naturellement un écran touffu grâce à ses drageons (nouvelles tiges qui apparaissent au pied de l'arbuste). Dès la fin de l'été, ses branches s'ornent de chatons pendants, fins épis constitués des fleurs mâles. À mesure que l'hiver avance, ils s'allongent et virent au jaune; la moindre brise les agite. Les fleurs femelles, minuscules et naissant directement sur les branches, donnent les noisettes durant l'été. En automne, les feuilles se teintent de jaune avant de tomber. Les variétés à feuillage coloré ou à rameaux tortueux sont très décoratives. *C. avellana* est également une espèce fruitière (voir p. 378).

Hauteur: 2-6 m.

Étalement: 2-5 m.

Sol: frais, profond, bien drainé.

Exposition: soleil ou mi-ombre.

Plantation: de préférence en automne.

Entretien: tous les ans ou tous les deux ans, après la floraison, coupez près du sol un quart environ des tiges les plus anciennes; elles seront remplacées par des drageons.

Floraison: de janvier à mars selon les espèces et variétés.

Variétés/Espèces du jardin au naturel: noisetier commun ou coudrier ou *C. avellana* 'Aurea' (jeunes feuilles jaune vif), noisetier tortueux ou *C. avellana* 'Contorta' (rameaux sinueux), *C. maxima* (chatons, feuilles et fruits plus grands que chez le noisetier commun), noisetier pourpre ou *C. maxima* 'Purpurea' (feuillage pourpre).

Maladies et parasites: balanins des noisettes, phytoptes du noisetier (acariens cécidogènes).

Oranger du Mexique

Choisya ternata

Vous apprécierez cet arbuste persistant au port arrondi pour son feuillage élégant, décoratif toute l'année, et ses fleurs blanches parfumées. Réunies en bouquets, ces dernières attirent divers insectes butineurs. Les feuilles, brillantes, dégagent une odeur d'orange quand on les froisse. Plantez-le en isolé ou dans un massif d'arbustes, ou intégrez-le dans une haie champêtre – son feuillage persistant contribuera à la rendre plus opaque. L'oranger du Mexique n'aime pas les fortes gelées. En climat continental ou montagnard, installez-le dans un endroit protégé et abrité des vents froids.

Hauteur: 2-2,5 m.

Étalement: 1,5-2 m.

Sol: léger, bien drainé, sans excès d'humidité.

Exposition: soleil ou mi-ombre.

Plantation: de préférence au printemps.

Entretien: tous les deux ou trois ans, après la floraison, coupez le bois mort et taillez les tiges trop longues ou mal orientées pour équilibrer la silhouette de l'arbuste. Si nécessaire, au début du printemps, coupez les extrémités qui ont gelé. Pour obtenir des feuillages colorés, taillez court chaque printemps.

Floraison: de mars à mai. En été, seconde floraison moins importante.

Variétés/Espèces du jardin au naturel: 'Aztec Pearl' (feuilles vert foncé, plus fines que celles de l'espèce type), 'Sundance' (jeunes feuilles dorées, virant au vert clair en été).

Maladies et parasites: tétranyques tisserands.

Osmanthe

Osmanthus spp.

Le feuillage persistant, brillant et parfois épineux des osmanthes est décoratif toute l'année. Les variétés à feuillage panaché sont particulièrement lumineuses. Ces arbustes au port dense et arrondi produisent des bouquets de fleurs blanches, petites mais très parfumées, à l'odeur de jasmin. Ces dernières attirent divers insectes butineurs. Plantez les osmanthes dans une haie champêtre ou un massif d'arbustes.

Hauteur: 1,5-3 m.

Étalement: 1,5-3 m.

Sol: tout type de sol bien drainé, pas trop humide.

Exposition: soleil (non brûlant), mi-ombre ou ombre.

Plantation: au printemps, à l'abri des vents froids.

Entretien: tous les deux ou trois ans, après la floraison, coupez le bois mort et taillez les tiges mal orientées ou trop longues pour équilibrer la silhouette de l'arbuste.

Floraison: en avril-mai ou en septembre-octobre, selon les espèces.

Variétés/Espèces du jardin au naturel: *O.* x *burkwoodii* (fleurit en avril-mai), *O. decorus* (fleurit en mai, fruits noir bleuté, port étalé), *O. delavayi* (fleurit en avril-mai, plus sensible au froid que les autres espèces), osmanthe à feuilles de houx ou *O. heterophyllus* (fleurit en automne, feuilles bordées de dents épineuses), 'Goshiki' (feuilles panachées de jaune crème), 'Purpureus' (jeunes feuilles pourpre foncé), 'Variegatus' (feuilles bordées de blanc crème).

Maladies et parasites: généralement aucun.

Passiflore bleue

Passiflora caerulea

La floraison exceptionnelle de la passiflore, ou fleur de la Passion, n'est pas réservée aux jardins les plus chauds. Si la plupart de ses cousines sont gélives, cette liane résiste jusqu'à – 10 °C. Dans les régions au climat continental ou montagnard, plantez-la au pied d'un mur exposé au sud et protégé des vents froids. La partie aérienne disparaît en hiver. Les tiges munies de vrilles s'accrochent toutes seules au support. La passiflore produit des fleurs à l'aspect insolite, de 7 à 15 cm de diamètre, bleu violacé et blanc ; parfumées, elles s'épanouissent tout l'été. Des fruits orange – comestibles mais insipides – apparaissent parfois après un été chaud.

Hauteur : 5-10 m.

Étalement : 2-4 m.

Sol : bien drainé, frais, pas trop sec.

Exposition : soleil ou mi-ombre.

Plantation : de préférence au printemps, en situation protégée.

Entretien : en mars, dans les régions où la température ne descend pas en dessous de – 5 °C, taillez pour contenir la plante dans son espace. En climat continental ou montagnard, protégez la souche avec de la paille ou des feuilles mortes en octobre.

Floraison : de juillet à octobre.

Variétés/Espèces du jardin au naturel : 'Constance Eliott' (fleurs blanches très odorantes), 'Grandiflora' (grandes fleurs, 12-15 cm de diamètre), 'Pierre Pomie' (fleurs blanches colorées de rose au centre).

Maladies et parasites : pucerons.

Pérovskia

Perovskia atriplicifolia

Ce petit arbuste à feuillage caduc, parfois appelé sauge d'Afghanistan, sauge russe ou lavande d'Afghanistan, résiste à la sécheresse et aux embruns. Ces qualités en font un sujet de choix pour les jardins secs situés en bord de mer, mais il convient aussi aux autres régions. Son feuillage aromatique gris-vert, finement denté, dégage une odeur de sauge quand on le froisse. Ses petites fleurs bleu lavande, groupées en épis légers, rappellent celles de la lavande ; elles s'épanouissent tout l'été et attirent de nombreux insectes butineurs. Associez le pérovskia à d'autres arbustes résistants à la sécheresse, plantez-le dans une rocaille ou intégrez-le dans une petite haie fleurie.

Hauteur : 1-1,2 m.

Étalement : 60 cm-1 m.

Sol : léger, bien drainé, même peu fertile et calcaire.

Exposition : soleil.

Plantation : en automne ou au printemps.

Entretien : chaque année, en février-mars, taillez la plante à environ 30 cm au-dessus du sol pour favoriser l'apparition de nouvelles tiges et obtenir une floraison abondante.

Floraison : de juin à octobre.

Variétés/Espèces du jardin au naturel : 'Blue Spire' (fleurs bleu violacé, tiges et feuillage argentés), 'Hybrida' (tiges argentées), 'Lacey Blue' (fleurs bleu-violet), 'Blue Haze' (fleurs bleu lavande vif).

Maladies et parasites : généralement aucun.

Photinia

Photinia spp.

Le feuillage persistant du photinia est décoratif toute l'année. Les jeunes pousses qui émergent au printemps (ou en fin d'été si vous avez taillé l'arbuste durant le mois de juillet) sont brillantes et d'un rouge éclatant ; elles prennent ensuite une teinte cuivrée, puis virent au vert brillant. Au printemps apparaissent des bouquets de petites fleurs crème, appréciées par les abeilles. Avec sa végétation dense, cet arbuste est parfait en haie champêtre ou taillée. Associez-le à d'autres arbustes pour créer une haie variée, plus accueillante pour la petite faune du jardin.

Hauteur : 2-3 m.

Étalement : 1-1,5 m.

Sol : frais, bien drainé, pas trop calcaire.

Exposition : soleil ou mi-ombre.

Plantation : de préférence au printemps, à l'abri des vents froids.

Entretien : après la floraison, en juin-juillet, raccourcissez les tiges pour stimuler la formation de nouvelles pousses colorées. Si les jeunes pousses ont subi un gel tardif, coupez dessous et de nouvelles apparaîtront rapidement. Tous les deux ou trois ans, en février-mars, coupez le bois mort et taillez les tiges trop longues ou mal orientées pour équilibrer la silhouette de l'arbuste.

Floraison : en avril-mai.

Variétés/Espèces du jardin au naturel : *P.* x *fraseri* 'Red Robin' (jeunes feuilles rouge vif, puis cuivrées et enfin vertes), *P. davidiana* 'Palette' (jeunes feuilles rose pourpré, puis vert tendre et largement panachées de blanc crème).

Maladies et parasites : généralement aucun.

▶▶▶ **Pin :** voir p. 216-217

Poirier d'ornement

Pyrus spp.

Ces poiriers ne sont pas cultivés pour leurs fruits mais pour leur valeur ornementale. Leur floraison blanche printanière est semblable à celle de leurs cousins du verger, dont ils se distinguent par un feuillage et un port attrayants. Le poirier à feuilles de saule est un petit arbre à la silhouette étalée. Ses feuilles étroites, argentées, rappellent celles du saule. Les variétés de *P. callaryana* présentent un port étroit et un feuillage vert, qui vire au rouge en automne. Ces arbres d'ornement sont nettement plus résistants aux maladies et aux parasites que les poiriers à fruits.

Hauteur: 3-12 m; 3-6 m (*P. salicifolia*); 8-12 m (*P. calleryana*).

Étalement: 3-5 m.

Sol: fertile, bien drainé.

Exposition: soleil ou mi-ombre.

Plantation: de novembre à mars pour les plants à racines nues, de préférence en automne pour ceux en conteneur.

Entretien: intervenez si nécessaire en février-mars pour couper le bois mort et les petites branches qui déséquilibrent la silhouette de l'arbre.

Floraison: en mars-avril.

Variétés/Espèces du jardin au naturel: poirier à feuilles de saule ou *P. salicifolia* (feuillage argenté), 'Pendula' (branches retombantes, feuillage argenté), *P. calleryana* 'Chanticleer' (feuillage rouge orangé en automne), 'Autumn Blaze' (feuilles rouge vif en automne), 'Redspire' (feuilles mêlant vert, jaune et rouge en automne, port en colonne).

Maladies et parasites: rouille, oïdium, feu bactérien.

Pommier à fleurs

Malus spp.

Les pommiers à fleurs (ou pommiers d'ornement) évoluent beaucoup au fil des saisons. Au printemps, ils se couvrent de fleurs simples ou doubles, dans des tons blancs, roses ou rouges, très appréciées par les abeilles. Certaines variétés offrent en été de beaux feuillages pourpres. En automne, les petites pommes colorées, jaunes, orange ou rouges, persistent sur l'arbre plusieurs semaines; elles font le régal des oiseaux et donnent également des gelées. Plantez ces arbres en isolé ou en petits groupes, ou intégrez-les dans une haie champêtre.

Hauteur: 5-10 m.

Étalement: 4-8 m.

Sol: fertile, frais, bien drainé.

Exposition: soleil ou mi-ombre.

Plantation: de novembre à mars pour les plants à racines nues, de préférence en automne pour ceux en conteneur.

Entretien: intervenez de temps à autre en février-mars pour couper le bois mort, les branches faibles et celles qui sont mal orientées.

Floraison: en avril-mai.

Variétés/Espèces du jardin au naturel: *M. floribunda* (fleurs rose pâle, rouges en boutons, fruits jaunes), *M.* 'Evereste' (fleurs blanches, roses en boutons, fruits rouge vif, résistant aux maladies), *M.* 'Golden Hornet' (fleurs blanches, fruits jaunes), *M.* 'Coccinella' (fleurs rose pourpré, feuillage pourpre, fruits rouge foncé, résistant aux maladies), *M.* 'Van Eseltine' (fleurs doubles rose tendre, rose foncé en boutons, fruits jaunes).

Maladies et parasites: oïdium, tavelure, pucerons, feu bactérien.

Pyracantha

Pyracantha spp.

Le pyracantha, ou buisson-ardent, se couvre au printemps d'une multitude de petites fleurs blanches au parfum de miel, que visitent de nombreuses abeilles. Les baies colorées qui apparaissent en septembre-octobre font souvent ployer les rameaux sous leur poids; elles persistent une grande partie de l'hiver et attirent les oiseaux, notamment les merles et les grives. Plantez le pyracantha en isolé ou en groupes, ou palissé contre un mur. Utilisez cet arbuste persistant, résistant au vent et pourvus de rameaux épineux pour constituer une haie infranchissable; les oiseaux pourront y nicher à l'abri de leurs prédateurs. Le pyracantha s'adapte aussi en ville car il résiste bien à la pollution urbaine.

Hauteur: 2-4 m.

Étalement: 2-3 m.

Sol: frais, léger, bien drainé, pas trop calcaire.

Exposition: soleil, mi-ombre ou ombre.

Plantation: en automne ou au printemps.

Entretien: tous les deux ou trois ans, en mars, taillez légèrement les tiges pour équilibrer la silhouette de l'arbuste. Taillez les haies de pyracanthas en mai-juin, puis de nouveau en septembre.

Floraison: en mai-juin.

Variétés/Espèces du jardin au naturel: *P.* 'Soleil d'or' (baies jaune d'or), 'Mohave' (baies rouges), 'Orange Glow' (baies orange vif), *P.* 'Saphyr rouge' (baies rouges, résistant au feu bactérien), *P.* 'Saphyr jaune' (baies jaunes, résistant au feu bactérien), *P.* 'Saphyr orange' (baies orange, résistant au feu bactérien).

Maladies et parasites: tavelure, feu bactérien, pucerons lanigères.

▶▶▶ **Rhododendron:** voir p. 246-247
▶▶▶ **Rosier:** voir p. 248-253
▶▶▶ **Sapin:** voir p. 216-217

Les rhododendrons et azalées

Souvent présents dans les jardins, les rhododendrons et azalées sont surtout cultivés pour leurs fleurs, qui offrent au printemps une grande variété de coloris. Pour prospérer, ces arbustes ont néanmoins quelques exigences : un sol acide, qui garde sa fraîcheur en été, et un emplacement mi-ombragé, protégé des vents forts et du soleil brûlant. Évitez de les planter dans les jardins orientés vers le sud : azalées et rhododendrons redoutent les fortes intensités lumineuses au lever du jour.

Rhododendron rose en fleurs début mai.

Une grande famille

Les rhododendrons et les azalées appartiennent au même genre *Rhododendron*. Dans les jardins, les espèces naturelles ont laissé la place aux innombrables hybrides créés par les horticulteurs depuis plus d'un siècle. Les boutons floraux des azalées et des rhododendrons se forment dès l'automne. Les fleurs, en forme de trompettes évasées, s'épanouissent en gros bouquets le printemps suivant, entre avril et juin selon les variétés.

Rhododendron 'Albert Schweitzer'.

Rhododendrons : ils sont généralement plus grands que les azalées, pouvant atteindre 4 m de hauteur. Leurs feuilles persistantes, elliptiques et épaisses, sont vert foncé.

Azalées : elles dépassent rarement 2 m de haut. Les azalées japonaises ont un feuillage persistant et des fleurs aux tons roses, rouges, blancs et violets. Les azalées caduques, aussi appelées azalées mollis, produisent leurs fleurs avant les feuilles, dans des couleurs allant du jaune au rouge, en passant par le rose. Le feuillage prend des tons chauds, jaunes, orangés ou rouges, en automne. Certaines variétés sont odorantes. La silhouette légère des azalées est plus adaptée aux massifs de style naturel que celle, plus rigide, des rhododendrons.

Plantation

Plantez les rhododendrons et les azalées à feuillage persistant en septembre-octobre ou en mars-avril, les azalées mollis de préférence en automne. Immergez le pot du sujet acheté dans un seau rempli d'eau, pour bien humecter la motte de l'arbuste. Creusez un trou faisant le double du volume de la motte. Si votre sol est acide, mélangez la terre extraite avec un peu de compost bien décomposé. Si votre sol est légèrement calcaire, remplacez la terre extraite par de la terre de bruyère. Ameublissez (travaillez le sol pour faciliter la pénétration de l'air et de l'eau) le fond du trou avec une fourche-bêche. Sortez l'arbuste de son pot et mettez-le en place dans le trou. Ajustez la profondeur en ajoutant de la terre sous la motte pour que le haut de

EN SAVOIR PLUS

Supprimer les fleurs fanées

Après la floraison, supprimez les fleurs fanées. Saisissez la base du bouquet défleuri entre le pouce et l'index et cassez-la d'un coup sec. Veillez à ne pas abîmer les bourgeons à bois qui se trouvent juste en dessous : ce sont eux qui vont donner les nouvelles tiges.

celle-ci soit très légèrement en dessous du niveau du sol, puis comblez le trou avec le mélange de terre et de compost, ou la terre de bruyère. Tassez et arrosez copieusement.
Si vous achetez un arbuste fleuri au mois de mai, ne le mettez pas en terre immédiatement. Laissez-le dans son conteneur le temps de la floraison. Quand il a fini de fleurir, enlevez les fleurs fanées et rempotez-le dans un pot 10 cm plus large que celui d'origine. Installez-le dans un endroit frais et ombragé pour l'été et arrosez régulièrement. Vous le planterez fin septembre ou début octobre, avant les pluies d'automne.

Rhododendron 'Catawbiense Boursault'.

Rhododendron 'Blue Tit'.

Entretien

Au printemps, paillez les rhododendrons avec des écorces de pin. En automne, épandez au pied des arbustes une couche de 3-5 cm de compost bien décomposé. En pénétrant progressivement dans la terre durant l'hiver, le compost va l'enrichir en matière organique et en éléments minéraux. En été, arrosez régulièrement en cas de sécheresse persistante, car les rhododendrons et les azalées sont très sensibles au manque d'eau.

La croissance de ces arbustes étant naturellement équilibrée, ils se contentent d'une taille minimale : tous les deux ou trois ans, en février-mars, éliminez le bois mort et, si nécessaire, les tiges faibles ou mal orientées.

ZOOM SUR

De bons choix pour un jardin au naturel

Les rhododendrons et azalées sont souvent employés pour réaliser des massifs de « terre de bruyère », en association avec d'autres végétaux de sol acide, comme les bruyères, les camélias ou les érables du Japon. Utilisez les rhododendrons de 2-4 m de haut, comme 'Catawbiense Boursault' et 'Dr H.C. Dresselhuys', pour les plantations en massif. Placez les plus grands dans le fond. Ces grands arbustes conviennent aussi pour la constitution de haies. Plantez en groupes les azalées et les petits rhododendrons (50 cm-1,5 m) tels que 'Elizabeth' et 'Titian Beauty', pour créer des taches colorées.

Si vous mélangez des azalées mollis avec des azalées japonaises et des rhododendrons, soyez très attentif au choix des couleurs. Les variétés à fleurs rouges ou orangées risquent de jurer avec celles à tons roses ou violets.

Pour les sujets plantés en isolé, choisissez une variété élégante et florifère, telle que 'Albert Schweitzer', 'Pink Pearl' ou 'Sappho'. Les rhododendrons et azalées de petite taille, comme 'Baden-Baden', 'Percy Wiseman' et 'Hatsugiri', conviennent aux rocailles fraîches et ombragées.

Les variétés compactes, comme 'Blue Tit' et 'Praecox', sont parfaites pour la culture en bac.

Renseignez-vous sur la date de floraison : les variétés précoces (hâtives) fleurissent fin avril-début mai, celles de moyenne saison en mai et les tardives fin mai-début juin. Dans les régions au climat continental ou montagnard, soumises à des gelées printanières, évitez les variétés précoces.

Maladies et parasites

Les rhododendrons et les azalées sont sensibles à diverses maladies provoquées par des champignons : taches foliaires, dessèchement des boutons floraux, ou *bud blast*. L'humidité excessive de l'air et du sol favorise ces infections. Pour limiter les risques, plantez vos rhododendrons dans un sol bien drainé et respectez les conseils de culture (voir ci-dessus).
Surveillez également les attaques de cicadelles. Les dégâts causés par ce petit insecte vert strié d'orange sont peu importants, mais ses piqûres favorisent la pénétration du champignon responsable du dessèchement des boutons floraux. Les azalées peuvent également être infestées de mouches blanches, tandis que les rhododendrons sont parfois la proie des otiorhynques, des tigres et des tétranyques tisserands.

Les rosiers

Du buisson miniature à la liane exubérante, les rosiers (*Rosa* spp.) offrent une large gamme de formes, de couleurs et de parfums. Issues d'un long travail de sélection, les variétés se comptent par milliers. Les rosiers sont des arbustes pourvus de fortes épines. Ils sont classés en différentes catégories, en fonction de leur forme, leur mode de floraison, leur origine et leur utilisation. Selon les variétés, les fleurs sont simples ou très pleines. Les fleurs simples donnent des fruits décoratifs, les cynorrhodons; rouges ou orangés, ils font le bonheur des oiseaux.
Le choix d'un rosier est avant tout une question de goût, mais la résistance aux maladies est un critère à ne pas négliger dans un jardin au naturel.

Plantation d'un rosier.

Plantation

Quand planter?

Plantez les rosiers à racines nues entre début novembre et mi-avril, quand le sol n'est ni gelé ni détrempé. En attendant de les planter, stockez-les dans un local abrité du gel. Si la plantation est retardée de deux ou trois semaines, mettez-les en jauge : placez les plants en position inclinée dans un trou et recouvrez les racines avec un mélange de terre et de sable. En période de gel, vous pouvez les placer dans un pot, avec le mélange de terre et de sable.
Les rosiers achetés en motte ou en conteneur peuvent être plantés toute l'année, mais l'automne et le printemps sont les périodes les plus favorables pour assurer une bonne reprise.

Comment planter?

Les rosiers apprécient les terres fertiles, légèrement argileuses, fraîches mais bien drainées. Pour un sol calcaire, prenez des rosiers greffés sur R. canina. Choisissez un emplacement ensoleillé et bien dégagé, protégé des vents forts. Les rosiers lianes s'accommodent bien de la mi-ombre. Dans les régions méditerranéennes, évitez les endroits exposés au soleil brûlant de la mi-journée. Pour les rosiers à racines nues, faites un trou de 40 cm de côté et de profondeur. Ameublissez le fond avec une fourche-bêche. Si votre terre est collante et compacte, creusez sur 60 cm et déposez au fond une couche de graviers. Ajoutez une poignée d'engrais organique – poudre d'os, corne broyée ou fumier – au fond du trou et recouvrez d'un peu de terre. Procédez à l'habillage du plant : retaillez les grosses racines pour rafraîchir les

Pralinage des racines avant la plantation.

EN SAVOIR PLUS

L'essence de rose

Depuis l'Antiquité, l'homme a toujours cherché à capter la senteur des roses. L'extraction de l'essence de rose commence avec l'invention de l'alambic, aux alentours du xe siècle. Deux espèces sont aujourd'hui cultivées pour cet usage : le rosier de Damas (*R.* x *damascena*) en Bulgarie et en Turquie, et le rosier cent-feuilles (*R. centifolia*) en France, dans la région de Grasse, et en Afrique du Nord.

Rosier buisson sur tige 'Madame Antoine Meilland'.

coupes, coupez celles qui sont abîmées et raccourcissez les branches en conservant 10-15 cm. Laissez tremper les racines dans du pralin, un mélange d'eau et de terre, pendant une heure au moins. Cette opération, appelée pralinage, permet de maintenir l'humidité au niveau des racines et facilite la reprise. Les jardineries vendent des pralins sous forme de poudre à diluer dans l'eau. Posez le rosier dans le trou en étalant bien les racines. Ajustez la hauteur de façon que le point de greffe (bourrelet situé au départ des branches) se trouve légèrement au-dessus du niveau du sol. Tassez légèrement et arrosez copieusement.
Les rosiers en motte ou en conteneur se plantent de façon presque identique. Ôtez le filet qui entoure la motte (s'il n'est pas biodégradable) ou sortez le rosier de son conteneur. Posez la motte dans le trou, ajustez la profondeur et comblez le trou. Dans le cas d'un rosier tige, n'oubliez pas d'installer un tuteur pour maintenir la tige.
À l'entrée de l'hiver, ramenez de la terre au pied du rosier pour former une petite butte et ainsi protéger le point de greffe du gel.

Entretien

Au printemps et en été, quand le temps est sec, arrosez copieusement et régulièrement les rosiers qui viennent d'être plantés. Par la suite, n'arrosez qu'en cas de sécheresse prolongée. Pour limiter l'évaporation et économiser l'eau, arrosez de préférence tard le soir ou tôt le matin. Ne mouillez pas le feuillage afin d'éviter les maladies.
En hiver, désherbez le pied des rosiers, notamment les jeunes sujets récemment plantés. Chaque année, au printemps (mars-avril), apportez au pied des rosiers un engrais organique spécial rosiers. Paillez le sol avec du compost ou des paillettes de lin.

C'EST MALIN

L'éboutonnage

L'éboutonnage consiste à supprimer les boutons floraux secondaires pour favoriser le bouton terminal. Pratiqué sur une tige de rosier comportant plusieurs boutons, il permet d'obtenir une fleur unique, plus grosse. Dès que les boutons sont assez gros pour être saisis, cassez-les à la base en les pinçant avec les ongles du pouce et de l'index.

Taille d'un rameau défleuri de rosier.

Rosier paillé en été.

Le paillis retient l'humidité dans le sol tout en empêchant la pousse des mauvaises herbes. En cours de saison, supprimez les gourmands apparaissant au pied des rosiers – ces pousses qui se développent à partir du porte-greffe se distinguent de la variété greffée par une teinte plus claire et un feuillage plus petit. Dégagez la terre pour atteindre la base du gourmand et coupez-le le plus bas possible.
Sur les variétés qui ne produisent pas de fruits décoratifs, supprimez régulièrement les fleurs fanées. Coupez la tige juste au-dessus de la première feuille (composée de cinq petites feuilles) bien formée, située sous la fleur fanée. Pour la taille des rosiers, voir pages suivantes.

ZOOM SUR

Multiplier les rosiers

Le bouturage et le marcottage des rosiers sont faciles à mettre en œuvre. Dans les deux cas, c'est la variété multipliée qui émet ses propres racines (contrairement au greffage). Ces procédés conviennent pour les rosiers botaniques et les variétés anciennes. Le greffage est une technique plus complexe, réservée aux jardiniers éclairés et aux professionnels (dans ce cas, les racines appartiennent au porte-greffe et non à la variété greffée).

▸ Le bouturage des rosiers se pratique en août-septembre. Prélevez des boutures de tige de 20 cm environ. Éliminez toutes les feuilles, à l'exception des deux plus hautes. Trempez la base dans une poudre d'hormones naturelles de bouturage (vendue en jardinerie et contenant de l'auxine) et enfoncez les boutures à moitié dans une caissette remplie d'un mélange de terre légère et de sable. Maintenez à l'ombre. Quand les boutures prennent, rempotez-les individuellement et gardez-les sous un châssis froid. Plantez les jeunes rosiers le printemps suivant.

▸ Le marcottage s'effectue au printemps. Après en avoir ôté les feuilles, enterrez une portion de 20-30 cm de rameau souple dans un sillon de 10-15 cm de profondeur. Maintenez la tige avec un petit arceau métallique. L'automne suivant, séparez la marcotte enracinée du pied mère et transplantez-la à l'endroit voulu.

Maladies et parasites

Pour obtenir des rosiers sains, offrez-leur de bonnes conditions de culture, choisissez des variétés peu sensibles aux maladies et évitez de les serrer à la plantation. Les rosiers ont une durée

Rosier anglais 'Graham Thomas' .

Rosa glauca donne en automne de magnifiques fruits rouges appelés cynorrhodons.

de vie de dix à vingt ans au moins. Une bonne circulation de l'air au niveau du feuillage est essentielle pour limiter l'apparition des maladies. Au moment de la taille, coupez les tiges trop serrées pour bien dégager le centre de l'arbuste. La maladie des taches noires (taches foliaires), ou marsonia, est l'une des plus fréquentes chez le rosier. Les atteintes sévères affaiblissent sérieusement la plante. Fréquent pendant les périodes de temps chaud et sec, l'oïdium, ou « blanc », recouvre les feuilles et les tiges des fleurs d'un feutrage poudreux blanc. La rouille se manifeste par l'apparition de petites cloques orangées sur le revers des feuilles ; la chaleur et l'humidité favorisent la maladie. En début de saison, surveillez les cécidomyies, les tétranyques tisserands, les tenthrèdes et les pucerons qui envahissent les pousses. Pour chasser les pucerons et autres ravageurs, plantez de la menthe, de l'armoise, de la lavande, de l'ail, de l'ail d'ornement, de la sarriette, des œillets d'Inde ou des roses d'Inde au pied des rosiers. Sachez aussi que la ciboulette limite l'invasion de la rouille sur les feuilles de rosier.

EN SAVOIR PLUS

Les rosiers ADR

Créé dans les années 1950, le label allemand ADR récompense des rosiers pour leurs qualités ornementales et, surtout, leur résistance aux maladies. Entre dix et quinze variétés sont ainsi distinguées chaque année. Les rosiers testés sont cultivés pendant trois ans dans onze sites différents d'Allemagne, sans aucun traitement chimique. Ils sont pour la plupart vendus en France. La mention du label figure sur l'étiquette ou dans le catalogue du pépiniériste.

ZOOM SUR

Quelques rosiers à fruits décoratifs

Ces variétés sont adaptées au jardin au naturel.

Rosiers botaniques :

- *R. filipes* 'Kiftsgate'
- *R. glauca*
- *R. nitida*
- *R. rugosa*
- *R. xanthina* f. *hugonis*

Variétés :

- 'American Pillar'
- 'Complicata'
- 'Bobbie James'
- 'Francis E. Lester'
- 'Golden Wings'
- 'Kew Rambler'

ZOOM SUR

De bons choix pour un jardin au naturel

Les variétés indiquées ici conviennent toutes parfaitement dans un jardin au naturel. Certaines ont même un « petit plus » particulièrement intéressant.

Les rosiers buissons à grandes fleurs
Ces rosiers modernes, parfois appelés hybrides de Thé, forment des buissons de 60 cm à 1 m de haut. La majorité offre une floraison remontante. Les grandes roses solitaires sont souvent odorantes. Plantez les rosiers buissons en îlot sur une pelouse, en groupant plusieurs pieds d'une même variété. Insérez un rosier dans un massif mêlant plantes vivaces et arbustes. Pour vos bouquets, plantez quelques rosiers dans un endroit discret du jardin et coupez régulièrement les fleurs.

Ces rosiers se taillent en février-mars. Après avoir éliminé le bois mort, coupez près du sol les tiges en surnombre, ou trop faibles, de façon à former un buisson évasé comprenant cinq à sept tiges principales ; taillez celles-ci à 20-25 cm du sol.

Parmi les rosiers buissons à grandes fleurs, citons : 'Catherine Deneuve' (fleurs orange), 'Madame Antoine Meilland' (fleurs jaunes bordées de rose) et 'Princesse de Monaco' (fleurs blanches bordées de rose).

Les rosiers buissons à fleurs groupées
Ce sont les rosiers polyanthas et floribundas. Essentiellement utilisés pour créer des massifs ou des bordures, ils donnent des fleurs plus petites que celles des rosiers buissons à grandes fleurs, mais groupées en bouquets. La floraison, remontante, se poursuit jusqu'aux premières gelées. Leur taille varie entre 50 cm et 1 m. Ces rosiers produisent plus d'effet plantés en groupes d'une vingtaine de pieds, espacés de 30-40 cm. Isolés ou rassemblés par petits groupes de trois, ils conviennent aussi pour orner un massif d'arbustes et de plantes vivaces.

Taillez les rosiers buissons à fleurs groupées en février-mars. Éliminez le bois mort, puis coupez près du sol les tiges en surnombre, ou trop faibles, de façon à former un buisson évasé avec cinq à sept tiges principales ; taillez celles-ci à 30-40 cm du sol, puis raccourcissez les tiges latérales des deux tiers environ.

Rosier 'Centenaire de Lourdes'.

Parmi les rosiers buissons à fleurs groupées, citons : 'Alain' (fleurs rouge foncé), 'Centenaire de Lourdes' (fleurs rose nacré), 'Daniel Gélin' (fleurs orange) et 'Lili Marleen' (fleurs rouge vif).

Les rosiers arbustes modernes
Créés à partir des années 1950, ces rosiers développent de longs rameaux dressés ou retombants, au port plus souple que celui des rosiers buissons. Vigoureux, certains atteignent 2 m de haut. Leur floraison est généreuse et remontante. Plantez-les en isolé ou au milieu d'un massif.

Les rosiers arbustes modernes se contentent d'une taille légère. En février-mars, éliminez le bois mort et raccourcissez les tiges principales d'un tiers de leur longueur, puis les tiges latérales de moitié.

Parmi les rosiers arbustes modernes, citons : 'Clair Matin' (fleurs rose pâle), 'Colette' (fleurs rose ocre), 'La Sevillana' (fleurs rouges) et 'Westerland' (fleurs orange).

Les rosiers anglais
Ils allient la forme très pleine et le parfum des roses anciennes à la palette de couleurs et la floraison remontante des rosiers modernes. Taillez les variétés les plus basses (moins de 1 m) comme des rosiers buissons à fleurs groupées et les variétés plus hautes comme les rosiers arbustes modernes.

Parmi les rosiers anglais, citons : 'Abraham Darby' (fleurs rose et abricot), 'Graham Thomas' (fleurs jaunes), 'Heritage' (fleurs rose clair) et 'The Dark Lady' (fleurs rouge pourpré foncé).

Rose 'The Dark Lady'.

Les rosiers botaniques et rosiers arbustes anciens
Les rosiers botaniques sont les espèces qui poussent à l'état sauvage, comme l'églantier (*R. canina*), le rosier rugueux (*R. rugosa*) et le rosier gallique (*R. gallica*). Ces grands arbustes au port naturel produisent des fleurs simples qui attirent les insectes pollinisateurs. Les petits fruits, rouge orangé, sont recherchés par les oiseaux. Rarement malades, ces rosiers sont parfaits pour habiller une clôture ou un vieil arbre. Taillez-les tous les deux ou trois ans, en février-mars. Éliminez le bois mort, coupez près du sol une partie des tiges les plus anciennes, pour aérer le cœur de l'arbuste, et raccourcissez les tiges trop longues, afin d'équilibrer sa silhouette.

Les rosiers arbustes anciens sont des variétés obtenues, pour la plupart, au XIXe siècle. Leurs fleurs pleines sont souvent très parfumées. Taillez les variétés anciennes non remontantes après la floraison en mai. Après avoir coupé le bois mort, raccourcissez les tiges principales d'un tiers environ, puis les ramifications latérales restantes également d'un tiers. Taillez les variétés anciennes remontantes de la même façon, mais en fin d'hiver.

Parmi les rosiers botaniques, citons : *R. gallica* 'Versicolor' (fleurs semi-doubles, rose pâle et rose foncé), *R. rugosa* 'Rubra' (fleurs rouges) et *R. virginiana* (fleurs rose vif).

Parmi les rosiers arbustes anciens, citons : 'Comte de Chambord' (fleurs rose teintées de mauve), 'Madame Isaac Pereire' (fleurs rose carmin) et 'Souvenir de la Malmaison' (fleurs blanc rosé).

Rosa gallica 'Versicolor'.

Rosier 'Golden Showers'.

Rosier 'Félicité et Perpétue'.

Les rosiers grimpants remontants
Selon les variétés, ces rosiers aux tiges plus ou moins souples atteignent entre 2 et 5 m de haut et refleurissent durant l'été. On distingue les variétés à grandes fleurs et celles à fleurs groupées. Palissez-les contre un mur ou une tonnelle. Certains rosiers buissons donnent par mutation des formes grimpantes, avec les mêmes caractéristiques de floraison. Celles-ci conservent le même nom de variété, parfois accompagné de la mention « grimpant » (ou gpt) ou, en anglais, « *climbing* » (ou climb.). C'est le cas, par exemple, de 'Clair Matin' et de 'Madame Antoine Meilland'.

Taillez les rosiers grimpants remontants en février-mars. Éliminez le bois mort, coupez ensuite une partie des tiges les plus anciennes près du sol et, pour les remplacer, palissez les plus belles tiges qui ont poussé de la souche l'année précédente. Taillez les rameaux latéraux en laissant de deux à quatre bourgeons à la base.

Parmi les rosiers grimpants remontants, citons: 'Arielle Dombasle' (fleurs rouges à cœur jaune), 'Golden Showers' (fleurs jaune d'or), 'Iceberg' (fleurs blanches), 'Kimono' (fleurs rose saumoné) et 'Pierre de Ronsard' (fleurs rose et crème).

Les rosiers lianes
Ces rosiers grimpants aux longues tiges souples fleurissent une seule fois, en juin. Très vigoureuses, leurs tiges atteignent parfois 10 m de longueur. Leurs fleurs, simples ou doubles, sont généralement parfumées. Utilisez-les pour garnir un tronc d'arbre, une grande tonnelle ou un haut mur.

Les rosiers lianes se taillent tous les deux ou trois ans, après la floraison. Éliminez le bois mort, taillez l'extrémité des tiges principales et raccourcissez les rameaux latéraux des deux tiers de leur longueur. Si le rosier est très vigoureux, coupez à la base les tiges les plus anciennes.

Parmi les rosiers lianes, citons: 'Félicité et Perpétue' (fleurs doubles blanc rosé), 'Wedding Day' (fleurs simples blanches) et *R. filipes* 'Kiftsgate' (fleurs simples blanches).

Les rosiers couvre-sol
Ces rosiers aux tiges sarmenteuses ont un port bas et étalé. Dépassant bien rarement 50-60 cm de haut et résistant aux maladies, ils sont parfaits pour garnir un talus. Selon les variétés, la floraison est remontante ou non. Les fleurs, simples ou doubles, sont généralement petites, mais très abondantes.

Ces rosiers demandent peu d'entretien. Intervenez en février-mars pour les variétés remontantes, après la floraison pour celles qui ne fleurissent qu'une fois. Éliminez le vieux bois et raccourcissez les tiges trop longues pour contenir la plante dans l'espace qui lui est imparti.

Parmi les rosiers couvre-sol, citons: 'Lac Blanc' (fleurs simples blanches, remontant), 'Max Graf' (fleurs simples roses, non remontant), 'Rouge Meillandécor' (fleurs simples rouges à cœur blanc, remontant), 'Swany' (fleurs doubles roses, remontant) et 'The Fairy' (fleurs doubles rose clair, remontant).

Les rosiers tiges et rosiers pleureurs
Ces rosiers sont obtenus en greffant au sommet d'une tige dressée une variété de rosier buisson, rosier grimpant, rosier liane ou rosier couvre-sol. La hauteur du « tronc » est variable, environ 50 cm pour les rosiers demi-tiges, 1 m pour les rosiers tiges et 2 m pour les rosiers pleureurs. Installez un tuteur pour soutenir le tronc et les branches principales en cas de vent fort. Ces rosiers conviennent davantage aux plates-bandes classiques et bien ordonnées, moins aux jardins de style naturel.

Taillez les variétés remontantes en février-mars, celles qui fleurissent une seule fois après la floraison. Taillez les rosiers tiges de la même façon que les rosiers buissons, en prenant le point de greffe comme niveau de référence. Veillez à conserver une silhouette fournie et bien équilibrée. Taillez les rosiers pleureurs en fonction de la catégorie à laquelle appartient la variété (buisson, grimpant, liane, etc.). Coupez les tiges qui se développent à la verticale.

Les rosiers miniatures
Ces rosiers de petit développement (30-50 cm de haut) et très florifères sont parfaits pour la culture en bac. Au jardin, plantez-les à l'avant d'un massif ou dans une rocaille, ou utilisez-les pour réaliser une bordure basse et fleurie. Si vous les plantez en groupes, espacez-les de 20-30 cm.

Les rosiers miniatures se taillent en février-mars. Raccourcissez légèrement les tiges principales pour obtenir une silhouette régulière, puis taillez les rameaux latéraux en laissant à la base de trois à cinq bourgeons. Coupez près du sol les tiges les plus anciennes pour aérer le centre du buisson.

Parmi les rosiers miniatures, citons: 'Baby Masquerade' (fleurs rose et jaune), 'Bijou d'or' (fleurs jaunes), 'Fête des mères' (fleurs rouge foncé), 'Fête des pères' (fleurs orange vif) et 'White Koster' (fleurs blanches).

Saule

Salix spp.

Les saules constituent un vaste groupe d'arbres et d'arbustes caducs, décoratifs par leur feuillage, leur floraison en chatons jaunes, leurs rameaux colorés ou leur silhouette. Plantez le saule blanc près de l'eau. Les insectes qui logent dans son écorce serviront de nourriture aux oiseaux. Intégrez le saule marsault dans une haie champêtre. Sa floraison précoce, en février-mars, abonde en nectar. Pour un bel effet, placez les saules à rameaux colorés ou ceux à rameaux tortueux devant un fond de persistants à feuillage foncé ce qui mettra en valeur les tiges pendant l'hiver. Isolez les variétés à port pleureur sur une pelouse.

Hauteur: 2-5 m (arbustes), 6-25 m (arbres).

Étalement: 2-4 m (arbustes), 8-10 m (arbres).

Sol: frais, bien drainé.

Exposition: soleil ou mi-ombre.

Plantation: en automne ou au printemps.

Entretien: chaque année, en février-mars, coupez toutes les tiges des saules à rameaux colorés en laissant 2 ou 3 bourgeons à la base. Le saule se bouture facilement dans l'eau ou en pleine terre.

Floraison: de février à mai.

Variétés/Espèces du jardin au naturel: saule blanc ou *S. alba* (feuilles vert argenté, 10-25 m de haut), 'Chermesina' (jeunes rameaux rouge orangé), saule pleureur ou *S. babylonica* (port pleureur, 8-12 m de haut), saule marsault ou *S. caprea* (fleurit en février-mars, 3-10 m de haut), saule tortueux ou *S. matsudana* 'Tortuosa' (rameaux tortueux, 10-15 m de haut), *S. alba* 'Vitellina' et S. *triandra* 'Noir de Villaines' (pour les clôtures vivantes en osier).

Maladies et parasites: anthracnose, tavelure. Voir aussi la liste complète p. 429.

Seringat

Philadelphus spp.

Cet arbuste à feuillage caduc est apprécié pour sa floraison printanière au parfum de fleur d'oranger. Selon les variétés, les fleurs blanches sont simples, doubles ou semi-doubles, parfois teintées de rose au centre. Avec leur gros bouquet d'étamines, les fleurs simples ont un aspect plus naturel et sont souvent plus parfumées; elles attirent divers insectes butineurs. Plantez le seringat en isolé ou dans un massif d'arbustes. Dans une haie champêtre, associez-le à des arbustes fleurissant à différentes périodes de l'année pour prolonger son effet décoratif.

Hauteur: 1-3 m.

Étalement: 1-2 m.

Sol: fertile, bien drainé, même calcaire.

Exposition: soleil ou mi-ombre.

Plantation: en automne ou au printemps.

Entretien: tous les deux ou trois ans, après la floraison, taillez les tiges qui ont fleuri au-dessus d'un rameau latéral orienté vers l'extérieur de l'arbuste et coupez un quart des tiges les plus anciennes près du sol. Le seringat se bouture facilement sur bois sec.

Floraison: en mai-juin.

Variétés/Espèces du jardin au naturel: *P. coronarius* 'Aureus' (fleurs simples, jeunes feuilles dorées), *P.* 'Avalanche' (fleurs simples), 'Beauclerck' (fleurs simples teintées de rose au centre), 'Belle Étoile' (fleurs simples tachées de pourpre au centre), 'Manteau d'hermine' (fleurs doubles, port compact), 'Silberregen' (fleurs simples), 'White Rock' (fleurs simples à semi-doubles, tiges retombantes).

Maladies et parasites: pucerons noirs, oïdium.

Sorbier des oiseleurs

Sorbus aucuparia

Très décoratif en automne, cet arbre à feuillage caduc de taille moyenne est très intéressant pour les jardins naturels. Indigène en Europe, il pousse dans les bois et dans les rocailles, souvent en moyenne montagne. Son nom lui vient des oiseleurs qui attrapaient au filet les grives attirées par ses fruits. Les petites fleurs blanches mellifères s'épanouissent au printemps, suivies de baies qui prennent une belle teinte rouge en fin d'été et persistent longtemps sur l'arbre. Les oiseaux sont très friands de ces baies. Les grandes feuilles de ce sorbier, vert foncé sur le dessus, plus pâles au revers, se teintent de jaune et de rouge en automne.

Hauteur: 5-15 m.

Étalement: 5-8 m.

Sol: de préférence acide, pas trop argileux, bien drainé. Vit moins longtemps sur sol calcaire.

Exposition: soleil ou mi-ombre.

Plantation: de l'automne au printemps quand le sol n'est ni gelé, ni détrempé.

Entretien: en mars-avril, coupez les branches qui déparent la silhouette de l'arbre.

Floraison: en mai-juin.

Variétés/Espèces du jardin au naturel: *S. aucuparia* 'Asplenifolia' (feuillage finement découpé), 'Edulis' (grosses baies orangées), 'Fastigiata' (silhouette étroite), *S. commixta* (baies rouge orangé), alisier de Suède ou *S. intermedia* (feuilles dentées, baies rouge vif), *S. vilmorinii* (feuilles finement dentées, baies rouge clair, puis blanc rosé), alisier blanc ou *S. aria* (feuilles au revers argenté).

Maladies et parasites: acariens rouges, buprestes, chancre européen.

Spirée

Spiraea spp.

Les spirées printanières (à feuilles caduques) produisent des fleurs blanches sur les rameaux de l'année précédente. Celles à floraison estivale, souvent roses ou rouges, fleurissent sur les tiges qui ont poussé au printemps. Plantez-les en isolé ou en groupes dans un massif d'arbustes. Associez-les à d'autres arbustes à fleurs pour constituer une haie champêtre aux couleurs vives.

Hauteur : 50 cm-2 m.

Étalement : 60 cm-2 m.

Sol : tout type de sol bien drainé.

Exposition : soleil ou mi-ombre.

Plantation : en automne ou au printemps.

Entretien : sur les spirées printanières, chaque année, après la floraison, taillez les tiges qui ont fleuri d'un tiers de leur longueur. Sur les spirées d'été, chaque année, en février-mars, taillez toutes les tiges à 15-20 cm du sol.

Floraison : de mars à octobre, selon les espèces et variétés.

Variétés/Espèces du jardin au naturel : *S.* x *arguta* (fleurs blanches en mars-avril), *S.* x *billiardii* (fleurs rose vif en été), *S. japonica* 'Anthony Waterer' (fleurs rose violacé en été), 'Goldflame' (fleurs rose carmin en été, feuillage doré), 'Little Princess' (fleurs rose clair en été), 'Shirobana' (fleurs rose, rouge et blanc) *S. nipponica* 'Snowmound' (fleurs blanches en mai-juin), *S. thunbergii* (fleurs blanches en mars-avril), *S.* x *vanhouttei* (fleurs blanches en mai).

Maladies et parasites : oïdium, rouille, pucerons verts, cochenilles à carapace.

Sumac

Rhus spp.

Le feuillage découpé du sumac, ou vinaigrier, prend en automne des tons éclatants orange à rouge pourpré. Les rameaux duveteux portent en été des épis dressés et coniques de petites fleurs jaune-vert, suivies de fruits rouge vif et velus. Les fruits persistent sur l'arbuste jusqu'en hiver. Plantez cet arbuste facile à cultiver en isolé ou en groupes, sur une pelouse ou dans un massif d'arbustes. Dans une haie champêtre, associez-le à des arbustes persistants ou pourvus d'une ramure dense, car il n'est pas très touffu en hiver. Le sumac produit des drageons (tiges qui apparaissent au pied de l'arbuste) et se montre parfois envahissant. Sa sève est irritante pour la peau.

Hauteur : 2-5 m.

Étalement : 2-4 m.

Sol : frais, bien drainé.

Exposition : soleil.

Plantation : en automne ou au printemps.

Entretien : la taille n'est pas obligatoire. Pour obtenir un port buissonnant et un feuillage abondant, coupez toutes les tiges en mars à 10-20 cm du sol. Avec une bêche, supprimez les drageons en surnombre.

Floraison : en juin-juillet.

Variétés/Espèces du jardin au naturel : sumac de Virginie ou *R. typhina* 'Dissecta' (feuillage finement découpé, orangé en automne), 'Tiger Eyes' (feuillage vert pâle au printemps, doré en été, rouge orangé en automne, peu drageonnant), sumac à bois glabre ou *R. glabra* 'Laciniata' (rameaux lisses).

Maladies et parasites : maladie du corail, oïdium.

Sureau

Sambucus spp.

Très utilisé dans les haies champêtres, le sureau noir joue un rôle important dans le jardin au naturel. Adapté aux climats continental et montagnard, ce grand arbuste caduc prend parfois le port d'un petit arbre. Sa végétation dense et ramifiée favorise la nidification des oiseaux. Ses tiges creuses abritent les insectes en hiver. Au printemps, les petites fleurs blanches en bouquets, odorantes, sont très recherchées par les insectes butineurs. Les baies noires qui leur succèdent attirent de nombreux oiseaux. On en fait du vin, des liqueurs ou des confitures. Leur décoction permet aussi de lutter contre les altises (voir p. 178).Consommées crues, elles sont légèrement toxiques. Le sureau à grappes se distingue par un port plus compact, un feuillage fin et des fruits rouges.

Hauteur : 3-8 m.

Étalement : 3-6 m.

Sol : tout type de sol bien drainé, même calcaire.

Exposition : soleil ou mi-ombre.

Plantation : de préférence en automne.

Entretien : la taille n'est pas obligatoire. De temps à autre, en février-mars, coupez le bois mort et les tiges mal orientées pour maintenir une silhouette harmonieuse.

Floraison : en mai-juin.

Variétés/Espèces du jardin au naturel : sureau noir ou *S. nigra* 'Aurea' (feuillage doré), 'Aureomarginata' (feuillage panaché de vert clair et de jaune), 'Guincho Purple' (feuillage rouge, puis pourpre foncé en automne), 'Laciniata' (feuillage fin), sureau à grappes ou *S. racemosa* 'Sutherland Gold' (feuillage fin, doré).

Maladies et parasites : pucerons noirs, verticilliose.

Tamaris

Tamarix spp.

Le tamaris est un arbuste vigoureux ou un petit arbre caduc familier des jardins de bord de mer. Originaire des régions méditerranéennes, il supporte bien la sécheresse, les embruns et les vents marins, mais convient aussi aux autres régions. On l'apprécie pour son feuillage fin gris-vert et ses grappes légères de fleurs roses (plus rarement blanches). Ces dernières attirent de nombreux insectes butineurs. Plantez le tamaris en isolé ou intégrez-le dans une haie champêtre, efficace contre le vent et accueillante pour la faune.

Hauteur : 3-6 m.

Étalement : 2-3 m.

Sol : léger, sableux, bien drainé.

Exposition : soleil.

Plantation : en automne ou au printemps.

Entretien : sur les tamaris de printemps, après la floraison, raccourcissez les tiges qui ont fleuri d'un tiers de leur longueur environ. Sur les tamaris d'été, en février-mars, taillez les tiges nées l'année précédente en laissant 2 ou 3 bourgeons.

Floraison : au printemps, avant les feuilles, ou en été, selon les espèces.

Variétés/Espèces du jardin au naturel : tamaris de printemps ou *T. tetrandra* (fleurs rose pâle en avril-mai), *T. parviflora* (fleurs rose vif en avril-mai), tamaris d'été ou *T. ramosissima* (fleurs rose pourpré en juillet-août), 'Pink Cascade' (grandes fleurs rose foncé en juillet-août), 'Rubra' (fleurs rouge rosé en juillet-août), 'Hulsdonk White' (fleurs blanches en juillet-août).

Maladies et parasites : généralement aucun.

Troène

Ligustrum spp.

Arbuste robuste de nos forêts, le troène commun conserve ses feuilles une partie de l'hiver, offrant refuge à de nombreux oiseaux. Ses fleurs blanches parfumées, riches en nectar, attirent les abeilles et les papillons ; elles sont suivies de baies noires, recherchées par les merles et les grives. Le troène de Californie, semi-persistant, a donné naissance à des variétés au feuillage coloré ; il produit des fleurs crème et des fruits noirs. Le troène du Japon a des feuilles persistantes vert foncé, brillantes, et des fleurs blanches. Intégrez les troènes dans une haie libre et champêtre, accueillante pour la faune.

Hauteur : 1-5 m.

Étalement : 1-3 m.

Sol : tout type de sol bien drainé.

Exposition : soleil ou mi-ombre.

Plantation : de préférence au printemps.

Entretien : tous les deux ou trois ans en février-mars, coupez 1 ou 2 vieilles tiges à la base pour assurer leur renouvellement. Taillez les haies de troènes deux fois, en septembre. Pour des feuillages colorés, taillez à 5-10 cm à partir de l'empattement du rameau chaque printemps. Le troène se bouture sur bois sec.

Floraison : en juin-juillet.

Variétés/Espèces du jardin au naturel : troène commun ou *L. vulgare* 'Atrovirens' (persistant), 'Lodense' (port compact), troène de Californie ou *L. ovalifolium* 'Aureum' (feuillage doré), 'Argenteum' (feuilles bordées de blanc crème), troène du Japon ou *L. japonicum* 'Rotundifolium' (feuilles arrondies), 'Texanum' (grandes feuilles ovales).

Maladies et parasites : oïdium, pucerons, otiorhynques.

Tulipier de Virginie

Liriodendron tulipifera

Originaire de l'est des États-Unis, cet arbre caduc au port majestueux est réservé aux grands jardins. Ses feuilles vert foncé sont découpées en lobes pointus et tronquées au sommet ; elles prennent en automne une teinte jaune lumineuse. Les grandes fleurs odorantes en forme de tulipe, vert pâle, sont marquées de taches orange à la base ; elles n'apparaissent que sur les arbres âgés d'au moins quinze ou vingt ans. Riches en nectar, ces fleurs attirent les abeilles. Les fruits secs qui en sont issus nourrissent divers oiseaux et petits mammifères. La cime dense et feuillue de l'arbre offre refuge à une faune variée.

Hauteur : 10-30 m.

Étalement : 5-15 m.

Sol : fertile, frais, bien drainé, pas trop calcaire.

Exposition : soleil ou mi-ombre.

Plantation : de novembre à mars pour les plants à racines nues, de préférence en automne pour ceux en conteneur. Choisissez un emplacement abrité des vents forts.

Entretien : si nécessaire, en février-mars, coupez le bois mort. Sur les jeunes arbres, taillez les tiges qui se croisent ou celles qui sont mal orientées pour permettre l'établissement d'une charpente bien équilibrée.

Floraison : en mai-juin.

Variétés/Espèces du jardin au naturel : 'Aureomarginatum' (feuilles bordées de jaune au printemps), 'Fastigiatum' (port colonnaire, 10-20 m de haut), 'Crispum' (feuilles ondulées).

Maladies et parasites : généralement aucun.

▶▶▶ **Thuya :** voir p. 216-217

Vigne vierge

Parthenocissus spp.

Ces plantes grimpantes vigoureuses, au feuillage caduc, prennent en automne des couleurs éclatantes. Elles s'accrochent seules à une paroi grâce à des vrilles prolongées par des ventouses. Leurs petites fleurs vertes, discrètes, attirent les abeilles. Les baies noires ou bleues qui leur succèdent sont consommées par les oiseaux qui nichent dans leur feuillage. Résistant bien à la pollution urbaine, la vigne vierge convient bien aux jardins ou aux balcons de ville.

Hauteur: 5-15 m.

Étalement: 5-15 m.

Sol: fertile, frais, bien drainé.

Exposition: soleil ou mi-ombre.

Plantation: en automne ou au printemps.

Entretien: au cours de la saison, coupez régulièrement les tiges qui atteignent le toit ou débordent sur les fenêtres.

Floraison: de mai à juillet.

Variétés/Espèces du jardin au naturel: vigne vierge japonaise ou *P. tricuspidata* 'Atropurpurea' (jeunes pousses rouge pourpré foncé, 5-7 m de haut), 'Veichtii Robusta' (grandes feuilles rouge écarlate en automne), vigne vierge vraie ou *P. quinquefolia* 'Engelmannii' (feuilles plus étroites que l'espèce type), *P. henryana* (feuilles vertes aux nervures principales blanc argenté, rouge écarlate en automne, pour l'ombre ou la mi-ombre).

Maladies et parasites: anthracnose, cicadelles blanches.

Viorne

Viburnum spp.

Les viornes forment un vaste groupe d'arbustes au feuillage caduc ou persistant, selon les espèces. La viorne obier produit au printemps des bouquets aplatis de fleurs blanches, puis des baies rouges. Sa variété 'Roseum', appelée boule-de-neige, aux gros bouquets arrondis, ne produit pas de fruits. Les fleurs blanches de la viorne lantane donnent des baies rouges, puis noires. Ces deux espèces sauvages s'intègrent parfaitement dans une haie champêtre. Leurs fruits sont très appréciés par les oiseaux, mais toxiques pour l'homme.

Hauteur: 1,5-4 m.

Étalement: 1-3 m.

Sol: frais, mais bien drainé.

Exposition: soleil ou mi-ombre.

Plantation: en automne ou au printemps.

Entretien: tous les deux ou trois ans, après la floraison, taillez légèrement pour équilibrer la silhouette de l'arbuste. La viorne peut se bouturer en hiver.

Floraison: en hiver ou au printemps, selon les espèces.

Variétés/Espèces du jardin au naturel: viorne obier ou *V. opulus* (fleurs blanches en mai-juin, caduc), 'Roseum' ou boule-de-neige (fleurs blanches, puis rose pâle en mai-juin, en grosses boules), viorne lantane ou *V. lantana* (fleurs blanches en mai-juin, caduc), *V.* x *bodnantense* (fleurs roses odorantes en hiver, caduc), *V.* x *burkwoodii* (fleurs blanc rosé en mars-avril, odorantes, semi-persistant), *V. davidii* (fleurs blanches en mai, fruits bleus, persistant), *V. plicatum* 'Mariesii' (fleurs blanc crème en mai, branches disposées en étages, feuillage rouge en automne, caduc).

Maladies et parasites: cochenilles à carapace, pucerons, mouches blanches.

Weigélia

Weigela spp.

Cet arbuste buissonnant au feuillage caduc est prisé pour son abondante floraison printanière. Selon les variétés, les fleurs en clochettes sont roses, rouges ou blanches, et le feuillage est parfois panaché. Plantez le weigélia en isolé au milieu d'une pelouse, ou associé à d'autres arbustes dans un massif ou une haie champêtre.

Hauteur: 1-2,5 m.

Étalement: 1-2 m.

Sol: tout type de sol bien drainé.

Exposition: soleil ou mi-ombre.

Plantation: en automne ou au printemps.

Entretien: tous les ans ou tous les deux ans, après la floraison, taillez les rameaux défleuris juste au-dessus d'une petite tige de remplacement orientée vers l'extérieur du buisson. Coupez à la base une ou deux vieilles tiges pour assurer leur renouvellement.

Floraison: d'avril à juin, puis plus faible en août-septembre.

Variétés/Espèces du jardin au naturel: *W.* 'Abel Carrière' (grandes fleurs roses), 'Bristol Ruby' (fleurs rouge foncé), 'Carnaval' (grandes fleurs rouge pâle ou roses sur le même bouquet), 'Conquête' (fleurs rose tendre), 'Lucifer' (grandes fleurs rouge vif), 'Snowflake' (fleurs blanches), 'White Knight' (fleurs blanc rosé), *W. florida* 'Foliis Purpureis' (fleurs rose foncé et rose pâle, feuilles vert pourpré), 'Variegata' (fleurs roses, feuilles vertes bordées de blanc crème).

Maladies et parasites: cochenilles à carapace, taches foliaires.

9

Les plantes et fleurs vivaces

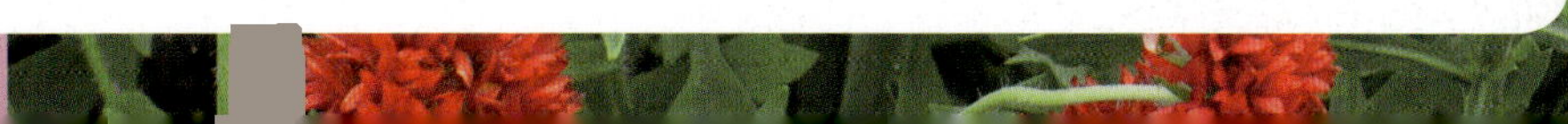

Qu'est-ce qu'une plante vivace ?

Les plantes vivaces se définissent par rapport aux annuelles, qui ne vivent qu'une saison, et aux bisannuelles, qui accomplissent leur cycle de vie, de la graine à la graine, sur deux ans. Les vivaces vivent plusieurs années. Au sens strict, arbres et arbustes sont bien sûr vivaces, mais ce sont des plantes vivaces à tiges ligneuses. Les plantes que les jardiniers appellent des vivaces devraient être qualifiées de vivaces herbacées. Ce sont des plantes dont les tiges herbacées (non ligneuses) meurent généralement en hiver. La plante survit grâce à ses racines, qui émettent chaque printemps de nouvelles tiges et pousses, comme c'est le cas chez les campanules, les delphiniums, les lupins.

Camomille et lavande dans un massif.

De multiples facettes

Les vivaces herbacées de nos jardins sont des plantes de taille relativement petite par rapport aux arbres et arbustes, même si certaines géantes atteignent 2 m. La plupart développent chaque printemps de nouvelles tiges, feuilles et fleurs, tiges qui sèchent en automne, la plante passant l'hiver à l'état de souche porteuse de racines et bourgeons. C'est le cas des asters et des ancolies.
D'autres ont des feuilles et/ou des tiges persistantes, comme les heuchères. D'autres encore, telle la lavande, à souche ligneuse, sont presque de petits arbustes. Sachez que la plupart des vivaces font de bons couvre-sol, par exemple l'anémone du Japon, le bugle rampant ou l'hellébore.

IDÉES REÇUES

« Les vivaces, c'est rustique ! »

Il y a souvent confusion entre la notion de « vivace », qui veut dire que la plante survit d'une année à l'autre par ses racines et ses tiges, et la notion de « rustique », qui signifie qu'une plante supporte le froid normal de l'hiver dans une région donnée.

Il est important de faire la différence. Ainsi les anthémis plantées dans les jardinières sont-elles des vivaces non rustiques, qui ne tolèrent pas le gel et sont cultivées comme des annuelles. À l'inverse, certaines annuelles (souci, nigelle) sont dites rustiques (bien que non vivaces), car les jeunes plants résistent au gel, mais ne vivront qu'une année !

Les vedettes d'un jardin au naturel

Les vivaces ont toutes les qualités pour un jardin au naturel : elles restent en place plusieurs années (des dizaines pour certaines : pivoines, asters, etc.) ; elles sont rarement la proie de maladies ou parasites ; elles demandent peu d'entretien, supportent une sécheresse passagère. De croissance rapide, elles occupent l'espace en deux ou trois ans à peine.
Leur diversité est telle qu'elles permettent d'innombrables associations, compositions de feuillages et floraisons variées, avec d'infinies nuances de volumes, teintes et textures. Mais les vivaces se marient aussi à merveille avec les arbustes, les plantes bulbeuses, les annuelles ou bisannuelles dans des massifs foisonnants. Plantez par exemple géraniums vivaces et heuchères devant des rosiers, en compagnie de narcisses pour le printemps, de nigelles de Damas, une annuelle qui se ressème, de myosotis, une bisannuelle qui se ressème également.

Bien les choisir

Veillez à choisir des espèces vivaces qui se plairont dans votre jardin et sont adaptées au sol et au climat de votre région. Pour éviter les déceptions, respectez leurs besoins. Ainsi les primevères demandent un sol frais et ne fleuriront jamais en abondance en situation chaude et sèche. Lorsqu'elles se plaisent à un emplacement donné, les vivaces s'étalent, forment souvent des rejets (géraniums vivaces, voir p. 274-275) ou se ressèment (alchémille).
Privilégiez les espèces ou variétés qui ont fait leurs preuves depuis longtemps, qui sont les plus plantées dans votre région, dans les jardins voisins.

La facilité de multiplication est un autre critère de choix car, pour un ou deux godets achetés, vous obtiendrez plus d'une douzaine de plantes au bout de quelques années, de quoi composer d'autres associations ou pratiquer des échanges (voir p. 156-163).

La plantation, une étape décisive

Comme elles restent plusieurs années au moins au même emplacement, la plantation des vivaces nécessite un peu d'attention.

▸ **Quand ?** Les périodes les plus favorables à la plantation sont le début d'automne, septembre ou octobre, et le printemps, de mars à mai. Plantées en automne, les plantes ont le temps de bien s'enraciner avant la première saison de croissance. Cependant, dans un climat continental ou montagnard, aux hivers rigoureux, mieux vaut planter au printemps, notamment pour les vivaces un peu frileuses ou celles qui craignent l'humidité hivernale.

▸ **Comment ?** Plantez dans un sol ameubli, si possible enrichi en compost ou fumier bien décomposé pour les espèces qui apprécient les sols fertiles. Installez la motte à même hauteur que dans le godet où elle était cultivée, c'est-à-dire le haut de la motte au niveau de la surface du sol, sans l'enterrer. Tenez compte des dimensions atteintes par les vivaces au bout de trois ans de culture en évitant de planter trop serré, sinon vous serez contraint d'arracher certaines plantes. Paillez au moment de la plantation.

Les petits soins qui font la différence

▸ **Arrosez.** Des arrosages réguliers sont nécessaires en cas de période sèche après la plantation et durant le premier été. Par la suite, si vous avez choisi des espèces bien adaptées au sol et au climat, elles se passeront d'arrosages dès le deuxième été.

▸ **Paillez.** Étalé tous les ans au printemps, le paillage garde la fraîcheur du sol. Renouvelez l'opération quand le paillage s'est décomposé.

⬆ Hostas et primevères paillés dans un massif.

⬆ Un massif d'heuchères et de géraniums vivaces.

▸ **Coupez les fleurs fanées.** Il est bon de couper à la base les tiges défleuries de nombreuses vivaces (grandes campanules, delphiniums, géraniums vivaces, par exemple), qui fleurissent bien souvent une seconde fois.

▸ **Nettoyez les touffes.** Entre la fin de l'automne et la fin de l'hiver, on veillera à couper à la base les tiges et les feuilles sèches. Ne vous précipitez pas en automne : certains fruits secs et tiges offrent refuge et nourriture à la petite faune du jardin en hiver.

▸ **Désherbez.** Tant que les vivaces ne couvrent pas efficacement le sol, empêchant la croissance des herbes indésirables, désherbez régulièrement.

EN SAVOIR PLUS

Vivaces elles aussi...

Les plantes vivaces sont innombrables et certaines sont regroupées dans des catégories particulières du fait de leur spécificité. Ainsi, les plantes bulbeuses sont des vivaces ; elles survivent en période de repos végétatif sous forme d'un organe de réserve, bulbe, rhizome ou tubercule, mais repoussent chaque année. Les plantes aromatiques comptent nombre d'espèces vivaces, telles que l'estragon et la ciboulette. Au potager, certains légumes et fruits sont aussi des vivaces et repoussent chaque année, comme l'asperge, la rhubarbe, l'oseille ou le fraisier.

Achillée

Achillea spp.

Les achillées sont des vivaces de choix pour un jardin au naturel ! Elles attirent les insectes et les papillons, fleurissent tout l'été sans faillir, offrant des fleurs pour les bouquets et font d'excellents couvre-sol. La très vigoureuse achillée mille-feuille est à son aise dans une prairie fleurie, tandis que ses variétés moins envahissantes, aux coloris multiples, trouvent place dans les massifs. L'infusion de feuilles d'achillée mille-feuille prévient efficacement l'oïdium et la rouille des arbres fruitiers.

Hauteur: 50-80 cm.

Étalement: 40-60 cm.

Sol: tout type de sol bien drainé, même sec et peu fertile, ou calcaire.

Exposition: soleil.

Plantation: plantez au printemps ou en début d'automne, tous les 30-40 cm.

Entretien: enlevez les fleurs fanées. Divisez les touffes en fin d'hiver et en automne si elles se dégarnissent au centre. Les achillées supportent bien la sécheresse estivale et n'ont pas besoin d'arrosage.

Floraison: de juin à septembre.

Variétés/Espèces du jardin au naturel: achillée mille-feuille ou *A. millefolium* (très vigoureuse, à réserver aux jardins sauvages et prairies, fleurs blanches), dont la variété 'Cerise Queen' (moins envahissante, fleurs rouge rosé), *A. filipendulina* et ses variétés (fleurs jaunes).

Maladies et parasites: pucerons.

Agastache

Agastache spp.

Croissance rapide, longue floraison attirant les insectes butineurs, abeilles et papillons en particulier, feuillage aromatique, aptitude à se ressemer et à supporter la sécheresse : l'agastache est une vivace facile pour tout jardin au naturel. Associez-la à un feuillage argenté comme celui des armoises, à des floraisons blanches, jaunes ou roses, comme celles des rosiers. Le feuillage anisé et mentholé de l'agastache anisée s'utilise en tisanes, mais aussi pour parfumer les salades de fruits.

Hauteur: 50 cm-1 m.

Étalement: 30-50 cm.

Sol: tout type de sol bien drainé, même calcaire, avec une préférence pour les sols profonds et fertiles.

Exposition: soleil.

Semis/Plantation: plantez tous les 40-50 cm au printemps dans les régions aux climats continental ou montagnard (pour garantir une bonne reprise, car certaines espèces craignent le froid humide en hiver), au printemps ou en début d'automne dans les autres régions. Ou semez de février à avril sous abri.

Entretien: coupez les tiges défleuries au-dessus du feuillage. Paillez à la fin du printemps, quand le sol est humide, pour conserver la fraîcheur. Les arrosages sont alors rarement nécessaires, sauf l'été suivant la plantation.

Floraison: de juillet à octobre.

Variétés/Espèces du jardin au naturel: agastache anisée ou *A. foeniculum* (feuillage aromatique, fleurs bleu-violet), *A.* 'Blue Fortune' (longs épis bleu lumineux).

Maladies et parasites: oïdium.

Alchémille

Alchemilla spp.

Ne vous fiez pas à sa délicate floraison vaporeuse… L'alchémille est une vivace facile, robuste et passe-partout, très intéressante dans les massifs du jardin au naturel, au pied d'arbustes, parmi d'autres vivaces ou plantes bulbeuses. Vous l'aimerez pour son feuillage vert légèrement bleuté, plissé et retenant les gouttes de pluie ou de rosée et pour ses petites fleurs visitées par les insectes pollinisateurs. Si elle préfère les sols frais, l'alchémille résiste ensuite à la sécheresse estivale dans la plupart des régions. Attention, cependant, le climat méditerranéen, trop chaud et trop sec, ne lui convient pas.

Hauteur: 30-50 cm.

Étalement: 40-50 cm.

Sol: tout type de sol bien drainé, de préférence frais.

Exposition: soleil ou mi-ombre.

Semis/Plantation: au printemps ou au début de l'automne.

Entretien: arrosez en période sèche le premier été, pour une bonne reprise. L'alchémille se ressème spontanément. Si vous voulez limiter ses semis, coupez à la base les tiges défleuries, en octobre.

Floraison: en mai-juin et souvent de nouveau, en fin d'été. Fleurs de teinte jaune-vert acidulé, lumineuses à mi-ombre.

Variétés/Espèces du jardin au naturel: alchémille des Alpes ou *A. alpina* et *A. ellenbeckii* (pour la rocaille), alchémille commune ou *A. mollis*.

Maladies et parasites: escargots, limaces.

Ancolie

Aquilegia spp.

Fleur légère et délicate, l'ancolie accompagne joliment les premières roses et les vivaces printanières. Ses fleurs attirent les abeilles et autres insectes pollinisateurs. Souvent éphémère, elle se ressème facilement, s'hybride si vous plantez des espèces et des variétés différentes, vous offrant des surprises ici et là. Elle n'est jamais envahissante, car toujours facile à arracher. Même après la floraison, son feuillage lobé, vert bleuté, ne manque pas d'élégance si le sol ne sèche pas en été.

Hauteur: 40-80 cm.

Étalement: 30-40 cm.

Sol: tout type de sol frais, mais bien drainé, mais pas acide, de préférence fertile et riche en humus.

Exposition: soleil ou mi-ombre.

Semis/Plantation: plantez au printemps ou en début d'automne, tous les 30-40 cm. Ou semez en fin d'hiver, en terrine, sous châssis froid.

Entretien: arrosez l'été suivant la plantation, puis les années suivantes en cas de sécheresse printanière marquée. Ne mouillez pas le feuillage en arrosant, mais versez l'eau au pied, pour limiter les risques d'oïdium. Ne déplacez pas les semis spontanés, l'ancolie supportant mal la transplantation.

Floraison: d'avril à juin.

Variétés/Espèces du jardin au naturel: ancolie commune ou *A. vulgaris* (fleurs bleu violet, roses ou blanches, hauteur 80 cm, se ressème spontanément), *A. chrysantha* 'Yellow Queen' (fleurs jaunes, hauteur 80 cm), ancolie des Alpes ou *A. alpina* (fleurs bleu soutenu, hauteur 40 cm).

Maladies et parasites: oïdium, pucerons.

Anémone du Japon

Anemone hupehensis var. *japonica*

Les anémones du Japon sont intéressantes pour fleurir les massifs en fin de saison, en compagnie des asters, des graminées légères et des grands orpins. Vous trouverez toute une palette de variétés aux fleurs simples ou semi-doubles, blanches ou roses, qui s'épanouissent sur de longues tiges fines et offrent une floraison légère renouvelée jusqu'en automne. Soyez patient: ces vivaces s'installent lentement mais, une fois en place, elles sont vigoureuses. Leur feuillage fait un bon couvre-sol sous des arbustes au feuillage léger, à condition que le sol ne sèche pas.

Hauteur: 80 cm-1,2 m.

Étalement: 50-70 cm.

Sol: frais, mais bien drainé, profond, riche en humus.

Exposition: soleil ou mi-ombre.

Plantation: plantez au début du printemps ou en début d'automne, tous les 40 cm environ.

Entretien: arrosez en période sèche les deux étés suivant la plantation, pour favoriser la reprise, souvent lente. Paillez au printemps pour limiter les arrosages en été. Ces anémones résistent à la sécheresse une fois installées. Coupez les tiges défleuries à la base en fin d'automne, nettoyez les touffes en fin d'hiver.

Floraison: d'août à octobre.

Variétés/Espèces du jardin au naturel: *A. hupehensis* var. *japonica* 'September Charm' (fleurs rose satiné, hauteur 1 m), 'Couronne virginale' (grandes fleurs semi-doubles blanches, hauteur 80 cm), 'Honorine Jobert' (fleurs blanc pur, hauteur 1,2 m), 'Rubra Plena' (fleurs semi-doubles rose carminé, hauteur 80 cm).

Maladies et parasites: escargots, limaces.

Armoise

Artemisia spp.

Les armoises font d'excellentes plantes vivaces ou arbustives pour les jardins secs, les sols peu fertiles, les situations chaudes. leurs graines sont appréciées des oiseaux et leur feuillage aromatique, le plus souvent gris ou argenté, finement ciselé, éloigne les pucerons et les chenilles de nombreux papillons. Vous pouvez les utiliser dans la rocaille ou sur un talus, dans un massif ou un jardin sur gravier. Attention, contrôlez leur développement car elles se reproduisent très rapidement.

Hauteur: 15 cm-1 m ou plus, selon les espèces et variétés.

Étalement: 30 cm-1 m, selon les espèces et variétés.

Sol: bien drainé, même non fertile et sec. À proscrire sur un sol humide.

Exposition: soleil, situation abritée en climat montagnard ou continental.

Plantation: plantez au printemps dans les régions aux climats continental et montagnard, et en début d'automne dans les autres régions.

Entretien: en fin d'hiver, coupez à la base les tiges et les pousses abîmées par le froid.

Floraison: de juillet à septembre. Les fleurs sont sans intérêt décoratif: supprimez-les car le pollen des espèces *A. vulgaris* et *glacialis* est source d'allergies.

Variétés/Espèces du jardin au naturel: *A. schmidtiana* 'Nana' (couvre-sol argenté, hauteur 15 cm), *A.* 'Powis Castle' (feuillage argenté, hauteur 1 m), *A. ludoviciana* 'Valerie Finnis' (très vigoureuse, feuillage découpé, hauteur 70 cm), absinthe ou *A. absinthium* (feuillage gris-vert, hauteur 1 m).

Maladies et parasites: oïdium.

Bonnes compagnes: légumes, rosier.

Aspérule odorante

Galium odoratum

Appelée aussi gaillet odorant ou petit muguet, cette plante des sous-bois européens est un excellent choix pour un jardin au naturel. Utilisez-la pour coloniser le pied d'arbres ou arbustes en terrain frais; elle tapisse le sol de son beau feuillage vert ponctué, en fin de printemps et début d'été, de bouquets de petites fleurs étoilées blanches, au parfum léger, très appréciées par les abeilles. Le feuillage séché dégage une agréable odeur de foin.

Hauteur: 15-25 cm.

Étalement: 50 cm, ou plus.

Sol: tout type de sol bien drainé, même calcaire, de préférence frais et riche en humus.

Exposition: mi-ombre ou ombre.

Semis/Plantation: plantez au printemps ou en début d'automne, tous les 30-40 cm. Si un voisin ou un ami a de l'aspérule dans son jardin, prélevez tout simplement quelques éclats de rhizomes pourvus de pousses: la reprise est facile si vous arrosez en période sèche, le premier été.

Entretien: quasiment aucun. Nettoyez les touffes, enlevez les feuilles sèches en fin d'hiver. Si la plante s'étale trop, il est facile d'arracher les tiges qui dépassent de l'espace imparti.

Floraison: de mai à juin.

Variétés/Espèces du jardin au naturel: aspérule odorante ou *G. odoratum* (fleurs blanches, hauteur 15-25 cm), gaillet jaune ou *G. verum* (toutes petites fleurs jaunes, parfaite pour une rocaille ombragée, hauteur 20 cm).

Maladies et parasites: généralement aucun.

Astrance (grande)

Astrantia major

La floraison élégante des astrances, en ombelles de fleurs minuscules, blanches, roses à rouge sombre, entourées d'une collerette, leur feuillage vert foncé lustré, découpé, en font d'excellentes vivaces pour les sous-bois clairs, les massifs légèrement ombragés ou sans soleil brûlant. Les astrances s'associent joliment aux géraniums vivaces, aux hostas, aux rosiers, aux fougères et aux heuchères. Les fleurs sont visitées par les insectes pollinisateurs. Cette vivace se ressème si vous ne supprimez pas aussitôt les fleurs fanées.

Hauteur: 40-70 cm.

Étalement: 30-40 cm.

Sol: tout type de sol frais, mais bien drainé, de préférence fertile et riche en humus, ne séchant pas trop en été.

Exposition: soleil ou mi-ombre.

Semis/Plantation: plantez au printemps ou en début d'automne, tous les 30-40 cm. Enrichissez le sol en compost à la plantation, surtout s'il est calcaire. Ou semez en fin d'été sous châssis froid, pour une mise en place au printemps suivant.

Entretien: arrosez régulièrement en période sèche les deux étés suivant la plantation. Par la suite, les astrances ne demandent guère d'arrosages si le sol reste un peu frais en été (s'il est sec, étalez un épais paillis au printemps). Coupez à la base les tiges défleuries en octobre.

Floraison: de juin à août.

Variétés/Espèces du jardin au naturel: grande astrance ou *A. major* (fleurs blanc rosé ou vert pâle teinté de rose) et ses variétés, dont 'Hadpsen Blood' (fleurs rouge foncé), 'Roma' (fleurs rose clair).

Maladies et parasites: escargots, limaces.

Bergénia

Bergenia spp.

Les bergénias font partie des vivaces qui apportent toujours une touche intéressante dans un massif ou comme couvre-sol en bordure d'allée ou sur un talus. Leurs atouts sont un feuillage persistant vernissé, souvent teinté de bronze ou pourpre en hiver, et une floraison précoce en épis dressés. Les insectes pollinisateurs visitent ces fleurs bienvenues au sortir de l'hiver.

Hauteur: 30-40 cm.

Étalement: 40-50 cm.

Sol: tout type de sol bien drainé, de préférence frais, même calcaire.

Exposition: soleil ou mi-ombre, en évitant soleil brûlant comme ombre dense.

Plantation: plantez en septembre-octobre ou en mars-avril, tous les 40 cm. La plantation de printemps permet de choisir le coloris des fleurs car, au moment de cette mise en place, elles sont déjà fleuries.

Entretien: coupez les tiges défleuries à la base. Divisez les touffes en février-mars si elles fleurissent moins et se dégarnissent au centre.

Floraison: de février à mai, selon les espèces et variétés.

Variétés/Espèces du jardin au naturel: herbe aux savetiers ou *B. cordifolia* (feuillage brillant à bord ondulé, pourpré en hiver, fleurs rose foncé en avril), *B. crassifolia* (feuilles larges, fleurs rouges en hiver, rose pourpré en février-mars), *B.* 'Ballawley' (feuillage teinté de rouge bordeaux par temps froid, fleurs rouge écarlate, souvent dès décembre), *B.* 'Silberlicht' (feuillage vert lustré, fleurs blanches en mars-avril).

Maladies et parasites: escargots, limaces.

▶▶▶ **Aster:** voir p. 266-267

Boule azurée

Echinops spp.

Les boules azurées sont des sortes de chardons qui ont toutes les qualités pour un jardin au naturel. Ce sont des vivaces vigoureuses, qui ne craignent ni la sécheresse, ni le vent. Leurs fleurs sphériques, en réalité composées de nombreuses petites fleurs bleues, parfois blanches, sont riches en nectar et attirent quantité d'insectes utiles, abeilles, bourdons et papillons en particulier. Quant aux oiseaux, ils recherchent les graines. Ces plantes sont parfaites dans les jardins secs et les jardins de vacances en bord de mer.

Hauteur : 80 cm-1,2 m.

Étalement : 40-60 cm.

Sol : tout type de sol bien drainé, même sec et calcaire.

Exposition : soleil.

Semis/Plantation : plantez au printemps dans les régions aux hivers froids et humides, en climats montagnard et continental, en septembre-octobre partout ailleurs, tous les 30-40 cm.

Entretien : coupez les fleurs fanées en début d'été. En fin d'été, laissez-les sécher sur pied pour nourrir les oiseaux autant que pour contribuer au décor du jardin en hiver.

Floraison : de juin à septembre, selon les espèces.

Variétés/Espèces du jardin au naturel : boule azurée (chardon bleu) ou *E. ritro* (vigoureuse, floraison en été, fleurs bleu violet, hauteur plus de 1 m) et sa variété 'Veitch's Blue' (fleurs bleu métallique brillant, hauteur 80 cm), *E. sphaerocephalus* 'Niveus' (feuillage ample, floraison en fin d'été, fleurs blanches, hauteur 1 m).

Maladies et parasites : pucerons.

Bouton-d'argent

Anaphalis spp.

Voilà une vivace idéale pour un jardin de vacances, un jardin venté en bord de mer, un jardin sec ou encore un jardin auquel vous avez peu de temps à consacrer ! Cette immortelle forme des touffes buissonnantes à étalées, dont le feuillage laineux et argenté indique bien la résistance à la chaleur et à la sécheresse. Ses fleurs en pompons blancs, aux pétales à texture de papier, se prêtent bien au séchage ; elles sont visitées par les insectes pollinisateurs. Faciles à marier avec des floraisons bleues et violettes, ces petites immortelles trouvent aussi leur place dans un massif blanc et argent, par exemple avec armoise et phlomis.

Hauteur : 25-50 cm.

Étalement : 30-50 cm.

Sol : tout type de sol bien drainé, même sec et calcaire.

Exposition : soleil.

Semis/Plantation : plantez au printemps ou en début d'automne, tous les 40 cm. Le drainage du sol est essentiel, car la plante redoute plus l'humidité hivernale que le gel. Ou semez en place en mai.

Entretien : quasiment aucun. Coupez les tiges défleuries à la base en fin d'automne. Si vous souhaitez obtenir d'autres plantes, vous pourrez diviser facilement au printemps.

Floraison : de juillet à septembre-octobre, selon les espèces.

Variétés/Espèces du jardin au naturel : immortelle de Virginie ou bouton-d'argent ou *A. margaritacea* (hauteur 40-50 cm), *A. triplinervis* (hauteur 25 cm, port étalé, bon couvre-sol).

Maladies et parasites : généralement aucun.

Bugle rampant

Ajuga reptans

Le bugle rampant est une petite vivace vigoureuse et sans prétention, qui, au jardin, s'étale au pied des arbustes ou dans un coin ombragé de la rocaille, en lisière des plantations. Sa floraison en fin de printemps, généralement bleue, parfois rose, est très appréciée par les insectes pollinisateurs, les abeilles en particulier. Son feuillage vert foncé se décline aussi en variétés panachées très colorées. Plantez-le en couvre-sol, en glissant de petits bulbes (perce-neige, muscaris, par exemple) entre les plantes pour égayer le feuillage entre la fin de l'hiver et le printemps.

Hauteur : 10-20 cm.

Étalement : 30-50 cm.

Sol : tout sol bien drainé, pas trop sec, de préférence frais et riche en humus.

Exposition : soleil non brûlant, à condition que le sol demeure frais, idéalement mi-ombre.

Semis/Plantation : plantez en septembre-octobre ou au printemps, tous les 30 cm. La simple séparation de tiges enracinées, méthode de multiplication facile, permet de nouvelles plantations ailleurs au jardin.

Entretien : aucun. Coupez éventuellement les épis fanés à la base en juillet pour garder un tapis de feuillage compact.

Floraison : en mai-juin, en épis dressés.

Variétés/Espèces du jardin au naturel : *A. reptans*, l'espèce type, très vigoureuse, et ses variétés 'Catlin's Giant' (vigoureux couvre-sol, feuillage vert bronze, épis denses bleu-violet), 'Burgundy Glow' (feuillage panaché de vert, crème et pourpre, fleurs bleues).

Maladies et parasites : oïdium.

Les asters

Avec leurs fleurs en innombrables petites marguerites étoilées, dans des tons blancs, roses à pourpres et bleus à violets, les asters (*Aster*) sont des incontournables de nos jardins. On les aime pour leur floraison tardive, jusqu'en novembre pour certains, mais il serait dommage d'ignorer ceux qui fleurissent généreusement tout l'été et les petits asters de printemps, qui égaient les rocailles. Tous sont mellifères, attirant papillons et autres insectes utiles au jardin. Une situation dégagée et ensoleillée est idéale pour les asters, qui supportent un peu d'ombre, mais y seront moins florifères et d'autant plus sensibles à l'oïdium si le sol est sec. Ces plantes s'accomodent de tout sol ordinaire, neutre à légèrement calcaire, éventuellement argileux mais sans humidité stagnante en hiver. Une terre fertile, qui garde un peu de fraîcheur en été, leur assurera un total épanouissement.

Des vivaces idéales pour les massifs

Avec leurs tiges souples, leur floraison si généreuse, leur palette de tailles (20 cm à 2 m !) et de teintes, les asters font partie de ces vivaces qui donnent du volume aux massifs. Ils se marient facilement avec d'autres vivaces, comme avec des bulbes, dahlias en particulier, ou des annuelles à floraison estivale. Ils sont très réussis avec les graminées, qui fleurissent elles aussi en fin de saison.
Plantés au pied des rosiers, les asters accompagnent la floraison de septembre et masquent la base des tiges.
Petite astuce : pincez une partie des tiges des asters cinq à six semaines avant la floraison, vous retarderez l'éclosion des fleurs de deux semaines.

Plantation

Renseignez-vous avant la plantation pour connaître leurs dimensions, afin de bien choisir leur emplacement dans le massif, plutôt vers l'arrière-plan pour les plus grands, au milieu pour les asters de taille moyenne, devant pour les petits.
Préférez la plantation d'automne (floraison jusqu'en décembre), car elle vous permet de choisir le coloris des fleurs avec certitude. Étant parfaitement rustiques, les asters s'installent sans difficulté avant l'hiver, même en climat montagnard. Ils restent ensuite en place des dizaines d'années.

ZOOM SUR

L'oïdium, LA maladie des asters

Bien souvent, lorsque l'été est sec, les grands asters d'automne se couvrent d'oïdium, feutrage blanchâtre qui déforme le feuillage et réduit la floraison. La solution ? Plutôt que de vous contraindre à des arrosages copieux et réguliers au pied des asters en période sèche, plantez des espèces ou variétés peu ou pas touchées par cette maladie, comme les asters de Nouvelle-Angleterre, *Aster ericoides* ou *Aster cordifolius*.

Aster des Alpes (*Aster alpinus*).

Œil-de-Christ (*Aster amellus*).

Aster divaricatus.

C'EST MALIN

Pour composer de belles scènes d'automne

Appuyez les grands asters d'automne contre de grandes graminées plantées en arrière-plan, comme les eulalies. Vous n'aurez pas à les tuteurer et l'effet sera très réussi. Associez-y également de grands soleils vivaces à floraison tardive, rudbéckias et autres, des orpins plantés au premier plan et dont les teintes chaudes feront écho aux asters, de délicates anémones du Japon. Plantés parmi des arbustes comme les caryoptéris et hydrangéas à feuilles de chêne, les asters illuminent l'automne.

Asters de Nouvelle-Angleterre 'Harrington's Pink'.

Entretien

Soutenez les touffes des grands asters, soit en leur donnant pour voisines des plantes dressées, comme des hélénies ou des soleils, soit en piquant dans le sol des branchages ramifiés qui soutiendront la touffe sur son pourtour.
Si le sol est sec en été, un paillage organique étalé au printemps (compost ou paillettes de lin) sur sol humide contribuera à la fois à garder l'humidité du sol et à enrichir celui-ci.
Arrosez en cas de sécheresse estivale prolongée, sans mouiller le feuillage mais en versant l'eau au pied des tiges. Attendez la fin de l'hiver pour couper les tiges sèches à la base.
La plupart des asters gagnent à être divisés tous les quatre à cinq ans (voir p. 160). Cette opération rajeunit les touffes dont le cœur se lignifie et ne fleurit plus. Procédez en février-mars et ne replantez que des éclats de touffe vigoureux, portant plusieurs racines et pousses.

ZOOM SUR

De bons choix pour un jardin au naturel

Si vous les choisissez bien, vous pouvez avoir des asters en fleurs dans vos massifs d'avril à novembre.

▸ **Pour le printemps :** l'aster des Alpes (*Aster alpinus*) et ses variétés. Il ne dépasse pas 30 cm de hauteur, mais se couvre en avril-mai de fleurs simples à cœur jaune, avec des pétales bleu-violet, blancs ou roses selon la variété.

▸ **Pour l'été :** l'œil-de-Christ (*Aster amellus*), buissonnant, de 40-60 cm de hauteur et étalement, fleurit de juillet à septembre en fleurs étoilées bleu lavande, roses pour certaines variétés. *Aster frikartii* 'Mönch' est une valeur sûre, en touffe dressée (70 cm) très florifère, bleu-violet à cœur jaune.

▸ **Pour clore la saison :** *Aster cordifolius* 'Ideal' (hauteur 80 cm-1 m) offre d'août à octobre une floraison vaporeuse, bleu clair à brun rosé, qui supporte un peu d'ombre. *Aster ericoides* (hauteur 80 cm) affiche d'innombrables petites fleurs, blanches, bleues, roses ou mauves selon la variété, de septembre à novembre. *Aster divaricatus* (50 cm) accepte la mi-ombre et fleurit d'août à octobre en pluie d'étoiles blanches. *Aster laterifolius* (hauteur 50-60 cm) est original par son feuillage sombre, la variété 'Prince' en particulier, à feuillage pourpre très foncé, aux nombreuses petites fleurs blanches à cœur rougeâtre en septembre-octobre. Les asters de Nouvelle-Angleterre (*Aster novae-angliae*) sont de grands asters d'automne (hauteur 1-1,5 m), robustes et résistants à l'oïdium, mais qui demandent un sol frais et fertile pour fleurir en abondance en septembre-octobre, parfois jusqu'en novembre ; les jours de soleil, abeilles et bourdons se bousculent sur leurs imposants bouquets de fleurs ; ils se déclinent en variétés à fleurs blanches, violettes, rose carmin à rouge rubis.

Buglosse

Anchusa spp.

Si vous aimez les fleurs bleues, ne vous privez pas de la buglosse, une belle vivace à la longue floraison d'un bleu soutenu, très lumineux, qui attire abeilles et papillons en nombre tout l'été. Ses fleurs étant comestibles, n'hésitez pas à les utiliser pour le décor de vos salades vertes et salades de fruits. Le seul défaut de la buglosse est d'être assez éphémère : elle disparaît souvent au bout de deux ou trois ans de culture. Elle se prête à de jolies associations avec des fleurs jaunes ou orangées, comme les rudbéckias.

Hauteur : 80 cm -1 m.

Étalement : 40-50 cm.

Sol : bien drainé, même calcaire, de préférence profond. La plante craint l'humidité hivernale.

Exposition : soleil ou mi-ombre.

Plantation : plantez en février-mars, tous les 40 cm.

Entretien : arrosez en période sèche l'été suivant la plantation. Coupez les tiges défleuries sous les fleurs pour favoriser la formation de nouvelles pousses et fleurs. À titre de précaution, en cas d'hiver humide, multipliez la buglosse par semis ou par bouturage de racines en fin d'été. Ainsi, si elle est détruite, vous pourrez en replanter de nouveaux pieds. Tuteurez si nécessaire (mai-juin) en situation ventée.

Floraison : de juin à août.

Variétés/Espèces du jardin au naturel : buglosse azurée ou *A. azurea* (fleurs bleu gentiane), dont la variété 'Loddon Royalist' (fleurs plus grandes, bleu foncé brillant), *A. cespitosa* (à réserver au climat méditerranéen, parfaite pour une rocaille sèche).

Maladies et parasites : oïdium.

Buglosse de Sibérie

Brunnera macrophylla

Très rustique, le buglosse de Sibérie, ou myosotis du Caucase, évoque le myosotis par ses petites fleurs, quoique d'un bleu plus profond. Rugueuses et d'un vert soutenu, ses grandes feuilles en cœur sont cependant très différentes. Et surtout, c'est une plante vivace et non une bisannuelle comme le myosotis. Son choix est excellent pour les coins ombragés, même froids, du jardin au naturel, pour habiller le pied d'un mur à l'ombre, d'arbustes au feuillage léger. Associez-le aux petits bulbes qui se naturalisent, comme le perce-neige et la jacinthe des bois, aux floraisons précoces des pulmonaires.

Hauteur : 40 cm.

Étalement : 50 cm.

Sol : tout type de sol bien drainé, plutôt frais et riche en humus, même argileux. Évitez les sols secs.

Exposition : mi-ombre ou ombre.

Semis/Plantation : plantez en septembre-octobre ou mars-avril, tous les 50 cm. L'espèce type gagne rapidement du terrain et fait un bon couvre-sol.

Entretien : quasiment aucun. Nettoyez les touffes entre la fin de l'automne et la fin de l'hiver, avant l'entrée en croissance précoce des nouvelles feuilles. Division facile en automne ou au printemps.

Floraison : de mars à mai.

Variétés/Espèces du jardin au naturel : *B. macrophylla*, l'espèce type, la plus robuste, la plus adaptable, la plus vigoureuse, dont les variétés panachées sont très élégantes, comme 'Jack Frost' (feuilles argentées, nervures vertes), 'Hadspen Cream' (feuilles ourlées de crème).

Maladies et parasites : généralement aucun.

Camomille

Anthemis spp.

Les camomilles vivaces apprécient les situations ensoleillées et les sols bien drainés. Leurs fleurs en forme de marguerite, qui se succèdent tout l'été, sont visitées par les insectes pollinisateurs. Pour une meilleure longévité de ces plantes, évitez l'humidité hivernale et coupez régulièrement les fleurs fanées. Elles ont leur place dans un jardin au naturel, aussi bien en massif que dans la rocaille ou dans un coin sauvage. Plante tonifiante, la camomille stimule, dans un massif, la croissance de ses voisines.

Hauteur : 20-80 cm, selon les espèces.

Étalement : 40-50 cm.

Sol : tout sol bien drainé, même sec.

Exposition : soleil ou mi-ombre.

Semis/Plantation : plantez tous les 40 cm de mars à mai dans les régions aux climats continental ou montagnard, en septembre-octobre dans les autres régions. Ou semez sous châssis froid au printemps, pour une mise en place en automne.

Entretien : coupez les tiges défleuries à la base, en particulier pour les variétés de la camomille des teinturiers, afin de favoriser la poursuite de la floraison et d'éviter que les plantes ne s'épuisent au bout de quelques années.

Floraison : de mai à octobre, selon les espèces et variétés.

Variétés/Espèces du jardin au naturel : petite camomille ou *A. cupaniana* (grandes fleurs blanches, feuillage grisâtre aromatique, floraison de juin à octobre), camomille des teinturiers ou *A. tinctoria* (hauteur 60-70 cm) et ses variétés 'Kelway' (fleurs jaune vif, floraison tout l'été).

Maladies et parasites : pucerons, limaces.

Bonnes compagnes : légumes.

Campanule

Campanula spp.

Ces vivaces offrent leurs fleurs en clochettes, bleu-violet, parfois blanches ou roses, dans toute une diversité d'espèces et de variétés. Vous trouverez des petites campanules pour la rocaille et les bords d'un dallage, des campanules de taille moyenne et des grandes campanules pour les massifs ou les jardins sauvages.

Hauteur: 15 cm-1,2 m, selon les espèces et variétés.

Étalement: 30-50 cm, selon les espèces et variétés.

Sol: tout sol bien drainé, même calcaire.

Exposition: soleil ou mi-ombre.

Semis/Plantation: de mars à mai dans les régions aux climats montagnard ou continental, en septembre-octobre dans les autres régions. Ou semez en février-mars sous abri, pour une mise en place en automne ou au printemps suivant, après un repiquage en été.

Entretien: coupez à la base les tiges défleuries des grandes campanules pour favoriser une nouvelle floraison. Tuteurez au besoin les grandes espèces en situation ventée.

Floraison: de mai à septembre, selon les espèces et variétés.

Variétés/Espèces du jardin au naturel: petites campanules: campanule des Carpates ou *C. carpatica* et ses variétés (fleurs bleues ou blanches, floraison de juin à août, hauteur 20 cm), *C. porscharskyana* et *C. portenschlagiana* (floraison de mai à septembre); grandes campanules: campanule à feuilles de pêcher ou *C. persicifolia* (légère, floraison de juin à août, hauteur 70 cm), variétés de *C. lactiflora* (floraison de juin à septembre, hauteur 1,2 m).

Maladies et parasites: escargots, limaces.

Centaurée

Centaurea spp.

Les centaurées vivaces, à ne pas confondre avec la centaurée annuelle qu'est le bleuet, sont des plantes faciles pour les jardins ensoleillés. Leurs fleurs, composées en réalité de nombreuses petites fleurs en tube, attirent abeilles, papillons et autres butineurs en quantité. Un bon choix dans un jardin au naturel, pour une plantation en massif comme dans un coin sauvage ou un talus sec.

Hauteur: 40 cm-1 m, selon les espèces.

Étalement: 30-50 cm, selon les espèces.

Sol: tout type de sol ordinaire, même calcaire. Le bleuet des montagnes préfère les sols frais et fertiles, tandis que les autres centaurées supportent la sécheresse et les sols peu fertiles.

Exposition: soleil.

Semis/Plantation: plantez en septembre-octobre ou en février-mars, tous les 40 cm. Ou semez en pépinière de mars à avril pour une plantation en automne.

Entretien: en fin de saison, laissez les fleurs sur pied: leurs graines nourriront les oiseaux en hiver. Coupez les tiges sèches en fin d'hiver. Divisez les touffes tous les trois ou quatre ans en automne ou au printemps pour conserver leur vigueur.

Floraison: de mai à septembre, souvent une première floraison, puis une remontée en fin d'été.

Variétés/Espèces du jardin au naturel: bleuet des montagnes ou *C. montana* (espèce indigène, fleurs bleu-violet, hauteur 40 cm), *C. dealbata* (feuillage gris, fleurs roses, hauteur 80 cm), centaurée à grosse tête ou *C. macrocephala* (grosses fleurs jaunes ébouriffées, hauteur 1 m et plus).

Maladies et parasites: oïdium.

Consoude

Symphytum spp.

La consoude est une vivace phare du jardin au naturel ! D'une vigueur exceptionnelle, elle fait un couvre-sol intéressant pour les coins un peu sauvages ou ingrats, mais mieux vaut éviter de la planter en massif, car elle est envahissante. Ses feuilles rugueuses font un très bon paillage, un excellent activateur de compost ou bien un purin qui, une fois dilué, constitue un précieux engrais liquide (voir p. 166). Ses fleurs aux couleurs changeantes, passant souvent du rouge au bleu, attirent les abeilles.

Hauteur: 30 cm-1 m, selon les espèces.

Étalement: 40 cm-1 m, selon les espèces.

Sol: tout type de sol, de préférence frais.

Exposition: soleil ou mi-ombre.

Semis/Plantation: plantez en septembre-octobre ou au printemps, tous les 40-50 cm au minimum.

Entretien: nettoyez les touffes en coupant les tiges à la base en septembre. En toute saison, arrachez les tiges et rhizomes qui dépassent de l'emplacement.

Floraison: d'avril à juillet, selon les espèces.

Variétés/Espèces du jardin au naturel: consoude à grandes fleurs ou *S. grandiflorum* (fleurs crème à brun pourpré, floraison en avril-mai, hauteur 40-50 cm), *S.* 'Goldsmith' (fleurs bleues à rouges, feuillage panaché de jaune crème, floraison en avril-mai, hauteur 30 cm), *S.* x *uplandicum* pour les grands jardins et les coins sauvages (hauteur 1 m et plus), dont 'Axminster Gold' (feuillage panaché de jaune clair, floraison en avril-mai).

Maladies et parasites: généralement aucun.

Bonnes compagnes: légumes et plantes fleuries.

Coquelourde des jardins

Lychnis coronaria

Vivace éphémère, qui ne vit souvent que deux ou trois ans mais qui se ressème en abondance, la coquelourde des jardins fait partie de ces plantes à recommander à tous ceux qui commencent un jardin. Ne demandant aucun soin particulier, elle fleurit en début d'été puis souvent de nouveau, à la fin de la saison, offre un feuillage gris argenté facile à glisser dans les massifs, supporte la sécheresse estivale.

Hauteur: 60-80 cm.

Étalement: 50-60 cm.

Sol: tout type de sol bien drainé.

Exposition: soleil ou mi-ombre.

Semis/Plantation: plantez au printemps dans les climats continental et montagnard, en septembre-octobre dans les autres régions, tous les 50 cm (les plantes sont vigoureuses et leurs touffes s'étoffent rapidement). Ou semez en fin d'été ou en fin d'hiver, sous châssis, pour une mise en place au printemps suivant ou en automne.

Entretien: très limité. Coupez les tiges défleuries au-dessus des rosettes de feuilles basales pour favoriser une seconde floraison et limiter les semis spontanés. Au besoin, arrachez les semis en surnombre ou mal placés.

Floraison: en mai-juin et souvent de nouveau, en août-septembre.

Variétés/Espèces du jardin au naturel: coquelourde des jardins ou *L. coronaria* (fleurs rouge carmin éclatant) et sa variété 'Alba' (feuillage gris, fleurs blanches, très élégante au pied de rosiers roses à rouges).

Maladies et parasites: généralement aucun.

Coréopsis

Coreopsis spp.

Avec leurs fleurs de marguerite jaune vif qui se renouvellent tout l'été, les espèces vivaces de coréopsis (vous trouverez aussi des annuelles) sont des valeurs sûres pour les massifs d'un jardin au naturel. Ces fleurs sont très appréciées par les bourdons et d'autres insectes utiles, les syrphes notamment, qui sont des prédateurs des pucerons.

Hauteur: 25 cm-1 m, selon les espèces et variétés.

Étalement: 30-40 cm.

Sol: tout type de sol bien drainé, même calcaire, de préférence frais.

Exposition: soleil.

Semis/Plantation: plantez dans le massif au printemps dans les régions aux climats continental et montagnard, en septembre-octobre dans les autres régions, tous les 30-40 cm (selon la vigueur des plantes). Ou semez en pépinière en mai pour une mise en place en automne.

Entretien: arrosez en période sèche le premier été. Si le sol est sec, étalez un paillis au printemps pour garder la fraîcheur. Coupez les fleurs fanées pour favoriser la poursuite de la floraison. Divisez les touffes tous les trois ou quatre ans, au printemps.

Floraison: de mai à octobre, selon les espèces et variétés.

Variétés/Espèces du jardin au naturel: *C. grandiflora* 'Badengold' (fleurs simples jaune vif de mai à septembre, hauteur 80 cm), *C. verticillata* (fin feuillage, fleurs étoilées de juin à septembre), dont les variétés 'Moonbeam' (fleurs jaune clair, floraison de juin à octobre, hauteur 40 cm), 'Zagreb' (fleurs jaune d'or, floraison de juin à octobre, hauteur 25 cm, robuste, à planter en bordure).

Maladies et parasites: escargots, limaces.

Crambé

Crambe spp.

Originaux par leur feuillage comme par leur floraison, les crambés sont des vivaces qui trouvent leur place dans un jardin au naturel. L'espèce la plus décorative, *Crambe cordifolia*, occupe un mètre carré dans la saison (parfaite pour meubler l'espace entre de jeunes arbustes, par exemple) et allie de très grandes feuilles rugueuses à une floraison vaporeuse blanche, au parfum de miel, qui attire irrésistiblement les abeilles et autres insectes butineurs.

Hauteur: 50-70 cm pour le chou marin, jusqu'à 1,5 m à la floraison pour *C. cordifolia*.

Étalement: 60 cm-1 m.

Sol: bien drainé, de préférence profond et fertile; le chou marin pousse en sol léger, sableux, mais pas trop sec.

Exposition: soleil.

Semis/Plantation: plantez au printemps dans les régions aux climats continental et montagnard, en septembre-octobre dans les autres régions, tous les 70-80 cm. Apportez du compost dans le trou de plantation de *C. cordifolia*. Ou semez sous châssis en septembre-octobre pour une mise en place au printemps.

Entretien: pour limiter les attaques des altises, douchez le feuillage en période sèche. Coupez les tiges défleuries à la base.

Floraison: de mai à juillet.

Variétés/Espèces du jardin au naturel: *C. cordifolia* (le plus spectaculaire, grandes feuilles gaufrées vert foncé, nuage de petites fleurs), crambé maritime ou chou marin ou *C. maritima* (feuillage ondulé vert bleuté, bouquets denses de petites fleurs, jeunes pousses comestibles).

Maladies et parasites: altises, escargots, limaces.

Delphinium

Delphinium spp.

La floraison majestueuse des delphiniums fait rêver les jardiniers, mais ces vivaces demandent beaucoup de soins. Dans un jardin au naturel, mieux vaut choisir des formes robustes, à floraison légère, blanche, bleue (dans tous les tons de bleu à bleu foncé et bleu-violet) ou encore rose. La fleur, riche en nectar sucré, attire les pollinisateurs.

Hauteur: 50 cm-1,8 m.

Étalement: 40-60 cm.

Sol: fertile, frais, profond et bien drainé.

Exposition: soleil, en situation abritée.

Semis/Plantation: plantez au printemps ou en début d'automne, tous les 50 cm environ. Incorporez du compost ou du terreau de feuilles dans le trou de plantation.

Entretien: arrosez en période estivale sèche, au moins les deux premiers étés suivant la plantation. Étalez au printemps un paillis de compost pour nourrir le sol et retenir la fraîcheur. Coupez les tiges défleuries à la base après la première vague de floraison, pour favoriser une remontée en fin d'été. Tuteurez en mai-juin.

Floraison: une première floraison de mai à juillet et souvent une seconde en août-septembre.

Variétés/Espèces du jardin au naturel: *D. grandiflorum*, le plus petit (feuillage fin et floraison légère, fleurs bleu gentiane, ne craint pas le vent, hauteur 50 cm), variétés du groupe *Belladonna*, robustes et ne demandant pas de tuteurage (hauteur environ 1 m), tiges florales ramifiées, comme 'Casablanca' (blanc pur), pied d'alouette ou *D. consolida* (se ressème spontanément).

Maladies et parasites: escargots, limaces, oïdium.

Digitale

Digitalis spp.

Colonisatrices des sous-bois, les digitales font merveille en situation légèrement ombragée dans un jardin au naturel, par exemple dans un massif parmi des hostas et des fougères, sous des arbustes au feuillage léger. Ce sont des vivaces souvent éphémères, mais qui se ressèment là où elles se plaisent. Leurs grandes fleurs en doigt de gant sont visitées par de nombreux insectes pollinisateurs. Attention, ces plantes sont très toxiques en cas d'ingestion !

Hauteur: 70 cm-1,2 m.

Étalement: 30-40 cm.

Sol: tout type de sol frais, mais bien drainé, si possible riche en humus.

Exposition: soleil non brûlant ou mi-ombre, à l'abri du vent.

Semis/Plantation: semez à la volée ou plantez en septembre-octobre ou en mars-avril, tous les 30-40 cm.

Entretien: coupez les tiges défleuries, en juin-juillet, près de la base pour éviter la formation des graines, ce qui assure généralement une meilleure longévité à la digitale, laquelle se comporte comme une bisannuelle si on la laisse former des graines.

Floraison: de juin à août.

Variétés/Espèces du jardin au naturel: digitale pourpre ou *D. purpurea* (il existe une forme à fleurs blanches, hauteur 1 m environ), digitale à grandes fleurs ou *D. grandiflora* (robuste et vigoureuse, grappes plus courtes que la précédente, fleurs jaunes maculées de brun, hauteur 80 cm).

Maladies et parasites: généralement aucun.

Échinacée

Echinacea purpurea

Les échinacées, proches des rudbéckias par la forme de leurs fleurs, mais avec une palette de coloris plus large, sont très prisées dans les massifs de vivaces. Elles séduisent par leurs grandes fleurs de marguerite au cœur bombé brun, aux pétales rose pourpré, blancs, verts, orangés à rouges, rabattus vers le bas, qui attirent les insectes pollinisateurs. Les échinacées se marient bien avec des graminées et d'autres fleurs d'été.

Hauteur: 50-80 cm.

Étalement: 40 cm.

Sol: bien drainé, de préférence fertile, profond, riche en humus.

Exposition: soleil non brûlant.

Semis/Plantation: plantez en septembre-octobre ou au printemps, tous les 40 cm. Si le sol est pauvre, incorporez du compost dans le trou de plantation.

Entretien: au cours de l'été, coupez les fleurs fanées pour favoriser la formation de nouvelles fleurs. En fin d'été, laissez les fleurs sécher sur pied et attendez la fin de l'hiver pour couper les tiges à la base. Les oiseaux se nourrissent des graines.

Floraison: de juin à septembre.

Variétés/Espèces du jardin au naturel: rudbéckia pourpre ou *E. purpurea* (espèce type robuste, fleurs rose pourpré, hauteur 60-80 cm), 'Alba' (fleurs blanches, vigoureuse); parmi les hybrides, 'Sunset' (fleurs orangées, hauteur 50 cm), 'Hot Summer' (fleurs rouge foncé, hauteur 60 cm), 'Green Envy' (fleurs vertes puis marquées de rose au centre, hauteur 60 cm).

Maladies et parasites: généralement aucun.

Épiaire

Stachys spp.

La plus connue des épiaires est l'épiaire laineuse ou oreille-d'ours, incontournable dans un jardin tant elle est robuste. C'est un excellent couvre-sol au feuillage argenté, qui s'étale rapidement et se passe d'arrosage. À planter sur un talus, en bordure de massif ou dallage. Il existe une autre épiaire (*S. grandiflora*) à floraison plus décorative, rose pourpré, pour les massifs. Toutes possèdent des fleurs en tube, visitées par les insectes pollinisateurs.

Hauteur : 20-70 cm.

Étalement : 40-70 cm.

Sol : tout type de sol bien drainé, même sec et caillouteux pour l'oreille-d'ours, de préférence frais et fertile pour *S. grandiflora*.

Exposition : soleil.

Semis/Plantation : plantez en début d'automne ou au printemps, tous les 40-50 cm. Sous climats montagnard ou continental, préférez la plantation de printemps pour l'épiaire laineuse. Semis possible sous châssis en mars pour une mise en place en automne ou en début d'automne pour une mise en place au printemps.

Entretien : coupez les tiges défleuries à la base, en octobre. Tous les trois ou quatre ans, au printemps, divisez les touffes de l'oreille-d'ours pour les rajeunir.

Floraison : en juin-juillet.

Variétés/Espèces du jardin au naturel : épiaire laineuse ou oreille-d'ours ou *S. byzantina* (petites fleurs roses, feuillage laineux gris, hauteur 30-50 cm), 'Silver Carpet' (pas de floraison, beau tapis de feuillage), *S. grandiflora* 'Superba' (fleurs rose pourpré tout l'été, feuillage vert clair, hauteur 60-70 cm).

Maladies et parasites : limaces, oïdium.

Eupatoire

Eupatorium spp.

Les touffes imposantes des eupatoires demandent un jardin assez grand et un sol frais à humide. Ces grandes vivaces très rustiques font merveille en bordure d'une pièce d'eau, dans un massif, au côté de feuillages amples comme ceux des fougères ou des hostas. Leur floraison, qui s'étire souvent jusqu'en automne, est très appréciée par les abeilles, papillons et autres insectes amateurs de nectar.

Hauteur : 1-2 m, selon les espèces.

Étalement : 60 cm-1 m.

Sol : frais à humide, de préférence profond et fertile, même argileux et lourd.

Exposition : soleil ou mi-ombre.

Semis/Plantation : plantez au printemps – à privilégier en climat montagnard ou continental, pour une meilleure reprise – ou en début d'automne. Espacez bien les touffes, de 60 cm au moins, car la croissance est vigoureuse.

Entretien : en cas de sécheresse marquée en été, arrosez abondamment. Nettoyez les touffes entre la fin de l'automne et la fin de l'hiver, en coupant les tiges sèches à la base.

Floraison : de juillet à octobre.

Variétés/Espèces du jardin au naturel : eupatoire pourpre ou *E. purpureum* (fleurs rose pourpré, floraison de juillet à octobre, hauteur 1,5-2 m), eupatoire rugueuse ou *E. rugosum* (fleurs blanches en pompons, floraison de juillet à octobre, hauteur 1-1,2 m) et sa variété 'Chocolate' (feuillage brun pourpré très décoratif).

Maladies et parasites : limaces, pucerons.

Euphorbe

Euphorbia spp.

De culture facile, les euphorbes demandent peu d'entretien pour la plupart, offrent une floraison au coloris original, jaune-vert acidulé (plus rarement orangé) et constituent de bonnes plantes couvre-sol. Les fleurs sont visitées par les abeilles et autres insectes butineurs, en particulier celles de l'euphorbe des bois. Attention, la sève laiteuse des euphorbes peut provoquer des irritations de la peau et des muqueuses : portez des gants pour les manipuler.

Hauteur : 20 cm-1,2 m, selon les espèces.

Étalement : 25 cm-1 m, selon les espèces.

Sol : tout sol bien drainé pour la plupart des espèces, sol frais pour l'euphorbe des marais ou l'euphorbe polychrome.

Exposition : soleil ou mi-ombre.

Semis/Plantation : plantez en début d'automne ou au printemps, tous les 40-70 cm, selon l'espèce. Sous climats montagnard ou continental, préférez la plantation de printemps.

Entretien : pour les euphorbes des marais et polychromes, paillez le sol au printemps avec du terreau de feuilles ou du compost. Coupez à la base les tiges défleuries une fois sèches.

Floraison : d'avril à juillet, selon les espèces.

Variétés/Espèces du jardin au naturel : *E. characias* (très décorative, hauteur 1 m, pour jardins secs), *E. myrsinites* (rampante, feuillage bleuté, floraison précoce, hauteur 20 cm, pour rocaille et dallage), euphorbe des marais ou *E. palustris* (floraison printanière, feuillage teinté de jaune en automne, hauteur 80 cm).

Maladies et parasites : cochenilles à corps mou.

Fougère mâle

Dryopteris filix-mas

Comptant parmi les fougères les plus adaptables, la fougère mâle pousse dans les sous-bois frais d'Europe occidentale. Elle forme des touffes amples et vigoureuses, intéressantes dans un jardin au naturel pour composer des scènes de sous-bois ou apporter un beau volume de feuillage vert foncé dans une petite cour ombragée. Sous climat océanique ou en zone urbaine abritée, le feuillage se fait presque persistant. Les fougères se plaisent dans les jardins orientés vers le nord.

Hauteur: 80 cm-1 m.

Étalement: 70 cm-1 m.

Sol: frais, mais bien drainé, profond, fertile de préférence.

Exposition: mi-ombre ou ombre.

Semis/Plantation: plantez en début d'automne ou au printemps, tous les 80 cm. En sol peu fertile, enrichissez la terre du trou de plantation en compost ou terreau de feuilles.

Entretien: arrosez en sol plutôt sec et en cas de sécheresse estivale prolongée. En sol ordinaire à sec, un paillis printanier est bénéfique. Là où les hivers sont rigoureux, en climats montagnard ou continental, coupez les feuilles jaunies à la base en fin d'automne. En climat océanique, attendez la fin de l'hiver pour nettoyer les touffes.

Floraison: aucune, les fougères n'étant pas des plantes à fleurs (elles se reproduisent par des spores).

Variétés/Espèces du jardin au naturel: l'espèce type de fougère mâle (*D. filix-mas*) existe aussi sous forme de variétés aux feuilles finement découpées, d'aspect plumeux, comme 'Linearis Cristata'.

Maladies et parasites: cochenilles à corps mou.

Gaillarde

Gaillardia x grandiflora

La floraison colorée et infatigable des gaillardes vivaces (il en existe des annuelles) fait merveille dans les massifs en été, au côté par exemple de graminées légères, de gauras, de fleurs blanches. Dans un jardin au naturel, elles se plantent aussi dans le potager, pour réaliser des bouquets et pour attirer les insectes butineurs, abeilles et bourdons notamment.

Hauteur: 50-70 cm.

Étalement: 40-50 cm.

Sol: bien drainé, même calcaire. Évitez les sols lourds, humides en hiver.

Exposition: soleil.

Semis/Plantation: plantez, tous les 50-60 cm, en septembre-octobre ou au printemps – à privilégier en climat continental ou montagnard, pour un bon enracinement avant le premier hiver.

Entretien: coupez régulièrement les fleurs fanées. Au début du mois d'octobre, coupez toutes les tiges à 15 cm du sol pour que les gaillardes forment de nouvelles pousses aptes à passer l'hiver. Sans cette taille de fin de saison, les touffes s'épuisent souvent et ne refleurissent pas, ou peu, la saison suivante. Divisez-les aussi tous les trois ou quatre ans, au printemps, pour les rajeunir.

Floraison: de juin à début octobre.

Variétés/Espèces du jardin au naturel: les formes cultivées dans les jardins sont des gaillardes hybrides ou *G.* x *grandiflora*. Parmi les plus robustes et florifères: 'Burgunder' (rouge acajou), 'Maxima Aurea' (jaune lumineux), 'Dazzler' (rouge orangé, avec pointe des pétales jaune).

Maladies et parasites: limaces, oïdium.

Gaura

Gaura lindheimeri

De plus en plus prisée, cette vivace fleurit durablement et se ressème, un atout pour un jardin au naturel. Elle se caractérise par des fleurs légères et gracieuses, éphémères mais renouvelées en abondance sur des tiges fines, de coloris blanc à rouge rosé. Vous la marierez ainsi facilement à d'autres fleurs vivaces comme à des graminées. Riches en nectar, ses fleurs à longues étamines attirent abeilles et papillons.

Hauteur: 60 cm-1 m.

Étalement: 50-60 cm.

Sol: tout type de sol bien drainé, même sec.

Exposition: soleil ou mi-ombre.

Semis/Plantation: plantez tous les 40-50 cm en septembre-octobre ou au printemps – à privilégier en climat montagnard ou continental, pour assurer une meilleure reprise.

Entretien: inutile d'arroser dès le premier été, sauf en cas de sécheresse durable. Durant l'été, coupez à 15-20 cm du sol les tiges en fin de floraison pour stimuler la formation de nouvelles pousses. En mars, nettoyez les touffes en coupant toutes les tiges à 10 cm du sol.

Floraison: de juin à octobre.

Variétés/Espèces du jardin au naturel: *G. lindheimeri*, l'espèce type (très robuste, fleurs blanches à calice rosé, hauteur 80 cm-1 m), et ses variétés 'Siskiyou Pink' (fleurs roses, hauteur 60-80 cm, sensible à l'humidité hivernale), 'Crimson Butterflies' (tiges rougeâtres, fleurs rose vif, hauteur 60-70 cm).

Maladies et parasites: généralement aucun.

▶▶▶ **Géranium vivace:** voir p. 274-277
▶▶▶ **Graminée:** voir p. 278-279

Les géraniums vivaces

Les géraniums vivaces (*Geranium*) figurent parmi les plus populaires des vivaces dans les jardins. Rien d'étonnant à cela, car ils possèdent de nombreux atouts : rusticité et facilité de culture, feuillage décoratif, floraison colorée, souvent renouvelée dans l'été... La palette des espèces et des variétés est telle que le choix en devient presque difficile ! Les sélections récentes offrent un intérêt décoratif du printemps à l'automne, tant au niveau du feuillage que de la floraison, qui peut, pour certaines, se produire de mai à octobre. Dans un jardin au naturel, les géraniums vivaces étoffent les massifs, ourlent les allées ou les terrasses, ponctuent la rocaille et se font couvre-sol dans les coins un peu sauvages. Leurs fleurs sont visitées par les insectes butineurs. Selon les espèces et leurs origines, certains géraniums préfèrent le soleil, mais jamais brûlant, d'autres la mi-ombre. La plupart, toutefois, tolèrent rarement l'ombre dense, pas plus que les vents et les embruns.

Plantation

S'ils apprécient les sols fertiles, demeurant un peu frais en été, tout sol ordinaire leur convient, tant qu'il n'est ni détrempé en hiver, ni desséché en été. Ils ne craignent pas le calcaire. Parfaitement rustiques, les géraniums vivaces se plantent aussi bien en septembre-octobre qu'entre mars et mai. Espacez les plants de 30 à 45 cm, selon leur vigueur. Vous gagnerez à les planter en groupes, si votre espace le permet, pour obtenir de belles ondulations de feuillage et des effets fleuris plus généreux. Ils peuvent également être semés à la volée.
Un apport de compost bien mûr au moment de la plantation est toujours bénéfique.

Géranium sanguin.

Sortez le géranium de son pot et démêlez les racines pour les étaler dans le trou de plantation – la reprise de la croissance sera plus rapide. Arrosez copieusement, puis surveillez les besoins en eau durant le printemps et l'été suivant la plantation. Par la suite, ces vivaces robustes se passent d'arrosage. Une sécheresse marquée peut cependant entraîner l'arrêt de la floraison, qui reprendra avec le retour de la fraîcheur dans le sol.

EN SAVOIR PLUS

Ne pas confondre géranium et pélargonium

Les géraniums des balcons et les géraniums odorants, au feuillage aromatique, font partie de la même famille botanique, les géraniacées, que les géraniums vivaces. Mais il ne faut pas les confondre. Les premiers appartiennent au genre *Pelargonium* et sont appelés à tort géraniums, tandis que les seconds appartiennent au genre *Geranium*. Les premiers sont des plantes vivaces ou arbustes originaires d'Afrique du Sud, non rustiques ; ils sont de ce fait cultivés comme des annuelles ou rentrés sous abri en hiver. Les seconds sont des vivaces des régions tempérées, parfaitement rustiques dans les jardins.

Entretien

La taille, pour une seconde floraison

Sans être indispensable, une petite taille des touffes de géraniums vivaces après la première vague de floraison (sauf pour ceux qui refleurissent continuellement comme 'Rozanne'), entre juin et fin juillet selon les espèces et variétés, favorise une seconde floraison.

ZOOM SUR

Les géraniums de notre flore indigène

Nombre d'espèces de géraniums vivaces sont des plantes qui poussent en France à l'état sauvage. Certaines sont même considérées comme des mauvaises herbes ! C'est le cas du géranium herbe à Robert, ou *Geranium robertianum*, très commun à l'état sauvage et qui se glisse dans les jardins, au soleil comme à l'ombre des haies ; il porte des petites fleurs roses et son feuillage prend souvent une coloration rougeâtre. Le géranium découpé, ou *Geranium dissectum*, est fréquent dans les haies, les bois, les murs, et ses fleurs sont visitées par les abeilles. Devenu rare à l'état sauvage (sauf dans les Pyrénées), le géranium des prés (*Geranium pratense*), dont les formes horticoles sont plantées dans les jardins, pousse dans les prairies, dans les fossés et au bord des ruisseaux ; ses fleurs sont bleu pourpré. Libre à vous, selon votre goût, de conserver ces géraniums dans votre jardin ou de les arracher.

Les géraniums vivaces arborent de belles couleurs vives.

Légère taille des géraniums en juillet pour favoriser une seconde floraison.

Lorsqu'il s'agit de touffes amples aux nombreuses tiges, prenez les cisailles pour couper tiges et feuilles à 20 cm du sol environ. Faites suivre d'un ou deux arrosages copieux si le temps est sec. La plante reformera en quelques semaines feuilles et fleurs.

Le nettoyage des touffes

À la fin de l'automne, lorsque les tiges et feuilles ont séché et noirci sous l'effet des premières gelées marquées, il est temps de nettoyer les touffes en coupant à la base les feuilles sèches et les tiges défleuries. Cette opération de nettoyage peut se faire en janvier ou février, mais n'attendez pas la fin de l'hiver, car les géraniums entrent tôt en croissance et vous pourriez alors blesser les bourgeons ou jeunes pousses.

Un massif de géraniums de Dalmatie.

Comment les multiplier

Les géraniums vivaces sont généralement très faciles à diviser, qu'il s'agisse de touffes de rosettes de feuilles enracinées (les feuilles sont réunies de façon à former une rosette juste au-dessus des racines) ou de souches dont les racines émettent des rejets (dits aussi drageons, ils poussent à côté de la plante principale et naissent à partir de la racine).

Dans le premier cas, en février-mars, il suffit de séparer quelques touffes de rosettes de feuilles enracinées, de les rempoter ou de les replanter séparément.

Dans le second cas, coupez des tronçons de racines charnues portant quelques pousses et fines racines, puis replantez-les séparément, également en février-mars.

La division des touffes s'avère nécessaire de temps à autre, lorsque les géraniums ont formé des touffes amples dont le centre devient sec et ne porte plus, ou presque, de feuilles. Extrayez alors toute la touffe au printemps et divisez-la à la fourche-bêche, en éliminant la partie centrale dure. Replantez les éclats périphériques.

EN SAVOIR PLUS

Vigoureux ou envahissants ?

Appréciés pour leur vigueur, les géraniums vivaces gagnent, pour certains, rapidement du terrain grâce à leurs racines traçantes, c'est-à-dire qui s'étalent dans le sol. C'est un avantage là où vous recherchez un couvre-sol facile à vivre pour habiller un coin « difficile », par exemple un talus ou un fond de jardin peu accessible, mais cela peut devenir un inconvénient dans un massif soigné, au côté de plantes délicates, qui risquent d'être étouffées… Cependant, les géraniums vivaces ne sont jamais envahissants au point de devenir gênants, car ils sont faciles à arracher s'ils prennent trop d'ampleur.

Surveillez plus particulièrement *G. macrorrhizum,* ainsi que *G. phaeum* et ses variétés.

EN SAVOIR PLUS

En pot ou en bac

Les géraniums vivaces s'adaptent aussi à la culture en pot ou en bac, tout particulièrement en situation légèrement ombragée. L'idéal est de les associer avec des feuillages persistants et/ou contrastés (graminées ou buis taillé, par exemple), éventuellement avec des fleurs saisonnières (pensées pour l'hiver, scabieuses pour l'été). Les géraniums apprécient alors un mélange de culture assez riche, de préférence à base de bonne terre de jardin. En hiver, placez les pots ou bacs en situation abritée, par exemple contre un mur de la maison.

Privilégiez ceux qui allient une floraison et un feuillage intéressants : *Geranium macrorrhizum* pour son feuillage presque persistant, odorant, même si sa floraison est assez éphémère ; *Geranium* 'Rozanne' ; *Geranium phaeum* 'Samobor' ; petit *Geranium sanguineum*.

De rares ennemis

Si les géraniums vivaces sont aussi populaires dans les jardins, c'est notamment parce qu'ils ne connaissent guère les attaques de champignons ou de parasites. Même les escargots et les limaces ne s'y intéressent pas ! Les pucerons ne sont jamais présents en grand nombre.

Pour ce qui est des maladies, tout au plus peuvent-ils souffrir de rouille ou d'oïdium lors d'un été sec, mais l'apparition de ce feutrage blanchâtre sur les feuilles indique plutôt un emplacement mal choisi, une situation trop chaude et trop sèche. Supprimez les feuilles malades, arrosez et la souche formera de nouvelles feuilles saines.

ZOOM SUR

De bons choix pour un jardin au naturel

D'une rare robustesse, les géraniums vivaces offrent une telle palette au jardinier qu'il est possible de faire un choix pour presque toutes les situations.

En rocaille et bordure

Voici quelques petites espèces et variétés qui se plaisent au soleil, dans la rocaille ou en bordure de massif ou terrasse. Elles peuvent aussi combler un trou dans une jardinière de plantes vivaces.

▶ *Geranium cinereum*: feuillage gris-vert lobé et velouté, qui sert d'écrin entre printemps et mi-été, grandes fleurs roses. 'Ballerina' en est une variété à fleurs rose pâle, veinées de pourpre. Hauteur 15 cm.

▶ Géranium de Dalmatie ou *Geranium dalmaticum*: une véritable miniature à feuilles vert clair, colorées en automne, fleurs rose nacré en été. Hauteur 10-15 cm.

▶ *Geranium pylzowianum*: plus rare, une espèce chinoise couvre-sol, qui demande soleil et sol bien drainé. Petites feuilles vert foncé très découpées et fleurs rose vif en mai-juin. Hauteur 15-20 cm.

▶ Géranium sanguin ou *Geranium sanguineum*: parfait pour ourler les massifs. Feuillage joliment découpé, vert foncé, et floraison blanche ou rose, selon les variétés, de mai à octobre. Hauteur 20-30 cm.

Dans les massifs

Tous les géraniums vivaces trouvent leur place dans les massifs au côté d'autres vivaces, de bulbeuses, d'arbustes.
Citons pour leurs qualités décoratives:

▶ *Geranium clarkei* 'Kashmir White' : forme des touffes denses de feuillage découpé, agrémenté tout l'été de fleurs blanches veinées de pourpre. Un passe-partout parmi d'autres vivaces. Hauteur 50 cm.

▶ *Geranium* 'Rozanne' : l'un des plus prisés parmi les obtentions récentes, fleurit de mai à octobre si le sol demeure un peu frais en été, fleurs bleu-violet à cœur plus pâle. Hauteur 50 cm.

⬆ Géranium 'Rozanne'.

⬆ *Geranium macrorrhizum* 'Ingwersen's'.

▶ *Geranium* x *riversleaianum* 'Mavis Simpson' : belle association d'un feuillage vert grisâtre persistant et d'une très longue floraison rose doux, de juin à octobre. Hauteur 30 cm.

▶ *Geranium* 'Patricia' : cet hybride à grandes fleurs rose magenta à œil sombre, presque noir, est infatigable jusqu'aux premiers froids. Très élégant avec des graminées. Hauteur 60 cm.

▶ *Geranium phaeum* 'Samobor' : remarquable par son feuillage vert clair à larges macules chocolat, sa floraison légère, pourpre foncé, en fin de printemps. Hauteur 50 cm.

▶ *Geranium pratense* 'Dark Reiter' : superbe association d'un feuillage brun pourpré finement découpé et d'une floraison bleu-violet en fin de printemps et en été. Hauteur 30-40 cm.

Pour les zones ombragées

Ne rêvez pas: vous ne trouverez pas de géranium vivace s'épanouissant au pied des arbres, là où l'ombre est assez dense et le sol très sec! Mais, si l'ombre n'est pas trop dense, si les arbres ou arbustes ont un feuillage léger, vous pouvez opter pour les espèces suivantes:

▶ *Geranium macrorrhizum*: l'un des géraniums vivaces les plus vigoureux et les plus adaptables, que le sol soit frais ou sec. Feuillage vert clair, presque persistant, très aromatique, qui prend des teintes orangées à rouges en automne, fleurs blanches, roses à rouges selon la variété. Hauteur 30 cm.

▶ *Geranium nodosum*: une espèce à feuillage vert lustré, ponctué de mai à septembre de petites fleurs rose lilas. Hauteur 40 cm.

▶ Géranium des bois ou *Geranium sylvaticum*: un feuillage semi-persistant, vigoureux, et des touffes qui fleurissent généralement deux fois, au printemps puis en fin d'été. 'Album' a des fleurs blanc pur, 'Mayflower' des fleurs mauves. Hauteur 60 cm.

Comme couvre-sol

▶ *Geranium macrorrhizum* et ses variétés, déjà cités, ont depuis longtemps fait leurs preuves comme couvre-sol sous des arbustes ou au pied des haies, gagnant rapidement du terrain au soleil comme à mi-ombre, sur tout type de sol.

▶ *Geranium* x *cantabrigiense* s'étale en tapis bas (20-25 cm) et dense de feuillage persistant vert soutenu, souvent rougeâtre en hiver. 'Biokovo' en est une jolie variété à floraison blanc rosé, entre printemps et début d'été.

▶ *Geranium* 'Salomé' est un hybride qui s'étale en touffe ample (40 cm de hauteur, près de 1 m d'étalement) et couvre bien le sol en été; floraison mauve veinée de violet tout l'été.

▶ *Geranium* x *oxonianum* et ses variétés font d'excellents couvre-sol au soleil, en tout sol ordinaire, même peu fertile. Feuillage gris-vert et floraison rose clair à foncé en mai-juin. Hauteur 40-50 cm.

Les graminées

Avec leurs allures d'herbes folles, alliant volume et souplesse, les graminées d'ornement ont le vent en poupe dans les jardins. Elles prennent toute leur valeur ornementale en été et en automne, tandis qu'en hiver, elles servent de refuge à la petite faune du jardin. Vous trouverez des graminées pour tous les types de sol, humide ou sec. La grande majorité d'entre elles demande une situation dégagée et ensoleillée pour une croissance vigoureuse, mais quelques-unes acceptent la mi-ombre, comme le ruban-de-bergère et les molinies. Ce sont aussi des plantes qui durent longtemps, qui demandent peu d'entretien et qui peuvent ensuite être utilisées comme paillis - des atouts pour un jardin au naturel!

Massif de graminées aux jardins de Bagatelle.

Une famille très vaste

Au jardin, nos pelouses sont faites de graminées. Mais cette grande famille (elle compte aussi les céréales que nous mangeons) comprend de nombreuses espèces ornementales, qui méritent d'être plantées dans les massifs et utilisées comme des vivaces. Elles présentent une très vaste palette de tailles (de 20 cm à plus de 2,5 m de hauteur), de teintes de feuillage, avec toutes les nuances de vert, mais aussi des tons dorés, bleutés, panachés... Outre l'aspect longtemps décoratif de leur feuillage, les graminées offrent des fleurs discrètes, groupées en épis ou plumets, qui ne comportent pas de pétales colorés, mais uniquement les organes reproducteurs entourés d'enveloppes protectrices. Ces plantes sont pollinisées, non pas par les insectes, mais par le vent, qui transporte le pollen.

ZOOM SUR

Les bambous, un groupe à part

Avec leurs tiges robustes et leur feuillage persistant léger, les bambous sont appréciés pour leur croissance rapide et leur présence au fil des saisons. Sachez cependant que leurs racines vigoureuses sont souvent envahissantes et très difficiles à déloger. Cette tendance peut être contenue par l'installation de barrières antirhizomes, enterrées dans le sol. Dans un jardin au naturel, mieux vaut les réserver à la culture en bac, sur une terrasse ou dans une petite cour, au lieu de les installer en pleine terre. Une fois broyés, ils peuvent être utilisés comme paillage (voir encadré p. 101).

Une bonne utilisation

Utilisez les feuillages graphiques et les floraisons vaporeuses des graminées comme lien entre les vivaces, bulbeuses et annuelles fleuries dans les massifs, mais aussi comme lien entre les périodes de floraison grâce à leur volume. Les plus grandes peuvent être plantées en écran ou en fond de massif, remplaçant parfois la haie. Dans les pots et jardinières, les graminées apportent souplesse et coloris doux. Dans les bouquets, leurs feuillages et leurs fleurs contribuent à donner une impression de légèreté.

Plantation

Plantez de préférence de fin février à avril pour une reprise rapide, même s'il est également possible de le faire en automne, excepté dans les régions aux climats continental et montagnard.

EN SAVOIR PLUS

Pas d'impatience !

Il faut savoir que nombre de graminées caduques entrent en croissance assez tardivement au printemps, souvent guère avant le mois de mai. Ne vous imaginez pas qu'elles ont succombé à l'hiver si vous n'observez pas de nouvelles feuilles vertes en mars.

Tenez compte des dimensions atteintes par les touffes au bout de deux à trois ans pour espacer les plantes. Si vous les serrez trop à la plantation, les graminées se gêneront mutuellement. En sol peu fertile, un apport de compost bien décomposé dans le trou de plantation est le bienvenu.

Entretien

Un entretien facile

Les graminées sont des plantes peu exigeantes. Il est inutile de leur apporter de l'engrais ou de les arroser (sauf en cas de sécheresse le premier été suivant la plantation). Elles peuvent rester des années en place sans demander de soins. Cependant, si le cœur de la touffe ne forme plus de pousses au bout de plusieurs années, c'est qu'il est temps de la diviser. Intervenez en février-mars, en ne conservant que des éclats de touffe périphériques, porteurs de racines et jeunes pousses, à replanter aussitôt (voir p. 160).
Enfin, ce sont des plantes très rarement sujettes aux maladies ou aux attaques de parasites.

ZOOM SUR

De bons choix pour un jardin au naturel

En sol ordinaire, bien drainé

- Les panics, *Panicum virgatum*, au feuillage vert foncé à bleuté, virant au rouge en automne, à la floraison estivale beige à rougeâtre. Hauteur 1-1,5 m.
- Les molinies, en particulier *Molinia arundinacea* et ses variétés, qui forment des touffes dressées, aux épis légers, bruns à dorés, en automne. Hauteur 1-1,5 m.
- Les grandes eulalies, ou *Miscanthus*, se plaisent en sol fertile, et présentent des touffes dressées spectaculaires, de belles couleurs d'automne, des variétés panachées de blanc, crème ou jaune. Hauteur 1,2-plus de 2 m.
- Le ray-grass anglais. Hauteur 20-60 cm.

En sol frais à humide

- Certains carex : la grande laîche, ou *Carex pendula*, l'une des rares à supporter l'ombre, feuillage persistant vert clair. Hauteur 80 cm-1 m.
- Les luzules, persistantes et acceptant l'ombre, comme la luzule blanche (*Luzula nivea*), au feuillage vert grisâtre et à la floraison estivale blanche et vaporeuse. Hauteur 30-40 cm.
- Le ruban-de-bergère, ou *Phalaris arundinacea*, très vigoureux en sol sec comme en sol humide, parfois envahissant, qui possède un beau feuillage vert panaché de blanc. Hauteur 60 cm-1 m.

Les plus résistantes à la sécheresse

- Les petites fétuques à feuillage persistant : la fétuque bleue, ou *Festuca glauca*, au feuillage bleu argenté (hauteur 20 cm) ; *Festuca amethystina*, au feuillage bleu-vert (hauteur 20 cm).
- Les stipes donnent une impression de légèreté, *Stipa tenuifolia* (hauteur 50 cm) et *Stipa gigantea* (hauteur plus de 1 m).
- Le blé d'azur (*Leymus arenarius*), au feuillage bleuté, parfait pour les sols sableux en bord de mer. Hauteur 80 cm-1 m.
- Les fétuques élevées, fétuques ovines durettes et fétuques rouges, demi-traçantes, pour les pelouses.

Le nettoyage des touffes

Les graminées à feuillage persistant, comme les fétuques et certains carex, ne demandent pas d'intervention annuelle ; il suffit de supprimer les feuilles sèches, juste en tirant dessus.

Toutes les autres graminées ont un feuillage caduc, qui sèche sur pied en automne. Plutôt que de faire place nette dès la fin de l'automne en coupant tout le feuillage à 10 cm du sol, attendez la fin de l'hiver, soit au cours du mois de mars. Les touffes sèches ont encore belle allure dans les massifs en hiver : elles sont particulièrement mises en valeur par la rosée, le givre, la neige. Enfin, ces touffes sèches abritent insectes utiles et petits animaux, sans compter que les oiseaux se nourrissent de leurs graines.

Grandes eulalies (*Miscanthus* spp.).

Ruban-de-bergère 'Feesey'.

Stipa tenuifolia.

Hélénie

Helenium spp.

Avec leurs fleurs de marguerite aux coloris éclatants, les hélénies figurent parmi les valeurs sûres des vivaces robustes d'été. Ces fleurs attirent les insectes pollinisateurs, les abeilles en particulier. Leurs touffes buissonnantes denses s'intègrent facilement dans les massifs de vivaces et d'arbustes en situation ensoleillée.

Hauteur : 70 cm-1,2 m.

Étalement : 50-60 cm.

Sol : tout type de sol bien drainé, de préférence fertile et frais, même calcaire.

Exposition : soleil.

Semis/Plantation : au printemps ou en septembre-octobre, plantez tous les 50 cm. Préférez la plantation de printemps sous climats continental ou montagnard. Plantez-les en groupes d'au moins trois pour de beaux effets fleuris. Semis possible sous châssis au printemps, pour une mise en place en automne.

Entretien : tuteurez les grandes tiges. Coupez les fleurs fanées. Si le sol sèche en été, paillez au printemps avec du compost. Attendez l'hiver pour couper à la base les dernières tiges défleuries, car les oiseaux viennent picorer leurs graines. Divisez les touffes tous les trois ou quatre ans, en février-mars, pour stimuler vigueur et floraison.

Floraison : de juillet à début octobre.

Variétés/Espèces du jardin au naturel : les hélénies proposées aux jardiniers sont des hybrides d'espèces américaines, telles que 'Moerheim Beauty' (fleurs rouge acajou, hauteur 80 cm), 'Bruno' (floraison rouge cramoisi foncé, hauteur 1 m), 'The Bishop' (fleurs jaune d'or, hauteur 70 cm).

Maladies et parasites : limaces.

Hellébore

Helleborus spp.

Les hellébores ont de nombreux atouts : une grande longévité, des fleurs riches en nectar, qui attirent les insectes pollinisateurs, et une floraison entre l'hiver et le début du printemps. Enfin, ils font un bon couvre-sol lorsqu'ils sont associés à de petits bulbes. Attention, les hellébores sont toxiques (principalement par ingestion, mais aussi par le toucher) !

Hauteur : 30-60 cm.

Étalement : 40-60 cm.

Sol : bien drainé, mais frais en été, de préférence fertile et riche en humus.

Exposition : mi-ombre. Soleil toléré si le sol demeure frais.

Semis/Plantation : en début d'automne ou au printemps, plantez tous les 40 cm, en apportant du compost ou du terreau de feuilles si le sol est sec en été. Arrosez en période sèche les deux premiers étés suivant la plantation. Évitez de déplacer les hellébores, lents à s'installer. Semis possible de février à avril, sous châssis, pour une mise en place en automne.

Entretien : coupez les feuilles sèches en janvier-février ou quand les feuilles noircissent. Paillez en automne avec du compost ou du terreau de feuilles. Divisez en juin, après la floraison, les pieds devenus trop envahissants.

Floraison : de décembre à mai, selon les espèces et hybrides.

Variétés/Espèces du jardin au naturel : rose de Noël ou *H. niger* (fleurs blanches, floraison de décembre à février), hellébores d'Orient, hybrides de *H. orientalis* (fleurs de coloris blanc à rose, de février à mai).

Maladies et parasites : pucerons, taches foliaires.

Heuchère

Heuchera spp.

Ces petites vivaces sont des incontournables d'un jardin au naturel, grâce à leur feuillage persistant et couvre-sol, souvent coloré, parfait en bordure de massif ou dallage, ou sous des rosiers et arbustes au feuillage léger. Leurs feuilles masquent également le feuillage jaunissant des bulbes de printemps. Bien que discrètes, leurs petites fleurs (en grappes légères, de couleur crème, rose à rouge) sont visitées par les abeilles et papillons.

Hauteur : 40-70 cm (à la floraison).

Étalement : 40-60 cm.

Sol : tout type de sol ordinaire, bien drainé, de préférence frais et riche en humus.

Exposition : soleil ou mi-ombre.

Semis/Plantation : plantez en début d'automne ou au printemps, tous les 30-40 cm. Apportez du compost dans le trou de plantation si le sol est sec en été. Semez en avril pour une mise en place en octobre.

Entretien : nettoyez les touffes en fin d'hiver, pour supprimer les feuilles abîmées par le froid. Paillez en automne avec du compost ou du terreau de feuilles, afin de nourrir le sol et masquer les racines superficielles qui émergent du sol.

Floraison : de juin à août.

Variétés/Espèces du jardin au naturel : *H. micrantha* 'Palace Purple' (fleurs crème et feuillage pourpre), plusieurs hybrides à feuillage panaché ou coloré, comme 'Chocolate Ruffles' (fleurs roses, feuillage chocolat pourpré et ondulé), 'Pewter Moon' (fleurs blanches, feuillage pourpre et argent), 'Citronnelle' (fleurs blanches, feuillage jaune-vert lumineux).

Maladies et parasites : généralement aucun.

Hosta

Hosta spp.

Le feuillage des hostas, gaufré, uni ou panaché, offre une grande palette de tons verts, jaune doré et blanc crème. Si c'est en situation fraîche qu'ils excellent, ils sont très adaptables, même si le climat méditerranéen, trop chaud et trop sec, ne leur plaît pas. Utilisez-les comme couvre-sol dans un jardin au naturel, en massif ou sous des arbustes, ou en pots dans une cour ombragée. Bien que les fleurs (blanches ou lilas, parfois parfumées, en grappes) ne soient pas leur atout essentiel, elles sont visitées par les abeilles et bourdons.

Hauteur : 40-70 cm.

Étalement : 30-80 cm.

Sol : frais, de préférence fertile, profond et riche en humus.

Exposition : mi-ombre ou ombre. Soleil toléré si le sol demeure frais.

Semis/Plantation : plantez en début d'automne ou au printemps, tous les 40-50 cm, dans un sol enrichi en matières organiques.

Entretien : coupez les tiges défleuries près de la base en octobre. Paillez au printemps pour nourrir le sol et préserver la fraîcheur. Nettoyez les touffes en fin d'automne, quand les feuilles ont gelé. En période sèche, arrosez les deux étés suivant la plantation. Divisez en février-mars les pieds devenus trop envahissants.

Floraison : de juin à septembre.

Variétés/Espèces du jardin au naturel : *H.* 'Halcyon' (petites feuilles coriaces, bleutées), *H. sieboldiana* 'Frances Williams' (grandes feuilles vert bleuté, marginées de jaune), *H. plantaginea* et ses variétés (feuillage vert clair).

Maladies et parasites : escargots, limaces.

Lamier

Lamium spp.

Si les lamiers ne sont pas des vedettes des massifs en raison de leurs fleurs plutôt banales, ils font de robustes couvre-sol, d'excellents colonisateurs pour les emplacements parfois difficiles comme un talus ombragé, un pied de haie ou un sous-bois. Ils ne sont pas envahissants, car faciles à arracher. Les formes à feuillage panaché sont lumineuses et les fleurs, le plus souvent roses à rose pourpré, parfois blanches ou jaunes, font le régal des abeilles, bourdons et papillons.

Hauteur : 20-30 cm pour les couvre-sol, 60 cm pour *L. orvala*.

Étalement : 30-60 cm.

Sol : tout type de sol ordinaire, bien drainé, de préférence frais.

Exposition : mi-ombre ou ombre.

Semis/Plantation : plantez en début d'automne ou au printemps, tous les 30-40 cm. Semis possible en septembre ou au printemps, pour une mise en place au printemps suivant.

Entretien : coupez les tiges défleuries à la base pour favoriser une nouvelle floraison. Nettoyez les touffes en fin d'automne ou fin d'hiver. Multiplication très facile par division au printemps ou en automne à partir des pousses enracinées.

Floraison : d'avril à juin-juillet.

Variétés/Espèces du jardin au naturel : lamier jaune ou *L. galeobdolon* 'Herman's Pride' (fleurs jaunes, feuillage panaché d'argent, s'étale rapidement), lamier tacheté ou *L. maculatum* (feuillage marbré d'argent) et ses variétés comme 'White Nancy' (fleurs blanches, feuillage argenté, très élégant).

Maladies et parasites : escargots, limaces.

Lavande

Lavandula spp.

S'il est une fleur à accueillir dans un jardin au naturel, c'est bien elle ! La lavande est à la fois utile et esthétique. Son beau feuillage gris argent, aromatique, assure le décor en toute saison. Son exceptionnelle résistance à la sécheresse permet d'embellir des endroits difficiles, comme un talus écrasé de soleil, où rien ne pousse. Ses fleurs bleues, blanches ou roses, au parfum épicé, attirent abeilles, papillons et autres insectes pollinisateurs. Et tous les jardins peuvent en profiter, même les balcons et terrasses, car cette plante rustique se plaît partout en France.

Hauteur : 50-80 cm.

Étalement : 50-80 cm.

Sol : tout type de sol bien drainé, sec, plutôt calcaire.

Exposition : soleil.

Semis/Plantation : de préférence en automne dans le Midi, au printemps au nord de la Loire.

Entretien : en mars-avril, taillez de quelques centimètres sous l'épi fané. Ne taillez pas trop court et jamais sur le vieux bois. Paillez le pied en hiver pour éviter l'humidité.

Floraison : en juin-juillet, parfois jusqu'en septembre. En mai-juin pour la lavande papillon.

Variétés/Espèces du jardin au naturel : lavande papillon ou *L. stoechas* (préfère les sols acides, ne supporte pas les températures inférieures à – 5 °C), lavande vraie ou *L. angustifolia*, lavande laineuse ou *L. lanata*.

Maladies et parasites : généralement aucun.

Bonnes compagnes : rosier.

Liatride

Liatris spicata

Appelée aussi plume du Kansas, cette vivace d'origine américaine est intéressante dans un massif ensoleillé. Peu exigeante, elle déploie tout l'été ses épis roses, blancs ou violacés. Riches en nectar, ces fleurs attirent les insectes, abeilles et papillons. Les épis dressés des liatrides contrastent joliment avec les fleurs plates des achillées, les fleurs des marguerites, des camomilles ou des échinacées.

Hauteur: 60-80 cm.

Étalement: 30-40 cm.

Sol: tout sol bien drainé, même peu fertile, sableux ou calcaire. À proscrire dans les sols humides en hiver.

Exposition: soleil.

Semis/Plantation: plantez en début d'automne ou au printemps, tous les 30 cm. Sous climats montagnard ou continental, plantez de préférence au printemps. Semis possible sous châssis en automne, pour une mise en place au printemps.

Entretien: coupez à la base les épis défleuris pour favoriser la poursuite de la floraison. Divisez les touffes tous les trois ou quatre ans, en fin d'hiver, pour plus de vigueur. Attention, au printemps, les feuilles situées dans le bas de la plante évoquent une touffe d'herbe… à ne pas désherber.

Floraison: de juillet à septembre.

Variétés/Espèces du jardin au naturel: l'espèce type de liatride, *L. spicata*, offre de longs épis rose pourpré. Parmi ses variétés: 'Floristan Weiss' (fleurs blanc pur), 'Kobold' (fleurs rose violacé, tiges plus courtes).

Maladies et parasites: escargots, limaces.

Lupin

Lupinus polyphyllus

Les lupins sont des vivaces appréciées dans les massifs pour leur floraison en longues grappes denses et colorées. Les fleurs, dont le léger parfum de miel attire volontiers les abeilles et autres insectes auxiliaires du jardinier, sont unies ou bicolores, blanches, roses à rouges, jaunes ou bleues. Si ces plantes sont assez éphémères, s'épuisant à tant fleurir, elles se ressèment facilement, ce qui est un atout pour le jardin au naturel. Sachez qu'elles font partie des engrais verts (voir encadré p. 95).

Hauteur: 80 cm-1 m.

Étalement: 60-80 cm.

Sol: bien drainé, non calcaire uniquement, de préférence profond et fertile.

Exposition: soleil ou mi-ombre.

Semis/Plantation: plantez en début d'automne ou au printemps, tous les 50 cm. Semis possible en place, de mars à avril.

Entretien: arrosez en cas de sécheresse estivale prolongée, surtout durant la floraison. Coupez les épis défleuris à la base, puis les feuilles en fin d'automne. En fin de floraison, laissez quelques épis sur pied pour qu'ils forment des graines et assurent ainsi le renouvellement des plantes.

Floraison: de mai à juillet.

Variétés/Espèces du jardin au naturel: les lupins les plus cultivés sont des hybrides issus de l'espèce *L. polyphyllus*, comme 'La Demoiselle' (fleurs blanches), 'Le Chandelier' (fleurs jaune crème et jaune d'or), 'Le Gentilhomme' (fleurs bleu et blanc).

Maladies et parasites: limaces, oïdium, pucerons.

Marguerite d'automne

Dendranthema ou *Chrysanthemum rubellum*

Il ne faut pas confondre les marguerites d'automne, ou chrysanthèmes vivaces, plantes parfaitement rustiques qui fleurissent en automne, et les chrysanthèmes des fleuristes, qui fleurissent aussi en automne mais sont, pour la plupart, cultivés comme des annuelles car sensibles au froid. Les marguerites d'automne ont des fleurs simples, semi-doubles à doubles, de couleur blanche, jaune à orangée et rouge brique, rose à pourpre. Les variétés à fleurs simples sont appréciées des abeilles et autres insectes butineurs. Les marguerites d'automne se marient avec les anémones du Japon, les asters et les graminées en fin de saison.

Hauteur: 50-80 cm, selon les variétés.

Étalement: 40-50 cm.

Sol: tout type de sol bien drainé, de préférence frais et fertile.

Exposition: soleil.

Plantation: plantez tous les 40 cm au printemps dans les régions aux climats continental et montagnard (pour une meilleure reprise), en septembre dans les autres régions.

Entretien: coupez les fleurs fanées pour favoriser la poursuite de la floraison, puis coupez toutes les tiges à la base quand elles ont noirci sous l'effet du gel.

Floraison: d'août à novembre, selon les variétés.

Variétés/Espèces du jardin au naturel: 'Clara Curtis' (fleurs simples roses, floraison dès août), 'Mary Stocker' (fleurs simples jaune pâle, floraison en août-septembre),'Orange Wonder' (grandes fleurs simples rose orangé, à cœur doré, floraison de septembre à novembre).

Maladies et parasites: oïdium, pucerons.

Monarde

Monarda spp.

Cette plante vivace présente de nombreux atouts pour un jardin au naturel : ses fleurs attirent en nombre les insectes pollinisateurs et les graines qui leur succèdent nourrissent les oiseaux en hiver. En outre, le feuillage aromatique peut être consommé comme du thé et les fleurs fines, très décoratives, sont comestibles. Ces dernières, groupées en pompons, sont roses à rouges, violettes ou blanches.

Hauteur : 80 cm-1,2 m.

Étalement : 40-60 cm.

Sol : frais, mais bien drainé, riche en humus, de préférence fertile et profond.

Exposition : soleil ou mi-ombre.

Semis/Plantation : plantez en début d'automne ou au printemps, tous les 40 cm. Sous climats montagnard ou continental, aux hivers rigoureux, préférez la plantation de printemps. Semis possible sous châssis en mars pour une mise en place en mai-juin ou en début d'automne pour une mise en place au printemps.

Entretien : coupez les fleurs fanées sous les bouquets pour favoriser la formation de nouvelles fleurs. Arrosez en cas de sécheresse estivale durable et paillez au printemps avec du compost ou du terreau de feuilles. Divisez les touffes tous les quatre ou cinq ans, en février-mars, pour les rajeunir ou remplacez-les par de jeunes plants qui se sont ressemés à proximité.

Floraison : de juin à septembre.

Variétés/Espèces du jardin au naturel : monarde fistuleuse ou *M. fistulosa* (fleurs couleur lilas, odorantes et mellifères, résistante à l'oïdium), *M. didyma* (fleurs rouge rosé, résistante à l'oïdium, se ressème spontanément).

Maladies et parasites : limaces, oïdium.

Népéta

Nepeta spp.

Les népétas sont de précieuses vivaces pour les situations chaudes et sèches. Ils déploient leur fin feuillage aromatique, agrémenté d'une longue floraison estivale que les insectes pollinisateurs apprécient. Enfin, fleurs et feuilles sont comestibles ! À planter en bordure de massif ou au potager, dans la rocaille ou sur un talus sec.

Hauteur : 25-80 cm.

Étalement : 40-60 cm.

Sol : sol bien drainé, même sec, sableux ou calcaire. Évitez les sols humides en hiver.

Exposition : soleil.

Semis/Plantation : plantez en début d'automne ou au printemps, tous les 40 cm. Préférez le printemps sous climats montagnard ou continental. Semis possible en pépinière en automne, pour une mise en place au printemps. Certains népétas se ressèment généreusement dans les massifs. Vous pouvez prélever des plants pour les repiquer ailleurs.

Entretien : coupez les tiges défleuries sous les fleurs pour favoriser une nouvelle floraison. Coupez également les touffes près du sol, mais à la fin de l'hiver seulement, car tiges et feuilles sèches protègent la souche du froid et abritent des petits animaux. Divisez en février-mars les pieds devenus trop envahissants.

Floraison : de mai à octobre, selon les espèces et variétés.

Variétés/Espèces du jardin au naturel : *N. mussinii* (fleurs bleu lavande, floraison de mai à septembre, hauteur 25-30 cm), *N.* x *faassenii* 'Six Hill's Giant' (fleurs bleu-violet, de mai à octobre, 60-80 cm), *N. sibirica* (fleurs bleu foncé, de juin à septembre, feuillage vert foncé, 80 cm).

Maladies et parasites : limaces, oïdium.

Œillet

Dianthus spp.

Les œillets vivaces, durables et de culture facile, comptent un grand nombre d'espèces de rocaille faisant de bons couvre-sol. Adoptez les œillets mignardises, à la floraison souvent odorante et remontante (la plante fleurit une seconde fois dans la même année), à planter en bordure de massif. Les formes à fleurs simples sont visitées par les insectes pollinisateurs. Les œillets se caractérisent par leur fin feuillage persistant, gris bleuté à vert, leurs petites fleurs aux pétales plus ou moins frangés, blanches, roses à rouges.

Hauteur : 15-40 cm.

Étalement : 30-50 cm.

Sol : tout type de sol bien drainé, plutôt léger, neutre à calcaire. L'humidité stagnante est fatale aux œillets.

Exposition : soleil.

Semis/Plantation : plantez en début d'automne ou au printemps, tous les 30-40 cm. Sous climats montagnard ou continental, préférez la plantation de printemps, surtout si le sol est un peu lourd.

Entretien : coupez les fleurs fanées des œillets mignardises pour favoriser la formation de nouvelles fleurs. En automne, tous les trois ou quatre ans, divisez les pieds pour les renouveler.

Floraison : de mai à septembre, selon les espèces et variétés.

Variétés/Espèces du jardin au naturel : parmi les œillets nains, œillet des sables ou *D. arenarius* (fleurs blanches parfumées, floraison de juillet à septembre), *D. gratianopolitanus* (fleurs simples, roses, floraison de juin à août) ; parmi les œillets mignardises ou *D. plumarius* (floraison de mai à juillet, hauteur 30-40 cm).

Maladies et parasites : pucerons.

Orpin

Sedum spp.

Providence des jardins secs, les orpins offrent une grande diversité d'espèces, les unes tapissantes, précieuses en rocaille, en pot, en couvre-sol ou dans les toitures végétalisées, et les autres buissonnantes, parfaites dans les massifs ensoleillés. Leurs petites fleurs étoilées, blanches à jaunes, roses à rouges, sont visitées par les abeilles, bourdons, papillons et autres insectes utiles. Le feuillage, charnu, est vert à bleuté ou rougeâtre.

Hauteur: 25-50 cm.

Étalement: 20-50 cm.

Sol: tout sol bien drainé, même sec, sableux ou caillouteux, neutre à calcaire.

Exposition: soleil.

Semis/Plantation: plantez en début d'automne ou au printemps, tous les 25-40 cm, selon l'espèce. Préférez le printemps sous climats montagnard ou continental. Semis possible sous châssis en automne, pour une plantation au printemps.

Entretien: aucun arrosage nécessaire. En février ou mars, coupez à la base les tiges sèches, qui restent décoratives tout l'hiver.

Floraison: de mai à octobre, selon les espèces.

Variétés/Espèces du jardin au naturel: poivre de muraille ou *S. acre* (fleurs jaunes, floraison de mai à juillet, feuillage vert clair, hauteur 10 cm), *S. kamtschaticum* (fleurs jaunes, de juin à septembre, feuillage vert foncé, 20 cm), *S. spectabile* (fleurs blanches, roses à pourpres, d'août à octobre, feuillage charnu, 40-60 cm), *S. telephium* 'Atropurureum' (fleurs roses, en septembre-octobre, feuillage pourpre, 40-50 cm).

Maladies et parasites: escargots, limaces.

Pavot

Papaver spp.

Comme leurs cousins annuels les coquelicots, les pavots vivaces déploient des fleurs soyeuses et éphémères. Ceux d'Orient se distinguent par leurs énormes fleurs, tandis que le petit pavot d'Islande offre une longue floraison jaune ou orangée. Ces plantes résistent bien à la sécheresse et se ressèment si vous laissez se former leurs capsules décoratives. Entourez les grands pavots d'Orient de vivaces au feuillage couvre-sol (géraniums vivaces, par exemple), pour occuper l'espace à la fin de la période de floraison. Attention, la sève des pavots peut être irritante en cas de contact.

Hauteur: 40 cm-1 m.

Étalement: 30-50 cm.

Sol: tout type de sol bien drainé, même calcaire, de préférence profond et fertile.

Exposition: soleil.

Semis/Plantation: plantez en fin d'été ou au printemps, tous les 30-40 cm. Semis en place à la volée possible en juin-juillet.

Entretien: coupez les fleurs fanées et ne laissez que quelques capsules, décoratives, se former pour ne pas épuiser la plante. En septembre-octobre, divisez les pieds ayant pris trop d'ampleur.

Floraison: en mai-juin pour le pavot d'Orient, de juin à septembre pour le pavot d'Islande.

Variétés/Espèces du jardin au naturel: pavot d'Islande ou *P. nudicaule* (hauteur 40 cm), variétés de pavot d'Orient ou *P. orientale*, comme 'Beauty of Livermere' (fleurs rouge foncé), 'Perry's White' (fleurs blanches à pétales marqués de noir à la base), 'Türkenlouis' (fleurs rouge orangé à pétales frangés).

Maladies et parasites: pucerons.

Persicaire

Persicaria spp.

La plupart des persicaires, ou renouées, sont de vigoureuses plantes couvre-sol, intéressantes pour les coins sauvages du jardin ou le bord de l'eau. Leur feuillage, dense, est souvent coloré de rouge en automne, tandis que leurs petites fleurs en épis dressés, renouvelées durant plusieurs mois, sont blanches, roses à rouges. Certaines chenilles de papillons de nuit, comme celles de la noctuelle, se nourrissent sur leur feuillage.

Hauteur: 10 cm-1 m.

Étalement: 30-80 cm.

Sol: tout type de sol bien drainé, de préférence frais.

Exposition: soleil ou mi-ombre.

Semis/Plantation: plantez en début d'automne ou au printemps, tous les 30-60 cm, selon l'espèce. En sol sec, incorporez du compost bien décomposé ou du terreau de feuilles à la terre du trou de plantation. Semis possible au printemps, pour une mise en place en automne.

Entretien: coupez les tiges sèches à la base en fin d'automne ou début d'hiver. Arrachez en toute saison les rejets qui s'étalent trop. Division facile en fin d'hiver ou en automne.

Floraison: d'avril à octobre, selon les espèces.

Variétés/Espèces du jardin au naturel: *P. affinis* 'Donald Lowndes' (fleurs roses, floraison d'avril à juillet, feuillage persistant, bronze en hiver, hauteur 20 cm), *P. amplexicaulis* 'Firetail' (fleurs rouge vif, de juin à septembre, feuillage vert virant au rouge en automne, 1 m), renouée bistorte ou *P. bistorta* 'Superba' (fleurs roses, d'avril à juin, feuillage vert clair, 80 cm, à planter en sol frais à humide).

Maladies et parasites: limaces.

Pervenche

Vinca spp.

Avec leur feuillage persistant, leurs fleurs bleu-violet aux pétales étalés et leurs fines tiges qui s'enracinent, les pervenches font d'excellents couvre-sol pour le jardin au naturel. Robustes, rustiques et vigoureuses, résistant au vent et à la sécheresse une fois bien enracinées, elles sont précieuses pour habiller les coins difficiles et ombragés comme le pied d'une haie, sur un talus, sur un passage le long d'un mur… Du fait de leur vigueur, qui risque d'étouffer leurs voisines, évitez de les planter en massif ! Les fleurs printanières sont visitées par les bourdons, abeilles et autres pollinisateurs.

Hauteur : 15-40 cm.

Étalement : 40 cm-1 m.

Sol : tout type de sol ordinaire bien drainé, de préférence frais et riche en humus.

Exposition : mi-ombre ou ombre. Soleil non brûlant toléré si le sol demeure frais.

Semis/Plantation : plantez en début d'automne ou au printemps, tous les 40 cm.

Entretien : en septembre, taillez pour limiter le développement des tiges.

Floraison : de mars à juin.

Variétés/Espèces du jardin au naturel : grande pervenche ou *V. major* (fleurs bleues, très vigoureuse, hauteur 30-40 cm), sa sous-espèce *hirsuta* (fleurs à pétales étroits, violet pourpré), sa variété 'Variegata' (feuillage panaché de crème, lumineux) ; petite pervenche ou *V. minor* (couvre-sol, hauteur 15-20 cm) et ses variétés comme 'Alba' (fleurs blanches), 'Atropurpurea' (fleurs pourpres), 'Argenteovariegata' (feuillage panaché de crème).

Maladies et parasites : généralement aucun.

Phlomis

Phlomis spp.

Vivaces buissonnantes, les phlomis se plaisent en situation chaude et ensoleillée. Leurs fleurs en forme de casque, groupées en bouquets superposés le long des tiges, attirent abeilles et pollinisateurs. Laissées sur pied, leurs tiges sèches ne manquent pas d'attrait en hiver. Résistants à la sécheresse, les phlomis sont un bon choix pour le jardin au naturel, surtout en bord de mer ou sous climat méditerranéen, car les feuilles en décomposition libèrent des substances qui freinent la germination des graines de mauvaises herbes.

Hauteur : 80 cm-1,7 m.

Étalement : 60 cm-1 m.

Sol : tout type de sol bien drainé, de préférence profond, même sec et calcaire.

Exposition : soleil.

Semis/Plantation : plantez en début d'automne ou au printemps, tous les 60 cm-1 m, selon l'espèce. Optez pour la plantation de printemps sous climats continental ou montagnard, car l'humidité hivernale est mal supportée par les jeunes plantes.

Entretien : attendez la fin de l'hiver pour couper à la base les tiges défleuries et nettoyer, si besoin, le feuillage abîmé par le froid. Pour ne conserver que le feuillage argenté, sous la floraison banale, taillez les buissons en boule chaque année en mai.

Floraison : de juin à août.

Variétés/Espèces du jardin au naturel : sauge de Jérusalem ou *P. fruticosa* (fleurs jaunes, feuillage gris argenté), *P. cashmeriana* (fleurs rose lilas, feuillage argenté duveteux).

Maladies et parasites : généralement aucun.

Physalis

Physalis alkekengi

Aussi appelé amour-en-cage ou lanterne japonaise, le physalis est apprécié pour ses fruits entourés d'un calice rouge orangé éclatant, souvent utilisés dans les bouquets secs. C'est une vivace très facile d'entretien et résistante à la sécheresse, parfaite pour les coins un peu sauvages du jardin. Évitez de la planter dans un massif au côté de plantes peu vigoureuses, car elle est envahissante. Sa floraison, assez banale, est blanche en juin-juillet et ses fruits ne se colorent qu'en fin d'été et automne. Ne confondez pas l'amour-en-cage, ou *P. alkekengi*, avec le coqueret du Pérou, ou *P. peruviana*, non rustique, cultivé au potager pour ses fruits comestibles.

Hauteur : 30 cm-1 m.

Étalement : 40-70 cm.

Sol : tout type de sol bien drainé, même peu fertile.

Exposition : soleil ou mi-ombre.

Semis/Plantation : plantez en début d'automne ou au printemps, tous les 50 cm, de préférence au printemps sous climats continental ou montagnard. Semis possible sous châssis froid au printemps.

Entretien : pour faire sécher les fruits, coupez les tiges lorsque les « lanternes » se colorent. Coupez les dernières tiges sèches à la base en hiver et arrachez en toute saison les rhizomes envahissants.

Floraison : en juin-juillet.

Variétés/Espèces du jardin au naturel : lanterne japonaise, amour-en-cage ou *P. alkekengi*, et ses variétés soit naine, 'Pigmy' (fruits orangés, hauteur 30 cm), soit très vigoureuse, var. *franchetii* (hauteur jusqu'à 1 m, s'étale largement).

Maladies et parasites : généralement aucun.

Pivoine herbacée

Paeonia spp.

La floraison des pivoines est opulente. Les grosses fleurs se déclinent dans des teintes allant du blanc au rouge profond, avec des formes simples à doubles. Pour un jardin au naturel, privilégiez les fleurs simples, moins lourdes (elles ont rarement besoin de tuteurs) et visitées par les abeilles et autres insectes pollinisateurs (ce qui n'est pas le cas des fleurs doubles, dépourvues de pollen).

Hauteur : 40 cm-1,2 m.

Étalement : 60 cm-1 m.

Sol : bien drainé, de préférence profond, fertile, riche en humus.

Exposition : soleil ou mi-ombre.

Semis/Plantation : plantez de préférence en début d'automne ou au printemps, à près de 1 m de distance, sauf pour la petite *P. tenuifolia* (à 40-50 cm). Enterrez de 3-4 cm la partie supérieure de la souche. Le semis est possible en automne, mais la germination s'avère très longue.

Entretien : coupez tiges et feuilles noircies par le gel en fin d'automne. Paillez au printemps avec du compost ou du fumier bien décomposé. Inutile de diviser : les pivoines vivent des dizaines d'années au même emplacement. Tuteurez en mai-juin.

Floraison : d'avril à juin, selon les espèces et variétés.

Variétés/Espèces du jardin au naturel : pivoine officinale ou *P. officinalis* et ses variétés, comme 'Mollis' (fleurs simples rose soutenu, floraison en mai-juin), *P. tenuifolia* (fleurs simples rouge vif à étamines jaunes, floraison en avril-mai, hauteur 40 cm), pivoine de Chine ou *P. lactiflora*, aux nombreuses variétés, comme 'Kimo Kimo' (fleurs simples rouge cramoisi, en mai-juin), 'La Fiancée' (fleurs blanches, en mai-juin).

Maladies et parasites : hannetons.

Primevère

Primula spp.

Poussant dans les sous-bois clairs ou en sol humide au bord de l'eau, les primevères fleurissent au printemps et font de bonnes compagnes pour les premiers bulbes (muscaris, narcisses ou jacinthes) et les autres vivaces printanières (pulmonaires ou brunneras). Nombre d'entre elles se ressèment et s'installent spontanément dans un jardin au naturel. Leurs fleurs sont visitées par les pollinisateurs. Attention, le feuillage des primevères peut causer des allergies cutanées.

Hauteur : 10-50 cm.

Étalement : 20-50 cm.

Sol : frais, mais bien drainé (sauf espèces de sol humide), riche en humus.

Exposition : mi-ombre ou ombre. Soleil non brûlant toléré si le sol demeure frais.

Semis/Plantation : plantez en février-mars ou en début d'automne, tous les 20-40 cm, selon les espèces. Semis possible sous châssis au printemps, pour une mise en place en automne.

Entretien : arrosez en cas de sécheresse marquée. Paillez au printemps avec du terreau de feuilles ou du compost bien décomposé, pour garder la fraîcheur du sol.

Floraison : de mars à juillet, selon les espèces.

Variétés/Espèces du jardin au naturel : coucou ou *P. veris* (fleurs jaunes, en avril-mai, 25 cm, se naturalise en sous-bois ou dans la pelouse), primevère denticulée ou *P. denticulata* (fleurs en ombelles blanches, roses à violettes, de mars à mai, 30 cm), primevère japonaise ou *P. japonica* (fleurs blanches, roses à pourpres, en juin-juillet, 50 cm, pour sol humide et bord de l'eau).

Maladies et parasites : limaces, pucerons, noctuelles défoliatrices, otiorhynques.

Pulmonaire

Pulmonaria spp.

Précieux couvre-sol pour un jardin à l'ombre, entrant en croissance dès février-mars, avec une floraison visitée par les abeilles et autres pollinisateurs, cette plante rustique a de nombreux atouts. Non adaptée au climat méditerranéen, elle ne supporte pas les étés chauds et secs. Son feuillage, souvent panaché d'argent, éclaire les coins ombragés et ses petites fleurs, qui virent du rose au violet puis au bleu, se marient avec les petits bulbes tels que la jacinthe des bois et le narcisse.

Hauteur : 20-30 cm.

Étalement : 30-50 cm.

Sol : tout type de sol bien drainé, de préférence frais et riche en humus.

Exposition : mi-ombre ou ombre. Soleil non brûlant toléré si le sol demeure frais.

Semis/Plantation : plantez en début d'automne ou de février à avril, tous les 30-40 cm. Semis possible en place au printemps, pour une floraison l'année suivante.

Entretien : arrosez en cas de sécheresse estivale durable, surtout dans l'année suivant la plantation. Si le feuillage est atteint par l'oïdium en été, coupez-le à la base, arrosez bien et la pulmonaire formera de nouvelles feuilles saines. Nettoyez les touffes en fin d'automne.

Floraison : de mars à mai.

Variétés/Espèces du jardin au naturel : pulmonaire officinale ou *P. officinalis* (fleurs passant du rose au bleu, feuilles tachées de blanc) et sa variété 'Sissinghurst White' (fleurs blanches), *P. saccharata* 'Mrs Moon' (fleurs roses à bleues, feuillage vert taché d'argent), *P. rubra* (fleurs rouges, feuillage vert clair).

Maladies et parasites : oïdium.

Rose trémière

Alcea rosea

Vivace éphémère ou bisannuelle (formant des feuilles l'année du semis, puis fleurissant la saison suivante), la rose trémière aux longues grappes de fleurs simples à doubles est, entre autres, une habituée des jardins de bord de mer. C'est un bon choix pour un jardin au naturel, car elle se ressème facilement et ses fleurs, blanches, jaunes, roses, rouges ou pourpre foncé, sont visitées par les abeilles et papillons, et les oiseaux apprécient ses graines en fin d'automne. Installez-la en fond de massif, devant un mur ou une clôture.

Hauteur : 2 m environ.

Étalement : 40-60 cm.

Sol : tout type de sol bien drainé, de préférence profond et fertile.

Exposition : soleil.

Semis/Plantation : plantez en début d'automne ou au printemps, tous les 40-50 cm. Plantez ou tuteurez en situation abritée si le jardin est exposé au vent. Semis en pépinière en juin-juillet, puis repiquage en place dans les massifs en septembre.

Entretien : arrosez en période estivale sèche pour limiter les attaques de rouille. Coupez à la base les tiges défleuries pour ne pas épuiser les plantes, qui se comportent sinon en bisannuelles. Si vous les laissez former des graines, elles se ressèmeront toutes seules.Divisez en février-mars.

Floraison : de juin à septembre.

Variétés/Espèces du jardin au naturel : privilégiez les formes à fleurs simples de *A. rosea* (utiles pour les insectes et les oiseaux).

Maladies et parasites : limaces, pucerons, cicadelles, rouille.

Rudbéckia

Rudbeckia spp.

Les rudbéckias vivaces (il en existe des annuels) sont des valeurs sûres pour les massifs ensoleillés d'un jardin au naturel : robustes, ils fleurissent de l'été à l'automne en fleurs de marguerite jaunes à cœur bombé, attirant abeilles, papillons et autres insectes pollinisateurs. Leurs graines, quant à elles, sont appréciées des oiseaux en fin de saison. À marier avec des graminées, des asters, de grands orpins et des sauges colorées pour égayer le jardin en fin d'été.

Hauteur : 60 cm-2 m.

Étalement : 60-80 cm.

Sol : tout sol bien drainé, même calcaire, de préférence frais et riche en humus.

Exposition : soleil.

Semis/Plantation : plantez en début d'automne ou au printemps, tous les 60 cm car les touffes s'étoffent rapidement. Semis possible sous châssis en mars, pour une mise en place en automne.

Entretien : arrosez en cas de sécheresse estivale prolongée. En sol sec, paillez au printemps avec du compost ou des tontes de gazon. Coupez les fleurs fanées pour prolonger la floraison, mais laissez les dernières fleurs sécher sur pied et former des graines en septembre, pour nourrir les oiseaux. Coupez les tiges à la base en fin d'hiver. Divisez en février-mars les pieds devenus trop encombrants.

Floraison : de juillet à septembre.

Variétés/Espèces du jardin au naturel : *R. fulgida* et ses variétés, comme 'Goldsturm' (fleurs jaune d'or à cône central brun, hauteur 80 cm), *R. nitida* 'Herbstsonne' (fleurs jaunes à cœur vert, hauteur jusqu'à 2 m, pour fond de massif).

Maladies et parasites : limaces.

Salicaire

Lythrum salicaria

La salicaire commune est une plante de notre flore indigène, dont les longues chandelles de fleurs rose pourpré habillent en été le bord des mares et les fossés humides. Très rustique, elle est un atout dans un jardin au naturel ; plantez-la dans un massif sur sol humide ou au bord d'une pièce d'eau, en compagnie de fougères et hostas par exemple. Ses fleurs attirent abeilles et papillons en quantité. Dans de bonnes conditions, elle se ressème généreusement.

Hauteur : 70 cm-1 m.

Étalement : 40-60 cm.

Sol : tout type de sol frais à humide, même calcaire.

Exposition : soleil ou mi-ombre.

Semis/Plantation : plantez en début d'automne ou au printemps, tous les 40-50 cm. Semis possible sous châssis au printemps, pour une mise en place en automne.

Entretien : arrosez en période sèche estivale. Coupez les tiges défleuries sous les épis pour favoriser la poursuite de la floraison et limiter les semis spontanés. Si nécessaire, arrachez au printemps les semis envahissants. En sol à tendance sèche, paillez au printemps avec du compost ou des tontes de gazon.

Floraison : de juin à septembre.

Variétés/Espèces du jardin au naturel : salicaire commune ou *L. salicaria* (fleurs rose pourpré, hauteur 80 cm-1 m) et ses variétés 'Blush' (fleurs rose clair), 'The Beacon' (fleurs rose carminé foncé), *L. virgatum* 'Rose Queen' (fleurs rose vif, touffe ramifiée, hauteur 70 cm).

Maladies et parasites : escargots, limaces.

Sauge

Salvia spp.

Les sauges vivaces offrent une grande diversité de feuillages, souvent aromatiques, et des floraisons en grappes dressées blanches, bleues à violettes, roses à rouge vif. Buissonnantes et robustes, certaines s'étalent, comme la sauge officinale, et font d'excellents couvre-sol. Leurs fleurs riches en nectar sont visitées par les insectes pollinisateurs. Toutes les sauges apprécient les situations chaudes et ensoleillées.

Hauteur: 50 cm-1,2 m.

Étalement: 40 cm-1 m.

Sol: tout type de sol bien drainé, même sec, calcaire ou caillouteux. À proscrire en sol humide.

Exposition: soleil

Semis/Plantation: plantez au printemps, tous les 40-80 cm, selon l'espèce. Semis possible en pot, au printemps, pour une mise en place au printemps suivant.

Entretien: coupez les tiges sous les grappes défleuries en décembre. Taillez en fin d'hiver pour supprimer les tiges sèches.

Floraison: de mai à octobre, selon les espèces et variétés.

Variétés/Espèces du jardin au naturel: sauge officinale ou *S. officinalis* (fleurs violettes, floraison en mai-juin, feuillage gris aromatique, hauteur 50-80 cm), sauge sclarée ou *S. sclarea* (fleurs rosées, floraison en juillet-août, feuillage gris-vert, hauteur 1-1,2 m), variétés de *S. nemorosa* (fins épis roses, bleus à violets, floraison de mai à août, hauteur 50-70 cm).

Maladies et parasites: pucerons, cicadelles.

Bonnes compagnes: la sauge officinale éloigne les parasites des choux au potager, les doryphores, la mouche de la carotte et les acariens.

Scabieuse

Scabiosa spp.

Les scabieuses vivaces (il en existe des annuelles) sont des plantes robustes qui se plaisent en situation ensoleillée. Leurs tiges souples et légères portent des fleurs en pelote d'épingles, blanches, roses à bleu-violet ou jaune crème. Ces dernières sont visitées par les abeilles, papillons et autres pollinisateurs, et les graines qui leur succèdent sont recherchées par les oiseaux en automne. Les scabieuses se ressèment et trouvent leur place dans les massifs comme dans les coins sauvages du jardin au naturel.

Hauteur: 30-80 cm.

Étalement: 40-60 cm.

Sol: tout type de sol bien drainé, léger, même calcaire, un peu frais de préférence.

Exposition: soleil.

Semis/Plantation: plantez en début d'automne ou au printemps, tous les 30-40 cm. Préférez la plantation de printemps sous climats montagnard ou continental. Semis possible sous châssis en fin d'été ou au printemps, pour une mise en place en mai.

Entretien: coupez les fleurs fanées durant l'été pour favoriser la poursuite de la floraison, mais laissez-les former des graines en automne, pour les oiseaux.

Floraison: d'avril à octobre, selon les espèces et variétés.

Variétés/Espèces du jardin au naturel: scabieuse du Caucase ou *S. caucasica* (grandes fleurs bleu-violet, floraison de juin à octobre, hauteur 80 cm) et ses variétés 'Alba' (fleurs blanches), 'Clive Greaves' (fleurs bleu clair lumineux), *S. columbaria* 'Pink Mist' (fleurs rose-mauve, floraison d'avril à octobre, hauteur 30 cm).

Maladies et parasites: généralement aucun.

Valériane rouge

Centranthus ruber

Malgré ses origines méditerranéennes, la valériane rouge (ou centranthe , lilas d'Espagne) très rustique, s'adapte dans tous les jardins ensoleillés. Cette plante buissonnante, à la floraison rouge rosé et au feuillage vert légèrement bleuté, se plaît en massif au côté d'armoises, de graminées et d'orpins, au pied de rosiers roses, à la base d'un vieux mur ou encore sur un talus. Elle se ressème aisément, ce qui est une qualité dans un jardin au naturel. Ses fleurs attirent abeilles, papillons et autres insectes pollinisateurs et ses racines attirent les vers de terre, qui aèrent le sol.

Hauteur: 60-80 cm.

Étalement: 50-60 cm.

Sol: tout type de sol bien drainé, neutre à calcaire, même sec, de préférence peu fertile. Les touffes s'affaissent en sol fertile.

Exposition: soleil.

Semis/Plantation: plantez en début d'automne ou au printemps, tous les 40 cm. Semez sous châssis froid au printemps, pour une mise en place en début d'été.

Entretien: coupez les tiges sous les fleurs fanées pour favoriser une nouvelle floraison. Arrachez à tout moment les semis mal placés ou bien déplacez-les. Divisez les touffes tous les trois à quatre ans, au printemps, pour les rajeunir.

Floraison: en mai-juin, puis de nouveau en août-septembre.

Variétés/Espèces du jardin au naturel: valériane rouge ou *C. ruber* (fleurs rouge rosé) et ses variétés 'Albus' (fleurs blanches, plus facile à marier à des floraisons colorées), 'Coccineus' (fleurs rose carmin).

Maladies et parasites: généralement aucun.

Bonnes compagnes: légumes.

Vergerette

Erigeron spp.

Avec leurs fleurs de marguerite blanches à roses ou violettes, à cœur jaune, les vergerettes sont parfois confondues avec les asters. Comme pour nombre de vivaces, ces fleurs sont visitées par les abeilles, papillons et autres insectes pollinisateurs. Les petites espèces trouvent place dans la rocaille, les murets de pierre sèche ou en bordure de dallage, les grandes dans les massifs ensoleillés.

Hauteur : 20-70 cm, selon les espèces et variétés.

Étalement : 30-40 cm.

Sol : tout type de sol bien drainé, neutre à calcaire, de préférence frais et riche en humus pour les grands hybrides.

Exposition : soleil.

Semis/Plantation : plantez en début d'automne ou au printemps, tous les 30-40 cm. Sous climats montagnard ou continental, préférez la plantation de printemps. Semez en pépinière au printemps, pour une mise en place en automne.

Entretien : coupez les fleurs fanées des hybrides pour favoriser la poursuite de la floraison et arrosez-les en cas de sécheresse prolongée.

Floraison : de mai à octobre, selon les espèces.

Variétés/Espèces du jardin au naturel : *E. glaucus* (fleurs roses, floraison de mai à octobre, bon couvre-sol, hauteur 20 cm), *E. karvinskianus* (fines pâquerettes blanc rosé, floraison de mai à octobre, hauteur 20 cm) ; parmi les vergerettes hybrides, plus grandes, en fleurs de juin à septembre (hauteur 50-70 cm), *E.* 'Dunkleste Aller' (fleurs violettes à cœur jaune), *E.* 'Rotes Meer' (fleurs rose-mauve).

Maladies et parasites : oïdium.

Véronique

Veronica spp.

Avec leurs épis ou grappes de petites fleurs d'un bleu lumineux, plus rarement blanches ou roses, les véroniques se déclinent en petites espèces pour la rocaille ou en bordure de dallage, en grandes espèces pour les massifs, par exemple au pied des rosiers ou avec des gauras. Leurs fleurs attirent les papillons et autres insectes utiles dans un jardin au naturel.

Hauteur : 10 cm-1 m.

Étalement : 25-40 cm.

Sol : tout type de sol bien drainé, neutre à calcaire, frais et fertile pour les grandes véroniques, plutôt sec et caillouteux pour les espèces de rocaille.

Exposition : soleil ou mi-ombre.

Semis/Plantation : plantez en début d'automne ou au printemps (notamment les petites espèces de rocaille sous climats continental ou montagnard), tous les 30-40 cm. Semis possible sous châssis froid en automne, avec repiquage au printemps et mise en place à l'automne suivant.

Entretien : arrosez en cas de sécheresse estivale et coupez les épis fanés pour stimuler une nouvelle floraison.

Floraison : de mai à août, selon les espèces.

Variétés/Espèces du jardin au naturel : pour la rocaille : *V. pedunculata* 'Georgia Blue' (fleurs bleu vif, floraison de mai à juillet, hauteur 15 cm), *V. prostrata* 'Mrs Holt' (fleurs roses, floraison en mai-juin) ; pour les massifs : grandes véroniques *V. longifolia* (fleurs bleu vif, floraison de juin à août, hauteur 1 m), variétés de véroniques en épis *V. spicata* (fins épis blancs, roses à bleu foncé, floraison de juin à septembre, hauteur 40-60 cm).

Maladies et parasites : oïdium.

Violette

Viola spp.

Couvre-sol coloré et lumineux, mais aussi appréciables en bordure de massif, en rocaille fraîche ou en pots, les violettes sont des vivaces éphémères, mais qui se ressèment facilement, un atout dans un jardin au naturel. Très rustiques, ces plantes s'étalent par le biais de stolons (tige rampante qui s'enracine seule pour reproduire une nouvelle plante), lesquels permettent de les multiplier facilement.

Hauteur : 10-20 cm.

Étalement : 20-30 cm.

Sol : frais, mais bien drainé, fertile et riche en humus.

Exposition : soleil ou mi-ombre.

Semis/Plantation : semez en été, pour une mise en place en automne ou au printemps suivant, tous les 20-30 cm.

Entretien : coupez les fleurs fanées des violettes cornues pour qu'elles forment de nouvelles pousses. Multipliez régulièrement les violettes, tous les ans ou tous les deux ans, par séparation des stolons ou semis, car elles vivent rarement plus de deux ou trois ans.

Floraison : d'avril à septembre.

Variétés/Espèces du jardin au naturel : violette cornue ou *V. cornuta* (fleurs violet et jaune, floraison de mai à septembre) et sa variété 'Molly Sanderson' (fleurs bleu-noir), violette odorante ou *V. odorata* et ses variétés (toutes parfumées, floraison d'avril à septembre), comme 'Cœur d'Alsace' (fleurs roses), 'Princesse de Galles' (fleurs bleu-violet), *V. sororia* 'Freckles' (fleurs blanches mouchetées de violet pourpré, floraison en avril-mai, bon couvre-sol, très réussi avec de petits narcisses).

Maladies et parasites : limaces, cécidomyie de la violette.

10 Les plantes et fleurs annuelles et bisannuelles

Les annuelles et les bisannuelles

Annuelles et bisannuelles poussent rapidement et facilement, offrent une floraison abondante et colorée, avec une grande diversité de formes et de teintes : autant d'atouts pour embellir un jardin au naturel.

Qu'est-ce qu'une annuelle, qu'est-ce qu'une bisannuelle ?

Une annuelle est une plante qui accomplit son cycle de vie en quelques mois : ses graines germent au printemps, la plante se développe, fleurit en été et en automne, puis meurt avant l'arrivée des grands froids en hiver.

Une bisannuelle est une plante qui accomplit son cycle de vie sur deux années : ses graines germent en été et ses premières feuilles apparaissent la première année, entre l'été et l'automne ; la plante entre ensuite en dormance l'hiver, reprend son développement, puis meurt à la fin du printemps. Certaines bisannuelles, comme les pensées, peuvent fleurir dès l'automne de la première année, ce qui permet de garder un décor fleuri dans les massifs et les jardinières pendant l'hiver.

⬆ Au premier plan, un massif d'impatiens.

Se procurer des annuelles et des bisannuelles

Vous pouvez les acheter sous forme de graines, à semer directement en pleine terre pour les plus rustiques, ou dans des godets gardés à l'abri pour celles qui ont besoin de chaleur au début de leur culture.

Vous pouvez également, pour bon nombre d'entre elles, les acheter sous forme de jeunes plants, élevés par les horticulteurs et vendus en petits pots.

Vous pouvez enfin, d'une année sur l'autre, recueillir vos propres graines, car la conservation et la multiplication des annuelles et des bisannuelles sont assurées par les graines qui se sont formées dans les fruits après la floraison.

Un décor coloré en peu de temps

Annuelles et bisannuelles poussent vite et facilement ; elles permettent de créer rapidement un décor coloré. Elles garnissent une plate-bande, une rocaille, une bordure, le devant d'une haie, ou comblent dans un massif les trous entre les arbustes et les plantes persistantes, prenant ainsi une place que ne pourront pas occuper les mauvaises herbes.

On peut également les utiliser pour « végétaliser » de grands espaces difficiles d'accès, comme un talus ou un fond de jardin. Les espèces peuvent être employées seules, mais elles forment en général d'agréables compositions champêtres en étant mélangées. Choisissez les espèces et les variétés en fonction de leur taille – les plus grandes sont à placer à l'arrière, les plus basses à l'avant – et de leurs couleurs. Le résultat ne vous satisfait pas ? Vous pourrez le corriger dès l'année suivante.

ZOOM SUR

Les mélanges de graines de fleurs

Outre leur intérêt décoratif, les mélanges fleuris permettent de « végétaliser » des zones difficiles du jardin et d'éviter le désherbage. Ils constituent des réserves d'insectes utiles, limitent les besoins en arrosage… Ils pallient la disparition progressive de la flore sauvage et jouent un rôle dans la préservation de la biodiversité. Les mélanges que l'on trouve dans le commerce prennent en compte tous ces aspects, en plus de la valeur esthétique (harmonie et diversité des couleurs, des hauteurs). Les mélanges les plus simples associent cinq ou six espèces et variétés, mais ils peuvent aller jusqu'à cinquante !

Massif d'annuelles d'été (cosmos et agératums).

Une culture facile sans trop d'entretien

Annuelles et bisannuelles sont faciles à cultiver et demandent peu d'entretien. Elles sont généralement résistantes aux maladies et parasites, d'autant que, même en cas d'attaque, les conséquences pour la santé du jardin sont minimes étant donné leur durée de vie. Ces plantes s'adaptent à tous les climats et beaucoup supportent l'air salin des bords de mer.

L'entretien se limite à la suppression des fleurs fanées, pour une raison d'esthétique, mais surtout pour que la plante ne s'épuise pas à former des graines et consacre, au contraire, son énergie à renouveler sa floraison. Il faut aussi savoir limiter celles qui deviennent envahissantes : elles étouffent leurs voisines par un trop grand développement ou, en se ressemant spontanément, grignotent année après année toujours plus de place au jardin.

En revanche, l'arrosage est toujours nécessaire au moment du semis (au printemps pour les annuelles, en été pour les bisannuelles) ou de la mise en place des petits plants, mais, par la suite, il devient souvent superflu.

Les annuelles sont très utiles pour garnir une bordure.

Plantation d'un massif d'annuelles.

Agératum du Mexique

Ageratum houstonianum, A. mexicanum

Cette plante couvre-sol basse, résistante et qui pousse vite, est idéale pour les bordures, les rocailles, les jardinières et l'avant des massifs. Certaines variétés sont plus hautes et s'intègrent bien dans les mélanges fleuris. Sa floraison est rapide, abondante, d'un plus bel effet encore lorsque la plantation est serrée, et elle se poursuit sans discontinuer jusqu'en automne. Les feuilles sont duveteuses et les fleurs forment des pompons pelucheux ; la couleur bleue domine, mais il existe également des variétés à fleurs roses ou blanches.

Hauteur : 20-60 cm.

Étalement : 25-30 cm.

Sol : tout type de sol, de préférence enrichi.

Exposition : soleil ou mi-ombre, à l'abri du vent.

Semis/Plantation : semez de février à avril sous abri, d'avril à mai directement en pleine terre. Ou plantez des petits godets à partir de mai, tous les 25-30 cm.

Entretien : coupez régulièrement les fleurs fanées pour prolonger la floraison. Arrosez en cas de fortes chaleurs.

Floraison : de juin à octobre.

Variétés/Espèces du jardin au naturel : 'Roi des bleus' (très grosses fleurs), 'Boule bleue' (boules compactes), 'Danube bleu' (variété naine qui fleurit très tôt), 'Red Sea' (grande variété à fleurs roses), 'Bouquet blanc' (fleurs blanc pur).

Maladies et parasites : généralement aucun.

Alysse odorant

Alyssum maritimum, Lobularia maritima

Cette plante couvre-sol se cultive dans les rocailles, les massifs bas, devant une haie, dans une bordure, afin d'occuper le terrain et d'éviter l'installation d'herbes indésirables. On peut aussi la semer entre les interstices d'un dallage ou dans un coin sauvage du jardin : elle pousse très vite, dans très peu de terre, et se ressème spontanément d'une année sur l'autre, assurant ainsi un décor sans entretien. Ses petites fleurs, blanches, roses ou violettes, forment un véritable tapis en couvrant tout le feuillage ; légèrement parfumées, elles sont mellifères. L'alysse odorant se plaît sous tous les climats, même océanique.

Hauteur : 15-30 cm.

Étalement : 20-30 cm.

Sol : tout type de sol fertile, pas trop compact, plutôt sec.

Exposition : soleil ou mi-ombre.

Semis/Plantation : semez de mai à juillet, directement en pleine terre. Ou plantez des petits godets en mai-juin, à raison de 8 à 9 pieds par mètre carré.

Entretien : arrosez si le temps est sec et chaud. Coupez les tiges défleuries pour obtenir des touffes plus denses et renouveler la floraison. Si la plante a « grillé », coupez au ras du sol et arrosez.

Floraison : de juin à octobre.

Variétés/Espèces du jardin au naturel : 'Corbeille d'argent' (fleurs blanches), 'Tapis royal' ou 'Royal Carpet' (plante très compacte, fleurs violet-pourpre), 'Tapis de neige' (plante très naine, fleurs blanc pur), 'Wonderland' (fleurs rouge carmin foncé).

Maladies et parasites : mildiou, rouille blanche.

Ammi blanc

Ammi majus

Cette plante est assez commune dans la nature dans le midi et l'ouest de la France, mais elle mérite aussi une bonne place dans les jardins naturels, où elle peut être cultivée partout, sauf en climat montagnard. Ses grandes ombelles de petites fleurs blanches, comme celles de la carotte, attirent les papillons et les abeilles, et son feuillage découpé est d'une grande finesse. Vous pouvez l'intégrer dans un massif ou une bordure, mélangée à d'autres fleurs, ou au potager si vous souhaitez surtout l'utiliser en fleurs coupées.

Hauteur : 80 cm-1,2 m.

Étalement : 50-60 cm.

Sol : tout type de sol, de préférence fertile.

Exposition : soleil ou mi-ombre.

Semis/Plantation : semez de mars à juillet, en pleine terre. Échelonnez le semis tous les quinze jours pour prolonger la floraison si vous souhaitez en faire des bouquets.

Entretien : arrosez en période de sécheresse.

Floraison : de juillet à septembre.

Variétés/Espèces du jardin au naturel : 'Queen of Africa' (fleurs très homogènes), 'Graceland' (plante vigoureuse, portant beaucoup de fleurs).

Maladies et parasites : généralement aucun.

Anthémis

Argyranthemum frutescens
(ex-*Anthemis frutescens*)

L'anthémis forme un buisson aux feuilles très découpées et aux nombreuses fleurs, blanches ou jaunes, qui ressemblent à celles de la marguerite des prés et sont appréciées par les amateurs de plantes champêtres. L'anthémis est vivace en climat méditerranéen, cultivée comme une annuelle ailleurs. Elle fleurit durant plusieurs mois du début de l'été jusqu'aux premiers froids et s'intègre dans de grands massifs.

Hauteur: 60 cm-1 m.

Étalement: 40-70 cm.

Sol: tout type de sol bien drainé.

Exposition: soleil ou ombre légère.

Semis/Plantation: semez en février-mars sous abri, repiquez en godets et mettez en place en mai à raison d'un pied tous les 50 cm. Ou plantez directement des godets de mars à juin. Ou encore effectuez des boutures de tiges feuillées en septembre-octobre ou en mars-avril.

Entretien: arrosez en période sèche. En pot, l'arrosage est indispensable. Coupez régulièrement les fleurs fanées pour faciliter l'apparition de nouveaux boutons. La plante peut se conserver tout l'hiver si elle est placée à l'abri du froid, dans une serre ou une véranda.

Floraison: de juin aux gelées.

Variétés/Espèces du jardin au naturel: 'Butterfly' (fleurs jaunes), 'Vancouver' (fleurs doubles roses à cœur bombé), 'Gill's Pink' (fleurs blanches très découpées), 'Mary Wooton' (fleurs rose tendre), 'Jamaica Primrose' (fleurs jaune vif), 'Daisy Crazy Pink' (fleurs dans différents tons de rose).

Maladies et parasites: pucerons.

Bacopa

Sutera diffusa

Cette plante au port retombant est parfaite pour garnir jardinières, potées et suspensions : son feuillage tombe en cascade et ses très jolies petites fleurs se renouvellent en permanence du printemps jusqu'aux premières gelées. Les fleurs simples, plus ou moins grandes, ouvrent régulièrement cinq pétales blancs, bleu lavande ou mauves, autour d'un cœur jaune ; elles s'épanouissent même à l'ombre. Vous pouvez également installer cette plante en couvre-sol, sur un muret ou dans une rocaille, car elle se montre très résistante à la sécheresse lorsqu'elle est en pleine terre.

Hauteur: 20-40 cm.

Étalement: 30-40 cm.

Sol: tout type de sol, de préférence léger.

Exposition: soleil, mi-ombre ou ombre.

Semis/Plantation: semez sur place, en pleine terre, en mars-avril. Ou plantez des godets en avril-mai, tous les 20 cm.

Entretien: coupez les fleurs fanées au fur et à mesure. Si la plante est en pot ou en suspension, l'arrosage doit être régulier, mais sans excès, pendant toute la période de floraison.

Floraison: de mai à octobre.

Variétés/Espèces du jardin au naturel: 'Cabana' (fleurs blanches ou bleues), 'Bermuda Sky' (fleurs mauves), 'Copia Great' (fleurs bleues), 'Snow Flake' (fleurs blanches).

Maladies et parasites: pucerons, mouches blanches (aleurodes).

Belle-de-jour

Convolvulus tricolor

Cette plante, qui appartient à la famille des liserons, a tout à fait sa place dans un jardin au naturel. Son port est étalé, son feuillage d'un beau vert franc, ses tiges sont très « poilues » et ses fleurs en entonnoir, multicolores. Ces dernières, largement épanouies pendant la journée, se referment la nuit ou ne durent que quelques heures, mais elles se renouvellent en abondance pendant plusieurs mois. Les belles-de-jour sont intéressantes dans les massifs bas, les bordures, les rocailles, mais aussi dans les pots, les jardinières et les suspensions. Elles supportent bien le bord de mer.

Hauteur: 30-40 cm.

Étalement: 20-30 cm.

Sol: tout type de sol bien drainé, même calcaire.

Exposition: soleil.

Semis/Plantation: semez en avril-mai, directement en place. En climats méditerranéen et océanique, semez en septembre pour obtenir des plants plus vigoureux et plus précoces.

Entretien: arrosez au début de la culture et par temps sec. Coupez les fleurs fanées pour prolonger la floraison.

Floraison: de juin à septembre.

Variétés/Espèces du jardin au naturel: 'Crimson Monarch' (fleurs rouges), 'Light Blue Flash' (fleurs bleu pâle), 'White Ensign' (fleurs blanches à cœur jaune). On trouve surtout les belles-de-jour en mélanges de couleurs.

Maladies et parasites: chenilles.

Belle-de-nuit

Mirabilis jalapa

Plante vivace, aux racines charnues, qui peut se conserver d'une année sur l'autre dans les régions aux climats méditerranéen et océanique, la belle-de-nuit est plutôt cultivée comme une plante annuelle, à ressemer chaque année, dans les autres régions. Ses fleurs en trompette ne s'ouvrent qu'en fin d'après-midi et se referment le matin suivant. Elles sont blanches, jaunes, roses, rouges, unies ou rayées, bicolores et même parfois tricolores. Ce sont des fleurs non seulement très décoratives, mais aussi agréablement odorantes. Les belles-de-nuit peuvent être mélangées à d'autres annuelles dans les massifs hauts, dans les bordures, le long des haies ou en pots, à installer près de la maison ou sur une terrasse pour pouvoir profiter de leur parfum à la tombée du jour.

Hauteur: 60-80 cm.

Étalement: 40-60 cm.

Sol: tout type de sol bien drainé.

Exposition: soleil ou mi-ombre.

Semis/Plantation: semez en avril-mai, directement en place.

Entretien: arrosez pendant la croissance et par temps sec pour prolonger la floraison. Il est possible d'arracher les souches tubéreuses en octobre, de les conserver à l'abri jusqu'au printemps et de les remettre en terre en mai. Mais le semis, très facile, est généralement préféré.

Floraison: de juin à octobre.

Variétés/Espèces du jardin au naturel: 'Arlequin' (fleurs panachées), 'Limelight' (feuillage jaune), 'Tea Time' (port compact).

Maladies et parasites: limaces, pucerons.

Bidens

Bidens ferulifolia

Vivace à croissance très rapide, le bidens est généralement cultivé comme une plante annuelle, car il ne supporte pas le froid. Toutefois, en climats méditerranéen ou océanique, sans gel, vous pourrez conserver vos bidens en pleine terre d'une année sur l'autre. Cette plante est appréciée pour ses petites fleurs étoilées jaune d'or, qui se renouvellent sans cesse jusqu'aux premières gelées, illuminant un feuillage vert clair et finement découpé. Souvent utilisée dans les pots, jardinières et paniers en suspension, elle peut aussi trouver sa place comme couvre-sol dans un massif, une bordure ou une rocaille.

Hauteur: 40-50 cm.

Étalement: 30-60 cm.

Sol: fertile, bien drainé.

Exposition: soleil.

Semis/Plantation: semez en mars-avril sous abri ou plantez des petits godets au printemps, après tout risque de gel.

Entretien: arrosez à la plantation et en période de sécheresse, surtout si le sol est sableux, et très régulièrement si la plante est en suspension. Coupez les tiges de temps en temps pour qu'elles se ramifient davantage. Coupez les fleurs fanées pour prolonger la floraison.

Floraison: de juillet à octobre.

Variétés/Espèces du jardin au naturel: 'Golden Flame' (petites fleurs), 'Golden Eye' (compact, hauteur 20-30 cm), 'Golden Goddess' (grandes fleurs brillantes), 'Smiley' (pétales arrondis), 'Pirate's Pearl' (fleurs blanches).

Maladies et parasites: généralement aucun.

Bleuet des champs

Centaurea cyanus

Le bleuet, ou centaurée annuelle, que l'on trouve traditionnellement dans les champs a perdu son statut de mauvaise herbe des moissons et bénéficie de la mode des prairies fleuries pour prendre sa place dans nos jardins, mélangée à d'autres fleurs champêtres pour occuper les espaces libres. Les hampes florales, entourées de grandes feuilles en forme de fer de lance, gris-vert, portent des fleurs solitaires très ciselées, d'un bleu vif, qui attirent les papillons. En dehors de cette forme sauvage, d'autres variétés mises au point par les horticulteurs fleurissent en rose, rouge, pourpre, blanc ou diverses nuances de bleu. Il en existe aussi à fleurs doubles, intéressantes pour les bouquets, frais ou secs.

Hauteur: 30-90 cm.

Étalement: 20-30 cm.

Sol: tout type de sol.

Exposition: soleil.

Semis/Plantation: semez en mars-avril en pleine terre, directement en place, et ne gardez qu'un plant tous les 20 cm.

Entretien: le bleuet se ressème spontanément. Si vous trouvez qu'il prend trop de place dans le massif, arrachez les plantes en surnombre, à la main ou à la binette.

Floraison: dès avril dans le Midi, en été et en début d'automne ailleurs.

Variétés/Espèces du jardin au naturel: 'Géant double'(fleurs doubles roses, bleues, rouges et blanches), 'Jubilee Gem' (plante naine, fleurs d'un bleu intense), 'Double bleu' (fleurs doubles bleues).

Maladies et parasites: oïdium, mouches blanches (aleurodes).

▶▶▶ **Capucine:** voir p. 298-299

Chrysanthème

Chrysanthemum spp.

Loin des traditionnels chrysanthèmes de la Toussaint, les fleurs plates des chrysanthèmes annuels ressemblent à des marguerites des prés. Elles se déclinent, selon les espèces et les variétés, dans un assortiment de couleurs allant du blanc au jaune d'or, mais aussi dans des tons de rose, de rouge et d'orangé, certaines étant bicolores et même tricolores, avec des cercles concentriques autour d'un cœur noir. Ces chrysanthèmes poussent spontanément autour du Bassin méditerranéen, dans les champs et les friches ; c'est dire leur bonne adaptation à la sécheresse et aux conditions de bord de mer, mais ils conviennent aussi aux autres régions.

Hauteur : 25 cm-1 m.

Étalement : 20-50 cm.

Sol : fertile, bien drainé, mais pas acide.

Exposition : soleil.

Semis/Plantation : semez d'avril à juillet, directement en pleine terre.

Entretien : aucun.

Floraison : de juin aux gelées.

Variétés/Espèces du jardin au naturel : chrysanthème à carène ou *C. carinatum* (fleurs simples multicolores, avec un cercle autour du cœur, floraison de juin à octobre), chrysanthème des jardins ou *C. coronarium* (fleurs doubles blanches ou jaunes, floraison en juillet-août), chrysanthème paludosum ou *C. paludosum* (plante couvre-sol, fleurs blanches ou jaunes, floraison de juin aux gelées), chrysanthème des moissons ou *C. segetum* (fleurs simples blanches ou jaunes, floraison de juin à septembre).

Maladies et parasites : oïdium, rouille, pucerons, cicadelles, mineuses foliaires.

Cinéraire maritime

Senecio cineraria

La cinéraire maritime, avec son feuillage gris argenté plus ou moins découpé, à l'aspect velouté, s'harmonise avec de nombreuses espèces de fleurs dans les bordures, rocailles et jardinières. Ses fleurs d'un ton jaune vif, en forme de marguerite, s'épanouissent en été très au-dessus des feuilles. Cette plante est cultivée comme une annuelle hors du climat méditerranéen. Elle résiste bien aux embruns de bord de mer, comme son nom l'indique, et à la sécheresse.

Hauteur : 30-60 cm.

Étalement : 20-40 cm.

Sol : tout type de sol bien drainé.

Exposition : soleil.

Semis/Plantation : semez en février-mars sous abri, en recouvrant très peu les graines, puis repiquez en godets et mettez en place en mai. Ou semez d'avril à juin, repiquez et conservez le plant sous abri pendant l'hiver, avant de mettre en place en avril-mai l'année suivante. On trouve aussi cette plante vendue en godets, à mettre en place en avril-mai.

Entretien : coupez les fleurs après floraison pour mettre en valeur le feuillage.

Floraison : de juin à août.

Variétés/Espèces du jardin au naturel : 'Glacier' (feuillage à peine découpé, presque blanc), 'New Look' (feuillage non dentelé, gris), 'Candicans' (feuillage finement découpé, blanc argenté), 'White Diamond' (feuillage très échancré, gris clair), 'Silver Dust' (feuillage très divisé, presque blanc).

Maladies et parasites : pourriture grise, pucerons.

Clarkia

Clarkia elegans, C. unguiculata

Vigoureux, le clarkia donne une floraison abondante. Les fleurs s'épanouissent sur presque toute la hauteur de ses rameaux bien dressés, dissimulant le feuillage. Elles ont la forme de petits entonnoirs regroupés en épis comme des pompons, et se déclinent dans toute une gamme de couleurs tendres, du blanc au rouge, en passant par le rose, le mauve et le saumon. Les clarkias sont intéressants pour garnir très rapidement massifs et plates-bandes, dans un style très naturel, sous tous les climats, même en bord de mer. Ces plantes poussent aussi très bien en pots ou jardinières, et leurs fleurs font de beaux bouquets d'intérieur.

Hauteur : 30-80 cm.

Étalement : 20-30 cm.

Sol : tout type de sol, même peu fertile, légèrement acide.

Exposition : soleil ou mi-ombre.

Semis/Plantation : semez de mars à juillet à la volée, directement en place.

Entretien : arrosez abondamment en période de sécheresse. Coupez les fleurs fanées au fur et à mesure.

Floraison : de juin à octobre.

Variétés/Espèces du jardin au naturel : 'Élégant double varié' (fleurs doubles aux coloris mélangés), 'Race Royal Bouquet' (fleurs doubles, ondulées, roses, rouges ou mauves). *C. pulchella* est une espèce assez proche, mais plus compacte ('Snowflake', à fleurs blanches).

Maladies et parasites : pucerons.

Les capucines *

Les capucines (*Tropaeolum majus*) sont des plantes faciles à cultiver, avec de grandes feuilles rondes et des fleurs aux coloris très chauds, orangés, jaunes ou rouges, qui s'épanouissent de juin à octobre. Ménagez-leur un emplacement ensoleillé, avec un sol bien drainé et peu fertile. Deux espèces sont intéressantes au jardin : les capucines grimpantes, qui couvrent rapidement un treillage ou une pergola ; et les capucines naines, qui forment des touffes basses et colorées. Ce sont également de bonnes plantes compagnes.

Capucines 'Tip Top Abricot'.

Les capucines grimpantes

La grande capucine est une plante très vigoureuse, idéale pour couvrir un grillage, une tonnelle ou une pergola, cacher une citerne ou la niche du chien. Grimpant en quelques semaines à 3 ou 4 m de hauteur, elle fait aussi beaucoup d'effet si on la laisse ramper et s'étaler sur le sol du jardin, sur un talus ou un muret. Les fleurs sont très vivement colorées dans des tons roses, rouges, orangés ou jaunes, plus ou moins foncés, avec un éperon recourbé à l'arrière, plus ou moins important selon les variétés.

Les capucines naines

Ces plantes compactes, ne dépassant pas 20 à 30 cm de hauteur, sont des hybrides créés par les horticulteurs à partir de la grande capucine, pour faciliter l'utilisation de cette fleur dans les massifs. Très florifères et ne demandant presque pas d'entretien, les capucines naines garnissent pendant plusieurs mois les bordures, les plates-bandes et les jardinières. Les feuilles rondes sont vert uni, parfois panachées. Les fleurs sont simples, demi-doubles ou doubles, disponibles également dans tout un assortiment de couleurs, roses, rouges, orangées ou jaunes.

Semis

Les grosses graines des capucines se sèment de mars à mai en place, en pleine terre ou en pots. Comme elles sont très dures, faites-les tremper une nuit dans l'eau pour les assouplir. Semez en poquets, c'est-à-dire en mettant 4 ou 5 graines dans un même trou, tous les 50 cm pour les grimpantes, tous les 30 cm pour les naines. Elles germent en moins de deux semaines et les fleurs s'épanouissent de juin jusqu'aux gelées.

Il est aussi possible de semer en octobre, en place sous climats méditerranéen ou océanique, dans un abri chauffé ou une véranda pour les autres climats. Le semis d'automne permet d'avoir des plants plus tôt au printemps.

Entretien, maladies et parasites

Peu de soins, mais beaucoup d'eau

Si elles nécessitent peu de soins, les capucines ne sont toutefois pas des

ZOOM SUR

De bons choix pour un jardin au naturel

Capucines grimpantes : 'De Lobb' (feuilles vert franc, fleurs dans des tons roses, rouges, orangés ou jaunes, plus ou moins foncés), 'Spit Fire' (très nombreuses petites fleurs rouge vermillon).

Capucines naines : 'Alaska' (feuilles panachées de blanc crème, fleurs simples orange, jaunes, acajou ou crème), 'Impératrice des Indes' (feuilles vert pourpré, petites fleurs semi-doubles, veloutées, rouge écarlate), 'Jewel' (fleurs semi-doubles et doubles, jaunes, roses, rouge écarlate, parfois cachées par le feuillage), 'Pêche Melba' (fleurs semi-doubles, jaunes, à cœur rouge, bien pour une culture en pot), 'Tip Top' (fleurs simples, rouge écarlate, abricot, jaune d'or, bien dégagées au-dessus du feuillage).

Capucines 'Alaska'.

Capucine 'De Lobb'.

Capucines 'Jewel'.

plantes économes en eau. Arrosez pendant deux ou trois jours le semis, puis toutes les semaines en été si le temps est sec, pour stimuler la végétation, renouveler la floraison et empêcher les feuilles de jaunir.

Un piège à pucerons

En s'installant vite dans les massifs, avec un feuillage abondant, les capucines limitent l'apparition des mauvaises herbes. Mais ce n'est pas leur seul intérêt dans un jardin au naturel : particulièrement appréciées par les pucerons noirs, elles les attirent et en préservent ainsi les plantes voisines (rosiers, par exemple, arbres fruitiers ou légumes).

Lorsqu'elles sont noires de parasites (en août), il est préférable de sacrifier ces « plantes compagnes » et de les brûler. Sans aller jusque-là, on peut aussi les considérer comme garde-manger pour les insectes auxiliaires tels que les coccinelles, qui viennent se nourrir de leurs pucerons.

Les capucines peuvent aussi être infestées de galéruques, de piérides du chou et de criocères.

ZOOM SUR

Une autre espèce grimpante

Il existe une autre espèce de capucine, grimpante également, la capucine des canaris (*T. peregrinum*), dont les caractéristiques sont différentes : ses feuilles sont découpées et ses fleurs plus petites, jaune vif, à éperon crochu. Son mode de culture diffère aussi : elle préfère une situation plus abritée, légèrement à l'ombre, et une terre fertile.

Une plante 100 % comestible

Les boutons floraux, petits et bien fermés, et les graines encore tendres sont à confire au vinaigre pour être utilisés comme des câpres : saupoudrez-les de sel fin, laissez dégorger une heure, puis rincez et égouttez pour enlever le sel. Mettez-les dans des bocaux avec une branche d'estragon, du thym, de l'ail et du poivre puis arrosez de vinaigre bouillant jusqu'à les recouvrir. Ils peuvent être consommés au bout d'une semaine. Les feuilles ont un goût de cresson prononcé (on appelait la capucine « cresson du Pérou » à l'époque de Louis XIV). Utilisez-les ciselées dans les salades ou cuites dans les sauces, les soupes ou les farces.

Les fleurs sont à la fois sucrées et poivrées. Elles apportent une note de couleur et de parfum dans les salades, les desserts et les boissons. Ajoutez-les dans la salade au dernier moment seulement, car la vinaigrette « cuit » rapidement ces fleurs très fragiles. Il est possible aussi de les cristalliser en les trempant dans un sirop de sucre et de les utiliser ainsi pour décorer des pâtisseries. Vous pouvez enfin les faire sécher en les suspendant pendant plusieurs jours dans un endroit sec et obscur. Rangez-les ensuite dans des bocaux hermétiques. Vous en disposerez alors toute l'année.

Cléome épineux

Cleome hassleriana, C. spinosa

Le cléome épineux est une fleur à l'aspect insolite, qui lui vaut parfois le nom de fleur-araignée ; il forme de grandes grappes blanches, roses, pourpres ou mauves, dont chaque fleur est composée de quatre pétales très étroits, bien séparés à la base, et de très longues étamines saillantes. Les groupes de fleurs s'épanouissent au sommet de tiges rugueuses, recouvertes de fines épines, portant sur toute leur hauteur une série de feuilles découpées, aux pointes acérées. Les graines se forment dans des gousses très allongées, disposées autour de la tige, elles aussi décoratives. C'est une plante au port gracieux, qui apporte de la prestance dans les massifs et les plates-bandes, quelle que soit la région.

Hauteur : 1-1,2 m.

Étalement : 45-60 cm.

Sol : fertile, léger, bien drainé.

Exposition : soleil, à l'abri du vent qui risque de coucher ses grandes tiges.

Semis/Plantation : semez en avril-mai sous abri, ou à la fin du printemps directement en pleine terre. Faites tremper les graines dans de l'eau pendant vingt-quatre heures avant de les semer.

Entretien : coupez les fleurs fanées pour prolonger la floraison. Arrosez par temps chaud et sec.

Floraison : de juillet à octobre.

Variétés/Espèces du jardin au naturel : 'Helen Campbell' (blanc pur), 'Pink Queen' (rose), 'Violet Queen' (pourpre).

Maladies et parasites : pucerons, limaces.

Coquelicot

Papaver rhoeas

Voilà une plante que savent identifier même les plus novices des jardiniers ! Bannie des champs de culture, mais retrouvée avec plaisir en bordure des chemins dans toutes les régions de France, elle mérite aujourd'hui sa place dans les jardins au naturel. Ses fleurs éphémères rouge vif à cœur noir ne durent qu'une journée, mais elles se renouvellent pendant plusieurs semaines. Le coquelicot est parfait pour garnir des petits espaces libres, dans des bordures, des massifs, une rocaille, ou en mélange dans une prairie fleurie pour remplacer une pelouse.

Hauteur : 20-60 cm.

Étalement : 15-30 cm.

Sol : tout type de sol, surtout calcaire.

Exposition : soleil ou mi-ombre.

Semis/Plantation : en septembre ou en mars-avril.

Entretien : arrachez à la main ou à la binette les semis en surnombre. Arrachez éventuellement les pieds quand ils commencent à se dessécher après les premières floraisons. Aucun souci d'arrosage pour cette fleur qui compte véritablement parmi les « plantes dromadaires ». Le coquelicot se ressème spontanément en abondance. Si vous souhaitez recueillir les graines des capsules formées après la floraison, coupez les tiges et suspendez-les, la tête en bas, au-dessus d'une feuille de papier.

Floraison : en juin-juillet.

Maladies et parasites : généralement aucun.

Cosmos

Cosmos bipinnatus

Le cosmos est l'une des fleurs annuelles les plus faciles à cultiver, assurant rapidement un décor spectaculaire et coloré, dans des nuances de blanc, rose, rouge et autres tons cramoisis, avec un cœur jaune. La plante, qui se ressème facilement, se distingue aussi par ses feuilles très découpées, formant des touffes plumeuses qui apportent beaucoup de légèreté aux massifs ou aux bordures, et s'intègrent parfaitement dans les jardins à l'aspect sauvage. Les grandes variétés à fleurs doubles sont très intéressantes aussi pour former des bouquets de fleurs champêtres.

Hauteur : 50 cm-1,2 m.

Étalement : 45-60 cm.

Sol : tout type de sol fertile, bien drainé.

Exposition : soleil.

Semis/Plantation : semez de février à avril sous abri et mettez en place en avril-mai, tous les 40 cm. Ou semez en avril-mai directement en pleine terre, à la volée. Supprimez une partie des jeunes plants lorsqu'ils ont quelques centimètres pour laisser plus de place aux autres.

Entretien : arrosez si l'été est chaud. Coupez régulièrement les fleurs fanées pour prolonger la floraison.

Floraison : en été et en début d'automne.

Variétés/Espèces du jardin au naturel : série Sensation (grandes fleurs simples), 'Double Click' (larges fleurs doubles, du blanc au pourpre), 'Aldebaran' (pétales en forme de tubes).

Maladies et parasites : limaces.

Diascia

Diascia spp.

Facile à vivre, cette plante porte de très nombreuses petites fleurs regroupées en bouquets diffus. Ces dernières sont asymétriques, avec un lobe inférieur assez large, deux moyens sur les côtés et deux petits sur le dessus, portant un éperon. Elles sont le plus souvent roses, mais il existe aussi des variétés à fleurs blanches, abricot, saumon ou rouges. La plante elle-même a des tiges grêles, formant une boule d'abord érigée, puis rampante, couvre-sol, voire retombante. Les diascias permettent de diversifier le fleurissement des massifs et rocailles, de garnir un pied d'arbuste ou un muret, ou d'agrémenter bacs, jardinières et suspensions.

Hauteur: 20-40 cm.

Étalement: 30-40 cm.

Sol: fertile, frais et bien drainé.

Exposition: soleil ou mi-ombre.

Semis/Plantation: plantez des godets à partir de fin avril, tous les 40 cm. Ou semez de février à avril sous abri, puis repiquez et mettez en place en juin.

Entretien: arrosez deux ou trois fois par semaine lorsque la plante est en pot, en jardinière et surtout en suspension. Coupez les fleurs fanées pour stimuler la floraison. Vous pouvez essayer de conserver vos diascias d'une année sur l'autre en les mettant à l'abri pendant l'hiver, dans une véranda non chauffée.

Floraison: de mai à octobre.

Variétés/Espèces du jardin au naturel: *D. barberae* 'Ruby Field' (plante couvre-sol très vigoureuse, fleurs rose vif), *D.* x *hybrida* 'Salmon Supreme' (fleurs saumon), 'Flying Colors' (très résistante, coloris vifs), 'Pink Panther' (fleurs rose pâle).

Maladies et parasites: limaces, mildiou.

Dimorphothéca

Osteospermum spp.

Ce nom un peu compliqué à retenir – qui peut être simplifié sous l'appellation de marguerite du Cap – regroupe plusieurs plantes très voisines, certaines annuelles, d'autres vivaces, mais qui sont généralement cultivées comme des annuelles. Ce n'est qu'en climat méditerranéen qu'elles peuvent être gardées d'une année sur l'autre. Toutes portent d'assez grandes fleurs étoilées, comme des marguerites, très régulières, qui existent dans une large gamme de couleurs lumineuses (jaune, orange, saumon) ou plus pâles, parfois bicolores. Ces fleurs ne s'épanouissent qu'en plein soleil et se ferment le soir. Ce sont des plantes faciles à cultiver et peu exigeantes, intéressantes pour garnir des rocailles et autres terrains secs et pierreux, quasiment sans entretien.

Hauteur: 30-60 cm.

Étalement: 30-90 cm.

Sol: tout type de sol bien drainé.

Exposition: soleil.

Semis/Plantation: semez en avril-mai directement en pleine terre. Ou plantez des godets ou des plantes déjà bien démarrées en pots, tous les 30 cm pour obtenir une floraison plus rapide.

Entretien: arrosez à la plantation et en période de forte sécheresse, mais sans excès. Coupez régulièrement les fleurs fanées.

Floraison: de juin à octobre.

Variétés/Espèces du jardin au naturel: 'Las Vegas' (mélange de couleurs lumineuses), 'Boréal' (nombreuses fleurs blanches), 'Buttermilk' (fleurs jaune clair), 'Tresco Pink' (fleurs rose vif).

Maladies et parasites: mildiou, pucerons.

Ficoïde

Dorotheanthus spp.

Le ficoïde (ex-*Mesembryanthemum* spp.) a des feuilles charnues, comme une plante grasse, et se couvre de fleurs multicolores évoquant une multitude de marguerites avec des pétales finement découpés, dans des tons blancs, rouge rosé, jaune orangé ou abricot (ils sont quelquefois marqués d'une autre couleur en contraste autour du cœur foncé). Très résistante à la chaleur et aux embruns, cette plante peut former un couvre-sol coloré dans les zones les plus arides du jardin. Les ficoïdes embellissent également les rocailles, talus, massifs et bordures. Vous pouvez aussi en garnir des potées ou jardinières sur une terrasse en plein soleil. Les fleurs se ferment la nuit et les jours sombres.

Hauteur: 10-15 cm.

Étalement: 20-30 cm.

Sol: sec, sableux, bien drainé, de préférence peu fertile.

Exposition: plein soleil.

Semis/Plantation: semez de fin mars à début juillet directement en pleine terre, en mélangeant les graines à du sable fin pour une meilleure préhension et répartition, car elles sont toutes petites.

Entretien: coupez si possible les fleurs fanées au fur et à mesure, pour prolonger la floraison.

Floraison: de juin à septembre.

Variétés/Espèces du jardin au naturel: 'Tapis magique' ou 'Magic Carpet' ou *D. bellidiformis* syn. *M. criniflorum* (fleurs roses, pourpres, crème, orange ou blanches, au cœur entouré d'un cercle blanc), *D. gramineus* syn. *M. tricolor* (tiges rouges, cœur des fleurs violet foncé).

Maladies et parasites: cochenilles à corps mou, pucerons verts.

Gazania

Gazania splendens

Vivace sous le climat méditerranéen, le gazania est à cultiver en annuelle partout ailleurs. Supportant bien la sécheresse et les sols secs, ainsi que le bord de mer, cette plante vigoureuse fait un bon couvre-sol, avec un feuillage vert argenté bien découpé, produisant jusqu'au début de l'automne de grandes fleurs étoilées, régulières, aux coloris vifs et variés. Ces fleurs de plein soleil se referment la nuit et les jours sombres. Semez vos graines dans les rocailles, les bordures, le devant des massifs, ou encore en pots sur la terrasse. En climat méditerranéen, le gazania est particulièrement intéressant pour décorer les pentes et les talus ensoleillés.

Hauteur: 15-30 cm.

Étalement: 20-30 cm.

Sol: tout type de sol bien drainé, même sec et calcaire.

Exposition: soleil.

Semis/Plantation: semez en février sous abri, repiquez en godets lorsque les jeunes plants ont deux ou trois feuilles et mettez en place après les risques de gelées, tous les 30 cm. Ou plantez des godets en avril-mai.

Entretien: arrosez modérément.

Floraison: de juin à octobre.

Variétés/Espèces du jardin au naturel: 'Dynastar' (mélange de coloris très lumineux), 'Gazoo' (fleurs s'ouvrant également par temps couvert), 'Kiss' (plante très compacte, fleurs aux couleurs lumineuses et variées).

Maladies et parasites: pourriture en cas d'excès d'eau, pucerons.

Giroflée quarantaine

Matthiola annua

La giroflée quarantaine produit de grandes grappes de fleurs, denses et très colorées, dégageant un parfum épicé de clou de girofle, d'où son nom commun. Installez-la en massif ou en bordure, à proximité de la maison ou d'un lieu de passage pour profiter de sa bonne odeur. Elle peut aussi être cultivée en pot et utilisée en fleurs coupées. La gamme de ses coloris est très large – rose, mauve, lilas, rouge – et les fleurs sont souvent bicolores. Un même semis donne un mélange de fleurs simples et doubles. Pour ne garder que les doubles, dont la floraison est plus longue, conservez les jeunes plants au feuillage plus clair.

Hauteur: 30-90 cm.

Étalement: 25-35 cm.

Sol: sec et bien drainé, même calcaire.

Exposition: soleil.

Semis/Plantation: semez en février-mars sous abri et repiquez les plants fin avril. Ou semez en avril directement en pleine terre. Ou encore plantez des godets en avril-mai, tous les 20-30 cm.

Entretien: arrosez copieusement en période de sécheresse.

Floraison: de juin à septembre.

Variétés/Espèces du jardin au naturel: 'Double variée' (plante naine, coloris variés), 'Excelsior' (très grandes fleurs).

Maladies et parasites: pourriture grise, altises.

Giroflée ravenelle

Erysimum cheiri (syn. *Cheiranthus cheiri*)

La giroflée ravenelle est à cultiver en plante bisannuelle : semée en place en été, elle fleurit dès mars de l'année suivante, apportant de la gaieté au jardin au retour du printemps. Dans les rocailles ou sur les murets, si le sol est sec, le temps chaud et que les tiges de la plante ne durcissent pas, elle peut rester en place et refleurir deux ou trois années de suite. Les giroflées ravenelles sont plus ou moins hautes selon les variétés, avec des fleurs simples ou doubles. Ce sont les plus populaires des giroflées, en particulier pour leurs couleurs chaudes et le parfum miellé de leurs grappes de fleurs. Coupées, elles composent des bouquets champêtres odorants.

Hauteur: 30-50 cm.

Étalement: 20-30 cm.

Sol: léger, bien drainé, même calcaire.

Exposition: soleil ou mi-ombre légère.

Semis/Plantation: semez de juin à juillet en place, pour une floraison l'année suivante. Ou semez en mai sous abri et mettez en place dans les massifs en automne. Comptez une quinzaine de pieds par mètre carré.

Entretien: aucun.

Floraison: de mars à mai.

Variétés/Espèces du jardin au naturel: 'Buisson d'or' (fleurs simples orange vif et très odorantes), 'Diabolo' (coloris vifs et variés), 'Brune de Dresde' (fleurs rouges).

Maladies et parasites: limaces, mildiou, galéruques et criocères.

Héliotrope du Pérou

Heliotropium arborescens

Cette vivace frileuse, qui se conserve d'une année sur l'autre en climat méditerranéen, se cultive comme une plante annuelle partout ailleurs. Ses feuilles sont rugueuses au toucher, ses tiges deviennent épaisses et dures, formant un buisson ramifié ; elles portent des fleurs en forme de parapluie, d'un bleu plus ou moins foncé, qui embaument, surtout les soirs de forte chaleur. Cette plante, qui tolère bien le bord de mer, apporte une note bleue dans les massifs, faisant ressortir le coloris des autres végétaux. Elle est aussi intéressante pour son odeur, qui attire les papillons et donne une ambiance agréablement parfumée aux abords de la maison. Les pétales, récoltés et séchés, servent à confectionner des pots-pourris.

Hauteur: 30-60 cm.

Étalement: 20-40 cm.

Sol: fertile et bien drainé.

Exposition: soleil.

Semis/Plantation: semez en mars sous abri pour les climats océanique et mediterranéen, repiquez les plantules en godets et mettez en place fin mai, tous les 30 cm. La germination de ces graines est parfois capricieuse, et il peut être plus rentable d'acheter, pour les climats continental et montagnard, des petits plants en godets, à mettre en terre après tout risque de gel.

Entretien: arrosez fréquemment.

Floraison: de juin à septembre.

Variétés/Espèces du jardin au naturel: 'Atlanta' (fleurs bleu foncé), 'Marine' (fleurs violet foncé), 'Florence Nightingale' (fleurs mauve pâle), 'Dame Blanche' (fleurs blanches).

Maladies et parasites: mouches blanches.

Immortelle annuelle

Xeranthemum annuum

C'est une plante intéressante pour sa croissance très rapide, la durée de sa floraison, ses qualités décoratives et ses ressources en fleurs coupées. Fleurs légères, les immortelles ressemblent à de petites marguerites, dans toute une gamme de couleurs chaudes. Leur texture sèche leur assure une longue tenue, au jardin comme en bouquet. Pour prolonger le plaisir, il est possible de les faire sécher pour obtenir des bouquets qui ne seront peut-être pas… immortels, mais dureront tout l'hiver. Il faut alors les cueillir avant leur complète ouverture et les suspendre, la tête en bas, dans un endroit obscur et bien ventilé.

Hauteur: 50-80 cm.

Étalement: 30-45 cm.

Sol: léger, plutôt sec.

Exposition: soleil.

Semis/Plantation: semez en mars sous abri, repiquez une fois et mettez en place en mai, tous les 30 cm. Ou semez en avril-mai directement en place.

Entretien: aucun. L'immortelle risque seulement de souffrir d'un excès d'eau en cas de pluies abondantes.

Floraison: de juillet à octobre.

Variétés/Espèces du jardin au naturel: 'Brasero' (mélange de coloris rose, violet, carmin, lavande, blanc), 'Lumina' (petites fleurs doubles), 'Paper Roses' (fleurs rose foncé lumineux).

Maladies et parasites: généralement aucun.

Julienne de Mahon

Malcolmia maritima

Cette petite plante forme des touffes ramifiées, aux feuilles allongées, qui se couvrent rapidement et pendant plusieurs mois de grappes de petites fleurs composées de quatre pétales en forme de cœur, dans un assortiment de blanc, rose, rouge, écarlate, mauve et jaune. Parfumées, ces fleurs attirent les papillons et autres insectes pollinisateurs, et elles fournissent les abeilles en nectar. Un peu passée de mode aujourd'hui, la julienne de Mahon, facile à cultiver et demandant peu d'entretien, mérite pourtant de participer au décor de vos rocailles, bordures et massifs bas, y compris en bord de mer. Les fleurs peuvent être coupées pour composer des bouquets champêtres.

Hauteur: 20-40 cm.

Étalement: 10-15 cm.

Sol: tout type de sol, même peu fertile.

Exposition: soleil.

Semis/Plantation: semez de mars à juillet en pleine terre ou en jardinière. Ne gardez ensuite qu'un plant tous les 15 cm, pour qu'il puisse bien s'étaler.

Entretien: coupez les fleurs fanées pour prolonger la floraison. Laissez en place les plants défleuris : ils se ressèmeront pour l'année suivante.

Floraison: de juin à septembre.

Variétés/Espèces du jardin au naturel: 'Compacta' (fleurs blanches, roses, rouges ou pourpres). Les juliennes de Mahon sont le plus souvent vendues sans nom de variété.

Maladies et parasites: généralement aucun.

▸▸▸ **Impatiens:** voir p. 304-305

Les impatiens

Les impatiens (*Impatiens* spp.) sont des plantes couvre-sol robustes, qui fleurissent abondamment en été dans une large gamme de couleurs. Elles s'épanouissent aux expositions les plus diverses – soleil, mi-ombre et même ombre assez dense – du printemps aux gelées, formant un véritable tapis de fleurs. Aucune autre plante ne sait mieux qu'elles illuminer un coin de jardin exposé au nord ou le pied d'un arbre !

Trois grandes familles

Les vraies impatiens annuelles, ou balsamines horticoles (*Impatiens balsamina*), sont des plantes plus ou moins hautes (30-80 cm), peu ramifiées, dont les fleurs s'épanouissent de juin à septembre à l'aisselle des feuilles. Les autres sont des plantes vivaces dans leur pays d'origine, mais gélives et cultivées chez nous en annuelles. On trouve ainsi les impatiens traditionnelles, petites plantes basses (20 cm) hybrides d'*Impatiens walleriana*, et les impatiens de Nouvelle-Guinée, dérivées d'*Impatiens hawkeri*. Ces dernières sont un peu plus grandes (30-50 cm), avec un port plus ferme, et également cultivées comme plantes d'intérieur : une potée d'impatiens de Nouvelle-Guinée compose à elle seule un joli décor.

Couleurs et formes

Toutes les impatiens se déclinent en une multitude de séries de variétés, c'est-à-dire des plantes de mêmes caractéristiques, mais aux couleurs différentes. Elles forment une touffe buissonnante, qui peut rester basse ou gagner en hauteur (jusqu'à 80 cm) lorsqu'elle est en plein développement. Les fleurs offrent toutes les nuances de rose, rouge, fuchsia, parme, orange, blanc ; elles sont quelquefois bicolores, avec un cœur d'une autre teinte ou des bandes sur les pétales. Simples ou doubles, ressemblant alors à de véritables petites roses, elles sont larges de 3 à 4 cm, assez rondes, avec cinq petits pétales bien détachés, plates mais avec un long éperon à l'arrière.

Impatiens 'Fiesta Olé Purple Stripe'.

EN SAVOIR PLUS

Le travail des sélectionneurs

En hybridant des variétés différentes, les sélectionneurs obtiennent de nouvelles plantes. Ils recherchent une constante amélioration : des plantes plus homogènes, plus résistantes, plus faciles à cultiver, des fleurs plus variées dans leurs formes et leurs couleurs, plus nombreuses et s'épanouissant plus longtemps. Ces nouvelles variétés sont testées d'abord dans les espaces verts de villes ; elles sont ensuite mises à la disposition des jardiniers amateurs. Ainsi, si les impatiens sont à l'origine des plantes d'ombre, les impatiens de Nouvelle-Guinée et plusieurs nouvelles variétés d'impatiens hybrides sont, par exemple, tolérantes au soleil et à la chaleur.

Les tiges sont épaisses et charnues, gorgées de sève (d'où leur besoin en eau). Le feuillage est simple, d'un vert plus ou moins foncé, parfois bronze ou panaché, plus ou moins ample. Chez les impatiens de Nouvelle-Guinée, les feuilles sont plus allongées et souvent plus décoratives, avec parfois des nervures marquées.

Semis ou plantation

Si vous choisissez le semis, semez les graines de février à avril dans un terreau spécial semis, dans une terrine ou une mini-serre maintenue aux alentours de 20 °C. Ne couvrez pas les graines, car elles ont besoin de lumière pour germer. Humectez-les régulièrement en les vaporisant, pour assurer leur germination. Repiquez les petits plants en godets. Mettez-les en place au jardin ou en jardinière d'avril à fin mai ou début juin, en les espaçant de 30 cm, dans un sol léger, bien drainé et enrichi.

Impatiens 'SunPatiens'.

Impatiens 'DeZire'.

Impatiens balsamina.

Si vous préférez mettre en terre, au jardin ou dans une jardinière, des plants déjà cultivés, ce qui est toujours plus facile, achetez-les chez un horticulteur, dans une jardinerie ou une fête des plantes une fois tout risque de gel écarté. Généralement, vous n'avez pas le nom de la variété, mais choisissez la couleur, la forme et la taille des fleurs. Faites tremper les godets dans une cuvette d'eau, pour bien humidifier le terreau. Arrosez tous les deux jours pendant les deux premières semaines, pour que les racines prennent bien leur place.

Entretien, maladies et parasites

Les impatiens ont vite soif si le temps est sec. Elles le montrent rapidement en se flétrissant, mais un arrosage copieux regorge les tiges d'eau et redonne aux plantes tout leur allant. Comptez deux ou trois arrosages par semaine en été, voire davantage si le temps est très chaud, surtout pour les plantes en pot ou jardinière. À l'inverse, trop d'humidité peut provoquer une pourriture de la plante et entraîner sa disparition. C'est pour cela que le sol doit être léger et bien drainé.

Les impatiens ne demandent par ailleurs aucun entretien : les fleurs fanées tombent en général d'elles-mêmes ; si ce n'est pas le cas et que la plante est à portée de main, supprimez-les d'un simple pincement de doigts.

Les impatiens se bouturent très bien dans l'eau.

Les maladies et parasites à surveiller sont la pourriture grise, les pucerons, les tétranyques tisserands et les mouches blanches.

ZOOM SUR

De bons choix pour un jardin au naturel

Impatiens balsamines

- 'Topknot' : plante basse (30 cm), fleurs doubles, rose clair.
- 'Blackberry Ice' : plante haute (70 cm), fleurs doubles, pourpre teinté de blanc.

Impatiens hybrides

- 'Madras' : plante compacte et vigoureuse, multitude de fleurs aux coloris variés.
- 'Fiesta' : petites fleurs doubles, coloris variés.
- 'Jambalaya' : plante très ramifiée, grand choix de couleurs de fleurs, dont bicolores.
- 'Blitz' : plante vigoureuse, très grandes fleurs.
- 'DeZire' : plante très régulière, grand choix de couleurs de fleurs, dont bicolores.

Impatiens de Nouvelle-Guinée

- 'Fanfare' : tiges souples, excellente plante pour les pots et les suspensions, très florifère, particulièrement résistante à la chaleur. Plusieurs couleurs : rose, fuchsia, orangé, blanc.
- 'Sunpatiens' : installation rapide, très bonne résistance à toutes les conditions climatiques (plein soleil et fortes températures, ombre, pluie, vent, etc.), grand choix de couleurs.
- 'Toscana' : plante de taille moyenne, très uniforme, feuillage vert foncé, grande gamme de coloris.

Lantana

Lantana camara

Cette plante de taille moyenne, aux tiges rigides et ramifiées, porte une multitude de petites fleurs tubulaires regroupées en boules, qui s'élèvent au-dessus des feuilles. Ces fleurs changent de couleur au fur et à mesure de leur évolution, passant d'un jaune pâle à un jaune doré, puis à un orange lumineux. À partir de l'espèce type ont été obtenus des lantanas hybrides, qui se déclinent dans d'autres coloris (blanc, rose, rouge) et dont les fleurs foncent aussi progressivement. Le lantana est une excellente plante à massif, qui se plaît partout en France mais qui aime particulièrement la chaleur du climat méditerranéen et supporte bien l'air salin du climat océanique.

Hauteur: 30-80 cm.

Étalement: 30-80 cm.

Sol: tout type de sol, même sec, ou calcaire.

Exposition: soleil.

Semis/Plantation: plantez en pleine terre en avril-mai, tous les 35 cm.

Entretien: coupez les fleurs fanées. Le lantana est connu pour sa résistance à la sécheresse, mais arrosez-le si vous le cultivez en pot. Vous pouvez, dans ce cas, essayer de le conserver d'une année sur l'autre en le rentrant en octobre, en climats continental et montagnard.

Floraison: de juillet à octobre.

Variétés/Espèces du jardin au naturel: 'Arlequin' (fleurs rose foncé et jaune), 'Cochenille' (fleurs rouge framboise), 'Avalanche' (fleurs blanches), 'Brasier rouge' (fleurs rouge orangé), 'Feston rose' (fleurs roses).

Maladies et parasites: mouches blanches (aleurodes).

Lin à grandes fleurs

Linum grandiflorum

De ses touffes dressées au feuillage dense émergent de larges fleurs en forme de coupes bien ouvertes, qui se renouvellent pendant plusieurs mois jusqu'aux premières gelées. Ces fleurs très légères, diversement colorées, ondulent au moindre souffle de vent. Le lin à grandes fleurs qui se ressème spontanément est une plante facile à cultiver et rapide à fleurir pour garnir les rocailles, les plates-bandes et les massifs, partout en France et même en bord de mer. Il fait aussi de jolies potées.

Hauteur: 30-50 cm.

Étalement: 15-30 cm.

Sol: tout type de sol.

Exposition: soleil.

Semis/Plantation: semez d'avril à juin directement en pleine terre, à la volée. Quand les premières pousses apparaissent, éclaircissez en ne laissant qu'un jeune plant tous les 20 cm.

Entretien: arrosez en début de culture. Coupez les fleurs fanées pour prolonger la floraison.

Floraison: de mai à octobre.

Variétés/Espèces du jardin au naturel: 'Rubrum' (fleurs rouge vif, à cœur noir), 'Blue Dress' (fleurs bleues), 'Charmer Salmon' (fleurs saumon, à cœur rouge), 'Diamant' (fleurs blanches), 'Bright Eyes' (fleurs blanches, à cœur rouge foncé), 'Saphir' (fleurs bleu clair), 'de Venise' (fleurs d'un rouge éclatant, à cœur noir), 'Flavum' (fleurs jaunes).

Maladies et parasites: escargots, limaces, pucerons.

Bonnes compagnes: pomme de terre.

Monnaie-du-pape

Lunaria annua

Connue également sous les noms de lunaire et herbe-aux-écus, cette plante est une bisannuelle aux tiges assez hautes qui porte, au printemps, de nombreuses fleurs violettes ou pourpres, parfois blanches, s'ouvrant en croix. Légèrement parfumées, ces fleurs sont appréciées par les papillons et autres insectes butineurs. En été, elles se transforment en fruits très décoratifs également, comme des piécettes ovales, très fines, à l'aspect nacré, montrant leurs graines en transparence. Séchés, ces fruits permettent de confectionner des bouquets pour l'hiver. Autre intérêt de cette plante: ses boutons floraux et ses jeunes feuilles sont comestibles, apportant une note originale dans les salades.

Hauteur: 60 cm-1 m.

Étalement: 30-50 cm.

Sol: léger, fertile et bien drainé.

Exposition: soleil doux ou mi-ombre.

Semis/Plantation: semez en mai en pépinière, puis repiquez et mettez en place de septembre à novembre pour une floraison au printemps suivant. Ou mettez en place en automne des plants achetés en godets.

Entretien: arrosez toutes les semaines et désherbez autour des plants. Surveillez les semis spontanés de cette plante, qui peut devenir envahissante.

Floraison: d'avril à juin.

Variétés/Espèces du jardin au naturel: 'Alba' (fleurs blanches), 'Variegata' (feuillage panaché), 'Munstead Purple' (fleurs d'un violet rougeâtre foncé).

Maladies et parasites: oïdium, pucerons.

Muflier

Antirrhinum majus

Appelée aussi gueule-de-loup, cette plante porte de grands épis de fleurs vivement colorées et parfumées. Elle peut convenir en bordure ou en fond de massif, en rocaille ou en potée. Les mufliers sont vendus en mélange de couleurs, dont seul le bleu est exclu. Si vous la laissez monter en graine, la plante se ressème abondamment, mais les fleurs n'ont plus le même aspect que les premières ; elles gardent cependant leur intérêt mellifère pour les abeilles.

Hauteur : (15-30 cm) nains, (30-60 cm) demi-nains ou intermédiaires et (60 cm-1 m) grands mufliers.

Étalement : 30-50 cm.

Sol : léger, fertile, bien drainé.

Exposition : soleil.

Semis/Plantation : semez en mars-avril sous abri, repiquez en godets et mettez en place en avril-mai, tous les 25-45 cm, selon la taille de la variété. Ou semez en mai-juin en pépinière, faites hiverner à l'abri et mettez en place en avril-mai. Ne recouvrez pas les graines : elles ont besoin de lumière pour germer.

Entretien : arrosez toutes les semaines en été. Coupez les fleurs fanées pour prolonger la floraison.

Floraison : de juin aux gelées.

Variétés/Espèces du jardin au naturel : grandes plantes : 'Grand Loup', 'Coronette', 'Rocket', 'Madame Butterfly' ; plantes demi-naines : 'La Bella', 'Majestic', 'Crown', 'Sonnet' ; plantes naines : 'Tom Pouce', 'Bells', 'Kim', 'Palette'.

Maladies et parasites : oïdium, rouille, pucerons.

Myosotis

Myosotis sylvatica

Cette petite plante forme une touffe aux longues feuilles rugueuses et aux fleurs ouvrant régulièrement cinq pétales, bleus, roses ou blancs, autour d'un cœur jaune ou crème. Plante rustique supportant le climat montagnard, elle est généralement cultivée comme une bisannuelle dans les jardins. Les myosotis sont utilisés traditionnellement en tapis, au pied d'un arbre par exemple, car ils couvrent bien et rapidement le sol et se ressèment spontanément. Ils peuvent aussi décorer une bordure de fleurs, s'intégrer dans une rocaille ou être installés en jardinière.

Hauteur : 15-35 cm.

Étalement : 10-20 cm.

Sol : tout type de sol bien drainé.

Exposition : soleil ou mi-ombre.

Semis/Plantation : semez de juin à août en terrine, puis repiquez en pleine terre ou en godets et mettez en place en automne. Ou plantez des petits godets de septembre à novembre, tous les 20 cm.

Entretien : arrosez après la plantation et si une période de sécheresse se prolonge. Coupez les fleurs fanées.

Floraison : de mars à juin.

Variétés/Espèces du jardin au naturel : 'Indigo' (fleurs bleu indigo), 'Pompadour' (fleurs rose carminé), 'Ultramarine' (fleurs bleu foncé), 'Victoria Alba' (fleurs blanches), 'Rosylva' (fleurs rose clair), 'Bobo varié' (fleurs bleues, roses et blanches), 'Bluesylva' (fleurs bleu vif).

Maladies et parasites : oïdium, limaces.

Bonnes compagnes : framboisier.

Nigelle de Damas

Nigella damascena

Avec son feuillage très finement découpé en lanières, la nigelle de Damas est aussi surnommée cheveux-de-Vénus. Ses fleurs sont très originales, avec une couronne de pétales entourée d'une collerette de feuilles, au milieu de laquelle émergent des étamines bien développées. Bleu clair sur la plante sauvage, les fleurs ont, selon les variétés, différents tons de bleu, ou peuvent être roses, rouges ou blanches. Les fleurs fanées, laissées en place, se transforment en capsules très décoratives elles aussi, translucides et renflées, intéressantes à intégrer dans des bouquets secs. Sachez que la nigelle est une plante rustique qui se ressème spontanément. Attention, les graines de cette plante sont toxiques – méfiez-vous si vous avez des animaux domestiques –, contrairement à celles de la nigelle cultivée, ou *N. sativa*, le cumin noir, dont les graines sont comestibles et utilisées aussi bien en épice qu'en phytothérapie.

Hauteur : 40-50 cm.

Étalement : 15-25 cm.

Sol : tout type de sol bien drainé.

Exposition : soleil et mi-ombre.

Semis/Plantation : semez de mars à mai directement en place, en pleine terre. Laissez ensuite un plant tous les 20 cm.

Entretien : aucun.

Floraison : de juin à septembre.

Variétés/Espèces du jardin au naturel : 'Miss Jekyll' (fleurs doubles bleu ciel), 'Blue Midget' (plante naine, fleurs bleues), 'Mulberry Rose' (fleurs roses), 'Alba' (fleurs blanches), 'Pierres persanes' (mélange de couleurs).

Maladies et parasites : limaces, escargots.

▶▶▶ **Œillet d'Inde :** voir p. 308-309

Les œillets d'Inde et les roses d'Inde

Grands classiques des jardins, les œillets d'Inde et les roses d'Inde (*Tagetes* spp.) portent de nombreuses fleurs composées, simples ou doubles, dans des couleurs lumineuses, jaunes et orangées. Leurs feuilles, très découpées comme des plumes, exhalent une odeur forte lorsqu'elles sont froissées, odeur qui repousse certains parasites. Œillets d'Inde et roses d'Inde supportent tous les climats et se contentent de n'importe quel sol, même pauvre, sec et calcaire. Ces plantes aiment le plein soleil, même ardent, mais fleurissent aussi à mi-ombre et ne craignent pas les embruns du climat océanique.

Des plantes cousines

Œillets d'Inde et roses d'Inde ont donné un grand nombre de variétés qui diffèrent par leur taille mais aussi par les formes et les couleurs de leurs fleurs. Les œillets d'Inde (*Tagetes patula*) sont des plantes plutôt compactes, de 20 à 30 cm de haut. Ils sont à fleurs simples, doubles à fleurs plates ou doubles à fleurs de scabieuse (avec des pétales frisés et tuyautés). Ces fleurs sont unicolores ou bicolores, généralement dans des tons jaunes et orange, parfois rouges ou bruns.
Les roses d'Inde (*Tagetes erecta*) sont des plantes plus vigoureuses, aux tiges robustes, hautes (60-90 cm) ou naines (30-40 cm), portant de grosses fleurs en pompons doubles, jaunes, orange, parfois blanches.
Des croisements entre ces deux espèces donnent des « rosœillets » d'Inde, plantes vigoureuses et très régulières, avec des fleurs encore plus grosses et plus nombreuses.
Autre espèce voisine, les tagètes proprement dits (*Tagetes tenuifolia* ou *T. signata*), plantes naines (20-30 cm) qui forment des coussins couverts de petites fleurs simples, jaunes ou orangées, convenant bien pour les bordures.

Semis ou plantation

Si vous choisissez le semis, semez entre février et avril, dans une terrine sous abri ou dans un coin abrité du jardin en pépinière, maintenue à environ 20 °C. Les graines germent rapidement, en une à deux semaines. Lorsque les plantules ont 5 cm de hauteur et deux ou trois feuilles, repiquez-les dans une caissette tous les 5 cm. Mettez-les en place en avril-mai, au jardin ou dans une jardinière. Espacez les plants de 20 à 25 cm pour les variétés naines, 30 à 35 cm pour les plus hautes.
Arrosez les premiers jours pour assurer une bonne reprise. Certaines variétés d'œillets d'Inde ('Carmen', 'Mowgli') et la plupart des roses d'Inde peuvent être semées directement en place en mai-juin, mais il faut attendre deux mois pour les voir fleurir.
Si vous n'avez pas la patience de semer, achetez des petits plants en godets après

IDÉES REÇUES

« Les œillets d'Inde sont d'origine indienne »

Malgré leur nom qui porte à confusion, les plantes appelées œillets et roses d'Inde sont en réalité originaires… d'Amérique, les « Indes occidentales » de Christophe Colomb. Du Nouveau-Mexique à l'Argentine, elles vivent sur les pentes sèches et chaudes des montagnes et dans le fond des vallées.

Œillet d'Inde 'Durango Bee'.

Roses d'Inde 'Perfection'.

Tagète 'Lemon Gem'.

tout risque de gel. Vous pourrez ainsi choisir de visu l'assortiment des formes et des couleurs de fleurs. Plantez-les en pleine terre, en assez grand nombre pour former un ensemble qui aura beaucoup de présence dans un massif (une quinzaine par mètre carré). En jardinière, mettez-les dans un bon terreau pour plantes fleuries.

Entretien, maladies et parasites

Ces plantes faciles ne demandent presque pas d'entretien. Coupez les fleurs fanées pour stimuler la formation de nouvelles fleurs. Arrosez une ou deux fois par semaine en cas de forte chaleur. En pot et jardinière, arrosez quand le terreau est sec, mais sans excès, car les racines sont sensibles à la pourriture. Attention également aux tétranyques tisserands et aux limaces qui peuvent les attaquer. En revanche, ces plantes ne sont guère sensibles aux maladies et aux champignons, sauf à la rouille et à la pourriture grise.

Dans un jardin au naturel

Leurs couleurs chaudes et lumineuses, l'abondance, la durée et la régularité de leur floraison, de mai jusqu'aux gelées, la facilité de leur culture en font des plantes très appréciées dans un jardin au naturel, que ce soit dans les massifs, les plates-bandes, les bordures ou encore au potager. Ce sont aussi d'excellentes plantes pour les jardinières, et les variétés les plus hautes donnent de très bonnes fleurs à couper, qui tiennent longtemps en vase.

Plantes compagnes

L'odeur de leur feuillage est plus ou moins appréciée par nos narines, mais elle présente le grand avantage de repousser certains insectes. L'œillet d'Inde et la rose d'Inde sont donc de bonnes plantes compagnes, à installer au potager, au milieu des légumes (pomme de terre, salade, asperge, haricot, chou, par exemple) ou près des rosiers pour les préserver des attaques des ravageurs comme les pucerons, les aleurodes (mouches blanches), les mouches des légumes et les altises. De plus, cette odeur attire les syrphes, qui sont des insectes auxiliaires intéressants dans les jardins. Par ailleurs, les racines de l'œillet d'Inde sécrètent une substance chimique, le thiophène, qui inhibe le développement des nématodes, petits vers parasites notamment des racines de tomates, provoquant le dessèchement des tiges et des feuilles.
On prête également aux œillets et aux roses d'Inde un effet répulsif contre certaines plantes envahissantes, comme le chiendent et le liseron ou contre des germes provoqués par des champignons.

Les œillets d'Inde, de bonnes plantes compagnes, notamment pour les salades.

ZOOM SUR

De bons choix pour un jardin au naturel

Œillets d'Inde

- 'Durango Bee' : hauteur 20-25 cm, grosses fleurs doubles plates, coloris assortis, unicolores ou bicolores.
- 'Boléro' : hauteur 25-30 cm, fleurs doubles brun et jaune d'or, parfumées.
- 'Légende' : hauteur 25-30 cm, très florifère, à fleurs de scabieuse, doubles.
- 'Légion d'honneur' : hauteur 25 cm, fleurs simples jaune d'or et pourpre.

Roses d'Inde

- 'Kilimandjaro' : hauteur 40-50 cm, nombreuses fleurs blanc crème.
- 'Cupidon' : hauteur 20-25 cm, fleurs jaune citron, jaune d'or et orange vif.
- 'Pollux' : hauteur 40-50 cm, grosses fleurs doubles, jaune vif et orange.
- 'Perfection' : hauteur 35-40 cm, grosses fleurs jaunes et orange ; excellente résistance aux intempéries.

Tagètes

- 'Lemon Gem' : hauteur 30 cm, fleurs jaunes.
- 'Tangerine Gem' : hauteur 30 cm, fleurs orangées.

Pâquerette

Bellis perennis

Cette petite plante vivace pousse spontanément dans les prés d'Europe, mais elle est cultivée dans les jardins comme une bisannuelle. Les variétés proposées par les horticulteurs sont des améliorations de cette petite fleur sauvage. De nombreuses fleurs, blanches, roses ou pourpres, s'épanouissent au début du printemps en haut de courtes tiges dénudées, au milieu de larges rosettes de feuilles. Placez vos pâquerettes en bordure de massif, en couvre-sol dans une rocaille, dans les interstices d'un dallage, le long d'un muret ou des marches d'un escalier, dans des potées ou en tache dans un gazon qu'elles agrémenteront avant qu'il ne soit tondu.

Hauteur: 10-20 cm.

Étalement: 10-20 cm.

Sol: léger, bien drainé, plutôt acide, enrichi en matière organique.

Exposition: soleil ou mi-ombre.

Semis/Plantation: semez de juin à août en terrine, puis repiquez en godets et mettez en place de septembre à novembre, tous les 20 cm. Ou plantez des godets en automne ou à la fin de l'hiver.

Entretien: arrosez les semis et les jeunes plantations. Coupez les fleurs fanées pour empêcher le semis naturel.

Floraison: de mars à juin.

Variétés/Espèces du jardin au naturel: 'Comète' (fleurs semi-doubles rose foncé, à cœur jaune), 'Radar' (très grosses fleurs doubles), 'Pomponnette' (grosses fleurs en pompons très réguliers, blanches, roses ou rouges), 'Robella' (fleurs bien rondes, rose clair), 'Habanera' (grosses fleurs doubles, à pétales effilés).

Maladies et parasites: rouille.

Pavot de Californie

Eschscholtzia californica

Ce petit pavot, cousin du coquelicot, porte des fleurs très simples, en forme de coupes évasées, orange, jaunes ou blanches, émergeant d'une large touffe de feuilles vert bleuté et bien découpées. Ces fleurs ne s'ouvrent qu'en plein soleil et se referment dès qu'il disparaît. La plante est idéale pour combler les vides dans les massifs afin de ne pas laisser de place aux mauvaises herbes, dans les plates-bandes, talus et bordures. Utilisez les fleurs fraîches pour composer des bouquets champêtres ou faites-les sécher.

Hauteur: 20-50 cm.

Étalement: 15-20 cm.

Sol: tout type de sol bien drainé.

Exposition: soleil, à l'abri des grands vents.

Semis/Plantation: semez de mars à mai directement en place ou en septembre pour obtenir des plantes bien développées et fleuries dès le début du printemps.

Entretien: arrosez seulement par temps chaud et très sec. Arrachez les plants en surnombre pour éviter que cette plante qui se ressème spontanément ne devienne envahissante.

Floraison: de mai à septembre.

Variétés/Espèces du jardin au naturel: 'Apricot Chiffon' (fleurs doubles jaune crème, bordées de rouge), 'Ballerine' (fleurs doubles de plusieurs couleurs), 'Angel Choir' (fleurs aux coloris pastel), 'Pizzicato' (tiges très rigides résistant au vent), 'Drapeau danois' (grandes fleurs rouge écarlate, avec un cœur crème en forme de croix).

Maladies et parasites: pourriture des racines.

Pélargonium

Pelargonium spp.

Appelé souvent à tort géranium, le pélargonium a sans doute souffert d'un excès de popularité au cours des décennies passées. Beaucoup de jardiniers le rejettent aujourd'hui, considérant qu'ils l'ont « trop vu ». Pourtant, ce dédain est loin d'être mérité, car les pélargoniums sont les champions de la sobriété: ils ne se plaignent jamais des restrictions d'eau et permettent aux massifs et jardinières de garder pendant des mois leur bel aspect. En dehors du traditionnel 'Roi des balcons', au rouge flamboyant, il existe une grande diversité de formes et de couleurs dans les fleurs, en sorte que l'on peut varier le décor à souhait. De nombreux autres pélargoniums sont appréciés plus particulièrement pour leur feuillage, qui dégage une odeur caractéristique lorsqu'il est froissé.

Hauteur : 30-50 cm.

Étalement: 20-30 cm.

Sol: de préférence riche.

Exposition: soleil.

Semis/Plantation: plantez dès que les risques de gelées sont écartés. Ou semez de janvier à mars dans une mini-serre et mettez en place en avril-mai, tous les 25 cm.

Entretien: retirez les fleurs fanées à la main. Les pélargoniums sont cultivés comme des plantes annuelles, mais il est également possible de les garder d'une année sur l'autre, si l'hiver a été doux ou s'ils ont été mis à l'abri, en climats continental et montagnard.

Floraison: de mai à novembre.

Variétés/Espèces du jardin au naturel: géranium zonal ou *P. zonale* (port droit), géranium-lierre ou *P. peltatum* (retombant).

Maladies et parasites: mouches blanches (aleurodes), cicadelles, rouille.

▶▶▶ **Pensée:** voir page ci-contre

Les pensées

Ces petites plantes (*Viola* x *wittrockiana*) sont remarquables par la palette particulièrement large de couleurs de leurs fleurs, offrant réellement tous les tons, du blanc au vrai noir, rare pour une fleur, et la durée de leur floraison, qui se renouvelle presque toute l'année selon les dates de semis. Cultivables partout en France, les pensées apprécient tout type de sol et une exposition au soleil ou à mi-ombre.

Des pensées de toutes les couleurs

Ces petites plantes basses (15-20 cm) portent des rosettes de feuilles ovales et des fleurs à cinq pétales irréguliers. Ces fleurs arrondies sont plus ou moins larges, unicolores, bicolores ou tricolores, avec souvent des dessins marqués : un œil, petite tache foncée au centre, une macule, tache beaucoup plus grande occupant la majeure partie du pétale inférieur, ou des lignes contrastées.
C'est l'important travail de sélection des hybrideurs, commencé depuis plus de cent ans et toujours très actif aujourd'hui, qui a permis d'obtenir toutes ces nuances, mais aussi des fleurs plus grandes et plus nombreuses, apparaissant à toutes les saisons, et des plantes plus vigoureuses et plus résistantes aux maladies, au chaud et au froid.

Pensée 'Fanfare Red Wings'.

Des pensées aux couleurs variées.

ZOOM SUR

De bons choix pour un jardin au naturel

Faciles à cultiver, toutes les pensées sont adaptées au jardin au naturel. Il existe de nombreuses séries, c'est-à-dire des fleurs ayant les mêmes caractéristiques, mais dans tout un assortiment de couleurs, vigoureuses et résistantes à toutes les conditions. Elles s'appellent 'Delta', 'Dynamite', 'Fanfare', 'Cats', 'Penny'…

Semis ou plantation

Les pensées sont des bisannuelles dont le cycle de vie s'étale sur deux ans et qui supportent bien l'hiver.
Semez en février sous abri chaud, repiquez en mars et mettez en place fin mai, tous les 25 cm, pour une floraison au printemps et en été.
Semez en mai-juin dans une terre légère en pépinière, à l'ombre, puis repiquez en août et mettez en place en septembre pour une floraison en automne.
Semez en juillet-août, dans les mêmes conditions que ci-dessus (terre légère en pépinière, à l'ombre) puis repiquez en septembre et mettez en place en octobre-novembre pour une floraison en hiver.
Ou achetez des petits plants en godets : ils sont proposés dans le commerce de l'automne au printemps. Plantez-les au soleil ou à mi-ombre, dans un sol léger et enrichi, ou dans une jardinière avec un terreau pour géraniums.

Entretien, maladies et parasites

Pour bien résister au gel de l'hiver, les plantes doivent être déjà bien enracinées, c'est-à-dire depuis trois ou quatre semaines en terre au jardin ou dans une jardinière. Si la température descend au-dessous de – 10 °C et qu'elles ne sont pas protégées par une couche de neige, recouvrez-les d'un voile d'hivernage (voile de protection pour l'hiver en vente dans les jardineries) : un vent glacial peut leur être préjudiciable.
Arrosez une ou deux fois par semaine en période de chaleur pour celles qui fleurissent au printemps et en été.
Coupez les fleurs fanées pour une plus belle présentation et pour renouveler la floraison.
Surveillez les attaques éventuelles d'oïdium, de rouille, de limaces et de pucerons.

Pétunia

Petunia spp.

Cette plante se caractérise par ses rameaux souples au port retombant, ses feuilles duveteuses un peu collantes et ses fleurs en forme d'entonnoirs très évasés, qui se déclinent dans une large palette de tailles et de couleurs. Les pétunias sont à la mode et continuellement améliorés par les horticulteurs en ce qui concerne la régularité de leur forme, l'abondance de leur floraison, leur résistance aux conditions atmosphériques. Ce sont des plantes très appréciées dans les bordures et les rocailles, dans les potées, jardinières et suspensions.

Hauteur: 20-70 cm.

Étalement: 30-60 cm.

Sol: tout type de sol bien drainé.

Exposition: soleil ou mi-ombre.

Semis/Plantation: semez à la volée en février-mars sous abri, sans enterrer les graines, particulièrement fines; recouvrez-les d'une vitre que vous retirerez à l'apparition des plants. Repiquez sous abri et plantez en avril-mai en place, en pleine terre. Ou plantez des petits godets au printemps, tous les 30 cm.

Entretien: coupez régulièrement les fleurs fanées pour prolonger la floraison. Arrosez, en surveillant particulièrement les pétunias en pots. Apportez toutes les quinzaines un engrais organique liquide pour plantes fleuries (utilisable en agriculture biologique).

Floraison: de mai à octobre.

Variétés/Espèces du jardin au naturel: 'Sonia' (grandes fleurs aux coloris très variés), 'Fortunia' (fleurs pourpres), 'Surfinia' (plante vigoureuse, fleurs aux coloris très variés).

Maladies et parasites: pucerons, limaces.

Phacélie à feuilles de tanaisie

Phacelia tanacetifolia

Dotée de feuilles profondément divisées et de grandes fleurs mauves, cette plante est très intéressante dans un jardin au naturel: elle s'installe rapidement et développe un fort réseau de racines, occupant la terre et empêchant la venue d'autres plantes indésirables. Elle attire les insectes utiles et ses fleurs parfumées fournissent du pollen aux abeilles. Mais c'est aussi un engrais vert : fauchée et enfouie dans le sol par bêchage dès le début de sa floraison, avant de monter en graine, elle améliore la structure de la terre et lui apporte humus et azote (voir p. 95).

Hauteur: 20-80 cm.

Étalement: 15-20 cm.

Sol: tout type de sol bien drainé, même sec et sablonneux.

Exposition: soleil ou mi-ombre.

Semis/Plantation: semez de mars à juillet en place, à la volée, sur un sol bien émietté. Recouvrez superficiellement les graines de terre à l'aide d'un râteau. Une bonne idée: semez au printemps ou en début d'été de la phacélie dans une partie du potager avant une remise en culture de légumes, ou mélangée à d'autres fleurs champêtres sur un espace vide que vous réservez, par exemple, à un futur gazon.

Entretien: maintenez le sol humide au début de la croissance.

Floraison: de mai à août.

Variétés/Espèces du jardin au naturel: seule l'espèce type est cultivée.

Maladies et parasites: généralement aucun.

Phlox de Drummond

Phlox drummondii

Cette plante, de culture très facile, fleurit de façon abondante, se couvrant de bouquets arrondis composés d'une multitude de fleurs étoilées. Les phlox annuels forment une touffe compacte qui s'étale, plus ou moins haute selon les variétés. La gamme des couleurs est très large, dans des tons blancs, jaunes, roses, rouges, orange, saumon, mais aussi bleus ou violets, dans des teintes brillantes ou des nuances plus délicates: une palette d'une rare variété pour une même espèce. De plus, certaines variétés présentent un œil plus foncé ou plus clair au cœur de chaque fleur, augmentant encore cette richesse d'apparences. Les phlox sont parfaits pour composer des taches de couleur dans les massifs ou les bordures. Les variétés naines sont également intéressantes en pots et jardinières.

Hauteur: 10-50 cm.

Étalement: 15-80 cm.

Sol: fertile, bien drainé, de préférence non calcaire.

Exposition: soleil ou mi-ombre.

Semis/Plantation: semez en avril-mai, directement en pleine terre, puis éclaircissez en gardant un plant tous les 20 cm. Ou semez en mars sous abri et repiquez en place en mai.

Entretien: arrosez généreusement pendant les fortes chaleurs, au pied de la plante, sans mouiller le feuillage ni les fleurs.

Floraison: de juin à octobre.

Variétés/Espèces du jardin au naturel: 'Campus' (nain, couleurs variées), 'Beauté variée' (nain, fleurs très régulières, couleurs variées), 'Grand' (plante haute, grandes fleurs rondes, couleurs variées).

Maladies et parasites: oïdium.

Pois de senteur

Lathyrus odoratus

Cette plante est idéale pour garnir rapidement les treilles, pergolas et tonnelles, auxquelles il faut d'abord fixer les jeunes pousses avec des brins de raphia avant qu'elles ne s'attachent d'elles-mêmes. Délicatement parfumées, ses grandes fleurs en forme de papillon offrent un très grand choix de coloris et de tailles. Vous pouvez aussi laisser grimper vos pois de senteur sur une autre plante ou simplement courir sur le sol. Certaines variétés sont moins hautes et même naines, ne demandant aucun support, mais leurs fleurs sont moins parfumées.

Hauteur: 25 cm (naines), 50-70 cm (demi-naines), 1,5-2 m (grimpantes).

Étalement: 25-35 cm.

Sol: tout type de sol.

Exposition: soleil ou mi-ombre, à l'abri des courants d'air.

Semis/Plantation: faites tremper les graines pendant une nuit dans de l'eau tiède pour accélérer la germination. Semez en avril-mai en place ou en automne en climats méditerranéen et océanique.

Entretien: gardez la terre humide pour une floraison abondante. Coupez les fleurs fanées ou les gousses pour que la plante ne se fatigue pas et prolonge sa floraison. À la fin de l'été, coupez les tiges à ras de terre et laissez les racines: elles enrichiront le sol.

Floraison: de mai à septembre.

Variétés/Espèces du jardin au naturel: 'Korrigan' (naine et très florifère), 'Buisson' (demi-naine), 'Spencer' (grimpante, grandes fleurs aux pétales chiffonnés).

Maladies et parasites: mildiou, limaces, pucerons.

Pourpier à grandes fleurs

Portulaca grandiflora

Plante grasse aux tiges rouges et aux feuilles charnues vert clair, le pourpier forme des touffes très étalées qui restent assez basses et se couvrent de grandes fleurs ne s'ouvrant qu'au soleil. Ces dernières, en forme de coupe, ont un nombre simple (quatre à sept) ou double de pétales à l'aspect chiffonné, et se déclinent dans une large gamme de couleurs brillantes, dans des tons blancs, jaunes, rouges, striées ou panachées. C'est l'une des plantes qui supportent le mieux l'ensoleillement intense et la sécheresse; elle est idéale en couvre-sol pour les talus arides, les rocailles, les murets, les bordures. Le pourpier convient également très bien au climat de bord de mer.

Hauteur: 10-20 cm.

Étalement: 20-30 cm.

Sol: tout type de sol bien drainé.

Exposition: plein soleil.

Semis/Plantation: semez en avril-mai directement en pleine terre, en recouvrant à peine les graines, extrêmement fines. Ou semez en mars-avril sous abri et repiquez fin mai, tous les 20 cm. En climats méditerranéen et océanique, la plante se ressème toute seule d'une année sur l'autre.

Entretien: arrosez uniquement si vous voyez la plante se faner.

Floraison: de juillet à septembre.

Variétés/Espèces du jardin au naturel: 'Margarita' (plante compacte, fleurs semi-doubles), 'Sundial' (plante très homogène, très longue floraison, fleurs doubles), 'Sundance' (plante semi-rampante). Le pourpier est souvent proposé simplement en mélange, 'Double varié', ou, 'Simple varié' (couleurs des fleurs mélangées).

Maladies et parasites: pucerons.

Reine-marguerite

Callistephus chinensis

Les grosses fleurs des reines-marguerites s'épanouissent en fin d'été, prolongeant le décor du jardin lorsque de nombreuses autres fleurs ont disparu. Elles présentent une très grande diversité de formes (simples comme des marguerites traditionnelles, doubles ou beaucoup plus ébouriffées) et de couleurs (du blanc au bleu foncé, en passant par le rose le rouge, et même le jaune). Utilisez cette plante dans les massifs et bordures ou au potager, comme fleurs à couper pour composer des bouquets colorés dans la maison.

Hauteur: 20-80 cm.

Étalement: 20-40 cm.

Sol: bien drainé, fertile, frais.

Exposition: plein soleil.

Semis/Plantation: semez en mars-avril sous abri, repiquez en godets et mettez en place de mai à juillet, tous les 20-30 cm. Ou en mai directement en pleine terre en place. On trouve aussi de petits plants à mettre en terre en mai-juin.

Entretien: arrosez en période sèche. Pour limiter les risques de maladies, il est déconseillé d'installer des reines-marguerites deux années de suite au même endroit.

Floraison: d'août à octobre.

Variétés/Espèces du jardin au naturel: 'Arc-en-ciel' (plante haute, très grandes fleurs simples), 'Géante de Californie' (plante haute, fleurs en pompons, très longue durée de floraison), 'Midinette' (plante compacte, fleurs très rondes), 'Reine des bouquets' (tiges rigides, grosses fleurs doubles), 'Nova' (plante moyenne, pétales des fleurs roulés en aiguilles).

Maladies et parasites: fusariose vasculaire.

▶▶▶ **Rose d'Inde:** voir p. 308-309

Rudbéckia

Rudbeckia hirta

Le rudbéckia est une bisannuelle ou vivace éphémère, généralement cultivée comme une annuelle. Haute et dotée de fleurs très abondantes, cette plante est idéale dans un massif, le long d'un mur ou en bordure d'un potager. Ses fleurs sont très régulières, comme des petits soleils (portés par de grandes tiges) jaune d'or, bronze, rouille ou acajou, avec un cœur conique de couleur foncée. Vous pouvez en couper des brassées pour composer des bouquets de grandes fleurs champêtres.

Hauteur: 30-90 cm.

Étalement: 30-50 cm.

Sol: plutôt fertile et profond, bien drainé.

Exposition: soleil ou mi-ombre, à l'abri du vent.

Semis/Plantation: semez en mars-avril sous abri, en terrine, repiquez en godets et mettez de petits plants, en place en mai tous les 40 cm. Ou semez en septembre dans un emplacement temporaire du jardin et mettez en place au printemps.

Entretien: arrosez régulièrement. Coupez les fleurs fanées pour prolonger la floraison. Les plus grandes plantes peuvent avoir besoin d'être tuteurées pour rester bien droites.

Floraison: de juin à octobre.

Variétés/Espèces du jardin au naturel: 'Aslan' (fleurs doubles jaune d'or), 'Goldilocks' (fleurs doubles ou semi-doubles orange doré), 'Marmalade' (fleurs jaune orangé, à cœur noir), 'Cappuccino' (grandes fleurs bicolores, orange et marron), 'Cherry Brandy' (fleurs rouge cerise), 'Nain Spotlight' (petite plante très résistante aux intempéries, fleurs jaune vif).

Maladies et parasites: limaces.

Silène

Silene spp.

Offrant différents tons de rose, parfois blanches, les fleurs de cette petite plante compacte et bien dressée s'épanouissent tout l'été. Le haut des tiges est légèrement visqueux et de nombreux petits insectes se retrouvent prisonniers de cette substance sucrée, ce qui vaut à la plante le nom commun d'attrape-mouches. Elle pousse spontanément dans les prairies et les sous-bois clairs, mais est aussi facile à cultiver dans les jardins: ses fleurs sont appréciées dans les massifs et bordures, les pots et suspensions.

Hauteur: 15-30 cm.

Étalement: 15-25 cm.

Sol: tout type de sol fertile, bien drainé.

Exposition: soleil ou mi-ombre.

Semis/Plantation: semez en mars-avril directement en place, en pleine terre, ou en août-septembre sous abri, pour une mise en place en automne en climat méditerranéen, en avril-mai ailleurs; les fleurs seront plus précoces et les touffes de plantes plus volumineuses que pour un semis de printemps.

Entretien: surveillez le développement de cette plante qui se ressème spontanément en arrachant les plants en surnombre.

Floraison: de juin à septembre.

Variétés/Espèces du jardin au naturel: silène à bouquets ou *S. armeria* (annuelle ou bisannuelle, fleurs rose vif) et sa variété 'Electra', silène de Crète ou *S. pendula* (annuelle, fleurs roses) et ses variétés 'Celina' (rose tendre), 'Peach Blossom' (fleurs simples ou doubles, dans différents tons de rose), 'Triumph' (fleurs doubles rose vif).

Maladies et parasites: limaces, pucerons.

Souci

Calendula officinalis

Contrairement à ce que laisserait sous-entendre son nom commun, cette plante est l'une des plus faciles au jardin. L'orange franc du souci sauvage se décline, selon les variétés, en nuances de jaune, d'orangé, voire de crème. En plates-bandes, en pots, en massifs ou même au potager, puis éventuellement en bouquets, le souci se mêle aux autres fleurs champêtres en formant une touffe buissonnante, un peu étalée. Les pétales sont utilisés pour décorer les salades ou pour colorer le riz, en remplacement du safran. Séchés, ils sont consommés en tisane.

Hauteur: 30-50 cm.

Étalement: 20-40 cm.

Sol: tout type de sol, même sec et pauvre.

Exposition: soleil ou mi-ombre. Le souci est particulièrement adapté au climat océanique.

Semis/Plantation: semez en mars sous abri et mettez en place en mai; ou de mars à mai directement en place; ou en septembre sous abri dans les régions où les gelées sont fortes et prolongées, avec une mise en place en avril. Ne laissez qu'un plant tous les 25 cm. Le repiquage permet d'obtenir des fleurs plus grosses.

Entretien: les soucis se ressemant spontanément, coupez les fleurs fanées si vous voulez limiter leur prolifération.

Floraison: de juin à octobre.

Variétés/Espèces du jardin au naturel: 'Ball's Lemon' (grandes fleurs jaune vif, à cœur noir), 'Ball's Supreme' (orange foncé, à cœur noir), 'Orange King' (orange), 'Nain Fiesta Gitana' (fleurs doubles).

Maladies et parasites: oïdium.

Bonnes compagnes : légumes, fraisier.

Thlaspi

Iberis spp.

Basse, très dense, cette plante couvre-sol porte une multitude de petites fleurs en grappes, blanches ou colorées, formant de véritables tapis lumineux au ras du sol, cachant quasiment ses petites feuilles vert sombre. Vous pouvez en faire une jolie bordure pour une allée ou un massif, ou la planter en taches de couleur discrètes dans une rocaille – elle occupera l'espace en empêchant les mauvaises herbes. Les thlaspis poussent spontanément dans les bois de montagne, les éboulis, et ils se plaisent sous tous les climats, même en bord de mer. On peut également les cultiver en pots et en jardinières.

Hauteur: 25-30 cm.

Étalement: 15-20 cm.

Sol: tout type de sol, même calcaire.

Exposition: soleil.

Semis/Plantation: semez fin avril-mai, directement en place. Ou semez en mars-avril sous abri et mettez les petits plants en place en mai, tous les 15 cm.

Entretien: arrosez par temps sec.

Floraison: de juin à octobre.

Variétés/Espèces du jardin au naturel: *I. amara* (petites fleurs blanches, parfumées) et ses variétés 'Géant à fleurs de jacinthe' (grappes de fleurs allongées), 'Iceberg' (fleurs blanc pur); *I. umbellata* (fleurs blanches, roses, violettes ou rouges) et ses variétés 'Fairy' (plante trapue, fleurs roses ou cramoisies), 'Flash' (fleurs aux couleurs très vives).

Maladies et parasites: limaces, escargots.

Tournesol

Helianthus annuus

Les très grandes fleurs du tournesol, qui peuvent s'épanouir à plus de 2 m, poussent vite et facilement. Solitaires ou en bouquets, généralement jaunes avec un cœur noir, mais également orange ou rouges, elles attirent papillons et autres insectes pollinisateurs, et leurs graines nourrissent les oiseaux pendant l'hiver. C'est une plante idéale pour décorer un fond de jardin ou pour former une haie temporaire et originale. Certaines variétés sont plus basses, plus touffues, et s'intègrent bien dans les massifs champêtres. D'autres ont des fleurs doubles, mais elles sont alors moins intéressantes pour les insectes. Les tournesols donnent également de beaux bouquets lumineux de fleurs coupées.

Hauteur: 40 cm-2,5 m.

Étalement: 20 cm-1,5 m.

Sol: tout type de sol fertile, même calcaire.

Exposition: soleil, à l'abri du vent.

Semis/Plantation: semez d'avril à juillet en poquet. Après levée, enlevez les pousses les plus malingres pour n'en garder qu'une tous les 50 cm.

Entretien: arrosez régulièrement en début de culture, tous les deux ou trois jours s'il ne pleut pas, et par temps très sec.

Floraison: de juillet à octobre.

Variétés/Espèces du jardin au naturel: 'Fleur géante' (énormes fleurs jaunes), 'Floristan' (brun-rouge bordé de jaune), 'Nain Sunspot' (très grandes fleurs jaunes, hauteur moindre), 'Moonwalker' (jaune doux), 'Teddy Bear' (orangé).

Maladies et parasites: oïdium, mildiou, limaces.

Zinnia

Zinnia elegans

Cette plante annuelle de la famille des marguerites entre souvent dans la composition des massifs de fleurs. Ses fleurs largement épanouies autour d'un cœur d'étamines jaunes, bombées comme des pompons, se caractérisent par leurs coloris éclatants et par la durée de leur floraison. Elles sont portées sur des tiges rigides, gainées dans de larges feuilles, et sont donc parfaites pour les bouquets. Que ce soit en graines à semer ou en plants, vous trouverez un large choix de coloris, et ce dans toutes les espèces et variétés de zinnias, qui diffèrent par la hauteur des plantes ainsi que par la taille et la forme des fleurs.

Hauteur: 30 cm (espèces naines), 50-90 cm (espèces hautes).

Étalement: 25 cm (espèces naines), 35-40 cm (espèces hautes).

Sol: plutôt riche et bien drainé.

Exposition: soleil.

Semis/Plantation: semez en mars sous abri et mettez en place en mai, tous les 35 cm de distance pour les variétés hautes et 25 cm pour les variétés basses. Ou semez en place, à la volée, d'avril à juillet. Recouvrez bien les graines, car elles germent à l'obscurité. Ou plantez à partir de mai des petits plants achetés en godets.

Entretien: coupez les fleurs fanées pour prolonger la floraison.

Floraison: de juin à octobre.

Variétés/Espèces du jardin au naturel: zinnia à fleurs de scabieuse (aux pétales frisés et tuyautés), zinnia à fleurs de dahlia (très grandes fleurs), 'Tapis persan' (jaune orangé), 'Diablotin' (espèce naine), 'Solcito' (couvre-sol, très résistant à la sécheresse).

Maladies et parasites: généralement aucun.

11

Les plantes bulbeuses

Qu'est-ce qu'une plante bulbeuse ?

Les jardiniers appellent plantes bulbeuses toutes les plantes qui disposent d'un organe de réserve souterrain, leur permettant de survivre en période de repos de la végétation. Pour les bulbeuses à floraison printanière, comme le narcisse, l'été est la période de repos, tandis que pour celles à floraison estivale ou automnale, comme le dahlia, c'est l'hiver.

Le « bulbe », un terme générique

D'un point de vue anatomique, il existe différents types d'organe de réserve.

Le bulbe (tulipe ou narcisse), de forme arrondie, est constitué d'un bourgeon central entouré de feuilles charnues.

Le cormus (crocus ou glaïeul) correspond à une base de tige renflée, de forme arrondie, portant des bourgeons.

Le rhizome (iris) est une tige souterraine renflée, se développant à l'horizontale et comportant feuilles, fleurs et bourgeons.

Le tubercule (cyclamen ou dahlia) est une tige souterraine renflée, de forme ovale ou arrondie, portant des bourgeons.

Le mot « bulbe » est le terme générique employé fréquemment pour tous ces types d'organe de réserve.

Bulbes restant en place ou à arracher

Pour le jardinier, c'est le mode de culture qui prime. On distingue ainsi les bulbes qui restent en place d'une année sur l'autre et les bulbes qu'il faut arracher en fin de saison de végétation (dahlia, canna ou certaines tulipes), soit parce qu'ils ne supportent pas le gel, soit parce que certaines variétés fleurissent de moins en moins bien.

⬆ Bulbe.

⬆ Cormus.

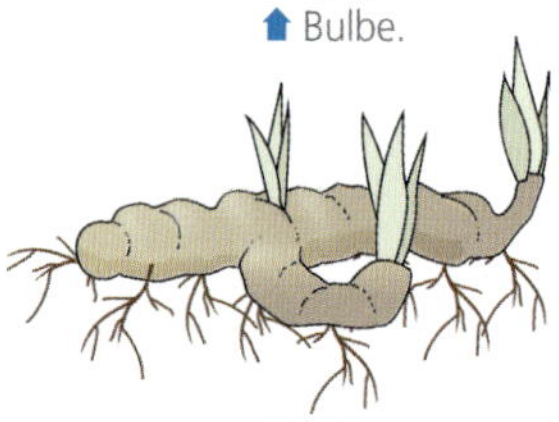

⬆ Rizhome.

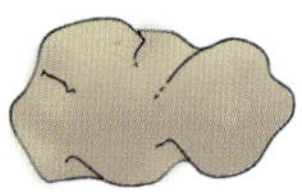

⬆ Tubercule.

C'EST MALIN

Dans quel sens planter un bulbe ?

La plupart des bulbes sont constitués d'une pointe (ou bourgeon), l'extrémité supérieure qui va engendrer la tige, et d'une base plus plate, portant souvent des restes de racines. Dans ce cas, le sens de plantation est facile, la pointe vers le haut !

Certains organes de réserve autres que les bulbes ont des formes plus complexes. Les rhizomes (iris), les tubercules (dahlia) et les cormus (crocus) présentent sur une face un ou plusieurs bourgeons qui vont entrer en croissance : plantez en dirigeant ces bourgeons vers le haut.

Lorsque le doute persiste, plantez les bulbes ou tubercules sur la tranche et non à plat. Ainsi, les tiges parviendront toujours à pousser vers le haut, les racines vers le bas, alors que si vous les plantez « à l'envers », rien ne poussera !

Dans le cas des bulbes qui restent en place, il faut les laisser se naturaliser dans les massifs.

Quant aux bulbes non rustiques, arrachés et conservés hors gel en hiver, vous pouvez les cultiver en pot, les utiliser pour combler les vides dans les massifs, ou les installer au potager comme fleurs à couper.

Bulbeuses de saison

On distingue également les plantes bulbeuses en fonction de leur saisonnalité.

Les bulbeuses à floraison printanière se plantent en automne et fleurissent entre janvier-février (perce-neige) et mai (tulipe). Attention, le terme « bulbe de printemps » que vous trouverez dans les catalogues de végétaux prête parfois à confusion, et peut s'appliquer aux bulbeuses qui fleurissent au printemps ou à celles qui se plantent au printemps ! Vérifiez la période de floraison (mentionnée sur l'étiquette).

Les bulbeuses à floraison estivale, elles, se plantent au printemps et fleurissent entre juin et septembre (jusqu'en octobre pour le dahlia). Ce sont souvent des plantes non rustiques, qu'il faut donc arracher et conserver hors gel pendant l'hiver, comme le canna ou le dahlia. Le lis en fait partie, bien qu'il soit rustique et qu'il reste en place.

Les bulbeuses à floraison automnale, enfin, se plantent au printemps ou en été et fleurissent en septembre-octobre (sternbergia ou nérine).

Plantation de bulbes de glaïeuls.

Comment planter des bulbes

La plantation des bulbes est un jeu d'enfant ! Une fois repéré le sens de plantation (voir encadré page ci-contre), il vous suffit d'un transplantoir ou d'un couteau désherbeur (pour les petits bulbes) pour faire des trous et y glisser individuellement chaque bulbe. Il existe un outil spécial appelé plantoir à bulbe, qui enlève un cône de terre et facilite la plantation.

Il est important que chaque bulbe repose sur la terre au fond du trou, sans poche d'air entre la terre et la base du bulbe.

Dans le cas d'une plantation de petits bulbes à naturaliser dans la pelouse, creusez des trous individuels ou bien découpez à la bêche une plaque de gazon de l'épaisseur correspondant à la profondeur de plantation. Dispersez les petits bulbes, puis remettez en place la plaque de gazon.

Dans un sol lourd et argileux, les bulbes demandent un bon drainage lors de la plantation : étalez un lit de sable grossier (2-3 cm) au fond du trou de plantation avant d'y poser le bulbe.

Pour une plantation à effet « naturel », dispersez les petits bulbes (perce-neige, crocus ou scille) par poignées et plantez-les là où ils tombent, sans régularité particulière.

EN SAVOIR PLUS

La bonne profondeur de plantation

La règle générale consiste à planter les bulbes à une profondeur égale à deux fois leur hauteur environ.

Modifiez légèrement cette règle dans les cas suivants :

- plantez plus profondément en sol sableux (environ trois fois leur hauteur), pour assurer un bon ancrage, et un peu moins en sol lourd (environ une fois leur hauteur), pour éviter les excès d'humidité ;
- plantez plus profondément les plantes peu rustiques (environ trois fois leur hauteur), afin de mieux protéger leur bulbe contre le gel.

Il y a bien sûr des exceptions, comme les bulbes du cyclamen de l'île de Cos, à planter juste sous la surface du sol, ou ceux de la fritillaire, à planter profondément (20 cm environ).

Les lis ne nécessitent que peu d'entretien.

Les atouts des bulbeuses dans un jardin au naturel

La plupart des plantes bulbeuses occupent peu d'espace et offrent de généreuses floraisons, ce qui les rend précieuses dans tous les jardins.

Celles qui restent en place ne demandent quasiment aucun entretien (il n'est pas conseillé de les pailler si l'hiver est humide) et sont rarement la proie de maladies ou parasites.

En revanche, les bulbeuses à planter et à arracher chaque année exigent un peu d'entretien pour bien fleurir, car elles doivent être conservées hors gel pendant l'hiver.

Il faut mentionner aussi l'intérêt des petites plantes bulbeuses qui fleurissent en fin d'hiver et au début du printemps : elles offrent aux insectes pollen et nectar.

Les bulbeuses plantées en automne n'ont pas besoin d'arrosage après plantation : elles s'installent doucement et bénéficient des pluies de saison. Arrosez en revanche régulièrement, tout au long du printemps et de l'été, celles mises en place entre le printemps et le début de l'été.

Aconit d'hiver

Eranthis spp.

Cette bulbeuse miniature des sous-bois frais d'Europe et d'Asie offre un charmant spectacle à la fin de l'hiver, lorsque se développent ses fleurs en coupes jaune vif, posées sur une collerette de feuilles échancrées vert brillant. Au cœur de la fleur, les nectaires attirent les insectes pollinisateurs, y compris les abeilles. Plantez-la en groupe dans un coin un peu ombragé du jardin, sous des arbustes ou des petits arbres au feuillage léger, puis laissez les bulbes s'installer durablement.

Hauteur: 5-10 cm.

Étalement: 5-6 cm.

Sol: frais, ne séchant pas en été, riche en humus.

Exposition: mi-ombre, sous des feuillages caducs légers.

Plantation: en automne, en groupe, à 3-5 cm de profondeur et à 5-8 cm de distance. Si les petits tubercules vous semblent secs, faites-les tremper une demi-heure avant de les planter. Les tubercules ont une forme irrégulière qui ne facilite pas la plantation. Posez-les avec la petite pointe de la face supérieure dirigée vers le haut. La face inférieure est plus ou moins aplatie.

Entretien: aucun.

Floraison: en février-mars.

Variétés/Espèces du jardin au naturel: helléborine ou *E. hyemalis*, *E. cilicica* (à fleurs un peu plus grandes).

Maladies et parasites: escargots, limaces.

Agapanthe

Agapanthus spp.

Originaires d'Afrique du Sud, les agapanthes sont depuis longtemps présentes dans nos jardins, surtout méridionaux. Leur feuillage vert brillant est élégant, mais on les aime aussi pour leurs fleurs réunies en ombelles, bleues ou blanches, qui attirent les papillons. Il faut distinguer les agapanthes à feuilles caduques, supportant jusqu'à – 12 °C, et celles à feuilles persistantes, qui ne peuvent résister qu'à de légères gelées et sont à réserver aux régions côtières ou à cultiver en pot, pour les rentrer en hiver.

Hauteur: 60 cm-1 m.

Étalement: 50-60 cm.

Sol: tout type de sol frais, bien drainé, fertile, enrichi en compost ou fumier bien décomposé.

Exposition: situation abritée dans les régions aux climats continental et montagnard, soleil dans les autres régions.

Plantation: de mars à juin, à 5-6 cm de profondeur et à 50-60 cm de distance. En pot, plantez dans un mélange de terre de jardin et de terreau.

Entretien: coupez à la base les tiges défleuries. Protégez les agapanthes plantées en pleine terre pour l'hiver, en couvrant la souche d'un épais paillis (15-20 cm) de feuilles sèches en climats continental et montagnard. Pour les plantes en pot, arrosez régulièrement et apportez un fertilisant, de type engrais à tomates, toutes les trois semaines en été.

Floraison: en juillet à septembre.

Variétés/Espèces du jardin au naturel: 'Bressingham White' (fleurs blanches, feuilles caduques), 'Blue Giant' (fleurs bleu intense, feuilles caduques).

Maladies et parasites: escargots, limaces.

Ail d'ornement

Allium spp.

Il existe une vaste palette d'ail d'ornement. Tous ont des feuilles étroites, à forte odeur d'ail lorsqu'on les froisse, des petites fleurs étoilées ou en clochettes, groupées en têtes sphériques à l'extrémité des tiges. Comme les feuilles sèchent après la floraison, plantez-les parmi des vivaces à feuillage ample.

Hauteur: 15 cm-1 m, selon les espèces et variétés.

Étalement: 5-20 cm.

Sol: tout type de sol bien drainé.

Exposition: soleil.

Plantation: en automne, à 5-10 cm de profondeur et à 4-8 cm de distance pour les petits bulbes, à 10-15 cm de profondeur et à 10-20 cm de distance pour les gros bulbes.

Entretien: éliminez les feuilles lorsqu'elles ont séché, souvent peu après la floraison. Laissez les fleurs sécher sur pied le plus longtemps possible, car elles forment des graines qui nourrissent les oiseaux.

Floraison: d'avril à juillet, selon les espèces et variétés.

Variétés/Espèces du jardin au naturel: ail azuré ou *A. caeruleum* (fleurs bleu vif en juin-juillet, hauteur 50 cm), étoile de Perse ou *A. christophii* (sphère de fleurs, 20 cm de diamètre en mai-juin, hauteur 60 cm), ail doré ou *A. moly* (fleurs jaunes en juin-juillet, hauteur 35 cm).

Maladies et parasites: mouche de l'oignon.

Bonnes compagnes: rosier, arbres fruitiers, pêcher.

Alstroemère

Alstroemeria spp.

Originaires d'Amérique du Sud, les alstroemères, ou lis des Incas, ont des tubercules qui forment des touffes de tiges arquées couronnées, en été, de grappes de fleurs en entonnoirs. Les couleurs vives des pétales attirent les insectes pollinisateurs. Cette floraison fait merveille dans les massifs comme en bouquet !

Hauteur : 40 cm-1 m, selon les espèces et variétés.

Étalement : 20-50 cm.

Sol : tout type de sol frais, bien drainé, fertile.

Exposition : ombre légère ou soleil non brûlant dans le Midi, soleil dans les autres régions.

Plantation : en mars, à 15-20 cm de profondeur et à 20 cm de distance. Dans les régions aux climats continental et montagnard, plantez en pot en avril-mai et optez pour des variétés à tiges courtes.

Entretien : coupez les fleurs fanées sous les grappes. Protégez la souche en octobre d'un épais paillis (15-20 cm) de feuilles sèches, chaque année dans les régions aux climats continental et montagnard, le premier hiver dans les autres régions. Mettez les pots sous abri à la fin de l'automne.

Floraison : de juin à octobre. La floraison ne se produit parfois que seulement deux ou trois ans après la plantation.

Variétés/Espèces du jardin au naturel : *A. aurantiaca* (fleurs orangées, hauteur 1 m), *A. ligtu* (coloris variés, hauteur 50 cm), *A.* 'Inticancha' (coloris variés, culture en pot, hauteur 40 cm).

Maladies et parasites : escargots, limaces.

Amaryllis

Amaryllis belladonna

Native d'Afrique du Sud, l'amaryllis est une plante dont le bulbe entre en croissance en fin d'été, produisant une tige couronnée de six à douze fleurs en trompettes roses et parfumées. Les feuilles se développent après la floraison pour disparaître au printemps. Bien adaptée à la culture en région méditerranéenne, l'amaryllis demande ailleurs une protection hivernale. Attention, ne confondez pas cette amaryllis avec *Hippeastrum*, aussi appelé couramment amaryllis et cultivé comme plante d'intérieur pour sa floraison hivernale. Ce dernier ne supporte pas le froid et ne peut être gardé au jardin en hiver.

Hauteur : 50-60 cm.

Étalement : 10-15 cm.

Sol : tout type de sol bien drainé, même sec.

Exposition : soleil, situation abritée.

Plantation : de mai à août, à 15-20 cm de distance. Dans les régions aux climats océanique et méditerranéen, placez les bulbes juste sous la surface du sol ; dans les autres régions, plantez-les juste sous la surface du terreau.

Entretien : coupez à la base les tiges défleuries. Au printemps, supprimez les feuilles sèches. Dans les régions soumises à des gelées marquées (à partir de – 5 °C), protégez la souche en octobre d'un paillis de feuilles sèches.

Floraison : en septembre-octobre. La floraison ne se produit parfois que un ou deux après la plantation.

Variétés/Espèces du jardin au naturel : *A. belladonna* (fleurs roses), *A. belladonna* 'Alba' (fleurs blanches).

Maladies et parasites : escargots, limaces.

Anémone

Anemone spp.

Deux petites anémones fleurissent en début de printemps, presque au ras du sol. L'anémone de Grèce émaille de ses fleurs bleues, blanches ou roses les bordures de massif ou de terrasse, la rocaille ou le pied d'arbustes au feuillage léger. L'anémone des bois, ou anémone Sylvie, aux fleurs blanches ou blanc rosé, pousse dans nos sous-bois et est parfaite pour les coins un peu sauvages et ombragés du jardin ; son pollen attire les syrphes et les abeilles sauvages.

Hauteur : 12-15 cm.

Étalement : 10 cm pour l'anémone de Grèce, 20-30 cm pour l'anémone des bois.

Sol : tout type de sol bien drainé pour l'anémone de Grèce, frais, bien drainé et riche en humus pour l'anémone des bois.

Exposition : mi-ombre dans le Midi et soleil ou mi-ombre dans les autres régions pour l'anémone de Grèce ; mi-ombre pour l'anémone des bois.

Plantation : en automne, à 5-6 cm de profondeur et à 10-12 cm de distance. Faites tremper quelques heures les rhizomes d'anémone de Grèce avant de les planter. Placez les anémones des bois à plat dans le trou de plantation.

Entretien : pour éviter les coups de bêche malencontreux, repérez bien les emplacements de ces petits bulbes cachés dans la terre de la fin du printemps à la fin de l'hiver.

Floraison : en mars-avril.

Variétés/Espèces du jardin au naturel : anémone de Grèce ou *A. blanda*, anémone des bois ou anémone Sylvie ou *A. nemorosa*.

Maladies et parasites : escargots, limaces.

Arum d'Éthiopie

Zantedeschia aethiopica

Plante de marécage dans son habitat naturel, l'arum d'Éthiopie se distingue par son feuillage lustré et sa floraison en élégants cornets blancs, parfumés tout l'été. Il fait une remarquable plante de berge si vous avez une pièce d'eau. Le feuillage est persistant en hiver sous climat méditerranéen et les rhizomes supportent des gelées de l'ordre de – 10 à – 15 °C s'ils sont plantés profondément et s'ils sont protégés. Cultivez-les aussi en pot, en arrosant copieusement durant tout l'été ! Attention, cet arum est une plante toxique et le contact avec la sève provoque des allergies.

Hauteur : 50-80 cm.

Étalement : 50-60 cm.

Sol : tout type de sol fertile, frais en permanence ou humide. Dans les régions aux climats océanique et méditerranéen, le rhizome peut être immergé sous quelques centimètres d'eau.

Exposition : situation abritée dans les régions aux climats continental et montagnard, soleil dans les autres régions.

Plantation : d'avril à juin, à 15-20 cm de profondeur et à 40 cm de distance.

Entretien : coupez à la base les tiges défleuries. Aux premières gelées, éliminez les feuilles et protégez la souche d'un épais paillis (15-20 cm) de feuilles sèches, dans les régions aux climats continental et montagnard.

Floraison : de mai à août.

Variétés/Espèces du jardin au naturel : 'Crowborough' (fleurs blanches, rustique), 'Green Goddess' (fleurs vertes, plus fragile, à protéger ou cultiver en pot).

Maladies et parasites : pucerons.

Bégonia tubéreux

Begonia spp.

Buissonnants ou retombants, à fleurs simples ou doubles, dans des couleurs vives ou pastel, les bégonias tubéreux fleurissent les coins ombragés de la terrasse ou du jardin. Ils peuvent être cultivés en pot ou plantés en pleine terre, dans les massifs ou au pied des arbres.

Hauteur : 30-60 cm.

Étalement : 30-50 cm.

Sol : tout type de sol frais, bien drainé, fertile.

Exposition : soleil ou mi-ombre.

Plantation : après les gelées dans les régions aux climats continental et montagnard, en avril-mai dans les autres régions. Placez les bulbes juste sous la surface du sol, à 20-35 cm de distance, selon la taille de la variété.

Entretien : supprimez les fleurs fanées après floraison. Pour les bégonias en pleine terre, arrachez les tubercules avant les gelées, supprimez tiges, feuilles et fleurs, puis laissez-les sécher quelques jours avant de les ranger pour l'hiver, dans des caissettes de sable sec. Pour les bégonias en pot, arrosez régulièrement et mettez de l'engrais, sans mouiller le feuillage, pour limiter les risques de maladie.

Floraison : de juin à septembre.

Variétés/Espèces du jardin au naturel : 'Pendula' (retombante pour les jardinières et suspensions), 'Multiflora' (buissonnante pour les massifs), *B. grandis* ssp. *evansiana* (floraison blanche ou rose pâle, feuillage décoratif, supporte le gel jusqu'à – 10 °C).

Maladies et parasites : oïdium (surtout sur sol sec), otiorhynques.

Camassie

Camassia spp.

Élégantes plantes bulbeuses des prairies humides d'Amérique du Nord, les camassies s'adaptent facilement dans les jardins et sont précieuses pour fleurir un sous-bois frais ou un massif légèrement ombragé. Elles forment de longs épis de fleurs étoilées bleues ou blanches, qui attirent les abeilles et autres insectes butineurs. Les camassies sont d'autant plus intéressantes que peu de plantes bulbeuses se plaisent dans les sols frais à légèrement humides.

Hauteur : 50-80 cm.

Étalement : 10-15 cm.

Sol : tout type de sol frais en permanence, mais sans humidité stagnante en hiver, riche en humus.

Exposition : mi-ombre ou soleil si le sol ne sèche pas.

Plantation : de septembre à novembre, à 10-12 cm de profondeur et à 15 cm de distance.

Entretien : coupez à la base les tiges défleuries, mais attendez pour supprimer les feuilles qu'elles aient séché naturellement. Dans les régions aux climats continental et montagnard, protégez la souche en octobre d'un épais paillis (15-20 cm) de feuilles sèches.

Floraison : d'avril à juin.

Variétés/Espèces du jardin au naturel : jacinthe des Indiens ou *C. quamash* (fleurs bleu vif), *C. leichtlinii* (fleurs blanc crème), *C. leichtlinii* 'Caerulea' (fleurs bleu vif).

Maladies et parasites : généralement aucun.

Canna

Canna spp.

Les cannas, ou balisiers, introduisent une touche exotique dans les massifs en été ! Souvent de haute taille, ils déploient de grandes feuilles vert brillant, mais aussi bronze, pourpres ou encore rayées, et de généreuses grappes de fleurs aux couleurs chaudes.

Hauteur : 60-80 cm (variétés naines), 1,5-2 m (grandes variétés).

Étalement : 40-60 cm.

Sol : tout type de sol frais, bien drainé, de préférence fertile.

Exposition : soleil ou mi-ombre.

Plantation : au printemps, après les gelées, à 10 cm de profondeur et à 50 cm de distance. Dans les régions aux climats continental et montagnard, placez les rhizomes dans de la terre humide, sous abri lumineux, dès mars-avril pour planter au jardin des cannas déjà en croissance. Dans les autres régions, arrosez copieusement et paillez le sol.

Entretien : arrosez abondamment en période sèche. Fertisez en début d'été. En climats océanique et méditerranéen, protégez en octobre d'un épais paillis (15-20 cm) de feuilles sèches. Dans les autres régions, arrachez les rhizomes dès le premier gel annoncé. Supprimez les tiges, laissez sécher les rhizomes une journée, puis conservez-les en hiver à l'abri du gel, dans du sable à peine humide.

Floraison : de juillet à octobre.

Variétés/Espèces du jardin au naturel : *C. indica* (fleurs rouge orangé, feuillage vert, hauteur 1,6 m), 'Lucifer' (fleurs rouges à liseré jaune, hauteur 60 cm), 'Striata' (fleurs orangées, feuilles rayées de jaune, hauteur 1,5 m).

Maladies et parasites : escargots, limaces.

Colchique

Colchicum spp.

C'est la fin de l'été... Les colchiques commencent à fleurir. On remarque alors leurs fleurs en entonnoirs, souvent de belle taille, sortant de terre dans un rose-mauve lumineux ou encore un blanc pur. Les fleurs tardives des colchiques sont très appréciées par les insectes pollinisateurs et de précieux auxiliaires : abeilles, bourdons, guêpes, syrphes, bombyles. Les feuilles, étroites, se développent au printemps pour sécher en début d'été. Les colchiques conviennent bien en premier plan des massifs, devant des arbustes ou dans la pelouse. Attention, la plante contient un poison violent, la colchicine. Portez des gants pour manipuler les bulbes, leur contact provoquant des réactions allergiques.

Hauteur : 10-20 cm.

Étalement : 8-10 cm.

Sol : tout type de sol frais, bien drainé, plutôt fertile.

Exposition : soleil.

Plantation : de mai à août, à 10-12 cm de profondeur et à 8-10 cm de distance.

Entretien : supprimez les feuilles sèches en début d'été.

Floraison : en septembre-octobre.

Variétés/Espèces du jardin au naturel : colchique d'automne ou safran bâtard ou *C. autumnale* (fleurs roses ou mauves), *C. cilicicum* (fleurs rose pourpré), *C. speciosum* 'Album' (fleurs blanches).

Maladies et parasites : pourriture grise, limaces.

Crocus

Crocus spp.

Les petits crocus jaunes ou violets émaillent en fin d'hiver nos bordures d'allée, rocailles, pelouses... Précieux dans un jardin au naturel, ils figurent ainsi parmi les premières fleurs mises à disposition des pollinisateurs, bourdons essentiellement, au sortir de l'hiver. Mais savez-vous que certains fleurissent en automne, comme le crocus safran, dont les pistils sont si recherchés ? Préférez les petits crocus botaniques aux hybrides à grandes fleurs (appelés crocus à grandes fleurs), qui résistent moins bien à la pluie.

Hauteur : 5-10 cm.

Étalement : 3-5 cm.

Sol : tout type de sol bien drainé, assez léger.

Exposition : soleil.

Plantation : à 5-8 cm de profondeur. En septembre pour les crocus fleurissant au printemps, en août pour les crocus fleurissant en automne. En groupes d'au moins sept à neuf bulbes.

Entretien : éliminez les feuilles sèches au printemps.

Floraison : en février-mars pour les crocus plantés en automne, en octobre pour les crocus plantés en été.

Variétés/Espèces du jardin au naturel : *C. chrysanthus* et *C. tommasinianus* (floraison au printemps), crocus safran ou *C. sativus* et *C. speciosus* (floraison en automne).

Maladies et parasites : campagnols.

Cyclamen

Cyclamen spp.

Habillant les pieds d'arbustes au feuillage léger d'un tapis de feuilles marbrées, les petits cyclamens, plantes couvre-sol, s'installent durablement dans un jardin au naturel. Le cyclamen de Naples, aux fleurs roses ou blanches, fleurit en automne, avant l'apparition des feuilles triangulaires, et se ressème généreusement, alors que le cyclamen de l'île de Cos, aux fleurs allant du blanc au rouge, fleurit en fin d'hiver, en même temps qu'apparaissent les petites feuilles.

Hauteur: 8-15 cm.

Étalement: 10-15 cm.

Sol: bien drainé, même sec, de préférence riche en humus.

Exposition: mi-ombre, sous des feuillages caducs.

Plantation: en été, à 8-10 cm de profondeur, pour le cyclamen de Naples; en automne à 3-4 cm de profondeur, pour le cyclamen de l'île de Cos. Attention, les tubercules sèchent rapidement. Plantez-les le plus rapidement possible après achat, en les faisant tremper vingt à trente minutes au préalable. Si vous vous procurez les cyclamens auprès d'amis ou de voisins, prélevez-les lorsqu'ils sont en croissance et plantez-les comme des vivaces, avec leur motte.

Entretien: aucun. Dans une pelouse, évitez de passer la tondeuse quand le feuillage est développé ou réglez la hauteur de coupe de façon à le préserver.

Floraison: en septembre-octobre pour le cyclamen de Naples, en février-mars pour le cyclamen de l'île de Cos.

Variétés/Espèces du jardin au naturel: cyclamen de l'île de Cos ou *C. coum*, cyclamen de Naples ou *C. hederifolium*.

Maladies et parasites: otiorhynques, fusariose vasculaire.

Fritillaire

Fritillaria spp.

Si la fritillaire pintade pousse dans les prairies humides, d'autres fritillaires, l'impériale notamment, ont besoin d'un sol plus sec. Leurs fleurs en clochettes, solitaires ou groupées, sont dotées de nectaires à la base des pétales, attirant les insectes butineurs. Pour un bel effet, intégrez ces plantes bulbeuses spectaculaires dans vos plantations de vivaces. La fritillaire pintade, ou œuf-de-pintade, se plaît dans une prairie humide au printemps, en bordure d'un bassin ou d'un ruisseau. On a longtemps cru que l'odeur forte des bulbes de la fritillaire impériale constituait un répulsif efficace contre les taupes et les campagnols... des observations dans les jardins ont démontré que ce n'est pas le cas !

Hauteur: 20 cm-1,2 m, selon les espèces.

Étalement: 8-30 cm.

Sol: bien drainé, frais au printemps, fertile.

Exposition: soleil ou mi-ombre.

Plantation: en automne, à une profondeur de deux fois et demie à trois fois la hauteur du bulbe (environ 20 cm) et en manipulant celui-ci délicatement, car il est fragile.

Entretien: nettoyez les touffes quand le feuillage est fané, en coupant à la base les feuilles sèches et les tiges défleuries. Évitez de diviser ou de déplacer les touffes de la fritillaire impériale.

Floraison: de mars à mai.

Variétés/Espèces du jardin au naturel: œuf-de-pintade ou méléagre ou *F. meleagris*, fritillaire impériale ou *F. imperialis*, *F. pallidiflora*.

Maladies et parasites: limaces, criocères.

Glaïeul

Gladiolus spp.

Les grands glaïeuls aux épis immenses et aux tiges raides sont surtout cultivés pour la fleur coupée. Les glaïeuls de petite et moyenne taille, plus faciles à intégrer dans les massifs, sont davantage utilisés dans les jardins au naturel. Les glaïeuls botaniques, quant à eux, bénéficient d'un port souple et s'associent très bien aux plantes de rocaille; le glaïeul d'Abyssinie arbore des fleurs blanches tachées de pourpre, qui sont très parfumées.

Hauteur: 70 cm-1,5 m.

Étalement: 10-25 cm.

Sol: tout type de sol frais en été, mais bien drainé, profond et fertile.

Exposition: soleil, à l'abri du vent pour les grands glaïeuls.

Plantation: entre mars et juin, après les grands froids, à 10 cm de profondeur et 15-20 cm de distance pour le glaïeul papillon, à 8 cm de profondeur et de distance pour le glaïeul d'Abyssinie.

Entretien: tuteurez les grands glaïeuls dès la plantation. Fertilisez en début d'été. Coupez les tiges défleuries à la base. À l'exception du glaïeul de Byzance, qui supporte jusqu'à – 10 °C, arrachez tous les bulbes avant les gelées en climats continental et montagnard. Coupez les tiges, laissez sécher quelques jours, puis conservez les bulbes dans du sable presque sec, dans un local à l'abri du gel.

Floraison: de juillet à octobre, selon les espèces.

Variétés/Espèces du jardin au naturel: glaïeul d'Abyssinie ou *G. callianthus*, glaïeul de Byzance ou *G. communis* ssp. *byzantinus*, glaïeul papillon (variétés à fleurs ondulées, bicolores ou tricolores, 80 cm).

Maladies et parasites: pucerons, thrips. Voir la liste complète p. 427.

▶▶▶ **Dahlia:** voir p. 326-327

Hémérocalle

Hemerocallis spp.

L'hémérocalle, ou lis d'un jour, attire les papillons, les abeilles et autres insectes utiles. De plus, ses fleurs sont comestibles. La plante se plaît dans tous types de jardins, y compris ceux en bord de mer, car elle résiste à la sécheresse et son feuillage fait un bon couvre-sol. Ses fleurs en entonnoirs ne s'épanouissent qu'un jour ou deux seulement, mais elles se renouvellent durant plusieurs semaines, voire des mois. Si leurs tons sont le plus souvent jaunes, orange ou rouges, les nouveaux hybrides offrent une vaste palette de couleurs.

Hauteur: 40 cm-1 m.

Étalement: 40 cm-1 m.

Sol: tout type de sol bien drainé, même acide.

Exposition: soleil.

Plantation: en septembre ou en février-mars. Installez les plants vendus en godets comme des vivaces, les rhizomes à 15 cm de profondeur.

Entretien: inutile d'arroser, sauf l'été suivant la plantation. Coupez à la base les tiges défleuries. Attendez la fin de l'hiver pour couper les feuilles sèches à la base. En septembre, divisez les touffes trop denses ou trop encombrantes.

Floraison: de juin à septembre.

Variétés/Espèces du jardin au naturel: *H. flava* (fleurs jaunes, parfumées), *H. citrina* (fleurs jaune clair, parfumées, feuillage fin), 'Stella de Oro' (très longue floraison jaune d'or).

Maladies et parasites: généralement aucun.

Jacinthe

Hyacinthus spp.

Vous ne trouverez pas d'espèces sauvages de jacinthe, mais des variétés issues de *Hyacinthus orientalis*, connues pour leur floraison précoce en grappes denses de fleurs cireuses, très parfumées. Pour compenser l'aspect un peu figé des fleurs, entourez les jacinthes de petits bulbes d'aspect plus naturel, comme les narcisses, qui semblent en outre éloigner les campagnols, friands des bulbes de jacinthe. Lorsqu'elles sont laissées en place plusieurs années, les jacinthes donnent des grappes moins fournies.

Hauteur: 20-25 cm.

Étalement: 10 cm.

Sol: tout type de sol bien drainé, de préférence léger, frais au printemps.

Exposition: soleil ou mi-ombre.

Plantation: en automne, à 10 cm de profondeur et 15 cm de distance. Si le sol est plutôt lourd, glissez une poignée de sable grossier sous chaque bulbe pour un meilleur drainage.

Entretien: coupez à la base les grappes défleuries, mais laissez le feuillage poursuivre son développement. Supprimez les feuilles jaunies. Il est inutile d'arracher les bulbes de jacinthe, une fois le feuillage jauni, pour les replanter en automne, car la floraison suivante n'est pas plus belle pour autant.

Floraison: en mars-avril.

Variétés/Espèces du jardin au naturel: 'Delft Blue' (bleu clair), 'Carnegie' (blanc pur), 'Woodstock' (rouge foncé), 'City of Harlem' (jaune clair).

Maladies et parasites: campagnols.

Jacinthe des bois

Hyacinthoides non-scripta

Au jardin, la jacinthe des bois, ou jacinthe sauvage, égaie le pied des arbres et des arbustes au feuillage léger de ses grappes de clochettes bleues à violettes, plus rarement blanches à roses, subtilement odorantes. C'est une plante indigène de nos sous-bois, visitée par les abeilles et les bourdons au début du printemps. D'aspect beaucoup plus naturel que les jacinthes horticoles, aux grappes denses et cireuses, la jacinthe des bois peut être plantée en grands groupes dans un coin sauvage du jardin.

Hauteur: 20-40 cm.

Étalement: 8-10 cm.

Sol: frais, mais bien drainé, riche en humus.

Exposition: mi-ombre.

Plantation: en automne, à 8-10 cm de profondeur.

Entretien: aucun, à part la suppression des feuilles sèches. Vous pouvez enlever les grappes de fleurs fanées ou laisser ces jacinthes sauvages se ressemer toutes seules. Inutile, surtout, d'arracher les bulbes qui s'installent durablement et se multiplient au pied des arbres et arbustes.

Floraison: de mars à mai.

Variétés/Espèces du jardin au naturel: jacinthe des bois ou *H. non-scripta*, syn. *Scilla nutans* ou *Endymion non-scripta*, scille campanulée ou *H. hispanica*, syn. *Endymion hispanicus* (fleurs blanches, roses ou bleu pâle).

Maladies et parasites: généralement aucun.

▶▶▶ **Iris:** voir p. 328-329

Les dahlias

Les dahlias (*Dahlia* spp.) représentent un grand groupe de plantes bulbeuses à la diversité impressionnante, entre les miniatures (20 à 30 cm de hauteur) et les géants (près de 2 m), les fleurs simples, les fleurs en pompons ou en cactus ébouriffés... Ils n'ont pas leur pareil pour embellir le jardin en fin de saison, jusqu'en octobre, dans une éclatante palette de couleurs. Les dahlias aiment le soleil ou l'ombre légère. Ils se plaisent dans un sol fertile, bien drainé, mais demeurant frais en été. Les variétés à fleurs simples sont visitées par les insectes pollinisateurs et les papillons.

Dahlias 'Yellow Hammer'.

Plantation

Les dahlias, qui se développent à partir de tubercules (des racines renflées servant d'organe de réserve) sont faciles à cultiver et fleurissent en abondance. Cependant, originaires du Mexique, ils ne supportent pas les gelées sévères. Plantez les tubercules quand les grands froids sont passés, dès fin mars sous climats méditerranéen ou océanique, dès fin avril sous climats montagnard ou continental.

Que vous plantiez des tubercules achetés récemment ou des tubercules conservés au sec en hiver, assurez-vous qu'ils ne sont ni mous (signe de pourriture), ni ridés et desséchés. Préparez un trou un peu plus large que le tubercule, d'une profondeur telle que son sommet (la base des tiges) soit à 8 à 10 cm sous la surface du sol. Placez le tubercule dans le trou de telle façon qu'il repose bien sur la terre du fond, sans poche d'air. Couvrez de terre, tassez, formez une petite cuvette pour faciliter l'arrosage, puis arrosez copieusement. Un apport de compost ou de fumier bien décomposé, mélangé à la terre du fond du trou de plantation, favorise une croissance vigoureuse. Si le printemps est sec, arrosez une ou deux fois par semaine pour stimuler la croissance des tiges.

Si vous groupez vos dahlias, espacez-les de 30 cm environ pour les nains, de 40 à 60 cm pour les plus grands.

Entretien, maladies et parasites

Maintenez les grands dahlias avec des tuteurs solides pour éviter que les tiges ne cassent sous un coup de vent ou lors d'un orage. Mettez-les en place au moment de la plantation pour ne pas blesser les tubercules ensuite.

Fertilisez en début d'été. Durant les périodes estivales chaudes et sèches, surtout si le sol est bien drainé et sableux, quelques arrosages copieux viendront soutenir la floraison.

Les dahlias se multiplient principalement par division des tubercules, juste avant la plantation,

C'EST MALIN

Pour profiter de vos fleurs plus longtemps

Voici quelques conseils pour profiter le plus longtemps possible de la floraison des dahlias.

Supprimez régulièrement les fleurs fanées et cueillez des fleurs, ce qui stimule la formation de nouveaux boutons floraux.

Préférez les variétés à petites fleurs, car ce sont celles qui fleurissent le plus longtemps.

Sous climats montagnard ou continental, « démarrez » les tubercules dès fin mars ou début avril en les plaçant temporairement dans des pots remplis de terre légère et humide. Installez ces pots dehors, en situation abritée, quand le temps est doux, mais rentrez-les si le gel menace. Ils formeront ainsi de nouvelles pousses et de fines racines avant la plantation, prenant un peu d'avance pour la floraison estivale !

EN SAVOIR PLUS

À semer comme des annuelles

Vous trouverez en jardinerie des graines de dahlias. Elles donnent des dahlias dits à massif, de 20 à 80 cm de hauteur, à fleurs simples ou semi-doubles, dans des coloris unis.

Semez en mars, au chaud dans une mini-serre, puis repiquez les jeunes plants individuellement lorsqu'ils ont trois ou quatre feuilles.
Attendez pour les mettre en place au jardin qu'ils soient bien développés et que tout risque de gel soit passé (avril sous climats méditerranéen ou océanique, courant mai en climats continental et montagnard).
Ces dahlias se comportent ensuite comme tous les autres et possèdent donc un tubercule que vous arracherez en automne, pour le protéger du gel.

Dahlia 'Bishop of Llandaff'.

Dahlia 'Dark Spirit'.

à condition que chaque éclat possède au moins un ou deux départs de tiges. Le semis est possible (voir encadré ci-dessus).
Escargots, limaces, punaises et hannetons sont friands des jeunes pousses de dahlias. Protégez-les donc tout particulièrement dans les semaines suivant la plantation. En période chaude et sèche, il existe un risque d'apparition d'oïdium et, en atmosphère très humide, un risque de pourriture grise (botrytis). Les dahlias sont également touchés par les mineuses foliaires et les tétranyques tisserands.

L'arrachage des tubercules en automne

Sous climats continental et montagnard, arrachez les tubercules de dahlias aux premières gelées, lorsque le feuillage jaunit puis noircit. Sachez qu'ils peuvent résister jusqu'à – 10 °C avec un épais paillis. Sous climats océanique doux ou méditerranéen, les dahlias peuvent rester en place, au besoin protégés par un paillis de feuilles sèches. Choisissez de préférence un jour de temps sec pour l'arrachage. Pour extraire les tubercules, ne tirez pas sur la base des tiges, mais soulevez toute la motte à la fourche-bêche. Éliminez le plus possible de terre autour des tubercules et coupez les tiges à 10 cm de la base.
Laissez sécher les tubercules un jour ou deux avant de les ranger dans des cageots ou cartons, sans oublier d'étiqueter les variétés (ou couleurs !). Gardez-les dans un local sombre, frais mais hors gel, pas trop humide pour éviter les risques de pourriture. Vous les replanterez l'année suivante.

ZOOM SUR

De bons choix pour un jardin au naturel

Pour attirer les insectes butineurs au jardin, privilégiez les dahlias à fleurs simples, petits ou grands, qui s'intègrent mieux que les gros dahlias doubles.

Dans les massifs, installez-les au printemps parmi les vivaces, autres bulbeuses et arbustes, au premier plan pour les dahlias nains, en milieu ou fond de massif pour les plus grands.

- Dahlias mignons, fleurs simples, comme 'Yellow Hammer' (fleurs jaunes, feuillage bronze, hauteur 60 cm).
- Dahlias à fleurs de pivoine, semi-doubles, comme 'Bishop of Llandaff' (fleurs rouge vif, feuillage pourpre foncé, hauteur 1,1 m).
- Dahlias à collerette, fleurs simples à collerette de petits pétales, comme 'Clair de lune' (fleurs jaune pâle, hauteur 1 m).
- Dahlias décoratifs, fleurs doubles, intermédiaires entre pompons et cactus, comme 'Offshore Dream' (fleurs rose dragée, hauteur 1,2 m).
- Dahlias pompons, fleurs doubles, sphériques et régulières, comme 'Dark Spirit' (fleurs grenat foncé, hauteur 1 m).

Les iris

Les espèces se comptent par centaines, les variétés par milliers... mais les iris (*Iris* spp.) sont aisément reconnaissables à leurs feuilles dressées, raides, et à leurs fleurs caractéristiques. Celles-ci comptent trois sépales étalés ou pendants, souvent ornés de crêtes ou barbes colorées, et trois pétales dressés ou étalés, généralement plus petits. Les formes et couleurs remarquables de ces fleurs attirent les insectes butineurs, leur offrant une véritable piste d'atterrissage ! L'organe de réserve à partir duquel se développent les iris est, selon les espèces, un rhizome (tige souterraine renflée) ou un bulbe. Les iris rhizomateux, barbus et non barbus, ainsi que les iris bulbeux ont besoin de soleil, d'un sol bien drainé, neutre à calcaire, jamais humide. Les iris de sol humide, eux, se plaisent dans les terrains humides, riches en humus, neutres à légèrement acides.

EN SAVOIR PLUS

Diviser et déplacer les rhizomes

Les rhizomes des iris des jardins finissent, au fil des années, par être trop serrés et fleurir moins bien. Tous les quatre ou cinq ans environ, il est bon d'extraire les touffes pour les nettoyer, les diviser et replanter les éclats à un autre emplacement. C'est une excellente façon de rajeunir les iris et de stimuler la floraison !

Procédez à cette division entre mi-juillet et fin août. Utilisez la fourche-bêche pour extraire les touffes de rhizomes sans les blesser. Éliminez la terre et les racines d'autres plantes ou mauvaises herbes autour des rhizomes, puis coupez des fragments de rhizomes, là où ils sont rétrécis. Ne conservez que les plus beaux fragments, bien renflés et porteurs de plusieurs feuilles et racines. Recoupez les feuilles à mi-hauteur et plantez aussitôt ces éclats à un autre emplacement.

Plantation

Iris rhizomateux barbus : plantez-les entre mai et août. Préparez un trou de plantation large et peu profond, car le rhizome doit être posé presque à plat, les racines étalées et la face supérieure affleurant hors du sol. Couvrez les racines de terre, tassez et arrosez. Espacez les rhizomes en fonction de la hauteur des variétés choisies, de 20 à 25 cm pour les miniatures à 40 à 50 cm pour les plus grands iris.

Iris rhizomateux non barbus : plantez les iris *I. unguicularis* en automne ou au printemps, à 2 à 3 cm de profondeur et 15 cm de distance. Plantez les iris de sol humide en automne ou au printemps. Espacez les rhizomes d'environ 40 cm et couvrez-les de 3 à 5 cm de terre. Dans le cas d'une plantation d'automne surtout, un paillis de matière organique aura un rôle protecteur durant le premier hiver. Si vous plantez au printemps, arrosez régulièrement jusqu'à la reprise de la croissance.

Iris bulbeux : plantez-les en début d'automne (septembre ou octobre), comme les bulbes à floraison

Iris 'Sun Miracle'.

Iris unguicularis.

Iris reticulata.

EN SAVOIR PLUS

Précautions à prendre

À surveiller
Les escargots et limaces s'attaquent parfois au feuillage de certains iris, les iris bulbeux nains en particulier. Plus grave, l'hétérosporiose (taches foliaires) est une maladie assez fréquente chez les iris des jardins, qui se manifeste sous forme de taches huileuses puis sèches, cerclées de rouge ou de brun, sur les feuilles. Les feuilles atteintes sèchent entièrement. Dès l'attaque du champignon responsable, coupez les feuilles à la base afin de limiter la progression de la maladie. Les iris peuvent aussi être infestés de galéruques et de criocères.

Iris laevigata se plaît dans les sols humides au bord des bassins.

printanière. Espacez les bulbes de 5 cm pour les plus petits, comme *Iris reticulata*, à 10 à 12 cm pour les plus grands. Placez les bulbes à une profondeur égale à deux fois leur hauteur, en sol très bien drainé, au soleil.

Entretien

Les iris sont des plantes qui ne demandent guère de soins dès lors que vous les plantez dans des conditions qui leur conviennent. Coupez les fleurs fanées, puis le feuillage lorsqu'il jaunit et sèche en fin de saison. Les principales interventions d'entretien se limitent à un désherbage de temps à autre, pour éviter que des plantes ne s'installent au sein des touffes de rhizome.

ZOOM SUR

De bons choix pour un jardin au naturel

Les jardiniers et horticulteurs distinguent les espèces et variétés d'iris en trois grandes catégories.

Iris rhizomateux barbus : appelés aussi iris des jardins, ce sont les plus connus, avec leurs sépales barbus retournés vers le bas. Ils fleurissent entre avril et juin dans une vaste palette de teintes. Utilisez-les dans les massifs ensoleillés comme sur un talus sec difficile à coloniser, en bordure d'allée ou dans un coin sauvage du jardin. Plantez-les en groupes pour de beaux effets fleuris. Selon les variétés, ils atteignent de 30 cm à plus de 1 m de haut, comme 'Bold Print' (fleurs blanc et pourpre, 60 cm), 'Joli Cœur' (fleurs blanc et rose, 90 cm) ou 'Sun Miracle' (fleurs jaune vif, 1 m).

Iris rhizomateux non barbus : ils comprennent différents groupes, comme les tout petits *Iris unguicularis*, qui fleurissent entre l'automne et le printemps, mais aussi les iris de sol humide, croissant au bord de l'eau, dont font partie les iris de Sibérie (*I. sibirica*) et les *I. laevigata*, qui fleurissent entre avril et juin. Ces iris sont des candidats parfaits pour une plantation en bordure de bassin ou ruisseau.

Iris bulbeux : ils fleurissent entre l'hiver et la fin du printemps et sont le plus souvent de petite taille, comme les *Iris reticulata*. Installez-les en bordure d'un massif ou d'un dallage, au pied d'un mur chaud ou bien dans la rocaille.

Lis

Lilium spp.

Les grandes fleurs en trompette ou en turban des lis sont spectaculaires au jardin. Entourez-les de vivaces au port souple, qui masqueront leurs tiges raides. Une fois plantés, les lis botaniques fleurissent pendant des années avec un entretien minime, à la différence des hybrides, moins durables. Les fleurs sont visitées par les papillons.

Hauteur: 60 cm-1,5 m.

Étalement: 15-25 cm.

Sol: frais, mais bien drainé, fertile, plutôt acide. Le lis de la Madone, lui, préfère les sols calcaires.

Exposition: soleil ou mi-ombre, situation abritée du vent pour les grands lis.

Plantation: de mars à juin pour les lis asiatiques, en fin d'été ou en début d'automne pour les autres lis, à une profondeur égale à deux fois la hauteur du bulbe, sauf pour le lis de la Madone, à planter juste sous la surface du sol. Espacez les bulbes de 15-20 cm.

Entretien: tuteurez les grands lis. Arrosez en période estivale sèche. Coupez les tiges sèches en fin de saison.

Floraison: en juin-juillet pour le lis de la Madone, de juillet à septembre pour les autres lis.

Variétés/Espèces du jardin au naturel: lis martagon ou *L. martagon* (fleurs roses), lis de la Madone ou *L. candidum* (fleurs blanches, parfumées), lis de Henri ou *L. henryi* (fleurs orange, avec des points noirs).

Maladies et parasites: criocères du lis, pucerons, limaces, rongeurs.

Montbrétia

Crocosmia spp.

Le montbrétia, ou crocosmia, rappelle le glaïeul par la forme de ses fleurs, mais avec une silhouette plus souple et plus naturelle. Les épis arqués se déclinent selon les espèces et variétés en couleurs chaudes, jaune, orangé à rouge, à associer par exemple à des feuillages argentés, des floraisons blanches ou jaunes. Une fois installé, le montbrétia ne craint pas la sécheresse estivale et se plaît particulièrement en bord de mer.

Hauteur: 50 cm-1 m.

Étalement: 10-15 cm.

Sol: tout type de sol frais, bien drainé, voire un peu sec, pas trop fertile.

Exposition: situation abritée dans les régions aux climats continental et montagnard, soleil ou mi-ombre dans les autres régions.

Plantation: de mars à juin (après les gelées dans les régions aux climats continental et montagnard), à 8-10 cm de profondeur et à 10-15 cm de distance.

Entretien: coupez à la base les épis fanés. Protégez la souche d'un épais paillis (15-20 cm) de feuilles sèches chaque année dans les régions aux climats continental et montagnard, le premier hiver dans les autres régions.

Floraison: de juillet à septembre.

Variétés/Espèces du jardin au naturel: 'Solfatare' (fleurs jaune soufre, feuillage bronze), 'Lucifer' (fleurs rouge vif, résistant à la sécheresse), *C.* x *crocosmiiflora* (fleurs jaune orangé, le plus rustique et robuste).

Maladies et parasites: généralement aucun.

Muscari

Muscari spp.

On reconnaît les muscaris à leurs grappes denses de petites fleurs bleues dont le tube, court, est souvent resserré à son extrémité. Ces fleurs sont visitées par les insectes pollinisateurs, y compris les abeilles. À la différence de la plupart des bulbes à floraison printanière, le muscari entre en végétation peu après la plantation du bulbe, formant dès l'automne une touffe de feuilles charnues qui sèchent progressivement après la floraison. C'est un petit bulbe facile à installer durablement dans un jardin, en bordure d'allée ou de massif, dans une pelouse ou une prairie, sous des arbustes au feuillage léger et caduc.

Hauteur: 15-20 cm.

Étalement: 5 cm.

Sol: tout type de sol bien drainé, pas trop sec.

Exposition: soleil. Supporte une ombre légère en été (feuillages caducs).

Plantation: en automne, à 8-10 cm de profondeur et à 5-8 cm de distance, de préférence en groupes d'au moins sept à neuf bulbes.

Entretien: supprimez le feuillage une fois qu'il a entièrement jauni à la fin du printemps. Divisez les touffes denses peu après la floraison, en conservant au moins cinq à six bulbes par éclat de touffe.

Floraison: en avril-mai.

Variétés/Espèces du jardin au naturel: muscari à toupet ou *M. comosum* (fleurs violettes), *M. armeniacum* (fleurs bleu vif, à liseré blanc), *M. latifolium* (fleurs bleu-violet et bleu pâle).

Maladies et parasites: généralement aucun.

▶▶▶ **Narcisse:** voir page ci-contre.

Les narcisses

Si les narcisses (*Narcissus* spp.), aussi appelés jonquilles, figurent parmi les plantes bulbeuses les plus répandues dans les jardins, ce n'est pas un hasard. Une fois plantés, ils refleurissent chaque année, se naturalisent et ne demandent quasiment aucune attention de la part du jardinier... Ce sont en outre des plantes résistantes, sans parasites ou maladies spécifiques. Installez les narcisses au soleil ou à mi-ombre, en tout type de sol ordinaire, bien drainé et frais au printemps. C'est encore mieux si le sol est profond (à grande profondeur de terre meuble) et fertile. Les fleurs à dominante jaune vif attirent les insectes, qui y trouvent pollen et nectar. Attention, le contact de la sève ou des bulbes peut déclencher des allergies cutanées.

Plantation

Les narcisses sont des plantes bulbeuses qui fleurissent de février à mai, selon les espèces et variétés.

EN SAVOIR PLUS

Pour éloigner les campagnols

Les bulbes des narcisses semblent avoir un effet répulsif sur les campagnols, aussi plantez-les parmi des astrances, phlox de Drummond, tulipes... fréquemment attaqués par ce petit rongeur.

Mettez les bulbes en place en septembre ou octobre. Groupez les bulbes par cinq ou sept au moins, pour un bel effet fleuri, en les espaçant de 5 à 10 cm selon leur diamètre. Placez le bulbe à une profondeur égale à une fois et demie à deux fois sa hauteur, pointe vers le haut. Inutile d'arroser ou de mettre du compost.

Entretien

Vous pouvez supprimer les fleurs fanées, mais attendez que le feuillage ait jauni avant d'éliminer les feuilles,

Groupez les narcisses pour un plus bel effet.

car ce sont elles qui assurent la reconstitution des réserves nutritives du bulbe pour la floraison prochaine ! Dans une pelouse, ne prévoyez pas de tonte ou fauche avant le jaunissement du feuillage. Lorsque les touffes paraissent trop denses ou fleurissent moins, divisez-les après la floraison (voir p. 160).

ZOOM SUR

De bons choix pour un jardin au naturel

Tenez compte de la taille des narcisses pour choisir leur emplacement, les plus grands (40 cm) dans les massifs, les plus petits (10-15 cm) dans la rocaille, ceux de taille moyenne (20-30 cm) en lisière ou dans une prairie sauvage... Évitez les variétés à fleurs doubles, qui supportent mal les intempéries et dont les tiges ont tendance à se coucher sous le poids des fleurs.

- Narcisse des poètes (*Narcissus poeticus*) : espèce attirant les pollinisateurs (fleurs blanches très parfumées, à petite couronne jaune avec un liseré rouge). Intéressant à planter sous des arbres fruitiers pour favoriser la pollinisation.
- Narcisse 'Geranium' : une valeur sûre pour les massifs, multiflore – plusieurs fleurs par tige (fleurs blanc pur, à couronne orangée).
- Narcisse 'February Gold' : l'un des premiers à fleurir (fleurs jaune clair, à longue trompette jaune d'or). Il se naturalise rapidement.
- Narcisse 'Hawera' : un petit narcisse multiflore (jaune citron), lumineux, à planter en bordure ou en rocaille.
- *Narcissus cyclamineus* : l'un des plus petits (fleurs jaune vif, à longue couronne et pétales rabattus vers l'arrière).

C'EST MALIN

En bouquets

La sève des narcisses renferme une substance qui fait rapidement faner les autres fleurs. Une astuce pour éviter cet inconvénient : faites tremper la base des tiges des narcisses dans l'eau pendant vingt-quatre heures avant de composer votre bouquet.

Nérine

Nerine spp.

Les bouquets de grandes trompettes rose vif des nérines réveillent un massif en automne et accompagnent avantageusement les asters et les feuillages flamboyants de certains arbustes. C'est sous un climat océanique ou méditerranéen, en plein soleil et dans un sol très bien drainé, qu'elles sont le plus faciles à cultiver, ne demandant aucun soin une fois les bulbes plantés.

Hauteur: 50-60 cm.

Étalement: 10 cm.

Sol: léger et bien drainé, même sec et/ou peu fertile. L'humidité hivernale est fatale aux bulbes.

Exposition: soleil.

Plantation: entre mi-août et mi-septembre, de préférence au pied d'un mur chaud sous climats continental ou montagnard. Sous un climat océanique ou méditerranéen, placez les bulbes, pointe vers le haut, juste sous la surface du sol. Sous climats continental ou montagnard, enterrez-les à 10 cm pour les protéger du froid. Espacez-les de 10-15 cm.

Entretien: supprimez les fleurs fanées en coupant les tiges près du sol. Laissez le feuillage jaunir et sécher naturellement avant de le couper à la base. Si nécessaire, sous climats continental ou montagnard, protégez en octobre par un épais paillis.

Floraison: en octobre, jusqu'en novembre en bord de mer.

Variétés/Espèces du jardin au naturel: *N. bowdenii* (la plus rustique, fleurs roses), *N. sarniensis* (craint les gelées sévères, floraison orangée à rouge écarlate), *N. flexuosa* 'Alba' (craint les gelées sévères, fleurs blanches).

Maladies et parasites: escargots, limaces.

Nivéole

Leucojum spp.

Ressemblant à des perce-neige géants, les nivéoles se déclinent en deux groupes: la nivéole de printemps, qui offre dès le mois de mars ses grosses clochettes blanches à pointe verte aux premiers bourdons et abeilles, et la nivéole d'été, qui fleurit en mai sur des tiges plus longues, en grappes de clochettes similaires. Toutes deux constituent d'excellents bulbes à naturaliser en sol frais, même au bord d'une pièce d'eau pour la nivéole de printemps. Attention, les bulbes sont toxiques en cas d'ingestion.

Hauteur: 25 cm (nivéole de printemps), 40-50 cm (nivéole d'été).

Étalement: 10-15 cm.

Sol: frais, mais bien drainé, riche en humus.

Exposition: soleil de préférence, mi-ombre tolérée.

Plantation: en automne, à 8-10 cm de profondeur et de distance.

Entretien: coupez les fleurs fanées ou laissez-les sur pied pour favoriser le semis spontané. Attendez pour supprimer le feuillage qu'il soit sec. Laissez les bulbes en place pour qu'ils se naturalisent et se multiplient au fil des années.

Floraison: en mars pour la nivéole de printemps, en mai pour la nivéole d'été.

Variétés/Espèces du jardin au naturel: nivéole de printemps ou *L. vernum*, nivéole d'été ou *L. aestivum*.

Maladies et parasites: escargots, limaces.

Ornithogale

Ornithogalum spp.

Se naturalisant facilement en bordure de pelouse ou de prairie comme sous des arbustes au feuillage léger, les ornithogales, aussi appelées dames-d'onze-heures, sont des plantes bulbeuses tout indiquées pour un jardin au naturel. Leur floraison printanière attire les insectes pollinisateurs, abeilles, syrphes et papillons notamment. Elles fleurissent en grappes dressées de fleurs blanches à crème, souvent rayées ou teintées de vert, étoilées. Entourez-les de vivaces et de couvre-sol qui masqueront le feuillage jaunissant et occuperont l'espace durant l'été, lorsque les ornithogales auront disparu.

Hauteur: 10-80 cm, selon les espèces.

Étalement: 5-15 cm.

Sol: tout type de sol léger, bien drainé.

Exposition: soleil ou mi-ombre.

Plantation: en automne (de septembre à novembre), en plaçant les bulbes à 10 cm de profondeur et à 10-15 cm de distance.

Entretien: pour ainsi dire aucun! Coupez les tiges défleuries à la base, puis attendez pour supprimer le feuillage qu'il ait naturellement jauni en été.

Floraison: d'avril à juin, selon les espèces.

Variétés/Espèces du jardin au naturel: *O. nutans* (avril-mai, fleurs blanches, vertes au revers), épi-de-la-Vierge ou *O. pyrenaicum* (juin, fleurs jaune pâle), dame-d'onze-heures syn. étoile-de-Bethléem ou *O. umbellatum* (juin, fleurs blanches rayées de vert).

Maladies et parasites: généralement aucun.

Perce-neige

Galanthus spp.

Inutile de présenter le perce-neige, dont les petites fleurs blanches annoncent aux jardiniers que l'hiver touche à sa fin ! Ces fleurs émergeant parfois à peine du tapis neigeux sont aussi appréciées par les premiers insectes pollinisateurs, avides de nectar ; ils les repèrent aux petites taches vertes des pétales internes ainsi qu'aux pétales externes, légèrement odorants. Le perce-neige trouve sa place dans un jardin au naturel, en touffes qui s'étalent spontanément au fil des années, au pied d'une haie, sous des arbres ou arbustes à feuillage caduc, en bordure d'allée ou dans une pelouse.

Hauteur : 10-20 cm.

Étalement : 5-8 cm.

Sol : frais, mais bien drainé, de préférence riche en humus.

Exposition : mi-ombre.

Plantation : en automne pour les bulbes, à planter à 3-5 cm de profondeur et à 4-6 cm de distance, en groupes d'au moins sept à neuf sujets ; ou bien en fin de floraison, avant que le feuillage ne sèche, pour une plantation d'éclats de touffes (petits groupes de bulbes avec feuilles et motte de terre) prélevés chez des voisins ou amis jardiniers.

Entretien : éliminez le feuillage une fois sec (vous pouvez aussi le laisser se décomposer sur place). Divisez les touffes denses après la floraison. Replantez aussitôt les éclats, comprenant au moins cinq à sept bulbes avec leurs feuilles.

Floraison : en février-mars.

Variétés/Espèces du jardin au naturel : perce-neige commun ou *G. nivalis* 'Flore Pleno' (fleurs doubles), perce-neige géant ou *G. elwesii* (hauteur 15-20 cm).

Maladies et parasites : pourriture grise.

Scille

Scilla spp.

Proches des jacinthes, souvent plus petites et à floraison plus légère, les scilles sont des plantes bulbeuses printanières à la lumineuse floraison bleu violacé. Plantez les petites scilles de Sibérie en groupes sous des feuillages légers ou en bordure de massifs. Plus grande et moins rustique que les précédentes, la scille du Pérou déploie à la fin du printemps ses grappes coniques bleu pourpré.

Hauteur : 10-20 cm (petites scilles), 30-40 cm (scille du Pérou).

Étalement : 5 cm (petites scilles), 10-12 cm (scille du Pérou).

Sol : frais, mais bien drainé, si possible riche en humus.

Exposition : soleil non brûlant ou mi-ombre, sous des feuillages caducs assurant ainsi une lumière vive en fin d'hiver, période de croissance de la scille.

Plantation : de septembre à novembre, à 5 cm de profondeur et de distance pour la scille de Sibérie et *Scilla bifolia*, à 10 cm de profondeur et de distance pour la scille du Pérou.

Entretien : coupez après la floraison les tiges florales de la scille du Pérou. Attendez que le feuillage jaunisse complètement pour le supprimer. Sous climats continental ou montagnard, paillez en automne pour protéger la scille du Pérou.

Floraison : en mars-avril pour les petites scilles, en mai pour la scille du Pérou.

Variétés/Espèces du jardin au naturel : scille de Sibérie ou *S. siberica*, *S. bifolia*, scille du Pérou ou *S. peruviana* syn. *Oncostema peruviana*.

Maladies et parasites : généralement aucun.

Sternbergia

Sternbergia lutea

Précieux petit bulbe à floraison d'automne, le sternbergia est parfois appelé vendangeuse jaune, car il fleurit au moment des vendanges dans les régions méridionales, où on le trouve à l'état sauvage. Ses grandes fleurs de crocus jaune d'or sont pollinisées par les insectes. Ses feuilles étroites, vert foncé, se développent simultanément. Plantez-le en groupe dans une rocaille, en bordure d'allée ou de dallage, dans des emplacements bien drainés où vous profiterez de sa généreuse floraison.

Hauteur : 15 cm.

Étalement : 8-10 cm.

Sol : impérativement bien drainé, même peu fertile et sec. En sol frais, froid et humide en hiver, les bulbes pourrissent et disparaissent rapidement ; ils craignent l'humidité plus que le gel en hiver.

Exposition : soleil.

Plantation : en avril-mai, à 10 cm de distance (les bulbes sont petits, mais ils se multiplient rapidement une fois en terre) et à 12-15 cm de profondeur.

Entretien : le feuillage sèche en fin d'hiver ; repérez bien l'emplacement des bulbes pour ne pas les blesser lors des binages et griffages en été. En été, divisez les touffes trop denses tous les cinq ans environ.

Floraison : en septembre-octobre.

Variétés/Espèces du jardin au naturel : seule l'espèce type est couramment cultivée.

Maladies et parasites : pourriture en conditions trop humides.

▸▸▸ **Tulipe :** voir p. 334-335

Les tulipes

Les tulipes (*Tulipa* spp.) se déclinent en une gamme infinie de variétés, à fleurs simples ou doubles, en coupe ou en fleur de lis, frangées et panachées telles les tulipes perroquets... Celles à fleurs simples, à floraison printanière, sont visitées par les insectes pollinisateurs, dès le mois de mars pour les plus précoces (hâtives) et jusqu'en mai pour les plus tardives. Si les tulipes horticoles ont été sélectionnées pour leur aptitude à pousser dans nos jardins, elles demandent une situation ensoleillée, tout comme les tulipes botaniques, et un sol bien drainé, de préférence fertile, pour fleurir généreusement. En sol humide et/ou à l'ombre, les bulbes ne fleurissent que peu ou pas du tout. Les tulipes ne connaissent pas de parasites ou maladies hormis les viroses, assez rares.

Horticoles et botaniques

Tulipes horticoles (ou tulipes à grandes fleurs) : ce sont les tulipes « classiques », avec une tige dressée assez longue (25 à 50 cm) et une fleur généralement unique et de grande taille.

Tulipes dites botaniques : elles sont beaucoup plus proches des espèces sauvages d'origine. Leurs tiges sont courtes (10 à 25 cm) et elles portent souvent plusieurs fleurs assez petites.

Plantation

Dans leur habitat naturel, les tulipes sauvages se développent en climat chaud, en particulier en Asie centrale et au Moyen-Orient. Mettez les bulbes en terre entre septembre et novembre, en sachant qu'une plantation tardive retarde la floraison la première année. Installez-les à 15 cm de profondeur environ pour les tulipes horticoles, soit deux fois leur hauteur. Enterrez les petits bulbes des tulipes botaniques à une profondeur égale à deux fois et demie leur hauteur environ. Espacez les bulbes de 5 à 12 cm, selon leur diamètre. Si le sol est sableux, peu fertile, incorporez du compost bien décomposé avant la plantation et plantez les tulipes un peu plus profondément qu'à l'ordinaire.

Entretien

En fin de floraison, coupez les fleurs fanées, mais laissez le feuillage en place jusqu'à ce qu'il soit sec, car ce sont les feuilles qui assurent la reconstitution des réserves du bulbe pour la floraison suivante.
La tradition voulait autrefois que l'on arrache les bulbes de tulipes une fois le feuillage jauni pour les

C'EST MALIN

Pour éloigner les campagnols

Les bulbes des tulipes sont très appréciés par ce petit rongeur. Plantez parmi elles des bulbes de narcisses, qui ont pour effet d'éloigner les campagnols.

Préférez les tulipes à fleurs simples qui attirent les insectes pollinisateurs.

EN SAVOIR PLUS

Précautions à prendre

Les tulipes plantées en sol lourd, un cas particulier

Si la terre de votre jardin est lourde et argileuse, quelques précautions s'imposent au moment de la plantation, faute de quoi les bulbes risquent de pourrir en cas d'humidité hivernale prononcée, avant même de fleurir.

Ne plantez pas trop profondément : 10 à 12 cm suffisent. Faites par ailleurs glisser une poignée de sable grossier sous chaque bulbe, en veillant à ce que celui-ci repose sur le sable, sans poche d'air. Cette couche drainante isole les bulbes de l'humidité naturelle du sol.

EN SAVOIR PLUS

En pot aussi

Sur les balcons, les terrasses et aux abords de la maison, les potées de tulipes sont spectaculaires au printemps. Remplissez pots ou jardinières d'un mélange composé aux trois quarts de terre de jardin assez légère et au quart de sable grossier. Placez les bulbes de tulipes à une profondeur égale à deux fois leur hauteur et glissez éventuellement de petits bulbes (muscaris ou crocus) entre les tulipes, à moindre profondeur. Gardez les pots en situation abritée, sur le balcon ou la terrasse. Après la floraison, replantez aussitôt les bulbes, avec leurs racines et feuilles, au jardin, où ils refleuriront l'année suivante.

Tulipa tarda.

Tulipe 'Carnaval de Nice'.

conserver au sec jusqu'en automne : on pensait que cette pratique assurait une meilleure floraison les années suivantes. L'expérience montre que les bulbes laissés en terre refleurissent de façon similaire, sans différence notable.

La tendance actuelle, notamment dans un jardin au naturel, est d'associer étroitement plantes bulbeuses, vivaces, annuelles, bisannuelles et arbustes dans les massifs. Cette pratique rend l'arrachage des bulbes plus difficile et peu justifié ! Par conséquent, arrachez vos bulbes en automne pour les replanter au printemps seulement si vos tulipes fleurissent moins bien.

Sachez que la division des tulipes est une opération ardue, réalisée par les horticulteurs et difficilement accessible au jardinier amateur. Mieux vaut donc privilégier l'achat de bulbes prêts à être plantés.

ZOOM SUR

De bons choix pour un jardin au naturel

Préférez les fleurs simples ou semi-doubles, pourvues d'étamines qui seront visitées par les insectes butineurs. Les fleurs doubles ne sont d'aucune « utilité » pour les insectes ! Évitez les tiges très longues associées à de grosses fleurs, car elles risquent de casser.

Faites votre choix selon les teintes recherchées et la période de floraison, les premières fleurissant en mars, les dernières en mai.

Tulipes horticoles (tulipes à grandes fleurs) : elles trouvent leur place dans les massifs, en groupes parmi les vivaces et autres plantes bulbeuses, en premier plan devant des arbustes.

- Tulipes simples hâtives, fleurs simples en mars, comme 'Yokohama' (fleurs jaune chaud, hauteur 30 cm).
- Tulipes doubles hâtives, fleurs doubles en avril, comme 'Peach Blossom' (fleurs rose et blanc, hauteur 25 cm).
- Tulipes Triomphe, fleurs simples souvent bicolores, en avril-mai, comme 'Moulin Rouge' (fleurs blanc et rose cerise, hauteur 50 cm).
- Tulipes simples tardives, fleurs simples en mai, comme 'Maureen' (fleurs blanc ivoire, hauteur 40 cm).
- Tulipes doubles tardives ou à fleurs de pivoine, fleurs globuleuses en mai, comme 'Carnaval de Nice' (fleurs blanches striées d'écarlate, hauteur 50 cm).
- Tulipes Fleur de lis, fleurs simples effilées, comme 'Ballerina' (fleurs orange, hauteur 50 cm).
- Tulipes Perroquet, fleurs simples à doubles en mai, irrégulièrement striées, comme 'Apricot Parrot' (fleurs rose abricot et vert clair, hauteur 50 cm).
- Tulipes Kaufmanniana, fleurs simples en mars-avril, tiges courtes, comme 'Princeps' (fleurs écarlate orangé).
- Tulipes Greigii, fleurs simples en mars-avril, jaunes à rouges, comme 'Chaperon rouge' (fleurs rouge carmin, feuillage rayé de pourpre).

Tulipes dites botaniques : elles sont tout indiquées dans un jardin au naturel et refleurissent chaque année, s'installant et se naturalisant. C'est le cas de *T. humilis*, à fleurs roses étoilées en mars-avril, ou de *T. tarda*, à fleurs jaune et blanc en mars-avril.

12

Les légumes et les plantes aromatiques

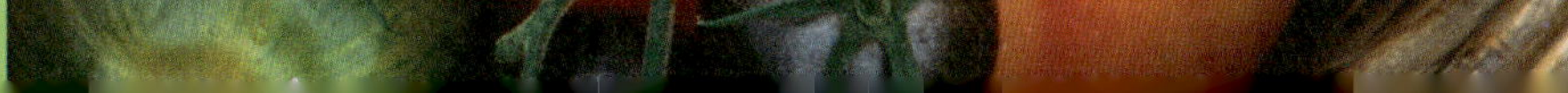

Différents types de légumes

Nous avons choisi, dans cet ouvrage, de répertorier les légumes suivant les organes comestibles de la plante : les légumes dont on consomme les feuilles (chou, salade, épinard...), ceux dont on récolte les fruits (aubergine, concombre, tomate...), ceux dont les fleurs sont comestibles (chou-fleur, artichaut...), ceux cultivés pour leurs tiges, parfois renflées (asperge, chou-rave...), ceux dont on récolte les racines ou organes souterrains (carotte, betterave, navet, pomme de terre...), les légumes-grains (fève, pois, maïs...) et enfin la catégorie des plantes aromatiques et condimentaires (persil, ciboulette, cornichon...).
Sachez qu'il existe de multiples façons de classer les légumes. On peut ainsi procéder par saisons (pour récolte d'été, d'automne...), par modes de culture (en plein air, sous abri), par familles botaniques - brassicacées (chou), solanacées (tomate, piment, aubergine), légumineuses (pois, haricot)-, voire encore par couleurs...

Des intérêts communs

Les légumes de chacune de ces « familles » partagent généralement des modes de culture voisins et, surtout, les mêmes besoins nutritionnels. Des trois éléments de base de l'alimentation des plantes (azote, phosphore et potassium) qui sont apportés au sol par du compost bien décomposé, les légumes-feuilles ainsi que les plantes aromatiques et condimentaires sont surtout avides du premier, l'azote, qui favorise la végétation ; les légumes-grains à gousse, eux, en sont beaucoup moins demandeurs, car leurs racines hébergent une bactérie fixatrice de l'azote du sol. Les légumes-racines consomment davantage de potasse et ne doivent pas être paillés ; quant aux légumes-fruits et aux légumes-tiges, ils apprécient de façon presque équivalente les trois éléments, mais aiment surtout avoir les racines à proximité d'une source de nourriture !

Récolte de mâche dans le potager de René Gondet à Saint-Prix.

C'EST MALIN

Troc entre jardiniers

Vous avez semé de trop grandes quantités de graines et vous vous retrouvez à la tête d'un surplus de plants que vous n'osez pas jeter au compost... Pensez à les échanger avec les jardiniers de votre voisinage. Et faites de même avec les légumes et plantes aromatiques vivaces (topinambour, raifort, thym, oseille, etc.) : lorsque vous divisez une touffe pour la rajeunir, rempotez en godets les éclats de touffes en surplus, entreposez-les dans un coin ombragé du jardin (sans oublier de les arroser), vous en aurez ainsi en stock pour votre prochain « troc de plantes ».

Planter ?

Pour un jardinier débutant, le choix de la plantation est sécurisant. Il paraît souvent plus simple d'acheter des plants de salades et de les repiquer plutôt que de les semer. D'autant que, en achetant des petits plants, vous êtes presque assuré d'une récolte.
Quelques précautions s'imposent néanmoins : la première est de savoir résister à l'appel des premiers beaux jours et aux tablettes garnies des jardineries, qui vous incitent à planter alors que la terre est encore froide et les risques de gel bien réels. Pas de précipitation : attendez pour faire vos plantations que l'atmosphère et la terre de votre jardin se réchauffent, soit vers le début du mois de mai (la floraison du lilas est un bon repère). Une autre

condition pour réussir vos plantations est la qualité des plants : avant de prendre une barquette, vérifiez, en retournant un ou deux godets, que les racines ne sortent pas par le trou situé en dessous, ce qui voudrait dire qu'elles sont trop à l'étroit, d'où une reprise plus aléatoire ; assurez-vous également que le support de culture n'est pas complètement déshydraté. Dans le doute, optez toujours pour les plantes les plus trapues, bien vertes et d'apparence saine, même, et surtout, si elles sont de petite taille – elles auront de meilleures chances de reprise et un développement plus rapide que les plantes plus grandes. Des jeunes plants en bonne santé sont le gage d'une culture plus facile, plus naturelle.
Économe en temps, la plantation est aussi la bonne solution pour qui, très occupé, veut tout de même profiter d'un petit potager naturel.

Semer ?

Cependant, avec l'expérience, le semis s'imposera à vous. La majorité des légumes-racines et des légumes à grains ne sont pas commercialisés en plants. Pour récolter carottes ou haricots, il vous faudra donc passer par le semis. De plus, la gamme des variétés proposée en graines est beaucoup plus riche que celle proposée en plants. Vous aurez ainsi la possibilité de varier les types et variétés pour chaque date de semis (il est très rare de pouvoir panacher les variétés d'une barquette de plants pour varier les formes de feuilles, les goûts et les couleurs). Vous pourrez aussi échelonner librement vos semis en petite quantité, pour des récoltes moins abondantes, mais pendant plus longtemps, ce que le format des barquettes de plants ne facilite pas.
L'aspect financier entre aussi en jeu. Les graines sont plus économiques que les plants : vous pouvez ne semer que quelques graines d'un sachet et le conserver ensuite, bien replié, dans une boîte entreposée au sec. Vous pouvez utiliser les graines

Semis dans un jardin potager.

L'œillet d'Inde, une bonne compagne dans un potager.

pendant trois ou quatre ans sans problème, excepté pour la mâche (un an) ou les chicorées (deux ans), dont la capacité de germination décroît très vite.

Bonnes compagnes

Dans votre potager, n'hésitez pas à planter de l'absinthe, de l'armoise, de la camomille, des capucines, de la consoude, de la mélisse, des œillets d'Inde, des roses d'Inde, de la sarriette, des soucis ou de la valériane. Ces plantes et aromatiques sont bénéfiques pour vos légumes.

ZOOM SUR

Les légumes s'échappent du potager !

Dans un jardin au naturel, plantes décoratives et légumes se côtoient de plus en plus ! Après les plantes aromatiques, les fleurs font aussi leur entrée au potager pour protéger les légumes de leurs ennemis (voir p. 167) pendant que les plantes comestibles prennent place dans les massifs. Les jardiniers des villes ont depuis longtemps vu le parti décoratif qu'ils peuvent tirer d'un artichaut, d'un groupe de poirées à carde rouge ou d'un chou frisé. Les imiter permet de gagner de la place dans le potager tout en mettant en valeur la couleur, la forme ou la stature de certains légumes. En regardant vos légumes comme des annuelles ou des vivaces décoratives, vous enrichirez votre jardin d'espèces que vous n'auriez pas osé planter au potager ou pour lesquelles vous n'avez pas de place : topinambour ou maïs doux en écran végétal, oseille ou fraisier en bordure, thym ou sarriette en couvre-sol … Les regarder d'un œil neuf vous rendra créatif, mais pensez tout de même à les récolter !

Les salades • laitue, roquette • mâche, chicorée

Sous ce nom générique, on regroupe des légumes (laitue, chicorée, mâche, roquette) dont on consomme les feuilles, généralement crues, légèrement assaisonnées... en salade ! La dégustation de ces feuilles aussitôt coupées est l'une des raisons d'être d'un potager, si petit soit-il. Le plaisir réside aussi dans la diversité : saveurs, textures, couleurs associées et sans cesse renouvelées. Les salades s'accommodent de tous les types de sols, mais préfèrent les expositions ensoleillées.

ZOOM SUR

Les laitues

▶ **Laitue pommée** : jadis dénommée laitue beurre en référence au goût (subtil !) de ses feuilles, et non à sa couleur, c'est la laitue type. Elle était la plus répandue avant l'arrivée des sachets de salade car, ses feuilles tendres ne convenant pas à ce type de conditionnement, elle est aujourd'hui cantonnée aux marchés de frais et aux jardins. Elle forme une grosse pomme un peu aplatie, entourée d'une « jupe » de larges feuilles arrondies, lisses ou légèrement cloquées, du vert foncé au blond suivant les variétés.

▶ **Laitue batavia** : elle présente une pomme de feuilles ondulées, parfois découpées, tendres mais craquantes à cause de leurs grosses nervures palmées. Les batavias américaines 'Iceberg' forment une pomme très serrée, qui ressemble à un chou. C'est la salade utilisée dans les hamburgers.

▶ **Laitue romaine** : elle possède des feuilles croquantes, un peu épaisses, avec des côtes rigides qui donnent à la pomme une forme allongée comme un ballon de rugby dressé.

▶ **Laitue grasse** : elle forme une petite pomme de feuilles épaisses et cloquées. Résistante à la chaleur, c'est la laitue type du climat méditerranéen.

▶ **Laitue à couper** : elle ne produit pas de pomme à proprement parler, mais des feuilles dentées, voire frisées, que l'on récolte sans arracher la plante. C'est une composante traditionnelle du « mesclun » niçois. Les laitues 'Feuilles de chêne' vertes et rouges, comme la décorative 'Lollo', appartiennent à ce type.

Des familles botaniques différentes

La **laitue**, ou *Lactuca sativa*, doit son nom au « lait » qui s'écoule de ses tiges lorsqu'elles sont coupées. C'est une plante bisannuelle, cultivée comme annuelle. Si on la laisse « monter », elle produit des inflorescences jaunes proches de celles du laiteron qui pousse au bord des routes.

Les **chicorées**, à savoir *Cichorium endivia* (*crispa* pour la frisée, *latifolia* pour la scarole) et *Cichorium intybus* (pour la chicorée améliorée et la chicorée sauvage), sont des plantes respectivement annuelle et vivace, qui forment des capitules floraux d'un très joli bleu.

La **mâche**, ou *Valerianella locusta*, que l'on trouve encore à l'état sauvage sur les talus, est une toute petite plante annuelle, dont la rosette de feuilles donne ensuite naissance à une tige florale portant de minuscules fleurs bleutées.

La **roquette**, *Eruca sativa*, est quant à elle apparentée à la famille des choux, ce que ses fleurs, aux pétales jaune crème en croix, ne démentent pas.

Laitue pommée verte.

Laitue batavia.

Laitue romaine.

Mâches 'Verte de Cambrai'.

Plants de roquette au potager.

Semis ou plantation

Les premières laitues sont semées à partir de février en caissettes maintenues à l'abri du gel, mais pas au chaud. Mettez les petits plants en place au jardin lorsqu'ils ont quatre à six feuilles. À partir de mars dans les régions où le sol ne gèle plus, semez en pleine terre, dans un sol meuble et propre, à exposition ombragée ; dans les autres régions, attendez avril. Semez en lignes espacées de 40 cm, puis couvrez à peine de terre fine. Quand les plants atteignent 10 cm, éclaircissez et repiquez ceux qui sont en surnombre, de façon à laisser 40 cm entre chacun. Arrosez abondamment au pied de chaque plant après plantation. Échelonnez les semis toutes les trois ou quatre semaines avec des variétés différentes. Les chicorées frisées, scaroles et sauvages se sèment à partir de mai, quand le sol est suffisamment réchauffé, et jusqu'à la fin du mois

ZOOM SUR

De bons choix pour un jardin au naturel

Dans votre jardin au naturel, le contenu de votre saladier reflète la production de la saison.

Au début du printemps (mars-avril) : petite mâche 'Verte de Cambrai' et laitues pommées d'hiver cultivées sous abri comme la blonde 'Goutte jaune d'or', la 'Brune d'Hiver' ou la verte 'Val d'Orge'.

Avec le premier vrai soleil, puis le début de l'été (mai-juillet) : la gamme des laitues pommées s'élargit et le choix s'ouvre à d'autres types de laitues, comme les batavias 'Dorée de Printemps' ou 'Rouge Grenobloise', les romaines 'Blonde Maraîchère', les laitues 'Feuille de chêne', mais aussi les chicorées frisées 'Très Fine Maraîchère' ou 'Grosse Pommant seule', et la piquante roquette entre aussi dans la danse. C'est la pleine saison de la salade !

Pour le plein été et le tout début d'automne (août-septembre) : les laitues pommées sont toujours là, 'Augusta', 'Justine', mais moins nombreuses, avec les batavias 'Frisée de Beauregard' et 'Beaujolaise', la romaine 'Blonde Maraîchère', les 'Feuilles de chêne' et une petite laitue grasse, la 'Sucrine'. Du côté des chicorées, les 'Frisée de Meaux', 'Fine de Louviers' et 'Grosse Pommant seule', les scaroles 'Géante Maraîchère' et 'Cornet d'Anjou' entrent en scène. La roquette est toujours là et la mâche 'À Grosses Graines' commence à être récoltée.

En automne et au début de l'hiver (octobre-décembre) : on retrouve les laitues qui supportent le froid, comme 'Verpia', la batavia 'Rossia', la romaine 'Verte Maraîchère', les frisées 'Wallonne' et 'Frisée de Ruffec' avant le grand froid, mais surtout les chicorées scaroles 'Géante Maraîchère' et 'Cornet de Bordeaux', les chicorées sauvages améliorées 'Pain de sucre' et 'Rouge de Vérone', la mâche 'À Grosses Graines' puis la 'Coquille de Louviers'.

En hiver (janvier-février) : la mâche ('Verte d'Étampes') est toujours là, les laitues d'hiver que vous aurez maintenues sous abri aussi ('Goutte jaune d'or') tout comme la chicorée sauvage améliorée 'Rouge de Vérone'.

de juillet pour les variétés résistantes au froid. Pratiquez les semis de la même manière que pour les laitues. La roquette se sème de mars à juillet. La mâche prend la relève avec des semis d'août à octobre. Roquette et mâche sont semées en lignes espacées de 20 cm ou à la volée, sur un sol juste biné.

Entretien, maladies et parasites

Le sol au pied des laitues et chicorées doit être maintenu propre et meuble par des binages répétés aussi souvent que nécessaire. Arrosez au pied de chaque plant tous les deux jours en période chaude. La roquette doit également être arrosée régulièrement, un jour sur deux, en pluie fine à l'arrosoir ou au tuyau par temps chaud, pour éviter de voir les plantes monter en graine. Pour la mâche, toujours en période chaude, maintenez le sol frais par des arrosages quotidiens en pluie fine jusqu'à ce qu'elle soit levée.
Les limaces et escargots sont les plus grands ennemis des salades en général. La roquette peut être infestée d'altises et la mâche, elle, contaminée par le mildiou. La chicorée, en revanche, est peu sensible aux maladies.
La laitue est la plus sensible aux maladies (principalement mildiou, pourriture grise, pourriture du collet) et aux insectes (hannetons, mineuses foliaires, pucerons galligènes). Plantez de l'ail, de la betterave, de la carotte, du chou, du concombre, des cornichons, des fèves, des fraisiers, des haricots, du melon, des navets, des oignons, des poireaux, des poirées, des pois, des radis, des œillets d'Inde ou des rutabagas. Ces plantes feront bon ménage avec la laitue.

ZOOM SUR

Les chicorées

- **Chicorée frisée** : elle se caractérise par des feuilles étalées, découpées, plus ou moins dentelées jusqu'à donner son nom de frisée à la plante. Elle ne résiste pas au froid.
- **Chicorée scarole** : ses feuilles sont plus larges que celles de la frisée, non découpées, ondulées ou enroulées sur les bords. La scarole peut être très volumineuse. Elle est aussi plus résistante au froid que la frisée et se récolte jusqu'en automne.
- **Chicorée sauvage** : elle forme de longues feuilles dentelées. Très amère, elle est réservée à la confection de la « barbe de capucin », obtenue en faisant pousser ses racines dans l'obscurité d'une cave.
- **Chicorée améliorée** : il en existe de différents types. Elles donnent des petites pommes rondes, rouges ou vertes ('Chioggia', 'Rouge de Vérone', 'Améliorée Blonde'), ou une haute pomme verte enroulée ('Pain de sucre').

Récolte et conservation

Les récoltes de laitues s'étalent de mai jusqu'au printemps suivant. Pour récolter au printemps, pratiquez un semis d'automne à l'abri du froid (sous châssis ou tunnel) et repiquez les plants sous ce même abri, où ils se développeront pendant l'hiver.
Les chicorées se récoltent, suivant les types et variétés, entre le mois d'août et le printemps suivant.
Les feuilles de roquette se récoltent à partir de mai et jusqu'en automne. Pour la mâche, les rosettes se récoltent à partir d'octobre et, si vous avez échelonné les semis, vous en profiterez jusqu'au printemps suivant.
Les salades se conservent quelques jours au réfrigérateur. Pour les parfumer, ajoutez des feuilles tendres de pâquerette, des fleurs de buglosse pour le décor ou des fleurs de capucine qui ajoutent une note de couleur et de parfum.

C'EST MALIN

Le blanchiment des chicorées

Les chicorées sont naturellement amères. Pour effacer cette amertume, on a coutume de blanchir les feuilles en les privant de lumière avant de les récolter (trois à quatre semaines sont nécessaires). Lorsque les salades sont proches de la récolte, déposez sur chacune une cloche opaque ou un pot de fleur retourné, ou bien liez chaque pomme avec un brin de raphia pour tenir le cœur à l'abri du soleil. La pomme de certaines variétés est si volumineuse et les feuilles sont si denses et serrées que le cœur de la salade est protégé de la lumière par ses propres feuilles : elles « blanchissent » naturellement.

Chicorée frisée 'Wallonne'.

Chicorée sauvage améliorée.

Ail

Allium sativum

Plante bulbeuse condimentaire très présente dans la cuisine de nombreux pays, en particulier dans le Bassin méditerranéen, l'ail est utilisé aussi bien cru que cuit. L'ail est riche en allicine, un composant soufré bénéfique pour le cœur.

Sol : léger, bien drainé.

Exposition : toute.

Semis/Plantation : plantez des petites gousses (« caïeux ») espacées de 10 cm, pointe vers le haut, dans un sillon de 3 ou 4 cm de profondeur. Recouvrez de 1 cm de terre. Espacez les rangs de 30 cm. Plantez l'ail blanc et l'ail violet, résistants au froid, d'octobre à décembre, en terrain bien drainé et l'ail rose, plus sensible, de novembre à décembre en climats océanique ou méditerranéen, en mars dans les autres régions.

Entretien : binez pour désherber.

Récolte : en juin-juillet pour l'ail blanc et l'ail violet, en juillet-août pour l'ail rose. Arrachez les bulbes à la fourche-bêche lorsque le haut des tiges est desséché. Laissez-les sécher quelques jours sur place.

Conservation : l'ail rose se conserve plus longtemps que le blanc, en bottes ou tresses dans un endroit sec et ventilé. Laissez-les sécher plusieurs jours au soleil avant de les rentrer dans votre cave ou grenier.

Variétés/Espèces du jardin au naturel : 'Blanc de Lomagne', 'Messidrome' et 'Thermidrome' (blancs), 'Violet de Cadour' (violet), 'Rose de Lautrec' et 'Cledor' (roses).

Maladies et parasites : rouille, mouches de l'oignon, teignes du poireau.

Bonnes compagnes : betterave, carotte, fraisier, laitue, pomme de terre, radis, tomate, rosier.

Aneth

Anethum graveolens

L'aneth est une plante aromatique annuelle, proche du fenouil. Ses feuilles et ses graines sont employées dans la cuisine, particulièrement dans les pays d'Europe du Nord et d'Europe de l'Est, avec le poisson et les conserves de concombres notamment. De culture très facile, il a toute sa place dans un jardin au naturel.

Sol : frais, léger.

Exposition : soleil.

Semis/Plantation : semez d'avril à juin, en pleine terre, en ligne ou à la volée. L'idéal est de laisser une ou deux plantes se ressemer chaque année dans un coin du jardin.

Entretien : désherbez si nécessaire.

Récolte : prélevez les feuilles pendant tout l'été sur les plantes développées, en les coupant aux ciseaux, et les graines mûres en septembre, en secouant les plantes au-dessus d'un plateau.

Conservation : faites sécher ou congelez les feuilles finement découpées pour les utiliser en hiver. Laissez sécher soigneusement les graines au soleil ou devant le four ouvert, puis conservez-les dans un bocal ou une boîte fermée, bien à l'abri de l'humidité.

Maladies et parasites : généralement aucun.

Bonnes compagnes : chou.

Artichaut et cardon

Cynara scolymus et *Cynara cardunculus*

et

L'artichaut et le cardon sont des plantes vivaces de la même famille. Leurs hautes touffes de feuilles bleutées, nécessitant peu de soins, peuvent trouver place au potager comme dans les massifs. Du cardon, on consomme les feuilles blanchies à l'abri de la lumière, de l'artichaut, les parties charnues de l'inflorescence avant épanouissement.

Sol : meuble, bien drainé.

Exposition : soleil.

Semis/Plantation : plantez en mars-avril des rejets (« œilletons »), achetés en godets ou prélevés sur les plantes des années précédentes. Choisissez des rejets de 20 cm avec racines, coupez les feuilles au milieu et plantez en surface, deux rejets espacés de 15 cm par touffe. Espacez les touffes de 1 m en tous sens. Tassez la terre, arrosez.

Entretien : en automne, épandez de la corne broyée et coupez les tiges et feuilles sèches. Binez puis paillez en juin ou octobre le pied pour entretenir l'humidité. Renouvelez les pieds tous les trois ou quatre ans.

Récolte : en juillet sur les pieds d'artichaut anciens, en septembre sur les jeunes. Les feuilles charnues du cardon se consomment à partir d'octobre, après avoir été blanchies, c'est-à-dire privées de lumière, en entourant le pied avec un manchon de papier, de carton ou de paille. Cette technique les rend plus tendres et donc meilleures au goût.

Conservation : artichaut et cardon se consomment sitôt récoltés.

Variétés/Espèces du jardin au naturel : artichaut 'Camus de Bretagne' (climat océanique), 'Violet de Provence' (climat méditerranéen) ; cardon 'Plein Blanc amélioré'.

Maladies et parasites : pourriture du pied, verticilliose, pucerons.

Asperge

Asparagus officinalis

L'asperge est une plante vivace dont on consomme les jeunes pousses avant qu'elles ne se développent. Même si une aspergeraie mobilise un espace pendant deux ans sans récolte, la saveur des pousses mérite qu'on lui fasse une place dans un jardin au naturel de bonne dimension.

Sol: sableux et fertile.

Exposition: toute.

Semis/Plantation: en mars-avril, placez des piquets tous les 50 cm dans une tranchée de 40 cm de large et de 20 cm de profondeur. Plantez en étalant les racines (« griffes ») sur un petit monticule de terre au pied des piquets. Remblayez jusqu'à 5 cm au-dessus des griffes et tassez délicatement, puis arrosez.

Entretien: les deux premières années, laissez les pousses se développer librement. Désherbez régulièrement. En automne, coupez les tiges jaunies à 10 cm du sol et brûlez-les afin d'éviter la propagation d'éventuelles maladies. En avril de la deuxième année, comblez la tranchée.

Récolte: à partir de la troisième année, amassez d'avril à juin une butte de terre fine au-dessus de chaque griffe et laissez se développer les deux premières pousses. Récoltez les suivantes en mai, en les coupant dans la terre dès que la pointe affleure. Étalez les buttes en juin-juillet.

Conservation: consommez les pousses dès que possible.

Variétés/Espèces du jardin au naturel: 'Larac' (hybride blanche), 'Hâtive d'Argenteuil' (traditionnelle, blanche), 'Verdi' (verte).

Maladies et parasites: rhizoctone violet, mouches de l'asperge, criocères, rouille.

Bonnes compagnes: œillet et rose d'Inde, persil, poireau, pois, tomate.

Aubergine

Solanum melongena

L'aubergine est une plante annuelle dont on consomme les fruits, de forme ovoïde ou allongée, généralement violette. Ce légume de la même famille que la tomate et le poivron peut se cultiver jusqu'en région parisienne, à bonne exposition. Un pied d'aubergine apporte une note méditerranéenne dans un jardin au naturel.

Sol: fertile. En pot: moitié terreau, moitié terre de jardin.

Exposition: plein soleil.

Semis/Plantation: semez de janvier à mars, en terrine, à l'intérieur (20 °C) et repiquez en pots lorsque les plants ont cinq à six feuilles. Habituez-les au plein air en les abritant sous une cloche ou un châssis. Plantez en avril-mai, à 50 cm en pleine terre ou en pots devant un mur exposé plein sud; enfoncez bien la base de la tige pour favoriser l'émission de nouvelles racines.

Entretien: paillez le pied et arrosez abondamment tous les deux ou trois jours du semis jusqu'à la récolte. Coupez la tige principale à 50 cm pour stimuler le développement de tiges secondaires. Attachez la plante contre un tuteur.

Récolte: coupez le pédoncule des fruits au sécateur dès qu'ils atteignent une bonne taille.

Conservation: quelques jours, mais mieux vaut cuisiner les aubergines fraîches.

Variétés/Espèces du jardin au naturel: 'Violette de Barbentane' (fruits longs), 'Bonica' et 'Black Beauty' (fruits ovoïdes), 'Dourga' et 'Blanche Ronde à Œuf' (forme ronde, fruits blancs).

Maladies et parasites: mouches blanches, mildiou, verticilliose, doryphores.

Bonnes compagnes: haricot, pois, thym.

Betterave rouge

Beta vulgaris

La betterave est une plante bisannuelle cultivée comme annuelle pour sa racine, riche en fibres et en vitamines. Elle se consomme crue, râpée comme les carottes, ou cuite, en salade. La betterave rouge craint le gel, qu'il s'agisse des jeunes plantes ou de la racine laissée en terre.

Sol: frais, léger, sablonneux, mais fertile.

Exposition: toute.

Semis/Plantation: semez d'avril (semis précoces) à juillet, afin d'échelonner les récoltes. Retardez les premiers semis en climat montagnard. Semez en pleine terre, en rangs espacés de 30 cm, puis recouvrez d'une fine couche de terre et arrosez. Faites tremper les graines une heure dans l'eau avant le semis, pour accélérer la germination.

Entretien: paillez le rang pour maintenir l'humidité et éviter les mauvaises herbes. Éclaircissez à 20 cm au stade de trois à quatre feuilles en arrachant les plus faibles.

Récolte: à partir de juin ou juillet pour les variétés hâtives, puis jusqu'en novembre pour les semis échelonnés de pleine saison. Récoltez à la taille d'une orange, sinon les betteraves deviennent fibreuses.

Conservation: arrachez les racines avant les gelées, puis conservez-les en cave ou en silo, dans du sable.

Variétés/Espèces du jardin au naturel: 'Noire Plate d'Égypte' (semi-précoce, racine ronde aplatie), 'de Detroit' (pleine saison, sphérique), 'Globe' (pleine saison, sphérique), 'Crapaudine' (pleine saison, racine allongée, la plus goûteuse).

Maladies et parasites: altises, rhizoctone violet. Voir la liste complète p. 426.

Bonnes compagnes: ail, céleri, chou, échalote, épinard, laitue, oignon, radis.

▶▶▶ **Basilic:** voir page ci-contre

Les basilics

Il existe plusieurs espèces de basilic (*Ocimum basilicum*), vraisemblablement toutes originaires d'Asie. Le basilic cultivé en Europe est une espèce annuelle aromatique, qui pousse partout en France mais est particulièrement appréciée autour de la Méditerranée. La gamme des variétés traditionnelles de notre basilic, ou « pistou », s'est peu à peu enrichie, par croisements, des apports d'autres régions et une grande diversité de feuilles, de parfums et de couleurs s'offre aujourd'hui au jardinier naturel. Le basilic préfère les expositions en plein soleil et les sols légers, mais fertiles.

Basilics 'Marseillais' et 'Pourpre'.

Basilic 'Grand Vert'.

Semis et plantation

Semez en mars ou avril, en terrine, dans une pièce claire et chauffée sans excès, un assortiment de graines de différentes variétés (les graines des sachets de basilic entamés se conservent quatre ou cinq ans). Repiquez les plantules de deux ou trois feuilles en godets, toujours à l'abri, car le basilic craint le gel. Mettez en place au printemps, lorsque le sol est complètement réchauffé et que les plants sont assez forts, c'est-à-dire lorsqu'ils comptent cinq ou six feuilles.

Le basilic se cultive également facilement en pot : repiquez-y plusieurs variétés en mélange et placez-le à proximité de la cuisine pour l'avoir sous la main.

Dans un potager traditionnel, on espace les plants de 30 cm sur des rangs distants de 50 cm. Dans votre jardin au naturel, répartissez les plants entre les légumes (voir ci-dessous).

EN SAVOIR PLUS

Pistou et pesto : des cousins

Le basilic est couramment nommé pistou par les jardiniers. Le mot désigne en réalité une sauce provençale à base de feuilles de basilic écrasées, très proche du pesto italien. Les deux recettes tirent leur nom du même outil, le pilon (*pestare* : « piler, écraser ») avec lequel on écrase les feuilles fraîches. Pistou et pesto ne diffèrent que par les pignons de pin que les Italiens ajoutent dans le mortier.

Entretien, maladies et parasites

Arrosez abondamment au pied de la plante, tous les deux ou trois jours en période sèche.

Les tiges de basilic se bouturent très bien dans l'eau.

Le basilic n'est généralement victime ni de maladies ni de parasites.

Récolte et conservation

Prélevez les feuilles au fur et à mesure des besoins. Séchées, les feuilles de basilic perdent beaucoup de leur parfum. Pour faire des réserves, il est préférable de les congeler après les avoir ciselées, même si rien ne remplace l'arôme de la plante fraîche.

Bonnes compagnes

Les tomates apprécient la compagnie du basilic, qui ombrage leur pied et aurait le pouvoir d'éloigner les aleurodes et de la préserver du mildiou. Rapprochez-le aussi des choux, des courges et des haricots.

ZOOM SUR

De bons choix pour un jardin au naturel

- **Variétés provençales** : 'Marseillais', l'un des plus parfumés, 'Vert fin', saveur piquante, toutes petites feuilles, parfait pour la culture en pot.
- **Variétés italiennes** : 'Grand Vert', à grandes feuilles, et 'Citron', au goût prononcé de citron, ont une saveur plus douce que les précédents.
- **'Pourpre'** : belles feuilles rouges, saveur légèrement poivrée, aussi décoratif qu'aromatique.

Carotte

Daucus carota

Grâce à sa haute teneur en vitamine A (bêtacarotène essentiellement) et en fibres, la carotte est précieuse pour notre santé. Dans votre jardin au naturel, effectuez des semis successifs et choisissez des variétés orange, jaunes ou blanches.

Sol: meuble, limoneux.

Exposition: toute.

Semis: à partir de fin février (sous abri) pour les variétés précoces, en mars-avril et en juin-juillet pour les variétés de pleine saison. Mélangez les graines à du sable, semez en lignes de 1 cm de profondeur, puis recouvrez d'une fine couche de terre. Espacez les rangs de 25 cm.

Entretien: désherbez les rangs. Arrosez régulièrement en début de culture.

Récolte: à partir de mai pour les variétés précoces, en été et en automne pour les semis de pleine saison.

Conservation: pour les variétés de bonne conservation (indiqué sur le sachet de graines) : en pleine terre pendant l'hiver dans les régions aux climats océanique et méditerranéen, à l'abri du gel, dans un local frais et sec, dans les autres régions. Pour les autres variétés: en pleine terre jusqu'en octobre, à la cave ensuite. Gardez-les dans des caisses remplies de sable.

Variétés/Espèces du jardin au naturel: précoce: 'Touchon'. Pleine saison: 'Jaune obtuse du Doubs' (jaune), 'Blanche de Kuttingen' (blanche); 'De Chantenay à cœur rouge' (conservation à l'abri du gel).

Maladies et parasites: mouches de la carotte, taches foliaires (alternariose), pucerons galligènes, rhizoctone violet.

Bonnes compagnes: ail, oignon, poireau, échalote, céleri, haricot, laitue, radis, romarin, sauge, tomate.

Céleri

Apium spp.

Le céleri est une plante bisannuelle très aromatique, que l'on cultive comme annuelle pour en consommer le pétiole des feuilles (céleri branche ou à côtes) ou la racine renflée (céleri-rave).

Sol: fertile, humide, limoneux.

Exposition: toute.

Semis/Plantation: pour le céleri à côtes: semez en terrine, à l'intérieur, en février-mars, puis repiquez en avril en pots pour une récolte en fin d'été; ou semez-le en mai, directement dans les petits pots pour une récolte en automne. Pour le céleri-rave: semez en mai dans des petits pots, puis repiquez en juin, en coupant le bout de la racine. Plantez les céleris tous les 30-40 cm dès que les plants mesurent 15 cm.

Entretien: arrosez tous les deux ou trois jours et paillez les pieds.

Récolte: en fin d'été ou en automne, selon la date de semis. Les tiges de céleri à côtes sont consommées blanchies, en relevant les feuilles et en les entourant avec un film opaque ou un sac pendant deux semaines avant la récolte. Arrachez le céleri-rave avant les gelées.

Conservation: le céleri à côtes se consomme dès la récolte. Les boules de céleri-rave se conservent dans du sable, à l'abri du gel, pendant tout l'hiver.

Variétés/Espèces du jardin au naturel: céleri branche 'Géant Doré Amélioré' (feuillage doré), céleri-rave 'Boule de marbre' (racine volumineuse), 'Monarch' (résistant à la septoriose).

Maladies et parasites: taches foliaires (septoriose), mineuses foliaires.

Bonnes compagnes: chou, betterave, carotte, concombre, cornichon, fenouil, haricot, poireau, poirée, pois, tomate.

Cerfeuil

Anthriscus cerefolium

Le cerfeuil est une plante aromatique annuelle, au feuillage finement découpé, de la même famille que son cousin le persil, mais à saveur différente. On l'utilise traditionnellement en cuisine pour parfumer potages, salades et omelettes. Il fait partie des « fines herbes » et trouve tout naturellement sa place dans un jardin d'herbes ou un potager.

Sol: fertile, humide.

Exposition: soleil ou mi-ombre.

Semis/Plantation: semez toutes les deux semaines d'avril à septembre en petite quantité, à la volée ou en ligne. Semez au soleil au printemps et en automne, plutôt à mi-ombre en plein été. Vous pouvez aussi laisser un pied monter en graine et se ressemer naturellement. Semez en fin d'été quelques graines en pot ou en petite jardinière, que vous garderez à l'abri du gel à proximité de la cuisine (terrasse, fenêtre).

Entretien: arrosez abondamment tous les deux ou trois jours du semis à la récolte. Coupez les tiges florales qui affaiblissent la plante et font jaunir les feuilles.

Récolte: six semaines après le semis, commencez à couper les feuilles aux ciseaux, au fur et à mesure de vos besoins.

Conservation: congelez les feuilles après les avoir ciselées.

Variétés/Espèces du jardin au naturel: cerfeuil commun ou *A. cerefolium* et cerfeuil frisé ou *A. cerefolium crispum* (moins parfumé, mais à production plus longue).

Maladies et parasites: limaces, oïdium, mildiou.

Bonnes compagnes: radis.

Ciboule et ciboulette

Allium fistulosum et *Allium schoenoprasum*

et

La ciboule et la ciboulette sont deux plantes aromatiques vivaces, assez proches, formant des touffes de longues feuilles creuses. Celles de la ciboule sont plus grosses et plus grandes que celles de la ciboulette et présentent un renflement bulbeux plus marqué à la base. Elles sont cultivées toutes deux pour leurs feuilles, utilisées fraîches pour agrémenter les salades, les œufs ou le fromage frais. Feuilles et bulbes de la ciboule (ou cive) sont également très consommés en Europe du Nord et de l'Est.

Sol : tout type de sol.

Exposition : soleil.

Semis/Plantation : la ciboulette est généralement reproduite par division de touffes. Plantez en mars-avril de petites touffes en godets, que vous multiplierez ensuite en les divisant chaque année au printemps : c'est ainsi que vous constituerez une bordure de ciboulette. La ciboule se reproduit de la même façon, mais les plantes issues de semis pratiqués en pleine terre, en mai-juin, résistent mieux au froid.

Entretien : coupez régulièrement les feuilles de ciboule et ciboulette aux ciseaux, elles repousseront plus dru.

Récolte : de mai jusqu'aux gelées.

Conservation : pour en profiter en hiver, transplantez une touffe dans un pot que vous poserez sur la terrasse ou le rebord de la fenêtre. Vous pouvez aussi congeler les feuilles après les avoir ciselées.

Variétés/Espèces du jardin au naturel : ciboulette 'Commune' ; ciboule 'Commune Rouge' (renflement bulbeux rouge cuivré), 'Blanche Hâtive' (précoce).

Maladies et parasites : généralement aucun.

Bonnes compagnes : rosier.

Coriandre

Coriandrum sativum

La coriandre est une plante aromatique annuelle, très utilisée dans de nombreuses régions du monde. Sa petite graine ronde et striée (qui entre dans plusieurs mélanges d'épices notamment le curry) sert aussi traditionnellement à aromatiser les conserves au vinaigre (cornichons). C'est une incontournable des jardins d'herbes. Ses feuilles fraîches sont employées dans les cuisines méditerranéenne et asiatique, sous le nom de persil arabe ou persil chinois. Si elles ressemblent à celles du persil, les feuilles de la coriandre ont une odeur très particulière, évoquant celle de la punaise des bois, dont la plante tire son nom (du grec *koris*, « punaise »).

Sol : léger, calcaire.

Exposition : toute.

Semis/Plantation : semez en mars-avril, directement en pleine terre, en ligne ou à la volée. Un peu capricieuse, la levée peut prendre plus de deux semaines.

Entretien : binez ou paillez le pied pour éviter les mauvaises herbes.

Récolte : coupez les feuilles au fur et à mesure des besoins. Les graines se récoltent à maturité, généralement en septembre, avant d'arracher la plante. L'idéal, lorsque le jardin s'y prête, est de laisser un pied sans en récolter les graines : elles se ressèmeront naturellement.

Conservation : conservez en boîte ou en bocal les graines sèches et congelez les feuilles ciselées pour garder leur arôme.

Variétés/Espèces du jardin au naturel : Seule l'espèce botanique est cultivée.

Maladies et parasites : punaises rouges.

Cornichon et concombre

Cucumis sativus

et

Le cornichon et le concombre sont des cucurbitacées annuelles rampantes. Détrôné sur les étals des marchés par le concombre de serre, le concombre cultivé en pleine terre a toute sa place dans un jardin au naturel.

Sol : fertile.

Exposition : soleil.

Semis/Plantation : semez en godets, à l'abri, en avril, ou en pleine terre, en mai-juin, trois ou quatre graines espacées de 3 à 4 cm (poquets), après avoir enrichi le sol de compost ou de fumier. Espacez les poquets de 60 cm sur des lignes distantes de 1 m. Couvrez de 2 cm de terre.

Entretien : dans un grand potager, cultivez sur film de paillage en plastique biodégradable. Sinon, palissez les plantes sur treillage ou filet et paillez le pied de chaque plante pour maintenir le sol propre et le pied humide. Pour obtenir des ramifications fructifères, coupez l'extrémité de chaque plante au-dessus de sa deuxième feuille lorsque la plante a cinq feuilles. Arrosez tous les deux ou trois jours.

Récolte : en août-septembre.

Conservation : les concombres se consomment frais et se conservent quelques jours au frais dans le bac du réfrigérateur. Les cornichons se conservent dans du vinaigre.

Variétés/Espèces du jardin au naturel : concombre : 'Marketer' (précoce), 'Raider' (épineux), 'Vert Long maraîcher' (productif) ; cornichon : 'Vert Petit de Paris' (court, très productif), 'Fin de Meaux' (demi-long).

Maladies et parasites : anthracnose, oïdium, virus de la mosaïque, pucerons, limaces, fusariose vasculaire.

Bonnes compagnes : céleri, chou, haricot, laitue, maïs, rutabaga.

►►► **Chicorée :** voir p. 340-342
►►► **Chou, chou-fleur, chou-rave :** voir p. 348-349
►►► **Citrouille :** voir p. 350-351
►►► **Courge d'hiver :** voir p. 350-351

Les choux • chou-fleur • chou-rave

Cette famille botanique (*Brassica oleracea*), dont on trouve encore des traces à l'état sauvage sur les côtes normandes, a donné naissance à une grande diversité de plantes cultivées, progressivement sélectionnées pour la consommation de parties différentes : les feuilles avec les choux verts et les choux pommés, les bourgeons avec les choux de Bruxelles, les inflorescences avec les choux-fleurs et les brocolis, et même les tiges tubérisées avec les choux-raves. Les choux se cultivent partout en France et se plaisent au soleil, dans un sol limoneux, riche en humus. Pour le chou-fleur, choisissez une exposition ombragée et un sol fertile, mais léger.

Un vaste choix

Chou vert : la vedette frisée du Nord

La culture de ce chou, également appelé chou frisé, connaît un regain depuis quelques années... principalement dans les massifs municipaux ! Il ne forme pas de pomme et se caractérise par des feuilles vert foncé, extrêmement frisées, qui lui donnent un aspect très décoratif. Résistant au froid, il est traditionnellement cultivé aux Pays-Bas, où on le cuisine beaucoup.

Chou pommé : tête lisse ou cloquée

Le chou pommé a une tige atrophiée et des feuilles lisses engainées les unes dans les autres jusqu'à former une pomme ronde. On distingue les choux cabus, à pomme lisse, verte, rouge ou presque blanche, et les choux de Milan, dont les feuilles sont cloquées.

Chou de Bruxelles : une miniature

Le chou de Bruxelles présente une tige assez haute, terminée par de grandes feuilles. Tout au long de la tige se forment des bourgeons pommés à récolter lorsqu'ils ont la taille d'une noix.

Chou-fleur : à cultiver avec douceur

Avec le chou-fleur, c'est l'inflorescence en bouton que l'on consomme. Elle est généralement d'un blanc légèrement crème, mais il existe aussi des choux-fleurs de couleur. Réussir sa culture demande un peu d'attention, car c'est un sensible (sécheresse, excès d'eau, coups de froid ou de chaud).

Brocoli : l'Italien

Le brocoli est aussi un chou dont on consomme les inflorescences vertes immatures. Cultivé traditionnellement en Italie, de goût plus délicat que le chou-fleur, il s'est répandu progressivement.

Chou-rave : un goût subtil

Il ne faut pas le confondre avec le chou-navet (rutabaga), qui est une racine : chez lui, c'est la base de la tige qui est comestible.

Savez-vous planter les choux?

La culture des choux est une opération particulièrement longue. On les élève traditionnellement en pépinière pour les mettre en place, au jardin, lorsqu'ils ont déjà six ou sept feuilles. Semez-les, suivant les espèces et variétés et la saison de récolte souhaitée, de janvier à mars sous abri, en terrines, ou de mai à septembre directement en pépinière de pleine terre, en sillons espacés de 10 cm. Couvrez de 1 cm de terreau fin, tassez et arrosez en pluie très fine. Lorsque les plantules ont deux ou trois feuilles, repiquez-les, tous les 10 cm, avant de les mettre en place dans un espace libre du jardin ou en godets.
Lors de la plantation au potager, enterrez chaque plant jusqu'aux premières feuilles pour provoquer l'émission de nouvelles racines. Pour le chou-fleur, de culture plus difficile, arrosez à saturation au moment de la plantation et paillez le sol pour le maintenir propre et frais, de préférence avec de la paille de blé. Plantez tous les choux tous les 60 à 80 cm sur des rangs espacés de 60 cm (80 cm pour les gros choux pommés).

Choux cabus 'Rouge tête noire' et 'Cœur de bœuf'.

Chou-fleur 'Romanesco'.

Broccoli 'Marathon'.

Chou-rave 'Violet de Vienne'.

Chacun son calendrier

Semez le **chou vert** en mai ou juin, en pépinière de pleine terre, puis repiquez-le en juillet ou août pour le récolter à partir de fin octobre, après une première gelée, en arrachant les feuilles de la tige.
Parmi les **choux pommés**, le **chou cabus** peut être semé en février ou mars sous abri, en terrines, pour une récolte d'été. Pour le récolter en automne, semez-le en pépinière de pleine terre en mars ou avril ; pour le récolter en hiver, procédez de même en mai ou juin. Quant au **chou de Milan**, plus résistant au froid, il est cultivé comme les cabus d'automne et d'hiver.
Le **chou de Bruxelles** se sème en mars sous abri, en terrines, pour les récoltes d'automne ; en avril ou mai en pépinière de pleine terre, pour les récoltes d'hiver. Coupez les petites pommes en commençant par le bas de la tige.
Pour le **chou-fleur**, pratiquez les semis en janvier ou février sous abri, en terrines, pour une récolte d'été ; en mai ou juin en pépinière de pleine terre, pour les récoltes d'automne et celles du printemps suivant dans les régions à climat hivernal doux (océanique, méditerranéen).
Le **brocoli** se cultive comme le chou-fleur, avec des semis de mai ou juin.
Semez le **chou-rave** entre mars et juillet, en pépinière de pleine terre, pour le repiquer un mois plus tard et le récolter de juillet à octobre, lorsque les tiges renflées atteignent la taille d'une balle de tennis.

ZOOM SUR

De bons choix pour un jardin au naturel

- **Chou vert** : 'Vert Demi-Nain du Nord' (pour le potager comme pour les massifs).
- **Chou pommé** : pour l'été, 'Précoce de Louviers' (cabus), 'Tête de Pierre' (cabus) ou 'Cœur de bœuf moyen de la Halle' (cabus) ; pour l'automne, 'Tête noire' (cabus rouge) ; pour l'hiver, 'de Brunswick' (cabus) ou 'de Pontoise' (Milan).
- **Chou de Bruxelles** : 'De Rosny' (résistant au froid et productif), 'Sanda' (demi-haut, productif).
- **Chou-fleur** : 'Merveille de toutes saisons' (rustique, automne), 'Siria' (volumineux, été), 'Tardif d'Angers' (grains fins, hiver). Choux-fleurs de couleur : 'Violet' (violet), 'Verde di Macerata' (vert jaune), 'Romanesco' (pomme verte conique).
- **Brocoli** : 'Marathon' (pomme compacte).
- **Chou-rave** : 'Blanc Hâtif de Vienne' (pomme blanche, précoce), 'Violet de Vienne' (pomme violette, précoce).

Conservation

Tous les choux se consomment de préférence frais, mais ils se conservent plusieurs jours au réfrigérateur et, blanchis dans l'eau bouillante, peuvent être congelés.

Maladies et parasites

L'humidité, combinée à l'acidité du sol, favorise une grave maladie des choux, la hernie. Elle se manifeste par l'hypertrophie de certaines racines et de la base des plantes, qui présentent des galles blanchâtres. Privés d'une alimentation correcte, les choux sont chétifs et finissent par dépérir.
Parmi les autres maladies et parasites de cette culture, citons le mildiou, les mouches blanches, les altises, les punaises, les mouches du chou, les piérides du chou et les noctuelles défoliatrices.

Bonnes compagnes

Pour repousser la mouche du chou, cultivez entre les plants des tomates, des plantes aromatiques (menthe, romarin, basilic, aneth, sauge officinale), des œillets d'Inde ou des roses d'Inde.
Pour lutter contre la piéride du chou, vous pouvez planter dans votre potager de l'aneth, du céleri ou de la sauge.
Sachez aussi que betterave, concombre, cornichon, haricot, laitue, marjolaine, oignon, origan, panais, poirée, pois, pomme de terre, thym ou fougère sont des bonnes compagnes du chou.

Les citrouilles, potirons et autres courges

Dans la grande famille des cucurbitacées, les courges recouvrent trois espèces, *Cucurbita pepo* (courgette, pâtisson, citrouille), *Cucurbita maxima* (potiron, potimarron, giraumon) et *Cucurbita moschata* (courge musquée), mais seulement deux groupes de légumes, ceux qu'on récolte plutôt en été (courgette, pâtisson) et ceux de l'automne (citrouille, potiron, potimarron, giraumon et courge musquée). Les courges se plaisent au soleil, dans un sol riche en humus. Toutes ont leur place dans un jardin au naturel. Pensez à faire vos choix en fonction de la surface dont vous disposez, car de nombreuses courges ont un développement très expansif (plantes « coureuses »).

Courge musquée de Provence.

Des goûts et des couleurs

La **courgette**, dont les fruits ont des couleurs et des formes différentes selon les variétés, est un légume consommé depuis longtemps sur le pourtour méditerranéen. Le **pâtisson**, ou artichaut de Jérusalem, est une courge ronde, aplatie et côtelée ; son goût, plus délicat que celui de la courgette, évoque l'artichaut.
La **citrouille**, souvent confondue avec le potiron, présente des fruits ronds, avec un pédoncule anguleux à cinq côtés. La taille des citrouilles diffère suivant les variétés, mais c'est dans ce groupe que l'on trouve les plus grosses courges, surtout utilisées pour confectionner les décorations d'Halloween.
Le **potiron**, au pédoncule cylindrique et liégeux, est plus ou moins aplati, et sa couleur va de l'orange rougeâtre au vert foncé. Sa chair est plus sucrée, plus savoureuse et moins filandreuse que celle de la citrouille.
Le **potimarron**, en forme de grosse poire, possède une chair un peu farineuse, au goût de châtaigne.
Le **giraumon**, qui semble porter un turban, a une saveur sucrée.
Les **courges musquées**, moins répandues que les précédentes, sont originaires d'Amérique. Elles ont un goût musqué subtil et se préparent de diverses manières, dans des compositions salées comme sucrées.

> C'EST MALIN
>
> ### *Directement dans le compost*
>
> On semait autrefois les potirons directement dans le tas de fumier. Pourquoi ne pas les semer aujourd'hui dans le tas de compost, en y creusant un trou ? Comme les courges prennent beaucoup de place au potager, c'est une façon d'en gagner tout en assurant à vos potirons une alimentation abondante. Pour l'arrosage, s'il est difficile de former une cuvette dans le compost, enterrez au pied de la plante une bouteille d'eau en PVC, découpée au fond, ou un pot de fleur en terre de taille moyenne – pour arroser, il vous suffira de remplir ce récipient… Au début, il vous faudra canaliser les tiges et les diriger vers l'espace que vous leur destinez en orientant les tiges à la main. Les grandes feuilles rugueuses ombreront votre compost pendant la saison chaude et, en fin de culture, vous n'aurez qu'à les intégrer au tas !

Courges « coureuses » et « non coureuses »

Les cucurbitacées sont, en général, des plantes rampantes : elles forment de longues tiges qui ont tôt fait d'envahir les cultures voisines si vous n'y prenez garde. Seuls les pâtissons et certaines variétés de courgettes sont des plantes dites non coureuses, qui se développent en hauteur, avec des tiges aux entre-nœuds courts. C'est cette famille de courgettes que vous choisirez si vous êtes limité par la surface.
Les autres courges à petits fruits, tels le potimarron ou le giraumon, sont parfois cultivées comme grimpantes, palissées sur un grillage ou sur des tuteurs. C'est évidemment une solution lorsque le

ZOOM SUR

De bons choix pour un jardin au naturel

▸ **Courgettes** (vertes coureuses) : 'Diamant' (longue), 'Black Beauty' (très foncée) ; vertes non coureuses : 'Verte Maraîchère' (vert foncé), 'Verte Non Coureuse d'Italie' (striée vert et blanc), 'Aurore' (verte, hybride moderne), 'Eight Ball' (ronde, noire) ; autres formes de fruits, plantes coureuses : 'Gold Rush' et 'Orelia' (jaunes), 'Opal' et 'Lorea' (blanc crème), 'Geode' et 'One Ball' (rondes, idéales pour farcir).

▸ **Pâtissons** (plantes non coureuses) : 'Croblanc' (blanc), 'Patty Green' (vert clair), 'Sunburst' (jaune), 'Gagat' (presque noir).

▸ **Citrouilles** (plantes coureuses) : 'Atlantic Giant' (la plus grosse, pour Halloween).

▸ **Potirons** (plantes coureuses) : 'Rouge Vif d'Étampes' (gros, orangé), 'Gros Jaune de Paris' (encore plus gros, jaune).

▸ **Potimarrons** (plantes coureuses) : 'Golden Delicious' (orangé), 'Red Kury' (rouge).

▸ **Giraumons** (plantes coureuses) : 'Bonnet turc'.

▸ **Courges musquées** (plantes coureuses) : 'Musquée de Provence', 'Butternut' (chair onctueuse comme du beurre).

jardin est exigu mais, outre qu'il faut soutenir chacun des fruits dans un filet accroché au support, la plante a souvent du mal à se développer correctement et à nourrir ses fruits.

Semis et plantation

Semez les courges d'été et d'automne en avril, sous abri (20° C), en godets. Plantez-les quand tout risque de gel est écarté, à la mi-mai en général, en enterrant le pot dans un trou garni de compost bien décomposé. Comptez 1 pied tous les mètres en tous sens. On peut aussi semer directement en place, en mai. Faites des poquets de 3 graines, tous les mètres, sur des rangs également espacés de 1 mètre, dans un mélange de terre et de fumier ou dans du compost. Après la levée, ne gardez que le plant le plus fort de chaque poquet. Formez une cuvette à chaque pied pour recueillir l'eau d'arrosage et paillez soigneusement le sol autour des plants pour le maintenir frais et propre. Lorsque les fruits des courges sont formés, glissez sous chacun une poignée de paille bien propre, une planchette ou une tuile plate pour éviter le contact avec la terre, qui pourrait les faire pourrir.

Récolte et conservation

Courges d'été : les courgettes se récoltent deux mois environ après leur semis, avant leur maturité, car plus elles sont jeunes, plus elles sont tendres ; les pâtissons, eux, se récoltent à complète maturité, à la fin de l'été.
Courges d'automne : elles se récoltent à complète maturité, en septembre-octobre et avant le premier gel, qui ne pardonne pas ! Après récolte, conservez-les plusieurs semaines, voire plusieurs mois, dans un endroit sec et frais, hors gel.

Entretien, maladies et parasites

Pour former leurs gros fruits, les courges ont besoin de beaucoup d'eau. Arrosez tous les deux jours en plein été, en remplissant les cuvettes.
L'oïdium et les virus transmis par les pucerons sont les principaux ennemis des courges, les courges musquées étant les moins sensibles à ces maladies.
Toute la famille des cucurbitacées peut être touchée par l'anthracnose.
Les courgettes peuvent être concernées par la fusariose vasculaire.

Bonnes compagnes

Plantez à proximité des courges du basilic, qui attire les insectes pollinisateurs. Sachez aussi que maïs doux, courgette et potiron poussent bien ensemble.

⬆ Potiron 'Rouge Vif d'Étampes'.

⬆ Courgettes 'Eight Ball'.

⬆ Potimarrons 'Golden Delicious'.

Cresson de fontaine

Nasturtium officinale

Plante vivace dans les cours d'eau claire, le cresson possède des tiges et des feuilles charnues, riches en vitamines, en fer et en minéraux, que l'on consomme en salade ou en potage. Dans un jardin au naturel, on peut lui réserver un espace très humide ou, mieux, un petit bassin ou un baquet.

Sol : fertile et très humide.

Exposition : ombre.

Semis/Plantation : semez sous abri en mars-avril, dans un mélange de terre et de terreau très humide en proportions égales. Prélevez les plants lorsqu'ils font 3 cm pour les mettre en place. Ou bouturez des tiges de 8 cm de longueur d'une botte de cresson du commerce. Il est préférable de cultiver le cresson dans un bac ou bassin, en étalant le même mélange terreux au fond sur 20 cm d'épaisseur. Plantez tous les 15 cm en rangs espacés de 15 cm. Pour une culture en pleine terre, décapez une vingtaine de centimètres et tapissez le fond et les parois avec une feuille de polyéthylène, pour que le mélange terreux reste toujours très humide.

Entretien : dans un bac ou un bassin, le niveau de l'eau sera augmenté progressivement (jusqu'à 20 cm au-dessus du mélange terreux) au fur et à mesure de la croissance des tiges. Si l'eau n'est pas courante, elle doit être vidée et renouvelée chaque semaine. En pleine terre, maintenez toujours très humide.

Récolte : coupez les brins au fur et à mesure des besoins.

Conservation : le cresson se consomme frais et ne se conserve pas.

Variétés/Espèces du jardin au naturel : seule l'espèce botanique est cultivée.

Maladies et parasites : noctuelles défoliatrices.

Crosne du Japon

Stachys affinis

Le crosne est une plante vivace formant une touffe de tiges carrées à feuilles dentelées, telle l'ortie, et cultivée comme annelle. On consomme ses rhizomes tubéreux de 5 à 6 cm de long, renflés et annelés. La culture du crosne étant très facile, la meilleure façon de savourer ce légume au goût très fin, proche de celui de l'artichaut, est donc (plutôt que de l'acheter) de le cultiver dans un jardin au naturel.

Sol : sablonneux.

Exposition : soleil.

Semis/Plantation : les crosnes sont reproduits à partir des rhizomes du commerce plantés en mars-avril, par groupes de trois (poquets), à 10 cm de profondeur. Espacez les poquets de 35 cm sur des rangs distants de 35 cm.

Entretien : binez en mai-juin pour désherber, arrosez si nécessaire et remontez la terre autour de la touffe pour favoriser la formation des rhizomes.

Récolte : à partir de novembre, lorsque les plantes se dessèchent, et pendant tout l'hiver, en arrachant les pieds au fur et à mesure des besoins. Il est impossible d'éplucher les rhizomes : lavez-les et frottez-les avec une brosse douce avant de les préparer.

Conservation : les crosnes ne craignent pas le froid et peuvent rester en terre tout l'hiver. Pour les arracher en période de gel, protégez la terre sur le rang par une bonne couche de paille, de feuilles, ou des sacs de jute. La conservation des rhizomes arrachés est limitée à quelques heures seulement.

Variétés/Espèces du jardin au naturel : seule l'espèce botanique est cultivée.

Maladies et parasites : pourriture du collet, rhizoctone violet, taches foliaires (alternariose).

Échalote

Allium ascalonicum

Plante vivace cultivée comme annuelle, l'échalote est proche de l'oignon sur le plan botanique. Elle en diffère toutefois par sa difficulté à produire des graines, ce qui est compensé par sa capacité à produire de petits bulbes, ou caïeux, qui serviront à la multiplier. Cette plante aromatique est incontournable dans la cuisine française traditionnelle.

Sol : léger et fertile, mais sans apport de matière organique récent.

Exposition : soleil.

Semis/Plantation : plantez les petits bulbes (« caïeux »), pointe vers le haut, tous les 10 cm, en les enfonçant de 2 à 3 cm ; espacez les rangs de 25 cm. Procédez d'octobre à décembre pour l'échalote grise et en climat méditerranéen, en février-mars pour les autres types d'échalote et dans les autres climats.

Entretien : binez pour désherber.

Récolte : arrachez les bulbes en juillet-août, lorsque les feuilles jaunissent. Laissez-les sécher sur le sol quelques jours avant de les rentrer.

Conservation : les bulbes se conservent huit à dix mois dans un local sec et ventilé (grenier, cave, hangar). laissez-les sécher plusieurs jours au soleil avant de les rentrer. L'échalote grise se conserve seulement quatre mois.

Variétés/Espèces du jardin au naturel : 'Jermor' (bulbe allongé), 'Longor' (gros bulbe rond), 'Rondelor'(très ronde), 'Griselle' (grise).

Maladies et parasites : mouches de l'oignon.

Bonnes compagnes : betterave, carotte, pomme de terre.

Épinard et tétragone

Spinacia oleracea et *Tetragonia expansa*

Plantes annuelles cultivées pour leurs feuilles, l'épinard et la tétragone peuvent se consommer frais ou blanchis.

Sol: fertile, enrichi en matière organique, limoneux.

Exposition: mi-ombre.

Semis/Plantation: pour l'épinard, semez des graines à 2 cm de profondeur en rangs distants de 25 cm, de mars à octobre, en évitant juin et juillet, surtout en climat méditerranéen; recouvrez de terre et tassez. Pour la tétragone, semez en été des groupes de trois graines dans des trous remplis de terreau, tous les 80 cm, sur des rangs distants de 80 cm.

Entretien: ne conservez que les plus beaux plants, à trois ou quatre feuilles. Paillez les pieds. Arrosez les semis de printemps et d'été tous les deux ou trois jours.

Récolte: prélevez les feuilles des plantes deux mois après le semis pour l'épinard, trois mois pour la tétragone. Lorsque les tiges florales apparaissent, récoltez les touffes d'épinard en les arrachant et coupez les tiges florales de la tétragone.

Conservation: consommez les plantes au fur et à mesure des récoltes, fraîches ou cuites. Congelez les surplus après les avoir fait blanchir dans de l'eau bouillante.

Variétés/Espèces du jardin au naturel: épinard pour semis d'automne: 'Géant d'hiver' (octobre), pour semis de printemps: 'Junius' (résistant); tétragone: seule l'espèce botanique est cultivée.

Maladies et parasites: mildiou (épinard), mosaïque du concombre (épinard et tétragone).

Bonnes compagnes: betterave, fraisier, haricot, poireau, radis (épinard); haricot, radis (tétragone).

Estragon

Artemisia dracunculus

L'estragon est une plante vivace herbacée dont les tiges dressées de 70 cm forment une touffe aux petites feuilles linéaires. Très aromatiques, ses tiges et feuilles sont utilisées dans de nombreuses recettes de cuisine et, traditionnellement, pour aromatiser les conserves et les vinaigres.

Sol: fertile, léger, bien drainé.

Exposition: soleil, à l'abri du vent.

Semis/Plantation: l'estragon se multiplie par division de touffes. Plantez en mars-avril un petit rejet issu d'une touffe ou acheté en conteneur. Avant de planter, coupez les tiges à la moitié de leur longueur pour faciliter la reprise et obliger la plante à se ramifier. Ajoutez du sable au trou de plantation en cas de sol compact.

Entretien: en octobre, après le dessèchement des tiges, coupez la touffe à 5 cm du sol et, en climats continental et montagnard, couvrez la souche de paille ou de feuilles pour la protéger du gel. Divisez la touffe tous les trois ou quatre ans en mars-avril.

Récolte: prélevez les feuilles au fur et à mesure des besoins ou coupez la partie terminale des tiges (jusqu'à 20 cm) avant la floraison estivale.

Conservation: on peut faire sécher les feuilles dans un endroit sec et aéré (température inférieure à 35 °C) ou les congeler.

Variétés/Espèces du jardin au naturel: seule l'espèce botanique est cultivée.

Maladies et parasites: généralement aucun.

Fenouil doux

Foeniculum dulce

Le fenouil est une plante annuelle dont les feuilles au pédoncule charnu forment une « pomme » à la base des tiges. Son croquant et sa saveur anisée en font un légume recherché. Sa culture est certes un peu délicate, car la plante craint le froid et la chaleur la fait fleurir, mais elle mérite d'être tentée. Les feuilles finement divisées du fenouil doux sont aussi utilisables dans la cuisine, comme celles de son cousin, le fenouil commun ou fenouil amer (*F. vulgare*). L'infusion de graines de fenouil facilite la digestion.

Sol: fertile et meuble.

Exposition: toute.

Semis/Plantation: semez fin juillet dans les régions au climat méditerranéen, après les gelées, d'avril à juillet dans les autres régions, en pleine terre, en rangs espacés de 50 cm. Éclaircissez le rang en ne conservant que 1 plante tous les 20 cm.

Entretien: pour obtenir des pommes bien rondes, tendres et blanches, buttez, c'est-à-dire amoncelez un petit monticule de terre au pied des plants, et, surtout, arrosez avec une grande régularité, tous les deux jours par exemple, en mai-juin.

Récolte: de décembre à mars dans le Midi, d'août à novembre dans les autres régions.

Conservation: les bulbes se conservent plusieurs jours hors gel après récolte, mais leur saveur est incomparable lorsqu'ils sont consommés frais.

Variétés/Espèces du jardin au naturel: 'Doux de Florence' (facile à cultiver), 'Doux Précoce d'été' (climats autres que méditerranéen), 'Mammouth' (gros bulbe tardif).

Maladies et parasites: rarement pourriture à sclerotinia.

Bonnes compagnes: céleri, poireau.

Fève

Vicia faba

La fève est une légumineuse annuelle. Ses fleurs blanches se transforment en gousses contenant de quatre à huit grains, qui constituent la partie comestible. Les fèves sont une source importante de protéines, de fibres et de glucides complexes. Au potager naturel, elles contribuent à l'enrichissement du sol en azote.

Sol : tout type de sol.

Exposition : toute.

Semis/Plantation : faites tremper les graines vingt-quatre heures dans l'eau avant de les semer. Semez en poquet en février-mars à 4 cm de profondeur, tous les 15 cm, en rangs distants de 40 cm. En climat méditerranéen, semez de septembre à décembre.

Entretien : amoncelez un petit monticule de terre au pied des plants lorsqu'ils mesurent 20 cm. Pour accélérer le grossissement des grains, coupez l'extrémité des tiges quand six étages de gousses se sont développés.

Récolte : pour les fèves fraîches, en mai-juin, dès que les grains sont visibles à travers la gousse ; pour les fèves sèches, lorsque la gousse a noirci. En climat méditerranéen, récoltez en mars-avril.

Conservation : pour les fèves fraîches, blanchissez les grains à l'eau bouillante et gardez-les au congélateur pendant un an au maximum ; pour les fèves sèches, écossez les gousses sèches selon vos besoins.

Variétés/Espèces du jardin au naturel : 'Aguadulce' (très productive), 'Précoce d'Aquitaine' (à consommer crue), 'de Séville' (précoce à gros grains).

Maladies et parasites : pucerons noirs, sitones du pois.

Bonnes compagnes : laitue, panais, pomme de terre, radis.

Maïs doux

Zea mays

Le maïs est une graminée annuelle formant de hautes tiges terminées par des fleurs mâles. Les fleurs femelles, qui deviennent les épis, se situent à la jonction des longues feuilles dressées. Le maïs doux, ou sucré, est consommé avant que les sucres qu'il contient ne se transforment en amidon. Sa culture nécessite de la place, aussi n'hésitez pas à utiliser ses hautes tiges comme tuteurs pour des haricots grimpants que vous pouvez lui associer ; en échange, les haricots partagent avec le maïs l'azote fixé par les nodules de leurs propres racines.

Sol : fertile, meuble et bien drainé.

Exposition : toute.

Semis/Plantation : semez d'avril à juin, par groupes de cinq graines (poquets), tous les 30 cm et sur des rangs distants de 70 cm.

Entretien : après la levée, ne gardez que 1 plante par poquet. Buttez le pied de chaque plante et paillez entre les pieds s'il n'y a pas de culture associée. La plante ne doit jamais manquer d'eau.

Récolte : de septembre à octobre, récoltez les épis lorsque les barbes brunissent et que les grains sont encore laiteux, en abaissant brusquement la base de l'épi pour qu'elle casse.

Conservation : le maïs doux se consomme frais, sitôt cueilli. On peut congeler les épis blanchis à l'eau bouillante.

Variétés/Espèces du jardin au naturel : 'Golden Bantam' (jaune, semi-précoce), 'Landmark' (jaune, très précoce).

Maladies et parasites : pyrale du maïs, charbon du maïs.

Bonnes compagnes : concombre, cornichon, courgette, haricot, melon, pois, potiron.

Melon

Cucumis melo

Le melon est une cucurbitacée annuelle rampante, cultivée pour ses fruits sucrés et juteux. Même si la culture du melon est plus facile en climat méditerranéen, certaines variétés peuvent être cultivées ailleurs, en situation ensoleillée et abritée.

Sol : fertile, frais.

Exposition : soleil.

Semis/Plantation : semez en mars sous abri, dans du terreau en godets. Lorsque les plants ont trois ou quatre feuilles, en mai-juin, plantez dans un trou rempli de compost bien décomposé, tous les 80 cm.

Entretien : coupez l'extrémité de la tige principale au-dessus des deux premières feuilles et répétez cette opération au-dessus des troisièmes feuilles de chaque première ramification lorsqu'elles ont cinq feuilles, puis de nouveau au-dessus des troisièmes feuilles sur les deuxièmes ramifications. Les fleurs femelles, porteuses du fruit, apparaîtront sur les troisièmes ramifications. Paillez chaque pied et arrosez tous les deux ou trois jours.

Récolte : à partir de juillet, lorsque le pédoncule se détache.

Conservation : ne se conserve que quelques jours après la récolte, sauf le 'Jaune Canari' (jaune, chair blanche) et le 'Vert Olive d'hiver' (vert, chair blanche), qui se gardent dans un endroit frais et sec jusqu'en hiver.

Variétés/Espèces du jardin au naturel : 'Petit Gris de Rennes' (chair orange, pour le nord de la Loire), 'Cézanne' (charentais lisse, chair orange), 'Galia' (lisse, chair verte), 'Valencia' (vert, chair blanche).

Maladies et parasites : fusariose vasculaire, mildiou, oïdium, virus de la mosaïque. Voir la liste complète p. 428.

Bonnes compagnes : haricot, laitue, maïs.

▶▶▶ **Haricot :** voir page ci-contre
▶▶▶ **Laitue :** voir p. 340-342
▶▶▶ **Mâche :** voir p. 340-342
▶▶▶ **Menthe :** voir p. 356

Les haricots

Rapporté en Europe par les découvreurs du Nouveau Monde, le haricot (*Phaseolus vulgaris*), originaire d'Amérique centrale, a su s'adapter à la plupart des climats. Il est aujourd'hui cultivé sur tous les continents. On l'a pendant longtemps consommé uniquement pour ses grains. La cueillette des gousses immatures sous la forme de « haricots verts » remonte au XIXe siècle, mais c'est désormais, en Europe, le principal mode de consommation de ce légume riche en fibres et en sels minéraux. Dans un jardin au naturel, il est facile d'alterner les variétés et d'échelonner les semis pour consommer des haricots frais tout l'été. Tous les haricots se cultivent dans un sol riche et profond, frais, à exposition ensoleillée.

Gousses ou grains

La grande famille des haricots se divise en deux catégories : les haricots dont on « mange tout » (y compris la gousse) et ceux « à écosser », dont la cosse devient immangeable à maturité et dont on consomme donc les grains. Dans chaque groupe, on trouve des variétés grimpantes qu'il faut palisser (mais la cueillette en est facilitée), et des variétés naines qui prennent moins de place.

Semis

Afin de récolter des haricots tout l'été, programmez vos semis chaque mois, d'avril (lorsque le sol est réchauffé à 12-15 °C) jusqu'au début du mois d'août. Avant le semis, faites tremper les grosses graines vingt-quatre heures dans l'eau et semez à 2 ou 3 cm de profondeur des graines de haricots espacées de 8 cm (nains) ou des poquets de 5 graines tous les 30 cm (grimpants), sur des lignes distantes de 60 cm (nains) ou de 1,5 m (grimpants). Arrosez soigneusement.

Entretien

Lorsque les plantules atteignent une dizaine de centimètres, binez en ramenant la terre au pied des plantes (buttage). En cassant les microscopiques canaux d'évaporation formés dans le sol, le binage économise les arrosages. Vous ferez un second passage (binage puis buttage) trois semaines plus tard. Profitez du second buttage pour installer les supports (rames) des haricots grimpants : les tiges s'enrouleront tout naturellement autour de ces tuteurs.
Sachez que les haricots font partie des engrais verts (voir encadré p. 95).

Récolte et conservation

Cueillez les haricots mange-tout environ huit semaines après le semis, tant que les gousses sont encore jeunes – après, elles deviennent dures et immangeables. Les haricots à écosser se récoltent lorsque les gousses sont sèches.
Les haricots mange-tout se conservent en bocaux stérilisés ou congelés, les haricots en grains secs dans des bocaux ou des sacs en papier.

ZOOM SUR

De bons choix pour un jardin au naturel

- **Haricots nains « mange-tout », pour récolte des gousses :** 'Argus' (vert, résistant aux maladies), 'Talisman' (vert, résistant aux maladies), 'Divinel' (vert foncé, marbré), 'De Rocquencourt' (jaune), 'Purple Queen' (violet).
- **Haricots nains « à écosser »** : 'Mogex' (grains blancs, à consommer frais ou secs), 'Michelet à longue cosse' (grains blancs, à consommer frais ou sec).
- **Haricots à rames « mange-tout »** : 'Merveille de Venise' (gousses plates et larges, jaunes), 'Melissa' (longues gousses violettes).
- **Haricots à rames « à écosser »** : 'Maïs' (pour le cassoulet).

Haricots nains 'Michelet à longue cosse'.

Maladies et parasites

Les variétés récentes de haricots résistent aux graves maladies qui frappent l'espèce, comme le virus de la mosaïque ou l'anthracnose. Surveillez la prolifération des pucerons noirs, des tétranyques tisserands, de sitones du pois, de tordeuses du pois, des mouches des légumes, des noctuelles défoliatrices.

Bonnes compagnes

Plantez vos haricots à proximité du basilic, qui attire les insectes pollinisateurs. Les haricots font aussi bon ménage avec les tomates. Plantez des œillets d'Inde ou des roses d'Inde : ils préserveront les haricots des attaques des ravageurs.
Aubergine, carotte, céleri, chou, concombre, cornichon, épinard, fraisier, laitue, maïs doux, melon, navet, piment, poivron, pomme de terre, radis, romarin, rutabaga, sarriette, tétragone s'associent aussi bien avec les haricots.

Les menthes

Les menthes (*Mentha* spp.) se rencontrent à l'état sauvage principalement dans les climats tempérés des continents européen et américain, mais cette famille domestiquée depuis l'Antiquité compte l'une des plantes aromatiques les plus cultivées au monde. Elle est produite de façon industrielle pour l'extraction de son essence, le menthol. Ses feuilles sont utilisées en infusion, pour parfumer le thé vert, et dans de nombreuses spécialités culinaires, tant méditerranéennes qu'asiatiques. Si la taille de votre jardin le permet, offrez-vous un choix d'espèces aux goûts différents. Si elles sont capables de s'acclimater à presque toutes les situations, les menthes aiment particulièrement les expositions ombragées ainsi que les sols frais, profonds et fertiles.

Menthe poivrée.

Menthe chocolat.

Plantation

Les menthes se multiplient principalement par division des touffes en mars-avril – la première année, achetez un godet. Mais, attention, elles ont toutes tendance à devenir envahissantes. Pour ne pas vous laisser déborder, installez chaque pied dans un gros pot de fleurs en terre cuite, que vous enterrerez jusqu'à la lèvre supérieure. La seule contrainte sera de les rempoter au bout de quatre ou cinq ans. Arrosez soigneusement après plantation.

Entretien, maladies et parasites

Entourez chaque pied d'une bonne couche de paillettes de lin, pour maintenir le sol propre et frais sans devoir biner. Les menthes poussent toutes seules et sont rarement malades – sauf la verte, sensible à la rouille de la menthe.

Récolte et conservation

Les feuilles des menthes se prélèvent du printemps à l'automne, au fur et à mesure des besoins. Avant le gel, coupez les tiges à 10 cm du sol et suspendez-les dans un endroit sec et aéré pour les consommer sèches au cours de l'hiver. Vous pouvez aussi congeler des feuilles préalablement taillées.

Bonnes compagnes

Au potager, plantez-les à côté des choux ou des radis : leur parfum rebutera les altises et les mouches du chou. Dans les massifs, installez-les au pied des rosiers pour chasser les pucerons, tout en surveillant qu'elles ne deviennent pas trop envahissantes.

ZOOM SUR

De bons choix pour un jardin au naturel

Le genre *Mentha* compte plus de soixante espèces : vous n'avez par conséquent que l'embarras du choix ! Parmi les incontournables, la menthe poivrée (*Mentha piperita*), qui possède un goût piquant et est la plus cultivée, et la menthe verte (*Mentha spicata*), utilisée pour préparer le thé à la menthe. Mais pourquoi ne pas essayer aussi la menthe aquatique (*Mentha aquatica*), aux feuilles teintées de pourpre, la menthe bergamote (*Mentha citrata*), au goût d'agrume, la menthe gingembre (*Mentha gracilis* 'Variegata'), dont le feuillage est veiné de jaune, la menthe grise (*Mentha longifolia* 'Buddleia'), dont les fleurs attirent les papillons, voire la menthe chocolat (*Mentha citrata* 'Chocolate'), au feuillage vert, mais qui sent vraiment le chocolat !

Navet

Brassica napus

Le navet a toute sa place dans un jardin au naturel : la diversité des types de racine permet de le récolter une bonne partie de l'année et de varier les menus. La conservation traditionnelle fermentée, telle qu'elle se pratique pour la choucroute, mérite d'être essayée.

Sol : léger, frais et fertile.

Exposition : mi-ombre.

Semis/Plantation : semez tous les 4 cm, à 2 cm de profondeur, en rangs espacés de 20 cm, de mars à mai pour les récoltes de printemps et d'été, de juillet à septembre pour la récolte d'automne.

Entretien : binez pour désherber et arrosez tous les deux ou trois jours.

Récolte : au printemps et en été, arrachez les racines au fur et à mesure des besoins ; en automne, arrachez les navets d'hiver par temps sec, avant l'arrivée du gel, en climats continental et montagnard.

Conservation : conservez les navets de printemps et d'été quelques jours au réfrigérateur. Stockez les navets d'hiver dans un endroit frais et sec (en cave ou silo), dans du sable.

Variétés/Espèces du jardin au naturel : pour récoltes de printemps et d'été : 'De Milan rouge' (rond aplati à collet rouge), 'Stanis' (rond à collet rouge), 'De Croissy' (long, blanc) ; pour récolte d'automne et conservation hivernale : 'Des Vertus marteau' (blanc, long, renflé), 'Jaune Boule d'or' (rond jaune, utilisé pour la conservation en saumure).

Maladies et parasites : altises, mouches du chou. Voir la liste complète p. 428.

Bonnes compagnes : haricot, laitue, tomate, pois, romarin.

Oignon

Allium cepa

Plante bulbeuse cultivée comme annuelle, l'oignon est très utilisé en cuisine, cru ou cuit, comme condiment. On distingue les oignons blancs, consommés frais au printemps, et ceux de couleur, que l'on peut conserver pour l'hiver. Recherchez des variétés qui ont fait leurs preuves dans votre région : elles portent des noms de la géographie locale.

Sol : léger, bien drainé.

Exposition : toute.

Semis/Plantation : pour les oignons blancs, plantez en octobre, à 3 cm de profondeur, tous les 8 cm et en rangs espacés de 20 cm, des oignons à repiquer que vous aurez achetés ou des plants issus de semis que vous aurez pratiqués en septembre ; pour les oignons de couleur, plantez de petits bulbes tous les 10 cm, en rangs espacés de 30 cm, ou semez en mars-avril, à 1 cm de profondeur.

Entretien : binez pour désherber, n'arrosez qu'au moment des semis.

Récolte : pour les oignons blancs, d'avril à juin, au fur et à mesure des besoins ; pour les oignons de couleur, de juillet à septembre.

Conservation : arrachez les oignons de couleur par temps sec, dès que les fanes sont desséchées, et laissez-les sécher plusieurs jours au soleil avant de les rentrer dans un local sec et aéré.

Variétés/Espèces du jardin au naturel : oignons blancs : 'De Vaugirard' (rustique), 'De Paris' (précoce) ; oignons de couleur : 'de Mulhouse' (jaune), 'Rouge pâle de Niort' et 'Rouge de Brunswick' (doux, allongé).

Maladies et parasites : mouches de l'oignon. Voir la liste complète p. 428.

Bonnes compagnes : betterave, carotte, chou, fraisier, laitue, panais, poirée, tomate.

Origan et marjolaine

Origanum vulgare et *Origanum majorana*

Sous sa forme sauvage et vivace (origan), cette plante aromatique représente un condiment de choix dans les cuisines méditerranéenne, crétoise et italienne, notamment. Sous sa forme cultivée et annuelle (marjolaine), elle fait partie des simples classiques. Dans un jardin au naturel, l'origan trouve sa place dans les massifs, associé à d'autres vivaces, la marjolaine, dans le potager ou le jardin d'herbes. La marjolaine aurait des vertus antispasmodiques et digestives.

Sol : sec, calcaire de préférence.

Exposition : soleil.

Semis/Plantation : pour l'origan, semez et plantez en mars-avril, directement en place ; pour la marjolaine, semez de mars à juillet, directement en place. La marjolaine se prête à la culture en pot.

Entretien : une fois installés, origan et marjolaine ne nécessitent aucun soin particulier, se contentant d'un sol pauvre et de quelques averses. Après trois ou quatre ans, divisez les touffes d'origan en mars-avril.

Récolte : pour la marjolaine, prélevez les feuilles et les sommités fleuries à partir de mai ; pour l'origan, coupez les tiges fleuries de juillet à septembre.

Conservation : suspendez les tiges fleuries en bouquets dans un endroit sec et aéré. Stockez les feuilles et sommités fleuries sèches à l'abri de la lumière, en boîte ou en bocal.

Variétés/Espèces du jardin au naturel : Seule l'espèce botanique est cultivée.

Maladies et parasites : généralement aucun.

Bonnes compagnes : chou.

Oseille

Rumex acetosa

Cette plante vivace, formant une touffe de larges feuilles comme l'épinard, est une familière des jardins potagers. Consommée cuite, elle possède une saveur acide particulière, traditionnellement utilisée dans les potages, sauces, farces ou accompagnements.

Sol : fertile, léger et bien drainé.

Exposition : toute.

Semis/Plantation : plantez au printemps de petites touffes issues de la division de touffes anciennes. Ou semez des graines tous les 15 cm en lignes, à partir de mars, pour former une bordure. Tassez le sol et arrosez tous les deux ou trois jours, suivant la pluviométrie.

Entretien : binez régulièrement pour désherber. Arrosez quand les feuilles fanent. Coupez les tiges florales lorsqu'elles apparaissent pour favoriser le développement des feuilles. Divisez les touffes en mars-avril tous les trois ou quatre ans.

Récolte : coupez les feuilles aux ciseaux au fur et à mesure des besoins (l'oseille fraîche ne se conserve pas). Protégez quelques touffes d'une cloche pour prolonger la récolte en hiver, en climats continental et montagnard.

Conservation : congelez les feuilles après les avoir ciselées.

Variétés/Espèces du jardin au naturel : 'Large de Belleville' (grandes feuilles vertes), 'Blonde de Lyon' (vert clair, douce), 'Rumex Purpurea' (grandes feuilles teintées de rouge).

Maladies et parasites : généralement aucun.

Panais

Pastinaca sativa

Cette plante bisannuelle est cultivée comme annuelle pour sa racine très nutritive, autrefois destinée à l'alimentation du bétail. Ingrédient traditionnel du bouillon de pot-au-feu, ce légume ancien, toujours prisé en Grande Bretagne, sort de l'oubli en France, où il est aujourd'hui cuisiné comme le navet et la carotte, braisé, en purée et même en chips.

Sol : profond, débarrassé de ses cailloux, fertile et frais.

Exposition : mi-ombre. Un climat océanique humide lui convient à merveille.

Semis/Plantation : semez, en place de préférence, de mars à juillet, tous les 3 cm, en lignes espacées de 35 cm. Tassez le sol et arrosez.

Entretien : binez pour désherber et éclaircir ; ne conservez que 1 plante tous les 20 cm.

Récolte : en septembre-octobre.

Conservation : après arrachage, le panais se conserve dans du sable, en cave ou silo. En climat océanique ou méditerranéen, laissez-le en terre sous une couche de paille pour récolte au fur et à mesure des besoins.

Variétés/Espèces du jardin au naturel : 'Demi-long de Guernesey' (grosse racine blanche, régulière).

Maladies et parasites : mouches de la carotte.

Bonnes compagnes : chou, fève, oignon.

Persil

Petroselinum crispum (syn. *P. sativum*)

Cette plante condimentaire bisannuelle aromatise de nombreuses préparations culinaires et constitue un apport non négligeable en vitamine C. Tous les jardins, y compris les plus petits, peuvent faire une place à une touffe ou une potée de persil, offrant ainsi la possibilité de le consommer fraîchement cueilli.

Sol : léger, fertile.

Exposition : toute.

Semis/Plantation : accélérez la germination en laissant tremper les graines vingt-quatre heures dans l'eau avant le semis. Laissez-les sécher. Semez de mars à juillet, en lignes distantes de 30 cm ou à la volée, dans un carré, puis recouvrez d'une fine couche de terreau.

Entretien : arrosez tous les deux ou trois jours pour maintenir le sol frais.

Récolte : de mai à novembre, au fur et à mesure des besoins, et même tout l'hiver en climat océanique ou méditerranéen.

Conservation : pour avoir du persil disponible toute l'année, protégez la culture tout l'hiver en climat océanique ou méditerranéen. Ailleurs, replantez quelques touffes dans un pot que vous rapprocherez de la cuisine (rebord de fenêtre, balcon) ou congelez les feuilles ciselées.

Variétés/Espèces du jardin au naturel : 'Commun' (feuilles plates, très parfumées), 'Géant d'Italie' (plat, à grandes feuilles parfumées), 'Frisé Vert Foncé' (moins parfumé, mais repousse vite), persil nain frisé (pour culture en pot).

Maladies et parasites : taches foliaires (alternariose), mineuses foliaires.

Bonnes compagnes : asperge, poireau, radis, tomate.

Piment et poivron

Capsicum annuum

Piment et poivron sont botaniquement les fruits de la même plante annuelle. Le poivron, ou piment doux, qui se consomme vert ou à maturité (rouge ou jaune, selon les variétés), est issu d'une famille de piments moins brûlants. Sa culture en pleine terre est traditionnellement réservée aux régions méditerranéennes, mais vous pourrez récolter des piments jusqu'en montagne, dans un pot bien exposé.

Sol : fertile. En pot : moitié terreau, moitié terre de jardin.

Exposition : plein soleil.

Semis/Plantation : semez de janvier à mars, en terrine, à l'intérieur et repiquez les plants de cinq à six feuilles en godets. Habituez-les au plein air en les abritant sous une cloche que vous ouvrirez par temps chaud. Semez ou plantez en avril-mai, à 50 cm en pleine terre ou en pot, devant un mur orienté plein sud. Placez la base de la tige en profondeur pour favoriser l'émission de nouvelles racines.

Entretien : paillez le pied et arrosez tous les deux ou trois jours. Tuteurez les variétés de poivrons à gros fruits.

Récolte : d'août à novembre.

Conservation : consommez le poivron frais dès la récolte ou conservez-le quelques jours au frais dans le bac du réfrigérateur ; le piment peut être conservé séché.

Variétés/Espèces du jardin au naturel : poivrons : 'Petit Marseillais' (récolte en vert en climat méditerranéen), 'Doux d'Espagne' (très gros fruits), 'Corno Di Toro' (rouge à maturité) ; piment : 'Jalapeno' (brûlant).

Maladies et parasites : pucerons.

Bonnes compagnes : haricot.

Poireau

Allium porrum

Plante bisannuelle cultivée comme annuelle, de la même famille que l'oignon, le poireau est le légume d'hiver par excellence. Faiblement calorique, il est apprécié pour ses apports en fibres et en vitamines (provitamine A et B9, notamment). Un potager naturel contient quelques rangs de poireaux pour l'automne et l'hiver.

Sol : frais, profond, fertile et enrichi l'année précédente.

Exposition : toute.

Semis/Plantation : pour une récolte d'été et d'automne, semez en pépinière à partir de février. Repiquez comme précédemment en avril-mai. Pour une récolte d'hiver, semez de mai à juillet, en pleine terre, à la volée. Recouvrez de 1 cm de terreau et tassez. Lorsque les plants ont la taille d'un crayon (entre mai et juillet), arrachez-les, coupez l'extrémité des feuilles et des racines et plantez dans des sillons de 8 cm de profondeur, tous les 10 cm, sur des rangs espacés de 30 cm. Arrosez.

Entretien : arrosez par temps sec, binez puis buttez la base des tiges.

Récolte : de septembre à février.

Conservation : en terre tant qu'il est possible de les arracher pour les variétés d'hiver. Blanchissez des rondelles dans l'eau bouillante pour les congeler.

Variétés/Espèces du jardin au naturel : 'Bleu de Solaise' (volumineux, très résistant au froid, pour l'hiver), 'Géant d'hiver' (long, résistant au froid), 'Jaune du Poitou' (précoce, pour l'été et l'automne).

Maladies et parasites : teignes du poireau. Voir la liste complète p. 428.

Bonnes compagnes : asperge, carotte, céleri, épinard, fenouil, fraisier, laitue, mâche, persil, tomate.

Poirée

Beta vulgaris

Plante bisannuelle de la même famille que la betterave, cultivée comme annuelle pour ses feuilles dont on consomme le limbe (vert) comme des épinards et les pétioles charnus, elle est appelée blette, bette ou joutte suivant les régions. Facile à cultiver, source de potassium, de fer et de fibres, la poirée est un légume classique du jardin au naturel.

Sol : frais, léger, sablonneux, mais fertile.

Exposition : toute.

Semis/Plantation : semez de mars à juillet, en groupes de quatre graines (poquets), tous les 40 cm et en rangs espacés de 40 cm. Recouvrez de 1 cm de terre, tassez et arrosez.

Entretien : à trois ou quatre feuilles, ne conservez que le plant le plus vigoureux du poquet. Paillez le pied pour limiter la croissance des mauvaises herbes et retenir l'humidité.

Récolte : de juillet aux gelées, en cueillant les tiges extérieures de chaque pied.

Conservation : les tiges se cuisent et se consomment aussitôt récoltées, sinon elles noircissent. Vous pouvez aussi congeler tiges cuites et feuilles ébouillantées.

Variétés/Espèces du jardin au naturel : 'Poirée blonde à cardes blanches' (productive), 'Poirée verte à cardes blanches' (précoce, résistante au froid), 'Verte à couper' (naine).

Maladies et parasites : altises, oïdium, pucerons.

Bonnes compagnes : céleri, chou, laitue, oignon.

Pois

Pisum sativum

Les pois constituent une famille de plantes légumineuses annuelles produisant des gousses de cinq à dix graines. On consomme la gousse des « mange-tout » avant maturité des grains, comme pour les haricots verts, ou les pois (« à écosser ») qui, secs, sont ronds ou ridés.

Sol : frais, fertile.

Exposition : toute.

Semis/Plantation : faites tremper les grosses graines vingt-quatre heures dans l'eau puis semez de février à juin, en pleine terre en poquet, tous les 3 cm, sur des rangs espacés de 40 cm pour les variétés naines et de 70 cm pour les grimpantes ; laissez un espace tous les deux rangs pour passer (« passe-pied »). En climat méditerranéen, semez les pois précoces d'octobre à janvier.

Entretien : posez un filet pour protéger des oiseaux. Arrosez tous les deux ou trois jours du semis à la récolte. Binez et buttez les pieds trois semaines après la levée et placez des tuteurs pour les grimpants. Coupez l'extrémité des variétés naines après la sixième fleur, en partant du bas.

Récolte : de mars à octobre, deux fois par semaine, sans casser les tiges.

Conservation : au congélateur, après avoir fait blanchir les légumes.

Variétés/Espèces du jardin au naturel : pois : 'Petit Provençal' (rond, nain, précoce), 'Serpette Guilloteaux' (rond, grimpant, tardif) ; mange-tout : 'Carouby de Maussane' (nain), 'Corne de bélier' (grimpant).

Maladies et parasites : tordeuse du pois, sitone du pois. Voir la liste complète p. 429.

Bonnes compagnes : asperge, aubergine, céleri, chou, laitue, maïs, navet, pomme de terre, radis, rutabaga.

Radis

Raphanus sativus

Plante annuelle cultivée pour sa racine charnue, allongée ou ronde, de couleur rose, blanche, rouge, jaune ou noire, le radis se consomme cru, mais ses jeunes feuilles peuvent être cuisinées en potage. Cultivez toutes les sortes de radis dans votre jardin au naturel, pour varier le plaisir des couleurs et des saveurs et pour obtenir des récoltes échelonnées.

Sol : léger, fertile.

Exposition : toute.

Semis/Plantation : semez à la volée ou en lignes distantes de 20 cm, en recouvrant les graines de 1 cm de terreau, puis tassez le sol et arrosez. Lorsque les plantes ont quelques feuilles, éclaircissez en arrachant les radis les plus chétifs. À partir de février et jusqu'en septembre, semez tous les quinze jours environ les radis roses (dits aussi radis de tous les mois) et, de juin à août, les radis d'hiver.

Entretien : arrosez tous les deux ou trois jours.

Récolte : pour les radis roses, trois à quatre semaines après les semis échelonnés ; pour les radis d'hiver, deux à trois mois après le semis.

Conservation : en cave, plusieurs semaines après la récolte, pour les radis d'hiver.

Variétés/Espèces du jardin au naturel : radis roses : 'de Dix-Huit Jours' (long, rouge et blanc), 'Cerise' (rond, rouge), 'Gaudo' (rond bicolore), 'Zlata' (jaune) ; radis d'hiver : 'Gros Long d'hiver de Paris' (piquant), 'Rose d'hiver de Chine' (bonne conservation).

Maladies et parasites : altises, hernie du chou.

Bonnes compagnes : ail, betterave, carotte, cerfeuil, épinard, fève, haricot, laitue, menthe, persil, pois, tétragone, tomate.

Raifort

Armoracia rusticana

Plante vivace cultivée pour sa racine blanche qui fournit, râpée, un condiment piquant comme la moutarde, très riche en vitamine C, le raifort se caractérise par ses hautes feuilles gaufrées, vert foncé, très décoratives. Limitez votre plantation à un ou deux pieds, car la plante a tendance à proliférer naturellement par l'extension de ses racines. Pulvérisé sur les arbres fruitiers, le jus des feuilles de raifort – hachées ou passées au mixer, puis tamisées – a la réputation de protéger les fruits de la moniliose.

Sol : frais, fertile.

Exposition : toute.

Semis/Plantation : le raifort produit rarement des graines. Achetez un petit plant, puis multipliez-le, en mars-avril, par éclatement des touffes au moment de l'arrachage des racines. Replantez des éclats de racine de 10 cm environ, portant un bourgeon, tous les 30 cm.

Entretien : paillez pour limiter la croissance des mauvaises herbes et maintenir l'humidité.

Récolte : en automne, arrachez à la bêche les racines dont vous avez besoin.

Conservation : vous pouvez garder les racines dans du sable, à la cave ou en silo, mais mieux vaut les utiliser fraîches (râpées) ou fabriquer une pâte à partir de racines râpées mélangées à de l'huile et du jus de citron, que vous conserverez en pot au réfrigérateur quelques semaines.

Variétés/Espèces du jardin au naturel : seule l'espèce botanique est cultivée.

Maladies et parasites : rouille, mildiou.

▶▶▶ **Pomme de terre :** voir page ci-contre
▶▶▶ **Potiron :** voir p. 350-351

Les pommes de terre

La pomme de terre (*Solanum tuberosum*) est cultivée comme annuelle pour la récolte de ses tubercules comestibles, qui sont des tiges souterraines. Riche en glucides complexes, source de potassium et de vitamine C, elle est cultivée et consommée dans la plupart des pays du monde. Au potager naturel, réservez un espace à la production de petites pommes de terre nouvelles ou de variétés anciennes difficiles à trouver sur les marchés (vous les trouverez sur Internet, dans des associations de jardiniers, dans des foires aux plantes). Pour la plantation, choisissez une parcelle exposée au soleil, au sol léger, que vous enrichirez en automne de compost et de cendre de bois.

Plantation

En février-mars, mettez à germer les tubercules « semences » achetés ou conservés (en cave ou silo) de la récolte précédente : installez-les dans un endroit lumineux, mais frais. Lorsque des germes se sont développés, plantez vos tubercules à 10 cm de profondeur, germes vers le haut, tous les 40 cm ; espacez les rangs de 70 cm. Recouvrez-les de terre fine, sans tasser.

Entretien, maladies et parasites

Quand les plants atteignent 20 cm, buttez-les en ramenant la terre à leur pied ; cette opération incite la plante à former de nouveaux tubercules et empêche l'eau de stagner à son pied. Entre la plantation et la récolte, binez entre les rangs pour désherber et buttez les pieds à deux reprises, en remontant la terre autour des tiges sur 20 cm de hauteur. Ces passages répétés dans la culture contribuent à laisser, après récolte, une parcelle dont la terre, enrichie l'automne précédant la récolte, aura été finement travaillée et désherbée. La pomme de terre est touchée par de nombreux parasites et maladies. Les plants du commerce ont l'avantage d'être certifiés indemnes de virus par le SOC (Service officiel de contrôle et certification), ce qui n'est pas le cas si vous multipliez vous-même vos plants à partir d'une culture précédente. Le mildiou, la verticilliose et le rhizoctone violet, côté champignons, et les hannetons et punaises, côté insectes, sont ses principaux ennemis. La culture associée de plantes de la même famille n'est jamais recommandable, mais un plant d'aubergine ou une rangée de lin à grandes fleurs peuvent servir à piéger les redoutables doryphores. Plantez des œillets d'Inde ou des roses d'Inde pour préserver vos pommes de terre des ravageurs. La pomme de terre pousse aussi très bien a côté de l'ail, du chou, de l'échalote, de la fève, du haricot, du pois ou de la sauge.

Récolte de pommes de terre 'Ratte'.

Récolte et conservation

Les pommes de terre se conservent en place en pleine terre (les récoltes peuvent se faire au fur et à mesure des besoins). Selon la précocité des variétés, vous récolterez les pommes de terre entre 80 et 130 jours après la plantation, lorsque les tiges commencent à jaunir. Soulevez la plante avec une fourche-bêche pour éviter de blesser les tubercules ; laissez-les sécher sur le sol avant de les entreposer dans un local sec et aéré. Les pommes de terre se conservent plusieurs mois à l'abri de la lumière et à une température de 8-10 °C, pour éviter la germination, si possible en couches successives dans des caisses de bois.

ZOOM SUR

De bons choix pour un jardin au naturel

Selon leur teneur en amidon les pommes de terre sont classées en trois catégories : les grosses « farineuses » pour les frites et la purée, les « tendres » pour les gratins et la cuisson vapeur, les petites « fermes » pour les pommes sautées. Un autre critère est le degré de précocité, qui permet de varier les dates de récolte.

- **Précoces** (85-95 jours) : 'Marine' et 'Sirtena' (chair tendre), 'Bonotte' (chair ferme), 'Belle de Fontenay' et 'Amandine' (chair ferme).
- **Plus tardives** (125-130 jours) : 'Ratte' (petite, chair ferme), 'Désirée' (chair farineuse), 'Roseval' (chair tendre).
- **Très tardives** (150 jours) : 'Vittelotte' (chair violette, presque noire, farineuse), 'Bleue d'Auvergne' (chair jaune, farineuse).

Rhubarbe

Rheum rhaponticum

Plante vivace formant des touffes de très grandes feuilles pétiolées, la rhubarbe est riche en antioxydants et appréciée pour ses propriétés laxatives. Seuls ses pétioles se consomment, cuits en compote ou en confiture. Ses feuilles ne sont pas comestibles, mais elles peuvent servir à fabriquer une décoction à pulvériser sur d'autres plantes pour repousser les pucerons. Les grandes feuilles très décoratives de la rhubarbe incitent à planter au moins un pied dans un endroit ombragé du potager ou du jardin d'agrément.

Sol : profond, fertile, bien drainé.

Exposition : mi-ombre.

Semis/Plantation : la rhubarbe se multiplie de préférence par division de touffe ; plantez des éclats de souche portant deux ou trois bourgeons en mars-avril, tous les mètres, en lignes espacées de 1,5 m. Le semis en pot est possible en août-septembre, sous 1 cm de terreau ; replantez en godets lorsque les plants ont quatre ou cinq feuilles et mettez en terre au printemps suivant.

Entretien : au printemps, apportez du compost bien décomposé au pied, binez pour l'incorporer, puis paillez pour limiter la croissance des mauvaises herbes et maintenir l'humidité. Coupez les tiges florales dès leur apparition.

Récolte : de mai à juin, puis en septembre-octobre, en arrachant avec précaution les grandes feuilles extérieures de la touffe (ne touchez pas aux feuilles du centre).

Conservation : au congélateur ou quelques jours au réfrigérateur.

Variétés/Espèces du jardin au naturel : 'Queen Victoria' (longs pétioles rouges).

Maladies et parasites : pourriture du collet.

Romarin

Rosmarinus officinalis

Cet arbuste vivace, qui pousse de façon spontanée dans la garrigue méditerranéenne, possède des feuilles persistantes. Le romarin, qui fait partie des herbes de Provence, attire les pollinisateurs et est aussi une plante médicinale connue pour son pouvoir antiseptique. Il a sa place au potager en climat méditerranéen ou océanique ou sur les balcons en ville car il résiste bien à la pollution urbaine.

Sol : tout type de sol, y compris aride et caillouteux, avec une préférence pour les terres calcaires.

Exposition : indifférente en climat méditerranéen, au soleil, au pied d'un mur plein sud, dans les autres régions.

Semis/Plantation : plantez au printemps, tous les 50 cm. Ou bouturez des tiges en juin-juillet dans du sable et replantez au printemps suivant.

Entretien : binez le pied. Lorsque la plante vieillit, coupez les branches mortes et taillez les autres d'un tiers pour redonner de la vigueur à l'arbuste.

Récolte : au printemps, coupez les sommités fleuries pour en faire des tisanes. Prélevez des branches feuillues en automne pour la cuisine.

Conservation : suspendez les branches coupées en automne en bouquets dans un endroit sec et aéré.

Variétés/Espèces du jardin au naturel : au jardin des simples : seule l'espèce botanique est cultivée ; au jardin d'ornement : 'Tuscan Blue' (dressé, fleurs bleues), 'Majorca Pink' (dressé, fleurs roses).

Maladies et parasites : généralement aucun.

Bonnes compagnes : carotte, chou, haricot, navet.

Rutabaga

Brassica napus var. *napobrassica*

Également appelé chou-navet, le rutabaga est un légume de la famille des choux dont on mange la racine renflée comme un gros navet. De même que les autres brassicacées, il préfère les climats humides : océanique ou montagnard, mais rien n'empêche de le cultiver ailleurs. dans un jardin au naturel, quelques pieds de ce légume oublié apportent de la diversité dans les assiettes et parfument les pot-au-feu d'hiver.

Sol : frais, argileux, fertile.

Exposition : soleil.

Semis/Plantation : semez en pépinière, en pleine terre, de mai à juillet. Lorsque les plants ont la taille d'un crayon, replantez tous les 30 cm, en rangs espacés de 30 cm, après avoir coupé l'extrémité de la racine.

Entretien : binez pour désherber, paillez le pied de paillettes de lin contre la mouche du chou mais aussi en prévision de l'hiver.

Récolte : à partir de septembre. Le rutabaga, qui ne craint pas le gel, peut rester en terre tout l'hiver, en climats océanique et mediterranéen, à condition d'être protégé d'une bonne couche de paille pour pouvoir l'arracher.

Conservation : en climats continental et montagnard, arrachez les racines avant les grands froids, car vous aurez du mal une fois la terre gelée, et conservez-les en cave ou silo, dans du sable.

Variétés/Espèces du jardin au naturel : 'Jaune Rond à grand collet vert' (longue conservation), 'Champion à collet rouge' (racine volumineuse).

Maladies et parasites : mouches du chou, limaces, hernie du chou.

Bonnes compagnes : concombre, cornichon, haricot, laitue, pois, tomate.

▶▶▶ **Roquette :** voir p. 340-342

Salsifis et scorsonère

Tragopogon porrifolius et *Scorzonera hispanica*

Souvent confondus, le salsifis et la scorsonère sont cultivés de la même manière pour leurs racines, l'une blanche et souvent fourchue (salsifis), l'autre noire (scorsonère). Les longues feuilles du salsifis ressemblent à celles du poireau, tandis que celles de la scorsonère sont un peu plus larges. La plupart des « salsifis » vendus dans le commerce sont en réalité des scorsonères, plus faciles à cultiver et à éplucher industriellement. On ne trouve plus de vrais salsifis ailleurs que dans les jardins.

Sol: sableux, frais, profond, fertile.

Exposition: soleil.

Semis/Plantation: pour les salsifis, semez en mars-avril, à 2 cm de profondeur, en rangs distants de 25 cm; éclaircissez les plants de quatre ou cinq feuilles, en ne gardant que les plus vigoureux, tous les 10 cm. Pour la scorsonère, semez en août, pour une récolte à l'automne suivant, de la même manière que le salsifis.

Entretien: binez pour maintenir le sol propre et frais. Arrosez dès qu'il fait sec. Coupez les tiges florales dès qu'elles apparaissent. En climats continental et montagnard, couvrez d'une couche de feuilles en automne pour faciliter les récoltes d'hiver.

Récolte: arrachez les racines d'octobre à mars, au fur et à mesure des besoins.

Conservation: les racines, qui flétrissent rapidement, ne peuvent être conservées hors de terre.

Variétés/Espèces du jardin au naturel: salsifis: 'Mammouth à très grosses racines' (variété commune); scorsonère: 'Géante noire de Russie' (grosse racine très longue).

Maladies et parasites: rouille blanche, oïdium.

Sarriette

Satureja montana et *Satureja hortensis*

Arbrisseau vivace (sarriette vivace ou *S. montana*) ou plante annuelle herbacée (sarriette des jardins ou *S. hortensis*) de 30 cm de hauteur, cette plante aromatique pousse de façon spontanée sur tout le pourtour méditerranéen, mais on peut la cultiver dans les autres régions. La sarriette est utilisée dans de nombreux pays pour parfumer les préparations à base de viande de mouton et de légumineuses (fèves, haricots, lentilles), qu'elle contribue à rendre digestes.

Sol: léger, bien drainé, même sec.

Exposition: soleil.

Semis/Plantation: pour la sarriette vivace, divisez les touffes en mars-avril et replantez tous les 10 cm; pour la sarriette des jardins, semez en mai-juin, à la volée, en place ou en mars, en pépinière, pour planter en mai.

Entretien: divisez les touffes tous les trois ou quatre ans, pour les rajeunir.

Récolte: pour la sarriette vivace, prélevez les feuilles et les jeunes pousses toute l'année, au fur et à mesure des besoins; coupez la sarriette des jardins au moment de la floraison, à partir de juillet, lorsque les plantes sont les plus aromatiques.

Conservation: séchez une provision de feuilles et de sommités fleuries et conservez-les en boîte ou en bocal.

Variétés/Espèces du jardin au naturel: seules les espèces botaniques sont cultivées.

Maladies et parasites: généralement aucun.

Bonnes compagnes: rosier et légumes.

Sauge officinale

Salvia officinalis

Très aromatique, cet arbrisseau robuste formant des touffes de 50 à 60 cm de hauteur possède un feuillage vert-gris et des fleurs bleues qui trouvent leur place dans un jardin d'agrément, près des rosiers, par exemple, si le potager naturel est trop exigu. Plante privilégiée des jardins d'herbes du Moyen Âge, la sauge accompagne aujourd'hui souvent les préparations de viande de porc. La sauge sclarée (*S. sclarea*) et les sauges d'Amérique parfumées (*S. elegans*, *S. leucantha*) ont des caractéristiques aromatiques proches.

Sol: léger, calcaire de préférence.

Exposition: soleil.

Semis/Plantation: divisez les touffes en l'automne, après avoir coupé les tiges. Ou semez en avril, à la volée, en place ou en pépinière, pour replanter l'année suivante.

Entretien: remplacez les touffes tous les trois ou quatre ans. Paillez le pied des jeunes plants issus de semis.

Récolte: prélevez les feuilles fraîches au fur et à mesure des besoins. En automne, rabattez les tiges dont vous ferez sécher les feuilles dans un endroit sec et aéré.

Conservation: conservez les feuilles sèches dans une boîte ou un bocal.

Variétés/Espèces du jardin au naturel: l'espèce botanique est la plus commune; sauge 'panachée' ou *S. purpurea tricolor*, sauge 'Ananas' ou *S. elegans*, sauge 'Cassis' ou *S. leucantha*.

Maladies et parasites: généralement aucun.

Bonnes compagnes: carotte, chou, pomme de terre.

Thym

Thymus vulgaris

Cet arbrisseau vivace de 10 à 30 cm de hauteur pousse de façon spontanée en milieu sec sur tout le pourtour méditerranéen. Très répandu en cuisine, il fait partie des herbes de Provence et entre dans la confection du « bouquet garni ». Le thym séché est particulièrement riche en fer et en calcium. En tisane, il aurait des vertus antitussives. Dans un jardin au naturel, la touffe de thym est incontournable, tant pour son usage culinaire que pour son pouvoir assainissant, son rôle de couvre-sol et sa capacité à attirer les abeilles.

Sol: bien drainé, même sec.

Exposition: soleil.

Semis/Plantation: divisez les touffes en mars-avril, puis replantez à 8 cm de profondeur et de distance. Ou semez en mai, à la volée, en place ou en pépinière. Ou encore bouturez des pousses en juin-juillet, dans un mélange de sable et de terreau, pour replanter l'année suivante.

Entretien: divisez les touffes de thym tous les trois ou quatre ans en mars-avril.

Récolte: prélevez des petites branches toute l'année, au fur et à mesure des besoins. C'est au moment de la floraison, en juin, que le thym est le plus aromatique.

Conservation: faites sécher une provision de petites branches que vous conserverez dans une boîte ou un bocal.

Variétés/Espèces du jardin au naturel: Thym 'd'hiver' ou *T. vulgaris hyemalis* (floraison précoce), thym 'Citron' ou *T.* x *citriodorus* (arôme citronné). Thyms rampants: *T. serpyllum* ou *T. polytrichus.*

Maladies et parasites: généralement aucun.

Bonnes compagnes: aubergine, chou.

Topinambour

Helianthus tuberosus

Cultivé pour ses tubercules irréguliers, le topinambour est une plante vivace de la même famille que le tournesol. Ses tiges atteignent 2 m de hauteur et sont assez envahissantes. Dans un jardin au naturel, profitez-en pour en faire un écran, dissimulant le compost ou la réserve d'eau par exemple. Nutritif et très facile à cultiver, le topinambour a longtemps souffert de son image de légume de rationnement pendant la Seconde Guerre mondiale. Son goût fin, sucré et proche de celui de l'artichaut, lui fait retrouver peu à peu le chemin de nos jardins et de nos assiettes.

Sol: frais, profond, fertile.

Exposition: toute.

Semis/Plantation: plantez des tubercules du commerce ou de votre récolte en mars-avril, à 10 cm de profondeur, tous les 60 cm et sur des lignes distantes de 70 cm.

Entretien: binez et arrosez lorsque les feuilles flétrissent, pour maintenir le sol propre et frais. La plante étant vivace et assez envahissante, il est nécessaire de la contenir en arrachant régulièrement des tubercules.

Récolte: arrachez les topinambours d'octobre à avril, au fur et à mesure des besoins.

Conservation: les topinambours ne se conservent pas frais. Congelez le surplus après cuisson.

Variétés/Espèces du jardin au naturel: 'Topinambour rouge' et 'Violet de Rennes' (arrondis, en forme de poire), 'Patate ' (bien régulier, gros), 'Fuseau' (plus petit, plus sucré que les autres).

Maladies et parasites: mildiou, oïdium.

Verveine citronnelle

Lippia citriodora ou *Aloysia triphylla*

Arbuste pouvant atteindre 1,5 m de hauteur, la verveine citronnelle est une plante aromatique, à laquelle on prête aussi des vertus médicinales (digestion). Elle est utilisée en boisson, pour préparer des tisanes, et en cuisine, surtout pour parfumer les fruits. Poussant en pleine terre en climat méditerranéen ou océanique, elle doit ailleurs être protégée du froid ou cultivée en pot et rentrée l'hiver, dans une pièce non chauffée.

Sol: léger, bien drainé.

Exposition: soleil.

Semis/Plantation: la verveine citronnelle se multiplie par bouturage de tiges ligneuses (bois brun) en juin-juillet, pour plantation l'année suivante, en mars-avril. Le marcottage de jeunes pousses est possible: incitez-les à s'enraciner en les maintenant sur le sol au moyen d'un cavalier de fil de fer. Séparez la marcotte lorsqu'elle est autonome.

Entretien: arrosez dès que les feuilles flétrissent. Coupez les tiges feuillées en octobre, avant de protéger le pied ou de rentrer le pot, en climats continental et montagnard.

Récolte: prélevez les feuilles au fur et à mesure des besoins.

Conservation: faites sécher les feuilles ramassées en automne et conservez-les dans un bocal.

Variétés/Espèces du jardin au naturel: seule l'espèce botanique est cultivée.

Maladies et parasites: généralement aucun.

▶▶▶ **Tomate:** voir page ci-contre

Les tomates

Originaire d'Amérique du Sud, la tomate (*Lycopersicum esculentum*) a mis près de deux siècles à conquérir le Vieux Continent, mais la « pomme d'or » est aujourd'hui un des « légumes » (fruits) les plus produits au monde, que ce soit en plein champ ou en serre. Peu difficile, elle se cultive dans tout type de sol, même modérément acide, à exposition ensoleillée, et ce dans toutes les régions excepté en haute montagne, où elle a du mal à mûrir avant le froid. Source de lycopène, de bêta-carotène et de vitamine C, la tomate occupe une grande place dans notre alimentation. Dans un jardin au naturel, c'est une vraie source de plaisir gustatif !

Semis et plantation

Semez sous abri, fin février ou début mars, dans une caissette contenant 5 cm de terreau de semis. Recouvrez à peine de terreau tamisé, puis arrosez à l'aide d'un petit pulvérisateur. Sur un radiateur, derrière une fenêtre, le semis germera en une dizaine de jours. Mi-avril, repiquez les plants les plus vigoureux en godets.
Vers la mi-mai, lorsque tout risque de gel est écarté, plantez dans le jardin les plants issus de vos semis ou achetés dans le commerce. Placez un tuteur de 1,8 m minimum, puis installez à son pied les plants hauts de 12 à 15 cm, tous les 60 cm au moins, sur des rangs espacés de 1 m à 1,2 m. Arrosez à saturation avant de recouvrir le sol d'un paillage épais de 4 à 5 cm.

C'EST MALIN

Des plants de tomates bien nourris

Au moment de la plantation, placez une pelletée de compost bien décomposé au fond de chaque trou. Certains y ajoutent même une poignée de feuilles d'ortie fraîches. Les racines trouveront vite le chemin de ce « garde-manger ». Et provoquez l'émission de racines secondaires au bas de la tige en la plantant légèrement couchée sur le sol – elle se redressera d'elle-même en grandissant.

Entretien, maladies et parasites

Palissez les tiges au fur et à mesure de leur croissance. Supprimez les pousses naissant au pied des plants et celles qui apparaissent à la jonction des feuilles. Limitez les variétés les plus hautes (notamment les tomates cerises) en « pinçant » la tige principale entre vos ongles lorsqu'elle atteint le haut du tuteur. Arrosez tous les deux jours, sans mouiller les feuilles.

Sachez que les boutures de tomates s'enracinent facilement dans l'eau.
Mildiou, taches foliaires (alternariose), verticilliose, fusariose vasculaire, virus de la mosaïque, acariens, tétranyques tisserands, pucerons, doryphores, noctuelles défoliatrices et mineuses foliaires sont les principaux ennemis des tomates.

Récolte et conservation

Récoltez les tomates régulièrement, à pleine maturité, et consommez-les sans tarder. Pour l'hiver, cuisinez coulis et purées, que vous pourrez congeler.

Bonnes compagnes

Ail, asperge, basilic, bourrache, carotte, céleri, haricot, navet, œillet d'Inde, oignon, persil, poireau, radis, rose d'Inde, rutabaga sont de bonnes compagnes de la tomate.
Sachez également que la tomate éloigne la piéride du chou.

ZOOM SUR

De bons choix pour un jardin au naturel

Les tomates comptent un grand nombre de variétés : faites votre choix en fonction des usages auxquels vous les destinez.

- Pour l'apéritif : les tomates cerises, faciles à cultiver, même dans un mini-potager, comme 'Sweet 100' (rouge, ronde), 'Red Pear' (rouge, en poire), 'Gold Nugget' (jaune, ronde), 'Yellow Pear' (jaune, en poire).
- Pour les salades : 'Cœur de bœuf' (rouge, charnue), 'Cornue des Andes' (rouge, allongée, délicieuse mais sensible aux maladies), 'Rose de Berne' (rose à rose-rouge, très douce), 'Kaki' (orangée, ronde).
- Pour cuisiner : 'Delizia' ('Marmande' hybride rouge, résistante au mildiou), 'Pyros' (rouge, ronde).

Tomates 'Rose de Berne'.

Tomates cerises 'Gold Nugget'.

13

Les arbres fruitiers et les petits fruits

Arbres fruitiers et arbustes à petits fruits

Quel plaisir de disposer dans son propre jardin d'arbres et d'arbustes fruitiers ! On ne se lasse pas de surveiller leur pousse au rythme des saisons, d'observer la lente évolution des fleurs vers les fruits, leur maturation au fil des jours, puis de déguster pommes, cerises, framboises ou encore grappes de raisin tout juste cueillies. Et pour cela, nul besoin d'un grand terrain, ni d'une panoplie de jardinier émérite : chacun peut cultiver un ou plusieurs fruitiers, judicieusement choisis en fonction de ses goûts, de sa situation géographique et de la place disponible – une place qui peut même se limiter à un simple pot. Voici quelques éléments pour mieux comprendre ces arbres et arbustes, et les conditions à respecter pour assurer une production optimale.

Un amandier en fleurs.

L'indispensable pollinisation

Pour qu'un arbre forme ses fruits, il faut qu'un organe mâle et un organe femelle, tous les deux portés par les fleurs, soient en présence l'un de l'autre. Pour que la fécondation se produise entre les deux, il faut une bonne pollinisation, c'est-à-dire un transfert du pollen émis par l'organe mâle vers l'organe femelle. Cette opération est assurée par les insectes pour la plupart des fruitiers (voir p. 200). Une bonne pollinisation favorise la formation d'un plus grand nombre de fruits et améliore leurs qualités.

Arbres à fleurs hermaphrodites

Chez de nombreux fruitiers, les fleurs sont hermaphrodites, c'est-à-dire qu'elles portent à la fois les organes mâles et femelles.

Lorsque l'arbre est autofertile, ses fleurs peuvent se polliniser entre elles : c'est le cas de l'abricotier, de la plupart des pêchers, du cognassier, de certains pruniers. Ainsi, même s'il est tout seul au jardin, l'arbre autofertile donne des fruits.

Lorsque l'arbre est autostérile, les organes femelles de la fleur ne peuvent pas être fécondés par le pollen de la même variété. Il faut donc qu'il y ait une pollinisation croisée : deux arbres de la même espèce, mais de variétés différentes, doivent être plantés à proximité. C'est le cas de certains poiriers, de la plupart des pommiers, des cerisiers et de nombreux pruniers.

EN SAVOIR PLUS

Plusieurs variétés, plus de fruits

Même lorsque les arbres fruitiers assurent eux-mêmes leur pollinisation, la proximité d'une autre variété est toujours profitable et les arbres dont le pollen est ainsi enrichi portent beaucoup plus de fruits.

Arbres à fleurs mâles et à fleurs femelles

Chez d'autres espèces fruitières, comme le mûrier, le noisetier ou encore le noyer, le même arbre porte des fleurs mâles et des fleurs femelles distinctes. La pollinisation, par conséquent, est en principe assurée, sauf si les fleurs ne sont pas prêtes en même temps, auquel cas une association de deux variétés d'arbres (ou arbustes) est nécessaire.

Le cas de l'actinidia (kiwi)

Ce sont des arbres différents qui portent les fleurs mâles et les fleurs femelles. La fécondation des fleurs femelles d'un pied femelle exige donc la proximité d'un pied mâle.

De la fleur au fruit

Au printemps, les fleurs de l'arbre (ou arbuste) fruitier s'épanouissent, généralement blanches ou roses, représentant déjà un plaisir pour les yeux… et pour les papillons. Après la période de pleine floraison, les pétales tombent. L'ovaire qui était à la base de chaque fleur grossit et prend une forme globuleuse : c'est ce qu'on appelle la nouaison des fruits. Ces fruits contiennent des pépins (ou une amande pour les fruits à noyau), qui correspondent aux anciens ovules fécondés et qui deviendront ensuite les graines. Les fruits connaissent ensuite une période de croissance active : ils prennent leur forme caractéristique et grossissent.

Une fois atteint leur volume maximum, les fruits se colorent progressivement, jusqu'à leur maturité : ils ont alors leur couleur définitive, dégagent leur parfum et leur saveur. C'est le bon moment pour les cueillir et les consommer, une période très courte pour les fruits d'été, beaucoup plus longue (jusqu'à trois ou quatre mois) pour les fruits d'hiver. Un bon ensoleillement fait mûrir les fruits plus vite et les enrichit en sucres. S'ils sont laissés sur l'arbre, les fruits poursuivent leur évolution : leur parfum et leur saveur disparaissent, leur chair devient blette et cotonneuse, puis ils pourrissent peu à peu et libèrent leurs graines.

C'EST MALIN

Une bonne compagne

Plantez de la bourrache près de vos arbres fruitiers. Elle attire les insectes butineurs et favorise donc la pollinisation.

Quand et comment pratiquer une greffe

Il peut être nécessaire d'associer deux arbres ou arbustes différents, aux qualités complémentaires, en pratiquant une greffe. Pour les pommiers, les poiriers ou les pruniers, c'est une opération indispensable qu'effectuent les arboriculteurs sur les arbres qu'ils vendent : la variété choisie pour ses fruits n'a pas la force nécessaire pour bien se développer, quel que soit le sol, ou, au contraire, possède une trop grande vigueur, qui ne permet pas d'obtenir une forme d'arbre bien précise. Pour d'autres, comme les noisetiers par exemple, la greffe n'est pas nécessaire car une bonne harmonie est établie entre le système racinaire, l'arbre et les fruits : il s'agit alors d'arbres dits francs.

Comment procéder? La greffe consiste à fixer une variété sur une autre en joignant deux coupes franches étroitement liées. Au fur et à mesure de la croissance des végétaux, les tissus se mêlent et le point de greffe n'apparaît plus que sous un bourrelet.

Le but de cette opération, pratiquée par l'arboriculteur, est de combiner les qualités des deux arbres fruitiers : le porte-greffe développe ses racines dans le sol et apporte sa force et sa résistance ; le greffon assure la qualité des fruits, qui correspondent à la variété choisie.

Pour en savoir plus, voir p. 162.

Tailler un peu, beaucoup ou pas du tout

La forme d'un arbre fruitier lui est donnée par des interventions successives de taille, effectuées généralement pendant l'hiver. Ces interventions lui permettent de s'adapter à la place disponible et de répondre aux impératifs de son espèce. Pour en savoir plus, voir p. 146-149.

Les arbustes à petits fruits sont gardés dans leur forme naturelle et ne demandent qu'une taille limitée. Ils représentent une culture vraiment facile, qui offre un maximum de plaisir.

Un cerisier en fleurs.

Abricotier

Prunus armeniaca

L'abricotier se caractérise par ses branches bien ramifiées, qui se couvrent de fleurs avant même l'apparition des feuilles. Après fécondation, ces fleurs donnent de gros fruits veloutés, ronds ou ovales, d'un jaune orangé si particulier que leur nom est utilisé comme adjectif de couleur. Les abricots sont appréciés pour leur goût et pour leurs apports nutritionnels (provitamine A notamment). L'arbre étant autofertile, un seul suffit pour obtenir des fruits.

Hauteur: 6-8 m.

Étalement: 5-6 m.

Sol: tout type de sol, sans eau stagnante.

Exposition: soleil, à l'abri des vents dominants et des gelées printanières.

Plantation: d'octobre à avril.

Entretien: binez le sol autour du pied. Taillez les rameaux d'un an à la fin de l'hiver et limitez à cinq le nombre de grosses branches. Ne taillez qu'en cas d'encombrement important. Si l'arbre est très chargé, éliminez une partie des fruits à partir de fin avril, pour que ceux qui restent prennent du volume.

Floraison: en mars.

Récolte et conservation: cueillez les fruits dès juin en région méditerranéenne, en juillet-août dans les autres régions. Les abricots se dégustent immédiatement, mais ils peuvent servir à préparer de la confiture ou de la compote, qu'il est possible de congeler.

Variétés/Espèces du jardin au naturel: 'Luizet' (rustique et supportant le calcaire), 'Bergeron' (arbre très vigoureux), 'Polonais' (très résistant au gel), 'Cot N'Candy' (adapté à tous les climats).

Maladies et parasites: moniliose, mouches des fruits. Voir la liste complète p. 426.

Actinidia (kiwi)

Actinidia deliciosa

L'actinidia est une liane vigoureuse grandissant de plusieurs mètres par an et qui a besoin d'espace pour bien se développer. Il est nécessaire de planter un pied mâle avec quatre ou cinq pieds femelles pour obtenir des fruits en quantité. Ces derniers, les kiwis, ont une chair verte, parfois jaune ou rouge, très juteuse et particulièrement riche en vitamine C.

Hauteur: à limiter à 2 m pour une cueillette facile.

Étalement: 5-10 m.

Sol: fertile, léger, bien drainé, sans calcaire.

Exposition: soleil, à l'abri des vents dominants.

Plantation: de février à avril.

Entretien: attachez la jeune plante sur un support solide dès la première année: elle forme un tronc d'où partent des branches à guider. Arrosez par temps sec. Enlevez en juin les fruits mal formés. Taillez chaque année, fin décembre et en janvier, les pousses qui ont porté des fruits.

Floraison: de mai à juillet.

Récolte et conservation: en octobre-novembre, avant les gelées, après quatre ans de plantation. Les fruits se cueillent encore verts et mûrissent pendant l'hiver en cave, où ils se gardent plusieurs mois.

Variétés/Espèces du jardin au naturel: 'Hayward' (la plus couramment cultivée, très gros fruits), 'Abbot' (arbre vigoureux, fruits très sucrés), 'Bruno' (petits fruits), 'Solo' et 'Jenny' (variétés autofertiles, un seul pied suffit, petits fruits), 'Tomuri' (variété mâle à associer à 'Hayward').

Maladies et parasites: cochenilles, escargots, mouches des fruits.

Agrumes

Citrus spp.

Le terme d'agrumes désigne à la fois les arbres et les fruits du genre *Citrus*, qui compte notamment l'oranger, le citronnier, le pomelo, le mandarinier... Ces petits arbres exotiques sont également des plantes ornementales au feuillage persistant vert. Leurs fleurs blanches et parfumées s'épanouissent à côté des fruits de la saison précédente.

Hauteur: 4-8 m.

Étalement: 2-4 m.

Sol: léger, fertile, bien drainé, sans calcaire.

Exposition: soleil, à l'abri du vent.

Plantation: au printemps, en pleine terre, en climat méditerranéen; ailleurs, en grands bacs bien drainés, dans deux tiers de terre franche et un tiers de terreau.

Entretien: arrosez les plantes en bac une fois par semaine en été. Les plantes en pleine terre n'ont pas besoin d'être arrosées. Taillez de février à avril pour équilibrer les branches. Apportez un engrais spécial agrumes trois fois par an (mars, juin, septembre). Rentrez les bacs l'hiver, dans un local très clair et frais (6 à 8 °C).

Floraison: d'avril à juillet.

Récolte et conservation: récoltez les fruits d'août à juin, selon les variétés. Les agrumes se conservent plusieurs jours à température ambiante.

Variétés/Espèces du jardin au naturel: oranges: 'Maltaise demi-sanguine' (chair rouge, récolte de mi-janvier à début mars); citrons: 'Lisbon' (résistant au froid, récolte d'octobre à mai); mandarines: 'd'Èze' (très sucrée, récolte en décembre-janvier); pomelos: 'Star Ruby' (chair rouge, récolte de début novembre à fin mars).

Maladies et parasites: cochenilles noires à carapace, aleurodes, mouches des fruits.

Amandier

Prunus amygdalus

L'amandier peut se planter partout en France, mais sa floraison, très précoce, est souvent détruite par les gelées printanières. C'est pourquoi il ne produit régulièrement des amandes que dans les régions au climat méditerranéen. Ses fleurs, blanches ou roses, qui apparaissent avant les feuilles, sont très décoratives. La couche externe, verte et veloutée, des fruits de l'amandier protège une coque qui renferme l'amande elle-même.

Hauteur : 6-10 m.

Étalement : 3-5 m.

Sol : sec, léger, calcaire.

Exposition : plein soleil, à l'abri des vents froids.

Plantation : au printemps ou en automne, en associant deux variétés pour une bonne production de fruits.

Entretien : taillez les premières années en janvier-février, pour donner une belle forme à l'arbre.

Floraison : de mi-février à mi-mars.

Récolte et conservation : récoltez en juillet-août les amandes fraîches, en septembre-octobre les amandes sèches. Les amandes fraîches se consomment au moment de la récolte ; les amandes sèches se conservent plusieurs semaines dans une boîte hermétique.

Variétés/Espèces du jardin au naturel : 'Aï' (bonne résistance aux gelées, amande très sucrée), 'Ferrastar' (amande tendre et fine), 'All in One' (autofertile, belles fleurs blanc rosé, grosse amande).

Maladies et parasites : pucerons verts, acariens rouges, cloque, criblure à *Coryneum*.

Cassissier

Ribes nigrum

Appartenant à la même famille que le groseillier, le cassissier est un arbuste en forme de buisson évasé. Son feuillage est aromatique lorsqu'il est froissé et peut être utilisé en infusion. Ses baies noires sont parfumées et possèdent une chair juteuse, acide (voire âcre), avec de nombreux pépins. Ces fruits sont très riches en antioxydants et en vitamine C. Le cassissier est rustique, mais ses variétés à floraison précoce craignent le gel de printemps ; il aime les hivers bien marqués et les étés chauds.

Hauteur : 1,2-1,5 m.

Largeur : 80 cm-1 m.

Sol : frais, profond, bien drainé, peu calcaire.

Exposition : soleil non brûlant, à l'abri du gel.

Plantation : au printemps ou en automne. Le voisinage de deux variétés différentes assure une meilleure fécondation des fleurs.

Entretien : arrosez copieusement en avril. Paillez le sol pour maintenir l'humidité des racines superficielles et empêcher la germination des mauvaises herbes. Coupez en priorité le vieux bois (les rameaux de plus de trois ans) en janvier-février, car il ne portera plus de fruits.

Floraison : fin avril.

Récolte et conservation : récoltez les fruits vers fin juillet-début août. Ils se consomment frais, en confiture, en gelée ou en sirop.

Variétés/Espèces du jardin au naturel : 'Géant de Boskoop' (précoce, gros fruits), 'Noir de Bourgogne' (vigoureux, fruits très parfumés), 'Baldwin' (tardif, beaucoup de fruits).

Maladies et parasites : cécidomyies, cochenilles à bouclier.

Cognassier

Cydonia oblonga

Doté d'un tronc tortueux, ce petit arbre autofertile, dont les feuilles se parent de couleurs dorées en automne, est à garder avec son port naturel buissonnant si vous recherchez son côté décoratif ou à tailler en forme érigée pour obtenir une plus grande quantité de fruits. En forme de grosses poires jaunes, les coings sont très durs et ne peuvent être consommés qu'une fois cuits. C'est un remède traditionnel très efficace contre la diarrhée.

Hauteur : 4-5 m.

Étalement : 3-6 m.

Sol : non calcaire, bien drainé.

Exposition : soleil ou mi-ombre, à l'abri des vents forts.

Plantation : d'octobre à mai, hors période de gel.

Entretien : en février, coupez le bois mort, taillez les grosses branches des jeunes arbres si vous voulez leur donner une forme érigée, arrosez les jeunes sujets chaque semaine par temps sec.

Floraison : en avril-mai.

Récolte et conservation : récoltez les coings en octobre. Conservez-les seuls avant de les utiliser : l'éthylène qu'ils dégagent fait mûrir les autres fruits. Les coings sont intéressants à mélanger à d'autres fruits dans les confitures, car leurs pépins contiennent de la pectine, une substance qui gélifie le jus des pulpes.

Variétés/Espèces du jardin au naturel : 'Champion' (très gros fruits parfumés), 'Géant de Vranja' (très gros fruits allongés), 'Portugal' (fruits assez gros).

Maladies et parasites : oïdium, pucerons, carpocapses, acariens rouges.

▶▶▶ **Cerisier :** voir p. 372-373

Les cerisiers

Le cerisier est par excellence l'arbre fruitier du jardinier amateur. Il ne demande qu'un minimum d'attention pour fournir en abondance ses petits fruits rouges si appréciés par tous les gourmands. Il pousse dans toutes les régions et peut être cultivé jusqu'à 1 000 m d'altitude. Le sol ne doit pas être trop argileux, ni compact, ni imperméable, car c'est un arbre qui déteste avoir les pieds dans l'eau. Il est remarquable au printemps par sa floraison, qui attire de nombreux insectes au jardin, et en automne, par son feuillage qui prend de belles couleurs rousses.

Cerisier en fleurs au mois d'avril.

À l'origine, deux espèces

Le cerisier appartient au genre *Prunus*, comme le prunier, et comprend deux espèces selon que les fruits sont doux ou acides : *Prunus avium*, le merisier sauvage, et *Prunus cerasus*, le griottier. *Prunus avium*, reconnaissable à ses feuilles pendantes, est un arbre au port conique, qui peut atteindre 15 à 20 m de haut. Les variétés cultivées donnent deux sortes de fruits : les bigarreaux, en forme de cœur, à chair ferme, croquante, peu colorée ; et les guignes, bien rondes, à chair tendre, plus fondante, sucrée et colorée.

Quant aux merises sauvages, ce sont des petits fruits noirs, qui servent à fabriquer le kirsch.

Prunus cerasus est un arbre au port étalé, de 6 à 8 m de haut, avec des branches plus ramifiées, des feuilles bien droites et plus vertes. Ses fruits, qui ont des pédoncules plus courts, sont les griottes, à chair tendre et acidulée, à peau sombre ou claire.

Sachez aussi que les croisements entre *Prunus avium* et *Prunus cerasus* donnent les cerises vraies, ou cerises anglaises, à la chair tendre, sucrée et acidulée.

Faire le bon choix de forme

Au moment de l'achat, choisissez la forme de l'arbre en fonction de la taille de votre jardin : demi-tige, gobelet ou fuseau pour un petit espace, haute-tige si vous avez plus de place (voir p. 146). Il existe aussi des variétés qui restent petites et peuvent être cultivées dans un grand bac, comme 'Griotella', au port pleureur et qui porte beaucoup de fruits, mûrs fin juillet, ou 'Maynard', au port compact en pyramide, dont les fruits atteignent leur maturité en juillet.

Faire le bon choix de variété

Les griottiers sont souvent autofertiles, donnant des fruits même lorsqu'ils sont isolés, mais les cerisiers vrais, comme les bigarreautiers et les guigniers, sont le plus souvent autostériles et doivent recevoir le pollen d'une autre variété pour transformer leurs fleurs en fruits (voir p. 368). Plantez des variétés fleurissant au même moment pour favoriser ces échanges, à moins de 25 m l'une de l'autre. La proximité de ruches facilite aussi le travail des abeilles et augmente la quantité et la qualité des cerises produites.

Plantation

En plantant en automne un arbre déjà âgé de trois ou quatre ans, vous obtiendrez vos premières cerises dès l'année suivante. Choisissez-lui un emplacement dégagé et ensoleillé, à

EN SAVOIR PLUS

Pour tous les goûts

Les cerises répondent à trois des quatre goûts fondamentaux : elles peuvent être amères, comme les merises, sucrées, comme les bigarreaux et les guignes, acides, comme les griottes et les cerises vraies. Seul le salé est exclu. Les cerises sont riches en potassium. Selon les variétés, elles se consomment fraîches ou cuites, conviennent aux conserves ou à la pâtisserie. Les fruits bien fermes peuvent aussi être congelés. Ce sont les griottes qui donnent aux clafoutis leur saveur typiquement acidulée, et qui sont le plus appropriées pour préparer des cerises à l'eau de vie.

l'abri des vents forts, et laissez-lui la place de bien s'étaler : comptez 8 à 12 m pour les hautes tiges, 6 à 8 m pour les demi-tiges, 4 à 5 m pour les gobelets et fuseaux.

Entretien, maladies et parasites

Les cerisiers n'ont pas besoin d'être taillés, si ce n'est la première année de plantation, en août, pour équilibrer leurs branches. Le cas échéant, les tailles importantes (grosses branches) doivent être pratiquées en août. Un arrosage abondant doit être apporté au pied des arbres les deux premières années, de mars à octobre, surtout pour les bigarreautiers et les guigniers. Chaque hiver, aérez et nettoyez le sol autour de l'arbre à l'aide d'une bêche. Si la production est très abondante, supprimez quelques fruits en formation afin d'alléger les branches, qui sont cassantes, et favoriser la maturité de ceux qui restent.

Une surveillance régulière et des soins appropriés permettent de limiter les dégâts qui peuvent être causés par la moniliose, l'anthracnose, les pucerons, les tigres, les mineuses foliaires, les tenthrèdes ou encore les mouches de la cerise.

ZOOM SUR

De bons choix pour un jardin au naturel

De la maturité la plus précoce à la plus tardive :

- Bigarreau 'Hâtif Burlat' : grosses cerises rouges, à chair pourpre ferme, maturité fin mai.
- Bigarreau 'Bigalise' : très grosses cerises rouges, à chair ferme, sucrée et peu acide, maturité début juin.
- Guigne 'Early Rivers' : grosses cerises rouges, à chair demi-molle et très sucrée, maturité mi-juin.
- Bigarreau 'Napoléon' : cerises bicolores, jaune pâle et rose, à chair demi-ferme, maturité début juillet.
- Griotte 'de Montmorency' : cerises de taille moyenne, rouges, à peau translucide et à chair molle, maturité mi-juillet.
- Bigarreau 'Sweetheart' : grosses cerises d'un rouge foncé virant au noir, maturité fin juillet.
- Cerise 'Belle Magnifique' : grosses cerises rouges, à chair blanc rosé, maturité fin juillet.

Récolte et conservation

Un arbre adulte peut fournir de 150 à 200 kg de fruits chaque année !

Les cerises sont prêtes à être cueillies entre quarante et soixante jours après la floraison, lorsque leur chair est bien colorée, ce qui correspond, selon les variétés et la région, à une période allant de mi-mai à fin juillet. Il faut les récolter à pleine maturité, car elles n'évoluent plus après la cueillette. Cueillez-les avant qu'elles ne tombent par terre, lorsque la rosée ou la pluie se sont évaporées : les fruits mouillés se conservent mal. Attention, les branches des cerisiers étant cassantes, il est prudent d'utiliser une échelle à deux pans pour atteindre les fruits les plus hauts. Et, pour empêcher les oiseaux de vous priver de cette récolte, dispersez des effaroucheurs dans l'arbre ou, nettement plus efficace, protégez les fruits en train de mûrir à l'aide d'un grand filet.

Les cerises ne se conservent fraîches que quelques jours, dans le bac à légumes du réfrigérateur.

Cerise bigarreau 'Napoléon'.

Griotte 'de Montmorency'.

Cerise bigarreau 'Sweetheart'.

Figuier

Ficus carica

Le figuier possède de minuscules fleurs réunies dans une boule munie d'une petite ouverture : un petit insecte, appelé la guêpe du figuier, doit s'y glisser pour venir les féconder. Les fleurs se transforment alors en fruits secs et croustillants, et la boule devient la figue elle-même, charnue et molle, gonflée d'un suc laiteux et sucré. Cette figue se forme en automne et mûrit l'année suivante (figue d'été), ou se forme au printemps et mûrit en septembre (figue d'automne). Résistant aux maladies, peu exigeant en entretien, familier des jardins méditerranéens, le figuier peut néanmoins pousser partout en France dans une situation abritée.

Hauteur : 6-10 m.

Étalement : 4-8 m.

Sol : tout type de sol, même sec, légèrement calcaire.

Exposition : plein sud, le long d'un mur, à l'abri des vents.

Plantation : d'octobre à avril, hors période de gel. Ou en pot, aux mêmes dates, en choisissant une variété adaptée.

Entretien : arrosez une fois par semaine quand les fruits commencent à grossir, tous les jours s'il fait très chaud.

Floraison : du printemps à l'été.

Récolte et conservation : de juillet à septembre. Faites sécher les figues à l'air libre et à la chaleur, en les retournant régulièrement pour que le séchage soit uniforme. On peut aussi les conserver congelées.

Variétés/Espèces du jardin au naturel : 'Caromb' (gros fruits allongés, très sucrés), 'Grise de Saint-Jean' (pour figues séchées), 'Goutte d'or' (cultivable en pot).

Maladies et parasites : pucerons, cochenilles.

Framboisier

Rubus idaeus

Cet arbuste facile à cultiver assure rapidement une production abondante de délicieux petits fruits rouges. Les framboisiers s'adaptent partout, sauf en climat méditerranéen. Certaines variétés sont remontantes, c'est-à-dire que leurs pousses donnent des fruits deux fois dans l'année. Les framboisiers produisent régulièrement pendant une dizaine d'années, puis il faut les renouveler.

Hauteur : 1-2 m.

Étalement : 80 cm-1 m.

Sol : léger, bien drainé, sans calcaire.

Exposition : soleil léger ou mi-ombre.

Plantation : de février à avril.

Entretien : arrosez au pied en juin-juillet. Sur les variétés non remontantes, en juillet-août, supprimez complètement les tiges ayant fructifié. Sur les variétés remontantes, coupez après fructification les pousses ayant fructifié à l'automne, puis coupez après fructification au ras du sol les cannes ayant fructifié une seconde fois (en été) et qui sont désormais sèches. Tuteurez les tiges ou palissez-les.

Floraison : en mai-juin.

Récolte et conservation : récoltez les framboises en juin-juillet pour les variétés non remontantes, en septembre et juillet de l'année suivante pour les variétés remontantes. Elles ne se conservent pas plus de quarante-huit heures. Vous pouvez aussi les congeler ou en faire de la confiture.

Variétés/Espèces du jardin au naturel : 'Malling Promise' (non remontant, supporte la chaleur), 'Meco' (non remontant, fruits très aromatiques), 'Zeva' (remontant).

Maladies et parasites : vers du framboisier. Voir la liste complète p. 427.

Bonnes compagnes : myosotis.

Groseillier à grappes

Ribes rubrum

Le groseillier à grappes est un arbuste touffu, au port buissonnant, avec de nombreuses branches qui repoussent de la base. Il donne des grappes de petits fruits ronds, rouges, roses ou blancs, translucides, acidulés et juteux. Ses racines superficielles craignent la sécheresse et supportent mal les grandes chaleurs. En revanche, il résiste parfaitement au gel. C'est un arbuste à cultiver de préférence dans les régions situées au nord de la Loire. Il peut être conduit en haie gourmande, associant des variétés de différentes couleurs et précocités échelonnées, pour allonger le temps des récoltes.

Hauteur : 1-1,5 m.

Étalement : 1-1,2 m.

Sol : tout type de sol bien drainé, de préférence non calcaire.

Exposition : soleil non brûlant ou mi-ombre, idéalement le long d'un mur exposé au nord, à l'abri des grands vents.

Plantation : de septembre à fin mars.

Entretien : coupez les branches de plus de trois ans en janvier-février, en aérant le centre de la touffe. Les rameaux taillés peuvent se bouturer en décembre-janvier.

Floraison : en avril-mai.

Récolte et conservation : cueillez les fruits de fin juin à mi-août, selon les variétés. Consommez les groseilles sitôt cueillies ou faites-en de la gelée.

Variétés/Espèces du jardin au naturel : 'Jonkheer Van Tets' (précoce, longues grappes rouge foncé), 'Versaillaise blanche' (très productif, fruits blancs), 'Industria' (tardif, gros fruits rouges acides), 'Gloire des Sablons' (fruits roses très sucrés).

Maladies et parasites : pucerons, oïdium, anthracnose.

▶▶▶ **Fraisiers :** voir p. 376-377

Kaki

Diospyros kaki

Cet arbre, également connu sous le nom de plaqueminier, est intéressant pour ses fruits, les kakis, mais il est aussi très décoratif, avec son port étalé et majestueux. Ses fleurs sont discrètes, mais son feuillage prend des couleurs flamboyantes en automne et ses fruits restent accrochés aux branches comme des boules dorées, une fois les feuilles tombées. Les kakis ont besoin de soleil pour perdre leur acidité, puis des premières gelées pour finir leur maturation ; ils deviennent blets et sont alors consommables. Riches en vitamine C et en provitamine A, ils ont des propriétés laxatives.

Hauteur : 6-10 m.

Étalement : 6-10 m.

Sol : tout type de sol, de préférence bien drainé.

Exposition : soleil.

Plantation : de l'automne au printemps, hors période de gel.

Entretien : coupez le bois mort en été et réduisez les pousses trop longues en hiver, avec précaution, car les branches sont cassantes. Éliminez une partie des fruits, pour que ceux qui restent prennent du volume.

Floraison : en mai-juin.

Récolte et conservation : en novembre-décembre. Les kakis se conservent un bon mois au frais, mais peuvent aussi être confits ou séchés, comme des figues.

Variétés/Espèces du jardin au naturel : 'Muscat' (gros fruits rouges, maturité en décembre), 'Hachiya' (fruits coniques, jaunes puis rouge orangé, maturité à mi-novembre), 'Costata' (très belle teinte rouge du feuillage en automne), 'Fuyu' (fruit pouvant être consommé croquant).

Maladies et parasites : cochenilles.

Mûrier (ronce à mûres)

Rubus fruticosus

Le mûrier est un arbuste aux longues branches souples, grimpantes, épineuses, cousin de la ronce sauvage. Ses branches portent des fruits qui sont rouges au départ et ne deviennent comestibles qu'à maturité, lorsqu'ils prennent une belle teinte noire. L'arbre constitue un refuge apprécié par les oiseaux, et ses fleurs estivales attirent abeilles et papillons. Attention, ne le confondez pas avec son homonyme (*Morus nigra*), un grand arbre d'ornement dont les fruits, également appelés mûres, sont beaucoup moins savoureux.

Hauteur : 3-5 m.

Largeur : 2-5 m.

Sol : tout type de sol fertile, bien drainé.

Exposition : soleil. À mi-ombre : fruits moins sucrés.

Plantation : de novembre à mars, hors période de gel.

Entretien : palissez les branches sur un grillage ou un mur. Certaines variétés sont sans épines, pour un maniement plus facile. Taillez en fin d'hiver au ras du sol les rameaux ayant porté des fruits. Le mûrier pouvant vite devenir envahissant, il faut imiter son développement par des tailles sévères chaque année, également en fin d'hiver.

Floraison : en juin-juillet.

Récolte et conservation : récoltez les mûres en septembre, au fur et à mesure de la maturité. Consommez-les rapidement ou faites-en de la gelée ou de la confiture.

Variétés/Espèces du jardin au naturel : 'Black Satin' (vigoureux, très productif), 'Géante des jardins' (sans épines), 'Thornless Evergreen' (sans épines), 'Thornfree' (sans épines, très gros fruits peu sucrés).

Maladies et parasites : vers du framboisier.

Néflier commun

Mespilus germanica

Le néflier commun est un petit arbre décoratif, doté de feuilles vert foncé qui deviennent dorées en automne, très intéressant pour ses qualités ornementales. C'est également un arbre fruitier, produisant en arrière-saison des nèfles, parfois appelées aussi mesles. Ces fruits, qui ont la forme d'une toupie et la taille d'une grosse noix, ont une chair âpre et astringente. Il est dommage que leur saveur, qui n'est pas du goût de tout le monde, ait valu au néflier une certaine désaffection : c'est un arbre facile, qui peut se cultiver n'importe où et ne demande aucun traitement.

Hauteur : 4-5 m.

Largeur : 3-5 m.

Sol : léger, bien drainé, fertile. Le néflier supporte un peu de calcaire.

Exposition : soleil ou mi-ombre, à l'abri des vents dominants.

Plantation : de novembre à mars, hors période de gel.

Entretien : coupez les branches mortes et les branches mal placées en février. Un paillis organique au pied de l'arbre permet de conserver un sol frais en été.

Floraison : en mai.

Récolte et conservation : cueillez les nèfles en novembre-décembre. Elles se consomment jusqu'à un mois après la récolte, stockées dans un local frais et sec, ou en gelée et confiture.

Variétés/Espèces du jardin au naturel : 'Macrocarpa' (gros fruits, arbre très productif), 'Bredase Reus' (fruits moyens, arbre très vigoureux), 'Nottingham' (fruits petits, très savoureux).

Maladies et parasites : feu bactérien.

▶▶▶ **Kiwi :** voir Actinidia p. 370

Les fraisiers

Particulièrement faciles à cultiver, les fraisiers (*Fragaria* spp.) trouvent une place dans chaque lieu du jardin : au potager près des légumes, en couvre-sol décoratif dans un coin du jardin, au pied d'arbustes et de fleurs, ou encore dans un grand pot ou une jarre. Installez-les à un endroit très ensoleillé, dans un sol sableux de préférence non calcaire, bien préparé : ameubli, soigneusement désherbé, enrichi avec un apport de compost. Attention toutefois aux risques de maladies... Cultiver plusieurs variétés permet d'allonger le temps des récoltes et d'apprécier des saveurs différentes.

Vraie fleur, faux fruit

Le fraisier est une petite touffe vivace, aux feuilles dentées vert sombre, implantées sur des tiges souterraines très courtes, les rhizomes. Ces derniers donnent également naissance à des pousses souples, les stolons, qui courent au ras du sol, s'enracinent à leur tour et assurent la multiplication de la plante. Les petites fleurs, généralement blanches, parfois roses, apparaissent en avril-mai. La partie inférieure (appelée réceptacle) de ces fleurs se gonfle de jus et devient la fraise elle-même, parsemée de petits grains, les akènes, qui constituent les vrais fruits de cette plante.

Les différents types de fraisiers

Il existe des fraisiers à petits fruits, ou fraisiers des quatre saisons, qui fleurissent et donnent des fruits sans arrêt de mai à octobre, et des fraisiers à gros fruits. Ceux-ci sont dits non remontants lorsqu'ils ne produisent qu'une fois, entre mai et juillet, semi-remontants lorsqu'ils produisent une fois au printemps et une seconde fois en automne, ou remontants lorsqu'ils produisent de façon continue du printemps à l'automne.

Plantation

La meilleure période pour planter des fraisiers est la fin de l'été et le début de l'automne : ils auront ainsi le temps de bien s'enraciner avant l'hiver. Achetez des plants en godets dans une jardinerie, une fête des plantes ou chez un pépiniériste. Plantez-les à une distance de 25 cm les uns des autres, sur des rangs espacés de 60 cm. En installant votre fraiseraie

ZOOM SUR

De bons choix pour un jardin au naturel

De la maturité la plus précoce à la plus tardive :

- 'Gariguette' : non remontante, récolte de mai à juillet.
- 'Madame Moutot' : non remontante, récolte en juin-juillet. Variété ancienne à très gros fruits.
- 'Mara des bois' : remontante, récolte de juin à octobre. Goût de fraise des bois. Très résistante aux maladies.
- 'Ostara' : remontante, récolte de juin à novembre. Plante vigoureuse, nombreux fruits.
- 'Toscana' : un tout nouveau fraisier aux fleurs rose foncé, idéal en pot. Récolte en juin.

Fraises 'Gariguette'.

Fruit et fleur de fraise 'Mara des bois'.

Fraise 'Ostara'.

Les fraisiers ne nécessitent que très peu d'entretien.

en hauteur, sur une butte, vous êtes sûr d'empêcher les racines de stagner dans l'eau, ce qu'elles n'aiment pas du tout. Les fraisiers peuvent aussi être plantés en pot, en suspension ou dans une grande jarre percée d'ouvertures, chacune prévue pour recevoir un plant. Utilisez un terreau de bonne qualité et prévoyez un bon drainage au fond du pot.

Entretien, maladies et parasites

Un entretien limité

Coupez les feuilles malades et les stolons à 5 cm en novembre, pour éviter la propagation des maladies. Les fraisiers ont toujours soif, surtout au moment de la formation des fruits. Arrosez-les très abondamment au printemps et en été, au moins une fois par semaine. Surveillez les ennemis qui pourraient détruire votre récolte afin d'intervenir à la moindre alerte : champignons (oïdium, pourriture grise, taches foliaires, verticilliose), tétranyques tisserands, hannetons, limaces. Les maladies virales, qui décolorent ou déforment les feuilles, sont les plus dévastatrices, car il n'y a aucun remède : il faut arracher les plantes malades et les brûler.

L'intérêt du paillage

Un paillage est conseillé, pour maintenir la chaleur du sol, empêcher les mauvaises herbes et éviter que les fruits ne soient salis par la terre mouillée. Vous pouvez utiliser des feuilles de paillage à base d'amidon de maïs (bâches en « non tissé ») qui sont biodégradables. Ou mettez en place une couche de paillage juste avant la floraison, en mars-avril : paille, paillettes de lin ou cosses de sarrasin (voir p. 101).

Longévité et renouvellement

Un plant de fraisier produit correctement pendant trois ou quatre ans. Ensuite, il dégénère et donne des fruits moins gros et en moins grande quantité. Il est donc conseillé de renouveler ses plants au bout de ce délai, sur un nouvel emplacement : une bonne solution consiste à rénover sa fraiseraie par tiers ou par quart tous les ans, pour avoir toujours des fraisiers bien développés. Vous pouvez réutiliser des petits plants formés par marcottage (voir p. 163) des stolons, ou en acheter de nouveaux, ce qui vous donnera l'occasion de tester de nouvelles variétés – il y en a des dizaines à votre disposition.

Récolte et conservation

Les fraises se ramassent régulièrement, de mai à septembre selon les variétés, au fur et à mesure de leur mûrissement : elles doivent être bien colorées et se détacher facilement de leur pédoncule. Cueillez-les de préférence le matin ou le soir et conservez-les dans le bac à légumes du réfrigérateur, mais pas plus d'un ou deux jours, pour consommer les fruits frais. Les fraises se prêtent mal à la congélation, mais sont un ingrédient de choix pour de nombreux desserts, comme pour les confitures et sirops.

Un fruit plein de qualités

Les fraises présentent de nombreux atouts pour la santé : peu caloriques, elles sont notamment riches en vitamine C. Elles ont un pouvoir antioxydant particulièrement élevé grâce à leur teneur en caroténoïdes et polyphénols ! Les feuilles s'utilisent également en infusion.

Bonnes compagnes

Au jardin ou au potager, certaines plantes font bon voisinage avec les fraisiers.

- Les soucis : leurs racines émettent des toxines qui éloignent les nématodes propageant les virus.
- La bourrache, l'épinard, la laitue, le haricot blanc : leur voisinage favorise la production des fruits.
- L'oignon, l'ail, le poireau : plantés à proximité des fraisiers, ils les préservent des maladies cryptogamiques.

Paillage sur des plants de fraisiers.

Noisetier commun

Corylus avellana

Le noisetier commun est une espèce fruitière, formant un buisson à la végétation touffue, qui prend vite de l'importance. Très rustique, il constitue un hôte privilégié des jardins au naturel. Conduit en haie champêtre, il abrite de nombreux oiseaux, tandis que ses fruits, les noisettes, sont un mets de choix pour les écureuils. Si l'on veut obtenir de bonnes récoltes, il est indispensable de planter à proximité plusieurs sujets de variétés différentes pour la fécondation des fleurs. Et il faut attendre que l'arbre ait au moins six ans pour qu'il produise.

Hauteur: 3-5 m.

Étalement: 2-4 m.

Sol: fertile, meuble, léger, frais. Le noisetier supporte un peu de calcaire.

Exposition: soleil ou mi-ombre, à l'abri des vents froids.

Plantation: en automne.

Entretien: taillez chaque année en février-mars pour dégager le centre, coupez au ras du sol les drageons (nouvelles tiges qui apparaissent au pied de l'arbuste et permettent le renouvellement des plus anciennes) pour contenir le buisson.

Floraison: en février, parfois en janvier.

Récolte et conservation: fin septembre. Les fruits se conservent longtemps après séchage dans un local aéré.

Variétés/Espèces du jardin au naturel: 'Fertile de Coutard' (mise à fruits précoce, très gros fruits), 'Merveille de Bollwiller' (mise à fruits tardive, vigoureux, très gros fruits), 'Impériale de Trébizonde' (fruits à coque tendre, se conservant très bien).

Maladies et parasites: balanins des noisettes, phytoptes du noisetier (acariens cécidogènes).

Noyer

Juglans regia

Le noyer vaut autant pour ses qualités d'arbre fruitier que d'arbre ornemental. Sa grande taille demande un emplacement dégagé et aéré: cet arbre n'a pas sa place dans les petits jardins. Son ombre très dense impose de l'éloigner de la maison. Si sa croissance est lente, sa longévité lui permet facilement de devenir centenaire. Très rustique, il ne craint que les gelées tardives, qui peuvent compromettre sa floraison au printemps.

Hauteur: 15-20 m.

Étalement: 8-12 m.

Sol: profond et fertile, perméable, frais, bien drainé.

Exposition: plein soleil, à l'abri des vents froids et des gelées printanières.

Plantation: en novembre.

Entretien: taille réduite au minimum sur les arbres de moins de quatre ans. Ensuite seulement élagage des branches mortes ou gênantes.

Floraison: en avril-mai.

Récolte et conservation: récoltez les fruits de fin septembre à fin octobre, selon les variétés, après huit à dix ans de plantation. L'opération est souvent difficile en raison des dimensions de l'arbre: on « gaule » les noix pour les faire tomber, en frappant les branches avec de longs bâtons. Elles se consomment fraîches ou sèches, et se conservent plusieurs mois à l'air libre sous cette dernière forme.

Variétés/Espèces du jardin au naturel: 'Mayette' (arbre vigoureux, très bons fruits à coque demi-dure), 'Franquette' ou 'Noix de Grenoble' (très bons fruits, floraison en mai, donc sans risque de gel), 'Parisienne' (arbre vigoureux, beaucoup de fruits rapidement).

Maladies et parasites: acariens cécidogènes, carpocapses, zeuzères.

Pêcher et nectarinier

Prunus persica

Les arbres se déclinent en plusieurs variétés dont les fruits présentent un aspect différent et possèdent une maturité très échelonnée. Les pêches ont une peau duveteuse et un noyau qui se détache facilement, les nectarines, une peau lisse et un noyau également libre, les brugnons, une peau lisse et un noyau adhérent. Tous ces arbres sont autofertiles et n'ont donc pas besoin d'une autre variété à proximité pour donner des fruits. Ils préfèrent le climat méditerranéen, car leurs fleurs précoces sont sensibles au gel. Dans la moitié nord de la France, il est recommandé de les cultiver palissés contre un mur bien ensoleillé ou de choisir des variétés tardives.

Hauteur: 4-8 m.

Étalement: 3-5 m.

Sol: tout type de sol, sans calcaire.

Exposition: soleil.

Plantation: au printemps ou en automne.

Entretien: taillez chaque année en janvier-février. Arrosez une ou deux fois par semaine pendant l'été.

Floraison: de février à avril.

Récolte et conservation: de juin à septembre. Les fruits se cueillent bien mûrs et se gardent quelques jours au réfrigérateur.

Variétés/Espèces du jardin au naturel: pêcher: 'Springtime' (mûr fin juin, chair blanche), 'Anita' (mûr mi-juillet, chair blanche), 'Dixired' (mûr fin juillet, chair jaune); nectarinier: 'Crimson Gold' (mûr fin juillet, chair jaune), 'Fantasia' (mûr fin août, chair jaune); brugnonier: 'Morton' (mûr fin juillet, chair blanche).

Maladies et parasites: cloque du pêcher, puceron vert. Voir la liste complète p. 428.

Bonnes compagnes: ail d'ornement.

Poirier

Pyrus communis

Cultivé partout en France, le poirier peut s'adapter aux conditions les plus difficiles, pour ce qui est du sol ou du climat, en fonction du porte-greffe choisi. Beaucoup de variétés sont autofertiles, mais, en cultivant plusieurs variétés, vous obtiendrez des fruits plus nombreux et plus gros. Les poiriers peuvent avoir une forme libre si l'on dispose d'un grand espace, ou une forme dirigée, éventuellement palissée, dans un jardin plus petit.

Hauteur: 7-10 m (forme libre), 3-4 m (arbre palissé).

Étalement: 2-4 m.

Sol: fertile, profond, frais, bien drainé, non calcaire.

Exposition: soleil, à l'abri du vent.

Plantation: de novembre à mars, hors période de gel.

Entretien: de novembre à février, taillez 5 mm au-dessus du bourgeon pour équilibrer la charpente, bien répartir la sève dans les branches et obtenir une belle production. Au début de l'été, éliminez une partie des fruits.

Récolte et conservation: cueillez les poires à la main, encore fermes, de mi-juillet à mi-novembre (selon les variétés). Les variétés estivales se consomment sitôt la récolte effectuée; les variétés d'automne se conservent une partie de l'hiver dans un local frais, sec et aéré, à l'abri de la lumière.

Variétés/Espèces du jardin au naturel: 'Docteur Jules Guyot' (gros fruits jaunes, récolte mi-juillet), 'Williams' (la plus cultivée, récolte en août), 'Garden Gem' (cultivable en pot).

Maladies et parasites: tavelure, pucerons. Voir la liste complète p. 429.

Prunier

Prunus domestica

Le prunier est un arbre qui prospère sous tous les climats, s'adapte aux fortes chaleurs comme aux grands froids. Il résiste bien à la sécheresse et n'aime pas l'excès d'humidité. Certaines variétés sont autofertiles, d'autres doivent être associées pour échanger leurs pollens. Ses fleurs blanches s'épanouissent aux premiers jours du printemps, souvent avant les feuilles, ce qui les rend parfois sensibles au gel tardif. Les prunes ont des aspects et des goûts différents selon les variétés: reines-claudes globuleuses et vertes, quetsches allongées et rougeâtres, petites mirabelles rondes et jaunes.

Hauteur: 6-8 m.

Étalement: 3-4 m.

Sol: tout type de sol bien drainé.

Exposition: plein soleil, à l'abri du vent.

Plantation: de novembre à avril, hors période de gel.

Entretien: arrosez la première année. Évitez de bêcher au pied pour ne pas abîmer les racines superficielles. Ne faites pas de taille sévère: en septembre, supprimez les rameaux ayant porté des fruits et ceux qui sont dirigés vers l'intérieur.

Floraison: en mars-avril.

Récolte et conservation: cueillez les fruits de juillet à fin septembre, selon les variétés, pas avant six ou sept ans. Les prunes se consomment dans la semaine qui suit la cueillette ou sont à transformer en confiture.

Variétés/Espèces du jardin au naturel: 'Reine-Claude d'Oullins' (fruits vert-jaune, autofertile), 'Mirabelle de Metz' ou 'Mirabelle de Nancy' (jaune orangé), 'Prune d'Ente' (rouge violacé), 'Quetsche d'Alsace' (violet-noir, autofertile).

Maladies et parasites: moniliose, rouille, pucerons, acariens rouges.

Vigne

Vitis vinifera

La vigne est une plante d'origine méditerranéenne et ses variétés – cépages – sont à choisir en fonction du climat: toutes sont possibles dans le Sud, mais on préférera des variétés plus précoces en remontant vers le nord. À partir du Bassin parisien, il est prudent de cultiver la vigne sous abri. Le raisin contient de précieux antioxydants, bénéfiques notamment pour le cœur.

Hauteur: 60-80 cm (vigne conduite à la verticale), jusqu'à 2,5 m (vigne palissée à l'horizontale).

Étalement: 1-1,5 m.

Sol: tout type de sol, excepté les terres lourdes, argileuses, humides.

Exposition: soleil, à l'abri du vent.

Plantation: en automne.

Entretien: la taille est indispensable tous les ans pour obtenir une bonne récolte: tout rameau ayant porté des grappes ne fructifiera plus et doit être coupé en hiver, entre décembre et mars. Taillez 20 mm au-dessus du bourgeon.

Floraison: en mai-juin.

Récolte et conservation: récoltez les fruits d'août à octobre, en coupant les grappes au sécateur. Ces dernières peuvent être conservées un ou deux mois, dans un local à 4 °C de température et 85 à 90 % d'hygrométrie, le sarment plongé dans un récipient rempli d'eau et d'un morceau de charbon de bois (pour éviter le croupissement).

Variétés/Espèces du jardin au naturel: 'Chasselas' (blanc, précoce), 'Italia' (blanc, tardif), 'Perdin' (blanc, très résistant aux maladies, culture possible en pot).

Maladies et parasites: mildiou, oïdium, pourriture grise, cicadelles blanches, érinose (acariens cécidogènes).

▶▶▶ **Pommier:** voir p. 380-381

Les pommiers

La pomme (*Malus domestica*) est le fruit le plus consommé en France. Préférant les endroits tempérés, ensoleillés et bien aérés, à l'abri du vent et du froid, le pommier n'aime ni les terrains trop secs, ni ceux qui se gorgent d'eau et asphyxient les racines. La meilleure installation est une orientation au sud-est, dans un sol fertile, profond et bien drainé, qui ne s'assèche pas en été. Cependant, la grande diversité des variétés permet de répondre à des situations très différentes : le pommier est moins exigeant et moins sensible que le poirier aux conditions de climat et de sol. Sélectionnez les formes des arbres et les variétés en fonction de la place dont vous disposez, des qualités gustatives que vous recherchez et du temps que vous envisagez de consacrer à vos pommiers.

Pommier en fruits dans un verger.

Plantation

Le pommier se cultive dans toutes les régions, avec une préférence pour le climat océanique comme celui de la Normandie. En climats montagnard et méditerranéen, il se développe plus difficilement et produit des fruits de moins bonne qualité. Seules certaines variétés y donnent satisfaction, comme la 'Golden Delicious' en climat méditerranéen ou la 'Reinette du Mans' en climat montagnard. Les pommiers étant le plus souvent autostériles (voir p. 368), associez au moins deux variétés différentes et compatibles, fleurissant à la même époque, pour obtenir une abondance de fruits. Plantez vos pommiers de novembre à mars. Sachez que toutes ces variétés sont cultivées sur un porte-greffe (voir p. 162).

Faire le bon choix de forme

Le pommier est naturellement un bel arbre sphérique, qui peut atteindre 10 à 15 m de haut, mais il est généralement maintenu dans une forme adaptée aux contraintes du jardin et aux souhaits du jardinier. Deux éléments sont à considérer pour choisir la forme d'arbre

C'EST MALIN

Des pommiers colonnaires

Gardant un port colonnaire et ne dépassant pas 2 m de haut, ces pommiers ne nécessitent que peu d'espace et sont idéaux pour les petits jardins ou même une culture en pot. La floraison forme un manchon et les fruits sont directement portés sur le tronc.

EN SAVOIR PLUS

Des pommes pour tous les goûts

Plus de 6000 variétés de pommes ont été répertoriées dans le monde : cette diversité représente un patrimoine important, défendu par des associations d'amateurs et des conservatoires régionaux. Parmi ces variétés, quelque 150 sont disponibles en France, chez les collectionneurs et pépiniéristes spécialisés. Le choix est donc important, offrant toutes les nuances de couleurs, de formes mais aussi de goûts : les pommes sont plus ou moins juteuses, croquantes, acidulées, sucrées…

Une source de vitalité

La pomme est un fruit peu calorique, riche en fibres, en antioxydants et en vitamines. Une consommation régulière favorise le transit intestinal en douceur. Elle possède un excellent pouvoir antioxydant grâce à la présence de flavonoïdes. Si vous cueillez les pommes de votre jardin, vous hésiterez sans doute moins à en manger la peau, où les vitamines et les principes actifs (antioxydants notamment) se trouvent en plus grande concentration que dans la pulpe.

la mieux adaptée : la place disponible et donc la hauteur des arbres adultes, mais aussi le temps dédié et la compétence en matière de taille.
Les formes libres ou de plein vent ne sont pas contraignantes et ne demandent qu'une taille limitée. Ce sont des formes hautes, demi-tige et haute-tige, qui donnent de grands arbres, sous lesquels il est plus facile de circuler (1,8 à 2 m de hauteur).
Les formes artificielles (gobelet ou fuseau) sont bien adaptées aux petits jardins. Les arbres étant taillés assez bas, la récolte s'en trouve facilitée (tronc de 1,2 à 1,5 m de hauteur).
Les formes palissées (palmette, cordon ou forme en U) sont idéales pour garnir un mur. Les pommiers ainsi à plat ne prennent pas de place, mais ils demandent une taille régulière et soigneuse pour garder leur forme décorative, bien équilibrée, et maintenir leur production de fruits.
Pour en savoir plus sur ces formes et sur les tailles de fructification, voir p. 146.

ZOOM SUR

De bons choix pour un jardin au naturel

- 'Transparente de Croncels' : arbre vigoureux, fruits précoces. Peau très claire, rose pâle, chair juteuse et acidulée, se prêtant bien à la cuisson. Récolte dès août.
- 'Tentation' : nouvelle variété de vigueur moyenne, mais longue conservation. Peau orange, chair sucrée et acidulée. Récolte mi-septembre.
- 'Belle de Boskoop' : variété tardive supportant le froid. Grosse pomme à peau grisâtre, chair ferme et croquante, légèrement acide. Récolte en décembre.
- 'Golden Delicious' : faible vigueur. Gros fruits jaunes, dont le goût varie selon le terroir. Très bonne conservation. Cultivable partout, même en climat méditerranéen. Récolte en septembre.
- 'Garden Sun Red' : pommier nain, autofertile. Fruits rouges, à chair sucrée. Récolte en octobre.
- 'Judaine' : pomme à cidre, donnant un jus acidulé. Récolte début novembre.

Récolte et conservation

Les fleurs s'épanouissent en avril, mais les périodes de maturation varient, la cueillette des fruits s'étendant d'août à décembre, juste avant les gelées. Choisissez donc en fonction de vos préférences, mais aussi de la taille de votre région et du climat de votre jardin, ainsi que de la période de maturation souhaitée. Les pommes se détachent de la branche d'un simple mouvement du poignet. Si les pommes d'été sont à consommer rapidement, les pommes d'automne se conservent plusieurs mois, disposées bien à plat dans un endroit frais (6 à 10 °C), obscur et bien aéré. Les fruits tombés d'eux-mêmes doivent être consommés rapidement ou cuits en compote ou confiture.

Maladies et parasites

Les pommiers peuvent être touchés par de nombreux parasites et champignons : acariens rouges (grisette du pommier), carpocapses, chancre européen, tigres, cochenilles à bouclier, mineuses foliaires, punaises et tavelure.

Pommes 'Tentation'.

Pomme 'Belle de Boskoop'.

Pommes 'Golden Delicious'.

CALENDRIER DES TRAVAUX

DU JARDIN NATUREL

Janvier

	LES ARBRES, LES ARBUSTES ET LES GRIMPANTES	LES VIVACES	LES ANNUELLES ET BISANNUELLES
CLIMAT OCÉANIQUE	**Continuez la plantation,** hors gel ou pluie intense, des sujets en conteneurs ou à racines nues, notamment les rosiers. **Poursuivez les tailles** de formation et de rénovation, ainsi que le bouturage à bois sec des caducs. **Arrosez sans excès** les nouvelles plantations et les arbustes de terre de bruyère si le temps est sec. **Désherbez soigneusement** le pied des rosiers. **En fin de mois, taillez** les tiges secondaires de la glycine, coupez des branches de forsythia pour anticiper leur floraison dans la maison.	**Poursuivez les travaux d'amélioration du sol** dans vos massifs si le temps le permet, hors gel et précipitations. **Nettoyez la rocaille** des feuilles mortes pour éviter l'étouffement des plantes à feuillage persistant. **Supprimez** les feuilles abîmées ou noircies des hellébores. **En fin de mois, nettoyez le feuillage** des géraniums vivaces.	**Semez dans une mini-serre** les pélargoniums. **Poursuivez l'arrosage** des potées fleuries composées de bisannuelles, hors période de gel.
CLIMAT CONTINENTAL	**Continuez la plantation,** hors gel ou pluie intense, des caducs, notamment les rosiers. **Poursuivez les tailles** de formation et de rénovation, ainsi que le bouturage à bois sec des caducs.	**Poursuivez les travaux d'amélioration du sol** dans vos massifs si le temps le permet, hors gel et précipitations. **Nettoyez la rocaille** des feuilles mortes pour éviter l'étouffement des plantes à feuillage persistant.	**Semez dans une mini-serre** les pélargoniums. **Inspectez** les plantes hivernées hors gel et arrosez si besoin. **Poursuivez l'arrosage** des potées fleuries composées de bisannuelles, hors période de gel.
CLIMAT MONTAGNARD	**Continuez la plantation,** hors gel ou pluie intense, des caducs, notamment les rosiers. **Poursuivez les tailles** de formation et de rénovation, ainsi que le bouturage à bois sec des caducs.	**Poursuivez les travaux d'amélioration du sol** dans vos massifs si le temps le permet, hors gel et précipitations. **Nettoyez la rocaille** des feuilles mortes pour éviter l'étouffement des plantes à feuillage persistant.	**Semez dans une mini-serre** les pélargoniums. **Inspectez** les plantes hivernées hors gel et arrosez si besoin. **Poursuivez l'arrosage** des potées fleuries composées de bisannuelles, hors période de gel.
CLIMAT MÉDITERRANÉEN	**Continuez la plantation**, hors gel ou pluie intense, des sujets en conteneurs ou à racines nues, notamment les rosiers. **Poursuivez les tailles** de formation et de rénovation, ainsi que le bouturage à bois sec des caducs. **Arrosez sans excès** les nouvelles plantations et les arbustes de terre de bruyère si le temps est sec. **Désherbez soigneusement** le pied des rosiers. **En fin de mois, taillez** les tiges secondaires de la glycine, coupez des branches de forsythia pour anticiper leur floraison dans la maison.	**Poursuivez les travaux d'amélioration du sol** dans vos massifs si le temps le permet, hors gel et précipitations. **Nettoyez la rocaille** des feuilles mortes pour éviter l'étouffement des plantes à feuillage persistant. **Supprimez** les feuilles abîmées ou noircies des hellébores. **En fin de mois, nettoyez le feuillage** des géraniums vivaces.	**Semez dans une mini-serre** les pélargoniums. **Poursuivez l'arrosage** des potées fleuries composées de bisannuelles, hors période de gel.

LES BULBEUSES	LES LÉGUMES ET LES AROMATIQUES	LES ARBRES FRUITIERS ET LES PETITS FRUITS	ENTRETIEN COURANT
Commandez rapidement les bulbes d'été, surtout s'il s'agit de variétés rares. **Arrosez avec parcimonie** les bulbes en pot, hors période de froid intense.	**Planifiez** le potager de l'année à venir en tenant compte, pour chaque légume, des rotations de culture, des besoins et du temps d'occupation du sol. **Poursuivez le travail du sol** si le temps le permet. **Inspectez** les légumes conservés à la cave. **Récoltez:** chicorée, laitue, mâche, poireau. **En fin de mois, semez en terrine, à l'intérieur:** aubergine, chou-fleur, piment, poivron.	**Poursuivez les plantations** de l'automne si le temps le permet. **Récoltez** les agrumes. **Vérifiez** les palissages et les tuteurs. **Continuez la taille** des pousses fructifères de l'actinidia, des poiriers, des pommiers et de la vigne. **Taillez** le pêcher et le jeune amandier pour lui donner une belle forme. **Taillez les petits fruits:** cassissier, groseillier. **Nettoyez et aérez le sol** autour des fruitiers, notamment des cerisiers.	**Planifiez** les aménagements de l'année à venir: faites un plan et une liste des outils, des matériaux, des semences et des plantes à acheter. **Poursuivez les travaux d'amélioration du sol** si le temps le permet (hors gel et précipitations). **Continuez le nettoyage et l'entretien** des outils et du matériel. **Continuez de nourrir les oiseaux,** pensez à leur offrir à boire s'il fait sec ou très froid. **Continuez d'installer** les nichoirs.
Commandez rapidement les bulbes d'été, surtout s'il s'agit de variétés rares. **Arrosez avec parcimonie** les bulbes en pot, hors période de froid intense.	**Planifiez** le potager de l'année à venir en tenant compte, pour chaque légume, des rotations de culture, des besoins et du temps d'occupation du sol. **Poursuivez le travail du sol** si le temps le permet. **Inspectez** les légumes conservés à la cave. **Récoltez:** chicorée, laitue, mâche, poireau. **En fin de mois, semez en terrine, à l'intérieur:** aubergine, chou-fleur, piment, poivron.	**Poursuivez les plantations** de l'automne si le temps le permet. **Récoltez** les agrumes. **Vérifiez** les palissages et les tuteurs. **Continuez la taille** des pousses fructifères de l'actinidia, des poiriers et des pommiers. **Taillez les petits fruits:** cassissier, groseillier.	**Planifiez** les aménagements de l'année à venir: faites un plan et une liste des outils, des matériaux, des semences et des plantes à acheter. **Poursuivez les travaux d'amélioration du sol** si le temps le permet (hors gel et précipitations). **Évitez** de marcher sur la pelouse gelée ou enneigée. **Continuez le nettoyage et l'entretien** des outils et du matériel. **Continuez de nourrir les oiseaux:** la graisse des boules de graines leur permet de résister aux grands froids. **Renouvelez quotidiennement** l'eau pour les oiseaux quand il gèle. **Continuez d'installer** les nichoirs.
Commandez rapidement les bulbes d'été, surtout s'il s'agit de variétés rares. **Arrosez avec parcimonie** les bulbes en pot, hors période de froid intense.	**Planifiez** le potager de l'année à venir en tenant compte, pour chaque légume, des rotations de culture, des besoins et du temps d'occupation du sol. **Poursuivez le travail du sol** si le temps le permet. **Inspectez** les légumes conservés à la cave. **Récoltez:** chicorée, laitue, mâche, poireau. **En fin de mois, semez en terrine, à l'intérieur:** aubergine, chou-fleur, piment, poivron.	**Poursuivez les plantations** de l'automne si le temps le permet. **Récoltez** les agrumes. **Vérifiez** les palissages et les tuteurs. **Continuez la taille** des pousses fructifères de l'actinidia, des poiriers et des pommiers. **Taillez les petits fruits:** cassissier, groseillier.	**Planifiez** les aménagements de l'année à venir: faites un plan et une liste des outils, des matériaux, des semences et des plantes à acheter. **Poursuivez les travaux d'amélioration du sol** si le temps le permet (hors gel et précipitations). **Évitez** de marcher sur la pelouse gelée ou enneigée. **Continuez le nettoyage et l'entretien** des outils et du matériel. **Continuez de nourrir les oiseaux:** la graisse des boules de graines leur permet de résister aux grands froids. **Renouvelez quotidiennement** l'eau pour les oiseaux quand il gèle. **Continuez d'installer** les nichoirs.
Commandez rapidement les bulbes d'été, surtout s'il s'agit de variétés rares. **Arrosez avec parcimonie** les bulbes en pot, hors période de froid intense.	**Planifiez** le potager de l'année à venir en tenant compte, pour chaque légume, des rotations de culture, des besoins et du temps d'occupation du sol. **Terminez** les amendements et fertilisations du sol. **Inspectez** les légumes conservés à la cave. **Poursuivez** les semis de pois. **Récoltez:** chicorée, laitue, mâche, poireau. **En fin de mois, semez en terrine, à l'intérieur:** aubergine, chou-fleur, piment, poivron.	**Poursuivez les plantations** de l'automne si le temps le permet. **Récoltez** les agrumes. **Vérifiez** les palissages et les tuteurs. **Continuez la taille** des pousses fructifères de l'actinidia, des poiriers, des pommiers et de la vigne. **Taillez** le pêcher et le jeune amandier pour lui donner une belle forme. **Taillez les petits fruits:** cassissier, groseillier. **Nettoyez et aérez le sol** autour des fruitiers notamment des cerisiers.	**Planifiez** les aménagements de l'année à venir: faites un plan et une liste des outils, des matériaux, des semences et des plantes à acheter. **Poursuivez les travaux d'amélioration du sol** si le temps le permet (hors gel et précipitations). **Continuez le nettoyage et l'entretien** des outils et du matériel. **Continuez de nourrir les oiseaux,** pensez à leur offrir à boire s'il fait sec ou très froid. **Continuez d'installer** les nichoirs.

Février

	LES ARBRES, LES ARBUSTES ET LES GRIMPANTES	LES VIVACES	LES ANNUELLES ET BISANNUELLES
CLIMAT OCÉANIQUE	**Terminez la plantation** des sujets en conteneurs ou à racines nues. **Taillez** les rosiers grimpants remontants et palissez les pousses de l'année précédente. **Taillez sévèrement** les caducs à floraison estivale ou automnale: buddléia, caryoptéris, céanothe caduc, fuchsia de Magellan, spirée estivale, tamaris d'été. **Supprimez** le vieux bois et les branches mal placées: acacia jaune, amélanchier, arbre de Judée, érable, hortensia, noisetier d'ornement, poirier d'ornement, rhododendron, viorne, clématite, glycine. **Taillez court:** hortensia paniculé, cornouiller, lavatère, pérovskia, saule.	**En début de mois, taillez** les sauges. **Plantez** les primevères.	**Semez sous abri:** anthémis, diascia, gazania, pélargonium, pensée, pétunia. **Plantez:** pâquerette, pensée. **Supprimez régulièrement** les fleurs fanées des bisannuelles (pâquerette, pensée) pour une plus belle présentation et une floraison prolongée.
CLIMAT CONTINENTAL	**Continuez la plantation,** hors gel ou pluie intense, des sujets en conteneurs ou à racines nues, notamment les rosiers. **Désherbez soigneusement** le pied des rosiers. **Coupez** des branches de forsythia pour anticiper leur floraison dans la maison. **En fin de mois, taillez** les tiges secondaires de la glycine.	**En début de mois, supprimez** les feuilles abîmées ou noircies des hellébores. **Taillez** les sauges. **En fin de mois, nettoyez** le feuillage des géraniums vivaces.	**Semez sous abri:** gazania, pélargonium, pensée. **Supprimez régulièrement** les fleurs fanées des bisannuelles (pâquerette, pensée) installées en automne pour une plus belle présentation et une floraison prolongée.
CLIMAT MONTAGNARD	**Continuez la plantation,** hors gel ou pluie intense, des sujets en conteneurs ou à racines nues, notamment les rosiers. **Désherbez soigneusement** le pied des rosiers. **Coupez** des branches de forsythia pour anticiper leur floraison dans la maison. **En fin de mois, taillez** les tiges secondaires de la glycine.	**En début de mois, supprimez** les feuilles abîmées ou noircies des hellébores. **Taillez** les sauges. **En fin de mois, nettoyez** le feuillage des géraniums vivaces.	**Semez sous abri:** gazania, pélargonium, pensée. **Supprimez régulièrement** les fleurs fanées des bisannuelles (pâquerette, pensée) installées en automne pour une plus belle présentation et une floraison prolongée.
CLIMAT MÉDITERRANÉEN	**Terminez la plantation** des sujets en conteneurs ou à racines nues. **Taillez** les rosiers grimpants remontants et palissez les pousses de l'année précédente. **Taillez sévèrement** les caducs à floraison estivale ou automnale: buddléia, caryoptéris, céanothe caduc, fuchsia de Magellan, spirée estivale, tamaris d'été. **Supprimez** le vieux bois et les branches mal placées: acacia jaune, amélanchier, arbre de Judée, érable, hortensia, noisetier d'ornement, poirier d'ornement, rhododendron, viorne, clématite, glycine. **Taillez court:** hortensia paniculé, cornouiller, lavatère, pérovskia, saule.	**Taillez** les asters et les sauges. **Divisez:** aster, géranium, hosta, liatride, monarde, népéta, persicaire, rudbéckia vivace. **Nettoyez les massifs et paillez** le sol. **Semez sous abri:** agastache, campanule, hellébore, primevère. **Semez sous châssis froid** l'ancolie. **En fin de mois, plantez:** buglosse, buglosse de Sibérie, primevère, graminées.	**Semez sous abri:** agératum, anthémis, cinéraire maritime, cosmos, diascia, gazania, giroflée quarantaine, impatiens, œillet et rose d'Inde, pélargonium, pensée, pétunia. **Plantez:** pâquerette, pensée. **Supprimez régulièrement** les fleurs fanées des bisannuelles (pâquerette, pensée) pour une plus belle présentation et une floraison prolongée.

LES BULBEUSES	LES LÉGUMES ET LES AROMATIQUES	LES ARBRES FRUITIERS ET LES PETITS FRUITS	ENTRETIEN COURANT
Arrosez régulièrement les bulbes installés en automne. **Plantez** des hémérocalles vendues en godets.	**Terminez** les amendements et fertilisations du sol. **Pratiquez** les faux semis quinze jours avant les semis en pleine terre. **Aérez** à la Grelinette®, enfouissez les engrais verts. **Semez sous abri:** carotte, choux, laitue, radis. **Semez en terrine, à l'intérieur:** aubergine, basilic, céleri à côtes, piment, poivron, tomate. **Semez en pépinière** les poireaux. **Semez en pleine terre:** fève, pois. **Faites germer** les semences de pommes de terre. **Plantez** les échalotes. **Récoltez:** chicorée, laitue, mâche, poireau.	**Poursuivez la plantation** des arbustes et arbres fruitiers si le temps le permet: abricotier, kaki, figuier, néflier, pêcher, poirier, pommier, prunier. **Plantez les petits fruits:** framboisier, groseillier. **Récoltez** les agrumes. **Taillez** les vieilles pousses fructifères des mûriers (ronces à mûres). **Taillez** vigne, cassissier, cognassier, groseillier, néflier, noisetier, poirier et pommier (pour éclaircir le centre de la ramure et supprimer le bois mort).	**Terminez l'installation** des nichoirs. **Diminuez** peu à peu le nourrissage des oiseaux. **Deux semaines avant les semis ou les plantations, couvrez le sol** avec un film biodégradable pour le réchauffer. **Nettoyez** la terrasse et le mobilier en bois, puis passez-les à l'huile de lin.
Arrosez régulièrement les bulbes installés en automne.	**Continuez les amendements et fertilisations** du sol, hors gel et pluie intense. **Semez sous abri:** carotte, chou-fleur. **Semez en terrine, à l'intérieur:** aubergine, basilic, céleri à côtes, piment, poivron, tomate. **Récoltez:** chicorée, laitue, mâche, poireau.	**Poursuivez la plantation** des arbustes et arbres fruitiers si le temps le permet et plantez l'abricotier, le figuier, le pêcher. **Récoltez** les agrumes. **Taillez** le pêcher, les vieilles pousses fructifères des mûriers (ronces à mûres), le jeune amandier pour lui donner une belle forme. **Taillez** vigne, cassissier, cognassier, groseillier, néflier, noisetier, poirier et pommier (pour éclaircir le centre de la ramure et supprimer le bois mort). **Nettoyez et aérez le sol** autour des fruitiers, notamment des cerisiers.	**Continuez de nourrir** les oiseaux. **Continuez d'installer** les nichoirs.
Arrosez régulièrement les bulbes installés en automne.	**Continuez les amendements et fertilisations** du sol, hors gel et pluie intense. **Semez sous abri:** carotte, chou-fleur. **Semez en terrine, à l'intérieur:** aubergine, basilic, céleri à côtes, piment, poivron, tomate. **Récoltez:** chicorée, laitue, mâche, poireau.	**Poursuivez la plantation** des arbustes et arbres fruitiers si le temps le permet et plantez l'abricotier, le figuier, le pêcher. **Récoltez** les agrumes. **Taillez** le pêcher, les vieilles pousses fructifères des mûriers (ronces à mûres), le jeune amandier pour lui donner une belle forme. **Taillez** vigne, cassissier, cognassier, groseillier, néflier, noisetier, poirier et pommier (pour éclaircir le centre de la ramure et supprimer le bois mort). **Nettoyez et aérez le sol** autour des fruitiers, notamment des cerisiers.	**Continuez de nourrir** les oiseaux. **Continuez d'installer** les nichoirs.
Arrosez régulièrement les bulbes installés en automne. **Plantez** des hémérocalles vendues en godets.	**Pratiquez** les faux semis quinze jours avant les semis en pleine terre. **Aérez** à la Grelinette®, enfouissez les engrais verts. **Faites germer** les semences de pommes de terre. **Semez sous abri:** carotte, choux, laitue, radis. **Semez en terrine, à l'intérieur:** aubergine, basilic, céleri à côtes, piment, poivron, tomate. **Semez en pépinière** les poireaux. **Semez en pleine terre:** fève, pois. **Plantez** les échalotes. **Récoltez:** chicorée, laitue, mâche, poireau.	**Terminez la plantation** des arbres fruitiers: abricotier, kaki, figuier, néflier, pêcher, poirier, pommier, prunier. **Plantez** l'actinidia (prévoyez son support). **Récoltez** les agrumes. **Arrosez régulièrement** les jeunes plantations. **Taillez** les vieilles pousses fructifères des mûriers (ronces à mûres). **Taillez:** agrumes (pour équilibrer la silhouette), cassissier, cognassier, néflier, noisetier (pour éclaircir la ramure et supprimer le bois mort). **Terminez la taille** de la vigne et de l'amandier.	**Terminez l'installation** des nichoirs. **Diminuez peu à peu** le nourrissage des oiseaux. **Deux semaines avant les semis ou les plantations, couvrez le sol** avec un film biodégradable pour le réchauffer. **Nettoyez** la terrasse et le mobilier en bois, puis passez-les à l'huile de lin.

Mars

	LES ARBRES, LES ARBUSTES ET LES GRIMPANTES	LES VIVACES	LES ANNUELLES ET BISANNUELLES
CLIMAT OCÉANIQUE	**Arrosez régulièrement et paillez** les nouvelles plantations. **Taillez** les sujets à floraison hivernale (forsythia, jasmin d'hiver) et la passiflore bleue. **Taillez les haies** de thuyas. **Pratiquez une taille douce** sur les haies libres. **Plantez:** clématite, hortensia, lavatère, lilas, magnolia, passiflore bleue et persistants(bruyère, conifère, escallonia, houx, lierre, mahonia, mimosa, oranger du Mexique, osmanthe, photinia, rhododendron). **Fertilisez** tous les arbustes. **Apportez un fertilisant** spécifique aux hortensias pour accentuer leur teinte.	**Divisez:** aster, buglosse de Sibérie, épiaire, géranium, graminées, hosta, liatride, monarde, népéta, persicaire, rudbéckia vivace. **Nettoyez les massifs et paillez** le sol. **Taillez** les asters et les graminées. **Semez sous abri:** agastache, campanule, hellébore, primevère, rudbéckia vivace. **Semez sous châssis froid:** ancolie, camomille, coquelourde, monarde, rudbéckia vivace, salicaire et valériane. **Semez en place** le lupin. **Semez en pépinière** la centaurée. **Plantez:** agastache, buglosse, buglosse de Sibérie, centaurée, géranium vivace, graminée, lavande, œillet, orpin, physalis, sauge, véronique, vergerette.	**Semez sous abri:** agératum, bidens, cinéraire maritime, cosmos, diascia, giroflée quarantaine, héliotrope du Pérou, impatiens, muflier, œillet et rose d'Inde, phlox de Drummond, reine-marguerite, rudbéckia bisannuel. **Semez en place:** ammi blanc, bleuet des champs, clarkia, coquelicot, julienne de Mahon, nigelle de Damas, pavot de Californie, phacélie, souci. **Repiquez** en godets les semis de janvier et de février. **Bouturez** les tiges des anthémis. **Arrosez** régulièrement les jeunes semis.
CLIMAT CONTINENTAL	**Terminez la plantation** des sujets à racines nues, notamment les rosiers. **Taillez les rosiers** grimpants remontants et palissez les pousses de l'année précédente. **Taillez** les caducs à floraison estivale ou automnale: buddléia, caryoptéris, céanothe caduc, fuchsia de Magellan, spirée estivale, tamaris d'été. **Supprimez** le vieux bois et les branches mal placées: acacia jaune, amélanchier, arbre de Judée, érable, hortensia, noisetier d'ornement, poirier d'ornement, rhododendron, viorne, clématite. **Taillez court:** hortensia paniculé, cornouiller, lavatère, pérovskia, saule.	**Divisez:** aster, buglosse de Sibérie, centaurée, épiaire, géranium, graminées, hosta, liatride, monarde, népéta, persicaire, rudbéckia vivace. **Nettoyez les massifs et paillez** le sol. **Taillez** les asters et les graminées. **Semez sous châssis froid:** monarde, rudbéckia vivace, salicaire. **Semez sous abri** l'agastache. **En fin de mois, plantez:** agastache, armoise, buglosse, buglosse de Sibérie, camomille, centaurée, gaura, géranium vivace, graminées, lavande, œillet, orpin, phlomis, physalis, primevère, sauge, scabieuse, vergerette, véronique, violette.	**Semez sous abri:** anthémis, cinéraire maritime, diascia, pélargonium, pétunia, souci. **Repiquez** en godets les semis de janvier et de février. **Plantez:** pâquerette, pensée en godets. **Arrosez** régulièrement les jeunes semis.
CLIMAT MONTAGNARD	**Terminez la plantation** des sujets à racines nues, notamment les rosiers. **Taillez les rosiers** grimpants remontants et palissez les pousses de l'année précédente. **Taillez** les caducs à floraison estivale ou automnale: buddléia, caryoptéris, céanothe caduc, fuchsia de Magellan, spirée estivale, tamaris d'été. **Supprimez** le vieux bois et les branches mal placées: acacia jaune, amélanchier, arbre de Judée, érable, hortensia, noisetier d'ornement, poirier d'ornement, rhododendron, viorne, clématite. **Taillez court:** hortensia paniculé, cornouiller, lavatère, pérovskia, saule.	**Divisez:** aster, buglosse de Sibérie, centaurée, épiaire, géranium, graminées, hosta, liatride, monarde, népéta, persicaire, rudbéckia vivace. **Nettoyez les massifs et paillez** le sol. **Taillez** les asters et les graminées. **Semez sous châssis froid:** monarde, rudbéckia vivace, salicaire. **Semez sous abri** l'agastache. **En fin de mois, plantez:** agastache, armoise, buglosse, buglosse de Sibérie, camomille, centaurée, gaura, géranium vivace, graminées, lavande, œillet, orpin, phlomis, physalis, primevère, sauge, scabieuse, vergerette, véronique, violette.	**Semez sous abri:** anthémis, cinéraire maritime, diascia, pélargonium, pétunia, souci. **Repiquez** en godets les semis de janvier et de février. **Plantez:** pâquerette, pensée en godets. **Arrosez** régulièrement les jeunes semis.
CLIMAT MÉDITERRANÉEN	**Arrosez régulièrement et paillez** les nouvelles plantations. **Taillez** les sujets à floraison hivernale (forsythia, jasmin d'hiver) et la passiflore bleue. **Taillez les haies** de thuyas. **Pratiquez une taille douce** sur les haies libres. **Plantez:** clématite, hortensia, lavatère, lilas, magnolia, passiflore bleue et persistants (bruyère, conifère, escallonia, houx, lierre, mahonia, mimosa, oranger du Mexique, osmanthe, photinia, rhododendron). **Fertilisez** tous les arbustes. **Apportez un fertilisant** spécifique aux hortensias pour accentuer leur teinte.	**Divisez** l'épiaire. **Taillez** les graminées. **Paillez** les jeunes plantations et celles qui apprécient un sol frais, comme les asters. **Semez sous châssis froid:** camomille, coquelourde, monarde, rudbéckia vivace, salicaire, valériane. **Semez en place** le lupin. **Semez en pépinière** la centaurée. **Désherbez et binez** les massifs. **Terminez la plantation** des vivaces commencée en février. **Plantez:** agastache, centaurée, géranium vivace, œillet, orpin, physalis, sauge, véronique, vergerette.	**Semez sous abri:** bidens, diascia, héliotrope du Pérou, muflier, phlox de Drummond, reine-marguerite, rudbéckia bisannuel. **Semez en place:** ammi blanc, bleuet des champs, clarkia, coquelicot, julienne de Mahon, nigelle de Damas, pavot de Californie, phacélie, souci. **Repiquez** en godets les semis de janvier et de février. **Bouturez** les tiges des anthémis. **Mettez en place** des godets de diascias. **Arrosez régulièrement** les jeunes semis. **En fin de mois, semez en pleine terre:** capucine et ficoïde.

LES BULBEUSES	LES LÉGUMES ET LES AROMATIQUES	LES ARBRES FRUITIERS ET LES PETITS FRUITS	ENTRETIEN COURANT
Arrosez régulièrement les bulbes installés en automne. **Plantez en pleine terre:** agapanthes (à feuillage persistant et caduc), alstroemère, hémérocalle, iris rhizomateux non barbu, montbrétia. **Commencez la mise en terre** des dahlias (prévoyez tout de suite les tuteurs), glaïeuls, lis asiatiques. **Divisez** les perce-neige après floraison. **Supprimez** les fleurs fanées (surtout pas le feuillage) des grandes bulbeuses printanières (narcisse, tulipe).	**Semez sous abri:** aubergine, basilic, céleri à côtes, choux, cresson, melon, tomate. **Semez en pleine terre:** carotte, coriandre, épinard, fève, navet, oignon, origan, panais, persil, pois, poirée, radis, salsifis, laitue, roquette, marjolaine. **Semez en pépinière:** choux, poireau. **Plantez et divisez:** ciboulette, estragon, menthe, origan, oseille, raifort, rhubarbe, sarriette vivace, thym. **Plantez:** artichaut, asperge, oignon, cardon, crosne, pomme de terre, romarin, sauge, topinambour, verveine citronnelle. **Récoltez:** chicorée, laitue, mâche, radis.	**Taillez:** abricotier (seulement pour limiter la végétation), agrumes (pour équilibrer la silhouette), vigne. **Terminez la plantation** des arbres fruitiers: abricotier, kaki, figuier, néflier, pêcher, poirier, pommier, prunier. **Plantez** des agrumes en pot et l'actinidia (prévoyez son support). **Récoltez** les agrumes. **Paillez** les cassissiers et les fraisiers. **Arrosez-les** copieusement une fois par semaine par temps sec. **Arrosez régulièrement** les jeunes plantations. **Fertilisez** les agrumes en pot.	**Épandez** des engrais spécifiques au potager, dans les massifs et sous les haies. **Paillez** le plus possible autour des plantes, avec une épaisseur de 5 à 10 cm de compost bien décomposé. **Arrêtez de nourrir** les oiseaux. **Installez** un bac de boue pour les hirondelles. **Commencez** les semis de gazon lorsque le sol est suffisamment réchauffé.
Arrosez régulièrement les bulbes installés en automne. **Plantez** des hémérocalles vendues en godets. **Placez** des cannas à l'abri dans de la terre humide pour les installer déjà développés en mai.	**Terminez** les amendements et fertilisations du sol. **Pratiquez** les faux semis quinze jours avant les semis en pleine terre. **Aérez** à la Grelinette®, enfouissez les engrais verts. **Semez sous abri:** choux, laitue, radis. **Semez en terrine, à l'intérieur:** aubergine, basilic, céleri à côtes, melon, piment, poivron, tomate. **Semez en pépinière:** choux, poireau. **Semez en pleine terre:** carotte, épinard, fève, pois. **Faites germer** les semences de pommes de terre. **Plantez:** ail rose, échalote. **Récoltez:** chicorée, laitue, mâche.	**Taillez:** abricotier (seulement pour limiter la végétation), noisetier, vigne. **Terminez la plantation** des arbres fruitiers: abricotier, kaki, figuier, néflier, pêcher, poirier, pommier, prunier. **Plantez des petits fruits:** cassissier, framboisier, groseillier. **Plantez en pot** des agrumes. **Récoltez** les agrumes. **Fertilisez** les agrumes en pot.	**Deux semaines avant les semis ou les plantations, couvrez le sol** avec un film biodégradable pour le réchauffer. **Terminez l'installation** des nichoirs. **Diminuez peu à peu** le nourrissage des oiseaux. **Nettoyez** la terrasse et le mobilier en bois, puis passez-les à l'huile de lin.
Arrosez régulièrement les bulbes installés en automne. **Plantez** des hémérocalles vendues en godets. **Placez** des cannas à l'abri dans de la terre humide pour les installer déjà développés en mai.	**Terminez** les amendements et fertilisations du sol. **Pratiquez** les faux semis quinze jours avant les semis en pleine terre. **Aérez** à la Grelinette®, enfouissez les engrais verts. **Semez sous abri:** carotte, choux, laitue, radis. **Semez en terrine, à l'intérieur:** aubergine, basilic, céleri à côtes, melon, piment, poivron, tomate. **Semez en pépinière:** choux, poireau. **Semez en pleine terre:** carotte, épinard, fève, pois. **Faites germer** les semences de pommes de terre. **Plantez:** ail rose, échalote. **Récoltez:** chicorée, laitue, mâche.	**Taillez:** abricotier (seulement pour limiter la végétation), noisetier, vigne. **Plantez les arbres fruitiers:** abricotier, kaki, figuier, néflier, pêcher, poirier, pommier, prunier. **Plantez des petits fruits:** cassissier, framboisier, groseillier. **Plantez en pot** des agrumes. **Récoltez** les agrumes. **Fertilisez** les agrumes en pot.	**Deux semaines avant les semis ou les plantations, couvrez le sol** avec un film biodégradable pour le réchauffer. **Terminez l'installation** des nichoirs. **Diminuez peu à peu** le nourrissage des oiseaux. **Nettoyez** la terrasse et le mobilier en bois, puis passez-les à l'huile de lin.
Arrosez régulièrement les bulbes installés en automne. **Plantez en pleine terre:** agapanthes (à feuillage persistant et caduc), alstroemère, hémérocalle, iris rhizomateux non barbu, montbrétia. **Commencez la mise en terre** des dahlias (prévoyez tout de suite les tuteurs), glaïeuls, lis asiatiques. **Divisez** les perce-neige après floraison. **Supprimez** les fleurs fanées (surtout pas le feuillage) des grandes bulbeuses printanières (narcisse, tulipe).	**Semez sous abri:** aubergine, basilic, céleri à côtes, choux, cresson, melon, tomate. **Semez en pleine terre:** carotte, coriandre, épinard, fève, navet, oignon, origan, panais, persil, poirée, pois, radis, salsifis, laitue, roquette, marjolaine. **Semez en pépinière:** choux, poireau. **Plantez et divisez:** ciboulette, estragon, menthe, origan, oseille, raifort, rhubarbe, sarriette vivace, thym. **Plantez:** artichaut, asperge, oignons, cardon, crosne, pomme de terre, romarin, sauge, topinambour, verveine citronnelle. **Récoltez:** chicorée, laitue, mâche, pois, radis.	**En début de mois, taillez:** abricotier (seulement pour limiter la végétation), agrumes (pour équilibrer la silhouette). **Plantez en pleine terre** des agrumes. **Récoltez** les agrumes. **Paillez** les cassissiers et les fraisiers. **Arrosez-les** copieusement une fois par semaine par temps sec. **Arrosez régulièrement** les jeunes plantations. **Fertilisez** les agrumes cultivés en pot et en pleine terre.	**Épandez** des engrais spécifiques au potager, dans les massifs et sous les haies. **Paillez** le plus possible autour des plantes, avec une épaisseur de 5 à 10 cm de compost bien décomposé. **Arrêtez de nourrir** les oiseaux. **Installez** un bac de boue pour les hirondelles. **Commencez** les semis de gazon lorsque le sol est suffisamment réchauffé.

Avril

	LES ARBRES, LES ARBUSTES ET LES GRIMPANTES	LES VIVACES	LES ANNUELLES ET BISANNUELLES
CLIMAT OCÉANIQUE	**Arrosez copieusement** les conifères (surtout les deux premières années) et les nouvelles plantations s'il fait sec. **Taillez** les sujets à floraison printanière : lilas, clématite précoce, genêt. **Taillez les haies** d'éléagnus et de thuyas. **Paillez** les nouvelles plantations et les essences qui apprécient un sol frais : azalée, camélia, hortensia, rhododendron, rosier. **Supprimez** les gourmands des rosiers et marcottez les tiges basses.	**Arrosez régulièrement** les jeunes plantations. **Terminez la plantation et la division** des vivaces. **Paillez** les jeunes plantations et celles qui apprécient un sol frais, comme les asters, lorsque le sol est bien réchauffé. **Désherbez et binez** les massifs.	**Semez en place :** agératum, belle-de-nuit, capucine, chrysanthème, cosmos, ficoïde, giroflée quarantaine, immortelle, lin à grandes fleurs, nigelle de Damas, phlox de Drummond, pois de senteur, pourpier, souci, thlaspi, tournesol, zinnia. **Repiquez** en godets les semis de février et de mars. **Éclaircissez** les semis trop épais. **Plantez** en pleine terre ou en pot, tout risque de gel écarté : bacopa, bidens, cinéraire maritime, diascia, giroflée quarantaine, lantana, muflier, œillet et rose d'Inde, pélargonium, pétunia. **Arrosez** deux à trois fois par semaine les jeunes semis et les plantes fraîchement repiquées.
CLIMAT CONTINENTAL	**Arrosez régulièrement et paillez** les nouvelles plantations. **Taillez** les sujets à floraison hivernale : forsythia, jasmin d'hiver. **Pratiquez une taille douce** sur les haies libres et taillez les haies d'éléagnus et de thuyas. **Plantez :** arbre de Judée, aubépine, bruyère, clématite, camélia, conifères, éléagnus, hortensia, lierre, lilas, magnolia caduc, rhododendron, tamaris, vigne vierge et arbustes persistants (abélia, houx, mahonia, photinia, pyracantha) ou craignant le froid (céanothe, ciste, escallonia, fuchsia, gattilier, laurier-tin, lavatère, mimosa, oranger du Mexique, osmanthe, passiflore bleue). **Fertilisez** tous les arbustes.	**Continuez la plantation et la division** des vivaces. **Paillez** les jeunes plantations et celles qui apprécient un sol frais, comme les asters, lorsque le sol est bien réchauffé. **Semez sous abri :** campanule, hellébore, primevère. **Semez sous châssis froid :** camomille, coquelourde, ancolie, valériane. **Semez en place** le lupin. **Semez en pépinière** la centaurée.	**Semez sous abri :** agératum, bidens, cosmos, diascia, impatiens, muflier, œillet et rose d'Inde, reine-marguerite, rudbéckia bisannuel. **Semez en place :** ammi blanc, belle-de-jour, bleuet des champs, coquelicot, julienne de Mahon, lin à grandes fleurs, nigelle de Damas, pavot de Californie, phacélie, souci. **Repiquez** en godets les semis de février et de mars et en place les soucis semés en septembre sous abri. **Bouturez** les tiges des anthémis. **Arrosez** deux à trois fois par semaine les jeunes semis et les plantes fraîchement repiquées.
CLIMAT MONTAGNARD	**Arrosez régulièrement et paillez** les nouvelles plantations. **Taillez** les sujets à floraison hivernale : forsythia, jasmin d'hiver. **Pratiquez une taille douce** sur les haies libres et taillez les haies d'éléagnus et de thuyas. **Plantez :** arbre de Judée, aubépine, bruyère, clématite, camélia, conifères, éléagnus, hortensia, lierre, lilas, magnolia caduc, rhododendron, tamaris, vigne vierge et arbustes persistants (abélia, houx, mahonia, photinia, pyracantha) ou craignant le froid (céanothe, ciste, escallonia, fuchsia, gattilier, laurier-tin, lavatère, mimosa, oranger du Mexique, osmanthe, passiflore bleue). **Fertilisez** tous les arbustes.	**Continuez la plantation et la division** des vivaces. **Paillez** les jeunes plantations et celles qui apprécient un sol frais, comme les asters, lorsque le sol est bien réchauffé. **Semez sous abri :** campanule, hellébore, primevère. **Semez sous châssis froid :** camomille, coquelourde, ancolie, valériane. **Semez en place** le lupin. **Semez en pépinière** la centaurée.	**Semez sous abri :** agératum, bidens, cosmos, diascia, impatiens, muflier, œillet et rose d'Inde, reine-marguerite, rudbéckia bisannuel. **Semez en place :** ammi blanc, belle-de-jour, bleuet des champs, coquelicot, julienne de Mahon, lin à grandes fleurs, nigelle de Damas, pavot de Californie, phacélie, souci. **Repiquez** en godets les semis de février et de mars et en place les soucis semés en septembre sous abri. **Bouturez** les tiges des anthémis. **Arrosez** deux à trois fois par semaine les jeunes semis et les plantes fraîchement repiquées.
CLIMAT MÉDITERRANÉEN	**Arrosez copieusement** les conifères (surtout les deux premières années) et les nouvelles plantations s'il fait sec. **Taillez** les sujets à floraison printanière : lilas, clématite précoce, genêt. **Taillez les haies** d'éléagnus et de thuyas. **Paillez** les nouvelles plantations et les essences qui apprécient un sol frais : azalée, camélia, hortensia, rhododendron, rosier. **Supprimez** les gourmands des rosiers et marcottez les tiges basses.	**Arrosez régulièrement** les jeunes plantations. **Désherbez et binez** le sol entre les plantes. **Paillez** si ce n'est pas encore fait.	**Semez en place :** agératum, belle-de-nuit, chrysanthème, cosmos, giroflée quarantaine, immortelle, lin à grandes fleurs, nigelle de Damas, phlox de Drummond, pois de senteur, pourpier, thlaspi, tournesol, souci, zinnia. **Mettez en place** les plantes semées : gazania, giroflée quarantaine, impatiens. **Repiquez** en godets les semis de février et de mars. **Éclaircissez** les semis trop épais. **Plantez** en pleine terre ou en pot : bacopa, bidens, cinéraire maritime, lantana, muflier, œillet et rose d'Inde, pélargonium, pétunia. **Arrosez** deux à trois fois par semaine les jeunes semis et les plantes fraîchement repiquées.

LES BULBEUSES	LES LÉGUMES ET LES AROMATIQUES	LES ARBRES FRUITIERS ET LES PETITS FRUITS	ENTRETIEN COURANT
Divisez les muscaris et les narcisses après floraison. **Coupez** les tiges défleuries des jacinthes. **En fin de mois, plantez en pleine terre:** arum d'Éthiopie, bégonia tubéreux, canna, sternbergia.	**Semez sous abri:** courges (d'été et d'automne). **Repiquez** les poireaux et les tomates. **Semez en pépinière** les choux. **Semez en pleine terre:** betterave, carotte, cerfeuil, cornichon, concombre, courges (d'été et d'automne), épinard, haricot, laitue, chicorée, maïs, radis. **Binez et buttez:** asperge, pomme de terre, fève. **Arrosez** les jeunes plants. **Récoltez:** asperge, pois, radis. **En sol bien réchauffé, installez en pleine terre** les frileux: aubergine, basilic, piment, poivron, tomate.	**Plantez:** agrumes en pot, amandier. **Récoltez** les agrumes. **Paillez** le pied des jeunes arbres fruitiers. **Continuez d'arroser régulièrement** les fraisiers et les cassissiers. **Continuez l'arrosage** des jeunes sujets. **Placez des protections** dans les cerisiers pour repousser les oiseaux. **Éliminez** les fruits en surnombre des abricotiers.	**Continuez les semis** de gazon. **Plantez** un lierre qui offrira gîte et couvert aux oiseaux. **Laissez** un carré d'herbes folles ou semez une prairie fleurie pour attirer la faune utile du jardin.
Installez en pot les agapanthes persistantes et les alstroemères. **Divisez** les perce-neige après floraison. **Supprimez** les fleurs fanées (surtout pas le feuillage) des grandes bulbeuses printanières (narcisse, tulipe). **Coupez** les tiges défleuries des jacinthes. **En sol bien réchauffé, plantez:** agapanthe caduque, arum d'Éthiopie, iris rhizomateux non barbu. **En fin de mois, commencez la mise en terre** des dahlias (prévoyez tout de suite les tuteurs), glaïeuls, lis asiatiques.	**Semez sous abri:** basilic, cornichon, concombre, courges (d'été et d'automne), cresson. **Repiquez** les tomates. **Semez en pépinière** les choux. **Semez en pleine terre:** betterave, carotte, cerfeuil, coriandre, épinard, navet, origan, panais, persil, pois, radis, salsifis, laitue, roquette, marjolaine. **Plantez et divisez:** menthe, ciboulette, estragon, origan, oseille, raifort, rhubarbe, sarriette vivace, thym. **Plantez en pleine terre:** artichaut, asperge, cardon, crosne, oignon, pomme de terre, romarin, sauge, topinambour, verveine citronnelle. **Arrosez** les jeunes plants. **Récoltez:** asperge, pois, radis.	**Plantez:** actinidia (prévoyez son support), framboisier, agrumes en pot, amandier. **Récoltez** les agrumes. **Paillez** le pied des jeunes arbres fruitiers et les fraisiers. **Arrosez régulièrement** les jeunes plantations. **Arrosez copieusement** les cassissiers et les fraisiers une fois par semaine s'il fait sec. **Taillez** les agrumes pour équilibrer leur silhouette.	**Épandez** des engrais spécifiques au potager, dans les massifs et sous les haies. **Paillez** le plus possible autour des plantes, avec une épaisseur de 5 à 10 cm de compost bien décomposé. **Installez** un bac de boue pour les hirondelles. **Arrêtez de nourrir les oiseaux.** **Commencez** les semis de gazon lorsque le sol est suffisamment réchauffé.
Installez en pot les agapanthes persistantes, les alstroemères et les arums d'Éthiopie. **Divisez** les perce-neige après floraison. **Supprimez** les fleurs fanées (surtout pas le feuillage) des grandes bulbeuses printanières (narcisse, tulipe). **Coupez** les tiges défleuries des jacinthes. **En sol bien réchauffé, plantez:** agapanthe caduque, arum d'Éthiopie, iris rhizomateux non barbu. **En fin de mois, commencez la mise en terre** des dahlias (prévoyez tout de suite les tuteurs), glaïeuls, lis asiatiques.	**Semez sous abri:** basilic, cornichon, concombre, courges (d'été et d'automne), cresson. **Repiquez** les tomates. **Semez en pépinière** les choux. **Semez en pleine terre:** betterave, carotte, cerfeuil, coriandre, épinard, navet, origan, panais, persil, pois, radis, salsifis, laitue, roquette, marjolaine. **Plantez et divisez:** menthe, ciboulette, estragon, origan, oseille, raifort, rhubarbe, sarriette vivace, thym. **Plantez en pleine terre:** artichaut, asperge, cardon, crosne, oignon, pomme de terre, romarin, sauge, topinambour, verveine citronnelle. **Arrosez** les jeunes plants. **Récoltez:** asperge, pois, radis.	**En début de mois, terminez la plantation** des arbres fruitiers: abricotier, figuier, pommier, prunier. **Plantez:** actinidia (prévoyez son support), framboisier, agrumes en pot, amandier. **Récoltez** les agrumes. **Paillez** le pied des jeunes arbres fruitiers et les fraisiers. **Arrosez régulièrement** les jeunes plantations, les fraisiers et les cassissiers, surtout s'il fait sec. **Taillez** les agrumes pour équilibrer leur silhouette.	**Épandez** des engrais spécifiques au potager, dans les massifs et sous les haies. **Paillez** le plus possible autour des plantes, avec une épaisseur de 5 à 10 cm de compost bien décomposé. **Installez** un bac de boue pour les hirondelles. **Arrêtez de nourrir les oiseaux.** **Commencez** les semis de gazon lorsque le sol est suffisamment réchauffé.
Divisez les muscaris et les narcisses après floraison. **Coupez** les tiges défleuries des jacinthes. **Plantez en pleine terre:** arum d'Éthiopie, bégonia tubéreux, canna, sternbergia.	**Semez sous abri** les courges (d'été et d'automne). **Repiquez** les poireaux et les tomates. **Semez en pépinière** les choux. **Semez en pleine terre:** betterave, carotte, cerfeuil, cornichon, concombre, courges (d'été et d'automne), épinard, haricot, laitue, chicorée, maïs, radis. **Paillez:** artichaut, aubergine, betterave, cardon, courge, melon, menthe, rhubarbe, tomate. **Binez et buttez:** asperge, pomme de terre, fève. **Arrosez** les jeunes plants. **Récoltez:** asperge, pois, radis. **Installez en pleine terre** les frileux: aubergine, basilic, piment, poivron, tomate.	**Continuez la plantation** des agrumes en pleine terre. **Récoltez** les agrumes. **Paillez** le pied des jeunes arbres fruitiers. **Continuez d'arroser** régulièrement les fraisiers et les cassissiers. **Placez des protections** dans les cerisiers pour les protéger des oiseaux. **Éliminez** les fruits en surnombre des abricotiers.	**Poursuivez les semis** de gazon. **Plantez** un lierre qui offrira gîte et couvert aux oiseaux. **Laissez** un carré d'herbes folles ou semez une prairie fleurie pour attirer la faune utile du jardin.

Mai

	LES ARBRES, LES ARBUSTES ET LES GRIMPANTES	LES VIVACES	LES ANNUELLES ET BISANNUELLES
CLIMAT OCÉANIQUE	**Poursuivez l'arrosage** régulier des nouvelles plantations, notamment les rosiers. Paillez pour limiter les arrosages. **Fertilisez** avec un engrais spécifique les arbustes qui fleurissent tout l'été et les sujets en pot. **Continuez la taille** des arbustes à floraison printanière : lilas, clématite précoce, genêt. **Taillez** les haies persistantes (pyracantha) et les charmilles. **Raccourcissez** les tiges trop longues du cotonéaster. **Marcottez** les tiges basses : azalée, rhododendron. **Bouturez** les pousses tendres des arbustes à fleurs.	**Arrosez** les nouvelles plantations du printemps et de l'automne de l'année précédente. **Supprimez** les tiges défleuries des vivaces printanières : delphinium, lupin, népéta. **Divisez** les vivaces printanières après floraison : delphinium, lupin, népéta. **Tuteurez** les plus grandes plantes ou celles qui ont des fleurs lourdes : buglosse, delphinium, pivoine herbacée. **Complétez les paillages.**	**Semez sous abri** la giroflée ravenelle. **Semez en place :** alysse odorant, monnaie-du-pape, muflier, œillet et rose d'Inde, pensée, souci. **Mettez en place** les plantes semées en fin d'hiver et au printemps, notamment le gazania et l'impatiens. **Continuez l'installation** en pleine terre ou en jardinière des saisonnières achetées en godets. **Éclaircissez :** coquelicot, lin à grandes fleurs, nigelle de Damas. **Poursuivez l'arrosage** des jeunes semis et des plantes fraîchement repiquées en godets ou en pleine terre (ombragez ces dernières).
CLIMAT CONTINENTAL	**Arrosez copieusement** les conifères (surtout les deux premières années) et les nouvelles plantations s'il fait sec. **Plantez** des sujets en conteneurs. **Paillez** les nouvelles plantations et les essences qui apprécient un sol frais : azalée, camélia, hortensia, rhododendron, rosier. **Taillez** les sujets à floraison hivernale et printanière en supprimant le bois mort et les branches les plus anciennes pour aérer le centre de la ramure : lilas, clématite précoce, genêt. **Supprimez** les gourmands des rosiers et marcottez les tiges basses.	**Arrosez** les jeunes plantations. **Terminez la plantation et la division** des vivaces. **Désherbez et binez** les massifs. **Tuteurez** les plus grandes plantes ou celles qui ont des fleurs lourdes : buglosse, delphinium, pivoine herbacée. **Complétez les paillages.**	**Semez sous abri** la giroflée ravenelle. **Semez en place :** agératum, alysse odorant, ammi blanc, belle-de-nuit, capucine, chrysanthème, clarkia, cosmos, œillet et rose d'Inde, ficoïde, immortelle, lin à grandes fleurs, nigelle, pavot de Californie, phacélie, phlox, pois de senteur, pourpier, reine-marguerite, souci, thlaspi, tournesol, zinnia. **Mettez en place :** pensée, reine-marguerite, bacopa, bidens, cinéraire maritime, diascia, gazania, giroflée quarantaine, héliotrope du Pérou, impatiens, lantana, muflier, œillet et rose d'Inde, pélargonium, pétunia. **Éclaircissez :** coquelicot, lin à grandes fleurs, nigelle de Damas. **Poursuivez l'arrosage** des jeunes semis.
CLIMAT MONTAGNARD	**Arrosez copieusement** les conifères (surtout les deux premières années) et les nouvelles plantations s'il fait sec. **Plantez** des sujets en conteneurs. **Paillez** les nouvelles plantations et les essences qui apprécient un sol frais : azalée, camélia, hortensia, rhododendron, rosier. **Taillez** les sujets à floraison hivernale et printanière en supprimant le bois mort et les branches les plus anciennes pour aérer le centre de la ramure : lilas, clématite précoce, genêt. **Supprimez** les gourmands des rosiers et marcottez les tiges basses.	**Arrosez** les jeunes plantations. **Terminez la plantation et la division** des vivaces. **Désherbez et binez** les massifs. **Tuteurez** les plus grandes plantes ou celles qui ont des fleurs lourdes : buglosse, delphinium, pivoine herbacée. **Complétez les paillages.**	**Semez sous abri** la giroflée ravenelle. **Semez en place :** agératum, alysse odorant, ammi blanc, belle-de-nuit, capucine, chrysanthème, clarkia, cosmos, œillet et rose d'Inde, ficoïde, immortelle, lin à grandes fleurs, nigelle, pavot de Californie, phacélie, phlox, pois de senteur, pourpier, reine-marguerite, souci, thlaspi, tournesol, zinnia. **Mettez en place :** pensée, reine-marguerite, bacopa, bidens, cinéraire maritime, diascia, gazania, giroflée quarantaine, héliotrope du Pérou, impatiens, lantana, muflier, œillet et rose d'Inde, pélargonium, pétunia. **Éclaircissez :** coquelicot, lin à grandes fleurs, nigelle de Damas. **Poursuivez l'arrosage** des jeunes semis.
CLIMAT MÉDITERRANÉEN	**Poursuivez l'arrosage** régulier des nouvelles plantations, notamment les rosiers. Paillez pour limiter les arrosages. **Fertilisez** avec un engrais spécifique les arbustes qui fleurissent tout l'été et les sujets en pot. **Continuez la taille** des arbustes à floraison printanière : lilas, clématite précoce, genêt. **Taillez** les haies persistantes (pyracantha) et les charmilles. **Raccourcissez** les tiges trop longues du cotonéaster. **Marcottez** les tiges basses : azalée, rhododendron. **Bouturez** les pousses tendres des arbustes à fleurs.	**Arrosez** les nouvelles plantations du printemps et de l'automne de l'année précédente. **Supprimez** les tiges défleuries des vivaces printanières : delphinium, lupin, népéta. **Divisez** les vivaces printanières après floraison : delphinium, lupin, népéta. **Tuteurez** les plus grandes plantes ou celles qui ont des fleurs lourdes : buglosse, delphinium, pivoine herbacée. **Complétez les paillages.**	**Semez sous abri** la giroflée ravenelle. **Semez en place :** alysse odorant, monnaie-du-pape, muflier, œillet et rose d'Inde, pensée, souci. **Mettez en place** les plantes semées en fin d'hiver et au printemps. **Continuez l'installation** en pleine terre ou en jardinière des saisonnières achetées en godets. **Éclaircissez :** coquelicot, lin à grandes fleurs, nigelle de Damas. **Poursuivez l'arrosage** copieux des jeunes semis et des plantes fraîchement repiquées en godets ou en pleine terre (ombragez ces dernières).

LES BULBEUSES	LES LÉGUMES ET LES AROMATIQUES	LES ARBRES FRUITIERS ET LES PETITS FRUITS	ENTRETIEN COURANT
Terminez la plantation des dahlias (prévoyez tout de suite les tuteurs), glaïeuls, lis asiatiques, ainsi que des agapanthes, arums d'Éthiopie, iris rhizomateux non barbus. **Arrosez copieusement et régulièrement** les bulbes mis en place au printemps. **Plantez:** amaryllis, colchique, iris rhizomateux barbu. **Supprimez** les tiges florales fanées, notamment des iris. **Surveillez les limaces,** friandes de jeunes pousses de dahlias. **Repérez les emplacements** des anémones. **Laissez** tous les bulbes du printemps en place pour qu'ils se naturalisent.	**Arrosez:** basilic, concombre, cornichon, maïs, poivron, radis, salade, tomate. **Continuez l'installation en pleine terre** des frileux: aubergine, basilic, piment, poivron, tomate. **Plantez** le melon. **Semez en pépinière** les choux. **Semez en pleine terre:** aneth, betterave, carotte, cerfeuil, ciboule, cornichon, concombre, courges, épinard, haricot, laitue, chicorée, maïs, navet, panais, persil, pois, poireau, radis, roquette. **Repiquez** les poireaux. **Paillez:** artichaut, aubergine, betterave, cardon, courge, melon, menthe, rhubarbe, tomate. **Buttez:** asperge, haricot, poireau, pois, pomme de terre, fève. **Récoltez:** asperge, carotte, ciboulette, épinard, laitue, menthe, pois, pomme de terre, radis, roquette.	**Terminez la plantation** des agrumes en pot. **Récoltez:** agrumes, fraises, cerises. **Arrosez copieusement** les fraisiers et les jeunes plantations une fois par semaine; formez une cuvette d'arrosage si vous ne l'avez pas fait à la plantation. **Paillez** les petits fruits si ce n'est pas encore fait. **Palissez** l'actinidia, le mûrier, la vigne et les arbres conduits en espalier.	**Continuez les semis** de gazon jusqu'à la fin du mois. **Montez** un muret de pierres sèches au soleil pour attirer les invertébrés (lézards). **Ombragez la serre** avec des ombrières ou du blanc d'Espagne.
Continuez la plantation des dahlias (prévoyez tout de suite les tuteurs), glaïeuls, lis asiatiques, ainsi que des agapanthes caduques, arums d'Éthiopie, iris rhizomateux non barbus. **Arrosez copieusement et régulièrement** les bulbes mis en place au printemps. **Continuez d'installer** les agapanthes persistantes et les alstroemères en pot, les glaïeuls de Byzance dans un coin chaud et abrité. **Divisez** les muscaris et les narcisses après floraison. **En fin de mois, plantez en pleine terre:** bégonia tubéreux, canna, montbrétia, sternbergia.	**Arrosez** les jeunes plants. **Installez en pleine terre** des frileux: aubergine, basilic, melon, piment, poivron, tomate. **Semez en pépinière** les choux. **Semez en pleine terre:** aneth, cerfeuil, ciboule, cornichon, concombre, courges, épinard, haricot, laitue, chicorée, maïs, navet, panais, persil, poireau, pois, radis, roquette, sarriette. **Repiquez** les poireaux. **Paillez:** aubergine, betterave, courges, melon, menthe, rhubarbe, tomate. **Buttez:** asperge, haricot, pois, pomme de terre, fève. **Récoltez:** asperge, carotte, ciboulette, épinard, laitue, menthe, pois, radis, roquette.	**Plantez:** agrumes en pot, amandier. **Récoltez:** agrumes, fraises, cerises. **Poursuivez l'arrosage copieux** des fraisiers et des jeunes plantations une fois par semaine; formez une cuvette d'arrosage si vous ne l'avez pas fait à la plantation. **Placez des protections** dans les cerisiers pour repousser les oiseaux. **Éliminez** les fruits en surnombre des abricotiers. **Paillez** les petits fruits si ce n'est pas encore fait.	**Continuez les semis** de gazon jusqu'à la fin du mois. **Montez** un muret de pierres sèches au soleil pour attirer les invertébrés (lézards). **Plantez** un lierre qui offrira gîte et couvert aux oiseaux. **Laissez** un carré d'herbes folles ou semez une prairie fleurie pour attirer la faune utile du jardin.
Continuez la plantation des dahlias (prévoyez tout de suite les tuteurs), glaïeuls, lis asiatiques, ainsi que des agapanthes caduques, arums d'Éthiopie, iris rhizomateux non barbus. **Arrosez copieusement et régulièrement** les bulbes mis en place au printemps. **Continuez d'installer** les agapanthes persistantes et les alstroemères en pot, les glaïeuls de Byzance dans un coin chaud et abrité. **Divisez** les muscaris et les narcisses après floraison. **En fin de mois, plantez en pleine terre:** bégonia tubéreux, canna, montbrétia, sternbergia.	**Arrosez** les jeunes plants. **Installez en pleine terre** des frileux: aubergine, basilic, melon, piment, poivron, tomate. **Semez en pépinière** les choux. **Semez en pleine terre:** aneth, cerfeuil, ciboule, cornichon, concombre, courge, épinard, haricot, laitue, chicorée, maïs, navet, panais, persil, poireau, pois, radis, roquette, sarriette. **Repiquez** les poireaux. **Paillez:** aubergine, betterave, courges, melon, menthe, rhubarbe, tomate. **Buttez:** asperge, fenouil, haricot, pois, pomme de terre, fève. **Récoltez:** asperge, carotte, ciboulette, épinard, laitue, menthe, pois, radis, roquette.	**Plantez:** agrumes en pot, amandier. **Récoltez:** agrumes, fraises, cerises. **Arrosez copieusement** les fraisiers et les jeunes plantations une fois par semaine; formez une cuvette d'arrosage si vous ne l'avez pas fait à la plantation. **Placez des protections** dans les cerisiers pour repousser les oiseaux. **Éliminez** les fruits en surnombre des abricotiers. **Paillez** les petits fruits si ce n'est pas encore fait.	**Continuez les semis** de gazon jusqu'à la fin du mois. **Montez** un muret de pierres sèches au soleil pour attirer les invertébrés (lézards). **Plantez** un lierre qui offrira gîte et couvert aux oiseaux. **Laissez** un carré d'herbes folles ou semez une prairie fleurie pour attirer la faune utile du jardin.
Terminez la plantation des dahlias (prévoyez tout de suite les tuteurs), glaïeuls, lis asiatiques, ainsi que des agapanthes, arums d'Éthiopie, iris rhizomateux non barbus, montbrétias. **Arrosez copieusement et régulièrement** les bulbes mis en place au printemps. **Plantez:** amaryllis, colchique, iris rhizomateux barbu. **Supprimez** les tiges florales fanées, notamment des iris. **Surveillez les limaces,** friandes de jeunes pousses de dahlias. **Repérez les emplacements** des anémones. **Laissez** tous les bulbes du printemps en place pour qu'ils se naturalisent.	**Arrosez:** basilic, concombre, cornichon, maïs, poivron, radis, salade, tomate. **Continuez l'installation en pleine terre** des frileux: aubergine, basilic, piment, poivron, tomate. **Plantez** le melon. **Semez en pépinière** les choux. **Semez en pleine terre:** aneth, betterave, carotte, cerfeuil, ciboule, cornichon, concombre, courges, épinard, haricot, laitue, chicorée, maïs, navet, panais, persil, poireau, pois, radis, roquette. **Repiquez** les poireaux. **Buttez:** asperge, haricot, poireau, pois, pomme de terre, fève. **Récoltez:** asperge, carotte, ciboulette, épinard, laitue, menthe, pois, pomme de terre, radis, roquette.	**Terminez la plantation** des agrumes en pleine terre. **Récoltez:** agrumes, fraises, cerises. **Arrosez copieusement** les fraisiers et les jeunes plantations une fois par semaine; formez une cuvette d'arrosage si vous ne l'avez pas fait à la plantation. **Paillez** les petits fruits si ce n'est pas encore fait. **Palissez** l'actinidia, le mûrier, la vigne et les arbres conduits en espalier.	**Montez** un muret de pierres sèches au soleil pour attirer les invertébrés (lézards). **Ombragez la serre** avec des ombrières ou du blanc d'Espagne. **Ajoutez** les déchets de tonte au compost ou recyclez-les en paillage. **Maintenez** le niveau d'eau des potées aquatiques, renouvelez la moitié du contenu.

Juin

	LES ARBRES, LES ARBUSTES ET LES GRIMPANTES	LES VIVACES	LES ANNUELLES ET BISANNUELLES
CLIMAT OCÉANIQUE	**Poursuivez l'arrosage** des jeunes sujets pour assurer la reprise. **Taillez** le photinia et les arbustes à floraison printanière tardive : aubépine, *Buddleja alternifolia*, céanothe persistant, deutzia, exochorda, oranger du Mexique, seringat, spirée de printemps, viorne, weigélia. **Palissez** les clématites et les rosiers grimpants. **Rabattez** les pousses défleuries des clématites à grandes fleurs pour favoriser une seconde floraison. **Supprimez** les fleurs fanées des arbustes de l'été pour prolonger leur floraison. **En fin de mois, taillez** les tiges secondaires de la glycine.	**Ôtez** les fleurs fanées pour prolonger les floraisons estivales. **Rabattez** à la cisaille les vivaces de rocaille qui ont fini de fleurir. **Supprimez** les tiges défleuries des vivaces printanières : delphinium, lupin, népéta. **Arrosez** les vivaces estivales et automnales (surtout la première année). **Taillez** les géraniums vivaces défleuris (sauf 'Rozanne'). **Semez en place** les pavots. **Semez en pépinière :** rose trémière, violette. **Poursuivez le tuteurage** des vivaces les plus hautes.	**En début de mois, semez en place :** ammi blanc, alysse odorant, chrysanthème, clarkia, ficoïde, lin à grandes fleurs, phacélie, tournesol, zinnia. **Semez en terrine** le myosotis. **Poursuivez les semis** des bisannuelles : giroflée ravenelle, monnaie-du-pape, muflier, pâquerette, pensée. Arrosez-les. **Continuez la mise en place** des annuelles semées au printemps ou achetées en godets. **Éclaircissez** les semis trop épais. **Désherbez, sarclez et paillez** quand c'est possible. **Tuteurez** les plus hautes fleurs. **Supprimez régulièrement** les fleurs fanées pour prolonger la floraison.
CLIMAT CONTINENTAL	**Poursuivez l'arrosage** régulier des nouvelles plantations, notamment les rosiers. **Paillez** pour limiter les arrosages. **Continuez la taille** des arbustes à floraison printanière : lilas. **Taillez** les haies persistantes (pyracantha) et les charmilles. **Raccourcissez** les tiges trop longues du cotonéaster. **Bouturez** les pousses tendres des arbustes à fleurs. **Marcottez** les tiges basses : azalée, rhododendron. **Fertilisez** avec un engrais spécifique les arbustes qui fleurissent tout l'été et les sujets en pot.	**Arrosez** les nouvelles plantations du printemps et de l'automne de l'année précédente. **Supprimez** les tiges défleuries des vivaces printanières : delphinium, lupin, népéta. **Divisez** les vivaces printanières après floraison : delphinium, lupin, népéta. **Poursuivez le tuteurage** des vivaces les plus hautes. **Complétez les paillages.**	**Semez en terrine** le myosotis. **Semez en place** les bisannuelles : giroflée ravenelle, monnaie-du-pape, muflier, pâquerette, pensée. **Semez en place à la volée :** ammi blanc, clarkia, lin à grandes fleurs, œillet et rose d'Inde. **Continuez la mise en place** des annuelles semées au printemps ou achetées en godets. **Continuez la mise en place** des saisonnières gélives : diascia, impatiens. **Éclaircissez** les jeunes semis trop épais. **Arrosez** les semis et les plants d'annuelles fraîchement repiquées (ombragez ces dernières), ainsi que les semis des bisannuelles.
CLIMAT MONTAGNARD	**Poursuivez l'arrosage** régulier des nouvelles plantations, notamment les rosiers. **Paillez** pour limiter les arrosages. **Continuez la taille** des arbustes à floraison printanière : lilas. **Taillez** les haies persistantes (pyracantha) et les charmilles. **Raccourcissez** les tiges trop longues du cotonéaster. **Bouturez** les pousses tendres des arbustes à fleurs. **Marcottez** les tiges basses : azalée, rhododendron. **Fertilisez** avec un engrais spécifique les arbustes qui fleurissent tout l'été et les sujets en pot.	**Arrosez** les nouvelles plantations du printemps et de l'automne de l'année précédente. **Supprimez** les tiges défleuries des vivaces printanières : delphinium, lupin, népéta. **Divisez** les vivaces printanières après floraison : delphinium, lupin, népéta. **Poursuivez le tuteurage** des vivaces les plus hautes. **Complétez les paillages.**	**Semez en terrine** le myosotis. **Semez en place** les bisannuelles : giroflée ravenelle, monnaie-du-pape, muflier, pâquerette, pensée. **Semez en place à la volée :** ammi blanc, clarkia, lin à grandes fleurs, œillet et rose d'Inde. **Continuez la mise en place** des annuelles semées au printemps ou achetées en godets. **Continuez la mise en place** des saisonnières gélives : diascia, impatiens. **Éclaircissez** les jeunes semis trop épais. **Arrosez** les semis et les plants d'annuelles fraîchement repiquées (ombragez ces dernières), ainsi que les semis des bisannuelles.
CLIMAT MÉDITERRANÉEN	**Poursuivez l'arrosage** des jeunes sujets pour assurer la reprise. **Taillez** le photinia et les arbustes à floraison printanière tardive : aubépine, *Buddleja alternifolia*, céanothe persistant, deutzia, exochorda, oranger du Mexique, seringatt, spirée de printemps, viorne, weigélia. **Palissez** les clématites et les rosiers grimpants. **Rabattez** les pousses défleuries des clématites à grandes fleurs pour favoriser une seconde floraison. **Supprimez** les fleurs fanées des arbustes de l'été pour prolonger leur floraison. **En fin de mois, taillez** les tiges secondaires de la glycine.	**Ôtez** les fleurs fanées pour prolonger les floraisons estivales. **Rabattez** à la cisaille les vivaces de rocaille qui ont fini de fleurir. **Supprimez** les tiges défleuries des vivaces printanières : delphinium, lupin, népéta, digitale. **Arrosez** les vivaces estivales et automnales (surtout la première année). **Taillez** les géraniums vivaces défleuris (sauf 'Rozanne'). **Semez en place** les pavots. **Semez en pépinière :** rose trémière, violette. **Poursuivez le tuteurage** des vivaces les plus hautes.	**En début de mois, semez en place :** ammi blanc, alysse odorant, chrysanthème, clarkia, ficoïde, lin à grandes fleurs, phacélie, tournesol, zinnia. **Semez en terrine** le myosotis. **Poursuivez les semis** des bisannuelles : giroflée ravenelle, monnaie-du-pape, muflier, pâquerette, pensée. Arrosez-les régulièrement. **Continuez la mise en place** des annuelles semées au printemps ou achetées en godets. **Éclaircissez** les semis trop épais. **Poursuivez l'arrosage** copieux. **Désherbez, sarclez et paillez.** **Tuteurez** les fleurs les plus hautes. **Supprimez régulièrement** les fleurs fanées pour prolonger la floraison.

LES BULBEUSES	LES LÉGUMES ET LES AROMATIQUES	LES ARBRES FRUITIERS ET LES PETITS FRUITS	ENTRETIEN COURANT
Poursuivez l'arrosage des bulbes plantés au printemps. **Continuez la plantation** des amaryllis, colchiques, iris rhizomateux barbus. **Supprimez** les feuillages secs et les tiges florales fanées, notamment des iris, mais laissez celles des aulx d'ornement, décoratives et très appréciées des oiseaux. **Tuteurez** les bulbeuses estivales les plus hautes si ce n'est pas déjà fait. **Fertilisez** les bulbes gourmands (canna, dahlia, glaïeul) et tous ceux qui sont en pot.	**Poursuivez l'arrosage** des jeunes plants. **Palissez** les tomates. **Bouturez:** cresson, romarin, thym, verveine citronnelle. **Semez en pépinière** les choux. **Semez en pleine terre:** aneth, betterave, carotte, cerfeuil, chicorée, épinard, haricot, laitue, marjolaine, navet, panais, persil, poireau, poirée, radis, roquette, tétragone. **Repiquez** les poireaux. **Taillez** le melon. **Tuteurez:** concombre, cornichon, haricot grimpant, pois, poivron, piment. **Récoltez:** asperge, carotte, ciboulette, courges d'été, épinard, haricot mange-tout, laitue, menthe, pois, pomme de terre, radis, roquette, tomate.	**Récoltez:** agrumes, fraises, cerises. **Poursuivez l'arrosage** des fraisiers, des jeunes sujets (plantation de l'année en cours et de la précédente) et des petits fruits s'il fait sec. **Abreuvez copieusement** le figuier pour aider ses fruits à grossir. **Supprimez** les fruits mal formés ou en surnombre, notamment des abricotiers. **Fertilisez** les agrumes en pot. **Marcottez** les mûriers (ronces à mûres).	**Pensez** à abreuver les oiseaux (soucoupe). **Ajoutez** les déchets de tonte au compost ou recyclez-les en paillage. **Maintenez** le niveau d'eau des potées aquatiques, renouvelez la moitié du contenu.
Poursuivez l'arrosage des bulbes plantés au printemps. **Terminez la plantation** des dahlias (prévoyez tout de suite les tuteurs), glaïeuls, lis asiatiques, ainsi que des agapanthes, arums d'Éthiopie, iris rhizomateux non barbus, montbrétias. **Plantez:** amaryllis, colchique, iris rhizomateux barbu. **Supprimez** les tiges florales fanées, notamment des iris. **Surveillez les limaces,** friandes de jeunes pousses de dahlias. **Repérez les emplacements** des anémones. **Laissez** tous les bulbes du printemps en place pour qu'ils se naturalisent.	**Arrosez:** basilic, concombre, cornichon, menthe, maïs, poivron, radis, salade, tomate. **Terminez la plantation** des frileux. **Semez en pépinière** les choux. **Semez en pleine terre:** aneth, cerfeuil, ciboule, cornichon, concombre, courges, épinard, haricot, laitue, chicorée, maïs, navet, panais, persil, poireau, pois, radis, roquette, sarriette. **Repiquez** les poireaux. **Paillez:** artichaut, aubergine, betterave, cardon, courge, melon, rhubarbe, tomate. **Buttez:** asperge, fenouil, haricot, pois, pomme de terre, fève. **Récoltez:** asperge, carotte, ciboulette, courges d'été, épinard, laitue, menthe, pois, pomme de terre, radis, roquette.	**Récoltez:** agrumes, fraises, cerises. **Poursuivez l'arrosage copieux** des fraisiers et des jeunes plantations une fois par semaine. **Paillez** les petits fruits si ce n'est pas encore fait. **Fertilisez** les agrumes en pot. **Palissez** l'actinidia, le mûrier, la vigne et les arbres conduits en espalier.	**Pensez** à abreuver les oiseaux (soucoupe). **Ajoutez** les déchets de tonte au compost ou recyclez-les en paillage. **Maintenez** le niveau d'eau des potées aquatiques, renouvelez la moitié du contenu. **Ombragez la serre** avec des ombrières ou du blanc d'Espagne.
Poursuivez l'arrosage des bulbes plantés au printemps. **Terminez la plantation** des dahlias (prévoyez tout de suite les tuteurs), glaïeuls, lis asiatiques, ainsi que des agapanthes, arums d'Éthiopie, iris rhizomateux non barbus, montbrétias. **Plantez:** amaryllis, colchique, iris rhizomateux barbu. **Supprimez** les tiges florales fanées, notamment des iris. **Surveillez les limaces,** friandes de jeunes pousses de dahlias. **Repérez les emplacements** des anémones. **Laissez** tous les bulbes du printemps en place pour qu'ils se naturalisent.	**Arrosez:** basilic, concombre, cornichon, menthe, maïs, poivron, radis, salade, tomate. **Terminez la plantation** des frileux. **Semez en pépinière** les choux. **Semez en pleine terre:** aneth, cerfeuil, ciboule, cornichon, concombre, courges, épinard, haricot, laitue, chicorée, maïs, navet, panais, persil, poireau, pois, radis, roquette, sarriette. **Repiquez** les poireaux. **Paillez:** artichaut, aubergine, betterave, cardon, courge, melon, rhubarbe, tomate. **Buttez:** asperge, fenouil, haricot, pois, pomme de terre, fève. **Récoltez:** asperge, carotte, ciboulette, courges d'été, épinard, laitue, menthe, pois, pomme de terre, radis, roquette.	**Récoltez:** agrumes, fraises, cerises. **Poursuivez l'arrosage copieux** des fraisiers et des jeunes plantations une fois par semaine. **Paillez** les petits fruits si ce n'est pas encore fait. **Fertilisez** les agrumes en pot. **Palissez** l'actinidia, le mûrier, la vigne et les arbres conduits en espalier.	**Pensez** à abreuver les oiseaux (soucoupe). **Ajoutez** les déchets de tonte au compost ou recyclez-les en paillage. **Maintenez** la hauteur d'eau des potées aquatiques, renouvelez la moitié du contenu. **Ombragez la serre** avec des ombrières ou du blanc d'Espagne.
Poursuivez l'arrosage des bulbes plantés au printemps. **Continuez la plantation** des amaryllis, colchiques, iris rhizomateux barbus. **Supprimez** les feuillages secs et les tiges florales fanées, notamment des iris, mais laissez celles des aulx d'ornement, décoratives et très appréciées des oiseaux. **Tuteurez** les bulbeuses estivales les plus hautes si ce n'est pas déjà fait. **Fertilisez** les bulbes gourmands (canna, dahlia, glaïeul) et tous ceux qui sont en pot.	**Poursuivez l'arrosage** des jeunes plants. **Palissez** les tomates. **Bouturez:** cresson, romarin, thym, verveine citronnelle. **Semez en pépinière** les choux. **Semez en pleine terre:** aneth, betterave, carotte, cerfeuil, chicorée, haricot, laitue, marjolaine, navet, panais, persil, poireau, poirée, radis, roquette, tétragone. **Repiquez** les poireaux. **Taillez** le melon. **Tuteurez:** concombre, cornichon, haricot grimpant, pois, poivron, piment. **Récoltez:** asperge, carotte, ciboulette, courges d'été, épinard, haricot mange-tout, laitue, menthe, pois, pomme de terre, radis, roquette, tomate.	**Récoltez:** agrumes, fraises, cerises. **Poursuivez l'arrosage** des fraisiers, des jeunes sujets (plantation de l'année en cours et de la précédente) et des petits fruits s'il fait sec. **Abreuvez copieusement** le figuier pour aider ses fruits à grossir. **Supprimez** les fruits mal formés ou en surnombre, notamment des abricotiers. **Fertilisez** les agrumes en pot et en pleine terre. **Marcottez** les mûriers (ronces à mûres).	**Pensez** à abreuver les oiseaux (soucoupe). **Limitez les tontes** et tondez encore moins ras que les mois précédents.

Juillet

	LES ARBRES, LES ARBUSTES ET LES GRIMPANTES	LES VIVACES	LES ANNUELLES ET BISANNUELLES
CLIMAT OCÉANIQUE	**Poursuivez l'arrosage** des jeunes sujets (rosiers notamment) et augmentez les fréquences s'il fait sec. **Arrosez régulièrement** les arbustes de terre de bruyère (azalée, rhododendron), qui craignent les sols secs. **Complétez les paillages** si besoin. **Posez** un système de goutte-à-goutte en cas d'absence estivale. **Ombragez et arrosez** les jeunes boutures faites en hiver et l'été précédent. **Continuez la suppression** régulière des fleurs fanées.	**Repiquez** les semis du printemps. **Poursuivez l'arrosage** et la suppression des fleurs fanées commencée en juin ; supprimez notamment les fleurs fanées des liatrides et des digitales, ces dernières s'épuisant à produire des graines au détriment de leur longévité. **Supprimez** les inflorescences peu décoratives des armoises. **Sarclez et désherbez** les sols nus. **Arrosez** le feuillage du crambé s'il fait chaud et sec.	**Terminez la mise en place** des annuelles semées au printemps ou achetées en godets. **Continuez les semis** de bisannuelles. **Repiquez** les bisannuelles semées plus tôt. **Arrosez** une fois par semaine les capucines et deux à trois fois (voire plus) les impatiens. **Supprimez** les fleurs fanées pour prolonger la floraison, notamment chez les œillets et roses d'Inde. **Rabattez** les tiges trop longues, moins florifères.
CLIMAT CONTINENTAL	**Poursuivez l'arrosage** des jeunes sujets (rosiers notamment), ainsi que des azalées et des rhododendrons. **Taillez** les arbustes à floraison printanière tardive : aubépine, *Buddleja alternifolia*, céanothe persistant, deutzia, exochorda, oranger du Mexique, seringatt, spirée de printemps, viorne, weigélia. Taillez aussi le photinia et les clématites à grandes fleurs pour favoriser une seconde floraison. **Palissez** les clématites et les rosiers grimpants. **Supprimez** les fleurs fanées des arbustes de l'été pour prolonger la floraison. **Raccourcissez** les tiges trop longues de la glycine.	**Ôtez** les fleurs fanées pour prolonger les floraisons estivales. **Rabattez** à la cisaille les vivaces de rocaille qui ont fini de fleurir. **Sarclez et désherbez** les sols nus. **Supprimez** les tiges défleuries (delphinium, liatride, lupin, népéta, digitale) et les inflorescences peu décoratives des armoises. **Arrosez** les vivaces estivales et automnales (surtout la première année). **Taillez** les géraniums vivaces défleuris (sauf 'Rozanne'). **Semez en place** les pavots. **Semez en pépinière :** rose trémière, violette.	**En début de mois, semez en place :** ammi blanc, alysse odorant, chrysanthème, clarkia, ficoïde, giroflée ravenelle, lin à grandes fleurs, phacélie, tournesol, zinnia. **Continuez les semis** de bisannuelles, éclaircissez les semis trop épais. **Terminez la mise en place** des annuelles semées au printemps ou achetées en godets. **Arrosez** une fois par semaine les capucines et deux à trois fois les impatiens. **Supprimez** les fleurs fanées pour prolonger la floraison, notamment chez les œillets et roses d'Inde. **Désherbez, sarclez et paillez.** **Tuteurez** les fleurs les plus hautes.
CLIMAT MONTAGNARD	**Poursuivez l'arrosage** des jeunes sujets (rosiers notamment) ainsi que des azalées et des rhododendrons. **Taillez** les arbustes à floraison printanière tardive : aubépine, *Buddleja alternifolia*, céanothe persistant, deutzia, exochorda, oranger du Mexique, seringat, spirée de printemps, viorne, weigélia. Taillez aussi le photinia et les clématites à grandes fleurs pour favoriser une seconde floraison. **Palissez** les clématites et les rosiers grimpants. **Supprimez** les fleurs fanées des arbustes de l'été pour prolonger la floraison. **Raccourcissez** les tiges trop longues de la glycine.	**Ôtez** les fleurs fanées pour prolonger les floraisons estivales. **Rabattez** à la cisaille les vivaces de rocaille qui ont fini de fleurir. **Sarclez et désherbez** les sols nus. **Supprimez** les tiges défleuries (delphinium, liatride, lupin, népéta, digitale) et les inflorescences peu décoratives des armoises. **Arrosez** les vivaces estivales et automnales (surtout la première année). **Taillez** les géraniums vivaces défleuris (sauf 'Rozanne'). **Semez en place** les pavots. **Semez en pépinière :** rose trémière, violette.	**Semez en place :** ammi blanc, alysse odorant, chrysanthème, clarkia, ficoïde, giroflée ravenelle, lin à grandes fleurs, phacélie, tournesol, zinnia. **Continuez les semis** de bisannuelles, éclaircissez les semis trop épais. **Terminez la mise en place** des annuelles semées au printemps ou achetées en godets. **Arrosez** une fois par semaine les capucines et deux à trois fois les impatiens. **Supprimez** les fleurs fanées pour prolonger la floraison notamment chez les œillets et roses d'Inde. **Désherbez, sarclez et paillez.** **Tuteurez** les fleurs les plus hautes.
CLIMAT MÉDITERRANÉEN	**Poursuivez l'arrosage** des jeunes sujets (rosiers notamment) et augmentez les fréquences s'il fait sec. **Arrosez régulièrement** les arbustes de terre de bruyère (azalée, rhododendron), qui craignent les sols secs. **Bassinez** le feuillage des conifères s'il fait très sec. **Complétez les paillages** si besoin. **Posez** un système de goutte-à-goutte en cas d'absence estivale. **Ombragez et arrosez** les jeunes boutures faites en hiver et l'été précédent. **Continuez la suppression** régulière des fleurs fanées.	**Repiquez** les semis du printemps. **Poursuivez l'arrosage** et la suppression des fleurs fanées commencée en juin ; supprimez notamment les fleurs fanées des liatrides et des digitales, ces dernières s'épuisant à produire des graines au détriment de leur longévité. **Supprimez** les inflorescences peu décoratives des armoises. **Sarclez et désherbez** les sols nus. **Arrosez** le feuillage du crambé s'il fait chaud et sec.	**Terminez la mise en place** des annuelles semées au printemps ou achetées en godets. **Continuez les semis** de bisannuelles. **Repiquez** les bisannuelles semées plus tôt. **Arrosez** une fois par semaine les capucines et deux à trois fois (voire plus) les impatiens. **Supprimez** les fleurs fanées pour prolonger la floraison, notamment chez les œillets et roses d'Inde. **Rabattez** les tiges trop longues, moins florifères.

LES BULBEUSES	LES LÉGUMES ET LES AROMATIQUES	LES ARBRES FRUITIERS ET LES PETITS FRUITS	ENTRETIEN COURANT
Arrosez régulièrement les bulbes plantés au printemps et en été, surtout s'il fait chaud et sec. **Continuez la plantation** des amaryllis, colchiques, iris rhizomateux barbus. **Plantez** les cyclamens de Naples. **Divisez** les iris qui fleurissent moins. **Fertilisez** les bulbes gourmands (canna, dahlia, glaïeul) et tous ceux qui sont en pot. **En fin de mois**, **commandez** les bulbes d'automne.	**Arrosez** plusieurs fois par semaine. **Semez en pleine terre :** betterave, carotte, chicorée, haricot, navet, persil, radis, roquette, tétragone. **Repiquez** les choux verts. **Arrachez** les échalotes et les oignons de couleur. **Récoltez :** carotte, choux, ciboulette, courges d'été, épinard, haricots, laitue, melon, menthe, pois, pomme de terre, radis, roquette, tomate.	**Récoltez :** cerises, fraises, amandes fraîches. **Poursuivez l'arrosage** des jeunes sujets et des fraisiers. **Taillez** les framboisiers. **Étayez** les branches des arbres qui sont très chargées.	**Fauchez** les prairies fleuries, laissez l'herbe sur place quelques jours, puis roulez. **Limitez les tontes** et tondez encore moins ras que les mois précédents. **Limitez** l'expansion des plantes « oxygénantes » du bassin. **Aérez** régulièrement châssis, serre et véranda.
Arrosez régulièrement les bulbes plantés au printemps et en été, surtout s'il fait chaud et sec. **Continuez la plantation** des amaryllis, colchiques, iris rhizomateux barbus. **Supprimez** les feuillages secs et les tiges florales fanées, mais laissez celles des aulx d'ornement, décoratives et très appréciées des oiseaux. **Divisez** les iris qui fleurissent moins. **Tuteurez** les bulbeuses estivales les plus hautes si ce n'est pas déjà fait. **Fertilisez** les bulbes gourmands(canna, dahlia, glaïeul) et tous ceux qui sont en pot. **En fin de mois**, **commandez** les bulbes d'automne.	**Arrosez** plusieurs fois par semaine. **Palissez** les tomates. **Bouturez :** cresson, romarin, thym, verveine citronnelle. **Semez ou repiquez** en pleine terre : betterave, carotte, cerfeuil, chicorée, haricot, laitue, marjolaine, navet, panais, persil, poireau, poirée, radis, roquette, tétragone. **Arrachez** les oignons de couleur. **Taillez** le melon. **Repiquez** les choux verts et les poireaux. **Tuteurez :** concombre, cornichon, haricot grimpant, pois, poivron, piment. **Récoltez :** carotte, choux, ciboulette, courges d'été, épinard, haricots, laitue, melon, menthe, pois, pomme de terre, radis, roquette, tomate.	**Récoltez :** cerises, fraises, amandes fraîches. **Poursuivez l'arrosage** des fraisiers, des jeunes sujets et des petits fruits s'il fait sec. **Abreuvez copieusement** le figuier pour aider ses fruits à grossir. **Supprimez** les fruits mal formés ou en surnombre, notamment des abricotiers. **Marcottez** les mûriers (ronces à mûres).	**Limitez les tontes** et tondez encore moins ras que les mois précédents s'il fait chaud et sec. **Limitez** l'expansion des plantes « oxygénantes » du bassin. **Aérez** régulièrement châssis, serre et véranda.
Arrosez régulièrement les bulbes plantés au printemps et en été, surtout s'il fait chaud et sec. **Continuez la plantation** : amaryllis, colchique, iris rhizomateux barbu. **Supprimez** les feuillages secs et les tiges florales fanées en laissant celles des aulx d'ornement, décoratives et très appréciées des oiseaux. **Divisez** les iris qui fleurissent moins. **Tuteurez** les bulbeuses estivales les plus hautes si ce n'est pas déjà fait. **Fertilisez** les bulbes gourmands : canna, dahlia, glaïeul et tous ceux qui sont en pot. **En fin de mois**, **commandez** vos bulbes d'automne.	**Arrosez** plusieurs fois par semaine. **Palissez** les tomates. **Bouturez :** cresson, romarin, thym, verveine citronnelle. **Semez ou repiquez** en pleine terre : betterave, carotte, cerfeuil, chicorée, haricot, laitue, marjolaine, navet, panais, persil, poireau, poirée, radis, roquette, tétragone. **Arrachez** les oignons de couleur. **Taillez** le melon. **Repiquez** les choux verts et les poireaux. **Tuteurez :** concombre, cornichon, haricot grimpant, pois, poivron, piment. **Récoltez :** carotte, choux, ciboulette, courges d'été, épinard, haricots, laitue, melon, menthe, pois, pomme de terre, radis, roquette, tomate.	**Récoltez :** cerises, fraises, amandes fraîches. **Poursuivez l'arrosage** des fraisiers, des jeunes sujets et des petits fruits s'il fait sec. **Abreuvez copieusement** le figuier pour aider ses fruits à grossir. **Supprimez** les fruits mal formés ou en surnombre, notamment des abricotiers. **Marcottez** les mûriers (ronces à mûres).	**Limitez les tontes** et tondez encore moins ras que les mois précédents s'il fait chaud et sec. **Limitez** l'expansion des plantes « oxygénantes » du bassin. **Aérez** régulièrement châssis, serre et véranda.
Arrosez régulièrement les bulbes plantés au printemps et en été surtout s'il fait chaud et sec. **Continuez la plantation** des amaryllis, colchiques, cyclamens de Naples, iris rhizomateux barbus. **Divisez** les iris qui fleurissent moins. **Fertilisez** les bulbes gourmands(canna, dahlia, glaïeul) et tous ceux qui sont en pot. **En fin de mois**, **commandez** les bulbes d'automne.	**Arrosez** plusieurs fois par semaine, en insistant sur les légumes les plus gourmands en eau. **Semez en pleine terre :** betterave, carotte, chicorée, haricot, navet, persil, radis, roquette, tétragone. **Repiquez** les choux verts. **Arrachez** les échalotes et les oignons de couleur. **Récoltez :** carotte, choux, ciboulette, courges d'été, épinard, haricots, laitue, melon, menthe, pois, pomme de terre, radis, roquette, tomate.	**Récoltez :** fraises, amandes fraîches. **Poursuivez l'arrosage** des jeunes sujets et des fraisiers. **Étayez** les branches des arbres qui sont très chargées.	**Fauchez** les prairies fleuries, laissez l'herbe sur place quelques jours, puis roulez. **Limitez les tontes** et tondez encore moins ras que les mois précédents. **Limitez** l'expansion des plantes « oxygénantes » du bassin. **Aérez** régulièrement châssis, serre et véranda.

Août

	LES ARBRES, LES ARBUSTES ET LES GRIMPANTES	LES VIVACES	LES ANNUELLES ET BISANNUELLES
CLIMAT OCÉANIQUE	**Poursuivez l'arrosage** des jeunes sujets et augmentez les fréquences s'il fait sec. **Arrosez fréquemment** les azalées et les rhododendrons. **Fertilisez** une dernière fois les sujets en pot et apportez des engrais riches en potasse aux clématites. **Ombragez et arrosez** les jeunes boutures du printemps. **Continuez la suppression** régulière des fleurs fanées. **Bouturez** les tiges dites semi-aoûtées de tous les arbustes à fleurs, dont les rosiers et les groseilliers à fleurs. **Taillez** le houx, les haies d'éléagnus et de thuyas.	**Poursuivez l'arrosage** et la suppression des fleurs fanées. **Arrosez** le feuillage du crambé s'il fait chaud et sec. **Sarclez et désherbez** les sols nus.	**Terminez les semis** des bisannuelles. **Poursuivez le repiquage** des bisannuelles semées à la fin du printemps, notamment les pensées. **Arrosez régulièrement** les bisannuelles en cas de sécheresse prolongée. **Continuez d'arroser** une fois par semaine les capucines et deux à trois fois les impatiens. **Supprimez régulièrement** les fleurs fanées pour prolonger la floraison. **Rabattez** les tiges trop longues, moins florifères.
CLIMAT CONTINENTAL	**Poursuivez l'arrosage** des jeunes sujets et augmentez les fréquences s'il fait sec. **Arrosez fréquemment** les azalées et les rhododendrons. **Continuez la suppression** régulière des fleurs fanées. **Complétez les paillages** si besoin. **Fertilisez** une dernière fois les sujets en pot et apportez des engrais riches en potasse aux clématites. **Ombragez et arrosez** les jeunes boutures du printemps. **Bouturez** les tiges dites semi-aoûtées des arbustes à fleurs, dont les rosiers et les groseilliers à fleurs. **Taillez** la vigne vierge, le houx, les haies d'éléagnus et de thuyas.	**Repiquez** les semis du printemps. **Poursuivez l'arrosage** et la suppression des fleurs fanées, notamment chez les digitales, qui s'épuisent à produire des graines au détriment de leur longévité. **Arrosez** le feuillage du crambé s'il fait chaud et sec. **Sarclez et désherbez** les sols nus. **Bouturez** les racines de la buglosse.	**Terminez les semis** des bisannuelles. **Arrosez régulièrement** les bisannuelles en cas de sécheresse prolongée. **Continuez d'arroser** une fois par semaine les capucines et deux à trois fois les impatiens. **Repiquez** les bisannuelles semées plus tôt, notamment les pensées. **Supprimez régulièrement** les fleurs fanées pour prolonger la floraison. **Rabattez** les tiges trop longues, moins florifères.
CLIMAT MONTAGNARD	**Poursuivez l'arrosage** des jeunes sujets et augmentez les fréquences s'il fait sec. **Arrosez fréquemment** les azalées et les rhododendrons. **Continuez la suppression** régulière des fleurs fanées. **Complétez les paillages** si besoin. **Fertilisez** une dernière fois les sujets en pot et apportez des engrais riches en potasse aux clématites. **Ombragez et arrosez** les jeunes boutures du printemps. **Bouturez** les tiges dites semi-aoûtées de tous les arbustes à fleurs, dont les rosiers et les groseilliers à fleurs. **Taillez** la vigne vierge, le houx, les haies d'éléagnus et de thuyas.	**Repiquez** les semis du printemps. **Poursuivez l'arrosage** et la suppression des fleurs fanées, notamment chez les digitales qui s'épuisent à produire des graines au détriment de leur longévité. **Arrosez** le feuillage du crambé s'il fait chaud et sec. **Sarclez et désherbez** les sols nus. **Bouturez** les racines de la buglosse.	**Terminez les semis** des bisannuelles. **Arrosez régulièrement** les bisannuelles en cas de sécheresse prolongée. **Continuez d'arroser** une fois par semaine les capucines et deux à trois fois les impatiens. **Repiquez** les bisannuelles semées plus tôt, notamment les pensées. **Supprimez régulièrement** les fleurs fanées pour prolonger la floraison. **Rabattez** les tiges trop longues, moins florifères.
CLIMAT MÉDITERRANÉEN	**Poursuivez l'arrosage** des jeunes sujets et augmentez les fréquences s'il fait sec. **Arrosez fréquemment** les azalées et les rhododendrons. **Fertilisez** une dernière fois les sujets en pot et apportez des engrais riches en potasse aux clématites. **Ombragez et arrosez** les jeunes boutures du printemps. **Continuez la suppression** régulière des fleurs fanées. **Bouturez** les tiges dites semi-aoûtées de tous les arbustes à fleurs, dont les rosiers et les groseilliers à fleurs. **Taillez** le houx, les haies d'éléagnus et de thuyas.	**Poursuivez l'arrosage** et la suppression des fleurs fanées. **Arrosez** le feuillage du crambé s'il fait chaud et sec. **Sarclez et désherbez** les sols nus.	**Terminez les semis** des bisannuelles. **Poursuivez le repiquage** des bisannuelles semées à la fin du printemps, notamment les pensées. **Arrosez régulièrement** les bisannuelles en cas de sécheresse prolongée. **Continuez d'arroser** une fois par semaine les capucines et deux à trois fois les impatiens. **Supprimez régulièrement** les fleurs fanées pour prolonger la floraison. **Rabattez** les tiges trop longues, moins florifères.

LES BULBEUSES	LES LÉGUMES ET LES AROMATIQUES	LES ARBRES FRUITIERS ET LES PETITS FRUITS	ENTRETIEN COURANT
Poursuivez l'arrosage des bulbes plantés au printemps et en été. **Terminez la plantation** des amaryllis, colchiques, iris rhizomateux barbus, cyclamens de Naples. **Plantez** les crocus d'automne, les lis de la Madone, les nérines. **Continuez la division** des iris. **Commandez** les bulbes d'automne si ce n'est pas déjà fait. **Fertilisez** les bulbes gourmands (canna, dahlia, glaïeul) et tous ceux qui sont en pot.	**En début de mois, faites un dernier semis** de haricots. **Binez, désherbez et paillez.** **Poursuivez les arrosages**, le soir de préférence. **Semez en pleine terre :** cerfeuil, épinard, mâche, navet, radis, tétragone. **Terminez le repiquage** des choux pour l'hiver. **Arrachez** les échalotes et les oignons quand les feuilles commencent à jaunir. **Placez** une tuile sous les jeunes courges. **Récoltez :** carotte, ciboulette, chicorée, choux, courges d'été, épinard, haricots, laitue, melon, menthe, pois, pomme de terre, radis, roquette, tomate.	**Récoltez :** agrumes, fraises, premières pommes. **Poursuivez l'arrosage copieux** des jeunes sujets et des fruitiers. **Pratiquez une taille légère** chez les jeunes cerisiers pour équilibrer leur silhouette. **Taillez** si besoin les cerisiers plus âgés. **Continuez la taille** des framboisiers. **Palissez** les nouvelles pousses des framboisiers, des mûriers (ronces à mûres) et des fruitiers en palmette.	**Limitez les tontes** et continuez de tondre encore moins ras qu'au printemps. **Limitez** l'expansion des plantes « oxygénantes » du bassin. **Continuez d'aérer régulièrement** châssis, serre et véranda.
Poursuivez l'arrosage des bulbes plantés au printemps et en été. **Terminez la plantation** des amaryllis, colchiques, iris rhizomateux barbus. **Plantez** les cyclamens de Naples, crocus d'automne, les lis de la Madone, les nérines. **Continuez la division** des iris. **Faites la liste** des bulbes d'automne à acheter. **Fertilisez** les bulbes gourmands (canna, dahlia, glaïeul) et tous ceux qui sont en pot.	**Binez, désherbez et paillez.** **Poursuivez les arrosages**, le soir de préférence. **Terminez le repiquage** des choux pour l'hiver. **Semez en pleine terre :** cerfeuil, épinard, mâche, navet, radis, tétragone. **Arrachez** les échalotes et les oignons quand les feuilles commencent à jaunir. **Récoltez :** carotte, ciboulette, chicorée, choux, courges d'été, épinard, haricots, laitue, melon, menthe, pois, pomme de terre, radis, roquette, tomate.	**Récoltez :** agrumes, fraises, premières pommes. **Poursuivez l'arrosage copieux** et les récoltes. **Taillez** les framboisiers. **Étayez** les branches des arbres qui sont très chargées. **Pratiquez une taille légère** chez les jeunes cerisiers pour équilibrer leur silhouette. **Taillez** si besoin les cerisiers plus âgés. **Palissez** les nouvelles pousses des framboisiers, des mûriers (ronces à mûres) et des fruitiers en palmette.	**Fauchez** les prairies fleuries, laissez l'herbe sur place quelques jours, puis roulez. **Limitez les tontes** et continuez de tondre encore moins ras qu'au printemps. **Limitez** l'expansion des plantes oxygénantes du bassin. **Continuez d'aérer régulièrement** châssis, serre et véranda.
Poursuivez l'arrosage des bulbes plantés au printemps et en été. **Terminez la plantation** des amaryllis, colchiques, iris rhizomateux barbus. **Plantez** les cyclamens de Naples, crocus d'automne, les lis de la Madone, les nérines. **Continuez la division** des iris. **Faites la liste** des bulbes d'automne à acheter. **Fertilisez** les bulbes gourmands (canna, dahlia, glaïeul) et tous ceux qui sont en pot.	**Binez, désherbez et paillez.** **Poursuivez les arrosages**, le soir de préférence. **Terminez le repiquage** des choux pour l'hiver. **Semez en pleine terre :** cerfeuil, épinard, mâche, navet, radis, tétragone. **Arrachez** les échalotes et les oignons quand les feuilles commencent à jaunir. **Récoltez :** carotte, ciboulette, chicorée, choux, courges d'été, épinard, haricots, laitue, melon, menthe, pois, pomme de terre, radis, roquette, tomate.	**Récoltez :** agrumes, fraises, premières pommes. **Poursuivez l'arrosage copieux** des jeunes sujets et des fruitiers. **Taillez** les framboisiers. **Étayez** les branches des arbres qui sont très chargées. **Pratiquez une taille légère** chez les jeunes cerisiers pour équilibrer leur silhouette. **Taillez** si besoin les cerisiers plus âgés. **Palissez** les nouvelles pousses des framboisiers, des mûriers (ronces à mûres) et des fruitiers en palmette.	**Fauchez** les prairies fleuries, laissez l'herbe sur place quelques jours, puis roulez. **Limitez les tontes** et continuez de tondre encore moins ras qu'au printemps. **Limitez** l'expansion des plantes oxygénantes du bassin. **Continuez d'aérer régulièrement** châssis, serre et véranda.
Poursuivez l'arrosage des bulbes plantés au printemps et en été. **Terminez la plantation** des amaryllis, colchiques, iris rhizomateux barbus, cyclamens de Naples. **Plantez** les crocus d'automne, les lis de la Madone, les nérines. **Continuez la division** des iris. **Commandez** les bulbes d'automne si ce n'est pas déjà fait. **Fertilisez** les bulbes gourmands (canna, dahlia, glaïeul) et tous ceux qui sont en pot.	**En début de mois, faites un dernier semis** de haricots. **Binez, désherbez et paillez.** **Poursuivez les arrosages**, le soir de préférence. **Semez en pleine terre :** cerfeuil, épinard, mâche, navet, radis, tétragone. **Terminez le repiquage** des choux pour l'hiver. **Terminez l'arrachage** des échalotes et des oignons de couleur. **Placez** une tuile sous les jeunes courges. **Récoltez :** carotte, ciboulette, chicorée, choux, courges d'été, épinard, haricots, laitue, melon, menthe, pois, pomme de terre, radis, roquette, tomate.	**Récoltez :** agrumes, fraises, premières pommes. **Poursuivez l'arrosage copieux** des jeunes sujets et des fruitiers. **Pratiquez une taille légère** chez les jeunes cerisiers pour équilibrer leur silhouette. **Taillez** si besoin les cerisiers plus âgés. **Palissez** les nouvelles pousses des mûriers (ronces à mûres) et des fruitiers en palmette.	**Limitez les tontes** et continuez de tondre encore moins ras qu'au printemps. **Limitez** l'expansion des plantes « oxygénantes » du bassin. **Continuez d'aérer régulièrement** châssis, serre et véranda.

Septembre

	LES ARBRES, LES ARBUSTES ET LES GRIMPANTES	LES VIVACES	LES ANNUELLES ET BISANNUELLES
CLIMAT OCÉANIQUE	**Taillez légèrement** les arbustes à floraison estivale, en éliminant les branches anciennes ou mal placées, le bois mort et les tiges trop longues : abélia, arbousier, *Buddleja alternifolia* et *globosa*, laurier-rose. **Taillez** les bouleaux, la vigne vierge et les haies de persistants (pyracantha, thuya, troène). **Poursuivez le bouturage** des tiges dites semi-aoûtées de tous les arbustes à fleurs, dont les rosiers.	**Plantez :** agastache, armoise, camomille, phlomis, scabieuse, violette. **Mettez en place** les semis du printemps. **Bouturez** les racines de la buglosse. **Taillez** pour limiter le développement : consoude, persicaire, pervenche, physalis. **Semez sous châssis froid** la coquelourde. **En fin de mois, effectuez la plantation et la division** de : centaurée, gaura, géranium vivace, graminées, pavot, persicaire, primevère, salicaire, véronique.	**Semez en place :** belle-de-jour, coquelicot, pavot de Californie, rudbéckia bisannuel. **Installez en pleine terre** les bisannuelles semées à la fin du printemps, notamment les pensées. **Supprimez régulièrement** les fleurs fanées pour prolonger la floraison. **Rabattez** les tiges trop longues, moins florifères. **Recueillez** les graines de vos fleurs préférées et laissez grainer en place quelques têtes florales fanées.
CLIMAT CONTINENTAL	**Commencez la plantation** des persistants : arbousier, azalée, conifères, lierre, pyracantha, rhododendron. **Apportez un paillis de compost** mûr aux arbustes (azalée et rhododendron) aux jeunes arbres et aux haies. **Taillez légèrement** les arbustes à floraison estivale, en éliminant les branches anciennes ou mal placées, le bois mort et les tiges trop longues : abélia, arbousier, *Buddleja alternifolia* et *globosa*, laurier-rose. **Taillez** les bouleaux et les haies de persistants (pyracantha, thuya, troène). **Poursuivez le bouturage** des tiges dites semi-aoûtées de tous les arbustes à fleurs, dont les rosiers.	**Commencez la plantation et la division** des vivaces bien rustiques, notamment : centaurée, géranium vivace, pavot, salicaire, primevère, véronique. **Mettez en place** les semis du printemps et sous abri les plantes gélives. **Taillez** pour limiter le développement : consoude, persicaire, pervenche, physalis. **Semez sous abri** le crambé. **Semez sous châssis froid** la coquelourde, la liatride et la véronique. **Semez en pépinière** le népéta.	**Semez en place** des annuelles rustiques : coquelicot, pavot de Californie, rudbéckia bisannuel. **Semez sous abri,** hors gel, les soucis. **Installez en pleine terre** les bisannuelles semées à la fin du printemps ou achetées en godets : giroflée ravenelle, monnaie-du-pape, myosotis, pâquerette, pensée. **Supprimez régulièrement** les fleurs fanées pour prolonger la floraison. **Rabattez** les tiges trop longues, moins florifères. **Bouturez** les tiges d'anthémis.
CLIMAT MONTAGNARD	**Commencez la plantation** des persistants : arbousier, azalée, conifères, lierre, pyracantha, rhododendron. **Apportez un paillis de compost** mûr aux arbustes (azalée et rhododendron) aux jeunes arbres et aux haies. **Taillez légèrement** les arbustes à floraison estivale, en éliminant les branches anciennes ou mal placées, le bois mort et les tiges trop longues : abélia, arbousier, *Buddleja alternifolia* et *globosa*, laurier-rose. **Taillez** les bouleaux et les haies de persistants (pyracantha, thuya, troène). **Poursuivez le bouturage** des tiges dites semi-aoûtées de tous les arbustes à fleurs, dont les rosiers.	**Commencez la plantation et la division** des vivaces bien rustiques, notamment : centaurée, géranium vivace, pavot, salicaire, primevère, véronique. **Mettez en place** les semis du printemps et sous abri les plantes gélives. **Taillez** pour limiter le développement : consoude, persicaire, pervenche, physalis. **Semez sous abri** le crambé. **Semez sous châssis froid** la coquelourde, la liatride et la véronique. **Semez en pépinière** le népéta.	**Semez en place** des annuelles rustiques : coquelicot, pavot de Californie, rudbéckia bisannuel. **Semez sous abri,** hors gel, les soucis. **Installez en pleine terre** les bisannuelles semées à la fin du printemps ou achetées en godets : giroflée ravenelle, monnaie-du-pape, myosotis, pâquerette, pensée. **Supprimez régulièrement** les fleurs fanées pour prolonger la floraison. **Rabattez** les tiges trop longues, moins florifères. **Bouturez** les tiges d'anthémis.
CLIMAT MÉDITERRANÉEN	**Taillez légèrement** les arbustes à floraison estivale en éliminant les branches anciennes ou mal placées, le bois mort et les tiges trop longues : abélia, arbousier, *Buddleja alternifolia* et *globosa*, laurier-rose. **Taillez** les bouleaux, la vigne vierge et les haies de persistants (pyracantha, thuya, troène). **Poursuivez le bouturage** des tiges dites semi-aoûtées des arbustes à fleurs, dont les rosiers.	**Plantez :** agastache, armoise, camomille, phlomis, scabieuse, violette. **Mettez en place** les semis du printemps. **Bouturez** les racines de la buglosse. **Taillez** pour limiter le développement : consoude, persicaire, pervenche, physalis. **Semez sous châssis froid** la coquelourde. **En fin de mois, effectuez la plantation et la division** de : centaurée, gaura, géranium vivace, graminées, pavot, persicaire, primevère, salicaire, véronique.	**Semez en place :** belle-de-jour, coquelicot, pavot de Californie, rudbéckia bisannuel. **Installez en pleine terre** les bisannuelles semées à la fin du printemps, notamment les pensées. **Supprimez régulièrement** les fleurs fanées pour prolonger la floraison. **Rabattez** les tiges trop longues, moins florifères. **Recueillez** les graines de vos fleurs préférées et laissez grainer en place quelques têtes florales fanées.

LES BULBEUSES	LES LÉGUMES ET LES AROMATIQUES	LES ARBRES FRUITIERS ET LES PETITS FRUITS	ENTRETIEN COURANT
Arrosez régulièrement les bulbes plantés au printemps et en été, surtout s'il fait sec. **Plantez** des bulbes à floraison hivernale et printanière : ail d'ornement, anémone, crocus, cyclamen de l'île de Cos, aconit d'hiver, fritillaire, iris rhizomateux non barbu et bulbeux, jacinthe, jacinthe des bois, lis, muscari, narcisse, nivéole, ornithogale, perce-neige, scille du Pérou, tulipe. **Plantez et divisez** les hémérocalles. **Terminez la plantation** des lis de la Madone, des nérines.	**Semez** des engrais verts sur les places libérées. **Semez en pleine terre :** cerfeuil, épinard, laitue, mâche, navet, radis. **Poursuivez l'arrachage** des oignons de couleur. **Récoltez :** carotte, chicorée, choux, ciboulette, courges d'automne, haricots, laitue, melon, menthe, poireau, pois, radis et radis d'hiver, roquette, tétragone, tomate.	**Plantez** des fraisiers achetés en godets ou récupérés dans la fraiseraie. **Récoltez :** agrumes, fraises, amandes sèches, pommes. **Pratiquez une taille légère** chez les pruniers, en éliminant le bois mort et les branches gênantes. **Taillez** les noyers si nécessaire. **Continuez la taille** des framboisiers. **Fertilisez** les agrumes en bac. **Supprimez** les gourmands apparus sur les troncs.	**Semez** le gazon et la prairie fleurie composée de plantes vivaces. **Désherbez manuellement** la pelouse des mauvaises herbes vivaces.
Arrosez régulièrement les bulbes plantés au printemps et en été, surtout s'il fait sec. **Plantez** des bulbes à floraison hivernale et printanière : ail d'ornement, anémone, crocus, cyclamen de l'île de Cos, aconit d'hiver, fritillaire, iris rhizomateux non barbu et bulbeux, jacinthe, jacinthe des bois, lis, muscari, narcisse, nivéole, ornithogale, perce-neige, scille du Pérou, tulipe. **Plantez et divisez** les hémérocalles. **Terminez la plantation** des lis de la Madone, des nérines.	**Semez** des engrais verts sur les places libérées. **Placez** une tuile sous les jeunes courges. **Semez en pleine terre** cerfeuil, épinard, mâche et radis et sous abri la laitue. **Poursuivez l'arrachage** des oignons de couleur. **Récoltez :** carotte, chicorée, choux, ciboulette, courges d'automne, haricots, laitue, melon, menthe, poireau, pois, pomme de terre, radis, roquette, tomate.	**Plantez** des fraisiers achetés en godets ou récupérés dans la fraiseraie. **Plantez des petits fruits** (cassissier, groseillier) et en fin de mois la vigne. **Récoltez :** agrumes, fraises, amandes sèches, pommes. **Continuez la taille** des framboisiers. **Pratiquez une taille légère** chez les pruniers, en éliminant le bois mort et les branches gênantes. **Taillez** les noyers si nécessaire. **Fertilisez** les agrumes en bac. **Supprimez** les gourmands apparus sur les troncs.	**Semez** le gazon et la prairie fleurie composée de plantes vivaces. **Scarifiez** la pelouse et ressemez les zones clairsemées. **Désherbez manuellement** la pelouse des mauvaises herbes vivaces.
Arrosez régulièrement les bulbes plantés au printemps et en été, surtout s'il fait sec. **Plantez** des bulbes à floraison hivernale et printanière : ail d'ornement, anémone, crocus, cyclamen de l'île de Cos, aconit d'hiver, fritillaire, iris rhizomateux non barbu et bulbeux, jacinthe, jacinthe des bois, lis, muscari, narcisse, nivéole, ornithogale, perce-neige, scille du Pérou, tulipe. **Plantez et divisez** les hémérocalles. **Terminez la plantation** des lis de la Madone, des nérines.	**Semez** des engrais verts sur les places libérées. **Placez** une tuile sous les jeunes courges. **Semez en pleine terre :** cerfeuil, épinard, mâche et radis, et sous abri la laitue. **Poursuivez l'arrachage** des oignons de couleur. **Récoltez :** carotte, chicorée, choux, ciboulette, courges d'automne, haricots, laitue, melon, menthe, poireau, pois, pomme de terre, radis, roquette, tomate.	**Plantez** des fraisiers achetés en godets ou récupérés dans la fraiseraie. **Plantez des petits fruits** (cassissier, groseillier) et en fin de mois la vigne. **Récoltez :** agrumes, fraises, amandes sèches, pommes. **Continuez la taille** des framboisiers. **Pratiquez une taille légère** chez les pruniers, en éliminant le bois mort et les branches gênantes. **Taillez** les noyers si nécessaire. **Fertilisez** les agrumes en bac. **Supprimez** les gourmands apparus sur les troncs.	**Semez** le gazon et la prairie fleurie composée de plantes vivaces. **Scarifiez** la pelouse et ressemez les zones clairsemées. **Désherbez manuellement** la pelouse des mauvaises herbes vivaces.
Arrosez régulièrement les bulbes plantés au printemps et en été, surtout s'il fait sec. **Plantez** des bulbes à floraison hivernale et printanière : ail d'ornement, anémone, crocus, cyclamen de l'île de Cos, aconit d'hiver, fritillaire, iris rhizomateux non barbu et bulbeux, jacinthe, jacinthe des bois, lis, muscari, narcisse, nivéole, ornithogale, perce-neige, scille du Pérou, tulipe. **Plantez et divisez** les hémérocalles. **Terminez la plantation** des lis de la Madone, des nérines.	**Semez** des engrais verts sur les places libérées. **Semez en pleine terre :** cerfeuil, épinard, fève, laitue, mâche, navet, radis. **Récoltez :** carotte, chicorée, choux, ciboulette, courges d'automne, haricots, laitue, melon, menthe, poireau, pois, radis et radis d'hiver, roquette, tétragone, tomate.	**Plantez** des fraisiers achetés en godets ou récupérés dans la fraiseraie. **Récoltez :** agrumes, fraises, amandes sèches, pommes. **Pratiquez une taille légère** chez les pruniers, en éliminant le bois mort et les branches gênantes. **Taillez** les noyers si nécessaire. **Fertilisez** les agrumes en bac et en pleine terre. **Supprimez** les gourmands apparus sur les troncs.	**Semez** le gazon et la prairie fleurie composée de plantes vivaces. **Désherbez manuellement** la pelouse des mauvaises herbes vivaces.

Octobre

	LES ARBRES, LES ARBUSTES ET LES GRIMPANTES	LES VIVACES	LES ANNUELLES ET BISANNUELLES
CLIMAT OCÉANIQUE	**Commencez la plantation** des persistants : abélia, azalée, camélia, conifères, lierre, pyracantha, rhododendron. **Plantez :** clématite, érable, hortensia, vigne vierge. **Apportez un paillis** de compost mûr aux arbustes (azalée, rhododendron), aux jeunes arbres et aux haies. **Supprimez le bois mort** des bouleaux.	**Continuez la plantation et la division** des vivaces. **Plantez** les asters. **Semez en pépinière ou sous châssis froid :** liatride, monarde, népéta, véronique. **Semez sous abri** le crambé. **Supprimez** les fleurs fanées et les feuillages abîmés : alchémille, astrance, épiaire, gaillarde, hosta, rose trémière. **Apportez un compost** bien mûr aux plantes les plus gourmandes. **Paillez** les hellébores et les heuchères. **Laissez en place** les fleurs décoratives en hiver et/ou appréciées des oiseaux.	**Semez en place** des capucines et des pois de senteur. **Continuez la plantation** des bisannuelles semées ou achetées en godets. **Recueillez** les graines de vos fleurs préférées et laissez grainer en place quelques têtes florales fanées. **Bouturez** les tiges d'anthémis. **Supprimez** toutes les plantes annuelles qui ne fleurissent plus ou sont abîmées par les pluies et ajoutez-les au tas de compost. **Arrosez** les jeunes semis, potées et plantations si l'automne est sec.
CLIMAT CONTINENTAL	**Terminez la plantation** des persistants et commencez celle des caducs : aubépine, azalée mollis, hortensia, lilas. **Plantez** les clématites et les érables. **Laissez en place** les fleurs séchées des hortensias. **Paillez** les jeunes sujets et les espèces peu rustiques (gattilier, lavatère, passiflore bleue). **Supprimez le bois mort** des bouleaux.	**Terminez la plantation et la division** des vivaces. **Plantez** les asters. **Supprimez** les fleurs fanées et les feuillages abîmés : alchémille, astrance, épiaire, gaillarde, hosta, rose trémière. **Apportez un compost** bien mûr aux plantes les plus gourmandes et un paillis minéral à celles qui apprécient un sol bien drainé. **Paillez** les hellébores et les heuchères. **Laissez en place** les fleurs décoratives en hiver et/ou appréciées des oiseaux.	**Semez** des capucines en véranda ou sous abri chauffé. **Continuez la plantation** en pleine terre des bisannuelles semées à la fin du printemps ou achetées en godets. **Recueillez** les graines de vos fleurs préférées et laissez grainer en place quelques têtes florales fanées. **Supprimez** toutes les plantes noircies ou abîmées par le gel et ajoutez-les au tas de compost. **Abritez du gel :** anthémis, cinéraire maritime, lantana, muflier, pélargonium. **Arrachez** les souches des belles-de-nuit et conservez-les à l'abri du gel. **Arrosez** les jeunes semis, potées et plantations si l'automne est sec.
CLIMAT MONTAGNARD	**Terminez la plantation** des persistants et commencez celle des caducs : aubépine, azalée mollis, hortensia, lilas. **Plantez** les clématites et les érables. **Laissez en place** les fleurs séchées des hortensias. **Paillez** les jeunes sujets et les espèces peu rustiques (gattilier, lavatère, passiflore bleue). **Supprimez le bois mort** des bouleaux.	**Terminez la plantation et la division** des vivaces. **Plantez** les asters. **Supprimez** les fleurs fanées et les feuillages abîmés : alchémille, astrance, épiaire, gaillarde, hosta, rose trémière. **Apportez un compost** bien mûr aux plantes les plus gourmandes et un paillis minéral à celles qui apprécient un sol bien drainé. **Paillez** les hellébores et les heuchères. **Laissez en place** les fleurs décoratives en hiver et/ou appréciées des oiseaux.	**Semez** des capucines en véranda ou sous abri chauffé. **Continuez la plantation** en pleine terre des bisannuelles semées à la fin du printemps ou achetées en godets. **Recueillez** les graines de vos fleurs préférées et laissez grainer en place quelques têtes florales fanées. **Supprimez** toutes les plantes noircies ou abîmées par le gel et ajoutez-les au tas de compost. **Abritez du gel :** anthémis, cinéraire maritime, lantana, muflier, pélargonium. **Arrachez** les souches des belles-de-nuit et conservez-les à l'abri du gel. **Arrosez** les jeunes semis, potées et plantations si l'automne est sec.
CLIMAT MÉDITERRANÉEN	**Commencez la plantation** des persistants : abélia, azalée, camélia, conifères, lierre, pyracantha, rhododendron. **Plantez :** clématite, érable, hortensia, vigne vierge. **Apportez un paillis** de compost mûr aux arbustes (azalée, rhododendron), aux jeunes arbres et aux haies. **Supprimez le bois mort** des bouleaux.	**Continuez la plantation et la division** des vivaces. **Plantez** les asters et la lavande. **Semez en pépinière ou sous châssis froid :** liatride, monarde, népéta, véronique. **Semez sous abri** le crambé. **Supprimez** les fleurs fanées et les feuillages abîmés : alchémille, astrance, épiaire, gaillarde, hosta, rose trémière. **Apportez un compost** bien mûr aux plantes les plus gourmandes. **Paillez** les hellébores et les heuchères. **Laissez en place** les fleurs décoratives en hiver et/ou appréciées des oiseaux.	**Semez en place** des capucines et des pois de senteur. **Continuez la plantation** des bisannuelles semées ou achetées en godets. **Recueillez** les graines de vos fleurs préférées et laissez grainer en place quelques têtes florales fanées. **Bouturez** les tiges d'anthémis. **Supprimez** toutes les plantes annuelles qui ne fleurissent plus ou sont abîmées par les pluies et ajoutez-les au tas de compost. **Arrosez** les jeunes semis, potées et plantations si l'automne est sec.

LES BULBEUSES	LES LÉGUMES ET LES AROMATIQUES	LES ARBRES FRUITIERS ET LES PETITS FRUITS	ENTRETIEN COURANT
Continuez la plantation des bulbes à floraison hivernale et printanière. **Nettoyez** le feuillage sec des iris. **Arrachez** les bégonias tubéreux et conservez-les tout l'hiver au sec et à l'abri du gel. **Laissez en terre** certains bulbes d'été (canna, dahlia) en protégeant les souches avec un épais paillis de feuilles sèches, si le temps n'est pas trop humide.	**Semez en pleine terre** des épinards, des laitues sous abri (tunnel), de la mâche. **Plantez :** ail (blanc et violet), oignon blanc à repiquer. **Paillez** les crosnes et les panais. **Limitez** le développement des topinambours. **Taillez** la sauge officinale. **Récoltez :** carotte, chicorée, choux, ciboulette, courges d'automne, épinard, haricots, laitue, mâche, menthe, poireau, pois, radis, roquette, tétragone, tomate. **En fin de mois, arrachez et conservez** à l'abri du gel : betterave, céleri-rave, navet d'automne.	**Plantez des petits fruits :** cassissier, groseillier. **Récoltez** les agrumes et les pommes. **Ôtez les tuteurs** des arbres fruitiers au bout de deux ou trois ans. **Terminez la taille** des framboisiers. **Supprimez et brûlez** les fruits et les feuilles malades. **En fin de mois, plantez :** amandier, vigne, abricotier, figuier, pêcher.	**Poursuivez** les semis de gazon jusqu'à la fin du mois. **Scarifiez** la pelouse et ressemez les zones clairsemées. **Fauchez et roulez** la prairie fleurie. **Paillez** quand la terre est encore chaude. **Nettoyez** la terrasse et le mobilier en bois, puis passez-les à l'huile de lin.
Continuez la plantation des bulbes à floraison hivernale et printanière. **Arrachez** les bulbes d'été (bégonia tubéreux, canna, dahlia, glaïeul) avant les fortes gelées et conservez-les à l'abri du gel jusqu'au printemps. **Nettoyez** le feuillage sec des iris. **Paillez** les souches pour les protéger du gel : agapanthe, alstroemère, amaryllis, arum d'Éthiopie, camassie, montbrétia, nérine, scille du Pérou. **Rentrez** les potées des bulbeuses gélives : agapanthe, alstroemère.	**Plantez** de l'ail (blanc et violet). **Paillez :** artichaut, cardon, crosne, estragon, salsifis. **Couvrez** l'oseille d'une cloche pour continuer la récolte en hiver. **Installez** du persil en pot, bien à l'abri. **Limitez** le développement des topinambours. **Abritez** la potée de verveine citronnelle. **Taillez** la sauge officinale. **Récoltez :** carotte, chicorée, choux, ciboulette, courges d'automne, épinard, laitue, mâche, menthe, poireau, pois, radis, roquette, tétragone, tomate. **Arrachez et conservez** à l'abri du gel : betterave, céleri-rave, navet d'automne, panais.	**Continuez la plantation** des petits fruits et de la vigne. **Récoltez** les agrumes et les pommes. **Récoltez** les kiwis avant les fortes gelées. **Ôtez les tuteurs** des arbres fruitiers au bout de deux ou trois ans. **Terminez la taille** des framboisiers. **Supprimez et brûlez** les fruits et les feuilles malades.	**Fauchez et roulez** la prairie fleurie. **Vidangez** la pompe à eau et remisez-la à l'abri du gel. **Installez** les nichoirs et les mangeoires pour les oiseaux. **Paillez** quand la terre est encore chaude. **Nettoyez** la terrasse et le mobilier en bois, puis passez-les à l'huile de lin. **Anticipez** la création des futurs massifs avec la méthode des couches de carton (pour éliminer les mauvaises herbes). **Accrochez** un ou deux refuges pour insectes (fagots de tiges sèches et creuses) afin d'abriter les auxiliaires.
Continuez la plantation des bulbes à floraison hivernale et printanière. **Arrachez** les bulbes d'été (bégonia tubéreux, canna, dahlia, glaïeul) avant les fortes gelées et conservez-les à l'abri du gel jusqu'au printemps. **Nettoyez** le feuillage sec des iris. **Paillez** les souches pour les protéger du gel : agapanthe, alstroemère, amaryllis, arum d'Éthiopie, camassie, montbrétia, nérine, scille du Pérou. **Rentrez** les potées des bulbeuses gélives : agapanthe, alstroemère.	**Plantez** de l'ail (blanc et violet). **Paillez :** artichaut, cardon, crosne, estragon, rutabaga, salsifis. **Couvrez** l'oseille d'une cloche. **Installez** du persil en pot, bien à l'abri. **Limitez** le développement des topinambours. **Abritez** la potée de verveine citronnelle. **Taillez** la sauge officinale. **Récoltez :** carotte, chicorée, choux, ciboulette, courges d'automne, épinard, laitue, mâche, menthe, poireau, pois, radis, roquette, tétragone, tomate. **Arrachez et conservez** à l'abri du gel : betterave, céleri-rave, navet d'automne, panais.	**Continuez la plantation** des petits fruits et de la vigne. **Récoltez** les agrumes et les pommes. **Récoltez** les kiwis avant les fortes gelées. **Ôtez les tuteurs** des arbres fruitiers au bout de deux ou trois ans. **Terminez la taille** des framboisiers. **Supprimez et brûlez** les fruits et les feuilles malades.	**Fauchez et roulez** la prairie fleurie. **Vidangez** la pompe à eau et remisez-la à l'abri du gel. **Installez** les nichoirs et les mangeoires pour les oiseaux. **Paillez** quand la terre est encore chaude. **Nettoyez** la terrasse et le mobilier en bois, puis passez-les à l'huile de lin. **Anticipez** la création des futurs massifs avec la méthode des couches de carton (pour éliminer les mauvaises herbes). **Accrochez** un ou deux refuges à insectes (fagots de tiges sèches et creuses) afin d'abriter les auxiliaires
Continuez la plantation des bulbes à floraison hivernale et printanière. **Nettoyez** le feuillage sec des iris. **Arrachez** les bulbes d'été (bégonia tubéreux, canna, dahlia, glaïeul) avant les fortes gelées et conservez-les à l'abri du gel jusqu'au printemps. **Laissez en terre** certains bulbes d'été (canna, dahlia) en protégeant les souches avec un épais paillis de feuilles sèches, si le temps n'est pas trop humide.	**Semez** des fèves et des pois. **Semez en pleine terre** des épinards, des laitues sous abri (tunnel), de la mâche. **Plantez :** ail (blanc et violet), échalote grise, oignon blanc à repiquer. **Paillez** les crosnes et les panais. **Limitez** le développement des topinambours. **Taillez** la sauge officinale. **Récoltez :** carotte, chicorée, choux, ciboulette, courges d'automne, épinard, haricots, laitue, mâche, menthe, poireau, pois, radis, roquette, tétragone, tomate. **En fin de mois, arrachez et conservez** à l'abri du gel : betterave, céleri-rave, navet d'automne.	**Plantez des petits fruits :** cassissier, groseillier. **Récoltez** les agrumes et les pommes. **Ôtez les tuteurs** des arbres fruitiers au bout de deux ou trois ans. **Supprimez et brûlez** les fruits et les feuilles malades. **En fin de mois, plantez :** amandier, vigne, abricotier, figuier, pêcher.	**Poursuivez** les semis de gazon jusqu'à la fin du mois. **Scarifiez** la pelouse et ressemez les zones clairsemées. **Fauchez et roulez** la prairie fleurie. **Paillez** quand la terre est encore chaude. **Nettoyez** la terrasse et le mobilier en bois, puis passez-les à l'huile de lin.

Novembre

	LES ARBRES, LES ARBUSTES ET LES GRIMPANTES	LES VIVACES	LES ANNUELLES ET BISANNUELLES
CLIMAT OCÉANIQUE	**Terminez la plantation** des persistants et commencez celle des caducs (en conteneurs ou à racines nues): charme, rosier, sureau. **Plantez une haie champêtre** composée d'essences adaptées à votre climat, comme l'éléagnus. **Plantez:** arbousier, arbre à soie, arbre de Judée (en conteneur), aubépine, azalée mollis, bouleau, céanothe, ciste, fuchsia de Magellan, gattilier, laurier-tin, lilas, tamaris. Différez la plantation au printemps si votre sol est lourd et humide en hiver. **Paillez** les jeunes plantations.	**Binez et désherbez** les massifs, apportez du compost et du terreau de feuilles pour améliorer le sol. **Couvrez** les sols nus avec une litière de feuilles mortes. **Terminez la plantation et la division** des vivaces. **Coupez** les tiges défleuries des vivaces automnales: anémone du Japon, marguerite d'automne, persicaire. **Nettoyez** les parties sèches ou abîmées: eupatoire, hosta, lamier, lupin, pivoine herbacée, pulmonaire.	**Installez en pleine terre ou en pot** les bisannuelles semées à la fin du printemps ou achetées en godets: giroflée ravenelle, monnaie-du-pape, myosotis, pâquerette, pensée. **Continuez d'arroser** régulièrement les potées et les jeunes plantations si le temps est sec.
CLIMAT CONTINENTAL	**Continuez la plantation** des caducs (en conteneurs ou à racines nues): poirier d'ornement, rosier. Différez la plantation au printemps si votre sol est lourd et humide en hiver. **Plantez une haie champêtre** composée d'essences adaptées à votre climat: aubépine, charme, cornouiller sanguin, sureau. **Paillez** les jeunes plantations. **Commencez les tailles** de formation et de rénovation des caducs.	**Binez et désherbez** les massifs, apportez du compost et du terreau de feuilles pour améliorer le sol. **Couvrez** les sols nus avec une litière de feuilles mortes. **Coupez** les tiges défleuries des vivaces automnales: anémone du Japon, marguerite d'automne, persicaire. **Nettoyez** les parties sèches, abîmées ou noircies par le gel: eupatoire, hosta, lamier, lupin, pivoine herbacée, pulmonaire.	**Terminez la plantation en pleine terre ou en pot** des bisannuelles semées à la fin du printemps ou achetées en godets: giroflée ravenelle, monnaie-du-pape, myosotis, pâquerette, pensée. **Continuez d'arroser** les potées et les jeunes plantes sans excès, hors période de gel. **En cas de forte gelée, couvrez** les jardinières de bisannuelles, notamment les pensées, avec un voile d'hivernage.
CLIMAT MONTAGNARD	**Continuez la plantation** des caducs (en conteneurs ou à racines nues): poirier d'ornement, rosier. Différez la plantation au printemps si votre sol est lourd et humide en hiver. **Plantez une haie champêtre** composée d'essences adaptées à votre climat: aubépine, charme, cornouiller sanguin, sureau. **Paillez** les jeunes plantations. **Commencez les tailles** de formation et de rénovation des caducs.	**Binez et désherbez** les massifs, apportez du compost et du terreau de feuilles pour améliorer le sol. **Couvrez** les sols nus avec une litière de feuilles mortes. **Coupez** les tiges défleuries des vivaces automnales: anémone du Japon, marguerite d'automne, persicaire. **Nettoyez** les parties sèches, abîmées ou noircies par le gel: eupatoire, hosta, lamier, lupin, pivoine herbacée, pulmonaire.	**Terminez la plantation en pleine terre ou en pot** des bisannuelles semées à la fin du printemps ou achetées en godets: giroflée ravenelle, monnaie-du-pape, myosotis, pâquerette, pensée. **Continuez d'arroser** les potées et les jeunes plantes sans excès, hors période de gel. **En cas de forte gelée, couvrez** les jardinières de bisannuelles, notamment les pensées, avec un voile d'hivernage.
CLIMAT MÉDITERRANÉEN	**Terminez la plantation** des persistants et commencez celle des caducs: rosier, sureau. **Plantez une haie champêtre** composée d'essences adaptées à votre climat, comme le charme houblon. **Plantez:** arbousier, arbre à soie, arbre de Judée (en conteneur), aubépine, azalée mollis, bouleau, céanothe, ciste, éléagnus, fuchsia de Magellan, gattilier, laurier-tin, lilas, tamaris. Différez la plantation au printemps si votre sol est lourd et humide en hiver. **Paillez** les jeunes plantations.	**Binez et désherbez** les massifs, apportez du compost et du terreau de feuilles pour améliorer le sol. **Couvrez** les sols nus avec une litière de feuilles mortes. **Terminez la plantation et la division** des vivaces. **Coupez** les tiges défleuries des vivaces automnales: anémone du Japon, marguerite d'automne, persicaire. **Nettoyez** les parties sèches ou abîmées: eupatoire, hosta, lamier, lupin, pivoine herbacée.	**Installez en pleine terre ou en pot** les bisannuelles semées à la fin du printemps ou achetées en godets: giroflée ravenelle, monnaie-du-pape, myosotis, pâquerette, pensée. **Continuez d'arroser** régulièrement les potées et les jeunes plantations si le temps est sec.

LES BULBEUSES	LES LÉGUMES ET LES AROMATIQUES	LES ARBRES FRUITIERS ET LES PETITS FRUITS	ENTRETIEN COURANT
Continuez la plantation des bulbes à floraison printanière et terminez celle des bulbes à floraison hivernale.	**Occupez-vous du sol:** aération, ameublissement, amendement, fertilisation, paillage. **Plantez** de l'ail (blanc et violet). **Entourez** le pied des cardons pour les blanchir. **Récoltez** les courges d'automne et la menthe avant les gelées. **Récoltez:** carotte, chicorée, choux, ciboulette, épinard, laitue, mâche, poireau, radis d'hiver, tétragone.	**Plantez:** cerisier, kaki, néflier, noisetier, noyer, poirier, pommier, prunier. Différez la plantation au printemps si votre sol est lourd et humide en hiver. **Continuez la plantation** des petits fruits, des amandiers,de la vigne, des abricotiers, des figuiers, des pêchers. **Récoltez:** agrumes, pommes, kiwis. **Taillez:** poirier, pommier. **Nettoyez** les fraisiers, coupez leurs stolons. **Aérez le sol** sous les arbres avec une fourche-bêche.	**Améliorez le sol** en apportant du compost mûr et des amendements adaptés. **Constituez** un tas de branches pour abriter la faune utile du jardin. **Accrochez** un ou deux refuges pour insectes (fagots de tiges sèches et creuses) afin d'abriter les auxiliaires. **Ramassez et stockez** les feuilles mortes pour en faire du terreau. **Anticipez** la création des futurs massifs avec la méthode des couches de cartons (pour éliminer les mauvaises herbes). **Installez** les nichoirs et les mangeoires pour les oiseaux. **Transférez** les poissons des potées aquatiques dans un aquarium.
Continuez la plantation des bulbes à floraison printanière et terminez celle des bulbes à floraison hivernale.	**En début de mois, récoltez** les courges d'automne et la menthe avant les gelées. **Occupez-vous du sol:** aération, ameublissement, amendement, fertilisation, paillage. **Plantez** de l'ail (blanc et violet). **Entourez** le pied des cardons pour les blanchir. **Récoltez:** carotte, chicorée, choux, épinard, laitue, mâche, poireau, radis d'hiver, tétragone.	**Plantez:** cerisier, kaki, néflier, noisetier, poirier, pommier, prunier. Différez la plantation au printemps si votre sol est lourd et humide en hiver. **Plantez** des noyers à l'abri des vents dominants et des gels printaniers. **Récoltez** les agrumes et les dernières pommes avant les fortes gelées. **Récoltez** les kakis et les nèfles blets (ramollis par le gel). **Taillez:** poirier, pommier. **Nettoyez** les fraisiers, coupez leurs stolons. **Aérez le sol** sous les arbres avec une fourche-bêche, hors période de gel. **Abritez** les potées d'agrumes du gel dans une pièce claire, non chauffée.	**Améliorez le sol** en apportant du compost mûr et des amendements adaptés. **Constituez** un tas de branches pour abriter la faune utile du jardin. **Ramassez et stockez** les feuilles mortes pour en faire du terreau. **Terminez l'installation** des mangeoires pour les oiseaux. **Continuez d'installer** les nichoirs. **Transférez** les poissons des potées aquatiques dans un aquarium.
Continuez la plantation des bulbes à floraison printanière et terminez celle des bulbes à floraison hivernale.	**En début de mois, récoltez** les courges d'automne et la menthe avant les gelées. **Occupez-vous du sol:** aération, ameublissement, amendement, fertilisation, paillage. **Plantez** de l'ail (blanc et violet). **Entourez** le pied des cardons pour les blanchir. **Récoltez:** carotte, chicorée, choux, épinard, laitue, mâche, poireau, radis d'hiver, tétragone.	**Plantez:** cerisier, kaki, néflier, noisetier, poirier, pommier, prunier. Différez la plantation au printemps si votre sol est lourd et humide en hiver. **Plantez** des noyers à l'abri des vents dominants et des gels printaniers. **Récoltez** les agrumes et les dernières pommes avant les fortes gelées. **Récoltez** les kakis et les nèfles blets (ramollis par le gel). **Taillez:** poirier, pommier. **Nettoyez** les fraisiers, coupez leurs stolons. **Aérez le sol** sous les arbres avec une fourche-bêche, hors période de gel. **Abritez** les potées d'agrumes du gel dans une pièce claire, non chauffée.	**Améliorez le sol** en apportant du compost mûr et des amendements adaptés. **Constituez** un tas de branches pour abriter la faune utile du jardin. **Ramassez et stockez** les feuilles mortes pour en faire du terreau. **Terminez l'installation** des mangeoires pour les oiseaux. **Continuez d'installer** les nichoirs. **Transférez** les poissons des potées aquatiques dans un aquarium.
Continuez la plantation des bulbes à floraison printanière et terminez celle des bulbes à floraison hivernale.	**Occupez-vous du sol:** aération, ameublissement, amendement, fertilisation, paillage. **Poursuivez** les semis de pois et de fèves. **Plantez:** échalote grise, ail (blanc, rose et violet). **Entourez** le pied des cardons pour les blanchir. **Récoltez:** carotte, chicorée, choux, ciboulette, épinard, laitue, mâche, menthe, poireau, radis d'hiver, tétragone.	**Plantez:** cerisier, kaki, néflier, noisetier, noyer, poirier, pommier, prunier. Différez la plantation au printemps si votre sol est lourd et humide en hiver. **Continuez la plantation** des petits fruits, des amandiers, de la vigne, des abricotiers, des figuiers, des pêchers. **Récoltez:** agrumes, pommes, kiwis. **Taillez:** poirier, pommier. **Nettoyez** les fraisiers, coupez leurs stolons. **Aérez le sol** sous les arbres avec une fourche-bêche, hors période de gel.	**Améliorez le sol** en apportant du compost mûr et des amendements adaptés. **Constituez** un tas de branches pour abriter la faune utile du jardin. **Accrochez** un ou deux refuges pour insectes (fagots de tiges sèches et creuses) afin d'abriter les auxiliaires. **Ramassez et stockez** les feuilles mortes pour en faire du terreau. **Anticipez** la création des futurs massifs avec la méthode des couches de cartons (pour éliminer les mauvaises herbes). **Installez** les nichoirs et les mangeoires pour les oiseaux. **Transférez** les poissons des potées aquatiques dans un aquarium.

Décembre

	LES ARBRES, LES ARBUSTES ET LES GRIMPANTES	LES VIVACES	LES ANNUELLES ET BISANNUELLES
CLIMAT OCÉANIQUE	**Commencez la plantation,** hors gel ou pluie intense, des sujets en conteneurs ou à racines nues : aubépine, poirier d'ornement, rosier. **Plantez** les bouleaux et tuteurez si besoin. **Divisez** les souches des cornouillers. **Commencez les tailles** de formation et de rénovation des caducs. **Mettez en jauge** les végétaux en attente de plantation. **Arrosez** sans excès les nouvelles plantations et les arbustes de terre de bruyère. **Bouturez** à bois sec les caducs : forsythia, saule, seringat, viorne.	**Poursuivez les travaux d'amélioration du sol** dans vos massifs. **Complétez les paillages.** **Poursuivez le nettoyage** des touffes de vivaces.	**En début de mois, terminez la plantation** des bisannuelles semées ou achetées en godets. **Poursuivez l'arrosage** des potées fleuries composées de bisannuelles, hors période de gel.
CLIMAT CONTINENTAL	**Continuez la plantation** des caducs (en conteneurs ou à racines nues) si le temps le permet, notamment des rosiers. **Mettez en jauge** les végétaux en attente de plantation. **Divisez** les souches des cornouillers. **Plantez** les bouleaux et tuteurez si besoin. **Poursuivez les tailles** de formation et de rénovation des caducs, hors période de gel. **Bouturez** à bois sec les caducs : forsythia, saule, seringat, viorne.	**Poursuivez les travaux d'amélioration du sol** dans vos massifs si le temps le permet, hors gel et précipitations.	**Poursuivez l'arrosage** des potées fleuries composées de bisannuelles, hors période de gel. **Inspectez** les plantes hivernées hors gel et arrosez si besoin.
CLIMAT MONTAGNARD	**Continuez la plantation** des caducs (en conteneurs ou à racines nues) si le temps le permet, notamment des rosiers. **Mettez en jauge** les végétaux en attente de plantation. **Divisez** les souches des cornouillers. **Plantez** les bouleaux et tuteurez si besoin. **Poursuivez les tailles** de formation et de rénovation des caducs, hors période de gel. **Bouturez** à bois sec les caducs : forsythia, saule, seringat, viorne. **Liez** les conifères pour empêcher la neige de déformer leur silhouette.	**Poursuivez les travaux d'amélioration du sol** dans vos massifs si le temps le permet, hors gel et précipitations.	**Poursuivez l'arrosage** des potées fleuries composées de bisannuelles, hors période de gel. **Inspectez** les plantes hivernées hors gel et arrosez si besoin.
CLIMAT MÉDITERRANÉEN	**Commencez la plantation,** hors gel ou pluie intense, des sujets en conteneurs ou à racines nues : aubépine, poirier d'ornement, rosier. **Plantez** les bouleaux et tuteurez si besoin. **Divisez** les souches des cornouillers. **Commencez les tailles** de formation et de rénovation des caducs. **Mettez en jauge** les végétaux en attente de plantation. **Arrosez** sans excès les nouvelles plantations et les arbustes de terre de bruyère. **Bouturez** à bois sec les caducs : forsythia, saule, seringat, viorne.	**Poursuivez les travaux d'amélioration du sol** dans vos massifs. **Complétez les paillages.** **Poursuivez le nettoyage** des touffes de vivaces.	**En début de mois, terminez la plantation** des bisannuelles semées ou achetées en godets. **Poursuivez l'arrosage** des potées fleuries composées de bisannuelles, hors période de gel.

LES BULBEUSES	LES LÉGUMES ET LES AROMATIQUES	LES ARBRES FRUITIERS ET LES PETITS FRUITS	ENTRETIEN COURANT
Terminez la plantation des bulbes à floraison printanière.	**Poursuivez le travail du sol** si le temps le permet. **Terminez la plantation** de l'ail (blanc et rose). **Récoltez:** carotte, chicorée, choux, épinard, laitue, mâche, poireau.	**Poursuivez les plantations** de l'automne si le temps le permet. **Récoltez** les agrumes et les dernières pommes. **Récoltez** les kakis et les nèfles blets (ramollis par le gel). **Taillez:** poirier, pommier, vigne. **Bouturez** à bois sec les petits fruits. **En fin de mois, taillez** les pousses fructifères de l'actinidia.	**Poursuivez les travaux d'amélioration du sol.** **Nettoyez** les outils, les pots, les jardinières. **Vérifiez** ou faites vérifier la bonne marche des outils motorisés. **Désinfectez** à l'eau javellisée les terrines de semis. **Nourrissez** les oiseaux. **Abreuvez-les** s'il gèle beaucoup, en renouvelant l'eau régulièrement. **Continuez d'installer** les nichoirs.
Terminez la plantation des bulbes à floraison printanière.	**Poursuivez le travail du sol** si le temps le permet. **Récoltez:** carotte, chicorée, choux, épinard, laitue, mâche, poireau.	**Poursuivez les plantations** de l'automne si le temps le permet. **Récoltez** les agrumes. **Récoltez** les kakis et les nèfles blets (ramollis par le gel). **Taillez:** poirier, pommier. **Bouturez** à bois sec les petits fruits. **En fin de mois, taillez** les pousses fructifères de l'actinidia.	**Poursuivez les travaux d'amélioration du sol** si le temps le permet (hors gel et précipitations). **Nettoyez** les outils, les pots, les jardinières. **Vérifiez** ou faites vérifier la bonne marche des outils motorisés. **Désinfectez** à l'eau javellisée les terrines de semis. **Nourrissez** les oiseaux. Abreuvez-les s'il gèle beaucoup, en renouvelant l'eau régulièrement. **Continuez d'installer** les nichoirs. **Protégez** la serre et les châssis du gel.
Terminez la plantation des bulbes à floraison printanière.	**Poursuivez le travail du sol** si le temps le permet. **Récoltez:** carotte, chicorée, choux, épinard, laitue, mâche, poireau.	**Poursuivez les plantations** de l'automne si le temps le permet. **Récoltez** les agrumes. **Récoltez** les kakis et les nèfles blets (ramollis par le gel). **Taillez:** poirier, pommier, vigne. **Bouturez** à bois sec les petits fruits. **En fin de mois, taillez** les pousses fructifères de l'actinidia.	**Poursuivez les travaux d'amélioration du sol** si le temps le permet (hors gel et précipitations). **Nettoyez** les outils, les pots, les jardinières. **Vérifiez** ou faites vérifier la bonne marche des outils motorisés. **Désinfectez** à l'eau javellisée les terrines de semis. **Nourrissez** les oiseaux. Abreuvez-les s'il gèle beaucoup, en renouvelant l'eau régulièrement. **Continuez d'installer** les nichoirs. **Protégez** la serre et les châssis du gel.
Terminez la plantation des bulbes à floraison printanière.	**Poursuivez le travail du sol** si le temps le permet. **Poursuivez les semis** de pois et de fèves. **Terminez la plantation** de l'échalote grise et de l'ail (blanc et rose). **Récoltez:** carotte, chicorée, choux, épinard, laitue, mâche, poireau.	**Poursuivez les plantations** de l'automne si le temps le permet. **Récoltez** les agrumes et les dernières pommes. **Récoltez** les kakis et les nèfles blets (ramollis par le gel). **Taillez:** poirier, pommier, vigne. **Bouturez** à bois sec les petits fruits. **En fin de mois, taillez** les pousses fructifères de l'actinidia.	**Poursuivez les travaux d'amélioration du sol.** **Nettoyez** les outils, les pots, les jardinières. **Vérifiez** ou faites vérifier la bonne marche des outils motorisés. **Désinfectez** à l'eau javellisée les terrines de semis. **Nourrissez** les oiseaux. **Continuez d'installer** les nichoirs.

L'UFC-Que Choisir et ses associations locales

Créée en 1951, l'Union fédérale des consommateurs-Que Choisir est une association loi 1901 à but non lucratif. Indépendante (de l'État, des syndicats, des producteurs, des distributeurs…), elle a pour objectifs de promouvoir les actions individuelles ou collectives des consommateurs et la défense de leurs intérêts et de les représenter auprès de toutes les instances.

L'UFC-Que Choisir compte environ 150 associations locales, animées par des militants de la consommation et des responsables bénévoles. Elles fournissent de la documentation, des conseils juridiques et techniques et représentent les consommateurs dans les instances locales, départementales et régionales. Certaines ont des antennes : vérifiez s'il y en a une près de chez vous.

01 AIN
• AGLCA
Maison de la vie associative
2, bd Irène-Joliot-Curie
CS 70270
01006 Bourg-en-Bresse Cedex
04 74 22 58 94

03 ALLIER
• 52, rue de la Gironde
03100 Montluçon
04 70 05 30 38
• 42, rue du Progrès
03000 Moulins
04 70 20 96 30

04 ALPES-DE-HAUTE-PROVENCE
• Maison des associations
3, bd du Temps-Perdu
04100 Manosque
04 92 72 19 01

05 HAUTES-ALPES
• Résidence Le Saint-Denis
7, passage Montjoie
05000 Gap
04 92 44 37 13

06 ALPES-MARITIMES
• 7, rue Michelet
06000 Nice
04 93 04 58 18

07 ARDÈCHE
• Maison des associations
Place de la Gare
07200 Aubenas
04 75 39 20 44

08 ARDENNES
• BP 561
08004 Charleville-Mézières Cedex
03 24 53 70 17

09 ARIÈGE
• Maison du Couserans
Place Alphonse-Sentein
09200 Saint-Girons
05 61 66 03 66

11 AUDE
• 118, route d'Armissan
11100 Narbonne
04 68 47 64 00

12 AVEYRON
• 21, rue des Fasquets
12100 Millau
05 65 61 20 52
• Caserne Burloup
Résidence Universitaire
av. de l'Europe
12000 Rodez
05 65 77 00 01

13 BOUCHES-DU-RHÔNE
• 4, place Coimbra
Le Félibrige – Bât. B
13090 Aix-en-Provence
04 42 93 74 57
• 5, rue Colbert
13001 Marseille
04 91 90 05 52
• 8, bd Joliot-Curie
13500 Martigues
04 42 81 10 21
• 107, rue de Bucarest
13300 Salon-de-Provence
04 90 42 19 80

14 CALVADOS
• 24, rue des Bouchers
14400 Bayeux
02 31 22 82 27
• 19, quai de Juillet
14000 Caen
02 31 86 32 54
• Centre socio-culturel CAF
9, rue Anne-Morgan
14500 Vire
02 31 67 73 66

15 CANTAL
• 16, rue Arsène-Vermenouze
15018 Aurillac Cedex
04 71 48 58 68

16 CHARENTE
• Immeuble George Sand
83, av. De-Lattre-de-Tassigny
16000 Angoulême
05 45 95 32 84

17 CHARENTE-MARITIME
• 3, rue Jean-Baptiste-Charcot
17000 La Rochelle
05 46 41 53 42

18 CHER
• Maison des associations
28, rue Gambon
18000 Bourges
02 48 70 48 02

19 CORRÈZE
• Maison du Bénévolat
10, bd Max-Dormoy
19100 Brive-la-Gaillarde
05 55 23 19 37

20 CORSE
• Bâtiment Le Golo-A
Rue Aspirant Michelin
20900 Ajaccio
04 95 22 69 83

21 CÔTE-D'OR
• 2, rue des Corroyeurs
Boîte N 14
21068 Dijon Cedex
03 80 43 84 56

22 CÔTES-D'ARMOR
• Villa Labenne
16, rue Bécot
22500 Paimpol
02 96 20 58 76
• 3, rue Pierre-Cléret
22120 Yffiniac
02 96 78 12 76

23 CREUSE
• 25, av. Pierre-Leroux
BP 242
23005 Guéret Cedex
05 55 52 82 83

24 DORDOGNE
• 1, square Jean-Jaurès
24000 Périgueux
05 53 09 68 24

25 DOUBS
• 8, av. de Montrapon
25000 Besançon
03 81 81 23 46

26 DRÔME
• 10, rue François-Pie
26000 Valence
04 75 42 58 29

27 EURE
• 17, rue des Aérostiers
Immeuble Cambrésis
27000 Évreux
02 32 39 44 70

28 EURE-ET-LOIR
• La Madeleine
25, place Saint-Louis
28000 Chartres
02 37 30 17 57

29 FINISTÈRE
• Espace associatif
6, rue Pen-Ar-Creach
29200 Brest
02 98 80 64 30
• 3, allée de Roz-Avel
29000 Quimper
02 98 55 30 21

30 GARD
• 20, rue du Commandant-Audibert
30100 Alès
04 66 52 80 80
• 65, av. Jean-Jaurès
Bâtiment A
30900 Nîmes
04 66 84 31 87

31 HAUTE-GARONNE
• Les Ormes Bât. E2
Av. Salvador-Alliende
31320 Castanet-Tolosan
05 61 75 08 41
• 59, bd Lascrosses
BP 70529
31005 Toulouse Cedex 6
05 61 22 13 00

32 GERS
• 44, rue Victor-Hugo
32000 Auch
05 62 61 93 75

33 GIRONDE
• 17, cours Balguerie-Stuttenberg
33300 Bordeaux
05 56 79 91 94
• 52, rue Jules-Ferry
33220 Port-Sainte-Foy-et-Ponchapt
05 53 63 25 31

34 HÉRAULT
• Maison de la vie associative
BAL 15
15, rue du Général-Margueritte
34500 Béziers
04 67 28 06 06
• 3, rue de Richelieu
BP 2114
34026 Montpellier Cedex 1
04 67 66 32 96
• 3, rue Frédéric-Fabrègues
BP 24
34250 Palavas-les-Flots
04 67 50 79 91
• Centre commercial Le-Château-vert
BP 106
53, bd Chevalier-de-Clerville
34207 Sète
04 67 53 10 05

35 ILLE-ET-VILAINE
• BP 30105
35601 Redon Cedex
02 99 71 36 22
• 8, place du Colombier
35000 Rennes
02 99 85 94 23
• Guichet des associations
40 ter, square des Caraïbes
35400 Saint-Malo
02 99 56 80 47

36 INDRE
• 34, espace Mendès-France
36000 Châteauroux
02 54 27 43 57

37 INDRE-ET-LOIRE
• 12, rue Camille-Flammarion
37000 Tours
02 47 51 91 12

38 ISÈRE
• 27, rue Bovier-Lapierre
38300 Bourgoin-Jallieu
04 37 03 00 85
• 24 bis, rue Mallifaud
38100 Grenoble
04 76 46 88 45
• BP 261
38202 Vienne Cedex
04 74 59 43 17

39 JURA
• 19 bis, rue des Arènes
39100 Dole
03 84 82 60 15

40 LANDES
• Maison René-Lucbernet
BP 186
40004 Mont-de-Marsan Cedex
05 58 05 92 88

41 LOIR-ET-CHER
• Maison des associations
17, rue Roland-Garros
41000 Blois
02 54 42 35 66

42 LOIRE
• 17, rue Brossard
42000 Saint-Étienne
04 77 33 72 15

43 HAUTE-LOIRE
• 29, bd Chantemesse
43000 Aiguilhe
04 71 02 29 45

44 LOIRE-ATLANTIQUE
• 1, place du Martray
44000 Nantes
02 40 12 07 43
• Maison des associations
Bur. A105 et A106
2 bis, av. Albert-de-Mun
44600 Saint-Nazaire
02 40 22 00 19

45 LOIRET
• Maison des associations
32, rue Claude-Debussy
45120 Châlette-sur-Loing
02 38 85 06 83

- 39, rue Saint-Marceau
45100 Orléans
02 38 53 53 00

46 LOT
- Espace associatif
Place Bessières
46000 Cahors
05 65 53 91 19

47 LOT-ET-GARONNE
- 159, av. Léon-Blum
BP 301
47008 Agen Cedex
05 53 48 02 41

49 MAINE-ET-LOIRE
- 34, av. de Chanzy
49000 Angers
02 41 88 56 42

50 MANCHE
- 423-425, av. des Platanes
50000 Saint-Lô
02 33 05 68 76

51 MARNE
- Maison de Quartier Maison-Blanche
41, bd des Bouches-du-Rhône
51100 Reims
03 26 08 63 03

52 HAUTE-MARNE
- 14, rue de Vergy
52100 Saint-Dizier
03 25 56 26 59

53 MAYENNE
- 31, rue Oudinot
53000 Laval
02 43 67 01 18

54 MEURTHE-ET-MOSELLE
- 76, rue de la Hache
54000 Nancy
09 52 19 48 23

56 MORBIHAN
- Maison des Familles
2, rue du Professeur-Mazé
56100 Lorient
02 97 84 74 24

57 MOSELLE
- Cité-Chapelle
1A impasse de l'École
BP46
57470 Hombourg-Haut
03 87 81 67 80
- 4, place de la Nation
BP 40103
57950 Montigny-les-Metz
03 72 13 73 57
- Bâtiment Schweitzer
1, av. Clémenceau
57400 Sarrebourg
03 87 86 97 41
- 2, rue d'Austrasie
57100 Thionville
03 82 51 84 29

58 NIÈVRE
- Maison municipale des Éduens
Allée des Droits-de-l'Enfant
58000 Nevers
03 86 21 44 14

59 NORD
- 104, rue d'Esquerchin
59500 Douai
03 27 96 05 15
- Terre-plein du Jeu-de-Mail
BP 90097
59942 Dunkerque Cedex 2
03 28 20 74 81
- 54, rue Jacquemars-Gielée
59000 Lille
03 20 85 14 66
- 12, rue de la Croix
59600 Maubeuge
03 27 64 20 02

60 OISE
- BP 80059
60303 Senlis Cedex

61 ORNE
- MVA
23, rue Demées
61000 Alençon
02 33 26 79 47

62 PAS-DE-CALAIS
- Maison des sociétés
Bur. 39
16, rue Aristide-Briand
62000 Arras
03 21 23 22 97
- 536, av. Toumaniantz
62100 Calais
03 21 96 33 69
- Maison des associations
1, place du Général-de-Gaulle
62219 Longuenesse
03 21 39 81 81

63 PUY-DE-DÔME
- 21, rue Jean-Richepin
63000 Clermont-Ferrand
04 73 98 67 90
- Maison des associations
20, rue du Palais
63500 Issoire
04 73 55 06 76

64 PYRÉNÉES-ATLANTIQUES
- 9, rue Sainte-Ursule
64100 Bayonne
05 59 59 48 70
- 11, rue Saint-Gilles
64300 Orthez
05 59 67 05 80
- 16, rue du Capitaine-Guynemer
64000 Pau
05 59 90 12 67

65 HAUTES-PYRÉNÉES
- 4, rue Alphonse-Daudet
65000 Tarbes
05 62 34 72 41

66 PYRÉNÉES-ORIENTALES
- 45, av. Marcelin-Albert
66000 Perpignan
09 83 87 07 07

67 BAS-RHIN
- 1A, place des Orphelins
67000 Strasbourg
03 88 37 31 26

68 HAUT-RHIN
- Carré des associations
100, av. de Colmar
68200 Mulhouse
07 82 47 11 58

69 RHÔNE
- 1, rue Sébastien-Gryphe
CS 47055
69341 Lyon Cedex 7
04 78 72 00 84

70 HAUTE-SAÔNE
- 22, rue du Breuil
BP 10357
70006 Vesoul
03 84 76 36 71

71 SAÔNE-ET-LOIRE
- 2, rue Jean Bouvet
71000 Mâcon
03 85 39 47 17

72 SARTHE
- 21, rue Besnier
72000 Le Mans
02 43 85 88 91

73 SAVOIE
- 25, bd des Anglais
BP 427
73104 Aix-les-Bains Cedex 4
04 79 88 16 72
- Maison des associations
21, rue Georges Lamarque
73200 Albertville
04 79 37 11 01
- Maison des associations
67, rue Saint-François-de-Sales
73000 Chambéry
04 79 85 27 87

74 HAUTE-SAVOIE
- 48, rue des Jardins
74000 Annecy
04 50 69 74 67

75 PARIS
- 54, rue de l'Ouest
75014 Paris
01 56 68 97 48
- 32, rue des Chaufourniers
75019 Paris
01 42 41 85 04

76 SEINE-MARITIME
- 12, rue Saint-Wandrille
BP 4192
76610 Le-Havre Cedex
09 62 51 94 37
- 12, rue Jean-Lecanuet
76000 Rouen
02 35 70 27 32

77 SEINE-ET-MARNE
- Centre Georges-Brassens
Place du Bois-de-Grâce
77420 Champs-sur-Marne
01 64 73 52 07
- 22, rue du Palais-de-justice
77120 Coulommiers
01 64 65 88 70

78 YVELINES
- 3, av. des Pages
78110 Le-Vésinet
- Les Marronniers
RD 58
78320 Levis-Saint-Nom
01 34 61 90 47
- 7, av. Foch
78120 Rambouillet
01 78 82 52 12
- 6, rue Saint-Martin
BP 56
78480 Verneuil-sur-Seine
01 39 65 63 39
- 5, impasse des Gendarmes
78000 Versailles
01 39 53 23 69

79 DEUX-SÈVRES
- Maison des associations
12, rue Joseph-Cugnot
79000 Niort
05 49 09 04 40

80 SOMME
- 88 av. Jean-Jaurès
80480 Salouel
03 22 72 10 84

81 TARN
- 1, av. Charles-de-Gaulle
81000 Albi
05 63 38 42 15

82 TARN-ET-GARONNE
- 25, place Charles-Caperan
BP 397
82003 Montauban Cedex
05 63 20 20 80

83 VAR
- Complexe Ottavi
av. des Alliées
83240 Cavalaire-sur-Mer
- BP 517
83616 Fréjus Cedex
09 63 04 60 44
- 89, rue du Général-Michel-Audéoud
83000 Toulon
04 94 89 19 07

85 VENDÉE
- 8, bd Louis-Blanc
85000 La Roche-sur-Yon
02 51 36 19 52

86 VIENNE
- 80, rue de Slovénie
86000 Poitiers
09 63 52 74 61

87 HAUTE-VIENNE
- 4, cité Louis-Casimir-Ranson
87000 Limoges
05 55 33 37 32

88 VOSGES
- 6, quartier Magdeleine
BP 1004
88050 Épinal Cedex 9
03 29 64 16 58

89 YONNE
- 25, rue Haute-Perrière
89000 Auxerre
03 86 52 54 69

90 BELFORT
- BP 462
90008 Belfort Cedex
03 84 22 10 91

91 ESSONNE
- CSC La Ferme
91800 Boussy-Saint-Antoine
01 69 56 02 49
- 5, av. de Villiers
91210 Draveil
01 69 40 86 91
- 3, rue Alfred-de-Musset
91120 Palaiseau
01 69 34 60 36
- Maison des associations
place du 19 mars 1962
91240 Saint-Michel-sur-Orge
01 69 25 08 13

92 HAUTS-DE-SEINE
- BP 60025
92270 Bois-Colombes Cedex
- BP 31
92293 Châtenay-Malabry Cedex
01 40 91 81 55
- BP 73
92370 Chaville
01 46 23 15 02
- 11, rue Hédouin
92190 Meudon
01 45 34 36 10
- 18, rue des Écoles
92210 Saint-Cloud
06 41 06 59 35

93 SEINE-SAINT-DENIS
- 19, rue Jules Guesde
93140 Bondy
06 42 01 07 89
- Centre Salvador-Allende
1, av. du Dauphiné
93330 Neuilly-sur-Marne

94 VAL-DE-MARNE
- Centre Marius-Sildone
26, rue Émile-Raspail
94110 Arcueil
01 45 47 74 74
- Centre social Kennedy
36, bd John-Fitzgerald-Kennedy
94000 Créteil
01 43 77 60 45
- BP 22
94121 Fontenay-sous-Bois Cedex
01 48 76 18 65

95 VAL-D'OISE
- Espace Nelson-Mandela
82, bd du Général-Leclerc
95100 Argenteuil
01 39 80 78 15
- BP 90001
95471 Fosses Cedex
01 34 72 76 87
- Office culturel
Place du Forum
95210 Saint-Gratien
01 34 17 24 45

LA-RÉUNION
- 7, rue Paul-Demange
Les Vacoas
97480 Saint-Joseph
02 62 45 24 44

NOUVELLE-CALÉDONIE
- 8 rue Lacave-Laplagne-Mont-Coffyn
BP 2357
98846 Nouméa Cedex
06 87 28 51 20

Index

Les numéros en gras renvoient aux pages des plantes qui font l'objet d'une fiche et aux pages des thèmes qui font l'objet d'un développement.

A

B

C

D

E

H

I

Q

R

S

Liste des maladies et parasites par plante

Cette liste répertorie les principales maladies qui peuvent concerner chaque plante traitée dans la partie « Les plantes au jardin naturel ». Pour plus d'informations, vous pouvez ensuite vous reporter au tableau des maladies et parasites p. 178-193.

Abélia ▷ généralement aucun.

Abricotier ▷ moniliose, mouches des fruits, oïdium, rouille, buprestes (capnodes), verticilliose.

Acacia jaune ▷ généralement aucun.

Achillée ▷ pucerons noirs.

Aconit d'hiver ▷ escargots, limaces.

Actinidia (kiwi) ▷ cochenilles, escargots, mouches des fruits.

Agapanthe ▷ escargots, limaces.

Agastache ▷ oïdium.

Agératum du Mexique ▷ généralement aucun.

Agrumes ▷ cochenilles noires à carapace, aleurodes, mouches des fruits.

Ail ▷ rouille, mouches de l'oignon, teignes du poireau.

Ail d'ornement ▷ mouche de l'oignon.

Alchémille ▷ escargots, limaces.

Alstroemère ▷ escargots, limaces.

Althéa ▷ pucerons noirs.

Alysse odorant ▷ mildiou, rouille blanche.

Amandier ▷ pucerons verts, acariens rouges, cloque, criblure à *Coryneum*.

Amaryllis ▷ escargots, limaces.

Amélanchier ▷ feu bactérien.

Ammi blanc ▷ généralement aucun.

Ancolie ▷ oïdium, pucerons .

Anémone ▷ escargots, limaces.

Anémone du Japon ▷ escargots, limaces.

Aneth ▷ généralement aucun.

Anthémis ▷ pucerons.

Arbousier ▷ thrips.

Arbre à perruques ▷ généralement aucun.

Arbre à soie ▷ maladie du corail, psylles de l'arbre à soie.

Arbre de Judée ▷ psylles.

Armoise ▷ oïdium.

Artichaut et cardon ▷ pourriture du pied, verticilliose, pucerons.

Arum d'Éthiopie ▷ pucerons.

Asperge ▷ rhizoctone violet, mouches de l'asperge, criocères, rouille.

Aspérule odorante ▷ généralement aucun.

Aster ▷ oïdium.

Astrance (grande) ▷ escargots, limaces.

Aubépine ▷ oïdium, pucerons, feu bactérien, acariens rouges, galéruques, criocères, vers du framboisier.

Aubergine ▷ mouches blanches, mildiou, verticilliose, doryphores.

Azalée ▷ taches foliaires, dessèchement des boutons floraux, cicadelles, mouches blanches.

Bacopa ▷ pucerons, mouches blanches (aleurodes).

Baguenaudier ▷ généralement aucun.

Basilic ▷ généralement aucun.

Bégonia tubéreux ▷ oïdium (surtout sur sol sec), otiorhynques.

Belle-de-jour ▷ chenilles.

Belle-de-nuit ▷ limaces, pucerons.

Berbéris ▷ pucerons, oïdium.

Bergénia ▷ escargots, limaces.

Betterave rouge ▷ altises, rhizoctone violet, mineuses foliaires, mouches des légumes.

Bidens ▷ généralement aucun.

Bignone ▷ pucerons, tétranyques tisserands.

Bleuet des champs ▷ oïdium, mouches blanches (aleurodes).

Bouleau ▷ rouille, pucerons, tenthrèdes, cochenilles à bouclier, zeuzères.

Boule azurée ▷ pucerons.

Bouton-d'argent ▷ généralement aucun.

Bruyère ▷ généralement aucun.

Buddléia ▷ généralement aucun.

Bugle rampant ▷ oïdium.

Buglosse ▷ oïdium.

Buglosse de Sibérie ▷ généralement aucun.

Buis ▷ cécidomyies, cochenilles à bouclier, psylles.

Camassie ▷ généralement aucun.

Camélia ▷ taches foliaires, pucerons, cochenilles à carapace.

Camomille ▷ pucerons, limaces.

Campanule ▷ escargots, limaces.

Canna ▷ escargots, limaces.

Capucine ▷ pucerons noirs, galéruques, piérides du chou, criocères.

Carotte ▷ mouches de la carotte, taches foliaires (alternariose), pucerons galligènes, rhizoctone violet.

Caryoptéris ▷ généralement aucun.

Cassissier ▷ cécidomyies, cochenilles à bouclier.

Céanothe ▷ cochenilles à carapace, tétranyques tisserands.

Cèdre ▷ cochenilles à bouclier, pucerons, pucerons galligènes, chenilles processionnaires, champignon lignivore.

Céleri ▷ taches foliaires (septoriose), mineuses foliaires.

Centaurée ▷ oïdium.

Cerfeuil ▷ limaces, oïdium, mildiou.

Cerisier ▷ moniliose, anthracnose, pucerons, tigres, mineuses foliaires, tenthrèdes, mouches de la cerise.

Cerisier à fleurs ▷ pucerons, moniliose.

Charme ▷ cicadelles.

Chèvrefeuille ▷ pucerons.

Chicorée ▷ limaces, escargots.

Chimonanthe ▷ généralement aucun.

Chou ▷ hernie, mildiou, mouches blanches, altises, punaises, mouches du chou, piérides du chou, noctuelles défoliatrices.

Chrysanthème ▷ oïdium, rouille, pucerons, cicadelles, mineuses foliaires.

Ciboule et ciboulette ▷ généralement aucun.

Cinéraire maritime ▷ pourriture grise, pucerons .

Ciste ▷ généralement aucun.

Citrouille ▷ anthracnose, oïdium, pucerons.

Clarkia ▷ pucerons.

Clématite ▷ dépérissement.

Cléome épineux ▷ pucerons, limaces.

Cognassier ▷ oïdium, pucerons, carpocapses, acariens rouges.

Cognassier à fleurs ▷ acariens rouges, carpocapses, pucerons, tavelure, feu bactérien.

Colchique ▷ pourriture grise, limaces.

Consoude ▷ généralement aucun.

Coquelicot ▷ généralement aucun.

Coquelourde des jardins ▷ généralement aucun.

Coréopsis ▷ escargots, limaces.

Corète du Japon ▷ généralement aucun.

Coriandre ▷ punaises rouges.

Cornichon et concombre ▷ anthracnose, oïdium, virus de la mosaïque, pucerons, limaces, fusariose vasculaire.

Cornouiller ▷ généralement aucun.

Cosmos ▷ limaces.

Cotonéaster ▷ feu bactérien, tigres.

Courge musquée ▷ anthracnose, oïdium, pucerons.

Courgette ▷ anthracnose, oïdium, pucerons, fusariose vasculaire.

Crambé ▷ altises, escargots, limaces.

Crocus ▷ campagnols.

Cresson de fontaine ▷ noctuelles défoliatrices.

Crosne du Japon ▷ pourriture du collet, rhizoctone violet, taches foliaires (alternariose).

Cyclamen ▷ otiorhynques, fusariose vasculaire.

Cyprès ▷ cochenilles à bouclier, pucerons, pucerons galligènes, chenilles processionnaires, champignon lignivore, rouille, chancre cortical.

Cytise ▷ pucerons noirs, rouille.

Dahlia ▷ escargots, limaces, punaises, hannetons, oïdium, pourriture grise (botrytis), mineuses foliaires, tétranyques tisserands.

Delphinium ▷ escargots, limaces, oïdium.

Deutzia ▷ généralement aucun.

Diascia ▷ limaces, mildiou.

Digitale ▷ généralement aucun.

Dimorphothéca ▷ mildiou, pucerons.

Échalote ▷ mouches de l'oignon.

Échinacée ▷ généralement aucun.

Éléagnus ▷ psylles.

Épiaire ▷ limaces, oïdium.

Épicéa ▷ cochenilles à bouclier, pucerons, pucerons galligènes, chenilles processionnaires, champignon lignivore.

Épinard ▷ mildiou, mosaïque du concombre.

Érable ▷ cochenilles à carapace (pulvinaires), acariens cécidogènes, cicadelles, cicadelles blanches, zeuzères, maladie du corail, anthracnose, taches foliaires, verticilliose.

Escallonia ▷ cochenilles à bouclier.

Estragon ▷ généralement aucun.

Eupatoire ▷ limaces, pucerons.

Euphorbe ▷ cochenilles à corps mou.

Exochorda ▷ généralement aucun.

Faux cyprès ▷ cochenilles à bouclier, pucerons, pucerons galligènes, chenilles processionnaires, champignon lignivore.

Fenouil doux ▷ rarement pourriture à sclerotinia.

Fève ▷ pucerons noirs, sitones du pois.

Ficoïde ▷ cochenilles à corps mou, pucerons verts.

Figuier ▷ pucerons, cochenilles.

Forsythia ▷ pourridié à armillaire, galle bactérienne du forsythia.

Fougère mâle ▷ cochenilles à corps mou.

Fraisier ▷ oïdium, pourriture grise, taches foliaires, verticilliose, tétranyques tisserands, hannetons, limaces, maladies virales.

Framboisier ▷ vers du framboisier, cécidomyies, cicadelles blanches, pyrale du maïs, pourriture grise.

Fritillaire ▷ limaces, criocères.

Fuchsia de Magellan ▷ rouille, pucerons, mouches blanches, acariens cécidogènes, altises, tétranyques tisserands.

Fusain ▷ acariens cécidogènes, cochenilles à bouclier.

Gaillarde ▷ limaces, oïdium.

Gattilier ▷ généralement aucun.

Gaura ▷ généralement aucun.

Gazania ▷ pourriture en cas d'excès d'eau, pucerons.

Genêt ▷ pucerons noirs, acariens cécidogènes.

Genévrier ▷ cochenilles à bouclier, pucerons, pucerons galligènes, chenilles processionnaires, champignon lignivore, rouille, buprestes.

Géranium vivace ▷ rouille, oïdium.

Giraumond ▷ anthracnose, oïdium, pucerons.

Giroflée quarantaine ▷ pourriture grise, altises.

Giroflée ravenelle ▷ limaces, mildiou, galéruques, criocères.

Glaïeul ▷ pucerons, thrips, escargots, limaces, rongeurs, pourriture grise.

Glycine ▷ cochenilles à carapace.

Graminée ▷ généralement aucun.

Groseillier à fleurs ▷ oïdium, phytoptes du groseillier (acariens cécidogènes), maladie du corail, pucerons, tenthrèdes, acariens rouges.

Groseillier à grappes ▷ pucerons, oïdium, anthracnose.

Haricot ▷ pucerons noirs, tétranyques tisserands, sitones du pois, tordeuses du pois, mouches des légumes, virus de la mosaïque, anthracnose, noctuelles défoliatrices.

Hélénie ▷ limaces.

Héliotrope du Pérou ▷ mouches blanches.

Hellébore ▷ pucerons, taches foliaires.

Hémérocalle ▷ généralement aucun.

Heuchère ▷ généralement aucun.

Hortensia ▷ cochenilles à carapace (pulvinaires), phyllostictose (taches foliaires), tétranyques tisserands.

Hosta ▷ limaces, escargots.

Houx ▷ cochenilles à carapace, mineuses foliaires du houx.

If ▷ cochenilles à bouclier, pucerons, pucerons galligènes, chenilles processionnaires, champignon lignivore, rouille, cécidomyies.

Immortelle annuelle ▷ généralement aucun.

Impatiens ▷ pourriture grise, pucerons, tétranyques tisserands, mouches blanches.

Iris ▷ escargots, limaces, hétérosporiose (taches foliaires), galéruques, criocères.

Jacinthe ▷ campagnols.

Jacinthe des bois ▷ généralement aucun.

Jasmin d'hiver ▷ généralement aucun.

Julienne de Mahon ▷ généralement aucun.

Kaki ▷ cochenilles.

Kolkwitzia ▷ généralement aucun.

Laitue ▷ limaces, escargots, mildiou, pourriture grise, pourriture du collet, hannetons, mineuses foliaires, pucerons galligènes.

Lamier ▷ escargots, limaces.

Lantana ▷ mouches blanches (aleurodes).

Laurier-rose ▷ cochenilles à carapace, pucerons, galle bactérienne.

Laurier-tin ▷ galéruques et criocères, otiorhynques, thrips.

Lavande ▷ généralement aucun.

Lavatère arbustive ▷ rouille, cicadelles.

Liatride ▷ escargots, limaces.

Lierre ▷ généralement aucun.

Lilas ▷ phytopte du lilas (acarien cécidogène), bactériose, cochenilles à bouclier, otiorhynques, psylles.

Lin à grandes fleurs ▷ escargots, limaces, pucerons.

Liquidambar ▷ généralement aucun.

Lis ▷ criocères du lis, pucerons, limaces, rongeurs.

Lupin ▷ limaces, oïdium, pucerons.

Mâche ▷ limaces, escargots, mildiou.

Magnolia ▷ généralement aucun.

Mahonia ▷ oïdium, rouille.

Maïs doux ▷ pyrale du maïs, charbon du maïs.

Marguerite d'automne ▷ oïdium, pucerons.

Marjolaine ▷ généralement aucun.

Melon ▷ fusariose vasculaire, mildiou, oïdium, virus de la mosaïque, pucerons, anthracnose (nuile rouge).

Menthe ▷ généralement aucun.

Menthe verte ▷ rouille de la menthe.

Millepertuis ▷ rouille.

Mimosa ▷ cicadelles blanches.

Monarde ▷ limaces, oïdium.

Monnaie-du-pape ▷ oïdium, pucerons.

Montbrétia ▷ généralement aucun.

Muflier ▷ oïdium, rouille, pucerons.

Mûrier (ronce à fruits) ▷ vers du framboisier.

Muscari ▷ généralement aucun.

Myosotis ▷ oïdium, limaces.

Narcisse ▷ généralement aucun.

Navet ▷ altises, noctuelles défoliatrices, mouches du chou, hernie du chou, mildiou.

Néflier commun ▷ feu bactérien.

Népéta ▷ limaces, oïdium.

Nérine ▷ escargots, limaces.

Nigelle de Damas ▷ limaces, escargots.

Nivéole ▷ escargots, limaces.

Noisetier commun ▷ balanins des noisettes, phytoptes du noisetier (acariens cécidogènes).

Noisetier d'ornement ▷ balanins des noisettes, phytoptes du noisetier (acariens cécidogènes).

Noyer ▷ acariens cédidogènes, carpocapses, zeuzères.

Œillet ▷ pucerons.

Œillet d'Inde ▷ tétranyques tisserands, limaces, rouille, pourriture grise.

Oignon ▷ mouches de l'oignon, mildiou, teignes du poireau, pourritures grise et blanche, thrips.

Oranger du Mexique ▷ tétranyques tisserands.

Origan ▷ généralement aucun.

Ornithogale ▷ généralement aucun.

Orpin ▷ escargots, limaces.

Oseille ▷ généralement aucun.

Osmanthe ▷ généralement aucun.

Panais ▷ mouches de la carotte.

Pâquerette ▷ rouille.

Passiflore bleue ▷ pucerons.

Pâtisson ▷ anthracnose, oïdium, pucerons.

Pavot ▷ pucerons.

Pavot de Californie ▷ pourriture des racines.

Pêcher ▷ cloque du pêcher, acariens rouges, cicadelles blanches, cochenilles à bouclier, verticilliose, criblure à *Coryneum,* moniliose, oïdium, pucerons verts, mouches des fruits, buprestes.

Pélargonium ▷ mouches blanches (aleurodes), cicadelles, rouille.

Pensée ▷ oïdium, rouille, limaces, pucerons.

Perce-neige ▷ pourriture grise.

Pérovskia ▷ généralement aucun.

Persicaire ▷ limaces.

Persil ▷ taches foliaires (alternariose), mineuses foliaires.

Pervenche ▷ généralement aucun.

Pétunia ▷ pucerons, limaces.

Phacélie à feuilles de tanaisie ▷ généralement aucun.

Phlomis ▷ généralement aucun.

Phlox de Drummond ▷ oïdium.

Photinia ▷ généralement aucun.

Physalis ▷ généralement aucun.

Piment ▷ pucerons.

Pin ▷ cochenilles à bouclier, pucerons, pucerons galligènes, chenilles processionnaires, champignon lignivore, rouille, buprestes, tenthrèdes.

Pivoine herbacée ▷ hannetons.

Poireau ▷ teignes du poireau, mildiou, rouille, mineuses foliaires, thrips, mouches de l'oignon.

Poirée ▷ altises, oïdium, pucerons.

Poirier ▷ tavelure, pucerons, acariens rouges, acariens cédidogènes, buprestes, carpocapses, cécidomyies, chancre européen, cochenilles à bouclier, psylles, punaises, tigres, zeuzères.

Poirier d'ornement ▷ rouille, oïdium, feu bactérien.

Pois ▷ tordeuse du pois, sitone du pois, rouille, mouches des légumes, thrips, anthracnose.

Pois de senteur ▷ mildiou, limaces, pucerons.

Poivron ▷ pucerons.

Pomme de terre ▷ mildiou, verticilliose, rhizoctone violet, hannetons, punaises, doryphores.

Pommier ▷ acariens rouges (grisette du pommier), carpocapses, chancre européen, tigres, cochenilles à bouclier, mineuses foliaires, punaises, tavelure.

Pommier à fleurs ▷ oïdium, tavelure, pucerons, feu bactérien.

Potimarron ▷ anthracnose, oïdium, pucerons.

Potiron ▷ anthracnose, oïdium, pucerons.

Pourpier à grandes fleurs ▷ pucerons.

Primevère ▷ limaces, pucerons, noctuelles défoliatrices, otiorhynques.

Prunier ▷ moniliose, rouille, pucerons, acariens rouges.

Pulmonaire ▷ oïdium.

Pyracantha ▷ tavelure, feu bactérien, pucerons lanigères.

Radis ▷ altises, hernie du chou.

Raifort ▷ rouille, mildiou.

Reine-marguerite ▷ fusariose vasculaire.

Rhododendron ▷ taches foliaires, dessèchement des boutons floraux, cicadelles, otiorhynques, tigres, tétranyques tisserands.

Rhubarbe ▷ pourriture du collet.

Romarin ▷ généralement aucun.

Roquette ▷ limaces, escargots, altises.

Rose d'Inde ▷ tétranyques tisserands, limaces, rouille, pourriture grise.

Rose trémière ▷ limaces, pucerons, cicadelles, rouille.

Rosier ▷ taches noires (taches foliaires), oïdium, rouille, cécidomyies, tétranyques tisserands, tenthrèdes, pucerons.

Rudbéckia bisannuel ▷ limaces.

Rudbéckia vivace ▷ limaces.

Rutabaga ▷ mouches du chou, limaces, hernie du chou.

Salicaire ▷ escargots, limaces.

Salsifis ▷ rouille blanche, oïdium.

Sapin ▷ cochenilles à bouclier, pucerons, pucerons galligènes, chenilles processionnaires, champignon lignivore.

Sarriette ▷ généralement aucun.

Sauge ▷ pucerons, cicadelles.

Sauge officinale ▷ généralement aucun.

Saule ▷ anthracnose, tavelure, acariens cédidogènes, capricornes, cécidomyies, galéruques et criocères, tenthrèdes.

Scabieuse ▷ généralement aucun.

Scille ▷ généralement aucun.

Scorsonère ▷ rouille blanche, oïdium.

Seringat ▷ pucerons noirs, oïdium.

Silène ▷ limaces, pucerons.

Sorbier des oiseleurs ▷ acariens rouges, buprestes, chancre européen.

Souci ▷ oïdium.

Spirée ▷ oïdium, rouille, pucerons verts, cochenilles à carapace.

Sternbergia ▷ pourriture en conditions trop humides.

Sumac ▷ maladie du corail, oïdium.

Sureau ▷ pucerons noirs, verticilliose.

Tamaris ▷ généralement aucun.

Tétragone ▷ mosaïque du concombre.

Thlaspi ▷ limaces, escargots.

Thuyas ▷ cochenilles à bouclier, pucerons, pucerons galligènes, chenilles processionnaires, champignon lignivore, rouille, buprestes.

Thym ▷ généralement aucun.

Tomate ▷ mildiou, taches foliaires (alternariose), verticilliose, fusariose vasculaire, virus de la mosaïque, acariens, tétranyques tisserands, pucerons, doryphores, mineuses foliaires, noctuelles défoliatrices.

Topinambour ▷ mildiou, oïdium.

Tournesol ▷ oïdium, mildiou, limaces.

Troène ▷ oïdium, pucerons, otiorhynques.

Tulipe ▷ campagnols, viroses.

Tulipier de Virginie ▷ généralement aucun.

Valériane rouge ▷ généralement aucun.

Vergerette ▷ oïdium.

Véronique ▷ oïdium.

Verveine citronnelle ▷ généralement aucun.

Vigne ▷ mildiou, oïdium, pourriture grise, cicadelles blanches.

Vigne vierge ▷ anthracnose, cicadelles blanches.

Violette ▷ limaces, cécidomyie de la violette.

Viorne ▷ cochenilles à carapace, pucerons, mouches blanches.

Weigélia ▷ cochenilles à carapace, taches foliaires.

Zinnia ▷ généralement aucun.

Crédits iconographiques

Abréviations : h= haut, b= bas, m = milieu, d = droite, g = gauche.

COUVERTURE

Plat 1, de gauche à droite : © Thinkstock / Blewulis; © Thinkstock / GoodLuz; © Fotolia / Moonrise.
Dos : © Istock / NataliaLeb.

INTÉRIEUR

4028mdk09 © page 206 (bd).

Pierre Aversenq © pages 178 (1,2,3,4), 179 (1,2,3,4), 180 (1,2,3,4), 181 (2,3,4), 182 (1,2,3,4), 183 (1,3,4), 184 (1,2,3,4), 185 (1,3,4), 186 (1,2,3), 187 (1,2,3), 188 (2,3,4), 189 (2,3), 190 (2,3), 191 (1,2,4), 192 (1,2,3), 193 (2,4).

BIOSPHOTOS © pages 14 Denis Bringard; 15 Jean-Yves Grospas; 16 (h) Hervé Lenain; 16 (b) Denis Bringard; 17 Claude Balcaen; 18 Jean-Michel Groult; 19 (h) Mark Boulton; 19 (b), 20 (h) Philippe Giraud; 20 (b) NouN; 21 Frédéric Nevoit; 22-23 Hervé Lenain; 24 MG de Saint Venant; 26 Steven Wooster / GPL; 27 (b) Frédéric Didillon; 28 (hg) Hervé Lenain; 28 (hd) Dominique Delfino; 29 Frédéric Didillon; 30 (m) Philippe Giraud; 30 (b) Joël Douillet; 31 S & O / GAP; 32 Frédéric Didillon; 34 (b) Gilles Le Scanff & Joëlle-Caroline Mayer; 34 (h), 36, 37 (hg), 37 (mg) Frédéric Didillon; 37 (hd) NouN; 37 (md) Lea Fiona / GAP; 38 Joël Douillet; 39 (b) NouN; 39 (h) Otmar Diez / Flora Press; 40 Paul Debois / GAP; 41 (b) Frédérique Bidault; 41 (h) Joël Douillet; 42 (h) Marcus Harpur / GAP; 42 (b) Pernilla Bergdahl / GAP; 43 (g) Paul Debois / GAP; 43 (d) Philippe Giraud; 44 Gilles Le Scanff & Joëlle-Caroline Mayer; 45 NouN; 46 (g) J.-L. Klein & M.-L. Hubert; 46 (d) Philippe Giraud; 47 Jean-Michel Groult; 48 Frédéric Didillon; 49 Carole Drake / GAP; 50 Adcock Maxine / GAP; 51, 52 Xiaodisc / Green Eye; 53 Gilles Le Scanff & Joëlle-Caroline Mayer; 54 Sophie Boussahba; 55 (h), 56 Frédéric Didillon; 57 Hervé Lenain; 58 NouN; 59 Hervé Lenain; 60 (h) Joël Douillet; 61 Mark Bolton / GAP; 62 Gilles Le Scanff & Joëlle-Caroline Mayer; 63 Joël Douillet; 64 Gilles Le Scanff & Joëlle-Caroline Mayer; 65, 66 (h) Frédéric Didillon; 66 (b) NouN; 67 Alfonse Leroy / GPL; 68 Alexandre Petzold; 70 NouN; 71 (g) Gilles Le Scanff & Joëlle-Caroline Mayer; 71 (d) André Maurer; 72 J. S. Sira / GPL; 73 Michel Gunther; 74 (b), 74 (h) Frédéric Didillon; 75 (b) NouN; 75 (h) Anne Green-Armytage / GAP; 76 NouN; 77 Suzie Gibbons / GAP; 78 Lynn Keddie / GAP; 79 (b) Nicola Browne / GAP; 79 (h) Paul Debois / GAP; 80 NouN; 81 Mark Bolton / GAP; 82 Claudius Thiriet; 86 (g) Lynne Brotchie / GAP; 83 (d) Claudius Thiriet; 84 Mark Winwood / GAP; 86 DG Crea - DG Flor; 87 Jean-Michel Groult; 88 (g) NouN; 88 (d) Mark Winwood / GAP; 89 Dave Bevan / GAP; 90 Jean-Paul Ferrero; 91 (g) J.-M. Labat & Y. Lanceau; 91 (d) Howard Rice / GPL; 92 (h) Frédéric Didillon; 92 (b) M. Grenet & A. Soumillard; 93 (g) Jean-Michel Groult; 93 (d) NouN; 94 Gilles Le Scanff & Joëlle-Caroline Mayer; 95 (g) Jean-Michel Groult; 95 (d) Alexandre Petzold; 96 Visions Pictures; 97 Alexandre Petzold; 98 Philippe Giraud; 99 Alexandre Petzold; 100 (g); NouN; 100 (d) Marc Chatelain; 101, 103 (m) Alexandre Petzold; 103 (b) Howard Rice / GPL; 104, 105 Alexandre Petzold; 106 Frédéric Didillon; 107 (d) NouN; 108 Paul Debois / GAP; 109 Patrick Sabonnadière; 110 (g) Claudius Thiriet; 110 (d) Zara Napier / GAP; 112 BBC Magazines Ltd / GAP; 113 Firmston Victoria / GAP; 114 Ron Evans / GPL; 116 Eric Ferry & Bruno Oertel; 117 (g) Leigh Clapp / GAP; 117 (d) Denis Bringard; 118, 119 NouN; 120 (mg), 120 (bg) Brian North / GAP; 120 (bd) Jason Smalley / GAP; 121 Mark Bolton / GAP; 122 (g) Frédéric Didillon; 122 (d) Claudius Thiriet; 123 (g) Elke Borkowski / GAP; 123 (d) Howard Rice / GPL; 124 Helga Noack / Flora Press; 125 NouN; 126 Philippe Giraud; 127 (g) Patricia Méaille; 127 (d) Denis Bringard; 128 Philippe Giraud; 129 (hg), 129 (hd) NouN; 129 (bg) Mark Winwood / GPL; 130 Philippe Giraud; 132 (g) Gilles Le Scanff & Joëlle-Caroline Mayer; 132 (hd) Jean-Jacques Étienne; 132 (md) NouN; 133 (hg,2) Adcock Maxine / GAP; 133 (mg,1) Denis Bringard; 133 (hd) Alexandre Petzold; 133 (md) Geoff Kidd / GAP; 133 (bd) Harold Verspieren / Digitalice; 134 Zara Napier / GAP; 135 (h) Jean-Jacques Étienne; 135 (bg), 135 (bd) NouN; 137 (b) Frédéric Didillon; 139 Vilma Meunier; 141 Laurent Laveder; 142 Alexandre Petzold; 143 NouN / GPL; 144 Howard Rice / Buckland / GAP; 147 (hg) Alexandre Petzold; 147 (mg) Gilles Le Scanff & Joëlle-Caroline Mayer; 148 Howard Rice / Buckland / GAP; 149 (g) Jean-Michel Groult; 149 (d) Philippe Giraud; 150 (mg) Colin Cuthbert / Science Photo Library; 150 (bg) Lamontagne / GPL; 151 (g,1) RF Company; 151 (g,3) Frédéric Didillon; 151 (g,4) Michel Gunther; 151 (d,1) Sylvestre Popinet & Christel Freidel; 151 (d,3) Hervé Lenain; 152 (g,2) Robert Henno; 152 (g,3) Hervé Lenain; 152 (d,1) Zara Napier / GAP; 152 (d,4) David Cavagnaro / GPL; 152 (d,6) RF Company; 153 NouN; 154 Frédéric Didillon; 155 (g) Philippe Giraud; 155 (d) NouN; 156 Geoff Kidd / Science Photo Library; 157 NouN; 158 (g), 159 (hg), 159 (mg) Alexandre Petzold; 159 (hd) Mark Winwood / GPL; 160 Geoff Kidd / GAP; 161 (hg) Stephen Hamilton / GPL; 161 (hd) Howard Rice / GPL; 162 (g) P. & M. Guinchard; 162 (d) J.-L. Klein & M.-L. Hubert; 164 Alexandre Petzold; 166, 167 NouN; 171 Frédéric Didillon; 172 NouN; 173 Elke Borkowski / GAP; 174 NouN; 175 Robert Henno; 176 (g) Frédéric Didillon; 176 (d) Maxine Adcock / Science Photo Library; 177 Dave Bevan / GAP; 181 (1) Frédéric Didillon; 183 (2) Claude Balcaen; 185 (2) NHPA / Photoshot; 186 (4) Annie & Jean-Claude Malausa; 187 (4) Geoff Kidd / GAP; 188 (1) Joël Bricout; 189 (1) Vincent M. & E. Studler; 189 (4) Claudius Thiriet; 192 (4) Denis Bringard; 193 (1) Photos Horticultural / Photoshot; 193 (3) Dave Bevan / GAP; 194 Claudius Thiriet; 196 Frédérique Bidault; 197 Denis Bringard; 198 Berndt Fischer; 199 (d) Joël Héras; 200 (b) DG Crea - DG Flor; 201 Frédérique Bidault; 204 (b) Frédérique Bidault; 205 Hugo Willocx / Wildlife Pictures; 206 (hg) Mike Lane; 206 (bg) Gerhard Fidler / Okapia; 207 (g) Ghislain Simard; 207 (d) Pascal Pittorino; 208 (g) J.-L. Klein & M.-L. Hubert; 209 (m) Ernie Janes / Photoshot; 209 (hd) Eric Guilloret; 210 Frédéric Didillon; 212, 214 Gilles Le Scanff & Joëlle-Caroline Mayer; 215 NouN; 216, 217 (g) Frédéric Didillon; 217 (m) Sarah Cuttle / GAP; 217 (d) Frédéric Didillon; 218 (g) Alexandre Petzold; 218 (m) Visions Pictures; 218 (d) Frédéric Didillon; 219 (g) J. S. Sira / GPL; 219 (m) Jean-Michel Labat; 219 (d) NouN; 220 (g) Jo Whitworth / GAP; 220 (m), 220 (d) J.-L. Klein & M.-L. Hubert; 221 (g) Robert Henno; 222 Frédéric Didillon; 223 (g) Tristan Lafranchis; 223 (m) Claude Thouvenin; 223 (d) Frédéric Didillon; 224 (g) Denis Bringard; 224 (m) Samuel Dhier; 224 (d) Frédéric Didillon; 225 (g) Gilles Le Scanff & Joëlle-Caroline Mayer; 225 (m) Mark Bolton / GPL; 225 (d) Gilles Le Scanff & Joëlle-Caroline Mayer; 226 (g) Michel Gunther; 226 (m) NouN; 226 (d) Alexandre Petzold; 227 (m) Gilles Le Scanff & Joëlle-Caroline Mayer; 227 (d) Roger Dauriac; 228 (h) Elke Borkowski / GAP; 228 (b) Frédéric Didillon; 229 (g) J. S. Sira / GPL; 229 (m) J.-L. Klein & M.-L. Hubert; 229 (d) Richard Bloom / GAP; 230 (m) NouN; 231 (g) Robert Henno; 231 (d) NouN; 232 (h) Gilles Le Scanff & Joëlle-Caroline Mayer; 232 (b) Frédéric Didillon; 233 (g) Rob Whitworth / GAP; 233 (m) NouN; 233 (d) Jean-Yves Grospas; 234 (g) Claude Thouvenin; 234 (m) Gilles Le Scanff & Joëlle-Caroline Mayer; 234 (d) Philippe Giraud; 235 (m) H. Curtis; 235 (d), 236 (g) NouN; 236 (d) Frédéric Didillon; 237 (m) Gerald Majumdar / GAP; 237 (d) Mark Bolton / GAP; 238 (g) Gilles Le Scanff

& Joëlle-Caroline Mayer; 238 (m) Visions Pictures; 238 (d) Geoff Kidd / GAP; 239 (g) Frédéric Didillon; 239 (m) Lee Avison / GAP; 239 (d) J.-L. Klein & M.-L. Hubert; 240 (g) S & O / GAP; 240 (m) NouN; 241 Frédéric Didillon; 242 (g) Mark Bolton; 242 (m) Frédéric Didillon; 242 (d) Gilles Le Scanff & Joëlle-Caroline Mayer; 243 (g) Marcus Harpur / GAP; 243 (m) NouN; 243 (d) FhF GreenMedia / GAP; 244 (g) Jean-Claude Carton; 244 (m) Peter de Jong / Visions Pictures; 244 (d) Mark Bolton / GAP; 245 (g) Hervé Lenain; 245 (d) Lea Fiona / GAP; 246 (g) Gerald Majumdar / GAP; 246 (d) Emmanuel Gonnet; 247 (m) Frédéric Didillon; 247 (d) Susie Mccaffrey / GPL; 248 (h) Elke Borkowski / GAP; 248 (b) Jean-Michel Groult; 249 Frédéric Didillon; 250 (hg) Alexandre Petzold; 250 (hd) Frédéric Didillon; 250 (b) Gilles Le Scanff & Joëlle-Caroline Mayer; 251 John Glover / GPL; 252 (m) Frédéric Didillon; 252 (d) Jo Whitworth / GPL; 253 (g) NouN; 253 (m) Zara Mccalmont-Napier / GPL; 253 (d) Mark Bolton / GAP; 254 (g) Frédéric Didillon; 254 (m) Gilles Le Scanff & Joëlle-Caroline Mayer; 254 (d) Michel Gunther; 255 (g) Joël Douillet; 255 (m) Xiaodisc / Green Eye; 255 (d) Robert Henno; 256 (g) J.-L. Klein & M.-L. Hubert; 256 (m) NouN; 265 (d) Frédéric Didillon; 257 (g) Pascal Pittorino; 257 (m) Alexandre Petzold; 257 (d) NouN / Globe Planter; 258 Frédéric Didillon; 260 Philippe Giraud; 261 (g) Jane Legate / GPL; 261 (d) Frédéric Didillon; 262 (g) Joël Douillet; 262 (m) Frédéric Didillon; 262 (d) Hervé Lenain; 263 (g) Jean-Paul Chatagnon; 263 (m) Catherine Fruhinsholz; 263 (d) Jean-Michel Groult; 264 (g) Harold Verspieren / Digitalice; 264 (m) Gilles Le Scanff & Joëlle-Caroline Mayer; 264 (d) Emmanuel Gonnet; 265 (g) David Burton / GPL; 265 (m) Dave Bevan / GAP; 265 (d) Adcock Maxine / GAP; 266 (g) Visions Pictures; 266 (m) Sharon Pearson / GAP; 266 (d) Stephen Henderson / GPL; 267 Xiaodisc / Green Eye; 268 (g) Rob Whitworth / GAP; 268 (m) Visions Botanical / Visions Pictures; 268 (d) Frédéric Didillon; 269 (g) Jean-Yves Grospas; 269 (m) Hervé Lenain; 269 (d) Philippe Giraud; 270 (g) Frédéric Didillon; 270 (m) Joël Douillet; 270 (d) Frédéric Didillon; 271 (m) Jean-Luc & Françoise Ziegler; 271 (d) Gerald Majumdar / GAP; 272 (g) Denis Bringard; 272 (m), 273 (g) Frédéric Didillon; 273 (m) Gerald Majumdar / GAP; 273 (d) NouN; 274 Geoff Du Feu / GAP; 275 (h) Frédéric Didillon; 275 (b) Michael Howes / GAP; 276 Frédéric Didillon; 277 (m) Michael Howes / GAP; 277 (d), 278 Frédéric Didillon; 279 (g) Gilles Le Scanff & Joëlle-Caroline Mayer; 279 (m) Frédéric Didillon; 279 (d) J. S. Sira / GPL; 280 (g), 280 (d) Alexandre Petzold; 281 (g) Gilles Le Scanff & Joëlle-Caroline Mayer; 281 (d) Gerald Majumdar / GAP; 282 (g) Frédéric Didillon; 282 (m) Joël Douillet; 282 (d) Jean-Michel Groult; 283 (g) Claude Thouvenin; 283 (m) Marcus Harpur / GAP; 283 (d) Frédéric Didillon; 284 (g) Alexandre Petzold; 284 (m) Frédéric Didillon; 284 (d) Antoni Agelet; 285 (g) Philippe Giraud; 285 (m), 285 (d) Frédéric Didillon; 286 (g) Claude Thouvenin; 286 (m) Muriel Hazan; 286 (d) Gilles Le Scanff & Joëlle-Caroline Mayer; 287 (g) Visions Pictures; 287 (m) Alexandre Petzold; 287 (d) Frédéric Didillon; 288 (g) NouN; 288 (m) Grégory Mairet; 288 (d) Philippe Giraud; 289 (g) Hervé Lenain; 289 (m) Michel Gunther; 289 (d), 290 Philippe Giraud; 292 NouN; 293 (h) Frédéric Didillon; 293 (bg) Xiaodisc / Green Eye; 293 (bd) Frédéric Didillon; 294 (g) Maddie Thornhill / GAP; 294 (m) Visions Pictures; 294 (d) Carol Sharp / Flowerphotos; 295 (g) Victoria Firmston / GAP; 295 (m) Christina Bollen / GAP; 295 (d) Muriel Hazan; 296 (g) Philippe Giraud; 296 (m) Frédéric Didillon; 296 (d) Christian König; 297 (g) Frédéric Didillon; 297 (m) Adrian Thomas / Science Photo Library; 297 (d) Philippe Giraud; 298 NouN; 299 (g) Pernilla Bergdahl / GAP; 299 (m) NouN; 299 (d) Dave Bevan / GAP; 300 (g) Mark Bolton; 300 (m) Philippe Giraud; 300 (d) Dave Zubraski / GAP; 301 (g) Emmanuel Gonnet; 301 (m) Marg Cousens / GAP; 301 (d) Pernilla Bergdahl / GAP; 302 (g) Howard Rice / GAP; 302 (m) Visions Pictures; 302 (d) Marcus Harpur / GAP; 303 (g) Xiaodisc / Green Eye; 303 (m) NouN; 303 (d) Joshua McCullough / GPL; 304 NouN; 305 (g) Visions Botanical / Visions Pictures; 305 (m) Lee Avison / GAP; 305 (d) Frédéric Didillon; 306 (m) Geoff Du Feu / GAP; 306 (d) Mark Bolton; 307 (g) Frédéric Didillon; 307 (m) NouN; 307 (d) André Pascal; 308 (g) Geoff Kidd / GAP; 308 (m) Michel Gunther; 308 (d) Chris Burrows / GPL; 309 Philippe Giraud; 310 (g) DG Crea - DG Flor; 310 (m) Alexandre Petzold; 310 (d) Claude Thouvenin; 311 (m) NouN; 311 (d) J.-L. Klein & M.-L. Hubert; 312 (g) DG Crea - DG Flor; 312 (m) Hervé Lenain; 312 (d) Anthony Cooper / Science Photo Library; 313 (g) Howard Rice / GPL; 313 (m) Pernilla Bergdahl / GAP; 313 (d) Joël Douillet; 314 (g) Frédéric Didillon; 314 (m), 314 (d) Hervé Lenain; 315 (g) Lynn Keddie / GAP; 315 (m) Frédéric Didillon; 315 (d) Michel Gunther; 316 Frédéric Didillon; 319 (g) Philippe Giraud, 319 (d) Frédéric Didillon; 320 (g) Howard Rice / GPL; 320 (m) Bjanka Kadic / Science Photo Library; 320 (d), 321(g) Frédéric Didillon; 321 (m) Visions Pictures; 321 (d) P. & M. Guinchard; 322 (g) Gilles Le Scanff & Joëlle-Caroline Mayer; 322 (m) Philippe Giraud; 322 (d) Martin Hughes-Jones / GAP; 323 (g) Lamontagne / GPL; 323 (m) Philippe Bousseaud; 323 (d) Gilles Le Scanff & Joëlle-Caroline Mayer; 324 (g) Dave Bevan / GAP; 324 (m) Jean-François Souchard; 324 (d) Jean-Paul Chatagnon; 325 (g) Joël Douillet; 325 (m) Hervé Lenain; 325 (d) Muriel Hazan; 326 Paul Debois / GAP; 327 (m) Dave Zubraski / GAP; 327 (d) Visions Pictures; 328 (g) Ellen Rooney / GPL; 328 (m) J. S. Sira / GAP; 328 (d) Visions Pictures; 329 Vaughan Fleming / Science Photo Library; 330 (g) Gilles Le Scanff & Joëlle-Caroline Mayer; 330 (m) Mark Bolton / GAP; 330 (d) Philippe Giraud; 331 Gilles Le Scanff & Joëlle-Caroline Mayer; 332 (g) Jonathan Buckley / GAP; 332 (m) Peter de Jong / Visions Pictures; 332 (d) Michel Lefèvre; 333 (g) Denis Bringard; 333 (m) Muriel Hazan; 333 (d) Bob Gibbons / Science Photo Library; 334 Joël Douillet; 335 (m) Juliette Wade / GAP; 335 (d) Harold Verspieren / Digitalice; 336 Virginie Klecka; 338 Alexandre Petzold; 339 (g) DG Crea - DG Flor; 339 (d) Philippe Giraud; 340 (g) Digitalice; 340 (m), 340 (d) Harold Verspieren / Digitalice; 341 (g) Michel Lefèvre; 341 (d) Philippe Giraud; 342 (g) Digitalice; 342 (m) Harold Verspieren / Digitalice; 343 (g) Mark Bolton / GAP; 343 (m) Michel Gunther; 343 (d) Alexandre Petzold; 344 (g) Virginie Klecka; 344 (m) Philippe Giraud; 344 (d) Mark Bolton / GAP; 345 (m) Frédérique Bidault; 345 (d) Harold Verspieren / Digitalice; 346 (g) P. & M. Guinchard; 346 (m) Alexandre Petzold; 346 (d) Jacqui Hurst / GPL; 347 (g) Dave Bevan / GAP; 347 (m) Cora Niele / GPL; 347 (d) Philippe Giraud; 348 Gilles Le Scanff & Joëlle-Caroline Mayer; 349 (g) Frédéric Didillon; 349 (m) Elke Borkowski / GAP; 349 (d) John Glover / GPL; 350 Philippe Giraud; 351 (g) Harold Verspieren / Digitalice; 351 (m) Stuart Blyth / GPL; 351 (d) NouN; 352 (g) Richard Bloom / GAP; 352 (m) Gilles Le Scanff & Joëlle-Caroline Mayer; 352 (d) Jo Whitworth / GAP; 353 (g) Joël Douillet; 353 (m) Adrian Thomas / Science Photo Library; 353 (d) Frédéric Didillon; 354 (g) Joël Douillet; 354 (m) Marcus Harpur / GAP; 354 (d) Brigitte Marcon; 355 NouN; 356 (m) John Glover / GAP; 356 (d) Rob Whitworth / GAP; 357 (g) Alexandre Petzold; 357 (m) DG Crea - DG Flor; 357 (d) John S. Sutton / Green Eye; 358 (g) NouN; 358 (m), 358 (d) Gilles Le Scanff & Joëlle-Caroline Mayer; 359 (g) NouN; 359 (m) Thierry Van Baelinghem; 359 (d) Alexandre Petzold; 360 (g) Joël Douillet; 360 (m) Gary K. Smith / GPL; 360 (d) NouN; 361 Gilles Le Scanff & Joëlle-Caroline Mayer; 362 (g) NouN; 362 (m) Gilles Le Scanff & Joëlle-Caroline Mayer; 362 (d) NouN; 363 (g) Xiaodisc / Green Eye; 363 (m) Alexandre Petzold; 363 (d) NouN; 364 (g) Frédéric Didillon; 364 (m) Nicola Browne / GAP; 364 (d) Richard Bloom / GAP; 365 (g) Philippe Giraud; 365 (m) Philippe Giraud; 366 Hervé Lenain; 368 Michel Gunther; 369 Martin Schroder / GAP; 370 (g) Michel Gunther; 370 (m) Thierry Van Baelinghem; 370 (d) Paul Debois / GAP; 371 (g) Alain Gualina; 371 (m) Frédéric Didillon; 371 (d) Denis Bringard; 372 Bruno Oertel; 373 (g) Stéphane Bouilland;

373 (m) Frédéric Didillon ; 373 (d) Claire Higgins / GPL ; 374 (g) Denis Bringard ; 374 (m) Gilles Le Scanff & Joëlle-Caroline Mayer ; 374 (d) Lamontagne ; 375 (g) Alexandre Petzold ; 375 (m), 375 (d) Muriel Hazan ; 376 (g) Christian-Georges Quillivic ; 376 (m) Emmanuel Panais ; 376 (d) Alexandre Petzold ; 377 (h) Vilma Meunier ; 377 (b) Frédéric Didillon ; 378 (g) Muriel Hazan ; 378 (m) Chris Jongman / FotoNatura ; 378 (d), 379 (g) Gilles Le Scanff & Joëlle-Caroline Mayer ; 379 (m) Jean-Luc & Françoise Ziegler ; 379 (d) DG Crea - DG Flor ; 380 John Glover / GAP ; 381 (g), 381 (m), NouN ; 381 (d) Alexandre Petzold, 382 NouN.

Enrico Blasutto © page 152 (g,1).

Laurent Blondel / Corédoc © pictogrammes des fiches plantes, pages 216 à 381, et carte et dessins des pages 27, 107, 137, 140, 145, 146, 147, 158, 159, 161, 163, 318.

Bogdan © page 221 (d).

Winfried Bruenken (Amrum) © page 272 (d).

Dezidor © page 152 (d,5).

Juan Emilio © page 203 (hd).

Hans Hillewaert © page 151 (d,2).

Ignis © page 230 (g).

INRA © pages 190 (1) F. Rouxel, 191 (3) R. Coutin.

Jebulon © page 240 (d).

Karelj © page 281 (m).

André Karwath / Aka aka © page 230 (d).

Jean Kenesi © pages 133 (hg,1) ; 133 (mg,2).

Kenpei © page 227 (g).

Roman Köhler © page 271 (g).

Simon Koopmann © page 150 (bd).

Kržut © page 199 (g).

James K. Lindsey © page 190 (4).

Mama Hiro © page 306 (g).

MPF © page 208 (d).

Pierre Nessmann © plan de la page 35.

Roland zh © page 202 (g).

Daniel Schwen © page 204 (m).

Forest & Kim Starr © page 235 (g).

Sten © page 221 (m).

Stickpen © page 231 (m).

Andrei Stroe © page 203 (bg).

Jon Sullivan © page 200 (h).

Marek Szczepanek © page 203 (md).

Thermos © page 203 (mg).

Jean Tosti © page 150 (md).

Luc Viatour © pages 202 (d), 203 (hg).

Frank Vincentz © page 151 (g,2).

Wfgc © page 245 (m).

Wildfeuer © page 280 (m).

H. Zell © pages 55 (m), 60 (m), 152 (d,2), 152 (d,3).

Le GUIDE PRATIQUE DU JARDINAGE AU NATUREL
est publié par SASU QUE CHOISIR – QUE CHOISIR ÉDITION
Impression et reliure : Pollina, Luçon, France - L79758
Deuxième édition – Deuxième tirage
Achevé d'imprimer : mars 2017
Dépôt légal en France : mars 2012
Imprimé en France / Printed in France